Hauptstadt Berlin
Capital Berlin

Hauptstadt Berlin
Capital Berlin

Stadtmitte Spreeinsel
Central District Spreeinsel

Internationaler Städtebaulicher Ideenwettbewerb 1994
International Competition for Urban Design Ideas 1994

Bauwelt
Berlin

Birkhäuser Verlag
Berlin Basel Boston

Herausgegeben von der / Edited by
Arbeitsgruppe Berlin-Wettbewerbe:
Felix Zwoch mit/with Claus Käpplinger, Andreas Müller, Cornelia Poczka, Ria Stein,
Gunter Strey.

Gesamtredaktion und Konzeption / Editor-in-Chief, Concept
Felix Zwoch

Graphik / Graphic Design
Friederike Schneider

Lektorat / Editors
Andreas Müller, Ria Stein

Übersetzungen ins Englische / Translations into English
Christian Caryl: Einleitung / Introduction
John Gabriel: Essay / Essay
Catherine Johnson: Projektbeschreibungen / Project descriptions
Melissa Thorson Hause: Das Ergebnis / The Result
Katherine Vanovitch: Vorworte, Projektbeschreibungen / Prefaces, project descriptions

Teilnehmerverzeichnis / List of participants
Arge Spreeinsel

Fotos / Photographs
Uwe Rau

Sämtliches Material zum Wettbewerb, soweit nicht anders angegeben, wurde von der Senatsverwaltung für Stadtentwicklung und Umweltschutz zur Verfügung gestellt. Wir danken der Senatsverwaltung für Stadtentwicklung und Umweltschutz, insbesondere dem Referat für Öffentlichkeitsarbeit, für ihre Unterstützung.

All competition material, unless indicated otherwise: Senatsverwaltung für Stadtentwicklung und Umweltschutz. We thank Senatsverwaltung für Stadtentwicklung und Umweltschutz, especially the Referat für Öffentlichkeitsarbeit, for their cooperation.

Herstellung / Production
Bernd Fischer

Satz / Typesetting
Jech & Moeck typefaces, Berlin

Lithographie und Druck / Lithographs and Printing
Ruksaldruck, Berlin

Buchbinderische Verarbeitung / Binding
Heinz Stein, Berlin

Der Vertrieb über den Buchhandel erfolgt ausschließlich über den Birkhäuser Verlag. World distribution by Birkhäuser Publishers, excluding orders from Bauwelt and other journals' subscribers and readers.

A CIP catalogue record for this book is available from the Library of Congress, Washington, D.C., U.S.A.

Deutsche Bibliothek Cataloging-in-Publication Data

Hauptstadt Berlin: Stadtmitte Spreeinsel:
Internationaler Städtebaulicher Ideenwettbewerb 1994 =
Capital Berlin: Central District Spreeinsel / [hrsg.
von der Arbeitsgruppe Berlin-Wettbewerbe. Gesamtred. und
Konzeption: Felix Zwoch]. – Berlin ; Basel ; Boston :
Birkhäuser, 1994
   ISBN 3-7643-5040-7 (Berlin ...) brosch.
   ISBN 0-8176-5040-7 (Boston) brosch.
   ISBN 3-7643-5041-5 (Berlin ...) Gb.
   ISBN 0-8176-5041-5 (Boston) Gb.
NE: Zwoch, Felix [Red.]; Arbeitsgruppe Berlin-Wettbewerbe;
Capital Berlin: Central District Spreeinsel

Dieses Werk ist urheberrechtlich geschützt. Die dadurch begründeten Rechte, insbesondere die der Übersetzung, des Nachdrucks, des Vortrags, der Entnahme von Abbildungen und Tabellen, der Funksendung, der Mikroverfilmung oder der Vervielfältigung auf anderen Wegen und der Speicherung in Datenverarbeitungsanlagen, bleiben, auch bei nur auszugsweiser Verwertung, vorbehalten. Eine Vervielfältigung dieses Werkes oder von Teilen dieses Werkes ist auch im Einzelfall nur in den Grenzen der gesetzlichen Bestimmungen des Urheberrechtsgesetzes in der jeweils geltenden Fassung zulässig. Sie ist grundsätzlich vergütungspflichtig. Zuwiderhandlungen unterliegen den Strafbestimmungen des Urheberrechts.

This work is subject to copyright. All rights are reserved, whether the whole or part of the material is concerned, specifically the rights of translation, reprinting, reuse of illustrations, recitation, broadcasting, reproduction on microfilms or in other ways, and storage in data banks. For any kind of use permission of the copyright owner must be obtained.

© 1994 Bertelsmann Fachzeitschriften GmbH, Gütersloh, Berlin und Birkhäuser Verlag, Berlin, Basel, Boston

Printed on acid-free paper produced from chlorine-free pulp.

ISBN 3-7643-5041-5 (hard cover)   ISBN 3-7643-5040-7 (soft cover)
ISBN 0-8176-5041-5 (hard cover)   ISBN 0-8176-5040-7 (soft cover)

Printed in Germany
9 8 7 6 5 4 3 2 1

Für die finanzielle Unterstützung dieser Publikation danken wir der **Bauwert GmbH** und der **Industrie- und Wohnbau GROTH + GRAALFS GmbH**.

We thank **Bauwert GmbH** and **Industrie- und Wohnbau GROTH + GRAALFS GmbH** for their financial support of this publication.

Inhalt

Vorwort der Bundesministerin für Raumordnung, Bauwesen
und Städtebau
Irmgard Schwaetzer — 6

Vorwort des Senators für Stadtentwicklung und Umweltschutz
von Berlin
Volker Hassemer — 7

Stadt und Staat in der Berliner Mitte
Essay von Dieter Hoffmann-Axthelm — 8

Wettbewerbsgebiet „Spreeinsel"
Einleitung von Harald Bodenschatz — 16

Das Ergebnis
von Felix Zwoch — 44

Die Arbeiten des Wettbewerbs

Die Preise und Ankäufe — 48

Die übrigen Arbeiten — 86

Anhang

Beteiligte an Preisgericht, Vorprüfung und Organisation — 178

Chronologie des Wettbewerbs — 179

Verfahren und Aufgabenstellung des Wettbewerbs
von Almut Jirku, Wolfgang Süchting, Patrick Weiss — 180

Preisgerichtsprotokoll (deutsch – englisch – französisch) — 184

**Alphabetisches Verzeichnis und Register
aller teilnehmenden Architekten und Mitarbeiter,
geordnet nach Ländern** — 198

Bildnachweis — 212

Contents

Preface by the Federal Minister of Regional Planning, Building
and Urban Development
Irmgard Schwaetzer — 6

Preface by the Berlin Minister for Urban Development and
Environmental Protection
Volker Hassemer — 7

City and State in Midtown Berlin
Essay by Dieter Hoffmann-Axthelm — 8

The Spreeinsel Competition Area
Introduction by Harald Bodenschatz — 16

The Result
by Felix Zwoch — 44

The Competition Entries

The Prizes and Mentions — 48

All Other Entries — 86

Appendix

Jury, Preliminary Examiners and Organisational Staff — 178

Chronology of the Competition — 179

Competition Procedure and Objectives
by Almut Jirku, Wolfgang Süchting, Patrick Weiss — 180

Minutes of the Jury Sessions (German – English – French) — 184

**Alphabetical List and Index
of all Architects and Project Teams
by Countries** — 198

Acknowledgements — 212

Vorworte

Mit dem Internationalen Städtebaulichen Ideenwettbewerb „Spreeinsel" wurde nach den beiden Wettbewerben „Spreebogen" und „Reichstag" der dritte und für die innere Stadtplanung von Berlin bedeutendste Wettbewerb durchgeführt.

Das Verfahren für diesen Wettbewerb beruhte auf der UNESCO-Empfehlung für internationale Architektur- und Stadtplanungswettbewerbe vom 27. November 1978 und entsprach den in der Bundesrepublik Deutschland geltenden Grundsätzen und Richtlinien für Wettbewerbe (GRW 77) auf den Gebieten der Raumplanung, des Städtebaus und des Bauwesens. Um die Aufwendungen für den Auslober und für die zu erwartende große Zahl von Teilnehmern in einem vertretbaren Rahmen zu halten und unter Berücksichtigung der Richtlinien der Europäischen Gemeinschaft zur Vergabe öffentlicher Dienstleistungsaufträge, wurde der städtebauliche Ideenwettbewerb in zwei Phasen durchgeführt. In der ersten Phase traf das Preisgericht an Hand der eingereichten 1.106 Lösungsskizzen eine Auswahl von 52 Teilnehmern, die zum Einreichen detaillierter Wettbewerbsarbeiten in der zweiten Phase aufgefordert wurden.

Mein Dank gilt allen, die an der Vorbereitung und Durchführung dieses Wettbewerbs mitgearbeitet und zu seinem Erfolg beigetragen haben. Ganz besonders danke ich jedoch allen Teilnehmern und Preisrichtern. Das hervorragende Ergebnis des städtebaulichen Ideenwettbewerbs „Spreeinsel" liegt einerseits in der Fülle der angebotenen Ideen und Lösungsvorschläge, andererseits in der Prägnanz der angebotenen Konzepte. Das Wettbewerbsergebnis hat gezeigt, daß im Bereich der Berliner Mitte ausreichend Spielräume und Variationsmöglichkeiten für eine Unterbringung der Bundesregierung vorhanden sind. Und es wird unter anderem auch in die Auslobung des Realisierungswettbewerbs für den Neubau des Auswärtigen Amtes einfließen. Durch das Auswärtige Amt, das im ehemaligen Haus der Parlamentarier vorgesehene Bundesministerium für Wirtschaft und das am Hausvogteiplatz vorgesehene Bundesministerium der Justiz soll die Mitte Berlins neben dem Bereich „Spreebogen" zum zweiten politischen Zentrum der Stadt ausgebaut werden. Dabei werden sich „städtische" und „staatliche" Funktionen im Sinne einer vitalen Funktionsmischung harmonisch ergänzen.

Ein so bedeutendes Stadtquartier wie die Mitte Berlins sollte sich allerdings prozeßhaft entwickeln. Dabei liegt es nun an uns, das Angebot der Ideen zu nutzen und in Besonnenheit zu entscheiden, um diesen Prozeß behutsam und zugleich nachhaltig voranzutreiben.

Dr. Irmgard Schwaetzer
Bundesministerin für Raumordnung,
Bauwesen und Städtebau

The International Spreeinsel Competition for Urban Design Ideas is the third in the series, following the Spreebogen and Reichstag competitions, and it is the most important in terms of urban planning for inner Berlin.

The procedure adopted for this competition was based on the UNESCO Recommendation on International Architecture and Urban Design Competitions of 27 November 1978 and observed the Principles and Guidelines for Competitions in the Fields of Regional Development, Urban Planning and Building Design (GRW 77), which apply in the Federal Republic of Germany. This competition for urban design ideas was conducted in two phases, in order to contain expenditure for both the sponsor and the large number of architects who were expected to enter, and in line with European Community guidelines on the award of public service contracts. In the first phase, the jury selected 52 entries from the 1,106 outline proposals submitted, and asked the authors to produce more detailed submissions for the second phase.

Let me thank everyone who helped to prepare and organize this competition and who contributed to its success. Above all, however, I should like to thank all the entrants and the jurors. The excellent outcome of this competition to formulate urban design ideas for Spreeinsel derives in part from the wealth of ideas and proposals presented, and in part from the multiple layers of significance in the concepts received. The results of the competition show that the centre of Berlin offers enough room for manœuvre and potential for variation to accommodate the Federal Government. The results will set their stamp on the project competition for a new Foreign Ministry. With the Foreign Ministry, the Federal Ministry of Economics, which is to move into the former House of Parliamentarians, and the Federal Ministry of Justice, which will be housed on Hausvogteiplatz, the centre of Berlin will become the city's second political centre after the Spreebogen. In addition to this, we shall see "municipal" and "state" functions complementing one another harmoniously with all the vitality of a functional mix.

An urban quarter as significant as the centre of Berlin should be able to develop in an organic process. It is, therefore, up to us to draw on the ideas which have been offered and take considered decisions in order to advance this process prudently and yet sustainably.

Dr Irmgard Schwaetzer
Federal Minister of Regional Planning, Building
and Urban Development

Nach dem großen Wettbewerb für den Bereich des Spreebogens war der Wettbewerb zur Neugestaltung der Spreeinsel der zweite Teil der städtebaulichen Vorbereitung des Umzugs und auch der letzte für die Wiederherstellung des historischen Zentrums von Berlin. An diesen Orten werden in Zukunft die bedeutendsten Einrichtungen für Parlament und Regierung sein. Sie werden sich in die vorhandene Stadt einfügen, willkommen sein unter so noblen Nachbarn wie den Museen, den Opernhäusern und der Humboldt-Universität.

Bei dem Spreeinsel-Wettbewerb ging es um den Aufruf an alle Experten in Berlin, in Deutschland, in der Welt, gemeinsam mit uns über die richtige städtebauliche Form für die „Mitte der Mitte" Berlins nachzudenken. Über 2000 Architekten aus ca. 60 Ländern von Ägypten bis Zimbabwe hatten die Unterlagen angefordert. Über 1000 aus etwa 50 Ländern haben dann erste Entwürfe eingereicht, und 52 Architekten waren schließlich in der Endrunde dabei. Es war einmal mehr ein Wettbewerb, der uns durch den Wegfall der Mauer geschenkt wurde. Nach den Zerstörungen des Krieges und den Abrissen der Nachkriegszeit, die im Wettbewerbsgebiet so gut wie nichts mehr haben stehen lassen, haben wir nun den Auftrag und die Chance, das Fundament für eine neue, stabile Entwicklung in unserer Stadtmitte zu legen.

Dabei war es für uns besonders wichtig, eine möglichst schlüssige Fachantwort zur Plazierung der Gebäude für das Außenministerium und das Wirtschaftsministerium im alten Zentrum der Stadt zu erhalten. Der unmittelbar auf die Juryentscheidung nachfolgende Beschluß des Bundeskabinetts über die Plazierung der Ministerien baut auf ihr auf.

Die große Leistung des ersten Preisträgers Bernd Niebuhr, einem jungen Berliner Architekten, liegt in der genialen Verbindung der Ansprüche der Ministerien und jener der Stadt auf Plätze, Straßen und auf die Wiedergewinnung des historischen Stadtgrundrisses südlich des ehemaligen Schloßplatzes. Endlich werden die Ufer der Spree, die Brüderstraße, die Neumannsgasse und die Sperlingsgasse an die Stadt zurückgegeben. Der große Baukörper in der Mitte orientiert sich am Grundriß des ehemaligen Schlosses und erreicht damit, daß die umgebenden Freiräume, Lustgarten, Schloßfreiheit und Schloßplatz, ihre alte Qualität zurückerhalten. Wir waren vor diesem Ergebnis im Zweifel, ob die Ansprüche der Ministerien auf Sicherheit und jene der Stadt auf Offenheit und Zugänglichkeit vereinbar sein würden. Dem ersten Preisträger ist diese Verbindung in hervorragender Weise gelungen, und es ist vor allem diese Leistung, mit der er seine Mitbewerber in den Schatten gestellt hat.

Mit dem Spreeinsel-Wettbewerb sind alle wichtigen Planungsentscheidungen für die Innenstadt getroffen. Als erste Stufe für die bauliche Weiterentwicklung der Spreeinsel kann jetzt auf dem Gelände zwischen Marx-Engels-Platz und Scharrenstraße, entsprechend dem begrüßenswerten Beschluß des Bundeskabinetts, der Wettbewerb für einen Teilneubau des Auswärtigen Amtes beginnen, denn der muß rechtzeitig zum Umzug der Bundesregierung fertiggestellt sein. Die Bebauung des Bereiches um die Friedrichwerdersche Kirche kann nach Abriß des ehemaligen Außenministeriums zügig in Gang kommen.

Die vorliegende Dokumentation enthält das Protokoll des Preisgerichtes und führt durch die Arbeiten der zweiten Phase des Wettbewerbs.

Dr. Volker Hassemer
Senator für Stadtentwicklung und Umweltschutz

After the big competition devoted to the arc in the Spree, the competition aimed at redesigning the island in the Spree was the second step in urban planning preparations for the move from Bonn and the last phase in regenerating the historical centre of Berlin. The key institutions of Parliament and Government will be located on these sites. They will blend into the existing city, and will be welcome among such aristocratic neighbours as the museums, the opera houses and the Humboldt University. The Spreeinsel Competition issued a call to all experts in Berlin, in Germany, and across the world, to join us in our deliberations about an appropriate urban form for "the centre of Berlin's centre". More than 2,000 architects from about 60 countries, from Argentina to Zimbabwe, requested material. Over 1,000 of them from some 50 countries then submitted initial drawings, and 52 architects were included in the final round.

This was one more competition granted to us by the fall of the Wall. After the wartime destruction and the demolition of postwar years, which between them left next to nothing standing on the competition site, we now have the responsibility and the opportunity to lay foundations for new, stable development in the heart of our city.

We attached particular importance to receiving as conclusive a response as possible from the specialists about siting the buildings for the Foreign Ministry and the Federal Ministry of Economics in the old centre of town. The decision by the Federal Cabinet about the location of these ministries, which immediately followed the Jury's verdict, builds on this foundation.

The great achievement of Bernd Niebuhr, the young Berlin architect who won the first prize, is his inspired solution to reconciling the needs of the ministries with the needs of the city for squares, streets and the recovery of the historical grid. At last, the banks of the Spree, Brüderstrasse, Neumannsgasse and Sperlingsgasse will be given back to the urban community. The large volume in the middle takes its cue from the ground plan of the Schloss and is thus able to restore much original quality to the surrounding spaces: Lustgarten, Schlossfreiheit and Schlossplatz. Before the jury's decision, we had wondered whether it really would be possible to combine the ministries' needs for security with those of the urban community for openness and accessibility. The winner of the first prize has achieved this in an outstanding manner, and it was above all this which singled him out from his fellow entrants.

Now that the Spreeinsel Competition is over, all the major planning decisions for the inner city have been taken. The first stage in the renewed development of the Spreeinsel, now that the Federal Cabinet has adopted its welcome resolution, will be to open a competition for additional new buildings for the Foreign Ministry between Marx-Engels-Platz and Scharrenstrasse, as this must be ready in time for the Government's move from Bonn to Berlin. Development around Friedrichswerder Church can proceed apace once the Foreign Ministry of the former GDR has been demolished.

This book contains the Minutes of the Jury, and introduces the 52 submissions which were considered in the second phase of the Spreeinsel Competition.

Dr Volker Hassemer
Berlin Minister for Urban Development and
Environmental Protection

Prefaces

Stadt und Staat in der Berliner Mitte
von Dieter Hoffmann-Axthelm

Der monumentale Wettbewerb mit dem mageren Ergebnis läßt zwei Reaktionen offen. Die eine, ganz offensichtlich näherliegende, ist die resignative – außer Spesen nichts gewesen. Die andere ist, den Wettbewerb gerade wegen des Mißverhältnisses zwischen Verfahren und Ertrag besonders gründlich zu befragen und ins Licht zu rücken, was sich in dem Mißverhältnis verbirgt – die Wirklichkeit außerhalb des Verfahrens. Das wichtigste Ergebnis des Wettbewerbs stand schon am Beginn fest: die Wiederherstellung des historischen Stadtgrundrisses. Es wird Anstrengungen kosten, zumindest diesen Ausgangspunkt in Zukunft festzuhalten. Das Ergebnis konnte demgegenüber nur das beweisen, was bei einiger Einsicht schon vorher hätte klar sein können: daß die Füllung mit moderner Architektur ohne zwischengeschalteten gesellschaftlichen Konsens nicht funktioniert. Darüber nachzudenken lohnt sich allemal, und wenn der Wettbewerb, der glatte vier Millionen gekostet haben soll, die Grenzen des eigenen Verfahrens dem großen Publikum wie den politischen Nutzern demonstriert hat, dann ist das relativ viel.

Und das ausgesparte Ei? Nun ja, verschieben wir das auf später. Vorher ist nämlich Geduld vonnöten – die Geduld, sich dem zuzuwenden, was im Verfahren nicht Thema war.

Das Monument der Leere
Der städtebauliche Wettbewerb zur Etablierung von Bundesministerien im historischen Zentrum Berlins ging als Verwaltungsakt seinen legitimen Gang. Aber er ging ihn auf einem ganz dünnen Eis. Bestenfalls die Aufgabe war klar: Das von der Geschichte leergeräumte Stadtzentrum neu anzueignen. Daran haben sich die über tausend Architekten gehalten, die an dieser Aufgabe beteiligt sein wollten oder gar hofften, durch einen ersten oder zweiten Preis maßgeblich das neue Stadtzentrum selber gestalten zu können. Von hochgestimmten Vorstellungen dieser Art lebt die Architektenseele, davon leben, zu einem gewissen Teil, die Wettbewerbe, davon leben Zeitschriften und Kommentare der Tagespresse, mithin auch die Publikumserwartung. Daß die Wirklichkeit ganz anders ist, will niemand wissen. Von der Ausblendung der realen Schwierigkeiten lebt insgesamt die öffentliche Legitimität eines Wettbewerbs wie des vorliegenden. Es ist der Mythos, man könne ein Loch aus 800 Jahren zerstörter Stadtgeschichte mit Architekturentwürfen und einem Beamtenhaufen füllen.

Dieser Mythos umhüllt einen banalen Kern. Es gibt einen Auftraggeber, der zugleich über das Gelände verfügt und konkrete Vorstellungen hat: zwei Regierungsapparate mit soundsoviel Mann, die jeder 37 m^2 Fläche beanspruchen, sollen untergebracht werden. Wo? Natürlich an erster Adresse. Aber mehr interessiert nicht. Die Ausschreibung verwickelte mithin jeden, der teilnahm, in eine *double bind*-Situation: Einerseits ging es um das hochgesteckte Ziel, die verwundete Stadt zu heilen und u. a. darüber zu befinden, ob es ohne Schloß geht oder auch nicht; und andererseits gab es eine Planungsaufgabe von lähmender Banalität, die schuß- und bombensichere Unterbringung von Beamten, die zum Beispiel sich mit der Prüfung der Kassenabrechnung der Kantinen der deutschen Botschaften beschäftigen, mit zugehörigen Klos, Tiefgaragenplätzen, Einfahrten, ohne die mindeste Reflexion darüber, ob sich das alles nicht auch ganz anders organisieren ließe. Die Ausschreibung begnügte sich, diese Betongewichte ebenso zu transportieren wie die hehren, hohlen Stadtansprüche. Rüstzeug, wie

---

There are two possible reactions to the gigantic competition with its meagre yield. The first, quite obvious one is to shrug and say money changed hands, and that was it. The second reaction, in view of the disproportion between procedure and results, would be to inquire into the reasons that led to this disproportion, and look into the reality beyond the competition proper. Its most important result was determined before it began: to restore the city's historical layout. In future, effort will be needed to recall that this indeed was the point of departure. The actual result, in contrast, proved no more that what might have been obvious to thinking people from the start: that filling a gap with modern architecture, without previously finding a social consensus on how this is to be done, cannot work. This is certainly worth reflecting on; and if the competition, which is said to have cost over four million marks, has demonstrated its own limitations to the general public and government users, this is no mean achievement.

And what about the golden egg that never got laid? Well, let's postpone that until later. What we need now is patience – the patience to address matters that were not part of the competition procedure.

A Monument to Emptiness
The planning competition to establish federal government ministries at the historical centre of Berlin was an administrative act that took a completely legitimate course. But its course led over very thin ice. If nothing else, the task was clear: to reappropriate a void which historical events had left in the middle of Berlin. Over a thousand architects addressed themselves to this task, hoping to be involved, or by winning a first or second prize, to materially contribute to the design of the new city centre. Enthusiasm of this kind is what architects live by, and it sustains a great number of competitions and the accompanying newspaper and magazine articles, and thus fuels public expectations. That the reality looks quite different is something few care about. In fact, the public legitimacy of competitions of the present type largely depends on an agreement to ignore the real difficulties involved. To believe that a gaping void left by the destruction of eight hundred years of a city's history can simply be filled with architectural designs and masses of public servants is a myth.

But the myth had a banal core. The site was at the disposal of a government client who had clear ideas about how it was to be used: for two government departments with a certain number of employees, each of whom was entitled to thirty-seven square metres of floor space. Where? At the best address in town, of course. That was the sole definition of the planning task. It put everyone who entered the competition in a double-bind situation. On the one hand, they were expected to fulfil the highflown aim of healing the wounded city, and to decide whether reconstructing the royal City Palace (Stadtschloss) was necessary to this end or not. On the other hand, they faced a planning task of debilitating banality, the design of high-security facilities for public employees – for instance, the accountants of embassy cafeterias – including the requisite toilets, canteens, underground parking garages, and access roads, without for a moment considering whether all of this might not be organized in an entirely different manner.

The competition stipulations were, first, these masses of reinforced concrete, and second, the noble but vacuous demands of the city. No suggestions were offered on how to reconcile the contradiction. Actually it

mit dem Widerspruch umzugehen sei, bot sie nicht. Im übrigen war die Ausschreibung für Berliner Verhältnisse normal: Sie ließ alle alles fordern und damit alle politischen Entscheidungen offen – sollten die Architekten sich doch einen Reim darauf machen.

Natürlich, die Ausschreibung bekam recht: Die Teilnahme von 1105 Architekten an der ersten Verfahrensstufe suggerierte nicht nur Normalität, sondern auch solche auf höchstem Spannnungsniveau. Die Teilnahmeziffer wurde natürlich nicht, was das nächstliegende wäre, als Indiz der internationalen Architektenarbeitslosigkeit gelesen, sondern eben als Bestätigung – der Richtigkeit des Wettbewerbs, der Wichtigkeit des eigenen Vorhabens, der Legitimität der Ortsbesetzung.

Aber wessen Job ist denn nun das Auffüllen historischer Leere? Reduzierte sich, im Rückblick, die Aufgabe der wiederaufzubauenden Stadtmitten von Rotterdam einerseits, von Warschau andererseits auf Planungs- und Architekturentscheidungen? Warum fielen sie dann so unterschiedlich aus? Oder reduziert sich das Zwischenschalten von Gesellschaft auf ein undurchsichtiges Feilschen zwischen Parteien, Verwaltungen, Regierung und befreundeten Lobbies, und der nächste Schritt wäre bereits, sich einen Stadtplan und die zugehörigen Gebäudevorstellungen entwerfen zu lassen? Die teilnehmenden Architekten konnten nichts dafür, daß diese Fragen nicht Teil des Verfahrens waren. Sie konnten allenfalls versuchen, die Aufgabe so anzupacken, als wären sie es, in der Hoffnung, daß die Wirklichkeit nachziehen werde. Sie konnten versuchen, dem Vergangenen Gerechtigkeit widerfahren zu lassen, in der Hoffnung auf eine zukünftige Nutzung, die das zu begreifen fähig wäre. Denn auf welche gegenwärtigen Nutzer könnte man sich zur Zeit in Berlin noch berufen? Daß es nur den Staatsauftrag gibt und keinerlei Nutzungsalternative formulierbar ist, genau das ist ja Teil des Gegenstandes, der beplant wird: des leeren Zentrums. Das leergeräumte Stadtzentrum ist, in erster Hinsicht, das von Akteuren leergeräumte Stadtzentrum. Was vorrangig zu bearbeiten war, war nicht die bauliche Leere, sondern die gesellschaftliche Leere des Geländes. Das fand aber in die Ausschreibungsbedingungen keinen Eingang.

Die heutige Zuständigkeit des Staates beruht auf historisch hergestellter Abwesenheit. Die historischen Eigentümer sind seit einem halben Jahrhundert in alle Winde zerstreut, die einen vom damaligen deutschen Staat verjagt, enteignet, wenn nicht gar umgebracht, die anderen vom nächstfolgenden Staat, der DDR, enteignet. Die neuen Akteure schlugen keine Wurzeln: Die DDR-Regierenden, die das Gelände in Besitz nahmen, sind gestürzt, ihre Beamten vom nächstfolgenden Staat, der vereinigten Bundesrepublik, abgewickelt. Geblieben sind die Pförtner, nunmehr Bundesbeamte. Bewohner gibt es nur an den Rändern des Wettbewerbsgebiets, als Mieter, zu einem guten Teil Ex-Nomenklatura. Der größte Flächenanteil ist völlig anonym: Straßenflächen, Parkplätze, ungenutzte und unbenutzbare Repräsentations- und Abstandsflächen. Wie geht man mit dieser Leere um? Reicht es, sie korrekt zu verwalten?

Die Abwesenheit des Ortes

Aus der ersten Abwesenheit ergab sich zwingend die zweite: die des Ortes. Das Wettbewerbsverfahren galt der „Spree-Insel". Das impliziert die Neuerfindung eines Ortes, den es bisher nicht gab. Es geht aber gerade um den alten Ort. Um den neuen würde sich keiner strei-

was a quite normal competition by Berlin standards, for by letting every public agency involved make whatever demands it wished, it left every political decision open, and the architects to do the dirty work. The approach proved sound, for the participation of 1105 architects in the first phase suggested not only normality but normality at a high level of suspense. Instead of being interpreted as an indicator of international unemployment among architects, the great number of submissions was seen to corroborate the correctness of the competition idea, the importance of the project, and the legitimacy of occupying the site. But whose job is it to fill a historical vacuum? Can the task of reconstructing the city centres of Rotterdam, on the one hand, and Warsaw, on the other, be reduced in hindsight to planning and architectural decisions? If so, why were the results so different? Or, is it that when a society is consulted, an obscure bargaining process among political parties, administrations, government, and lobbies gets underway, and the next step is already to request designs for a plan and the buildings to fit? The architects who participated in the present competition cannot be blamed for the fact that such issues played no part in the process. All they could do was tackle the job as if they had, in the hope that reality would catch up. Architects could attempt to do justice to the past, in the hope of a future utilization that would comprehend their attempt. After all, there was no current user in Berlin to whom they could refer. There was a federal government commission, and no alternative utilization of the site –- that was the character of the object of the planning, the empty city centre. And this vacated centre was first and foremost a centre vacated of people. What the participating architects initially had to cope with was not an architectural vacuum but a social and human one. Yet this found no consideration in the competition guidelines.

The present competence of the federal government rests on a historically engendered absence. For half a century now, the former owners of the property have been scattered far and wide, some of them driven out of the country, dispossessed, or murdered by the Nazi regime, others dispossessed by the next state, the German Democratic Republic. The GDR government, who took over the site, sank no roots; the communist state has since been dissolved and its officials –- all except for the caretakers –- have been released by the officials of a united Germany. The only private residents live around the perimeter of the competition area, tenants many of whom formerly belonged to the nomenklatura. The largest part of the space is completely anonymous – streets, parking lots, unused and unusable spaces once intended to suggest status and grandeur. How can this vacuum be dealt with? Is it enough to just administrate it through the proper channels?

The Absence of Place

The first absence, that of life, logically led to a second absence, that of place. The competition procedure was devoted to something called the Spree Island. This implied reinventing a place that previously did not exist. But it was precisely the old site which was to be resuscitated. The new one interested nobody. All of the debate about use of the area, about demolishing buildings and erecting new ones, or reconstructing buildings that once stood on the site of those to be razed, focussed doggedly on a continuation of the past. It therefore focussed on the present state of the centre of the former East German capital,

City and State in Midtown Berlin
by Dieter Hoffmann-Axthelm

ten. Alle vorhandenen Streitigkeiten um Nutzung des Areals, Abriß von Gebäuden und Errichtung neuer bzw. Wiedererrichtung derer, die zuvor anstelle der jetzt abzureißenden standen, beziehen sich unbeirrt auf das Weiterleben der Vergangenheit. Sie beziehen sich damit auf den heutigen Zustand des DDR-Staatszentrums, das zwei einander ausschließende historische Zustände beschreibt: den von der DDR bewußt ausgerotteten historischen Zustand, und die ihrerseits wieder verschwundenen und nur noch in ihren Bauten und leeren Räumen präsente DDR.

Der Ort, um den jede Planung, Wettbewerb oder anderes, sich hätte kümmern müssen, ist also genau dieser: die negative Geschichtsschreibung des DDR-Zentrums, als eine nicht selektiv, als Abriß oder Bewahrung von Einzelgebäuden zu behandelnde politische Topographie. Dieser Ort ist der vorhandene, ohne daß damit gesagt wäre, er müsse oder könne so bleiben. Im Vorhandenen überwiegt das Ausgeschlossene so, daß es nie abwesend war, sondern weh tat und weh tut: die negierte Geschichte des alten Berlin, und die nicht gelebte, nur fingierte Geschichte befreiter glücklicher Menschenmengen auf den neuen volkseigenen Flächen. Alle erkennbare Energie, die sich heute in der öffentlichen Diskussion zum Thema meldet, arbeitet sich an diesem Zustand ab. Selbst das, was von Architekten im Wettbewerb an Engagement an der Stadt und nicht nur an der eigenen Handschrift einfloß, beschränkt sich, behaupte ich, hierauf.

Darin liegt die Kostbarkeit des Vorhandenen, der gegenüber der so muntere wie fiktive Neubauwille der Bonner Politikgesellschaft blaß und machtlos ist. Das Neue ist bloß ein Bauauftrag, im übrigen interessiert es niemanden.

Die doppelte Geschichte des Ortes entfaltet ohnehin ihre eigenen Kräfte. Die baulich vorhandene DDR-Geschichte ist stark, weil sie da steht, Geld gekostet hat und viele Quadratmeter Nutzfläche enthält. Sie wird noch ein wenig stärker dadurch, daß überzeugte Anhänger der DDR, gleich ob unbeirrbare Stalinisten oder Nostalgiker, sich als Bürgerinitiativen und Mahnwachen – also, wohlgemerkt, mit den Waffen ihrer Gegner, die den DDR-Staat zu Fall brachten – dieser Gebäude annehmen.

Umgekehrt ist die ältere Vergangenheit des Ortes scheinbar schwach, weil so gut wie alles beseitigt ist. Desto stärker ist sie in zahlreichen Köpfen verankert. In der dem Wettbewerb vorangehenden Diskussion reduzierte sich dieser Umstand allerdings auf die Frage, ob man das Schloß, und, nebenbei, ob man die Bauakademie wiedererrichten solle. Zumindest das Schloß ist weit mehr als ein Gebäudeproblem. Das Schloß-Thema zwingt dazu, sich mit der wirklichen Geschichte auseinanderzusetzen, nicht in Bildern untergegangener Architektur, sondern unter dem Gesichtspunkt, sich zu den Spannungen von Orts- und Stadtgeschichte einerseits, von Staats- und Nationalgeschichte andererseits ausdrücklich zu verhalten. Diese Spannung liegt unmittelbar im Gelände, sie strukturiert es – nur daß die Auslober das nicht gemerkt haben. Die Spreeinsel, das ist, durch die Deckschicht des Staatsforum der DDR hindurch gelesen, das Gegenüber zweier Pole, an deren Mißverhältnis Staat und Stadt letztendlich gescheitert sind. Das betrifft einerseits das alte Cölln, eine der beiden mittelalterlichen, kurz vor 1200 entstandenen Stadtkerne Berlins, der Pol Bürgerstadt. Das ist andererseits der zentrale Staats- und Herrschaftsort, das Schloß.

which includes two mutually exclusive historical states: the earlier one which the GDR set out to eliminate, and the more recent one represented by its own, now abandoned buildings and spaces.

So the place to which every planning attempt, competition or otherwise, should have devoted itself is this: the negative historiography of the GDR centre, as a political topography insusceptible to the selective approach of demolishing one building and retaining the next. This is the place as it exists; which is not to say that it can or must remain so. What has been excluded from the place is so dominantly present that it was never felt as absent, because it hurts – the negated history of Old Berlin, and the fictional history of liberated, happy crowds of people thronging the new spaces they were said to possess. All the energy expended in the public debate about the future of the area revolved, tacitly or openly, around this state of affairs. And I believe the same is true of the commitment shown by architects in the competition, which went beyond exhibiting their own originality to encompass the city's future.

Herein lies the value of the existing place, compared to which the lively but factitious interest in reconstruction on the part of Bonn seems pale and helpless. The planned renewal is merely an urban building job, lucrative but otherwise uninteresting.

The dual history of the site develops powers of its own in any case. The East German history expressed in its buildings is so strongly present simply because it is there, once cost a lot of money, and still takes up a considerable amount of usable space. And its presence is increased still further when convinced advocates of the GDR, be they hidebound Stalinists or merely nostalgic for the past, form citizens' associations and hold vigils – Western methods, be it recalled, which toppled the East German regime – to appropriate the buildings in their own way. On the other hand, the less recent history of the place is apparently only weakly present, because most of its symbols have been demolished. But this only increases its psychological importance, its presence in the minds of the many. In the discussion that preceded the competition, this circumstance was reduced to the question whether the palace, and perhaps the Building Academy as well, should be reconstructed or not. The palace, at least, is far more than a simple building problem. It is a subject that compels an involvement with real historical issues, not in terms of images of bygone architecture but in terms of the tensions that exist between the history of the site and the city at large, and between the histories of states and nations. These tensions veritably pervade the site, they structure it — something the competition organizers sadly left out of account. Spree Island, when one thinks away the GDR State Forum, can be seen to embody two opposite poles whose disproportionate weight ultimately led to the failure of state and city. The first is the old town of Cölln, one of the two medieval centres of Berlin, established shortly before 1200, the pole of a town of burghers and tradesmen. The second is that of the seat of central rule and power, the palace.

This polarity between mercantile, middle-class town and Prussian bureaucratic centre is the source of today's problems, and part of the task which should have been addressed by the competition. But the original layout of Old Cölln was disregarded, because no one was willing to abandon the eight-lane thoroughfare under which Cölln's historical centre now lies buried. Driving is obviously a basic democratic

In der Polarität von Bürgerstadt und Staatsort stecken das heutige Problem und die Wettbewerbsaufgabe. Aber der Gründungsplan von Alt-Cölln war kein Thema, weil man es nicht fertig brachte, sich von der achtspurigen Schnellstraßentrasse zu trennen, die heute den cöllnischen Stadtkern unter sich begräbt. Demokratie heißt nach wie vor Autofahren. Nach diesem Kotau vor der Autolobby war man umso eher bereit, den anderen Pol, das Schloß, dem freien Spiel der Kräfte zu überlassen und zuzuschauen, wer gewinnt.

Das bewußt gegen die vorausliegende Geschichte gebaute Staatsforum der DDR wiederum reduzierte sich in den Wettbewerbsvorgaben auf ein Hindernis zur Wiederherstellung des Stadtgrundrisses. Der Stadtgrundriß, der wiederhergestellt werden soll, ist aber nichts weiter als ein Blockschema zur Lokalisierung und Proportionierung der geplanten Ministerien, ihre Versorgung mit demjenigen Code des Städtischen – Blockkanten, Straßen, Plätze –, die in Berlin ohnehin obligatorisch sind, gleich ob auf der grünen Wiese oder auf historischem Boden. Alles, was diesen wiederherzustellenden Stadtgrundriß für die Stadt insgesamt nützlich oder provozierend machen könnte, ist bei einem solchen technokratischen Historismus längst ausgefiltert. Was unter dem Pflaster an verlorenen Möglichkeiten der Stadt liegen könnte, ist zuverlässig ersetzt durch Tiefgaragen.

Natürlich blockieren die DDR-Gebäude jegliche Wiederanpflanzung von Stadt. Aber die Ausschreibungsintention ging ja auch nur auf ein Regierungszentrum mit verändertem – historischem – Grundriß. Das ist aber etwas wenig, um den Streit um den Abriß der DDR-Staatsgebäude durchzuhalten. Wenn diese Gebäude nur deshalb verschwinden sollen, damit Platz ist für die nächste Blockierung des Geländes, mit Gebäudekomplexen, die sicher nicht schöner sein werden, nur größer, noch blockierender und noch weiter vom historischen Gedächtnis entfernt, dann liegt es verzweifelt nahe, sie trotz allem zu verteidigen. Denn die neue Botschaft ist wieder nur: Es gab Geschichte, und jetzt sind wir da. Der Staat setzt sich erneut an die Stelle der Stadt. Wie er es als Akteur tut, tut er es als Nutzer, wo Stadt nicht war, soll auch nicht wieder Stadt werden.

Die Politik hinter dem Wettbewerbsverfahren ist damit auch die Entscheidung für den falschen Typ Stadt. Daß die Bundesregierung sich im Vakuum des DDR-Staatszentrums festsetzt, ist zugleich die schlechte Realität, die allenthalben die Regel ist, unabhängig davon, wer der Akteur ist. Der Staat als Monopolist bedient sich und entwickelt die Berliner Mitte als offizielles Symbol der Stadtzerstörung. Das war vermutlich der größte Irrtum des Wettbewerbsverfahrens. Städtebaulich legitimierte es sich über eine bloße Tautologie: Wir bebauen das Zentrum der Stadt, also bauen wir städtisch, bauen wir Stadt.

Die Wettbewerbsaufgabe widersprach dem derart hohl formulierten Anspruch frontal. Es sollten zwei Großministerien mit ihrem gesamten Apparat in die bescheidenen Dimensionen des alten Cölln und des Friedrichswerders hineingezwängt werden. Diese Vorgabe war Teil des Kaufpreises für den Umzug der Regierung nach Berlin, und die Berliner Politik war kurzsichtig genug, ihn zu akzeptieren. Die Grundentscheidung war politisch dumm und historisch ahnungslos.

Sie war aber auch stadtplanerisch das Falscheste, was man tun konnte. Die Überführung von Politik in Flächenbesetzung wurde einmal mehr klassisch vorgeführt. Die Regierung gibt an oberster Stelle ein Signal, wie man mit der Stadt umgehen soll – wie ein Investor aus Heidelberg

right. So having paid their obeisance to the automobile lobby, the organizers were all the more ready to abandon the other pole, the palace, to the free play of creative minds and see who came up the winner. The GDR State Forum, in turn, built purposely to counteract the previous history of the site, was reduced in the competition guidelines to an obstacle to the reconstruction of the city plan. But the city plan to be reconstructed actually turned out to be a scheme of blocks defining the location and dimensions of the planned ministries, and supplying them with the same urban code – block perimeters, streets, squares – which has always been obligatory in Berlin, whether in the developing suburbs or downtown, on historical soil. Thanks to this technocratic historicism, everything that might have made this revived plan useful or interesting to the city was filtered out from the start. And the city's lost urban possibilities, buried beneath the pavement, were infallibly replaced by underground parking lots.

Of course the GDR structures stand in the way of reviving the urbanity of the site. But the intention of the competition was merely to create a government centre based on an altered, historical plan. This was not enough to weather the storm of controversy that broke out over the demolishment of the East German government buildings. If these buildings were to disappear solely in order to make room for new obstructions of the site, building complexes that would probably be no more aesthetically pleasing but certainly larger, even more obstructive, and even farther removed from the historical memory, it was despairingly tempting to argue in their favor after all. Because the new message was terribly familiar from the past: Once upon a time there was history, and now we of today have arrived. Once again, the nation planned to supplant the city on its own ground. And being the main protagonist, it intended to do so as a user, saying that on a site where no urbanity previously existed, none need be developed.

The politics behind the competition procedure, then, implied a decision for the wrong type of city. The fact that the federal government intended to occupy the vacuum left by the East German regime reflected the dismal reality that is everywhere the rule, no matter who the protagonist happens to be. Holding a monopoly, the nation served itself, and developed the middle of Berlin as an official symbol of urban destruction. This was probably the greatest error in the entire competition process. In urban planning terms, it drew its legitimacy from a mere tautology: We are building up the city centre; therefore we are building in a metropolitan way, building a great city.

The competition task stood in diametrical opposition to this resoundingly empty claim. Two great ministries and their entire apparatus were to be forced into the modest dimensions of historical Cölln and the Friedrichswerder district. This stipulation was part of the price paid for moving the government to Berlin, and Berlin's politicians were short-sighted enough to accept it. The basic decision was politically inept and historically naive.

And it was about the worst thing that could have been done in terms of urban planning. It was another in a long line of classical examples of how politics are translated into an occupation of space. From the highest government echelons came a sign indicating how the city was to be dealt with, just as a private German or foreign investor might take what property he could get and build it up at as high a density as the market allowed. The Federal Republic truly behaved like a private investor,

oder Übersee, also umstandslos nehmen, was man kriegen kann, und dann so dicht bebauen wie möglich. Die Bundesrepublik hat sich wie ein privater Investor betragen und sich selbst an die Stelle der Aufgabe der Rekonstruktion städtischer Strukturen gesetzt.

Die Stadtmitte als staatliches Verwaltungszentrum, das war die Fortführung der vorhandenen Leere mit anderen Mitteln. Von dieser Position aus ist jetzt natürlich eine aussichtsreiche Auseinandersetzung um die Hinterlassenschaft der DDR nicht mehr möglich. Denn die einzige Differenz, die man anbieten kann, wäre, sollte je gebaut werden, daß die neuen Massen sich in den historischen Stadtgrundriß einfügen. Die funktionale Konkurrenz hat man als Herausforderung gar nicht wahrgenommen, die architektonische würde man, nach den bisherigen Erfahrungen, kaum überzeugend genug für sich entscheiden können.

Ein Lehrstück
Summiert man die drei fundamentalen Fehlanzeigen des Wettbewerbs, dann ist klar, daß dieser Wettbewerb insgesamt so unnötig wie unvermeidlich war. Die Unnötigkeit ist ein Urteil aus Distanz, das aufgewandte Mittel und Ergebnisse bilanziert. Die Unvermeidlichkeit liegt ebenso auf der Hand, sie folgt aus der politischen Konstruktion des Verfahrens. Eine Regierung, die aus ihrem Provinzstädtchen nicht wegziehen will, und eine permanent überforderte Stadtverwaltung, die sich untereinander das Handeln so schwer wie möglich macht, können, ja wollen sich gar nicht einigen. Der Wettbewerb ist da das ideale Verfahren, um diese Immobilität zu verdecken und Handeln zu markieren.

Daß das Handeln nicht ernst gemeint war, ging bereits aus den unvereinbaren Forderungen der Ausschreibung hervor. Von beteiligten Bonner Politikern war schon vorher zu hören, daß der einzige politische Zweck des Wettbewerbs sei, nachher festzustellen, daß man das Ergebnis nicht bezahlen könne. Nun war die politische Wirklichkeit allerdings schneller. Noch während der Wettbewerb lief, brach sich in Bonn die Einsicht Bahn, daß bei der augenblicklichen Finanzlage die Ministerien zunächst auch in vorhandenen Großgebäuden unterkommen könnten.

Die Verquickung von Unnötigkeit und Unumgänglichkeit verfolgt einen selbst noch am interessantesten Punkt der Ausschreibung, der Zugrundelegung des historischen Stadtgrundrisses. Diese Entscheidung hatte man vorher. Man mußte sie nur legitimieren. Es hätte nahegelegen, diese Legitimierung vorher zu besorgen, entweder über eine einseitige Willensbildung der Berliner Verwaltung, oder, nach der Entmachtung durch den Bund in dessen Interessensgebieten, im Rahmen genau desjenigen diskursiven Verfahrens, das die städtebauliche Vorbereitung des Wettbewerbs geleistet hat.

Der Wettbewerb wurde also der Schleichweg zur Legitimierung des historischen Stadtgrundrisses, an den man anders nicht herankam. Aber nun hat man die Quittung, die Banalität des Ergebnisses diskreditiert den Ausgangspunkt. Das war vorauszusehen. Die Anerkennung des historischen Stadtgrundrisses gehört in ein völlig anderes Register als der städtebauliche Ideenwettbewerb. Wenn jener Bilder entwirft, die ein für allemal eine Realität festzuschreiben suchen, so hat das Zurückgehen auf den historischen Stadtgrundriß nur Sinn als Grundlage für ein Verfahren, das den Austausch zwischen widerstreitenden Vergangenheiten und widerstreitenden Eigentums- und Nutzungs-

putting itself in the place of the task of the reestablishment of urban structures.

City centre as a national administration centre – this represented a continuation of the vacuum by other means. Once this aim had been established, it was naturally no longer possible to conduct a meaningful discussion about the legacy of the GDR. Because the only difference anyone could offer, assuming construction ever gets underway, is that the new complexes will be adapted to the historical plan of the city. Competing functions were never even perceived as a challenge, and architectural alternatives, judging by previous experience, would hardly be convincing enough to influence decisionmaking.

A Morality Play
When the three, fundamental but false assumptions behind the competition are added up, it becomes evident that on the whole, the competition was just as unnecessary as it was unavoidable. That it was unnecessary is a judgement by hindsight, arrived at by weighing the money and effort put into it against the results. That it was unavoidable is equally evident, for this was a logical consequence of the political nature of the process. A national government that has no desire to leave its provincial town, and an overtaxed city administration whose actions are continually hindered by infighting, are bound to have trouble reaching any agreement, even if they wished to. In this situation, a competition is the ideal way to cover up immobility and simulate activity.

That the activity was not meant seriously was already evident from the incommensurable demands of the competition guidelines. Even before they were written, certain Bonn politicians involved were heard to say

that the only political aim of the competition was to confirm, after the fact, that the results could not be financed. But the political realities made themselves felt even sooner. As the competition was still underway, Bonn came to the insight that in the current fiscal circumstances, the ministries could temporarily be installed in existing large buildings after all.

The combination of superfluity and inevitability even extends to the most interesting aspect of the competition, the historical city plan taken as its basis. The decision to do so was made at an early date, but how was it to be legitimated? The most obvious course would have been to find a justification beforehand, either by means of a unilateral decision-making process on the part of the Berlin administration, or, after the federal government had declared its priority in a sphere of national interest, by means of exactly the same type of discursive process that later characterized the urban-planning preparations for the competition. In other words, since no legitimation for the employment of the historical city plan was forthcoming, it came in by the back door of the competition itself. The price paid for this was accordingly high – results of a banality that discredits the point of departure. That this would happen was predictable. The recognition of Berlin's historical plan belonged to a completely different order of things from the urban-planning idea competition. While the latter projected images in an attempt to establish built realities once and for all time, a truly meaningful dependence on the historical city plan would involve a procedure in which the exchange between conflicting past uses and present, competing property and utilization claims would be decided from case to case, in a longterm process of gradual reappropriation of the terrain.

ansprüchen Fall für Fall und im Rahmen eines über lange Zeiträume gehenden Prozesses der stückweisen Wiederaneignung des Terrains betreibt.

Als Vorgabe eines städtebaulichen Ideenwettbewerbs dagegen ist der historische Stadtgrundriß bloß ein Fleißprogramm. Jetzt hatte der Entwerfer nur noch die Wahl, entweder sich zu fügen, überzeugt oder nicht, und die Blöcke auszumalen und bestenfalls diejenigen historischen, stadträumlichen Feinheiten hineinzumogeln, die im technokratischen Stadtgrundriß längst als unpraktisch ausgesondert sind, oder aber, um bemerkbar zu sein, die Vorgabe bewußt zu durchbrechen, wissend oder nicht, daß das an diesem Ort das Falsche ist.

Das Entwurfsdilemma mußte sich als das der Juroren wiederholen. Wenn 52 Entwerfer im Stadtgrundriß entwerfen, dann überwiegt die Übereinstimmung so sehr die marginalen Differenzen, daß die Wahrnehmung versagt. Der erste Preis ist denn auch, wie einer der Juroren bemerkte, eine unmittelbare Folge der Wettbewerbsaufgabe. In der Tat konnte, so der schon zitierte Juror, keiner in der Jury die Entwürfe im Kopf behalten. Der erste Preis war allein deshalb der erste Preis, weil er das Ei des Kolumbus geliefert hatte: unkomplizierte Anpassung an den Stadtgrundriß, und an zentraler Stelle dennoch ein Logo, das die Einpassung unterlief, sich als Bruch bemerkbar machte.

Es ist sofort zu sehen, daß es sich bei diesem glücklichen Griff nicht um ein Entwurfsereignis handelt, sondern um ein graphisches Ereignis, einen Werbeeinfall. Der Bruch ist architektonisch vermieden. Was als Bruch sichtbar ist, ist der graphische Effekt, in den Schloßumriß ein Element einzuzeichnen, das das Wahrnehmungsmuster des technisch bereinigten Stadtgrundrisses sprengt. Die Metabasis ist rein kommunikativer Natur, als Entwurf ist sie gegenstandslos. Sie verrät ein graphisches, kein Architekturtalent.

Der Wettbewerb selbst war ein Lehrstück. Es hat zwar viel Geld gekostet, aber ich werde mich hüten, darüber zu klagen, daß die Mittel nicht in den S-Bahn-Bau gesteckt wurden: das Geld ist gut angelegt. Wir brauchten dieses harte Lehrstück. Es ging um die Schloßbaukompetenz der modernen Architektur. Es sollte daher weder Sieger noch Besiegte geben, sondern nur den gemeinsamen Lernprozeß, Wettbewerb als Didaktik. Wir bekamen ein solidarisches Nicht-Ergebnis, alle haben gewonnen.

Schon der Sprung von der ersten zur zweiten Phase machte klar: Wir sind in der Lotterie, das Los entscheidet. Bei vorgegebenem Stadtgrundriß sind 1105 Arbeiten nicht einmal mehr arbeitsteilig zur Kenntnis zu nehmen, geschweige denn zu würdigen und gegeneinander abzuwägen. Auch jedem Einsender war klar, daß nur graphische Merkzeichen entscheiden konnten, eine gute Hand, etwas Farbe am einzig richtigen Punkt.

Gibt es, wo alles Fiktion war, eigentlich noch Ungerechtigkeiten? Doch, es gibt sie noch. Denn die Preise sind fiktiver Natur, das Preisgeld aber ist echtes Geld. Die einen haben es, die andern nicht – wie das Leben so ist.

Option auf die Zukunft des Ortes

Aber nun kommt das wirkliche Trauerspiel. Was wird aus dieser von allen guten Geistern verlassenen Berliner Mitte? Das Schlimmste ist zu befürchten. Der Wind hat sich inzwischen so sehr gedreht, daß die unqualifizierte Voraussetzung des historischen Stadtgrundrisses nicht mehr nur ein vernünftiges Verfahren verschüttet, sondern insgesamt

---

As a condition for an urban-planning idea competition, on the other hand, the historical plan remained a mere exercise. It left the designer facing an either-or decision. Either he could acquiesce, convinced or not, colour in the desired blocks, and at best squeeze in some of the historical, urban details that the technocratic plan had eliminated as being unpractical. Or, in order to draw attention to himself, the designer could purposely ignore the condition, perhaps not realizing that on this site, it would be mistaken to do so.

The design dilemma logically repeated itself on the level of the selection committee. When fifty-two architects design within a given city plan, the similarities will so far outweigh the marginal differences that perception will break down. And the first prize, as one of the jurors remarked, will indeed be a direct consequence of the competition task. In the present case, said the same juror, nobody on the committee was able to keep a clear picture of the competition entries in his mind. The first prize was the first prize simply because it supplied the philosopher's stone: straightforward adaptation of the buildings to the city plan, combined with a prominently placed logo that subverted this adaptation, represented a visible rupture.

It was immediately obvious, however, that this nice achievement did not represent an urban-design event but a graphic event, an advertising idea. It avoided an architectural rupture. What manifests itself as a rupture in this design is the graphic effect of inscribing the contours of the palace into an element that explodes the perceptual patterns of the technically purified city plan. The metabasis of the design is of a purely communicative nature; as a design, it is groundless. It reveals graphic talent, not architectural talent.

The competition was a morality play from which much can be learned. And though it cost a lot of money, I will refrain from complaining that these means might have been better used for public transportation, to improve the S-Bahn. No, the money was well invested. We needed a harsh lesson. What was at issue was the competence of modern architects to build a palace. This is why there should be no winners or losers, merely a common learning process, gleaned from a competition as a didactic exercise. What we got was a nonresult across the board, and everybody won.

It already became clear when the first phase gave way to the second that we were all involved in a lottery, and that the draw would decide. Given a defined city plan, 1105 designs could not even be properly reviewed, let alone judged and compared to one another. It was also clear to every participant that graphic elements would be decisive – a skilled touch, a little colour at the right place.

If the whole thing was a fiction, can there be any injustice involved? I think there can. The prizes may have been fictional in nature, but the prize money was very real. Some got it, others didn't – just like in real life.

Option on the Future of the Place

But now we come to the true tragedy. What is to become of the poor, abandoned centre of Berlin? The worst is to be expected. The wind has turned so strongly in the meantime that the unqualified retention of the historical city plan has not only made a reasonable planning procedure impossible, but made this retention itself seem absurd. This faces a critical mind with the unpleasant dilemma of having to debate city plan

das Festhalten am Stadtgrundriß denunziert. Man kommt nun als kritischer Zeitgenosse in die unerquickliche Zwickmühle einer Diskussion des Themas Stadtgrundriß gegen vorhandene DDR-Bauten. Abrisse sind im Augenblick unwahrscheinlich, Neubauten auch. Zukunft kann sich zur Zeit keiner vorstellen, Optionen zählen nicht. Statt einer Auseinandersetzung mit dem Erbe des DDR-Forums steht uns also eine Kapitulation bevor: Aus Meinungs- wie Kostengründen bleibt alles, wie es ist. Damit wäre man also wieder am Ausgangspunkt angelangt. Die nächsten 30 Jahre können wir diskutieren, was uns das Erbe der DDR wert ist, entschieden wird ohnehin nicht, oder wenn, dann aus Kassen- und Wählergesichtspunkten.

Und welche Funktion hatte da die durch den Wettbewerb mit einigen Millionen unbezahlter Arbeitsstunden entfaltete Architektur? Wozu letztendlich die nunmehr preisgekrönten Entwürfe, die nichtpreisgekrönten übrigen Arbeiten der zweiten Phase und das gute Tausend der Einsendungen zur ersten Phase? Um zwei Ministerien und ein Kulturzentrum zu planen, die nicht, oder nicht hier, oder nicht so, gebaut werden?

Alles Nebel. Es ging ums Schloß. Das war das geheime Zentrum des Wettbewerbs. Um das Schloß herum konnte man sich die städtebauliche Aufgabe einigermaßen zurechtrücken, mit oder ohne Palast der Republik, für oder gegen DDR-Erbe, mehr sich als ein neuer Schinkel fühlen oder eher als anonymes Instrument einer Wiederherstellung des Ortes.

Dieser Fall eröffnet ein interessantes Stück praktischer Architekturtheorie, man muß es nur in die Hand nehmen. Faktisch sind neben- und gegeneinander drei völlig unterschiedliche Suchprozesse gelaufen, im Vordergrund der Wettbewerb, daneben, in überlegener Sichtbarkeit, das 1 : 1 Modell als Leinwandschloß auf dem Marx-Engels-Platz, und schließlich die zähe Agitation der DDR-Getreuen, ost- wie westberliner Herkunft, zugunsten des Palastes der Republik. Diese drei Suchprozesse stellen mehr oder minder die möglichen Optionen angesichts der Lage dar. Option 1: Wir bauen in moderner Architektur die Mitte neu. Option 2: Wir bewahren das DDR-Forum. Option 3: Wir bauen das Schloß wieder auf. Jede Option repräsentiert ein wohlunterschiedenes Wirklichkeitssegment und eine dementsprechende Politik und Kultur.

Option 1 hat am meisten gelitten. Das Ergebnis sagt ganz deutlich: Es geht nicht. Prämiert hat man die bloße Behauptung, es ginge. Hätte man wirklich geglaubt, es könne gehen, dann hätte man auch einen echten Architekturentwurf herausgesucht. Zweifellos kann man ein modernes Ministerium bauen. An diesem Ort wird es schon schwieriger, weil es gegen den Ort ginge. Aber die zentrale Behauptung, man könne mit Schlüter konkurrieren, war von vornherein Unsinn, weil es in diesem geheimen Zentrum des Problems, wie man mit dem abwesenden Schloß umgeht, nicht um Architekturqualität geht, sondern um erscheinende gesellschaftliche Bedeutung, mithin einen rigoros historischen Wert, der heute nicht mehr lieferbar ist. Die Banalität industrialisierten Bauens, Denkens, Nutzens und Verwaltens läßt sich ästhetisch nicht überholen. Das will aber kein Architekt wahrhaben. Deshalb konnte es keinen wirklichen Gewinner geben, nur die prämierte Behauptung.

Option 2 ist im Aufwind, aber auch keine genuin architektonische Position mehr, sondern der Versuch, etwas DDR zu bewahren mit Mitteln architektonischer Selbstbescheidung – jener Position der siebziger Jahre, die besagte: Was wir brauchen, ist gebaut, was jetzt steht, sollte stehen bleiben, Umbau und Erneuerung sind die Bauaufgaben der

versus existing GDR buildings. That they will be torn down seems improbable at the moment, and new construction does, too. Nobody is capable of imagining a future for the site, and options do not count. So instead of a serious discussion on the legacy of the GDR Forum, we are facing a capitulation: due to differences of opinion and the expense involved, everything will remain as it is. Which puts us back at the beginning. For the next thirty years we can continue to discuss what value the GDR legacy holds for us, because decisions are not forthcoming – or if they are, then for budgetary or political campaign reasons alone.

And what function was performed by the architecture that emerged from millions of unpaid working hours invested in the competition? What was the ultimate justification of the prizewinning designs, the nonprizewinning submissions that made it to the second phase, and the over one thousand submissions to the first phase? To plan two ministries and an arts centre that will never be built, or not here, or not in this way?

Irrelevant questions. The point was the palace. It was the covert focus of the competition. The urban planning could be arranged more or less felicitously around the royal palace, with or without the Palace of the Republic, for or against the GDR legacy, and the architect could consider himself either something of a new Schinkel or as the anonymous instrument of a reconstruction of the place.

The case represents an interesting piece of architectural theory, if you look at it rightly. Actually it involved three completely distinct search processes which ran in parallel or counter to one another. First and foremost was the competition proper; second, and outstandingly visible, the 1 : 1 scale model of the palace in canvas, on Marx-Engels-Forum; and third, the obstinate advocacy of the Palace of the Republic on the part of faithful GDR followers, of both East and West Berlin origin. These three search processes roughly represent the possible options open in the present situation. Option 1: We rebuild Berlin's centre in modern architectural terms. Option 2: We retain the GDR Forum. Option 3: We reconstruct the palace. Each of these options represents a distinct segment of reality, and a corresponding politics and culture.

Option 1 suffered most. The competition results clearly revealed its impossibility. What won the prize was merely the claim that it would work. If anyone had really believed it would, an authentically architectural design would have been selected. Building a modern ministry is certainly feasible. But on this site it is no easy task, because it would run counter to the spirit of the place. And the fundamental claim that it was possible to compete with Schlüter was nonsense from the start, because at the covert focus of the competition – how to deal with the missing palace – was not an issue of architectural quality but an issue of manifest social significance, a rigorously historical value which we today are no longer able to supply. The banality of industrialized building, thinking, utilization and administration, is not conducive to aesthetic improvement. This is something no architect wishes to admit. And it explains why there was no real winner in the competition, only a prizewinning claim.

Option 2 is gaining ground. But it is no longer a genuinely architectural stance any more, merely an attempt to save a piece of GDR by means of architectural frugality – the stance of the 1970s, which stated: What we need is already built, what now stands should remain standing,

Zukunft. Die Pro-DDR-Position hat gerade das Vorhandene und 40 Jahre DDR-Geschichte für sich, mitsamt einem sich zugehörig fühlenden Bewohnersegment. Ein Denkmalschutz für das DDR-Forum wäre ihr am gelegensten. Kompromisse sind aber möglich, wenn sie der Rettung des Palastes dienen.

Option 3 ist die schwierigste. Sie hat keinen Bauherrn, kein geschlossenes Bevölkerungssegment und kein bestehendes Gebäude für sich. Sie dient nicht dem heutigen und nicht dem vor kurzem verschwundenen Staat und kommt weitgehend ohne Architektur aus. Bauherr ist die Allgemeinheit, es geht nicht um den Staat (diesen oder jenen), sondern um die Stadt Berlin; was es wiederherzustellen gilt, ist ein Stück Stadtgeschichte, vergangene Bedeutung, verlorene Zentralität. Der Schloßbau wäre der Prototyp eines Suchverfahrens, das sich Fall für Fall in Auseinandersetzung mit Vorhandenem und Gewesenem die historische Mitte wieder aneignet, kein Architekten-, kein Verwaltungs-, ein Nutzerprojekt.

Alle drei Positionen sagen etwas über die heutige Reichweite von Architektur. Darüber kann niemand Schadenfreude empfinden. Das Auffüllen des historischen Stadtgrundrisses mit homogenen Nutzungen ist ein trauriges Geschäft, das architektonisch nicht mit Genugtuung handhabbar ist, im alten Cölln so wenig wie im Friedrichstädtischen Raster. Das Erfinden neuer Stadtfigurationen am selben Ort ergäbe einen noch tieferen Jammer, denn die Nutzungsgrößen, die monofunktionalen Kubaturwüsten wären die gleichen, ob nun Traufhöhe oder Hochhausgewitter, ob Stadtgrundriß oder explodierende Stadtfragmente. Der Stadtgrundriß berichtet wenigstens noch, daß dort einmal Mitte war.

Ebenso hat die Geschichtsbindung der DDR-Bauten ihren bitteren Beigeschmack. Wir bekommen es hier mit einer Kultur zu tun, in der Schönheit keine Rolle spielt. Das ist typisch für die Funktionsmoderne der sechziger Jahre in Ost und West, aber es bekommt eine zusätzliche Bitternis dadurch, daß hier, bei diesem durch den untergegangenen Staat wehrlos und bewegungslos gemachtem Material, offenbar auch keine Reue mehr möglich ist, wie wir sie nach den westdeutschen Exzessen immerhin, wenn auch mit den greulichen Qualen postmoderner Redekorierung, erlebt haben.

Die Überlegenheit schließlich des Berliner Leinwandschlosses über die es umgebende gebaute Moderne ist ein Schock. Aber sie ist nicht die Überlegenheit des inszenierten Scheins, auch nicht die des historischen Dekors, sondern eine des historischen Erscheinens, das heute unmöglich ist – sie ist ganz einfach historisches Schicksal und als solches hinzunehmen. Das Entwerfen geht weiter, man sollte nur nicht mehr damit prahlen, daß man es wie Schlüter könne.

Der Wettbewerb hinterläßt die Lage blockierter als sie vorher war, blockiert durch das Gegeneinander der drei nunmehr unmißverständlich ausgesprochenen Projekte, die alle drei – das ist die zentrale Schwierigkeit – tatsächlich in der augenblicklichen Situation verankert sind. Jede für sich hat ihr gewisses Recht, und jede für sich ist zu schwach, um sich durchzusetzen. Koalitionen können aus der Blockade heraushelfen. Nähme man das Material ernst, das der Wettbewerb bereitgestellt hat, und ließe man sich die Lektion gefallen, dann, ja dann könnte es auch anders ausgehen.

reconstruction and renewal are a concern of the future. The pro-GDR stance has existing architecture and forty years of East German history in its favour, including a segment of the population that feels the same. The best way to deal with the GDR Forum, they think, would be to declare it a historical monument. But compromises would be possible if it meant saving the palace.

Option 3 is the most difficult of all. There is no client to pay for it, no determined sector of the population to advocate it, and it has no existing building in its support. It serves neither the present nation nor the one that recently disappeared, and it can do largely without architecture. Its only client is the general public, for it concerns no nation (past or present), but only the city of Berlin, which has an interest in seeing a piece of its history, its past significance, and its lost centrality restored. Construction of the palace would be the prototype of a search procedure in which the historical city centre could be reappropriated in a case-by-case involvement with what now exists and what once existed – not an architects' or administration project, but a users' project.

All three options and the arguments behind them say something about the present scope of architecture. There is no reason to be malicious about it. Filling in a historical city plan with homogeneous uses is always a sad business and, architecturally, no source of gratification, whether the plan be that of the former Cölln or Friedrichstadt. Inventing new urban configurations to replace them would lead to even more depressing results, because the utilization factors, the monofunctional, cubic deserts, would remain the same, whether based on uniform cornice heights or bristling with skyscrapers, whether employing the existing plan or conceived as exploding urban fragments. At least the city plan attests to the fact that Berlin's centre was once located here.

The historical meaning of the GDR structures also has its bitter aftertaste. They confront us with a culture in which beauty played no role. This was typical of the functional architecture of the 1960s in both East and West, of course, but here an additional bitterness is involved. In face of this pile of material rendered hopeless and motionless by the demise of a nation, it would seem impossible to feel a sense of guilt, as we did in the case of the West German excesses, despite the terrible torments of postmodern redecoration this led to.

Finally, the superiority of the canvas Berlin palace over the actual modern structures surrounding it was a shock to realize. But it was not the superiority of a staged illusion or of historical decor, it was the superiority of a historical appearance that can no longer be restored – a historical fate, in a word, that we would do good to accept. The design process goes on, but no one should continue to pat himself on the back and imagine he could do it as well as Schlüter.

The competition has left the situation as blocked as ever, blocked by the mutual opposition of the three projects that have now been unmistakably defined, all of which – and here lies the difficulty – are actually rooted in the present situation. Each of them has a certain justification, but each by itself is too weak to prevail. Coalitions might show a way to overcome the blockade. If the material that issued from the competition were taken seriously, and if the lesson it taught were humbly accepted, then perhaps, just perhaps, progress might be made.

Wettbewerbsgebiet „Spreeinsel"
von Harald Bodenschatz

Die neue Hauptstadt Berlin gewinnt an Kontur – zumindest auf dem Papier. Nach dem großen, im Februar 1993 abgeschlossenen Wettbewerb „Spreebogen" wurde am 11. Mai 1994 der „Städtebauliche Ideenwettbewerb Spreeinsel" entschieden. Damit sind die städtebaulichen „Hausaufgaben" der am 20. Juni 1991 in Bonn beschlossenen Hauptstadtwerdung Berlins erst einmal erledigt. Die architektonische Umsetzung hat mit dem Wettbewerb zur Umgestaltung des Reichstags bereits begonnen, die Wettbewerbsentscheidungen zum Bundespräsidialamt und Bundeskanzleramt folgen noch in diesem Jahr.

Die neuerliche Hauptstadtwerdung Berlins vollzieht sich nicht auf geradem Wege: Es fehlen in Deutschland Erfahrungen mit einer demokratischen Verortung der Hauptstadt in städtischen Strukturen, das Ringen um den Zeitpunkt und das Ausmaß des Umzuges belasten jede Planung, der Widerspruch zwischen „Ideallösungen" und erzwungener Sparsamkeit bringen die Vorgaben immer wieder ins Wanken, die Abwägung der Interessen von Staat und Stadt gestaltet sich schwierig. Die Staatsbauten sind in Berlin willkommen, doch um ihre konkrete Einpassung in die Stadt wird gestritten.

Die Komplikationen haben Architekten aus aller Welt nicht abgeschreckt – im Gegenteil. War schon der Wettbewerb „Spreebogen" mit 835 Teilnehmern der bis dahin größte städtebauliche Wettbewerb überhaupt, so brach der zweiphasige Wettbewerb „Spreeinsel" diesen Rekord bereits wieder: 1105 Beiträge aus 49 Ländern waren in der ersten Phase zu verzeichnen, davon 355 aus Deutschland, 123 aus Frankreich, 104 aus Italien, 82 aus den USA und 61 aus der Schweiz; fast die Hälfte der deutschen Beiträge, nämlich 174, kamen aus Berlin. Mit der Spreeinsel wurde ein Ort thematisiert, dessen Bedeutung für die Struktur, Funktion und Identität des Zentrums von Berlin ganz außerordentlich ist. Auf der Spreeinsel wurde Berlin als Bürgerstadt (mit)gegründet, hier wurde die Bürgerstadt entmachtet und zur Residenzstadt transformiert, hier war der „Mittelpunkt der Kaiserstadt", hier endete die Herrschaft der Hohenzollern, hier wurde die Vereinigung Deutschlands beschlossen.

Spreeinsel – das erinnert zu Recht an „Stadt am Wasser", an Zähmung und Überwindung des Wassers, an Kanalisierung, Schleusen und Brücken, an die Kreuzung von Schiffs- und Landverkehr. Berlin ist ein Kind der Spree, der Überwindung der Spree. Die Insel war immer eine Passage des West-Ost-Verkehrs, eine Passage, die mit Plätzen ausgestattet war, die zum Handel, zur Repräsentation, zu Kulturaktivitäten, zur Begegnung einluden.

Die Spreeinsel zierten herausragende Bauwerke, die zu den Sehenswürdigkeiten Berlins zählten: das Stadtschloß, der Marstall, die Schloßbrücke, aber auch wertvolle Bürgerhäuser und „romantische" Altberliner Kleinbürgerviertel, etwa der Fischerkietz und die „Sperlingsgasse". Mit der städtebaulichen Umgestaltung dieses Zentralraums von Berlin waren in den vergangenen 300 Jahren „namhafte" Baumeister beschäftigt: so etwa Andreas Schlüter, Karl Friedrich Schinkel, August Orth, Martin Wagner, Martin Mächler, Richard Ermisch, Richard Paulick und Hermann Henselmann.

Die Insel war immer auch ein Brennglas stadtpolitischen Streits, gesellschaftlicher Auseinandersetzungen zwischen Bürgertum und Landesherren, zwischen Stadt und Staat. Erinnert sei nur an die Kämpfe um den Bau der Hohenzollernburg im 15. Jahrhundert, an die Revolution von 1848 mit den berühmten Barrikaden am Köllner Rathaus, an die

---

The new capital city of Berlin is taking form – at least on paper. Following the gigantic Spreebogen competition concluded in February 1993, the "Spreeinsel International Competition for Urban Design Ideas" was decided on May 11, 1994. This completed the first stage of urban planning "homework" based on the parliamentary resolution of June 20, 1991 that established Berlin as the German capital. The implementation phase has already begun with the competition on the refurbishment of the Reichstag, and the competition results for the Federal President's Office and the Federal Chancellery will follow this year.

Berlin is not assuming its renewed rôle as the German capital by a straight path: Germany lacks the experience of creating the urban structures for a capital city by democratic means; the tug-of-war over the timing and extent of the move complicates planning; the contradiction between "ideal solutions" and imposed thriftiness has repeatedly undermined planning specifications; and the search for compromises between the interests of city and federal government remains difficult. The government buildings are welcome and yet the issue of how they should be integrated into the city remains controversial.

The complications have not deterred architects from around the world – to the contrary. While its 835 participants made the Spreebogen Competition the biggest urban-planning competition in history, the two-phase Spreeinsel Competition soon broke that record again: the first phase boasted 1105 entries from 49 countries, 355 of them from Germany, 123 from France, 104 from Italy, 82 from the US and 61 from Switzerland; almost half the German entries, namely 174, came from Berlin. The Spreeinsel competition thematised an area with exceptional significance for the structure, function and identity of the centre of Berlin. Spreeinsel was the site of Berlin's founding as a city of free citizens (Bürgerstadt) in the Middle Ages; here the free city was stripped of its powers and transformed into a royal residence (Rezidenzstadt); here the "centre of the imperial capital" (Kaiserstadt) evolved; here the rule of the Hohenzollerns came to an end; and here the unification of Germany was concluded.

The name "Spree Island" evokes the image of Berlin as a "city on the water," the taming and overcoming of water, the construction of canals, locks and bridges, the intersection of land traffic and shipping. Berlin is a child of the Spree river, of the taming of the Spree. The island has always been a passage for east-west trade, a passage whose public squares provided inviting opportunities for trade, representation, cultural activity and social interaction.

Spreeinsel was adorned by outstanding buildings that included the most visible landmarks of Berlin: the Stadtschloss, the Marstall, the Schlossbrücke, but also valuable private homes and "romantic" old Berlin lower-middle-class neighbourhoods such as Fischerkietz and Sperlingsgasse. A series of illustrious architects have been entrusted with the shaping of this central space of Berlin over the past three hundred years: Andreas Schlüter, Karl Friedrich Schinkel, August Orth, Martin Wagner, Martin Mächler, Richard Ermisch, Richard Paulick and Hermann Henselmann.

The island has always been a magnifying lens of political conflict, of social confrontation between citizens and government leaders, between city and state. One need only recall the struggle surrounding the construction of the Hohenzollern fortress in the fifteenth century; the revolution of 1848 with the famous barricades at the Köllner Rathaus; the revolution of 1918, when Karl Liebknecht proclaimed the German social-

Revolution von 1918, als Karl Liebknecht von einem Balkon des Stadtschlosses die sozialistische deutsche Republik verkündete, an den Streit um den Abriß des teilzerstörten Schlosses 1950. Die heute in weiten Bereichen verödete Spreeinsel ist ein einzigartiger Fokus städtischer Erinnerungen, ein Raum des Ringens um städtische Identität, ein symbolischer Raum von großer Dichte und Widersprüchlichkeit.

Das Wettbewerbsgebiet „Spreeinsel" ist allerdings nicht deckungsgleich mit der Spreeinsel selbst. Die beiden Spitzen der Insel sind gekappt, aus dem Wettbewerb ausgegrenzt: die „Museumsinsel" im Norden und der südliche Teil der „Fischerinsel". Beide Teilgebiete sind Gegenstand gesonderter Wettbewerbe, die bereits entschieden sind (Museumsinsel, Lustgarten) bzw. erwogen werden (Fischerinsel). Dafür umfaßt das Wettbewerbsgebiet noch den Friedrichswerder, die erste Stadterweiterung Berlins nach der Zeitenwende des 30jährigen Krieges, die zunächst von einer zeittypisch bizarren Festungsanlage mit Wassergraben eingefaßt war und daher – mit etwas Nachsicht – als verdoppelte Spreeinsel betrachtet werden kann. Auch der historische Stadtraum des Friedrichswerder wird im Norden gekappt, das Wettbewerbsgebiet endet am Straßenzug Unter den Linden. Es beherbergte – neben den noch vorhandenen oder wiedererrichteten Bauten der neuen Reichsbank, der Friedrichswerderschen Kirche und des Kronprinzenpalais – die Münze, die Bauakademie, die Kommandantur und die alte Reichsbank.

Den Teilnehmern des Wettbewerbs wurde die anspruchsvolle Aufgabe gestellt, Staat und Stadt zu vereinen, den Staat in die Stadt zu integrieren. Diese Aufgabe ist durch den Wettbewerb keineswegs abschließend gelöst. Der Staat hatte seine Interessen eindeutig formuliert: zwei große Ministerien im Wettbewerbsgebiet, keine räumliche Dezentralisierung der Ministerien, keine Funktionsmischung bei Staatsbauten. Die Stadt hatte demgegenüber ihre Interessen zu sehr auf die Vorbereitung der geforderten Staatsbauten reduziert. Das ist angesichts des in der konkreten Ausformung immer noch ungewissen Umzugsprozesses verständlich, aber unzureichend.

Gerade der Umfang des Wettbewerbsgebietes hat das Jahrhunderte alte, widerspruchsvolle Verhältnis von Stadt und Staat wieder auf die Tagesordnung gesetzt: das Gegenüber von bürgerlichem Zentrum um die Petrikirche und herrschaftlichem Zentrum um das Schloß. Die Chance, dieses Verhältnis neu zu bestimmen, frei von den Okkupationsakten der DDR-Regierung, wurde nicht genutzt. Heute kommt eine weitere, kaum weniger anspruchsvolle Aufgabe hinzu: die Neubestimmung des gebrochenen Verhältnisses zwischen West und Ost. Das ist eine politische, wirtschaftliche, soziale und städtebauliche Aufgabe nicht nur von stadtpolitischer Bedeutung. Selbst die städtebauliche Dimension wurde vertagt – durch die Festsetzung der Ostgrenze des Wettbewerbsgebietes am Westufer der Spree. Damit wurde die Aufgabe einer Vermittlung der Spreeinsel nach Osten hin – zum großen Freiraum zwischen Spree und Alexanderplatz sowie zur Grunerstraße hin – ausgeklammert. Die Stadt hat sich der Räson der Hauptstadt untergeordnet, die eigenen Interessen blieben im Hintergrund. Doch diese Unterordnung beeinträchtigt nicht nur die Stadt, sondern auch die Hauptstadt, das Ansehen des Staates in der Stadt. Dieses Ergebnis ist wichtig – und noch korrigierbar. Demokratie als Bauherr realisiert sich nicht in einem isolierten Akt der Entscheidung, sondern in einem Prozeß, einem notwendig mühsamen Prozeß.

ist republic from a balcony of the Stadtschloss; and the dispute over the demolition of the partly destroyed Schloss in 1950. Spreeinsel, much of it today deserted, is a unique reservoir of urban memories, a venue of the struggle for urban identity, a symbolic space of great density and complexity.

The Spreeinsel competition area is not, however, identical with Spreeinsel itself. The two tips of the island have been sliced off and excluded from the competition: Museum Island in the north and the southern part of Fischerinsel. Both areas are the subject of separate competitions that have already been decided (Museum Island, Lustgarten) or are under consideration (Fischerinsel). At the same time the competition area does include a district to the west of Spreeinsel. Friedrichswerder, the first urban expansion of Berlin after the epochal upheaval of the Thirty Years' War, was originally surrounded by an elaborate fortress with moat typical of the times and can thus, with some justification, be regarded as a duplicate Spreeinsel. The historical urban space of Friedrichswerder is also cut off to the north, with the competition area ending at the street of Unter den Linden. This area once contained – in addition to the still extant or rebuilt buildings of the new Reichsbank, the Friedrichwerder Church and the Palace of the Crown Prince (Kronprinzenpalais) – the Mint (Münze), the Building Academy (Bauakademie), the Kommandantur and the old Reichsbank.

The participants of the competition had to cope with the difficult task of unifying city and state and of integrating the state into the city – this task has not been conclusively solved by the competition. The state has unambiguously stated its interests: two big ministries in the competition area, no spatial decentralisation of the ministries, no mixture of functions in state buildings. The city, in contrast, has gone too far in limiting its demands to the preparation of the required state buildings. In view of the uncertainties involved in the process of the government's move to Berlin, such modesty is understandable but inadequate.

Precisely the scope of the competition area has placed the centuries-old, contradictory relationship between city and state back onto the agenda: the juxtaposition of the middle-class centre around the Petrikirche and the government centre around the Schloss. The chance to redefine this relationship free from acts of occupation by the GDR government has not been exploited. Today there is yet another scarcely less challenging task: redefinition of the fractured relationship between west and east. This is a political, economic, social and urban-planning task of not only urban political significance. Even the urban-planning dimension was defered – by setting the eastern border of the competition area on the west bank of the Spree. This ignored the need to provide Spreeinsel with a transition toward the east, toward the large open area between Spree and Alexanderplatz. The city has submitted to the logic of the capital, leaving its own interests in the background. And yet this submission damages not only the city but also the capital, the standing of the state in the city. This result is important – and still capable of correction. Democracy cannot successfully fulfill its task as the sponsor of architecture in an isolated act of decision-making, but only in a process, one which is necessarily difficult.

The Spreeinsel Competition Area
by Harald Bodenschatz

Panoramen des Schloßbereichs

Das erste Panorama (um 1900) zeigt den Schloßbereich mit den Beschädigungen und Modernisierungen der 2. Hälfte des 19. Jahrhunderts: Durchbruch der Kaiser-Wilhelm-Straße und damit Verlängerung der Straße Unter den Linden nach Osten und Lösung des Lustgartens vom Schloß, Neubau des maßstabsprengenden Doms am Lustgarten (1894–1905), Abriß der kleinteiligen, zum Schloß kontrastierenden und die Wasserlage der Spreeinsel unterstreichenden Schloßfreiheit zugunsten eines bombastischen „Nationaldenkmals" (1897) für Kaiser Wilhelm I., parzellenfressender Neubau des Geschäftshauses „Rotes Schloß" auf der Westseite des Schloßplatzes. Zwischen Schloß und „Rotem Schloß" sind noch Reste einer kleinteiligen Bebauung zu erkennen, hinter dem „Roten Schloß" erhebt sich der neugotische Turm der Petrikirche.

Panoramas of the site of the Schloss

The first panorama (around 1900) shows the Schloss area and the effects of damage and modernisation from the second half of the nineteenth century: the breakthrough of Kaiser-Wilhelm-Strasse and thus the extension of Unter den Linden to the east and the separation of the Lustgarten from the Schloss; the new building of the colossal Cathedral on the Lustgarten (1894–1905); demolition of the Schlossfreiheit development, whose small scale contrasted to the Schloss and emphasized Spreeinsel's relationship to the water, in favour of a bombastic "National Monument" (1897) for Kaiser Wilhelm I; and the lavish new building of the Rotes Schloss office building on the western side of Schlossplatz. Remnants of small-scale development can still be seen between the Schloss and the office building, while the neo-Gothic tower of the Petrikirche rises behind the Rotes Schloss.

Marienkirche — Marx-Engels-Platz — Rathausturm — Marstall

Das mittlere Panorama (um 1951) verdeutlicht in seiner aufgerissenen Leere nicht nur die Zerstörungen des Krieges, sondern auch den Zerstörungsakt der DDR-Führung: Die Schloßruine ist gesprengt, die Trümmer sind weitgehend weggeräumt.
Auch das „Nationaldenkmal" ist verschwunden.
Das dritte Panorama (um 1987) präsentiert die über Jahrzehnte sich herausbildende Antwort der DDR auf den ehemaligen Schloßbereich: die Regierungsbauten des Staatsrates, des Auswärtigen Amtes und (mit deutlich reduziertem Regierungsanspruch) des Palastes der Republik.
Der Platz selbst läßt seine Alltagsnutzung erkennen – als Autoparkplatz.
Am verschwundenen Werderschen Markt erscheint hinter der vereinsamten Friedrichwerderschen Kirche die stadträumlich isolierte Steuerzentrale der DDR: das Gebäude des ZK der SED, früher Reichsbank. Im Hintergrund erheben sich die Wohnhochhäuser der in den 60er Jahren kahlschlagsanierten Fischerinsel.

The gaping void of the central panorama (around 1951) not only dramatises the damage of the war but also the act of destruction by the GDR leadership. The ruins of the Schloss have been blown up and most of the rubble removed. The "National Monument" has also disappeared.
The third panorama (around 1987) presents the GDR's response, developed over the course of decades, to the former Schloss area: the government buildings of the State Council, the Foreign Ministry and (considerably less assertive) the Palace of the Republic. The square itself demonstrates its everyday use – as a parking lot. On the vanished Werderscher Markt, behind the lonely Friedrichwerdersche Kirche, appears the architecturally isolated headquarters of the GDR: the building of the Central Committee of the East German Communist Party, formerly the Reichsbank. In the background are the high-rises erected on the site of Fischerinsel, whose original buildings had been razed in the 1960s.

Das alte Stadtzentrum vor 1945

Der Begriff Spreeinsel verweist auf den Ursprung Berlins, die Möglichkeit eines relativ bequemen Flußübergangs (in Höhe der heutigen Mühlendammbrücke) für den Heeres- und Handelsverkehr, die Notwendigkeit, diesen Übergang gegen Störungen und Zerstörungen zu sichern, die Chance, von diesem Übergang kommerziell zu profitieren. Allerdings ist der Begriff Spreeinsel auch etwas irreführend. Er suggeriert einen stadträumlichen Zusammenhang, den es historisch nie gegeben hat. Die eher nordsüdgerichtete Spreeinsel wurde immer durch ostwestgerichtete Strukturen geprägt, die diese Insel gegliedert haben.

Zu unterscheiden wären – von Süden nach Norden – zunächst der älteste mittelalterliche Bereich um die ehemalige Petrikirche, der bald erweitert wurde. Dann schließt sich seit dem 15. Jahrhundert – damals außerhalb der Stadt, aber an strategischer Stelle zur Kontrolle der Stadt plaziert – der Herrschaftsbereich der Hohenzollern an, die absolutistische Schloßlandschaft, die mit ihren Freiräumen zunächst bis zur Nordspitze der Insel reichte. Diese Gliederung wirkte in veränderter Form bis in unser Jahrhundert fort. Im nördlichen Teil, so der Stadtforscher Hermann Schmidt im Jahre 1909, „liegen in sicherer Isolierung die Museen, der Dom und das Schloss, der mittlere Teil der Insel ist wieder ganz Geschäftsviertel, der südliche Teil im allgemeinen etwas zurückgeblieben."

Der Friedrichswerder ist sehr viel jünger. Seine Gliederung ist nicht ganz so markant ausgeprägt. Der die Lindenallee und den Lustgarten verbindende Straßenraum wurde durch herrschaftliche Bauten geprägt, er war gewissermaßen die Fortsetzung der Schloßlandschaft in Richtung Westen. Es folgte im Süden mit dem Werderschen Markt das Zentrum des neuen Stadtteils. Noch weiter südlich befand sich ein dicht bebautes Viertel mit engen, krummen Gassen. Dieser Stadtteil verschwand Zug um Zug durch die Expansion der preußischen bzw. Reichsbank. Seinen Abschluß fand der Friedrichswerder schließlich im Spittelmarkt, einem Angel- und Drehpunkt des Berliner Verkehrs.

Ost-West-Passage

Das Wettbewerbsgebiet war immer eine Passage, ein Ort des Übergangs zwischen Ost und West. Die Hauptstraßen des Verkehrs prägten diesen Zentralraum, der wachsende Verkehr drängte zum Ausbau der bestehenden und zum Bau neuer Hauptstraßen. Ost-West-Passage – das war eine Hauptfunktion der Spreeinsel wie des Friedrichswerder.

Der Hauptstraßenzug der Bürgerstadt Berlin/Kölln und bis in das späte 19. Jahrhundert der wichtigste Straßenzug der Altstadt überhaupt war die Straßenfolge Gertraudenstraße – Mühlendamm – Spandauer Straße – Königstraße (heute Rathausstraße). Diese ungerade, verwinkelte und lebhafte bürgerliche Hauptstraße Berlins erhielt nach den barocken Stadterweiterungen ihre Fortsetzung in Richtung Westen durch die Leipziger Straße. Dem „modernen" Massenverkehr wurde die Gertraudenstraße erstmals 1895 angepaßt. Damals erhöhte sich die Straßenbreite von vormals 11,3 bis 15 m auf fast durchgängig 22 m.

Die zweite große, uns heute selbstverständliche Ost-West-Verbindung über die Spreeinsel ist der Straßenzug Unter den Linden – Karl-Liebknecht-Straße, der über den Lustgarten vermittelt wird. Diese Verbindung ist aus historischer Perspektive noch sehr jung, sie ist das Ergebnis

The Old City Centre before 1945

The name "Spreeinsel" summons up the origin of Berlin, the possibility of a relatively comfortable river crossing (at the site of the present-day Mühlendammbrücke) for military and commercial traffic; the need to secure this crossing against disturbances and damage; and the opportunities for commercial profit it offered. However, the name "Spreeinsel" is also somewhat misleading. It evokes an urban context that actually never existed historically. Spreeinsel, itself oriented more or less north-south, has always been shaped by east-west structures that divided up the island.

Moving from north to south, we can distinguish, first, the oldest medieval area around the former Petrikirche, which soon underwent expansion. Starting in the fifteenth century – at first outside, but placed at a strategic spot for control of the city – it bordered on the ruling district of the Hohenzollerns, the absolutist palace ensemble that, along with its open spaces, at first reached all the way to the northern tip of the island. This layout continued to make itself felt well into our own century in modified form. The northern part of the island, wrote urban researcher Hermann Schmidt in 1909, "contains, all securely isolated, the museums, the cathedral and the Schloss; the central section of the island is almost exclusively a business area; and the southern section has generally remained somewhat underdeveloped."

Friedrichswerder is much younger. Its structure is not quite so strikingly clear. The street space connecting Lindenallee and Lustgarten was shaped by imposing buildings that essentially continued the palace ensemble to the west. The centre of the new urban district, Werderscher Markt, followed to the south. Still farther southward was a densely developed quarter with narrow, crooked streets. This district gradually disappeared due to the expansion of the Prussian Bank, later of the Reichsbank. Friedrichswerder finally found its conclusion in the Spittelmarkt, an important hub of the Berlin transportation system.

East-West Passage

The competition area was always a passage, a place of transition between East and West. It was the main streets that shaped this central area, with the growth of traffic stimulating the expansion of the existing main arteries and the construction of new ones. East-west passage: this was a main function both of Spreeinsel and Friedrichswerder.

The main street route of the free city of Berlin/Cölln and, into the late nineteenth century, the most important street of the old city was the sequence of Gertraudenstrasse – Mühlendamm – Spandauer Strasse – Königstrasse (today Rathausstrasse). This crooked, angular and lively middle-class thoroughfare acquired a westward continuation in Leipziger Strasse after the urban expansions of the Baroque era. Gertraudenstrasse was adapted to "modern" mass traffic for the first time in 1895. The street width increased from a previous 11.3 to 15 meters to almost 22 meters throughout.

The second large east-west connection over Spreeinsel, one which we today regard as self-evident, is the street sequence of Unter den Linden and Karl-Liebknecht-Strasse, with Lustgarten playing a mediating role. In historical terms this connection is still very recent; it is the result of the construction of Kaiser-Wilhelm-Strasse, the most significant street development of the Wilhelminian period.

des Baus der Kaiser-Wilhelm-Straße, des bedeutendsten Straßendurchbruchs der Kaiserzeit.

Schließlich gab es zahlreiche Versuche, einen dritten Hauptstraßenzug zwischen den beiden großen Ost-West-Verbindungsstraßen zu öffnen – in Höhe des Schloßplatzes oder südlich von diesem. Eine solche Straße war bereits zur Zeit des Kurfürsten Friedrich III., des späteren Königs Friedrich I., im Gespräch. An diesem Hauptstraßenzug versuchten sich im 19. Jahrhundert Meister des Berliner Städtebaus wie Karl Friedrich Schinkel und August Orth.

Unser Jahrhundert verband mit den Ost-West-Straßenzügen vor allem die Frage der Förderung des städtischen Massenverkehrs der Straßenbahnen, seit Ende der 20er Jahre mehr und mehr auch des privaten Automobilverkehrs. Zur Förderung des Massenverkehrs wurden wiederum Straßendurchbrüche und Straßenverbreiterungen vorgeschlagen, so etwa im Rahmen des großen Berliner Städtebauwettbewerbs von 1909 und der Planungen des Cityausschusses zur Sanierung der südlichen Altstadt Ende der 20er Jahre. Damit war die bis heute wirksame Unterordnung des Städtebaus unter die Verkehrsplanung in diesem Gebiet begründet.

Die Überlegungen zur Förderung des Verkehrs machten auch vor dem Schloß nicht halt. Adolf Behne, ein Mitstreiter des Stadtbaurates Martin Wagner, empfahl im Jahre 1932 einen Teilabriß des Schlosses: „Die Fürsten setzen in die Handelsstadt ein Centrum der Politik. Des Großen Kurfürsten Straße zielte nach Westen, schließt das Berliner Schloß an das System Paris an... das Schloß, aber nicht die Stadt. An der Spree bricht diese Achse ab. Der Weg nach Osten erhält einen ähnlichen Ausbau nicht, hat ihn nicht bis auf den heutigen Tag." Und weiter: „Mühsam, nur auf Umwegen, mit Drehungen und Wendungen kommt zusammen, was notwendig zusammengehört." Die Konsequenz: „Ein Stück des Schlosses müßte fallen."

Auch in der NS-Zeit wurde am Ausbau der Ost-West-Hauptstraßenzüge weitergearbeitet: Im Norden sollte die Kaiser-Wilhelm-Straße als Bestandteil der Speerschen Ostachse monumentalisiert werden, im Süden der Mühlendamm abermals verbreitert werden, in der Mitte wurde im Zuge des Reichsbankneubaus die Durchlegung der Jägerstraße zum Schloßplatz vorbereitet.

Halte-Plätze

Der Zentralraum Berlins war aber immer mehr als ein Ort des Durchgangs, er markierte auch entscheidende Halte-Plätze des Ost-West-Verkehrs, Plätze, die die Passierenden zum Verweilen einluden. Diese fanden sich vor allem entlang der großen Straßenzüge: die komplexe Platzfolge vom Spittelmarkt bis zum Mühlendamm im Süden, der Lustgarten im Norden und schließlich der Werdersche Markt und der Schloßplatz in der Mitte. Dazu kamen – etwas abseits vom Hauptverkehr – der Schinkelplatz und der Hausvogteiplatz.

Der bürgerliche Hauptstraßenzug war gerade im Bereich des Friedrichswerder und der Spreeinsel eine einzigartig komplex artikulierte Platzfolge. Der Spittelmarkt diente als Sammelpunkt des Verkehrs vor dessen Eintritt in die Altstadt und vermittelte zugleich den Schwenk des Hauptstraßenzuges nach Nordost. Nach Passieren der Gertraudenbrücke erreichte man bald den Petriplatz, das Herz des mittelalterlichen Kölln mit der die Bürgerhäuser überragenden Petrikirche. Kurz darauf folgte der Köllnische Fischmarkt mit dem alten, 1899 abgebro-

Finally there were many attempts to open up a third main street between the two large east-west connecting streets, at the level of Schlossplatz or to the south. Such a street was already under discussion at the time of the Elector Frederick III, the later King Frederick I. Attempts to make this street a reality were made in the nineteenth century by masters of Berlin urban design such as Karl Friedrich Schinkel and August Orth.

Our century associated the east-west streets primarily with the issue of promoting urban mass transport in the form of streetcars and later, since the end of the 1920s, of private automobiles. New street breakthroughs and street expansions were again proposed for the support of mass traffic, for example as part of the big Berlin urban planning competition of 1909 and the plans of the City Commission for the redevelopment of the southern old city at the end of the 1920s. This formed the basis for the subordination of urban planning to traffic planning that remains in force in this area today.

Ideas for improving traffic did not stop even at the imperial palace. Adolf Behne, an assistant of the City Planning Commissioner Martin Wagner, recommended partial demolition of the Schloss in 1932: "The princes place a centre of politics in the trade city. The street of the Great Elector pointed to the West, connects the Berlin Schloss to the system of Paris... the Schloss, but not the city. This axis breaks off at the Spree. The path to the East has not benefited from similar expansion, not even up to the present day." And further: "That which necessarily belongs together comes together laboriously, only by detours, with twists and turns." The result: "Part of the Schloss ought to fall." Work was also done on expanding the east-west streets during the Nazi period: in the north, Kaiser-Wilhelm-Strasse was to be monumentalised as a component of the East Axis of Albert Speer; to the south, the Mühlendamm was to be expanded yet again; and in the centre, the new Reichsbank project included plans for continuation of Jägerstrasse to Schlossplatz.

Stopping Places

Still, the central area of Berlin was always more than just a place for passing through; it also marked important stopping places for east-west traffic, public squares that invited passersby to linger. These spaces were located primarily along the big streets, the complex sequence of squares from Spittelmarkt to Mühlendamm in the south, Lustgarten in the north, and finally to Werderscher Markt and Schlossplatz in the centre. Located somewhat apart from the main flow of traffic were Schinkelplatz and Hausvogteiplatz.

Particularly in the area of Friedrichswerder and Spreeinsel, the middle-class main street was a uniquely complex articulated sequence of public squares. Spittelmarkt served as a collecting point of traffic before it entered the old town and also provided a pivot for the main street line to the northeast. After passing Gertraudenbrücke, one quickly reached Petriplatz, the heart of medieval Cölln with the Petrikirche rising above the houses. Shortly after followed the Cölln Fischmarkt with the old Cölln Rathaus that was torn down in 1899. The Fischmarkt gave way to the bottleneck of Mühlendamm which served as a transition to the Molkenmarkt on the Berlin side of the Spree. More than any other combination of the old town, this sequence of irregular urban spaces allowed that interaction of passages and stopping places that

The Old City Centre before 1945

Der Stadtgrundriß 1748, um 1940 und um 1990

Der Stadtgrundriß zeigt die Evolution der Ost-West-Passagen. Der historisch ersten südlichen Passage entlang des bürgerlichen Hauptstraßenzuges Leipziger Straße – Gertraudenstraße – Mühlendamm folgte erst nach dem Straßendurchbruch der Kaiser-Wilhelm-Straße in den 80er Jahren des 19. Jahrhunderts die nördliche Passage, die den Sackgassencharakter der Straße Unter den Linden beendete.
Die Karte um 1940 zeigt die Ansätze des stadtzerstörerischen Ausbaus dieser beiden Passagen: Östlich der Kaiser-Wilhelm-Brücke (heute Liebknechtbrücke) werden die Abrisse für die Speersche Ostachse angedeutet, im Süden ist der Mühlendammkomplex der Kaiserzeit bereits abgebrochen und durch eine „Notbrücke" ersetzt.
Die Karte von 1994 zeigt die Abgrenzung des Wettbewerbsgebiets.
Im Süden ist aus der Passage eine Transitzone geworden.
Dabei sind sämtliche Halte-Plätze der Vergangenheit verschwunden: Spittelmarkt, Petriplatz und Köllnischer Fischmarkt. Auch der Werdersche Markt und der Schinkelplatz sind nicht mehr vorhanden.
Die Folge der Karten zeigt aber auch die Zerstörung des charakteristischen Widerspruchs zwischen herrschaftlichem Norden und bürgerlichem Süden, zwischen Großstrukturen und kleinteiligen Strukturen. Diese Zerstörung beschleunigte sich im Zuge der Citybildungsprozesse während der Kaiserzeit, erreichte in der NS-Zeit mit dem riesigen, einen ganzen Stadtteil verdrängenden Reichsbankneubau eine neue Dimension. Der Reichsbankneubau signalisierte die Platznahme staatlicher Einrichtungen, die sich aus dem Dunstkreis des Schlosses räumlich emanzipiert hatten. Die DDR-Führung knüpfte diese Bande in neuer Form: durch die Einrichtung eines Regierungszentrums am Marx-Engels-Platz, das vom ZK der SED benachbarten Reichsbankneubau gesteuert wurde.

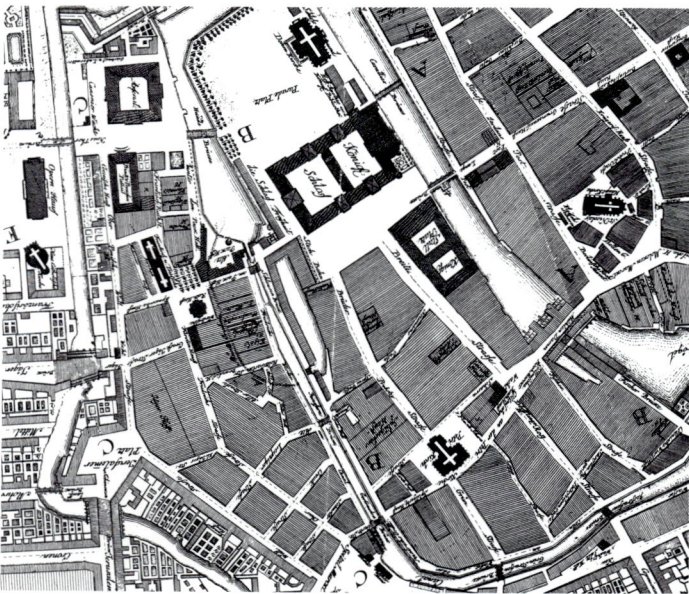

The City Ground Plan in 1748, around 1940 and around 1990

The ground plan of the city shows the evolution of the eastwest passages with particular clarity. The historically first southern passage along the middle-class main street of Leipziger Strasse – Gertraudenstrasse – Mühlendamm was followed, after the breakthrough of Kaiser-Wilhelm-Strasse in the 1880s, by the northern passage that ended the cul-de-sac character of Unter den Linden.
The map from around 1940 shows the beginnings of the destructive expansion of these two passages: to the east of the Kaiser-Wilhelm-Brücke (today's Liebknechtbrücke) can be seen the beginnings of demolition work for Speer's eastern axis; in the south the Mühlendamm complex of the Wilhelminian period has already been broken off and replaced by an "auxiliary bridge."
The map of 1994 shows the site of the Spreeinsel Competition.
In the south the passage has been transformed into a transit zone.
All the stopping places of the past have vanished: Spittelmarkt, Petriplatz and Köllnischer Fischmarkt. Werderscher Markt and Schinkelplatz also no longer exist.
The map sequence also shows the destruction of the characteristic contradiction between the government-dominated north and the middle-class south, between large structures and small-scale structures. The rate of destruction accelerated during the formation of the downtown area during the imperial era and reached a new dimension in the National Socialist period with the gigantic Reichsbank building that wiped out an entire neighborhood.
The new Reichsbank building signalled the continued arrogation of space by government institutions that had emancipated themselves spatially from the immediate vicinity of the Schloss. The GDR leadership continued the development in new form by building a government centre at Marx-Engels-Platz controlled by the Central Committee of the Communist Party in the adjacent Reichsbank building.

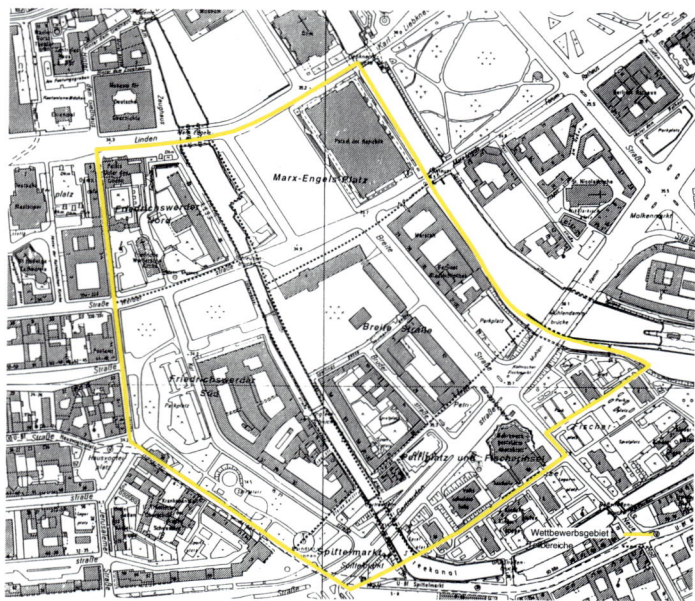

chenen Rathaus von Kölln. Der Fischmarkt schließlich mündete in das Nadelöhr des Mühlendamms, der zum Molkenmarkt auf der Berliner Seite der Spree vermittelte. Wie bei keinem zweiten Straßenzug der Altstadt entfaltete diese Folge von unregelmäßigen Stadträumen das für eine lebendige Stadt typische Ineinandergreifen von Passage und Halte-Plätzen. Hier war „Haus für Haus ein Laden zu finden", hier erhob sich eines der größten Einkaufszentren Berlins, das 1839 gegründete Kaufhaus Hertzog.

Völlig anderer Art war der Lustgarten im Norden der Spreeinsel. Er stellte zunächst nur die Fortsetzung des Schlosses als Freiraum dar, also einen Bestandteil der durch Wachtposten kontrollierten Schloßlandschaft jenseits der Bürgerstadt. Als Ausgangspunkt zur Jagd im Tiergarten bildete er den Auftakt eines herrschaftlichen Straßenzuges, der nach Osten, zur Altstadt hin, keine entsprechende Fortsetzung fand. Eine demonstrative soziale Öffnung des Lustgartens brachte 1824–30 der Bau des (Alten) Museums von Karl Friedrich Schinkel. Mit dieser neuen Institution wurde die nördliche Spreeinsel dem Bürgertum erschlossen. Der erste Schritt zu einer Abnabelung der Nordspitze der Insel vom allmächtigen Schloß war damit getan. Der Durchbruch der Kaiser-Wilhelm-Straße wie der Bau des Doms verfestigten diese räumliche Emanzipation, zerstörten aber gleichzeitig das von Schinkel auf das Feinste ausbalancierte Raumgefüge des Lustgartens. Unter den Linden war nunmehr keine herrschaftliche Sackgasse mehr. Entlang des dritten Straßenzuges lagen zwei bedeutende Plätze: der Schloßplatz und – auf dem Friedrichswerder – der Wersche Markt. Der Schloßplatz vermittelte nicht nur den Verkehr zwischen der Friedrichstadt und Alt-Berlin, sondern auch zwischen Schloß und dem alten Kölln. Die südliche Seite des Schloßplatzes war noch bis in die zweite Hälfte des 19. Jahrhunderts hinein durch eine Vielzahl von schmalen Gebäuden auf kleinen Parzellen gekennzeichnet. Im westlichen Bereich, An der Stechbahn, verbargen sich hinter langgestreckten, einheitlich gestalteten Fassaden sieben Einzelgebäude mit Kaufmannsgewölben. Der oft bewunderte Baukomplex wurde zwischen 1864 und 1868 abgebrochen. Die Errichtung eines mächtigen Geschäftshauses zwischen der Uferstraße „An der Schleuse" und der Brüderstraße bildete 1866/67 den Auftakt der Ausbreitung von Großbauten auf Großparzellen. Aufgrund der Formen und der Fassadenverblendung durch Klinker erhielt das Gebäude bald den Namen „Rotes Schloß". Mit dem Bau des Neuen Marstalls 1896–1902 erfolgte ein weiterer Schritt zur funktionalen und gestalterischen Reduktion des Platzes. Diesem Neubau mußte eine ganze Reihe von Bürgerhäusern aus der Barockzeit weichen.

Das Herz des Friedrichswerder, der Werdersche Markt, war zunächst durch eine enge Passage mit dem Schloßplatz und durch eine verwinkelte Verbindung mit dem Gendarmenmarkt und der Jägerstraße verbunden. Geprägt wurde der Platz durch die Einrichtungen des christlichen Kultes (der Kirchen), der Stadtregierung (des Rathauses) und des Handels (des Packhofs). Baugeschichtlich berühmt wurde das Münzgebäude von Heinrich Gentz, das 1798–1800 im Bereich des abgebrannten Rathauses errichtet wurde. Für die Rationalisierung des anfangs nordsüdgerichteten Platzes hatte bereits Schinkel einen umfassenden Plan vorgelegt, der allerdings nur partiell umgesetzt wurde. Dennoch erhielt der Werdersche Markt mit der Kirche und der Bauakademie zwei Hauptwerke Schinkels. Nach dem Abbruch des alten Münz-

characterise a lively city. Here "stores could be found in every building," and here was built one of the largest shopping centres of Berlin, the Hertzog Department Store founded in 1839.

Of a completely different order was the Lustgarten in the northern part of Spreeinsel. At first it represented nothing more than the continuation of the Schloss as an open space, that is, it was part of the palace ensemble watched over by guards beyond the old free city. As the starting point of hunts in the Tiergarten, the Lustgarten was the first element in an imposing street sequence that found no corresponding continuation to the east, toward the old town. A demonstrative social opening of the Lustgarten was brought about by Karl Friedrich Schinkel in 1824–30 with construction of the Altes Museum. The new institution made the northern Spreeinsel accessible to the middle classes, the first step toward weaning away the northern tip of the island from the all-powerful Schloss. The new thoroughfare of Kaiser-Wilhelm-Strasse as well as the construction of the Cathedral reinforced this spatial emancipation, but simultaneously destroyed the delicate spatial fabric of the Lustgarten elaborated by Schinkel. Unter den Linden was no longer a culdesac of the ruling classes.

Along the third street sequence lay two important public squares: Schlossplatz and Werderscher Markt (Werder Market place), the latter on Friedrichswerder. Schlossplatz not only mediated the traffic between Friedrichstadt and old Berlin, but also between the Schloss and old Cölln. The southern side of Schlossplatz was marked by a large number of narrow buildings on small lots until well into the second half of the nineteenth century. In the western section, An der Stechbahn, long, uniformly designed façades concealed seven individual buildings with store arcades. This frequently admired building complex was broken off between 1864 and 1868. The creation of an imposing business building between the shoreline street of An der Schleuse and Brüderstrasse signalled the start, in 1866/67, of the spread of large buildings on large lots. Thanks to its forms and its red brick façade, the building soon became known as the "Rotes Schloß" ("Red Palace"). Construction of the New Marstall in 1896–1902 meant an additional step toward the functional and formal reduction of the square. A whole series of Baroque-era private homes had to make way for this new building.

The heart of Friedrichswerder, the Werderscher Markt, was at first connected with Schlossplatz by a narrow passage and with the Gendarmenmarkt and Jägerstrasse by a crooked lane. The square was defined by institutions of the Christian religion (the churches), the city government (the Rathaus) and trade (the Packhof). The mint of Heinrich Gentz, built in 1798–1800 in the area of the burned-down Rathaus, achieved special architectural notoriety. Schinkel had already presented a comprehensive plan for rationalisation of the originally north-south-oriented square, but it was only implemented here and there. Still, the Werderscher Markt did acquire two main works of Schinkel in the form of the church and the Bauakademie. The east-west alignment of the square was finished after demolition of the Alte Münze in 1886.

To the northeast of Werderscher Markt extended the three-sided "Platz an der Bauakademie" (the later Schinkelplatz), a square on the water. To the southeast was Hausvogteiplatz, whose irregular form was indebted to the old fortress construction of the seventeenth century.

Süd-Passage

Alle Aufmerksamkeit konzentriert sich seit 1989 auf die Nord-Passage, den herrschaftlichen Hauptstraßenzug Unter den Linden – Lustgarten, während der bürgerliche Hauptstraßenzug Leipziger Straße – Gertraudenstraße weitgehend in Vergessenheit geraten ist. Im Bereich der Spreeinsel präsentierte sich diese ehemalige Süd-Passage als Folge von unregelmäßigen Straßenabschnitten und Halte-Plätzen, Ausweitungen und Verengungen. Die Fotos zeigen den Spittelmarkt mit der Petrikirche (1847–53) im Hintergrund um 1900, den Köllnischen Fischmarkt mit Mühlendamm 1886 und – aus der Vogelschau – den Petriplatz in Richtung Osten um 1925.

In den 20er Jahren hatte der bürgerliche Straßenzug längst seinen Ruf als exklusive Geschäftslage verloren. Sogar der Mühlendamm, so der Stadtbetrachter Julius Rodenberg 1886, „– wer sollte es für möglich halten! – war damals ein fashionabler Platz. Wo jetzt alte Kleider zum Verkauf und zweifelhafte Fräcke zum Verleihen unter den Steinbögen aushängen..., waren noch in den ersten Dezennien unseres Jahrhunderts glänzende Läden und kostbare Magazine, welche für die ersten und elegantesten in Berlin galten...; feine Damen drängten sich hier..., die Schaufenster waren belagert von Neugierigen."

Southern Passage

Since 1989 all attention has focused on the northern passage, the state-dominated main street line of Unter den Linden – Lustgarten, while the middle-class main street of Leipziger Strasse – Gertraudenstrasse has been largely forgotten. In the Spreeinsel area this former southern passage appears as a sequence of irregular street sections and stopping areas, expansions and narrowings. The photos show Spittelmarkt around 1900 with the Petrikirche (1847–53) in the background; Köllnischer Fischmarkt with Mühlendamm in 1886; and an aerial view of Petriplatz in an easterly direction around 1925. By the 1920s the street had long since lost its reputation as an exclusive business address. Even the Mühlendamm, according to Julius Rodenberg in 1886, "was a fashionable square back then. Who can imagine that now? Where the stores now hang out old dresses for sale and dubious tailcoats for rent underneath the stone arches..., in the first decades of our century there were brilliant stores and stylish shops then regarded as the best and most elegant in Berlin...; elegant ladies crowded here..., the store windows were besieged by the curious."

gebäudes 1886 wurde die Ost-West-Ausrichtung des Platzes abgeschlossen.

Nordöstlich des Werderschen Marktes erstreckte sich der dreieckige „Platz an der Bauakademie", der spätere Schinkelplatz – ein Platz am Wasser; im Südosten lag der Hausvogteiplatz, dessen unregelmäßige Gestalt auf das alte Befestigungswerk des 17. Jahrhunderts zurückging.

Stadt und Staat
Die vornehmsten Stadtlagen des mittelalterlichen Kölln befanden sich zunächst entlang des bürgerlichen Hauptstraßenzuges. Dies änderte sich nach dem Bau des Hohenzollernschlosses im Jahre 1442. Seither war die Spreeinsel nicht nur ein Zentrum städtischen Bürgertums, sondern auch Sitz der Landesherrschaft, die die Macht des Stadtbürgertums brach. Der „Berliner Unwille" war die entscheidende Auseinandersetzung um diesen Kampf zwischen Bürgerstadt und Landesherrschaft, der mit der Niederlage der Bürgerstadt endete. Der Landesherr besetzte nicht nur die Nordhälfte der Spreeinsel, seiner Rechtshoheit unterstand der wichtigste Flußübergang, der Mühlendamm.

Türme und Kuppeln demonstrierten die neue Herrlichkeit der Fürsten und Könige im Herzen der Stadt – so die barocken Kirchtürme und der schon vor Fertigstellung wieder zusammengestürzte Münzturm, später das – zurückhaltende – Turmpaar der Friedrichswerderschen Kirche von Schinkel, schließlich die Folge der immer größeren Kuppeln am Dom im Lustgarten, auf der Westfront des Stadtschlosses und – alle Maßstäbe sprengend – auf dem neuen Dom.

Im Zuge der Festigung der Macht des Landesherren und des Ausbaus der Schloßlandschaft verlor das alte, bürgerliche Kölln an Bedeutung. Dem Großgrundbesitz der Landesherren im Norden der Insel stand ein Gewebe winziger Parzellen im Süden gegenüber, wohingegen im Bereich zwischen diesen beiden Polen auch größere Parzellen zu finden waren. Vor allem die leicht gekrümmte Breite Straße stieg – bis zum Ausbau der Prachtstraße Unter den Linden – zur herrschaftlichsten Straße Berlins auf. Der Größe der Parzellen entsprachen wiederum die Gebäude: Schloß, vornehmer Bürger- bzw. Adelssitz, Kleinbürgerhaus. Diese Verhältnisse wurden durch Großbauten des Landesherrn bzw. des Staates modifiziert: etwa durch die Bauakademie, vor allem aber durch die Bauten des Geldgeschäfts auf dem Friedrichswerder, deren Wachstum – beginnend von der Gründung des Giro- und Lehnbanco im Jahre 1765 bis hin zum Reichsbankneubau 1934–40 – ganze Stadtteile verschlang.

Stadt am Wasser
Die Stadt Berlin war gerade auf der Spreeinsel gezwungen, ihr Verhältnis zum Wasser zu klären. Der zum Teil sehr sumpfige Boden verzögerte eine Bebauung und erforderte erheblichen Gründungsaufwand. Mühlen, Schleusen und Kanäle förderten den Schiffsverkehr und bereicherten die landesherrschaftlichen Einkünfte. Zahlreiche Brücken vermittelten den Verkehr über die Insel, und die charakteristische Ufergestaltung machte den Bezug der Stadt zu ihrem Fluß immer wieder eindrucksvoll erlebbar.

Von größter Bedeutung waren zunächst die beiden Hauptübergänge über die Spree zwischen Berlin und Kölln: der erste Flußübergang überhaupt, der Mühlendamm, und die Lange Brücke, die das gemeinsame Rathaus beherbergte und nach der Entmachtung des Stadt-

City and State
The most elegant urban structures of medieval Cölln were at first located along the streets of the free city. This changed after the construction of the Hohenzollern palace in 1442. After that Spreeinsel was not only a centre of the urban bourgeoisie, but also the seat of the rulers who had broken the power of that bourgeoisie. The Berliner Unwille revolt was the decisive conflict in this struggle between free city and autocratic rule that ended with the defeat of the free city. The autocratic ruler occupied even more than the northern half of Spreeinsel, and his sovereignty also included the most important river crossing, Mühlendamm.

Towers and domes demonstrated the new royal self-awareness of the princes and kings in the heart of the city, such as the Baroque church towers, the Münzturm (which collapsed even before it was completed), and later the more restrained pair of towers of the Friedrichwerdersche Kirche by Schinkel, and finally the sequence of ever-larger domes on the Cathedral in the Lustgarten, on the western front of the Stadtschloss, and – wiping out all previous sense of scale – on the new Cathedral.

As the autocrats secured their power and as their palaces grew, the old town of Cölln diminished in significance. The large landholdings of the elector in the north of the island faced an area of tiny lots to the south, although some larger properties were sandwiched in between these two poles. In particular the slightly curving Breite Strasse would rise to become the most imposing street of Berlin until the later expansion of the majestic Unter den Linden. The buildings corresponded to the size of their lots: Schloss, elegant private or aristocratic homes, lower-middle-class houses. The situation was modified by large structures built by the autocrat or the state, such as the Bauakademie, and especially by the buildings of the financial industry on Friedrichswerder, whose growth, beginning with the establishment of the Giro- und Lehnbanco in 1765 and running up to construction of the new Reichsbank building in 1934–40, swallowed up entire neighborhoods.

City on the Water
It was Spreeinsel that forced the city of Berlin to clarify its relationship to the water. The swampy ground on which the city was built often delayed development and demanded considerable preparatory effort. Mills, locks and canals promoted shipping and enriched the income of the rulers. A large number of bridges brought traffic across the island and the characteristic treatment of the riverbanks also made the city's relationship to its river dramatically tangible.

Most important at first were the two main crossings over the Spree between Berlin and Cölln: the first river crossing of them all, the Mühlendamm; and the Lange Brücke, which contained the joint town hall and received noble status as the "Bridge of the Elector" when Andreas Schlüter bestowed a statue of the Great Elector upon it after the ruler's triumph over the city.

As the city expanded westward, the crossings over the Spree Canal grew in importance. This applies to the Gertraudenbrücke in the south, the Schlossbrücke in the north and the Schleusenbrücke in the middle, while the Jungfernbrücke has been able to preserve its original character up to the present day because of its position away from the traffic. The late nineteenth century brought modernisation of systems for the

Stadt am Wasser

Berlin verdankt seine Existenz dem Wasser der Spree. Die Vermittlung von Schiffsverkehr und Landverkehr prägt Form und Geschichte der Flußübergänge. Der älteste Übergang lag im Bereich des Mühlendamms, dessen Neugestaltung vor gut 100 Jahren die Erfordernisse der beiden Verkehrsarten in eine neue Balance brachte. Berlins Bezug zum Wasser verdichtet sich in der Geschichte des Mühlendamms am eindringlichsten. Die beiden Fotos zeigen den Mühlendamm von Süden, zum einen im Jahr 1883, zum anderen um 1895 mit dem burgartigen Sparkassengebäude nach der Neugestaltung der Kaiserzeit. Der Abbruch des Mühlendammkomplexes in der NS-Zeit leitete die unsägliche Verödung dieses Ursprungsortes Berlins ein.
War der Mühlendamm die

City on the Water

Berlin owes its existence to the water of the Spree. The rôle of ship and land traffic left its mark on the form and history of the river crossings. The oldest crossing lay in the area of the Mühlendamm, whose renovation a good 100 years ago brought the requirements of the two types of traffic into a new equilibrium. Berlin's relationship to water is expressed at its most concentrated in the history of the Mühlendamm.
The two photographs show the Mühlendamm from the south, one in 1883, the other around 1895 with the fortress-like savings bank building after imperial-era renovation. The demolition of the Mühlendamm complex in the National Socialist period signalled the beginning of the horrific desolation of this historic site of the origins of Berlin.

bürgerliche Verkörperung der Stadt am Wasser, so brachte die Schloßbrücke von Schinkel (1822–24) das herrschaftliche Berlin am Wasser zum höchsten Ausdruck.
Zu dieser Brücke gehörte – als Übergang zum Außenraum des Schlosses – die kleinteilige Bebauung der Schloßfreiheit, die den Inselcharakter eindrucksvoll unterstrich (Foto 1887).
Der Abbruch der Schloßfreiheit ließ die stadträumlichen Verhältnisse in optischer wie funktionaler Hinsicht veröden. Der alltägliche Bezug der Spreeinsel zum Wasser offenbarte sich in der Gestaltung des Uferbereichs der bürgerlichen Stadtteile: Schmale Straßen mit Brüstung auf der Wasser- und schmalen, in der Höhe variierenden Bürgerhäusern auf der Landseite verdeutlichten – wie hier an der Jungfernbrücke – eine schlichte, aber überzeugende und wirkungsvolle Grundform öffentlichen Raums am Wasser.

If the Mühlendamm was the bourgeois embodiment of the city on the water, it was Schinkel's Schlossbrücke (1822/24) that brought the governmental Berlin on the water to its highest expression. As a transition to the outside space of the Schloss, this bridge also included the small-scale development of Schlossfreiheit, which vividly underlined the island character of Spreeinsel (photo from 1887).
The demolition of Schlossfreiheit also impoverished the surrounding area both visually and functionally. The prosaic relationship of Spreeinsel to the water revealed itself in the handling of the bank area of the middle-class urban districts: narrow streets with rails on the water side and narrow private homes varying in height on the land side emphasised – as here at the Jungfernbrücke – a convincing and effective basic type of public space on the water.

Pläne zur Beseitigung des alten Zentrums

Vor allem in unserem Jahrhundert wurde die überkommene Struktur der Spreeinsel attackiert – und zwar nicht erst in der DDR-Zeit. Ziel der Anstrengungen in den ersten vier Jahrzehnten war die Erschließung der kleinteiligen Stadtstrukturen für Citybildungsprozesse im Süden der Spreeinsel. Für die herrschende Sichtweise zeugten gerade die verbliebenen kleinbürgerlichen Gassen und Straßen von einer peinlichen Rückständigkeit des alten Berlin.
Stimmen zur Verteidigung des alten Zentrums waren eher selten. Berühmt ist die Schilderung Wilhelm Raabes in seiner „Chronik der Sperlingsgasse": „Ich liebe in großen Städten diese ältern Stadttheile mit ihren engen, krummen, dunkeln Gassen, in welche der Sonnenschein nur verstohlen hineinzublicken wagt; ich liebe sie mit ihren Giebelhäusern und wundersamen Dachtraufen, mit ihren alten Karthaunen und Feldschlangen, welche man als Prellsteine an die Ecken gesetzt hat. Ich liebe diesen Mittelpunkt einer vergangenen Zeit, um welchen sich ein neues Leben in liniengraden, parademäßig aufmarschirten Straßen und Plätzen angesetzt hat."
Zahlreiche Vorschläge zur Niederlegung der „älteren Stadtteile" wurden im Wettbewerb Groß-Berlin von 1909 formuliert, so etwa von Joseph Brix, Felix Genzmer und der Hochbahngesellschaft Berlin. Die Vision einer gänzlich neu geordneten Altstadt zeichnete der vielleicht bedeutendste Stadtplaner der Moderne in Berlin, Ludwig Hilberseimer, um 1928. Lediglich Schloß, Lustgarten und Museumsinsel bleiben in seiner Kahlschlagkonzeption erhalten. Die Anstrengungen der Stadt Berlin unter Martin Wagner und Ernst Reuter gipfelten in dem Wettbewerb Südliche Altstadt. Der Übersichtsplan von 1930 zum Wettbewerbsgebiet zeigt unter der Schraffur die geplanten Straßendurchbrüche. In der NS-Zeit wurde im Zuge des Großprojektes Reichsbankneubau auf dem Friedrichswerder (1934–38) eine Durchlegung der Jägerstraße zum Schloßplatz vorbereitet.

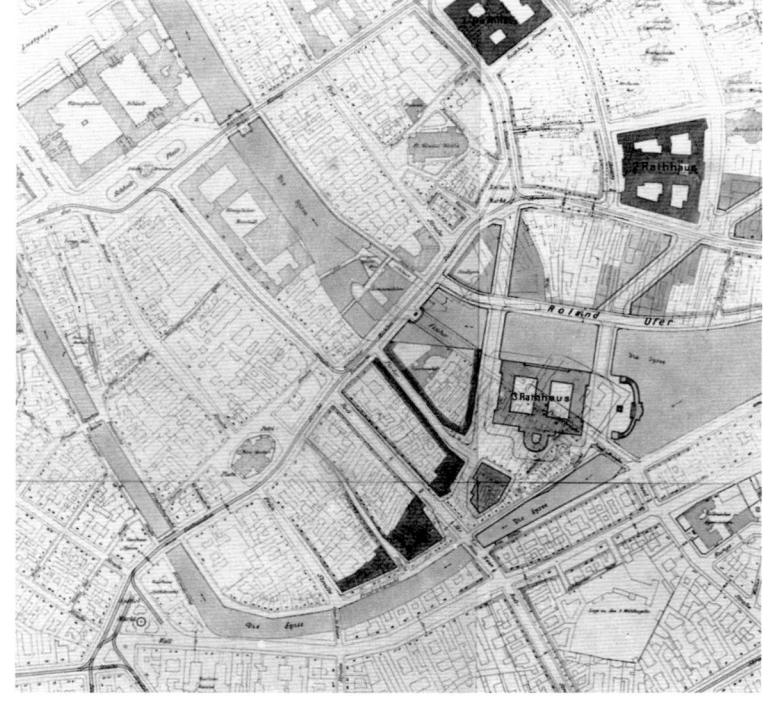

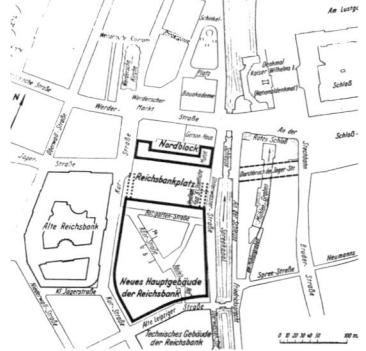

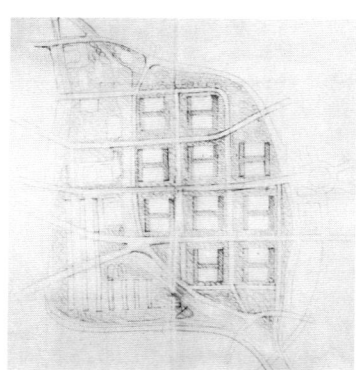

Plans for Destruction of the Old Centre

The traditional structure of Spreeinsel has been under especially strong attack in our century – and not just starting with the GDR period. Efforts in the first four decades aimed to open up the very small-scale urban structures to development in the south of Spreeinsel. In the rulers' eyes, it was precisely the few remaining lower-middle-class lanes and streets that attested to the embarrassing backwardness of the old Berlin.
Voices in defense of the old centre were rare. One famous example is the portrayal by Wilhelm Raabe in his "Sperlingsgasse Chronicle": "In these big cities I love these older neighborhoods with their narrow, crooked, dark lanes, into which the sunshine dares to look only covertly; I love them with all their cannon-royals and culverins that have been placed on the corners as edgestones. I love this centre of a past age around which a new life has begun to grow in straight-lined, neatly ranked streets and squares."

Many proposals for taming the "older neighbourhoods" were formulated in the Greater Berlin competition of 1909, such as those by Joseph Brix, Felix Genzmer and the Berlin Elevated Rail Company. The vision of a completely newly configured old town was drafted by perhaps the most important city planner of the modern period in Berlin, Ludwig Hilbersheimer, around 1928.
His plans for a radical clean sweep retained only the Schloss, the Lustgarten and the Museum Island.
The efforts of the city of Berlin under the protagonists Martin Wagner and Ernst Reuter ultimately peaked in the Southern Old Town Competition prepared by Martin Mächler. The 1930 overview plan for the competition area shows the planned street expansions and breakthroughs (shaded areas). In the National Socialist period, an extension of Jägerstrasse to Schlossplatz was prepared in the course of the new Reichsbank project on Friedrichswerder (1934–38).

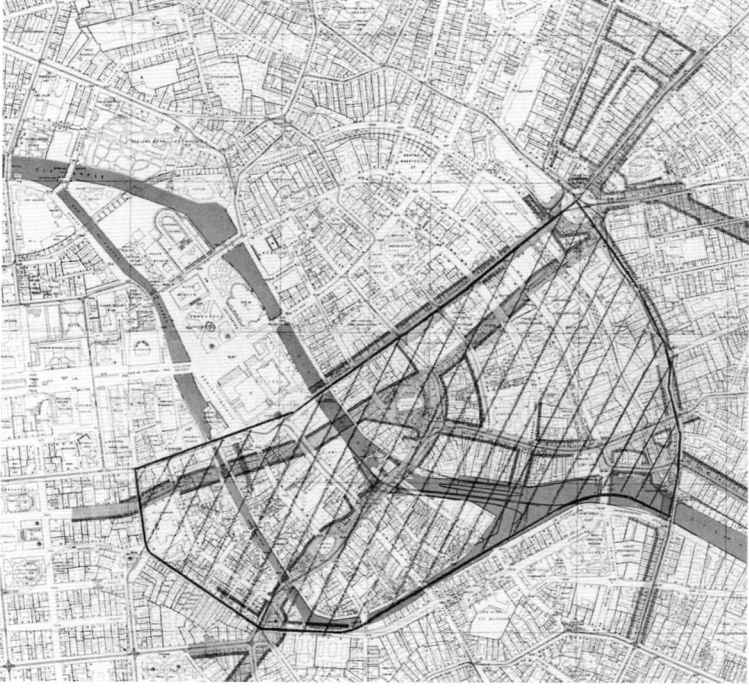

bürgertums durch die Statue des Großen Kurfürsten von Andreas Schlüter als „Kurfürstenbrücke" städtebaulich nobilitiert wurde. Mit der Erweiterung der Stadt nach Westen gewannen auch die Übergänge über den Spreekanal an Bedeutung. Dies gilt für die Gertraudenbrücke im Süden, die Schloßbrücke im Norden und die Schleusenbrücke in der Mitte, während sich die Jungfernbrücke wegen ihrer Lage abseits des Verkehrs bis heute ihren ursprünglichen Charakter bewahren konnte. Im späten 19. Jahrhundert wurde die Vermittlung des Schiffs- mit dem Landverkehr modernisiert. Vor allem die Neugestaltung des Mühlendamms war das vielbeachtete Produkt dieser doppelten Verkehrssanierung: der Öffnung des Hauptarmes der Spree für die Schiffahrt und der Verbreiterung des Verkehrsengpasses am Mühlendamm. Spektakulär war die Sanierung auch hinsichtlich ihrer Umsetzung: „Staat und Stadt", genauer: drei Behörden mußten hier kooperieren, und diese Kooperation funktionierte – wie zeitgenössische Quellen hervorhoben – hervorragend: Innerhalb nur weniger Jahre (1888–1893) war die Sanierung vollendet.

Aber der Mühlendamm war nur der Auftakt eines Brückenbauprogramms, das dem rasant steigenden Großstadtverkehr freie Bahn brechen sollte. Dem Neubau des Mühlendamms folgte 1894/95 der Neubau der Gertraudenbrücke. Der Durchbruch der Kaiser-Wilhelm-Straße zwischen Schloß und Dom hatte bereits den Bau einer leistungsfähigen Brücke veranlaßt – den Bau der Kaiser-Wilhelm-Brücke (1885–89), des Pendants zur Schloßbrücke von Schinkel. Schließlich wurden auch die Kurfürstenbrücke (1894/95) und die Schleusenbrücke (1914) erneuert – zur Verflüssigung des Verkehrs entlang des mittleren Hauptstraßenzuges.

Im Zuge dieses gewaltigen Erneuerungsprogramms der Kaiserzeit wurden die Brücken nicht nur flacher und breiter, sondern konnten auch nicht mehr aufgeklappt werden. Dennoch erhielten auch die neuen Bauwerke ihre spezifische, unterscheidbare Gestalt, sie waren als Brücken inszeniert und verdeutlichten die Lage Berlins am Wasser. Das gleiche gilt für die städtebauliche Ufergestaltung der Spree. Der im 17. Jahrhundert angelegte Straßenzug „Friedrichsgracht" veranschaulichte diesen Gestaltungstyp: Uferbefestigung, Straße mit Brüstung am Wasser und eine inselseitige geschlossene Straßenrandbebauung. Der Bezug zum Wasser war so immer präsent. Einen Höhepunkt dieser Inszenierung der Stadt am Wasser bildete die kleinteilige Bebauung der „Schloßfreiheit". Sie zeigte dem Ankömmling auf der Straße Unter den Linden den Inselcharakter der Schloßlandschaft, ihr Abbruch 1897 trug erheblich zum Verlust dieses Eindrucks bei – wie auch zu einer Verödung des gesamten Schloßbereichs.

Eine weitere Welle der Brückenerneuerung wurde in der NS-Zeit eingeleitet. Die Schleusenbrücke wurde 1937 modernisiert, der erst in der Kaiserzeit erneuerte Mühlendamm wurde mit all seinen Bauten abgerissen und 1938 durch eine Notbrücke ersetzt. Der noch im Jahre 1939 begonnene Abbruch der Kaiser-Wilhelm-Brücke mußte allerdings schnell wieder eingestellt werden. Der Krieg erforderte andere Prioritäten.

29

management of ship and land traffic. The renovation of the Mühlendamm in particular was the widely noted product of twofold reform of the traffic system: the opening of the main arm of the Spree to shipping and the widening of the traffic bottleneck at Mühlendamm. The way these changes were carried out was equally spectacular: "state and city" had to cooperate in the form of three separate authorities, and this cooperation, as emphasised by sources at the time, worked brilliantly. Redevelopment was completed within just a few years (1888–1893).

But the Mühlendamm was only the first step in a program of bridge-building intended to make way for the headlong growth of bigcity traffic. Renovation of the Mühlendamm was followed in 1894/95 by renovation of the Gertraudenbrücke. The breakthrough of Kaiser-Wilhelm-Strasse between Schloss and Cathedral had already led to the construction of a strong bridge – the Kaiser-Wilhelm-Brücke (1885–1889), the counterpart to the Schlossbrücke of Schinkel. In the end the Kurfürstenbrücke (1894/95) and the Schleusenbrücke (1914) were also rebuilt in order to speed up traffic along the central main street.

In the course of this enormous renewal programme of the Wilhelminian period, the bridges not only became flatter and wider but could also no longer be raised. At the same time the new structures assumed specific, distinctive forms; they now had strong identities as bridges and thus dramatised Berlin's position on the water. The same applies to the urban design of the banks along the Spree. The Friedrichsgracht street sequence laid down at the beginning of the seventeenth century provided a vivid example of this design type: shoreline wall, street with railing at the water's edge and construction along the edge of the street closed off on the side of the island. The reference to water was thus always present. The small-scale development of Schlossfreiheit represented a high point of this dramatisation of the city on the water. To visitors on Unter den Linden it displayed the island character of the palace ensemble, and its demolition in 1897 contributed considerably to the loss of this impression, as well as to the desolate atmosphere of the entire Schloss area.

An additional wave of bridge renewal began in the National Socialist period. The Schleusenbrücke was modernised in 1937, and the Mühlendamm, first renovated in the Wilhelminian period, was torn down with all of its accompanying structures and replaced in 1938 with an auxiliary bridge. However, the demolition of the Kaiser-Wilhelm-Brücke begun in 1939 soon had to be stopped. The war imposed a different set of priorities.

In the Second World War the buildings of the old centre were largely destroyed – but this applied less to the structure of this centre, its ground plan, its lots and its traffic paths, including the urban infrastructure. The bridges were rapidly restored – notably, between 1949 and 1951, the Karl-Liebknecht-Brücke (previously Karl-Wilhelm-Brücke), the Mühlendamm "auxiliary bridge," the Schlossbrücke (known since 1951 as the Marx-Engels-Brücke) and the Schleusenbrücke.

Halte-Plätze in der Mitte

Es gab viele, letztlich gescheiterte Versuche, den beiden großen West-Ost-Passagen im Norden und Süden eine mittlere hinzuzufügen. Im Gespräch war eine Verlängerung der erweiterten Königstraße bzw. einer neuen, südlich des Rathauses durchgebrochenen Straße nach Westen – hin zur Französischen bzw. zur Jägerstraße. Im Zuge dieser potentiellen Hauptstraße befanden sich zwei bedeutende Halte-Plätze: Schloßplatz–Werderscher Markt.
Der Schloßplatz veränderte seit dem Bau des Schlosses ständig seinen Umfang, seine Funktion und seine Bebauung. Dabei festigte sich seine Bedeutung als repräsentativster Platz der Residenzstadt. Erst 1747 wurde der alte „Dom" abgebrochen und der Schloßplatz erweitert.
Seit der zweiten Hälfte des 19. Jahrhunderts wurde der charakteristische Kontrast von der Großstruktur des Schlosses und der kleinteiligen Bürgerhausbebauung wieder abgebaut.
Das Foto zeigt den Zustand um 1894, im Vordergrund die Statue des „Großen Kurfürsten" von Andreas Schlüter.

Stopping Places in the Centre

There were many ultimately failed attempts to add a central passage to the two large east-west passages in the north and south. Discussions revolved around extending the expanded Königstrasse or cutting a new street through to the south of the Rathaus – all the way to Jägerstrasse or Französische Strasse. Two important stopping places were located along the course of this potential main street: Schlossplatz and Werderscher Markt.
Ever since the Schloss was built, Schlossplatz has constantly changed in its size, function and development. Its status as the most representative square of the residence city became more established. Only in 1747 was the old Cathedral, previously the Dominikanerkirche, demolished and the Schlossplatz expanded. After the second half of the nineteenth century the characteristic contrast between the large structure of the Schloss and small-scale private housing was reduced.
The photograph shows the state of affairs around 1894,
that is, before the construction of the new Marstall, with Andreas

Der Werdersche Markt – hier in einer Ansicht von 1904 – wurde seit der ersten Hälfte des 19. Jahrhunderts insbesondere durch die Bauten Karl Friedrich Schinkels, die Kirche und die Bauakademie, geprägt. Die Bauakademie vermittelte zum nördlich gelegenen Schinkelplatz. Heute erinnert nur mehr die Friedrichwerdersche Kirche an den verschwundenen Platz. Unmittelbar hinter der Bauakademie erstreckte sich der Schinkelplatz als seltenes Beispiel eines Platzes am Wasser. Dieser durch drei Statuen von Schinkel, Thaer und Beuth geschmückte öffentliche Raum mußte dem Neubau des DDR-Außenministeriums weichen. Das Foto zeigt die Standbilder mit der Bauakademie im Hintergrund im Jahre 1888.
Südwestlich des Werderschen Marktes befand sich der unregelmäßige Hausvogteiplatz, ursprünglich eine Bastion der Festungswerke Memhardts. Die alte Hausvogtei, ein Untersuchungsgefängnis, mußte dem Bau der Reichsbank (1892–1894) weichen. Auf dem Foto ist der Zustand des Platzes 1892 zu sehen.

Schlüter's statue of the "Great Elector" in the foreground.
After the first half of the nineteenth century, the Werderscher Markt – here in a view of 1904 – was strongly influenced by the buildings of Karl Friedrich Schinkel, the Church and the Bauakademie. The Bauakademie provided a transition to Schinkelplatz, located to the north. Today only the Friedrichwerdersche Kirche recalls the vanished square. Directly behind the Bauakademie, Schinkelplatz presented a rare example of a square on the water. This triangular public space, decorated by three statues of Schinkel, Thaer and Beuth, had to make room for the new building of the GDR Foreign Ministry.
The photograph shows the statues with the Bauakademie in the background in 1888.
To the southeast was the irregularly shaped Hausvogteiplatz, originally a bastion in Memhardt's 17th century ramparts. The old prison of "Hausvogtei" had to make way for the construction of the Reichsbank (1892–1894).
The photograph shows the square in 1892.

Nach 1945: Auf dem Weg zu einem neuen Zentrum

Im Zweiten Weltkrieg wurden die Bauten des alten Zentrums erheblich zerstört, nicht aber oder nicht so sehr die Struktur dieses Zentrums, sein Grundriß, seine Parzellen, seine Verkehrswege samt der stadttechnischen Infrastruktur. Vor allem die Brücken wurden rasch wieder instandgesetzt – so zwischen 1949 und 1951 die Karl-Liebknecht-Brücke (vorher Kaiser-Wilhelm-Brücke), die Mühlendamm-Notbrücke, die Schloßbrücke (seit 1951 Marx-Engels-Brücke) und die Schleusenbrücke.

Frühe 50er Jahre

Die überkommene Struktur des Zentrums wurde nach der Spaltung der Stadt zunächst weitgehend respektiert. Als Rückgrat galt die repräsentative, nach Osten in die Arbeiterquartiere hinein zu verlängernde, im Bereich des Alexanderplatzes abknickende Achse Unter den Linden – Karl-Liebknecht-Straße – Frankfurter Allee (Stalinallee). Im alten Zentrum selbst führte eine solche Konzeption zur eindeutigen Abwertung des bürgerlich-kapitalistischen Hauptstraßenzuges Leipziger Straße – Gertraudenstraße zugunsten der absolutistischen via triumphalis zwischen Brandenburger Tor und ehemaligem Stadtschloß, der geheiligten Lindenallee. Damit war ein neuer Akzent gesetzt. Denn noch unter der Regie des sozialdemokratischen Stadtrats Karl Bonatz hatte Stadtbaudirektor Richard Ermisch 1947 im Rahmen seiner Cityaufbauplanung den südlichen Hauptstraßenzug der Leipziger Straße betont.

Dem weitgehenden Respekt vor dem historischen Stadtgrundriß im alten Zentrumsbereich entsprachen die ersten Planungen und Maßnahmen des Wiederaufbaus: Sicherungsmaßnahmen an historischen Bauten – etwa an der Bauakademie; Rekonstruktion herrschaftlicher Bauten im Osten der Straße Unter den Linden – etwa der Deutschen Staatsoper; Projekte zum Weiterbau repräsentativer Stadträume – etwa die Planung eines „Demokratischen Forums" am erweiterten Schinkelplatz.

Die Initiative Richard Paulicks und anderer Architekten zur Rettung des Stadtschlosses, die – so die Forschungsergebnisse von Simone Hain – mit der Qualität der Platzräume begründet wurde, konnte allerdings den Abriß der Schloßruine 1950/51 nicht verhindern. Da die Absicht, diesen Zerstörungsakt durch den Neubau eines zentralen Herrschaftsgebäudes städtebaulich zügig zu kompensieren, nicht verwirklicht werden konnte, geriet die überkommene Struktur der Spreeinsel ins Schwimmen. Die Dimension und Form des Marx-Engels-Platzes, die Dimension und Form des zentralen Herrschaftsgebäudes sowie die Funktion des gesamten Bereichs blieben während der 50er Jahre umstritten. Ein Vorschlag folgte dem anderen – ohne sichtbares Ergebnis.

Weniger umstritten schien die weitere Entwicklung der südlichen Insel. Daß die alte Bebauung der Fischerinsel erhalten und ergänzt, nicht aber abgerissen werden sollte, wurde noch 1959 verkündet: „Der Wiederaufbau und die Sanierung dieses Viertels wird Zubauten späterer Zeitabschnitte, Schuppen und verfallene Hinterhäuser abtragen und moderne technische und sanitäre Einrichtungen einfügen. Die historischen Gebäude werden in ihrer Form und Fassade restauriert, die Innenräume aber – Wohnungen, Ateliers, Werkstätten für das Kunsthandwerk – modern ausgestaltet. Anstelle der zerstörten Häuser werden Neubauten errichtet, die sich dem Stil dieses alten Stadtteils anpassen. Bis zum Jahre 1965 wird so dieses historische Viertel neu und schöner als zuvor erstehen."

Early 1950s

After the division of the city, the traditional structure of the centre was at first widely respected. Its backbone was considered to be the representative axis of Unter den Linden – Karl-Liebknecht-Strasse – Frankfurter Allee (Stalinallee), which was to be extended toward the working class quarters in the east and turned off at an angle in the area of Alexanderplatz. In the old centre itself, such a conception led to a clear devaluation of the bourgeois-capitalist main street line Leipziger Strasse – Gertraudenstrasse in favour of the absolutist via triumphalis between the Brandenburg Gate and the former Stadtschloss, the sacred Lindenallee. This placed a new accent. After all, even the plans for reconstruction of the downtown area directed by the social democratic Building Commissioner Richard Ermisch in 1947 had still emphasised the southern street line of Leipziger Strasse.

The first plans and projects of the reconstruction phase maintained the general respect for the historical urban plan in the area of the old centre. Historical buildings, such as the Bauakademie, were preserved. Traditional state buildings in the east of Unter den Linden, such as the Deutsche Staatsoper, were rebuilt. Projects were continued for the construction of representative urban spaces, such as the planning of a "democratic forum" at the expanded Schinkelplatz.

The campaign by Richard Paulick and other architects for preservation of the Stadtschloss, which was based (according to research by Simone Hain) on the quality of the spaces provided by the square, could not prevent the demolition of the palace ruins in 1950/51. Since the new rulers failed to live up to their promise to compensate for this act of destruction through rapid construction of a new government building, the traditional structure of Spreeinsel quickly became muddled. The dimensions and form of Marx-Engels-Platz, the dimensions and form of the central government building, and the function of the entire area remained controversial through the 1950s. One proposal followed the next – without visible results.

Further development of the southern island seemed less controversial. That the old buildings on Fischerinsel were to be preserved and supplemented rather than demolished, was still being proclaimed as late as 1959: "The reconstruction and renovation of this quarter will remove supplementary buildings of later periods, sheds and dilapidated back buildings and add modern technical and sanitary facilities. The historical buildings will be restored in form and façade, but the interior spaces – flats, studios, workshops for artisans – will be equipped with all modern conveniences. Destroyed buildings will be replaced by new structures that fit the style of this old urban district. By 1965 this historical quarter will rise again, new and more beautiful than before."

New Orientation at the End of the 1950s

The situation changed with teh competition for the socialist reconstructuring of the centre of the capital of the GDR at the end of the 1950s. The strategy of orientation to the structures of the old city gave way to plans for radical modernisation.

The start of the great debates over the transformation of the centre of Berlin came with an act of the urban-planning cold war: the Capital Berlin Competition tendered in 1957 by the (West German) federal government and the state of Berlin, whose object was the restructuring of the historical centre of Berlin. The guideline documents of this western

Neuorientierung gegen Ende der 50er Jahre

Den Auftakt der großen Debatten um die Gestaltung des Zentrums von Berlin bildete ein Akt kalten Städtebaukrieges: der vom Bund und Land Berlin 1957 ausgeschriebene Wettbewerb Hauptstadt Berlin, der die Neugestaltung des historischen Zentrums von Berlin zum Gegenstand hatte. Dieser westliche Wettbewerb bestätigte in seinen Ausschreibungsunterlagen im wesentlichen die auch im Osten wirksamen Vorstellungen der Organisation des neuen Zentrums durch West-Ost-Hauptstraßenbänder. Unbedingt erhaltenswert erschienen lediglich einige wenige Gebäude: im Bereich des heutigen Wettbewerbsgebietes ausschließlich die Friedrichswerdersche und die Petrikirche. Die Erhaltung von Dom, Bauakademie und Reichsbankneubau, ja selbst des Alten und Neuen Marstalls nebst einiger ausgewählter kleinerer Gebäude vor allem an der Brüderstraße und an der Fischerstraße war nur als „wünschenswert" deklariert. Der weitaus größte Teil der noch erhaltenen historischen Bausubstanz wurde zur Disposition gestellt. Der Ost-Berliner Wettbewerb zielte ebenfalls auf eine bestandszerstörerische Modernisierung des Zentrums. Sein Angelpunkt war aber – immer noch – die Plazierung und Gestaltung des zentralen Herrschaftsgebäudes. Unangetastet blieb eigentlich nur die Museumsinsel. Die Fischerinsel stand genauso zur Disposition wie der Raum zwischen Marx-Engels-Platz und Gertraudenstraße, wie der Dom, die Bauakademie und der Marstallkomplex. Im Jahre 1959 wurde die Idee eines mittleren Hauptstraßenzuges (Französische Straße – Rathausstraße) aufgegeben, ein neuer Hauptstraßenzug dagegen ins Gespräch gebracht: Leipziger Straße – Gertraudenstraße – Grunerstraße, also die bereits seit Jahrzehnten erträumte Direttissima vom Spittelmarkt zum Alexanderplatz. Damit war die neue Struktur der West-Ost-Hauptstraßenzüge gefunden. Diese Struktur war weiterhin ungleichgewichtig: Der repräsentativen Straße Unter den Linden – Marx-Engels-Platz stand im Süden eine breite Verkehrsschneise gegenüber, die keine Halte-Plätze mehr bot, sondern nur Verkehrsgelenke wie etwa am Spittelmarkt. Aus der einzigartigen historischen Passage mit Halte-Plätzen war eine Transitzone ohne Anreiz zum Verweilen geworden.

Kahlschlag der Reste des alten Zentrums

Der radikalen planerischen Modernisierung folgte in den 60er Jahren der Kahlschlag wichtiger überkommener Gebäude: der Abriß der Bauakademie (1961/62), der Petrikirche (1964) und des gesamten Fischerkietzes. Mit der Bauakademie und der Petrikirche verlor das Zentrum Berlins nicht nur zwei historische Gebäude, sondern auch zwei Halte-Plätze, den Werderschen Markt und den Petriplatz. Der Abriß des kleinteilig parzellierten und bebauten Fischerkietzes und die Auslöschung des artikulierten Straßenzuges zwischen Gertraudenbrücke und Mühlendamm waren noch folgenschwerer, sie entsprachen – hinsichtlich der Identität Berlins – dem Abriß des Stadtschlosses: Hier wurde einer der beiden Gründungsorte Berlins nahezu spurlos beseitigt. Lediglich die kaiserzeitliche Gertraudenbrücke und der nahegelegene, 1976 rekonstruierte Altbaublock an der Scharrenstraße bilden bis heute ein kaum mehr verständliches Relikt verflossener Zeiten. Die neue, achtspurige Autopiste der Gertraudenstraße sprengte auch den Zusammenhang zwischen nördlicher und südlicher Bebauung und isolierte den Stadtraum der Fischerinsel. Die Neubebauung mit Hochhäusern bringt diese Isolierung zum Ausdruck: Sie ist sich selbst genug – ohne jede stadträumliche

competition confirmed the ideas also in force in the East about the organisation of the new centre according to east-west belts of main streets. Only a very few buildings were specified as absolutely worthy of preservation – in the present-day competition area, only the Friedrichwerdersche Kirche and the Petrikirche. The preservation of the Cathedral, the Bauakademie and the new Reichsbank, even of the Old and New Marstalls along with a few selected smaller buildings mainly in Brüderstrasse and Fischerstrasse, was only declared "desirable." By far the largest part of the surviving historical architecture was placed at the planners' discretion.

The East Berlin competition also aimed at modernisation of the centre by destroying existing buildings. Its central point, though, was and remains the placement and configuration of the central government building. Only the Museum Island remained undisturbed. Fischerinsel was just as dispensable as the space between Marx-Engels-Platz and Gertraudenstrasse, the Cathedral, the Bauakademie and the Marstall complex. In 1959 the idea of a central street line (Französische Strasse – Rathausstrasse) was abandoned and replaced with that of a new main street line: Leipziger Strasse – Gertraudenstrasse – Grunerstrasse – in short, the diretissima from Spittelmarkt to Alexanderplatz that the planners had dreamed about for decades. Thus a new structure had been found for the main east-west streets. But this structure was largely out of balance: to its south the representative boulevard Unter den Linden – Marx-Engels-Platz faced a wide traffic space that no longer offered stopping places, merely traffic hubs such as the Spittelmarkt. The unique historical passage with stopping places had given way to a transit zone without incentives for lingering.

The Remnants of the Old Centre Are Wiped Out

The radical modernisation plans were followed in the 1960s by the razing of important surviving buildings: the Bauakademie (1961/62), the Petrikirche (1964) and the entire Fischerkietz. With the Bauakademie and the Petrikirche the centre of Berlin lost not only two historical buildings but also two stopping places, the Werderscher Markt and Petriplatz. Demolition of the Fischerkietz with its small-scale lots and development and the elimination of the articulated street sequence between Gertraudenbrücke and Mühlendamm had even greater negative consequences. Their loss affected the identity of Berlin similarly to the destruction of the Stadtschloss: here one of the two founding sites of Berlin was virtually wiped out without a trace. Today the Wilheminian Gertraudenbrücke and the nearby block of old buildings reconstructed in 1976 in Scharrenstrasse form a barely intelligible relic of past times. The new, eight-lane highway of Gertraudenstrasse destroyed the relationship between north and south and severed Fischerinsel from the rest of the island. The new high-rise building developments bring this isolation to vivid expression; they are self-sufficient, without any urban contextualisation in any direction. In functional terms, the purely residential development represented a programmatic response to the capitalist centre.

The new situation virtually stripped Friedrichswerder of its stopping places. The Werderscher Markt became a random residual area without attraction, and the same applies to Spittelmarkt – as well as, with certain reservations, to Hausvogteiplatz. Bereft and divorced from any link to other urban spaces, this strange residual space is dominated by the building of the Reichsbank, the former headquarters of the Central

**After 1945:
On the Way to a New Centre**

Das neue Zentrum nach 1945

Die Unterlagen des von westlicher Seite 1957 ausgeschriebenen „Wettbewerbs Hauptstadt Berlin" verdeutlichen
die Automobilorientierung wie das geringe Interesse der Auslober am Baubestand.
Nur die schwarz markierten Gebäude „sollten erhalten werden", bei den schraffierten Gebäuden sei eine „Erhaltung wünschenswert".
Der im weiteren Rahmen des von östlicher Seite ausgeschriebenen Wettbewerbs zur sozialistischen Umgestaltung der Hauptstadt Berlin 1958 vorgelegte Plan von Kosel u.a. zeigt die Lage eines monumentalen „Zentralen Hochhauses" am aufgeweiteten Spreewasser.
Daß noch Anfang der 60er Jahre in erheblichem Umfang Altbauten vorhanden waren, zeigt das linke Luftbild. Auf dem rechten Luftbild sind diese Bestände verschwunden, im Süden isoliert die neue Autopiste die Hochhäuser auf der Fischerinsel, im Norden kündigt der Bau
des Palastes der Republik den städtebaulichen Abschluß des Marx-Engels-Platzes an.

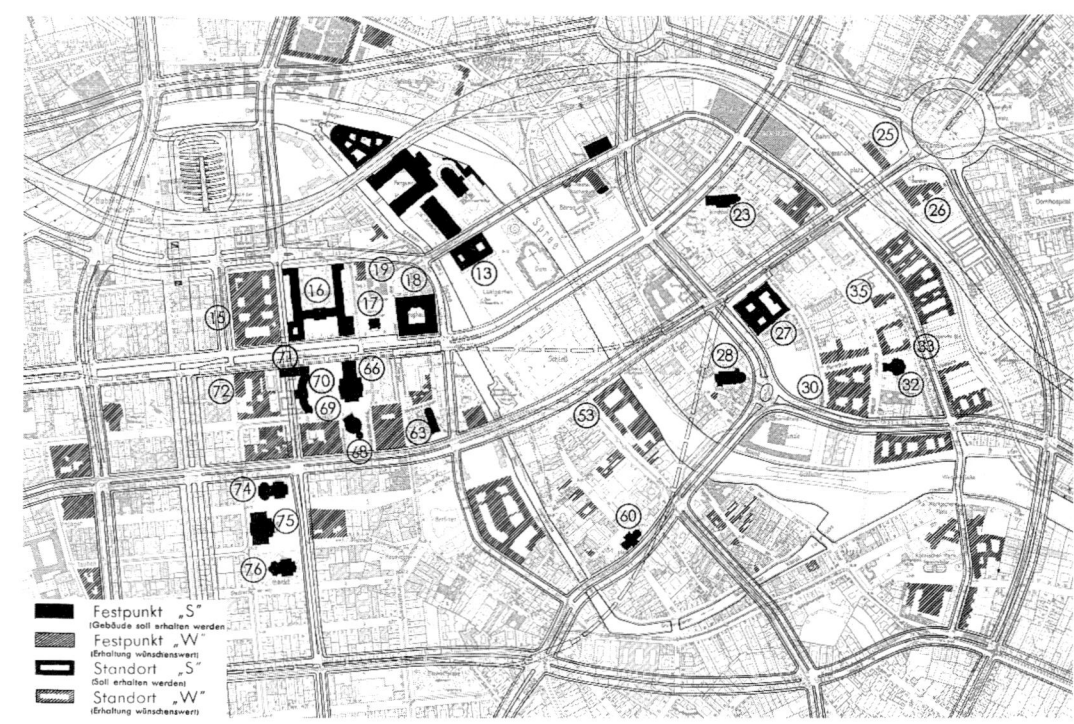

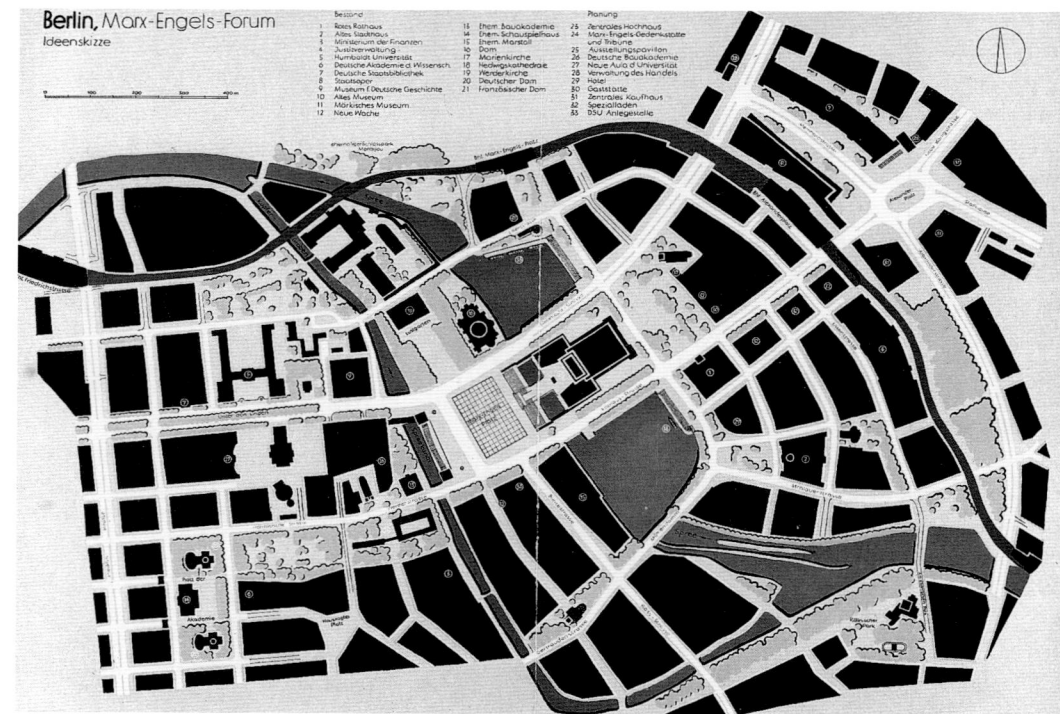

The New Centre after 1945

The documents of the Capital Berlin Competition held in the West in 1957 make clear the orientation toward the automobile as well as the organisers' minimal interest in preserving existing buildings.
Only the buildings marked in black were "to be preserved," while the shaded-in buildings stood for "preservation desirable."
The plan presented by Kosel as part of the competition organised by the eastern side for the socialist restructuring of the capital Berlin in 1958 shows the position of a monumental "central high-rise" on a widened Spree.
That a considerable number of older buildings still remained at the beginning of the 1960s is shown by the aerial view on the left.
In the photo on the right
the older buildings have vanished; to the south the new highway and the highrises on Fischerinsel stand in isolation,
while the construction of the Palace of the Republic indicates the future conclusion of Marx-Engels-Platz.

Vernetzung in irgendeine Richtung. Funktional war die reine Wohnbebauung eine programmatische Antwort auf die kapitalistische City. Der Friedrichswerder besaß in dieser neuen Figuration überhaupt keinen Halte-Platz mehr. Aus dem Werderschen Markt wurde ein zufälliger Restraum ohne Attraktion, das gleiche gilt für den Spittelmarkt – und, mit Abstrichen, für den Hausvogteiplatz. Einsam, ohne stadträumliche Einbindung, wird der seltsame Restraum durch den Bau der Reichsbank, den ehemaligen Sitz des ZK der SED, dominiert, dessen gekrümmte, jetzt freigelegte Form allein an die Gestalt des alten Friedrichswerder erinnert. Die Machtzentrale des neuen Staates hatte jeden Kontakt mit der Stadt vermieden.

Auf der Spreeinsel gewann der Marx-Engels-Platz an der Wende zu den 60er Jahren an Kontur. Mit dem Staatsratsgebäude erhielt er zunächst das baugeschichtlich wertvollste Gebäude der frühen DDR-Moderne in Berlin. Der folgende Bau des Außenministeriums signalisierte de facto ein neues Zentrumsverständnis. Erstmals brach dieses Gebäude im Dunstkreis des ehemaligen Stadtschlosses dessen Höhendiktat. Es verdeutlichte durch seine Barrierenwirkung den westlichen Abschluß des – geschrumpften – modernen Zentrumsbandes, das nach der Logik der späten 60er Jahre vom Alexanderplatz bis zum Marx-Engels-Platz reichte. Dorotheen- und Friedrichstadt gerieten damit in einen städtebaulichen Schatten. Allerdings wurde die Rekonstuktion herrschaftlicher Gebäude am östlichen Ende der Straße Unter den Linden auch in dieser Phase fortgesetzt – so etwa 1968/69 der Wiederaufbau des Kronprinzenpalais. Zugleich wurde auch der Neuaufbau des geschlossenen, in der Höhe begrenzten Straßenraums der Lindenallee bis zum Pariser Platz vollzogen.

Die lange Auseinandersetzung um die Ost-Begrenzung des Marx-Engels-Platzes, d. h. um den herrschenden Zentralbau, wurde erst in den 70er Jahren beendet – durch den Bau des Palastes der Republik, der dem Zentrumsband der Hauptstadt der DDR zwischen Marx-Engels-Platz und Alexanderplatz seine endgültige Form gab. Der Marx-Engels-Platz selbst blieb trotz aller Programmatik ein Halte-Platz von bescheidener Bedeutung: ganz selten Kundgebungsplatz, Autoabstellplatz im Alltag. Selbst die Maidemonstrationen fanden nach dem Bau des Palasts der Republik wieder in der Karl-Marx-Allee statt.

Stadt und Staat

Mit der Vertreibung der Hohenzollern im Jahre 1918 hatte sich der Staat bzw. sein Repräsentant formal von der Spreeinsel verabschiedet. Die Museumsinsel – einst ein Kind des Schlosses – vereinnahmte ihren Geburtsort, das Schloß wurde selbst Museum. Die Stadt hatte die ganze Spreeinsel zurückgewonnen. Dieser Funktionswechsel wurde erst in der DDR-Zeit wieder rückgängig gemacht – ausgerechnet in der Folge des Schloßabrisses. Der Staatstribüne auf dem leergeräumten Marx-Engels-Platz folgte zuerst der Sitz des Staatsrates (1962–64), dann der Sitz des Auswärtigen Amtes (1964–67) und des Bauministeriums (1967/68) sowie schließlich – mit deutlich zurückgenommenem Staatsanspruch – der Palast der Republik (1973–76). Schon vor der Einrichtung des Staatsrats okkupierte das ZK der SED den ehemaligen Reichsbankneubau auf dem benachbarten Friedrichswerder (1959). Damit war eine nord-süd-gerichtete stadträumliche Barriere staatlicher Einrichtungen entstanden, die die Barrierenfunktion des ehemaligen Schlosses bei weitem in den Schatten stellte.

Committee of the East German Communist Party, whose curved, today clearly visible shape is all that recalls old Friedrichswerder. The power centre of the new state had shied away from all contact with the city. On Spreeinsel, Marx-Engels-Platz had begun to take form around the start of the 1960s. The State Council Building located there was the most historically important building of early GDR modernism. The building of the East German Foreign Ministry that followed signalled a de facto revision of the understanding of the centre. For the first time this building in the immediate proximity of the former Stadtschloss broke the height scale once dictated by the palace. It also comprised a barrier that sealed off the western side of the shrunken modern central belt that extended, in the thinking of the late 1960s, from Alexanderplatz to Marx-Engels-Platz. This placed Dorotheenstadt and Friedrichstadt into a position of urban-design obscurity. However, the reconstruction of state buildings at the eastern end of Unter den Linden also continued in this phase, as with the reconstruction of the Kronprinzenpalais in 1968/69. At the same time the closed and delimited street space of Lindenallee was rebuilt all the way to Pariser Platz.

The long dispute over the eastern boundary of Marx-Engels-Platz – that is, over the dominant central building – came to an end only in the 1970s with construction of the Palace of the Republic, which gave final form to the central belt of the capital of the GDR between Marx-Engels-Platz and Alexanderplatz. Marx-Engels-Platz itself, despite all programmatic expectations to the contrary, remained a stopping place of modest significance: occasionally used for rallies, it served mainly as a parking lot. After the Palace of the Republic was built, even the May Day demonstrations took place in Karl-Marx-Allee.

State and City

With the expulsion of the Hohenzollerns in 1918, Spreeinsel formally dispensed with the state and/or its representative. The Museum Island, once a child of the Schloss, now reabsorbed the place of its birth as the Schloss itself became a museum. The city had reconquered the entire island. This functional shift was revoked only in the GDR period – ironically as a result of the demolition of the Schloss. The government tribune on the cleared Marx-Engels-Platz was followed first by the seat of the State Council (1962/64), then the headquarters of the Foreign Ministry (1964/67) and the Construction Ministry (1967/68), as well as finally, with greatly reduced official claims, the Palace of the Republic (1973/76). The Central Committee of the Communist Party had occupied the former Reichsbank on the adjacent Friedrichswerder (1959) even before construction of the State Council. This created a structural barrier of state institutions oriented to the north and south that vastly outdid the old barrier function of the Schloss.

Nach 1989: Auf der Suche nach dem verlorenen Zentrum

Die Wende des Jahres 1989 weckte zahlreiche Initiativen zur Neuordnung des Zentrums. Hintergrund dafür war ein doppeltes Unbehagen: ein eher ästhetisches Unbehagen vor allem westlicher Provenienz an der Gestaltung des modernen Zentrums und ein zivilgesellschaftliches Unbehagen vor allem östlicher Provenienz an der Art und Weise des geplanten Umgangs mit dem Zentrum.
Sehr schnell reagierte zunächst die Disziplin Architektur. Nicht in Berlin, sondern in Frankfurt präsentierten im Jahre 1991 international bekannte Architekten ihre Vision eines erneuerten Zentrums. Ihre Vorschläge entstanden ohne Auftrag, oft auch ohne genauere Kenntnis der komplexen Geschichte des Ortes und der Probleme heute. Das Feuerwerk der Architekturzeichnungen verpuffte daher schnell wieder. Der Architekteninitiative folgte die politische Initiative. Der Hauptstadtbeschluß im Jahre 1991 zwang das Land Berlin zur schnellen Festlegung von Regierungsstandorten. Ein Schwerpunkt sollte auf der Spreeinsel und dem Friedrichswerder angesiedelt werden. Dafür sprachen vor allem pragmatische Gründe: zum einen die Verfügung über Grund und Boden, konkret über die dem Bund zugefallenen DDR-Staatsimmobilien, zum anderen der Wunsch nach rascher Beseitigung des funktionalen Vakuums, das gerade mit der Aufgabe der DDR-Staatsinstitutionen geschaffen worden war.
Daß mit dieser politischen Entscheidung der Akt der Besitzergreifung städtischen Raums durch den DDR-Staat fortgeschrieben, ja quasi legitimiert wurde, irritierte trotz aller Rede vom Bruch mit der Vergangenheit nur wenige Verantwortlichen. Wichtig waren die Grundstücke, der Bruch mit der Vergangenheit sollte durch den Abriß der Bauten auf den Grundstücken erfolgen – städtebaulich ein Akt reiner Kosmetik. Tatsächlich wurden aus der Optik des Bundes bald alle Staats- und Herrschaftsbauten der DDR im Bereich der Spreeinsel und des Friedrichswerder als Abrißkandidaten behandelt: der Palast der Republik, das Außenministerium, das Staatsratsgebäude mit Anbauten, das Bauministerium, dazu auch das Gebäude des ZK der SED, also der Reichsbankneubau aus der NS-Zeit. Dem Ringen um Abriß und Erhalt dieser Bauten entsprach ein Hin und Her um die Zahl, die Art und die Größe der Ministerien, die in diesem Zentralraum Platz finden sollten.
Im Sommer 1993 ging eine Unternehmerinitiative zum Wiederaufbau des Berliner Stadtschlosses in die Offensive. Diese gesellschaftliche Bewegung – wenn auch nicht gerade „von unten" – darf nicht einfach als nostalgisch, rückwärtsgewandt oder gar „reaktionär" gekennzeichnet werden, wenngleich solche Motive mitschwingen. Sie ist auch eine Antwort auf den Raubbau an identitätsstiftenden Orten durch den modernen Städtebau, Folge des urbanistischen Vakuums im alten Zentrum von Berlin. Die westlich dominierte Initiative zum Wiederaufbau des Schlosses hat als Widerpart eine Spreeinselinitiative, die den Palast der Republik als Ort der Erinnerung und öffentlichen Begegnung verteidigt. Diese östlich dominierte Initiative wird zwar von der PDS unterstützt, ist aber mehr als ein Parteikind und Hort von DDR-Nostalgie. Sie schließt an Erfahrungen an, die im Wendejahr gemacht wurden: an die „Besetzung" des Palasts durch alternative Kulturinitiativen, an die Demonstrationen vor dem Palast, die die Absetzung des ZK erzwangen, an die Nutzung des Platzes durch Rummel und Märkte. Schloßaufbaufreunde wie Spreeinselinitiative implizieren eine Absage an einen dritten Weg, an eine völlig neue bauliche Gestaltung des Marx-Engels-Platzes.

The "turnaround" of the year 1989 brought to life numerous initiatives for the restructuring of the centre. The background was a twofold source of discomfort: first, mainly of western origin, a primarily aesthetic suspicion of the urban design of the centre and second, mainly of eastern origin, a grassroots discontent with the style and mode of planned approaches to the centre.
The architectural community initially reacted very quickly. Internationally known architects already presented (in Frankfurt rather than in Berlin) their vision of a renewed centre in 1991. They made their proposals without being commissioned and often without very precise knowledge of the complex history of the site and its problems today. The fireworks show of architectural drawings soon disappeared accordingly.
Political initiatives followed. The 1991 parliamentary resolution designating Berlin as the capital compelled the state of Berlin to specify sites for federal buildings as quickly as possible. One of the main areas was to be located on Spreeinsel and Friedrichswerder. This decision was motivated primarily by pragmatic reasons: on the one hand the control of real property (concretely of the GDR properties that had now fallen into the hands of the federal government), on the other the desire for quick elimination of the functional vacuum that had been created with the dissolution of the state institutions of the GDR.
That this political decision effectively continued the arrogation of urban space practiced by the GDR government and indeed virtually legitimised it, disturbed, despite all public talk of breaking with the past, only few of those responsible. The most important thing was the real estate, and the break with the past was to be symbolised by tearing down the buildings on the properties – in urban-planning terms a purely cosmetic act. Soon enough, in fact, the West German federal government was treating all the government buildings of the GDR period as candidates for destruction: the Palace of the Republic, the Foreign Ministry, the State Council Building with its ancillary buildings and the Construction Ministry as well as the buildings of the Central Committee of the Communist Party (i.e., the Reichsbank of the National Socialist era). The fights over demolition or preservation of these buildings corresponded to vacillation over the number, type and size of the ministries that were to find places in this central area.
In summer 1993 a group of businessmen started a private campaign to rebuild the Stadtschloss. This social movement, even if not exactly "from below," cannot be characterised simply as nostalgic, turned toward the past or "reactionary," even if such motives were also involved. It is also a response to the cynical destruction of authentic sources of identity by modern urban planning, the result of the urbanist vacuum in the old centre of Berlin. The western-dominated campaign for recreation of the Schloss has its counterpart in the "Spreeinsel Initiative," which defends the Palace of the Republic as a site of memory and public communication. This eastern-dominated group, while supported by the Party of Democratic Socialism, is more than a child of the party or a bastion of GDR nostalgia. It is based on experiences made in the year of the "turnaround": the occupation of the Palace by alternative cultural initiatives, the demonstrations in front of the Palace that forced the resignation of the Central Committee, the use of the for fairs and markets. Both the adherents of the Schloss and Spreeinsel Campaign imply a rejection of a third path, a complete reconfiguration of Marx-Engels-Platz.

Tastversuche nach 1989

Schon Anfang 1990 meldeten Architekten ihren Anspruch auf Neugestaltung des Ost-Berliner Zentrums an. In der Ausstellung „Berlin morgen" im Deutschen Architekturmuseum Frankfurt wurden Vorschläge präsentiert, die den noch unzureichenden Diskussions- und Kenntnisstand zum Ausdruck bringen. Allerdings gab es auch einige interessante Projekte, die noch heute Anregungen bieten und manchem beim Spreeinselwettbewerb prämiierten Beitrag kaum nachstehen. So legte etwa Vittorio Gregotti ein Konzept vor, das das alte mit dem modernen Zentrum vernetzt und das zentrale Thema Passage/Halte-Plätze neu formuliert. Die Architekteninitiative wurde bald durch die Aktivitäten der Freunde des Stadtschlosses in den Schatten gestellt. Die Schloßattrappe bot Anschauungsmaterial für den Streit um die Neugestaltung des Marx-Engels-Platzes.

Attempts after 1989

By the beginning of 1990, architects were already announcing their plans for renovating the East Berlin centre. In an exhibition entitled "Berlin Tomorrow" in the German Architecture Museum in Frankfurt they presented proposals that expressed the still inadequate level of knowledge and discussion. But there were also some interesting projects that remain worthy of consideration and which can hold their own against some of the contributions of the Spreeinsel competition. Vittorio Gregotti, for example, presented a plan for interconnecting the old and modern centres that offers a new formulation of the central theme of passages and stopping places. The architects' initiative was soon dwarfed by the activities of the advocates of the Stadtschloss. The canvas dummy of the palace served as illustrative material for the debate over the future destiny of Marx-Engels-Platz.

**After 1989:
The Search for the Lost Centre**

Der Wettbewerb

Der im August 1993 durch den Bund und das Land Berlin ausgelobte, zweiphasige „Internationale Städtebauliche Ideenwettbewerb Spreeinsel" hatte eine ausgesprochen schwierige Ausgangsposition. Mit großer Zielsicherheit wurden zwei besonders sicherheitsempfindliche Ministerien für das Zentrum Berlins auserkoren: das Außen- und das Innenministerium. Zahl und Art der Regierungsbauten schienen damit zwar festzustehen, diese waren aber keineswegs nachhaltig und finanziell abgesichert. Das gleiche galt für die „beschlossenen" Abrisse: den kurzfristigen Abriß des „asbestverseuchten" Palastes der Republik, den mittelfristigen Abriß des Außenministeriums und den fakultativen Abriß des Staatsratsgebäudes. Offen war auch die Finanzierung der großen nichtministeriellen Einrichtungen am Marx-Engels-Platz: des Kongreßzentrums und der städtischen Bibliothek, offen war die Nutzung der nichtstaatlichen Neubauten am Werderschen Markt und entlang des Hauptstraßenzuges Gertraudenstraße.

Ungeklärt war weiter das Konzept des West-Ost-Verkehrs im gesamten Zentrum, nicht nur zwischen Spreebogen und Spreeinsel, nicht nur des Straßenverkehrs, sondern auch des Schienenverkehrs. Selbst über den Rückbau der Leipziger Straße war „noch nicht abschließend entschieden". Unsicherheit bestand, wie mit den städtebaulichen Hinterlassenschaften der DDR-Ära umzugehen sei – etwa mit dem städtebaulichen Konzept der 60er Jahre für die Fischerinsel und mit der Modifikation des Stadtgrundrisses durch das Staatsratsgebäude. Umstritten war auch, ob und wieweit das Auswärtige Amt den Marx-Engels-Platz in Beschlag nehmen darf. Unklar blieb schließlich der Bezug des Wettbewerbsgebiets zu seiner Umgebung – vor allem nach Osten hin, zum großen Freiraum zwischen Spree und S-Bahnhof Alexanderplatz, aber auch nach Norden zum Lustgarten, nach Süden zur Fischerinsel und nach Osten zum Spittelmarkt und zum Hausvogteiplatz. All diese Bezüge sind stadträumlich außerordentlich wichtig, wurden durch den Wettbewerb aber ausgegrenzt oder nur angeschnitten.

Folge war ein Wettbewerb ganz besonderer Art, bei dem sich schon während des Verfahrens die Konditionen laufend veränderten. Man denke nur an die Reduktion des Raumprogramms für das Auswärtige Amt: Betrug der geforderte Raumbedarf in der ersten Wettbewerbsphase noch 130.000 BGF, so schrumpfte er in der zweiten Phase auf 100.000 BGF. Man denke weiter an den Beschluß des Haushaltsausschusses des Deutschen Bundestages, die Ministerien vor allem in Altbauten unterzubringen, an die unerwartet niedrige Hauptstadtfinanzierung seitens der Bundesregierung für Berlin, der etwa das Kongreßzentrum zum Opfer fiel, an die Haushaltskrise des Landes Berlin, an den Meinungsumschwung in der politischen Öffentlichkeit zugunsten eines Erhalts des Palastes der Republik, an den bereits abgeschlossenen Wettbewerb für den Deutschen Industrie- und Handelstag an der Breiten Straße, an die Aufgabe eines Großprojektes des Medienkonzerns Bertelsmann am Spittelmarkt, an den generellen, erzwungenen politischen Zug zu mehr Sparsamkeit, an die wachsende Zustimmung zur PDS im Ostteil der Stadt.

Durfte angesichts einer solch schwierigen Ausgangslage ein Wettbewerb überhaupt ausgeschrieben werden? Diese Frage wurde bereits vor der Ausschreibung in Fachkreisen kontrovers diskutiert. Im Rückblick ist die Frage müßig. 1105 Architekten entschieden sich für eine Teilnahme, 1053 wurden vom 13. bis zum 15. Dezember 1993 in einem – gemessen an der Zahl der Teilnehmer und der Zeit der Auswahl – Schnellverfahren

The two-phase "Spreeinsel International Competition for Urban Design Ideas" sponsored by the federal government and the state of Berlin in August 1993 started from an extremely difficult position. Very consciously the competition organisers chose the centre of Berlin as the site for two ministries with particularly high security requirements: the Foreign Affairs Ministry and the Interior Ministry. The number and type of government buildings thus appeared to have been set, but these were neither conclusively nor financially secured. The same applied to the "approved" plans for demolition: the short-term removal of the "asbestos-contaminated" Palace of the Republic, the middle-term removal of the GDR Foreign Ministry and the optional demolition of the State Council Building. Also left open were the financing of the large non-ministerial institutions on Marx-Engels-Platz, the Congress Centre and the city library, as well as utilisation of the non-governmental new buildings on Werderscher Markt and along Gertraudenstrasse. Also unclear was the strategy for east-west traffic throughout the centre, not only between Spreebogen and Spreeinsel, and of rail traffic as well as street traffic. A "permanent decision" had not even been taken about renovation of Leipziger Strasse. There was uncertainty about how to deal with the urban-planning legacy of the GDR, such as the 1960s planning strategy for Fischerinsel and the modification of the city plan by the State Council Building. Another source of controversy was whether and how far the Foreign Office could occupy Marx-Engels-Platz. Finally there was vagueness about the relationship of the competition area to its surroundings – especially toward the east, toward the large open area between Spree and the Alexanderplatz S-Bahn station, but also north to the Lustgarten, south to Fischerinsel and east to Spittelmarkt and Hausvogteiplatz. Though all these references are of great urban-planning significance, the competition merely touched upon them or excluded them altogether.

The result was a competition of unique circumstances, one in which the conditions were changing even during the competition itself. Here one only need recall the reduction of space requirements for the Foreign Office. While the required space in the first phase of the competition still amounted to 130,000 sq. meters of gross floor area, in the second phase it shrank to 100,000 sq. meters. Then there was the resolution of the Budget Committee of the German Bundestag that ministries should be housed primarily in old buildings; the unexpectedly low financial support for Berlin by the federal government, which resulted, among other things, in elimination of the Congress Centre; the budget crisis of the state of Berlin; the shift in political opinion in favour of preserving the Palace of the Republic; the already completed competition for the German Conference of Trade and Industry building in Breite Strasse; the abandonment of a large project by Bertelsmann at Spittelmarkt; the forced political move toward more thriftiness; and the growing popularity of the Party of Democratic Socialism in the east of the city.

Should a competition even be held in view of such difficult starting conditions? This question was already being hotly debated by experts even before the competition began. In retrospect it appears moot. 1105 architects decided in favour of participation, 1053 of whom were rejected in a rapid sorting procedure from 13 to 15 December 1993. Of the 52 remaining architects, 12 were ultimately singled out for special recognition on May 11, 1994 after a three-day judging session, with five receiving prizes and the seven others honorable mentions.

wieder ausgesondert. Von den 52 verbliebenen Architekten wurden am 11. Mai 1994 nach einer dreitägigen Preisgerichtsklausur 12 herausgehoben – 5 durch Preise und 7 durch Ankäufe.

Muß der Wettbewerb Spreeinsel unter der Rubrik „Arbeitsbeschaffungsmaßnahme" bzw. „Spiegelfechterei" abgeheftet werden? Das wäre eine Unterschätzung symbolischer Aktionen und Auseinandersetzungen. Auch aus der Diskussion der Ergebnisse eines Ideenwettbewerbs ohne umfangreiche Bauaufträge können neue Prioritätensetzungen hervorgehen. Wichtig sind die Sichtweisen und Wertungen, die die Entscheidungen des Preisgerichts beflügelt haben, die Botschaften, die in Stadt und Land gehen. Diese Botschaften künden – ob man das will oder nicht – von der Kultur der neuen Hauptstadt.

Ost-West-Strukturen

Die Interessenlagen waren relativ eindeutig: Der Bund konzentrierte sich auf die Standorte der beiden Ministerien, die veröffentlichte Meinung starrte gebannt auf das Areal des ehemaligen Schlosses. Die Optik des Landes Berlin hätte dagegen diese Sichtweisen sprengen müssen. Strukturell ging es ja um die Überwindung eines doppelten historischen Widerspruchs im Berliner Zentrum: zwischen West und Ost sowie zwischen Süd und Nord.

Nach der durch das herrschaftliche Schloß bewirkten Westorientierung der Zentrumsentwicklung und der durch die Nachkriegsplanung der DDR durchgesetzten Ostorientierung des Marx-Engels-Platzes im Kontext des Zentrumsbandes zwischen Alexanderplatz und DDR-Außenministerium mußte ein neues Konzept der West-Ost-Vermittlung gefunden werden.

Fast noch schwieriger war die zweite Aufgabe: Der über Jahrhunderte fruchtbare, die besonderen Verhältnisse des Berliner Zentrums kennzeichnende Widerspruch zwischen stadtbürgerlichem Hauptstraßenzug im Süden und der herrschaftlichen Achse Unter den Linden im Norden wurde erst in der DDR-Zeit durch die drastische Herabstufung der Süd-Passage zu einer Autopiste verspielt. Die Wiederherstellung einer Passage mit Halte- und Verweilplätzen im Norden wie Süden der Spreeinsel war aus der Sicht Berlins die vielleicht anspruchsvollste strukturelle Wettbewerbsaufgabe.

Auch in Zukunft werden Ost-West-Strukturen das Gebiet prägen, aber welcher Art? Autostraßen, Bänder des öffentlichen Nahverkehrs, Fußgängerverkehr? Welche neue Balance zwischen Passagen und Halte-Plätzen ist einer Großstadt des 21. Jahrhunderts angemessen? Solche Fragen wurden aber weder in angemessener Form formuliert noch bearbeitet. Eine zukunftsorientierte Planung konnte eigentlich nur von zwei bedeutsamen Ost-West-Straßen mit städtischem Charakter und einem mittelfristig drastischen Rückbau des privaten Kfz-Verkehrs im Zentrum der Großstadt ausgehen.

Die Auslober waren da eher rückwärtsgewandt. Trotz ungeklärtem Gesamtkonzept für den Zentrumsverkehr wurden in der 2. Wettbewerbsphase neue Vorgaben ins Spiel gebracht, die zu Alarm Anlaß geben. War schon die Forderung nach 1.100 Tiefgaragenplätzen für die beiden Ministerien und das Konferenzzentrum sehr problematisch, so sind die Anforderungen an die „Hauptverkehrsstraßen" Unter den Linden, Gertraudenstraße und Breite Straße für den Zentralraum einer Großstadt unerträglich. Die Vorgabe von vier Fahrstreifen plus zwei Park-/Lieferstreifen für die Breite Straße erlaubt keinen angemessenen

Will the Spreeinsel Competition have to be filed away under the heading of "work-creation scheme" or "shadowboxing programme"? To do this would be to underestimate symbolic actions and debates. The discussion of the results of an idea competition, even one that did not involve major building commissions, can also serve to establish new priorities. Important are the views and evaluations that have inspired the jury, the messages that go out into city and country. Whether we like it or not, these messages proclaim the culture of the new capital.

East-West Structures

The interests involved were fairly clear: the federal government concentrated on the site of the two ministries, while published opinion stared as if entranced at the site of the former palace. The perspectives of the state of Berlin ought to have foiled these simple views. Structurally the main aim was to overcome a dual historical contradiction in the centre of Berlin: between East and West as well as between South and North.

After the western orientation of the centre's development first imposed by the Schloss, and then the eastern orientation of Marx-Engels-Platz imposed by the postwar planners of the GDR as part of the central belt between Alexanderplatz and the Foreign Ministry, a new strategy for overcoming the east-west divide had to be found.

Even more difficult was the second task. The contradiction between the middle-class street in the south and the autocratic axis of Unter den Linden in the north – for centuries a fruitful tension that characterised the special conditions of the centre of Berlin – was destroyed in the GDR period by a drastic downgrading of the southern passage to an automotive throughway. From Berlin's point of view, the reconstruction of passages with areas for lingering in both the north and south of Spreeinsel was perhaps the most challenging task of the competition.

East-west structures will continue to shape the area in the future, but of what kind? Highways, public transport arteries, pedestrian traffic? What new balance between passages and stopping places is appropriate to a big city of the twenty-first century? Such questions have been neither formulated nor addressed in appropriate form. Strictly speaking, a forward-looking plan could only be based on two important eastwest streets with urban character and a drastic middle-term reduction of private automobile traffic in the centre of the city.

Here the competition sponsors remained, if anything, behind the times. Despite the unclarified overall strategy for the central traffic, new requirements introduced in the second phase of the competition provided some cause for alarm. While the demands for 1100 subterranean parking spaces for the two ministries and the conference centre were already problematic, the new requirements placed on the "main traffic streets" of Unter den Linden, Gertraudenstrasse and Breite Strasse are unacceptable for the central space of a big city. The specification of four lanes plus two parking and delivery lanes for Breite Strasse rules out the option of street rollbacks. A planning target of six traffic lanes plus a special central rail lane for street cars in Gertraudenstrasse continued the devaluation and isolation of the southern Spreeinsel as an urban space and the further reduction of Gertraudenstrasse to a transit zone. The street line of Unter den Linden – Karl-Marx-Strasse – Karl-Liebknecht-Strasse faced a similar problem. Here four lanes and two special bus lanes were specified.

The Competition

Rückbau mehr. Mit der Planung von sechs Fahrstreifen plus besonderem Bahnkörper für die Straßenbahn in der Gertraudenstraße wurde die Abwertung und Isolierung der südlichen Spreeinsel als Stadtraum und die weitere Reduktion der Gertraudenstraße als Transitzone fortgeschrieben. Für den Straßenzug Unter den Linden – Karl-Liebknecht-Straße stellte sich ein ähnliches Problem: Hier wurden vier Fahrstreifen plus zwei Bus-Sonderspuren vorgegeben.

Verhältnis von Stadt und Staat
Gefordert war zuallererst die Verortung von zwei Ministerien, des Auswärtigen Amtes auf der Spreeinsel und des Innenministeriums auf dem Friedrichswerder. Während die Unterbringung des Innenministeriums im Reichsbankgebäude und einem möglichen Neubau nördlich der Hauptfront der Reichsbank im großen und ganzen unstrittig war, blieben der genaue Standort und die stadträumliche Differenzierung des Auswärtigen Amtes noch zu klären. Der Vorschlag des ersten Preisträgers gliedert das geforderte gewaltige Bauvolumen dieses Ministeriums sehr überzeugend im Rahmen einer differenzierten Blockstruktur mit Innenräumen unterschiedlichen Typs – allerdings um den Preis des Abrisses des Staatsratsgebäudes und unter der Annahme einer Öffnung der inneren Nord-Süd-Passage für jedermann.

Doch genau diese Annahme wurde seitens der Bundesbauministerin schon bald als illusorisch gekennzeichnet. Die Bundesregierung hat darüber hinaus schon vor Wettbewerbsbeginn klargestellt, daß ihre Bauten zwar in die Stadt integriert werden sollen, diese Integration aber ihre Grenzen hat. Eine Mischnutzung etwa im Erdgeschoßbereich von Ministerien ist ausdrücklich in den Wettbewerbsunterlagen als „nicht zulässig" ausgeschlossen worden. Sicherheitsanforderungen werden auch den Außenraum belasten. Die Standorte der Ministerien müßten daher hinter die Baulinien der öffentlichen Zentralräume zurückgezogen werden. In dieser Frage waren die Anforderungen inkonsequent formuliert. Stadtverträglichkeit konnte eigentlich nur heißen: kein Außenministerium direkt am Marx-Engels-Platz, Minimierung der Präsenz dieses Ministeriums an der Breiten Straße, kein Innenministerium direkt am Werderschen Markt.

Diese Prinzipien widersprachen aber dem Interesse der Auslober. Sämtliche prämiierten Arbeiten rückten das Außenministerium direkt an den Marx-Engels-Platz und das Innenministerium direkt an den Werderschen Markt. Eine solche Lösung bedeutet angesichts der zu erwartenden Sicherheitsansprüche eine Reduktion des öffentlichen Charakters der Platzräume. Besonders ausgeprägt ist dieses Dilemma bei der Arbeit des 2. Preisträgers. Einen möglichen Weg zur Minimierung der Beeinträchtigung öffentlicher Räume zeigt der Vorschlag von Ungers, der den Neubau des Auswärtigen Amtes auf die Fläche zwischen Staatsrat und dem Straßenzug Sperlingsgasse – Neumanngasse beschränkt. Der Forderung nach monofunktionalen Staatsbauten widersprach ausgerechnet der einzige ausländische Preisträger, Rudolf Rast aus Bern.

Berlin muß nicht nur seine Stadtinteressen gegenüber der Regierung verteidigen, sondern auch klären, ob die Stadt langfristig in ihren Zentralräumen mehr einbringen will als eine finanziell nicht abgesicherte Bibliothek und die übliche private Mischung aus steinernen Bürobauten mit teuren Wohnungen, Geschäften und Gaststätten. Natürlich wären kulturelle Einrichtungen wünschenswert, insbesondere ein Ort

Relationship between City and State
Required first of all were specific sites for two ministries, the Foreign Ministry on Spreeinsel and the Interior Ministry on Friedrichswerder. While the option of housing the Interior Ministry in the Reichsbank building and a possible new building to the north of the main frontage of the Reichsbank was largely beyond dispute, the precise site and specific design of the Foreign Ministry remained to be specified. The proposal by the winner of the first prize divides up the enormous volume required for this ministry with interior spaces of different types – at the price, however, of razing the State Council Building and based on the assumption that the inner northsouth passage can be opened to public traffic.

And yet precisely this assumption was soon described by the Federal Minister of Building as illusory. Moreover, the federal government had also made it clear before the start of the competition that, although its buildings were indeed to be integrated into the city, this integration would also have its limits. Mixed uses on the ground floors of the ministries, say, are expressly declared "not admissible" in the competition stipulations. Security requirements will also have an effect on the outside spaces. For this reason the sites of the ministries will have to be moved back behind the construction lines of the public central spaces. In this respect the requirements are inconsistent. Urban compatibility could only really be fulfilled as follows: no Foreign Ministry directly on Marx-Engels-Platz; minimization of this ministry's presence on Breite Strasse; no Interior Ministry directly on the Werderscher Markt. However, these principles contradicted the interests of the competition sponsors. All the submitted projects placed the Foreign Ministry directly on Marx-Engels-Platz and the Interior Ministry directly on the Werderscher Markt. In view of the expected security requirements, such a solution can only mean diminishment of the public character of the outdoor spaces. This dilemma is especially pronounced in the case of the secondprize winner. One possible remedy to the decline in the quality of public spaces is offered by Ungers, who restricts his new Foreign Ministry building to the area between State Council and the Sperlingsgasse–Neumanngasse street sequence. The demand for monofunctional government buildings was opposed by the only foreign prize winner, Rudolf Rast of Bern.

Not only should Berlin be defending its urban interests against the government – it should also be clarifying whether the city is prepared to contribute more to its central spaces than a financially unsupported library and the usual private mixture of concrete office buildings with expensive apartments, businesses and restaurants. Cultural institutions would naturally also be desirable, especially a place for exhibits, possibly in the State Council Building that is now the property of the federal government. Culture alone is far from sufficient, however. Humboldt University, which looks less than entirely secure in view of the coming competition for its property, should be guaranteed a stable place in the centre. An additional site, perhaps at the Werderscher Markt, would be worth considering to this end. This would provide an opportunity for reviving the postwar idea of a "city of popular education" with a dominant university strip in the centre of Berlin. Vague allusions to "scholarly institutions" or "conceivable university uses" are of no help.

für Ausstellungen, womöglich in dem dem Bund gehörigen Staatsratsgebäude. Kultur allein aber ist längst nicht ausreichend. Die im Konzert der Standortkonkurrenz nicht gerade standsichere Humboldt-Universität müßte im Zentrum stabilisiert werden. Dafür wäre ein weiterer Standort etwa am Werderschen Markt überlegenswert. Hier könnte auch an der Nachkriegsidee einer „Volksbildungsstadt" mit dominantem Universitätsband in der Mitte Berlins angeknüpft werden. Bloße Andeutungen über „wissenschaftliche Einrichtungen" oder „denkbare universitäre Nutzungen" helfen jedenfalls nicht weiter.

Marx-Engels-Platz
Der Marx-Engels-Platz war seit den 60er Jahren Bestandteil eines Dreisprungs großer Freiräume: Alexanderplatz, Freiraum zwischen diesem Platz und der Spree sowie der Abschluß dieser Kette, der Marx-Engels-Platz selbst. Dieser Dreisprung war die modernistische Antwort der DDR-Führung auf die Frage nach einer Neubestimmung des Berliner Zentrums. Das Zentrumsband repräsentierte nicht nur die Mitte der Hauptstadt der DDR, sondern die Mitte der DDR schlechthin. Auf diese städtebauliche Modernisierung muß heute eine Antwort gefunden werden. Für den Marx-Engels-Platz bedeutet das, daß seine künftige Struktur nicht nur aus der Westsicht, von der Straße Unter den Linden her, sondern auch aus der Ostsicht, vom Fernsehturm her, zu diskutieren ist.
Es geht in dieser Auseinandersetzung aber nicht nur um zwei konträre Positionen hinsichtlich der Gestaltung des Marx-Engels-Platzes, sondern auch um die Festigung einer Kultur der Ost-West-Verständigung. Was bedeutet das angesichts der beiden gesellschaftlichen Initiativen zum Wiederaufbau des Schlosses bzw. zum Erhalt des Palastes der Republik? Der Auftrag an die Wettbewerbsteilnehmer war eindeutig: weg mit dem „Palast".
Dieser Forderung folgten die meisten Architekten und – mit Einschränkungen – das Preisgericht. Der erste Preis zielt auf den Abriß des DDR-Gebäudes, um einem riesigen, „Stadthaus" genannten Baukörper Platz zu machen, der noch etwas über die Dimension des alten Schlosses hinausgeht und durch ein innenliegendes Großoval gekennzeichnet ist. An die Dimension des verschwundenen Schlosses erinnern auch die Vorschläge des 2., 3. und 5. Preisträgers. Aber nur der 2. Preisträger deutet im Westen auch die Gestaltung des Schlosses an.
Ist ein „Kompromiß" zwischen den beiden gesellschaftlichen Initiativen möglich, der zugleich den Anforderungen an eine gestalterische und funktionale Verbesserung des ehemaligen Schloßbereichs gerecht wird? Bei einer solchen Lösung gäbe es keinen „Sieger", aber auch keine „Besiegten", allerdings müßten beide Positionen zugunsten einer Vermittlung zurückstecken. Die Konturen des Palastes der Republik könnten bestehen bleiben – als Ergebnis des Umbaus des vorhandenen Gebäudes. Historisch wichtig sind vor allem die inneren Raumstrukturen, das Äußere könnte architektonisch neu interpretiert werden. Denkbar wäre westlich daneben – am besten durch eine Fuge getrennt – eine Baufigur, die an das Schloß erinnert.
Einen anregenden Vorschlag hat Ungers präsentiert. Er erhält den „Palast", erinnert aber zugleich an das alte Schloß – durch einen „Negativraum" in Form eines „historischen Parks". Die „Umbauung" des verschwundenen Schlosses verbessert nicht nur die Sicht von den

Marx-Engels-Platz
Since the 1960s, Marx-Engels-Platz has been part of a triple-jump of large open spaces: Alexanderplatz, the open space between this square and the Spree and the conclusion of this chain, Marx-Engels-Platz itself. This triple jump was the modernistic response of the GDR leadership to the question of a new definition of the Berlin centre. The central belt represented not only the centre of the capital of the GDR but also the centre of the GDR per se. Today we must find a new answer to this modernisation of the urban plan. For Marx-Engels-Platz this means that its future structure must be discussed not solely from the western viewpoint – that is, the perspective of Unter den Linden – but also from the eastern viewpoint, from the perspective of the television tower.
However, this debate is not only a matter of two contrary positions for the design of Marx-Engels-Platz, but also of establishing a culture of east-west understanding. What does this mean in view of the two public campaigns for the reconstruction of the palace or retention of the Palace of the Republic? The specification given to the competition participants was unambiguous: away with the Palace.
Most of the architects and, with some qualifications, the jury followed this requirement. The first prize aims at demolishing the GDR building in order to make room for a gigantic structure called a "Stadthaus" that would go somewhat beyond the dimensions of the old Schloss and which is marked by a large interior oval. The dimensions of the vanished Schloss are also alluded to by the proposals of the second-, third- and fifth-prize winners. But only the second-prize winner also indicates the form of the Schloss to the west.
Is there a possible "compromise" between the two social initiatives that would simultaneously live up to the demands placed on a formal and functional improvement of the former Schloss area? In such a solution there would be no "winners," but also no "losers," though both positions would have to scale down their demands in the interest of a compromise. The contours of the Palace of the Republic could be retained by renovating the existing building. The interior spaces have the greatest historical value, while the exterior could be reinterpreted. One possible alternative might be a building, formally recalling the Schloss, located adjacently to the west (and, at best, separated from the Palace by a narrow space).
Ungers has presented an intriguing proposal. He retains the Palace even while recalling the old Schloss – by means of a "negative space" in the form of a "historical park." A "perimeter development" on the site of the vanished Schloss not only improves the view from Unter den Linden but also relativises the excessive representational claims of the two remaining big GDR buildings by scaling down the long-distance view. This variant also makes possible a water frontage on the Spree Canal. However, it rules out restoration of the historical public squares in the area of the Schloss.
The second key problem at Marx-Engels-Platz was how to handle the architectural landmark of the State Council Building. As a historical document this building embodies the turn away from the neo-absolutist idea of a central high-rise with the most important state functions that was originally to follow in the footsteps of the demolished Schloss. This rejection is also expressed in the architectural form: the façade is divided up asymmetrically and subordinated to the proportions of the

Linden her, sondern relativiert auch die überzogenen Repräsentationsansprüche der beiden erhaltenen Großbauten der DDR durch eine Rücknahme der Fernsicht. Auch eine Wasserfront am Spreekanal wird so möglich. Allerdings ist bei einer solchen Lösung die Neuanlage historischer Platzräume im Schloßareal ausgeschlossen.

Das zweite Schlüsselproblem am Marx-Engels-Platz war der Umgang mit dem Baudenkmal Staatsratsgebäude. Dieses Gebäude verkörpert baugeschichtlich die Abkehr von der neoabsolutistischen Idee eines zentralen Hochhauses mit den wichtigsten Staatsfunktionen, das in die Fußstapfen des abgebrochenen Schlosses treten sollte. Eine solche Abkehr drückt sich auch in der architektonischen Gestaltung aus: Die Fassade ist asymmetrisch gegliedert und ordnet sich den Proportionen des einbezogenen barocken Schloßportals unter. Das Staatsratsgebäude steht stadtbaugeschichtlich für das Bemühen, den südlichen Abschluß des Marx-Engels-Platzes in etwa auf der Höhe der kriegszerstörten südlichen Bebauung des früheren Schloßplatzes zu markieren. Es widersprach damit den Vorstellungen der frühen 50er Jahre, die Platzrandbebauung weiter nach Süden zu schieben und den Platz so zusätzlich zu monumentalisieren. Zusammen mit dem Marstallgebäude wurde ein erlebbarer südlicher Abschluß des Platzes geschaffen – wenn auch auf Kosten der im Norden beseitigten Brüderstraße.

Das Preisgericht prämiierte 5 Arbeiten, die den Abriß des Staatsratsgebäudes vorsahen, und 7 weitere, die auf dessen Erhalt zielten. Allerdings wurden die Abrißvorschläge eindeutig besser plaziert: es sind die ersten drei preisgekrönten Entwürfe und die ersten beiden Ankäufe. Von den übrigen 40 Arbeiten projektierten lediglich 14 den Erhalt des Gebäudes.

Werderscher Markt und Umgebung
So variantenreich die Vorschläge zum Markt-Engels-Platz waren, so knapp ist das angebotene Lösungsspektrum für den Bereich jenseits des Spreekanals. Vor allem die Wiedererrichtung der Bauakademie, die Wiederanlage des Werderschen Marktes und die Schaffung eines Werderschen Parkes sind bei den verbliebenen Teilnehmern des Wettbewerbs nahezu unbestritten. Kein Teilnehmer läßt das DDR-Außenministerium stehen. Sämtliche prämiierten Arbeiten zeigen die Bauakademie, von den übrigen 40 Arbeiten immer noch 34. Auch der Schinkelplatz soll nach dem Willen von 11 prämiierten und 30 sonstigen Teilnehmern wiederhergestellt werden.

Etwas irritierend sind die Vorschläge der ersten Preisträger zur städtebaulichen Gestaltung des Bereichs vor dem Reichsbankbau aus der NS-Zeit. So sieht der 2. Preisträger die Anlage eines Platzes vor, der dem in den 30er Jahren geplanten, aber nicht realisierten Konzept eines „Ehrenhofes" vor der Hauptfassade sehr nahe kommt. Auch der Vorschlag des ersten Preisträgers ist in dieser Hinsicht nicht unproblematisch: Unterstreicht er doch durch die Öffnung des Nordblocks genau in der Hauptachse der alten Reichsbank die beabsichtigte Wirkung der pathetisch repräsentativen, starren Nordfassade. Ähnliches gilt für den 3. Preis. Wohltuend ist hier der Vorschlag von Ungers, der – wie schon bei den Großbauten der DDR am Marx-Engels-Platz – auch den NS-Großbau durch eine gewöhnliche Straße in seiner Fernwirkung beschneidet.

Kritische Rekonstruktion des Stadtgrundrisses?
Auf der Spreeinsel und dem Friedrichswerder wird das Prinzip der kritischen Rekonstruktion des Stadtgrundrisses schnell obsolet, soweit es

---

integrated Baroque portal of the original Schloss. In terms of urban-planning history the State Council Building stands for the attempt to mark the southern conclusion of Marx-Engels-Platz at roughly the same point as the destroyed southern buildings of the earlier Schlossplatz. It thus contradicted early-1950s-vintage proposals for shifting the buildings at the edge of the square to the south, thus additionally momumentalising the space. In combination with the Marstall this created a clearly defined southern conclusion of the square – albeit at the cost of Brüderstrasse eliminated to the north.

The jury gave awards to five works that provided for the demolition of the State Council Building and seven additional ones that aimed at its preservation. However, the proposals for demolition came off much better: they included the first three prizewinning entries and the first two honorable mentions. Of the remaining 40 works, only 14 provided for preservation of the building.

Werderscher Markt and Surroundings
As varied as the proposals for Marx-Engels-Platz were, so limited is the offered range of solutions for the area beyond the Spree Canal. In particular the reconstruction of the Bauakademie, the reconstruction of the Werderscher Markt and the creation of a Werderscher Park are virtually undisputed by the remaining participants in the competition. No participant leaves the GDR Foreign Ministry in its place. All prizewinning entries show the Bauakademie, as well as 34 of the remaining 40 proposals. 11 of the prize winners and 30 of the rest also want to restore Schinkelplatz.

The proposals of the top prize winners for the area in front of the National-Socialistera Reichsbank building are rather confusing. Thus, for example, the second-prize winner proposes the creation of a square which comes very close to the idea, suggested in the 1930s but never carried out, of an "honour court" before the main façade. The proposal of the first-prize winner has related problems: by opening up the northern block precisely in the main axis of the old Reichsbank it merely serves to amplify the intended effect of the theatrically representative, rigid northern façade. The same applies to the third prize. More satisfying is the proposal of Ungers, who, as in the case of the big GDR buildings on Marx-Engels-Platz, again uses an ordinary street to reduce the long-distance effect of the giant Nazi structure.

Critical Reconstruction of the City Plan?
On Spreeinsel and Friedrichswerder the principle of critical reconstruction quickly becomes obsolete insofar as it is understood as simple restoration of the urban plan prior to 1945. Ever since the occupation of the northern part of Spreeinsel by the Hohenzollerns, the old ground plan has repeatedly been placed into question – in the north with enduring success, in the south with little effect at first (despite heavy attacks by planners). Only after 1960 did the breakthrough come – with sobering results. Conditions on Friedrichswerder are similar. There, though, a big step toward destruction of the old city had already been taken in the 1930s with construction of the Reichsbank. In view of the continuity of radical urban transformation, the legitimacy of reconstruction of the urban plan appears in fundamentally different terms from that of the structurally much more stable Dorotheenstadt and

als schlichte Rekonstruktion des Stadtgrundrisses vor 1945 verstanden wird. Seit der Besetzung des Nordteils der Spreeinsel durch die Hohenzollern wurde der alte Stadtgrundriß immer wieder in Frage gestellt – im Norden mit nachhaltigem Erfolg, im Süden – trotz gewichtiger planerischer Attacken – zunächst mit wenig Erfolg. Erst nach 1960 gelang dort der Durchbruch – mit ernüchterndem Ergebnis. Ähnlich sind die Verhältnisse auf dem Friedrichswerder. Dort war allerdings bereits in den 30er Jahren mit dem Reichsbankneubau ein großer Schritt in Richtung Zerstörung der alten Stadt getan.

Angesichts der Kontinuität des radikalen Stadtumbaus stellt sich die Legitimation einer Rekonstruktion des Stadtgrundrisses prinzipiell anders dar als etwa in der strukturell bei weitem stabileren Dorotheen- und Friedrichstadt. Vor allem aber ist das Grundsatzproblem des Umgangs mit den baulichen und stadträumlichen Produkten der deutschen Geschichte seit 1945 auf die Tagesordnung gesetzt. In dieser Frage drohen aber vorschnelle, oft unbegründete, durch kulturelle Geringschätzung der Architektur der 60er Jahre und der DDR-Architektur im besonderen motivierte Abrißwünsche.

Problematisch wird das Leitbild einer Rekonstruktion der stadträumlichen Verhältnisse vor 1945 nicht nur auf dem Areal des Palasts der Republik, sondern auch auf dem des Staatsratsgebäudes und auf der Fischerinsel. Durch den preisgekrönten Kahlschlag am Marx-Engels-Platz würde das herrschaftliche Zentrum der DDR spurlos getilgt.

Gegen den Palast der Republik wurde unter dem Gesichtspunkt des Stadtgrundrisses ausschließlich dessen Lage als Abschluß des Prospekts von der Straße Unter den Linden her ins Feld geführt. Daß der Palast der Republik nach Osten, zum großen Freiraum zwischen Spree und Alexanderplatz, stadträumlich besser zur Geltung kommt als nach Westen, ist offensichtlich. Besser auch als etwa die von den ersten drei Preisträgern vorgeschlagenen Bauten. Jede Diskussion des Stadtgrundrisses von morgen muß das Problem der Ost-West-Vermittlung als Hauptaufgabe thematisieren.

Die Forderung nach Abriß des Staatsratsgebäudes wurde – schon vor dem Wettbewerb – immer wieder mit der Notwendigkeit der Wiederherstellung des Stadtgrundrisses, d.h. der neuerlichen Durchlegung der Brüderstraße zum Schloßplatz, begründet. Dies ist ein typisches, auf Korrektur bedeutsamer, aber unliebsamer Geschichte zielendes Argument: Ein vorhandenes bauliches Denkmal soll zugunsten eines nicht mehr vorhandenen „städtebaulichen Denkmals" geopfert werden. Dieses Argument dient faktisch der Legitimierung der Platzschaffung für das Außenministerium direkt am repräsentativen Schloßplatz, da das Staatsratsgebäude als Ministerialbau schlecht geeignet und vorzeigbar ist und daher der erwünschten neuen Adresse des Außenministers im Wege steht.

Etwas anders stellt sich die Situation im Süden der Spreeinsel dar. Ein Abriß der Wohnhochhäuser auf der Fischerinsel verbietet sich schon aus wohnungspolitischen Gründen. Allerdings werden von den Architekten in der Regel sämtliche Einrichtungen der unentbehrlichen kommerziellen und sozialen Infrastruktur weggeräumt. Nahezu alle Preisträger empfehlen eine erhebliche Verdichtung der Fischerinsel, nur der 3. Preis zeigt eine gewisse Zurückhaltung. Diese schematische bauliche Verdichtung ist angesichts der vorhandenen Wohnungsdichte höchst problematisch und wurde auch durch das Preisgericht in Frage gestellt. Sie zeigt die große Distanz der Teilnehmer von den Sorgen vor Ort.

Friedrichstadt. Above all, however, it is the fundamental problem of how to deal with the architectural and urban-planning legacy of German history since 1945 that has been placed on the agenda. As previous experience shows, this question also contains the threat of premature, often unjustified desires for demolition motivated by cultural condescension toward the architecture of the 1960s and GDR architecture in particular.

The guiding principle of reconstruction of the urban-planning conditions prior to 1945 becomes problematic not only in the area of the Palace of the Republic, but also on the site of the State Council Building and Fischerinsel. The prize-winning eradication of Marx-Engels-Platz would wipe out the government centre of the GDR without a trace.

The objection made against the Palace of the Republic in terms of its effect on the ground plan was based exclusively on its position as the conclusion of the avenue from Unter den Linden. That the Palace of the Republic comes to effect more successfully toward the east, toward the large open space between Spree and Alexanderplatz, than it does toward the west, is obvious. In this respect the Palace is also superior to the buildings proposed by the first three prize winners. Any discussion of the urban ground plan of tomorrow must thematise the problem of the east-west relationship as its main task.

The demand for demolition of the State Council Building – even before the competition – has repeatedly been justified with the necessity of restoring the urban ground plan, i.e. by once again extending Brüderstrasse through to Schlossplatz. This is a typical argument aimed at the correction of significant but unloved history: an existing historical architectural monument should be sacrificed for the sake of a vanished "urban layout monument." This argument in effect serves to legitimise the creation of the square for the Foreign Ministry directly on the representative Schloßplatz, since the State Council Building is poorly suited as a ministry and insufficiently presentable and thus stands in the way of the desired new address of the Foreign Minister.

The situation in the south of Spreeinsel looks rather different. Demolition of the residential high-rises on Fischerinsel is ruled out solely by the dictates of housing policy. However, the architects generally do away with all the indispensable commercial and social infrastructure. Almost all prize winners recommend a significant increase in the density of Fischerinsel, with only the third prize showing a certain measure of restraint. This schematic increase in development density is extremely problematic in view of the existing residential density and was also questioned by the jury. It is an expression of the distance between the competition participants and the interests of the site's inhabitants.

Das Ergebnis

von Felix Zwoch

„Berlin ist die Hauptstadt der Vereinigten Staaten von Europa", schreibt Herwarth Walden 1923, und er denkt dabei an eine Hauptstadt für ein tolerantes, kulturell vielfältiges und sozial gerechtes Gemeinwesen, das Nationalismus und Egoismus hinter sich gelassen hat. Am Ende dieses Jahrhunderts nimmt Europa Gestalt an, warum also eine nationale Hauptstadt, eine Rolle, die Berlin nie sonderlich gestanden hat? „Berlin ist unpersönlich", schreibt Herwarth Walden, „die Stadt hat den Vorzug, daß sich an ihr die großen Persönlichkeiten den Kopf zerbrochen haben, was durchaus im Interesse der Menschheit liegt. Die Architekten haben vergeblich diese Stadt zu zieren versucht, trotzdem man ihr ganz Bayern, das halbe Griechenland und einen Rest Italien aufgezwängt hat."

Das Parlament der Bundesrepublik hat im Sommer 1991 entschieden, daß Berlin nach der Vereinigung der beiden deutschen Staaten auch die neue Hauptstadt sein solle. Mit dem Umzug von Parlament und Regierung wird der Staat Bauherr in Berlin. Und sucht sich einen Platz in der Mitte, um dieser Stadt, die keine Mitte mehr hat und vielleicht Mitte nie wirklich nötig hatte, genau jene Mitte zu geben, die der Staat von seiner nationalen Hauptstadt erwartet. So wurde für die Spreeinsel ein Internationaler Städtebaulicher Ideenwettbewerb ausgeschrieben; das Bauprogramm, aus dem sich die Stadtmitte konstituieren soll, besteht aus in erster Linie aus einer Bibliothek – Herberge der Dichter und Denker –, einem Medienzentrum – Herberge der Erwartungen – und zwei Ministerien – für die inneren und äußeren Angelegenheiten des Staates.

Der Ort ist dicht besiedelt mit architektonischen Erinnerungen und noch immer belegt mit den Staatsbauten der DDR, deren Erinnerungsgut zweifelhaft und umstritten ist. Das Schloß der Hohenzollern von Andreas Schlüter, will, obwohl lange zerstört, aus der Erinnerung nicht weichen, es drängt sich in die Vorstellung von diesem Platz, so sehr, daß der Vorstellung in Form einer Kulisse Ausdruck gegeben werden mußte und viele der Wettbewerbsbeiträge sich von ihm nicht lösen konnten. Einige wenige Teilnehmer haben es wortwörtlich in ihren Entwurf hineinzitiert, viele haben Umriß und Volumen wiederaufgenommen. Geschah es, weil die symbolische Kraft der Vergangenheit so stark war, oder geschah es, weil das Schloß die Proportionen des Stadtraums an dieser Stelle einst vorzüglich definierte? Handelt es sich hier um reaktionären Historizismus, um falschverstandene Symbole oder um Stadtbaukunst? Von solchen Zweifeln unbelastet ist die Bauakademie von Karl Friedrich Schinkel jenseits des Spreekanals. Eine architektonische Mystifikation, Vorbild und Traum jedes Architekten, als Schinkels Meisterwerk geführt. Das großartige Bauwerk soll nach dem Willen fast aller jener 52 Architekten der zweiten Wettbewerbsphase wiedererrichtet werden. Kann die Bauakademie helfen, Mitte zu definieren, oder wünscht man sich nur eine zweifelsfreie Architektur in einer Zeit, in der Architektur voller Zweifel ist?

Keiner besucht den Platz, ohne diese Bauten zu imaginieren – und findet sich umringt von den Staatsbauten der untergegangenen DDR, deren Existenz in der Imagination mehr als gefährdet ist. Der Platz der neuen Mitte ist umstellt von den Bauten des Staatsrats, des Palastes der Republik und des Außenministeriums. Die Wettbewerbsausschreibung hat die Existenz dieser Bauten quasi annuliert und es den Teilnehmern anheim gestellt, ohne sie (oder mit Teilen von ihnen) nach Gusto zu verfahren. Das Staatsratsgebäude symbolisiert die Aufbaugeschichte

"Berlin is the capital of the United States of Europe", wrote Herwarth Walden in 1923. He was thinking of a capital for a commonwealth of tolerance, cultural diversity and social justice, a commonwealth that had left nationalism and egoism behind. At the end of this century Europe is taking shape, so why a national capital, a rôle which has never particularly suited Berlin? "Berlin is impersonal," says Herwarth Walden, "the city has the advantage that great personalities have racked their brains over it, a fact which is thoroughly in the interests of humanity. The architects' attemps to adorn the city have been in vain, although they have forced upon her all of Bavaria, half Greece and a remnant of Italy."

In the summer of 1991, the parliament of the Federal Republic of Germany decided that following the unification of the two German states, Berlin should be the new capital. With the transfer of parliament and government, the state becomes the sponsor of building in Berlin. And it is looking for a place in the centre, to give this city – which doesn't have a centre any more and perhaps never really needed one – exactly that centre which the state expects from its national capital.

Thus an international urban planning competition for ideas for the Spree island was announced; the building programme from which the city centre is to constitute itself consists primarily of a library – sanctuary of poets and thinkers –, a media centre – sanctuary of exhibitions – and two ministries, for the interior and exterior affairs of the state.

The location is thickly populated with architectural memories and is still occupied by the state buildings of the German Democratic Republic, buildings whose memories are dubious and controversial. Andreas Schlüter's Hohenzollern palace, though long since destroyed, refuses to recede from memory: it thrusts itself into the image of this place, so much so that the image had to be given expression in the form of a stage set, and many of the competition entries were unable to free themselves from it. A few of the participants included literal quotations of the palace in their designs, and many adopted its outlines and volumes again. Was this because the symbolic power of the past was so strong, or because at one time the palace so preeminently defined the proportions of urban space? Are we dealing here with reactionary historicism, with misunderstood symbols, or with the art of urban planning? Unencumbered by such doubts is the Bauakademie by Karl Friedrich Schinkel on the other side of the Spree canal. An architectural mystification, model and dream of every architect, considered as Schinkel's masterpiece. Almost every one of the 52 architects in the second phase of the competition envisions the rebuilding of the grandiose structure. Can the Bauakademie help to define the centre, or are we only wishing for a doubt-free work of architecture in a time when architecture is full of doubt? No one visits the site without imagining this building – and finds him or herself surrounded by the state buildings of the fallen GDR, whose existence in the imagination is more than in danger. The site of the new centre is encompassed by the buildings of the Staatsrat, the Palace of the Republic and the Ministry of the Exterior. The announcement of the competition has, as it were, annulled the existence of these buildings and left it up to the participants to proceed without them (or with parts of them) however they please. The Staatsrat building symbolizes the history of the creation of the GDR: it is an architectural reminder of the early years of socialism and bears as decoration in its entrance axis the Portal IV of the old

der DDR, es ist eine architektonische Erinnerung an die frühen Jahre des Sozialismus, und in der Eingangsachse trägt es als Schmuck das Portal IV des alten Hohenzollernschlosses, von dessen Balkon Karl Liebknecht 1918 die Räterepublik ausrief. Dies alles wurde als quantité négligeable bewertet. Einige der Architekten haben hier den Bauherrn korrigiert: Sie entschieden sich, das Gebäude zu erhalten und in eine neue Baustruktur zu integrieren. Wenige Wochen nach der Wettbewerbsentscheidung hat sich eine Initiative aus Architekten, Bauhistorikern und Stadtplanern gegründet, die für den Erhalt des Staatsratgebäudes wirbt. Der Palast der Republik ist auf der Ebene der Erinnerungen ein Geschenk des sozialistischen Staates an das Volk, auf der Ebene der Architektur verzichtbares Gut. Die Ausschreibung hatte keinerlei Interesse mehr an ihm. Einige Teilnehmer haben etwas länger darüber nachgedacht und, indem sie ihn ganz oder in Teilen erhalten, umgebaut, angebaut, anverwandelt haben, versucht, mit der Substanz einen Teil der Erinnerungen zu behalten. Das Gebäude des Außenministeriums ist eindeutig leer, leer von Erinnerungen, bar jeder architektonischen Wertschätzung, im Bewußtsein nicht mehr vorhanden.

Der weltweit ausgeschriebene Wettbewerb für Berlins Stadtmitte hat über tausend Teilnehmer auf den Plan gerufen, obwohl oder vielleicht gerade weil man eine Mitte nicht planen kann. Auch die Ausschreibung krankt an diesem Widerspruch, und an dem Widerspruch, den die zwischen Stadt und Staat geteilte Verantwortung mit sich bringt. Weil die Aufgabe nicht klar zu umreißen ist, erwartet man sich Lösungen von der Form – die Ausschreiber genauso wie die Architekten. Um der Pluralität der Ansprüche, Wünsche, Erwartungen, Bedeutungen gerecht zu werden, sucht man eine Pluralität formaler Antworten, wohl wissend, daß die eine, richtige, alles umfassende nicht dabei sein kann. Deshalb der zweistufige Wettbewerb.

Das einzige, das wirklich real ist, ist die Leere an diesem Ort. Jene, die mit dem Ergebnis des Wettbewerbs unzufrieden sind, möchten sie behalten, bis man es besser weiß. Aber die Leere im Herzen der Stadt bringt die Gedanken nicht weiter, und eine Zeit, in der alle es besser wissen, gibt es nicht. Die Preisrichter, die aus tausend Entwürfen fünfzig ausgewählt, und aus diesen fünfzig in einem zweiten Durchgang eine Rangfolge gebildet haben, konnten nichts anderes tun, als den Vorlieben oder Abneigungen für oder gegen eine bestimmte Form zu folgen. Architektonische Form, gerade solche, die pluralistisch ausgewählt wird, ist Zeitgeschmack. In der Gegenwart heute beinhaltet eine mehrheitsfähige Form ebenso viele Elemente des Rationalistischen (Gereihtes, scheinbar Eigenschaftsloses) wie des Reaktionären (die zusammenfassende, dominante symbolträchtige Form). So erklärt sich der erste Preis.

Ob das Ergebnis des Wettbewerbs in den prämierten Arbeiten besteht oder nicht vielleicht doch in den Fragen, die die Beiträge aufgeworfen haben in bezug auf den Platz und die in ihm geborgenen Erinnerungen, sei dahingestellt. Berlin hat sich einmal mehr als Gastgeber erwiesen. Es hat die Pläne für die Hauptstadt der Bundesrepublik Deutschland einem internationalen Forum anvertraut. Und das scheint mir die Leistung des Wettbewerbs: Er hat den Gegensatz zwischen einer nationalen Hauptstadt und einer „Hauptstadt für die Vereinigten Staaten von Europa" aufgehoben.

Hohenzollern palace, from whose balcony Karl Liebknecht proclaimed the soviet republic in 1918. All this was considered quantité négligeable. A few of the architects corrected the client at this point: they decided to preserve the building and integrate it into a new structure. A few weeks after the competition was decided, an initiative of architects, architectural historians and urban planners was formed to campaign for the preservation of the Staatsrat building. The Palace of the Republic is, at the level of memory, a gift of the socialist state to the people, and at the level of architecture, a nonessential commodity. The competition announcement had no interest whatsoever in it. A few participants have considered it more closely and have tried, by preserving, transforming or building onto it, in whole or in part, to keep a part of the memories along with the substance. The GDR Ministry of the Exterior is clearly empty, empty of memories, devoid of any architectural value, not even present in awareness.

The worldwide announcement of the competition for the Berlin city centre has called over a thousand participants to plan, even through – or perhaps precisely because – a centre cannot be planned. The announcement itself suffered from this contradiction, as well as from the one which comes with the sharing of responsibility between city and state. Because the assignment cannot be clearly outlined, we – sponsors and architects alike – look for solutions in the form. In order to do justice to the plurality of claims, wishes, expectations and meanings, we seek a plurality of formal responses, knowing well that there can never be a single, right, all-encompassing answer. Hence the two-phase competition.

The only thing that is really tangible is the emptiness of the place. Those who are dissatisfied with the results of the competition would like to keep it that way until we know better. But the emptiness in the heart of the city does not bring our thoughts any further, and there is no such thing as a time when everyone will know better. The judges who chose fifty out of a thousand designs, and who ranked these fifty a second time through, had no choice but to follow preferences for or aversions to a particular form. Architectural form, especially that which is pluralistically selected, reflects the taste of the time. Nowadays a form capable of appealing to a majority embraces as many rationalistic elements (the serial, the seemingly featureless) as reactionary ones (the epitomizing, predominantly symbolic form). Thus the first prize can be explained.

The question of whether the result of the competition consists in the awarding of prizes, or perhaps rather in the issues the entries have raised regarding the site and the memories it bears, remains open.

Berlin has once again proven itself as a host. It has entrusted the plans for the capital of the Federal Republic of Germany to an international forum. And that seems to me to be the true accomplishment of the competition: It has canceled the opposition between a national capital and a "Capital for the United States of Europe".

The Result

by Felix Zwoch

Die Arbeiten des Wettbewerbs
The Competition Entries

1 Bernd Niebuhr, Berlin

Das Schloß repräsentierte den Ort des Ursprungs aller Handlungen. Ursache aller Handlungen war die Idee der Stadtgründung und ihre bauliche und repräsentative Manifestation. Das Schloß wurde zur Mitte der Gesellschaft. Auf das Schloß hat sich die Stadt bezogen, an ihm hat sich die Stadt vernetzt, zu ihm hat die Stadt Abstand gehalten, zwischen ihm und der Stadt gab es Räume. Diese Räume werden sinn- und bedeutungslos ohne die Kubatur des Schlosses.

Das Stadthaus nimmt die Kubatur des Schlosses auf. Es begrenzt historisch gewachsene Räume, reagiert auf die Stadt. Es beherbergt gehobene, öffentliche, universelle Nutzungen. Der Charakter der Funktionen wie Ausstellung, Kongreß und Bibliothek strahlen über die Stadt hinaus. Der Sockel des Stadthauses wird gebildet durch das geschlossene Buchmagazin. Über dem geschlossenen Magazin liegt die Ausstellungshalle, die sich zu allen Seiten der Stadt öffnet. Die Ausstellungshalle ist teilbar und als Foyer für das im 1. Obergeschoß befindliche Kongreßzentrum nutzbar. Das Kongreßzentrum stellt mit seinen kubischen Vortragsräumen ein Abbild der Stadt dar. Die Bibliothek stellt den oberen Abschluß der Kubatur dar. Ihren übergeordneten Ausdruck erhält sie durch den großen Ring des Freihandmagazins, das den Stadthof umschließt.

Der Stadthof stellt die inhaltliche Dimension der Mitte dar. Er materialisiert die Sehnsucht nach der gesellschaftlichen Mitte, die es nicht mehr gibt. Er reagiert nicht auf Außenräume, nicht auf die Geometrie der Stadt. Er bezieht sich nur auf sich selbst und entzieht sich reiner Funktionalität. Sinnbild des Hofes ist das Theater. Das Theater ist Abbild gesellschaftlichen Lebens und Plattform für seine Auflösung und Kritik. Im Stadthof ist jeder Akteur und Zuschauer zugleich. Der Hof ist ein Bild für Gemeinschaft.

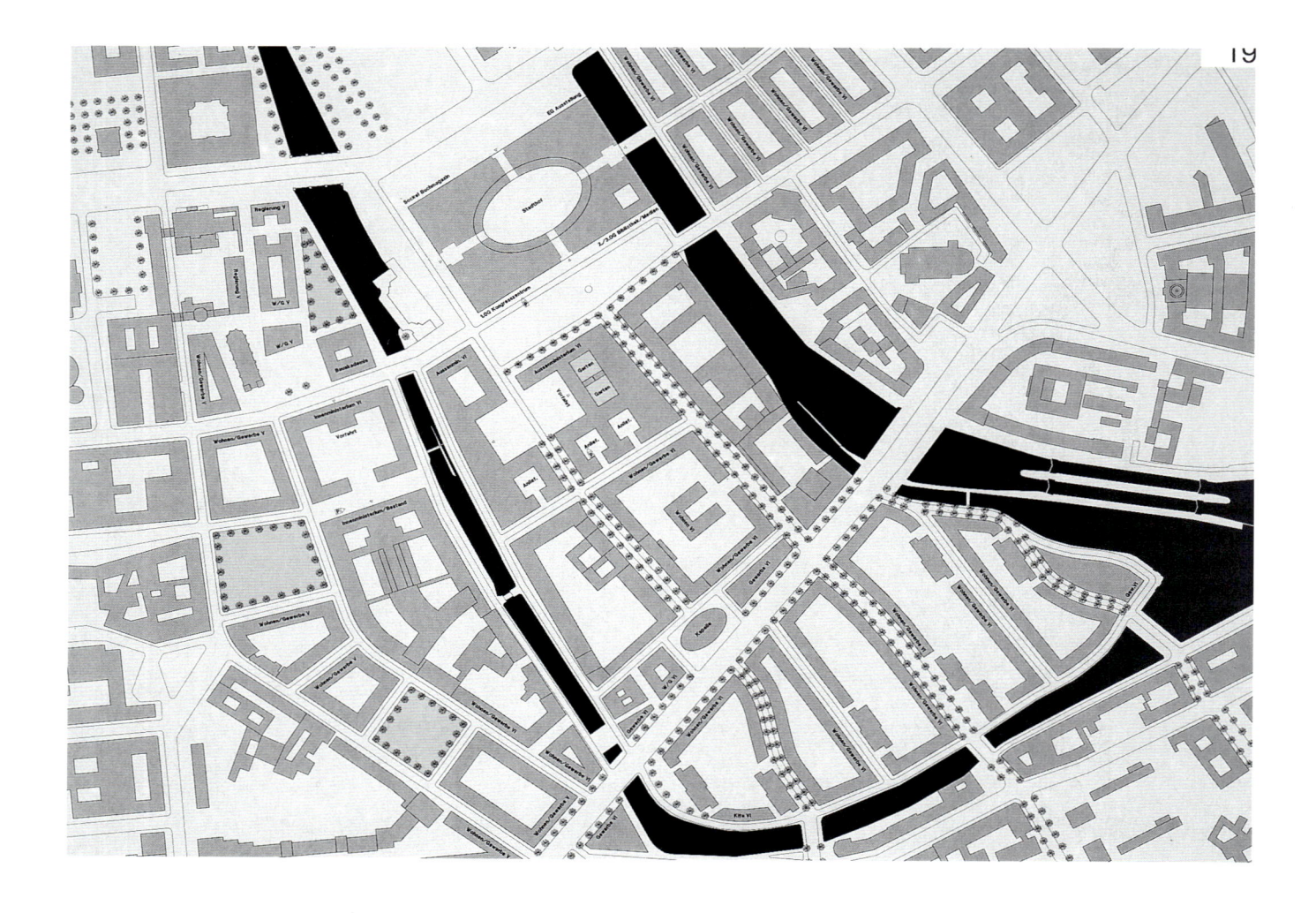

The Schloss represents the location of the source of all actions. The idea of the foundation of the city and its architectural and representative manifestation was the cause of all actions. The Schloss became the centre of society. The city referred to the Schloss, the city formed a network around it, the city kept a distance to it, there were spaces between it and the city. These spaces are senseless and meaningless without the cubature of the Schloss. The city hall incorporates the cubature of the Schloss. It forms a boundary around spaces that have arisen historically, responds to the city. It houses clerical, public, and universal functions. The character of the functions such as exhibition, congress and library has an impact that reaches beyond the city limits.

The base of the city hall is formed by the closed library stacks. Above the closed stacks is the exhibition hall opening to all sides of the city. The exhibition hall is dividable and can be used as a foyer for the congress centre located on the second floor level. The congress centre with its cubic seminar rooms depicts an image of the city. The library presents the upper conclusion of the cubature. The great ring of the open shelf stacks encircling the city hall courtyard lends the library a superior expression.

The city hall courtyard represents the dimensions of the centre in terms of content. It materialises the longing for a social centre that no longer exists. It does not respond to the exterior spaces, nor to the geometry of the city. It refers only to itself and eludes pure functionality. The symbol of the courtyard is the theatre. The theatre is a mirror of social life and a platform for its dissolution and criticism. In the city hall courtyard everyone is both actor and spectator. The courtyard is a metaphor for community.

Die im formalen Ausdruck zurückgewonnene Mitte erfordert in den umliegenden Bereichen die notwendige Dichte. Der Stadtkörper wird in diesen Bereichen durch die präzise Definition von Räumen sortiert. Durch einen Wechsel von öffentlichen, halböffentlichen und privaten Räumen wird der Bereich geordnet. In diese Ordnung reiht sich der Wiederaufbau der Bauakademie mit der Wiederherstellung des Schinkelplatzes und des Friedrichswerderschen Marktes ein. Bestandteil dieser Ordnung sind die Wohnblöcke an der Wallstraße. Sie definieren den Friedrichswerderschen Markt, den Hausvogteiplatz, die Leipziger Straße und die öffentlichen Grünräume. Nach Süden soll die Spreeinsel steinern nachgezeichnet werden und als gebautes Ufer vom übrigen Stadtkörper wahrgenommen werden können.

Die wesentlichen Straßenzüge Breite Straße und Brüderstraße werden als Verbindungsräume nach Kreuzberg wiederhergestellt. Die Gertraudenstraße wird auf den Maßstab der Spreeinsel rückgebaut.

Das Auswärtige Amt besitzt eine repräsentative Front zum Schloßplatz. Die Vorfahrt und der Empfang sind nach Norden auf den Schloßplatz gerichtet. Das gesamte Ministerium orientiert und erschließt sich auf Grund der Sicherheitsanforderungen durch eine ins Innere gerichtete Ordnungsstruktur.

Die Stadt überlagert diese innere Ordnung und ist mit ihr vernetzt. Bei größeren Empfängen ist eine temporäre Schließung des gesamten Komplexes möglich, ohne daß die visuelle Raumführung vom Schloßplatz über den Hof des Außenministeriums in die Brüderstraße verloren ginge.

Das Gesicht des Innenministeriums wird durch den Baukörper nördlich des Hauses der Parlamentarier neu geschaffen. Der Baukörper entwik-

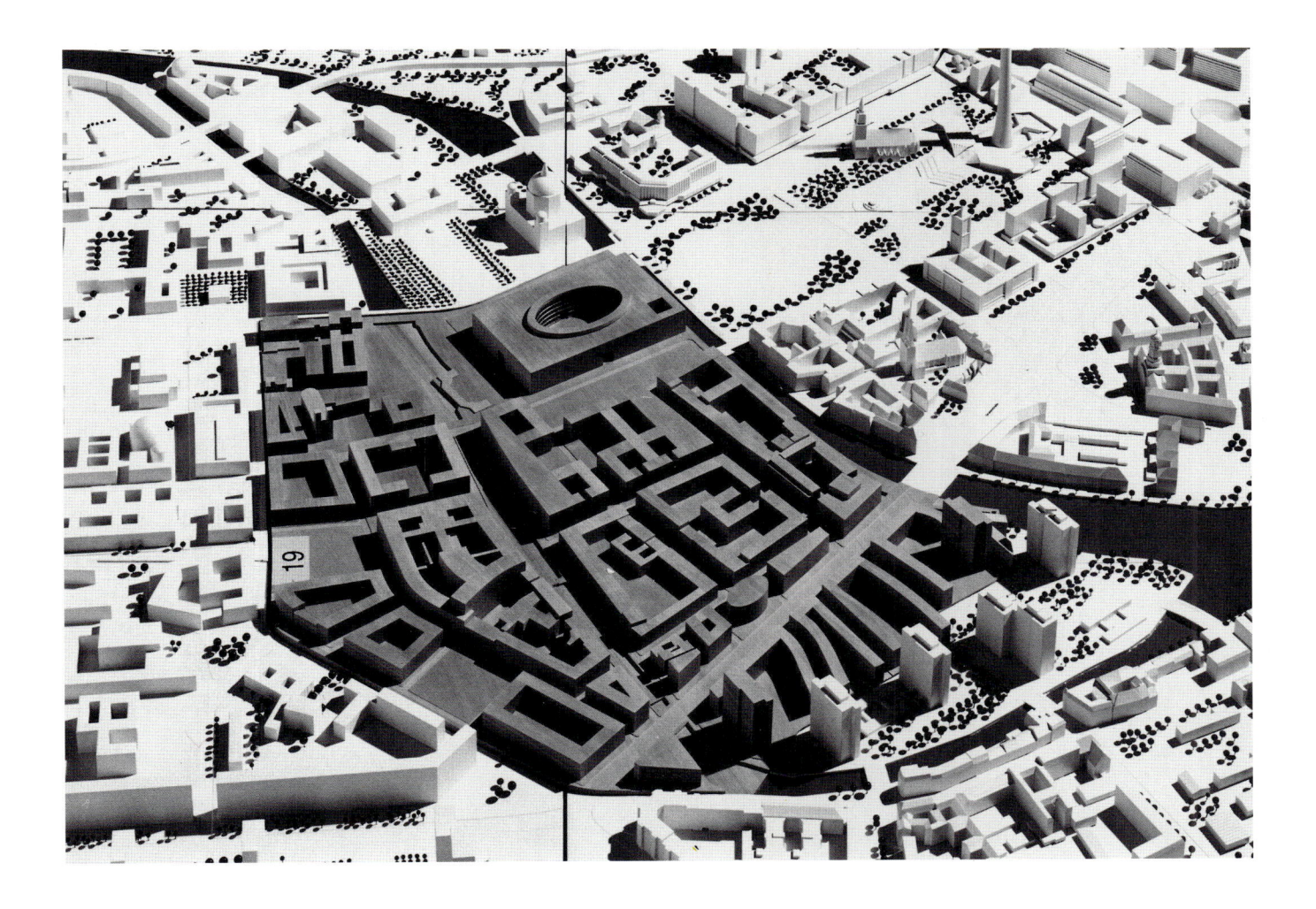

The centre, recovered in its formal expression, requires the necessary density in the surrounding areas. The precise definitions of spaces lends order to the urban fabric in these areas. The area is structured by a transition from public, semipublic and private spaces.

The reconstruction of the Bauakademie with the recreation of Schinkelplatz and the Friedrichswerder Marketplace is incorporated in this structure. The residential blocks on Wallstrasse are part of this order. They define the Friedrichswerder Marketplace, the Hausvogteiplatz, Leipziger Strasse and the public greenspaces.

To the south the Spreeinsel is traced in stone and can thus be perceived as a built-up bank from the remaining urban fabric.

The main stretches of Breite Strasse and Brüderstrasse are recreated as spatial links to Kreuzberg. Gertraudenstrasse is pared down to the scale of the Spreeinsel. The Foreign Ministry has a representative front opening on Schlossplatz. The entrance drive and reception face to the north to Schlossplatz. In response to security requirements, orientation and circulation for the entire Ministry are provided by an organizational structure which is directed inwardly.

The city is superimposed on this inner structure and interlaces with it. For larger receptions a temporary closure of the entire complex is possible without impairing the sequence of visual links from the Schlossplatz across the courtyard of the Foreign Ministry into Brüderstrasse.

The countenance of the Interior Ministry is recreated by the building volume to the north of the Haus der Parlamentarier. The building form is derived from the access structure of the old building.

The Ministries adhere to the homo-

Bernd Niebuhr, Berlin 1

1 Bernd Niebuhr, Berlin

kelt sich aus der Erschließungsstruktur des Altbaus.
Die Ministerien folgen dem einheitlichen Gestaltungsprinzip einer abgeschlossenen öffentlichen Stadtseite im Gegensatz zu einer offenen Gestaltung mit Arkaden in den repräsentativen Vorfahrten im Inneren. Sie bilden eine Stadt in der Stadt.

DER ARCHITEKT

Die Arbeit setzt sich in hervorragender Weise mit der historischen Topographie auseinander. Indem der Verfasser an die Stelle des alten Schlosses einen neuen, in sich geschlossenen Baukörper setzt, stellt er die städtebauliche Dominanz an diesem Ort wieder her und bringt wirkungsvoll den Mittelpunkt zurück.
Der Verzicht auf jede bauliche Entwicklung an der Schloßfreiheit und am Apothekenflügel wird bemängelt. Hier sind Überarbeitungen erforderlich. Das Oval in der Mitte kann, wenn es eine größere Zugänglichkeit erhält, ein attraktiver und überzeugender Raum für die Öffentlichkeit werden.
Die entstehenden Blöcke werden den geforderten Aufgaben in hohem Maße gerecht. Dabei verdient der Block des Auswärtigen Amtes besondere Anerkennung, weil er das Thema des öffentlichen, halböffentlichen und privaten Hofes gut entwickelt. Ähnliches gilt für den Bereich des Bundesministeriums des Innern und seiner Erweiterung.
Das Preisgericht folgt nicht dem Vorschlag, den Friedrichswerder so dicht zu bebauen, die nördliche und südliche Fassung des Grünraumes zur Ausbildung des Spittelmarktes und Werderschen Marktes scheinen dringend erforderlich.

DAS PREISGERICHT

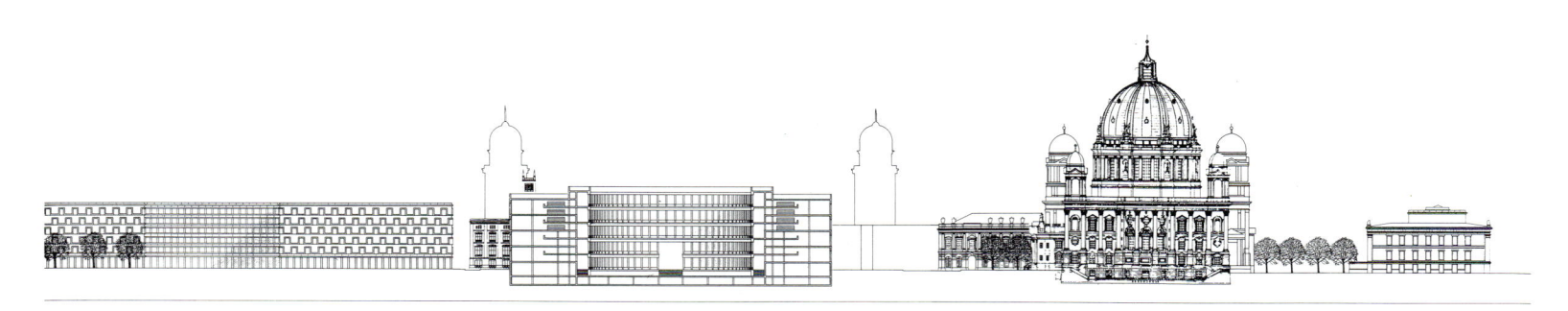

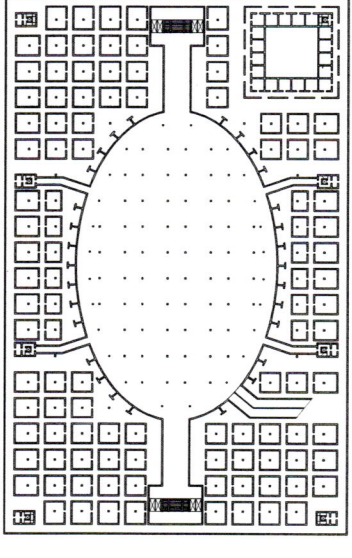

Kellergeschoss Parkdeck 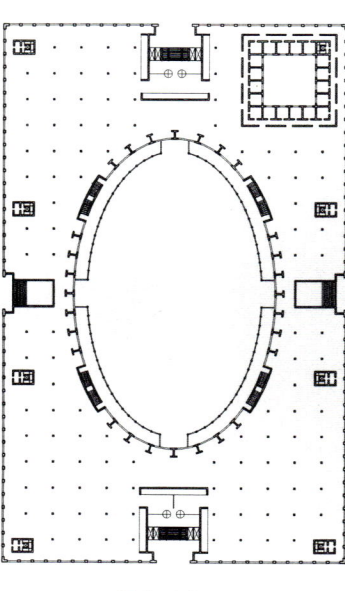 | EG Ausstellung 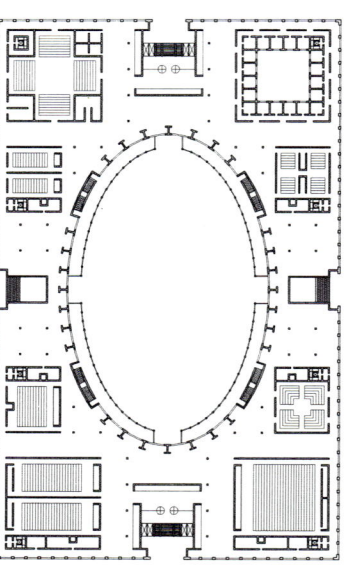 | 1.OG Kongresszentrum 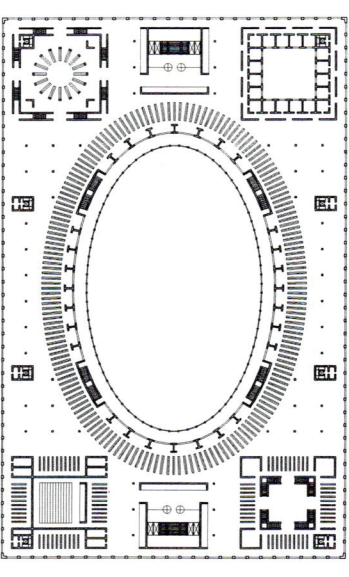 | 2./3.OG Bibliothek/Medien

geneous design principle of an enclosed public city side in contrast to an open design with arcades in the representative entrance drives in the interior. They form a city within a city.

THE ARCHITECT

The project takes an excellent approach to the historic topography. By placing a new self-contained built volume on the site of the old Schloss, the project recreates the spatial dominance of this place and effectively restores the centrepoint.
The lack of built development on the Schlossfreiheit and at the former Apothecary wing was criticized. Revisions are necessary here.
The oval space in the centre can become an attractive and convincing space for the public if it is made more accessible.
The blocks developed suit the given requirements to a high degree. The block of the Foreign Ministry deserves special recognition; in it the theme of public, semi-public and private courtyards is well-developed. The competition jury does not support the proposal to develop the Friedrichswerder area so densely. The northern and southern enclosure of the greenspace in order to form the Spittelmarkt and the Werder Marketplace appear to be extremely necessary.

THE JURY

51

Bernd Niebuhr, Berlin 1

2 Krüger, Schuberth, Vandreike, Berlin

Die Struktur dessen, was dreidimensional entstehen soll, ist im Grunde vorhanden: der Stadtgrundriß. In ihn fügen wir Plätze ein, zwischen denen sich Gebäudegruppen organisieren, welche in ihrem Inneren wiederum durch Höfe und Gärten erschlossen werden. Die Plätze werden durch Straßen, Gassen und die Spree miteinander verbunden. Solitäre betonen wichtige Plätze oder schließen Räume, so daß durch die mehr oder weniger dominante Stellung einzelner Baukörper oder Gebäudeteile die ihnen gemäße Bedeutung innerhalb der Stadt zum Ausdruck kommt. Zusätzlich werden unterschiedliche Gebäudetypologien eingesetzt, wie Kreis, Quadrat und langes Rechteck, um eine zusätzliche Differenzierung zu ermöglichen. Arkaden und Kolonnaden erzeugen eine weitere Dichte und verleihen den Gebäuden Öffentlichkeit. Über den Dächern der Stadt schweben Kuppeln und Türme.

Das Schloß wird in seinen wichtigsten Konturen wieder Raum bekommen, als Abschluß der Linden ebenso wie als Massenschwerpunkt zwischen Nord- und Südteil der Spreeinsel. Der zweite Hof öffnet sich über die Spree zur City-Ost am Alexanderplatz mit Skyline und Fernsehturm. Die Funktionen des Schlosses werden vor allem öffentlich sein: Konferenzzentrum, Museum, Geschichte, Aktionen, ein Zielpunkt für den Besucher der Stadt, ein Haus für Empfänge und Gäste. Die Schloßfreiheit erhält einen kleinen, sich zu den Linden und zur Bauakademie öffnenden Begleiter und mit je einer doppelseitigen Baumpflanzung eine auf das Schloß führende Allee.

Das Auswärtige Amt befindet sich in einem Gebäudeensemble zwischen Schloß und Gertraudenstraße. Mehrere Gebäude gruppieren sich um Hof- und Gartenanlagen, welche, ähnlich wie die Anlagen der Alham-

The layout of what takes on three-dimensional form basically already exists: the city plan. We interpolate squares, between which building clusters are organized, in turn containing circulation in the form of courtyards and gardens. The squares are linked by streets, lanes and the river. Free-standing buildings accentuate important squares or enclose spaces so that the greater or lesser dominant position of individual building volumes or building elements expresses their relative importance within the city. Additionally, various building typologies [are implemented], such as circle, square and long rectangle, to facilitate additional differentiation. Arcades and colonnades create further density and lend the buildings a public character. Domes and towers rise above the roofs of the city.

The Schloss is reembodied in its most important contours, providing the conclusion of the linden trees as well as the massive centre between the north and south parts of the Spreeinsel. The second courtyard opens over the river to the eastern part of the city at Alexanderplatz with its skyline and television tower. The functions of the Schloss are predominantly public ones: conference centre, museum, history, cultural events, a destination for the city's visitors, a building for receptions and guests. The Schlossfreiheit is given a small walk opening to the linden trees and to the Bauakademie, and a boulevard lined with trees on both sides leading to the Schloss.

The Foreign Ministry is in a building ensemble between the Schloss and Gertraudenstrasse. Numerous buildings are clustered around a system of courtyards and gardens, which like the Alhambra grounds in Granada, are designed in accordance with the functions. Coming from the Schloss the main entrance

bra in Granada, den Zwecken entsprechend gestaltet werden. Die Hauptzufahrt erfolgt vom Schloß kommend über einen Platz. Nach dem Durchqueren eines arkadengesäumten Orangenhofs erreicht man die Diensträume des Außenministers im herausgehobenen Gebäudeteil gegenüber Schloß und Bauakademie.

Das Ministerium des Innern befindet sich im Haus der Parlamentarier. Ein Platz zwischen Erweiterungs- und Altbau schafft ein einprägsames Entree. Gleichzeitig schließt der neue Baukörper den Werderschen Markt nach Süden hin ab. Ein zweiter Erweiterungsbau im Süden schließt an den Bereich des Spittelmarkts an. Zwischen beiden Ministerien liegt das Konferenzzentrum. Direkt an der Nahtstelle zwischen den zwei Plätzen verleiht es diesem Ort Öffentlichkeit und rückt die Gebäude in einen neuen Sinnzusammenhang. Ein Teil der Konferenzräume befindet sich über den Dächern der Stadt und verleiht dem südlichen Teil einen Gegenschwerpunkt zu Dom und Schloß.

Die nördlichen Gebäude entlang der Niederwallstraße werden für das Bibliotheks- und Medienzentrum genutzt. Der Standort, unmittelbar zwischen Wissenschafts- und Medienstadt gelegen, schafft eine neutrale, nachgeordnete Zone zwischen den Ministerien und der angrenzenden Friedrichstadt. Die Gebäudeflucht an der Niederwallstraße ist zurückgesetzt. Dort wird eine großzügige Allee gepflanzt, um den Verlauf der Wallanlagen im Stadtgrundriß abzubilden.

Spittelmarkt und Petriplatz werden als urbane Plätze neu gestaltet. Eine Säule oder ein Obelisk markiert den Turm der ehemaligen Petrikirche. Entlang der Gertraudenstraße entwickeln sich Mischnutzungen für Büro- und Dienstleistungen. Zur Spree orientieren sich die Wohn-

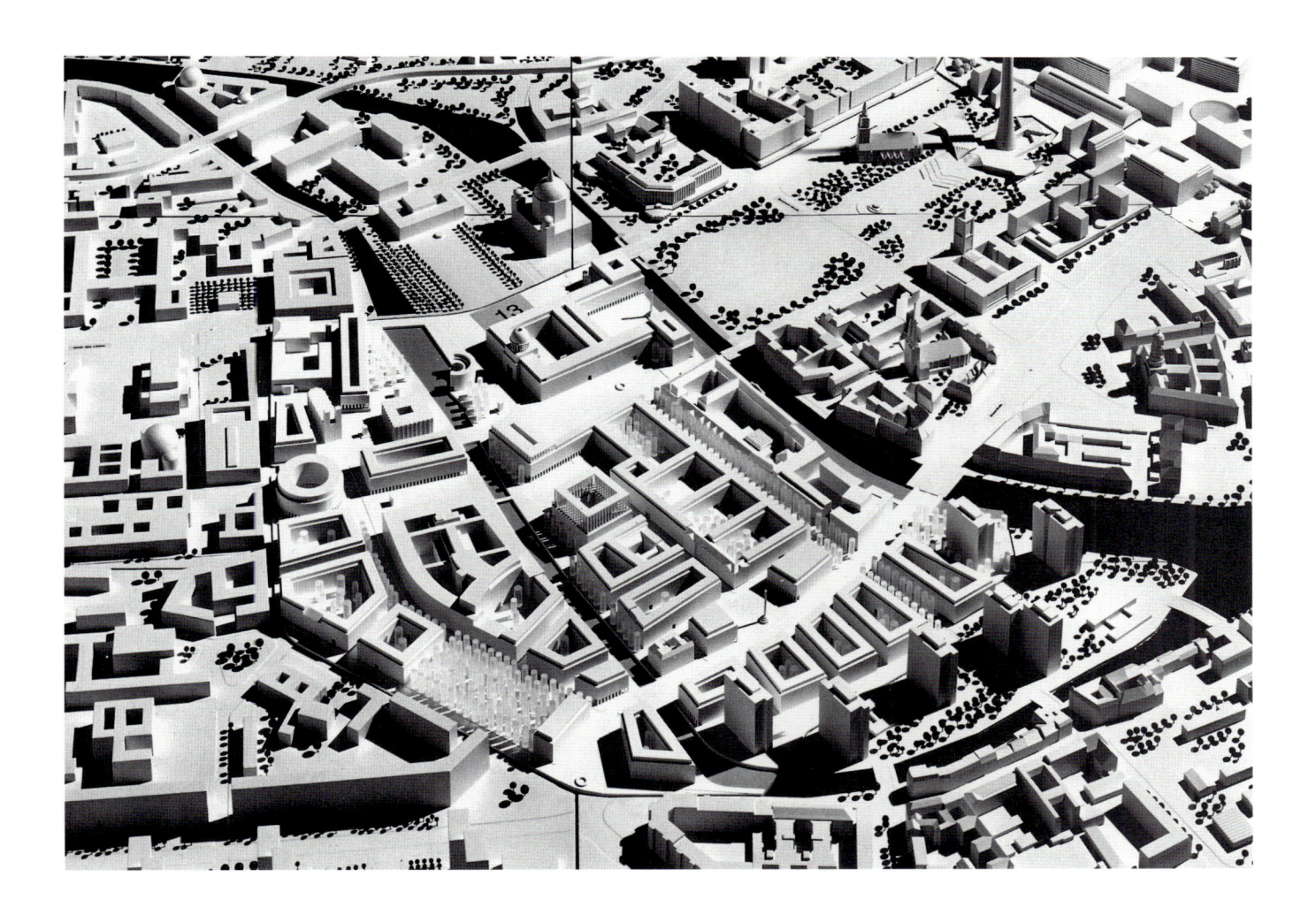

is reached by square. After crossing an orange tree courtyard lined with arcades, one arrives at the service spaces of the Foreign Minister in the accentuated building section opposite the Schloss and the Bauakademie.

The Interior Ministry is in the Haus der Parlamentarier. A square between the addition and the old building creates an imposing entrance. The building mass also closes off the Werder Marketplace to the south. A second addition to the south adjoins the vicinity of the Spittelmarkt.

The conference centre lies between the two Ministries. Situated directly on the link between the two squares, it lends this place public character and integrates the building into a new context of meaning. Part of the conference spaces are situated above the city roofs, providing the southern part with a counterpoint to the Cathedral and Schloss.

The northern building along Niederwallstrasse is used for the library and media centre. Located directly between Science and Media City, it creates a neutral subordinate zone between the Ministries and the adjoining Friedrichstadt. The buildings on Niederwallstrasse are set back. An expansive avenue is planted here to highlight the run of the medieval ramparts in the city plan. Spittelmarkt and St. Peter's Square are redesigned as urban squares. A column or an obelisk mark the tower of the former St. Peter's Church. Mixed-use spaces for offices and services develop along Gertraudenstrasse. Residential blocks which reinterprete the former fabric of the Fischerinsel are oriented to the river. The square space of the Werder Marketplace is recreated through the reconstruction of Schinkel's Bauakademie, the extension of the Interior Ministry, the media round as well as the "long gallery" for modern art.

Krüger, Schuberth, Vandreike, Berlin 2

2 Krüger, Schuberth, Vandreike, Berlin

blöcke, welche die ehemalige Struktur der Fischerinsel neu interpretieren.
Der Platzraum des Werderschen Marktes wird durch den Wiederaufbau der Schinkelschen Bauakademie, den Erweiterungsbau des Innenministeriums, das Medienrund sowie die „lange Galerie" für moderne Kunst wiederhergestellt. Das Kronprinzenpalais wird nach Süden geschlossen.

DIE ARCHITEKTEN

Die entstehenden Stadträume und -raumfolgen sind von hoher Qualität und durch Maßstab wie räumlichen Anspruch geeignet, einen zentralen Hauptstadtbezirk entstehen zu lassen. Sie werden durch Solitäre markiert, die nur akzeptabel sein können, wenn sie in exzellenter Architektur ausgeführt würden. Bei sehr hohem Anspruch an die Stadträume entstehen Baukörper für die Ministerien, die ohne große Schwierigkeiten rasch verwirklicht werden können.

Der Friedrichswerdersche Markt wird durch den Rundbau beeinträchtigt. Das Zubauen des nördlichen Walls beläßt einen schönen grünen Platz am Südende, hat aber stadtklimatische Nachteile. Der Vorschlag, die Wohnhäuser auf der Fischerinsel abzubrechen und durch eine Blockstruktur zu ersetzen, ist aus der Logik der Arbeit verständlich, jedoch unrealistisch.
Die Öffnung des Schloßbaukörpers nach Osten ist konsequent und kann eine dichte, im Osten anschließende Bebauung fördern. Es handelt sich um eine Arbeit mit großen stadträumlichen und funktionalen Qualitäten.

DAS PREISGERICHT

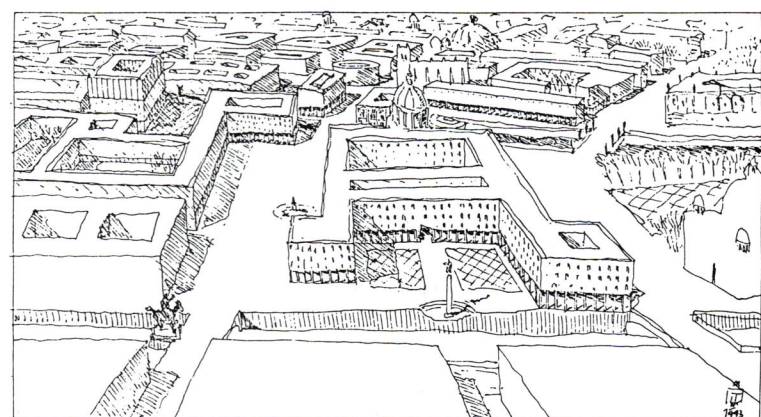

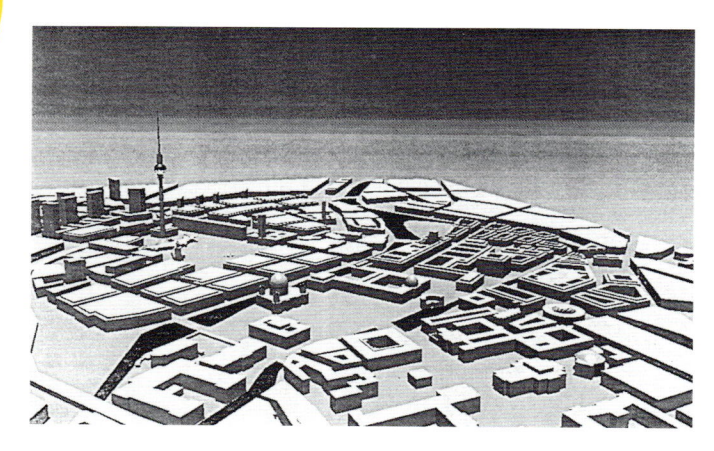

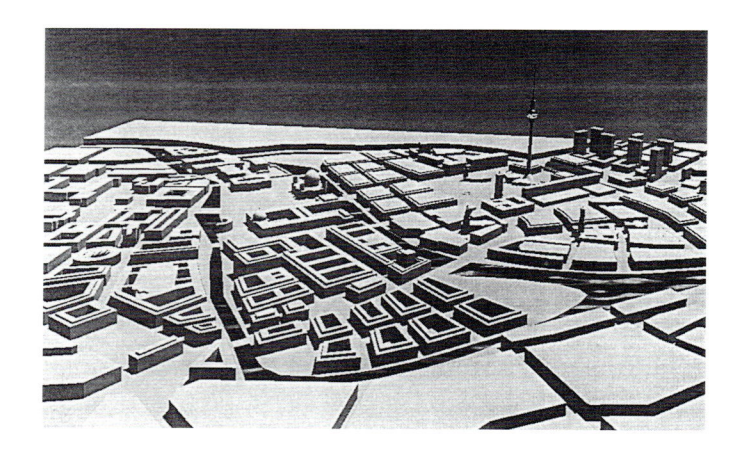

The Kronprinzenpalais is closed to the south. Squares and buildings with park grounds are ornamented with sculptures, mediating between the building masses or accentuating spatial layouts. The modern Athens on the Spree river becomes a city worthy of remembering: one of well-proportioned squares and buildings, stone and glass in a new context of meaning.

THE ARCHITECTS

The resulting urban spaces and sequences are of high quality and are well-disposed to help create a central capital district by their scale and spatial ambition. They are marked by free-standing buildings, which will only be acceptable if they are executed in excellent architecture. Buildings for the two Ministries which function are created making very high demands on the urban spaces; they can be quickly and easily realized and will produce good working conditions. The round building detracts from the Friedrichswerder Marketplace. The closure of the northern rampart leaves a fine green square at the southern end, but has disadvantages for the microclimate.
The proposal to demolish the residential buildings on the Fischerinsel and replace them with a block structure is understandable in view of the logic of the project, but unrealistic. The opening of the building volume of the rebuilt Schloss to the east is consistent and could encourage dense development to the east. The project has a great deal of spatial and functional quality.

THE JURY

Krüger, Schuberth, Vandreike, Berlin 2

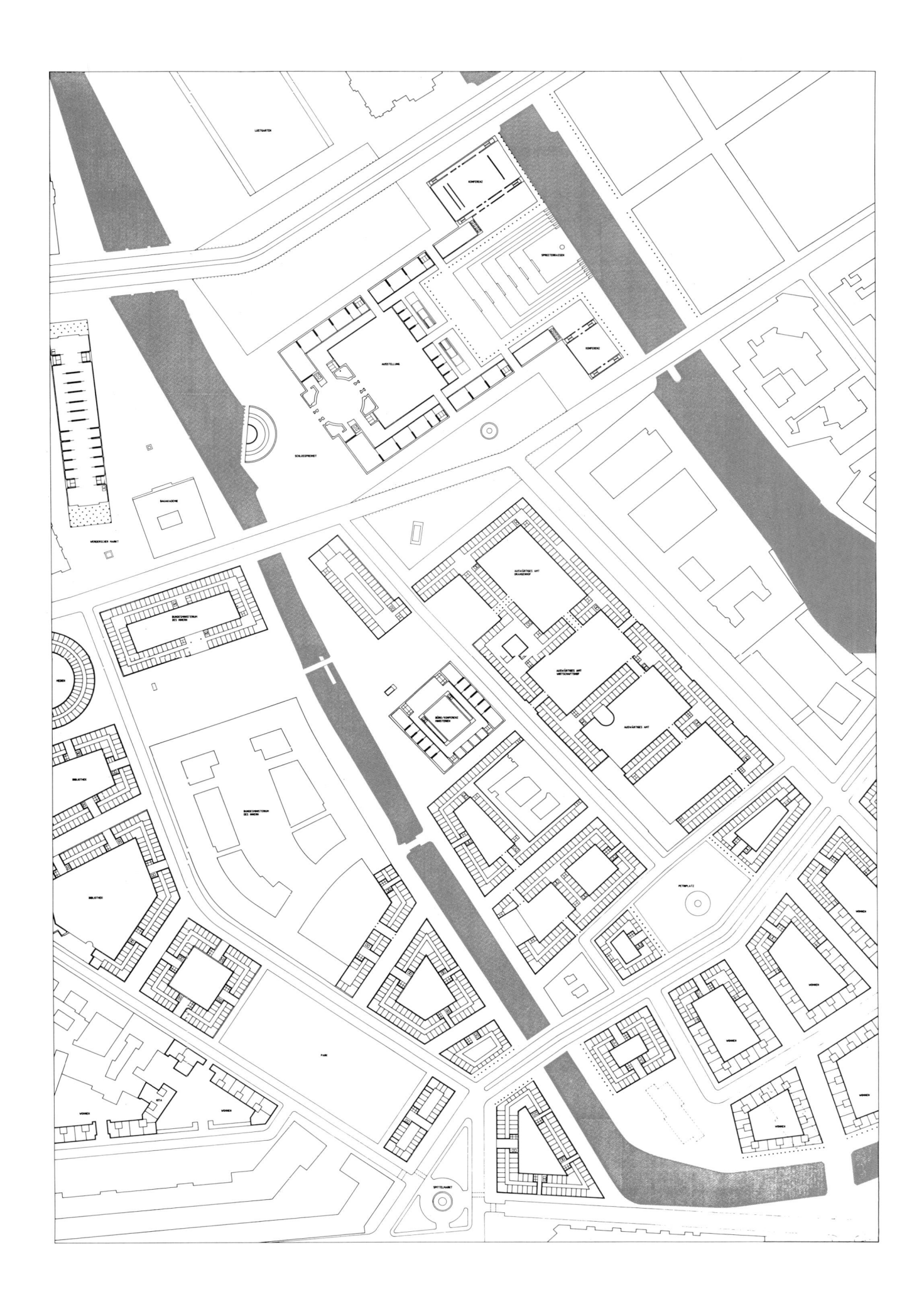

3 Rudolf Rast, Bern

Die Spreeinsel soll wieder ein Stück lebendiges Stadtzentrum werden, Fokus für Berlin und Deutschland. Für das Ziel Nutzungsvielfalt ist neben der angemessenen städtebaulichen Präsenz der Regierung eine urbane Nutzungsmischung angebracht: attraktive, publikumsorientierte, private Dienstleistungen und ein ausreichendes Wohnangebot.
Die beiden Ministerien werden in die klassische, fünfgeschossige Berliner Blockrandbebauung eingebunden. Soweit wie möglich sind in den Erdgeschossen straßenbegleitende Mantelnutzungen vorgesehen. Innerhalb des Außenministeriums wird die historische Brüderstraße weitergeführt. Aus Sicherheitsgründen kann diese Straße mit Toren nach Bedarf geschlossen werden.
Im Brennpunkt der Ministerien und des Konferenzzentrums steht der Turm des Auswärtigen Amtes (für Konferenzen und Repräsentation) als Zeichen der Präsenz des Regierungsviertels. Die Höhe des Turms ist seiner Bedeutung entsprechend als Zeichen in der Stadtlandschaft angelegt. Die ovale Form nimmt die unterschiedlichen Achsenrichtungen auf. Dabei ist seine Stellung in der städtebaulichen Textur historisch begründbar.
Die historische Spurensicherung wird durch beziehungsreiche Verknüpfungen, Sichtachsen und Assoziationen mit aktuellen Stadträumen überlagert. Es entsteht ein entwicklungsfähiges Stadtbaukonzept, welches an die Berliner Stadtbautradition anknüpft, die sich durch Einfachheit, klare Baufluchten und fünfgeschossige Bauweise auszeichnet. Dem historischen Stadtgrundriß folgend, wird das „Berliner Schloß" durch die äußeren Säulenfluchten des Bibliotheks-, Medien- und Konferenzzentrums stadträumlich wieder erkennbar.
Der Neu- oder Wiederaufbau der Bauakademie wird vorausgesetzt,

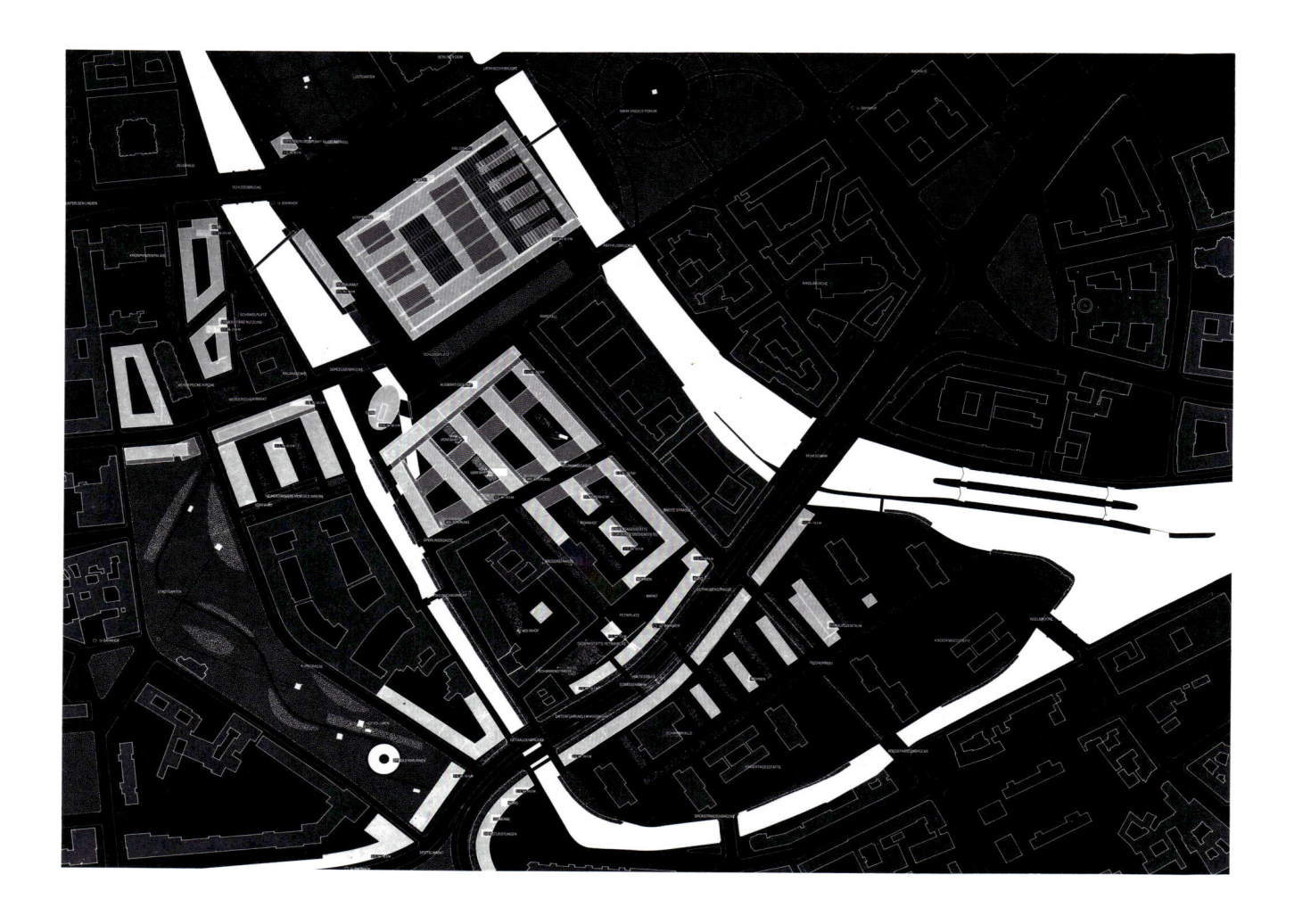

The Spreeinsel should become a lively urban core, the focus for Berlin and Germany. Besides the appropriate urban design presence of the Government, the goal of diversity of use calls for an urban mixed-usage: attractive, private services oriented to the local clientele and an adequate housing supply. The two Ministries are integrated into the classical, five-storey Berlin perimeter block development. As far as is possible peripheral functions parallel to the street are planned for the ground floor levels. The historical Brüderstrasse is continued within the Foreign Ministry. For reasons of security this street can be closed with gates as required. At the focal point of the Ministries and the conference centre stands the tower of the Foreign Ministry (for conferences and representation) as a symbol of the presence of the government quarter. The height of the tower corresponds to its importance, making it stand out like a symbol in the cityscape. The oval form incorporates the various axial directions. At the same time its position in the urban fabric is historically justifiable. Suggestive linkages, visual axes and associations with existing urban spaces are superimposed on the preservation of historical traces. An urban design concept capable of development emerges, one which takes up the Berlin tradition of urban design, which is distinguished by simplicity, clear rows of buildings, and five-storey construction. Following the historical city plan, the "Berlin Schloss" is spatially recognizable by the exterior rows of columns of the library, media and conference centre. The new building or reconstruction of the Bauakademie is presupposed. The important links to the Werder Marketplace and to the Friedrichswerder Church, but also the exterior space along the canal are recre-

die wichtigen Bezüge zum Werderschen Markt und zur Friedrichswerderschen Kirche, aber auch der Außenraum entlang des Spreekanals werden wiederhergestellt. Ein Steg über den Spreekanal verbindet die beidseitigen Fußgängerzonen und nimmt eine alte Sichtachse auf die Friedrichswerdersche Kirche auf. Dank solcher Assoziationen wird die Lektüre des Stadtgrundrisses wieder möglich und lustvoll bereichert.

Urbane Dichte wird mit den klassischen Mitteln der ortstypischen fünfgeschossigen Bauweise, der Abfolge von Straßenräumen und Plätzen sowie einer konsequenten Belegung der straßenbegleitenden Geschosse mit publikumsorientierten Nutzungen angestrebt.
Zwischen Fischerinsel und dem Auswärtigen Amt soll eine intensive Wohnnutzung die bestehenden Wohnhöfe ergänzen.

DER ARCHITEKT

Das städtebauliche Gesamtkonzept ist trotz der sehr dezidiert geplanten Einzelbauwerke von überzeugender Homogenität. Es respektiert den historischen Stadtgrundriß und erinnert an stadträumliche Qualitäten, ohne diese zu kopieren.
Der Ersatz des zerstörten Stadtschlosses durch einen Neubau berücksichtigt die räumliche Qualität in Korrespondenz zum Lustgarten. Als besonders positiv ist die ebenso übersichtliche wie funktional überzeugende Neuordnung des Bereichs zwischen Werderschem Markt und Fischerinsel zu bewerten.
Das dem Außenministerium vorgelagerte ellipsenförmige, gläserne Hochhaus könnte ein sehr willkommener räumlicher Abschluß der Blick- und Wegachse vom Alexanderplatz sein. Richtig erscheint auch der Versuch, den ehemaligen Prospekt der Fischerhäuser am Spreekanal durch eine neue Randbebauung zu ersetzen.

DAS PREISGERICHT

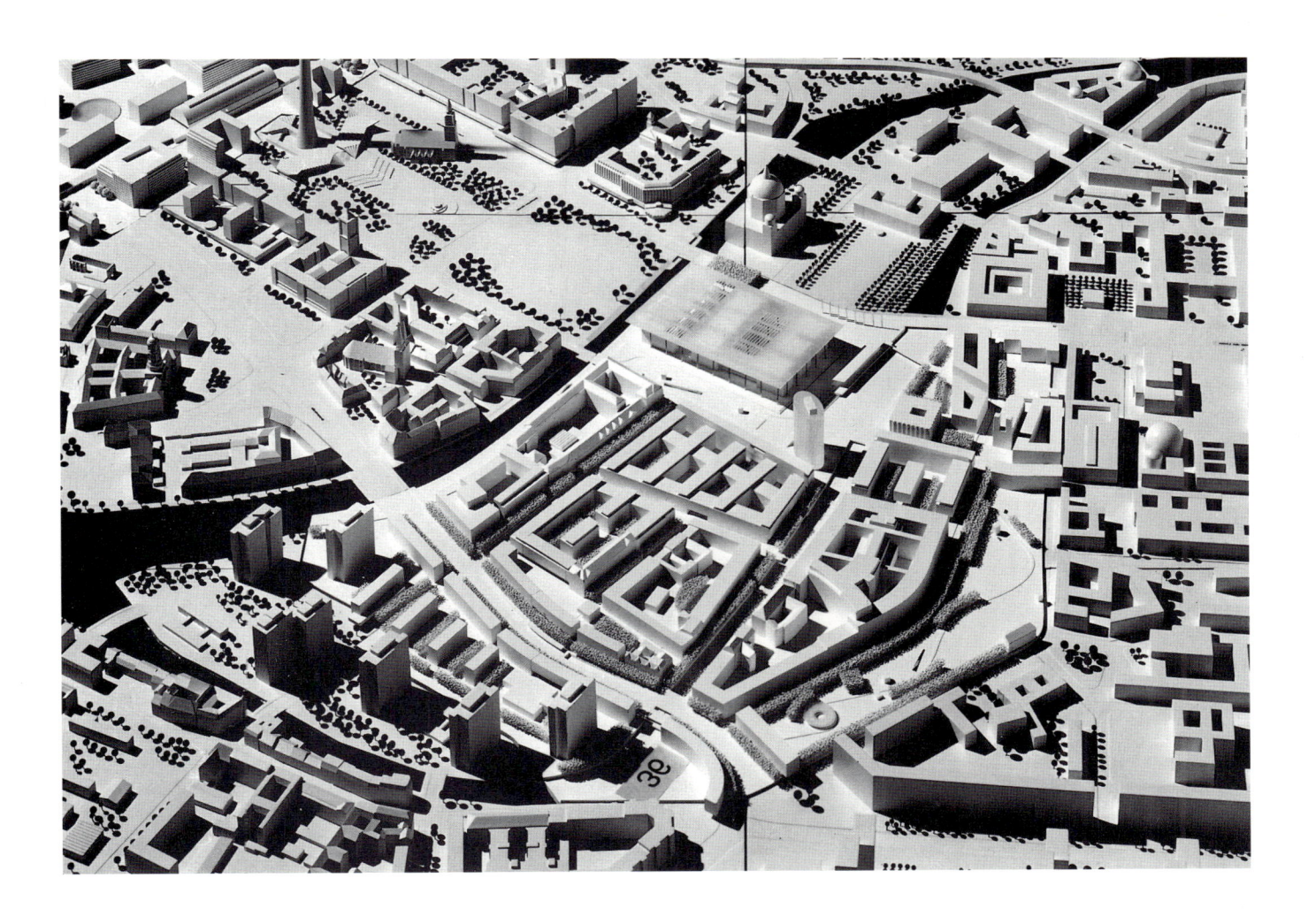

ated. A footbridge across the canal links the pedestrian zone on both sides and incorporates an old visual axis to the Friedrichswerder Church. Associations such as these again allow a reading of the city plan: one which is pleasantly enriched. Urban density is aimed at with the classical means of the five-storey construction typical of the area, the sequence of street spaces and squares as well as the consistent layout of functions oriented to the local clientele on the floor levels parallel to the street.
Between Fischerinsel and the Foreign Ministry an intensive residential function supplements the existing housing clusters.

THE ARCHITECT

The overall urban design concept has a convincing homogeneity despite the deliberately scattered individual buildings planned. It respects the historic city plan and recalls spatial qualities without copying them. The replacement of the destroyed Stadtschloss with a new building takes into consideration the spatial quality in correspondence to the Lustgarten.
A particularly positive evaluation is attached to the reordered area between Werder Marketplace and Fischerinsel, which is both easily comprehensible and functionally convincing.
The ellipse-shaped glass highrise located in front of the Foreign Ministry could be a very welcome spatial conclusion for the visual and street axis from Alexanderplatz. The attempt to replace the former riverside frontage of the fishermen's houses on the canal by new perimeter development also appears correct.

THE JURY

Rudolf Rast, Bern 3

3 Rudolf Rast, Bern

Rudolf Rast, Bern **3**

4 Oswald Mathias Ungers mit Stefan Vieths, Köln

Der Wettbewerbsvorschlag geht von der Prämisse aus, den Palast der Republik in seiner ursprünglichen Form, ohne jede Veränderung zu erhalten und wenn notwendig, im Sinne des ursprünglichen Entwurfs, auch die Ästhetik im Innern und Äußeren nicht anzutasten und sorgfältig zu restaurieren.

Ausgehend von dieser Entscheidung sollte aber versucht werden, die monumentale Stellung des Palastes zu relativieren. Er müßte von seiner Paradeposition befreit und in ein geschlossenes Stadtvolumen integriert werden. Dies wird dadurch erreicht, daß man den Bau nicht als Solitär, sondern als einen Straßenblock behandelt und damit in die Struktur der Stadt einbindet.

Im Sinne dieses Gedankens wird die Straßenblockbebauung konsequent bis zur Straße „Unter den Linden" vorgezogen und bildet dort zusammen mit der Stirnseite des Palastes einen geschlossenen Hintergrund zum Lustgarten. Hierdurch wird zweierlei erreicht: einmal setzt sich das dichte Netz der Bebauung auf der Spreeinsel bis zu dieser Kante fort; zum anderen erhält der Lustgarten eine räumliche Fassung, in die die Solitärbauten Dom, Altes Museum und Zeughaus eingestellt sind.

Da es sich aber auch aus Rücksichtnahme auf die Geschichte verbietet, den Grund und Boden des ehemaligen Schlosses zu bebauen, wird der Grundriß des Schlosses in der Blockstruktur räumlich ausgespart. Es entsteht also ein Negativ-Raum an dessen Stelle. Der Platz des Schlosses zeichnet sich im Grundriß als ein offener, baulich allseits eingefaßter Raum ab, der als historischer Park, wenn auch zunächst fragmentarisch genutzt werden kann. Der historische Park soll durch noch vorhandene Bauelemente, Säulen, Kapitelle, Basen etc. belebt werden. Vor allem soll das Eosander-Tor an alter Stelle aufgerichtet werden. Neben

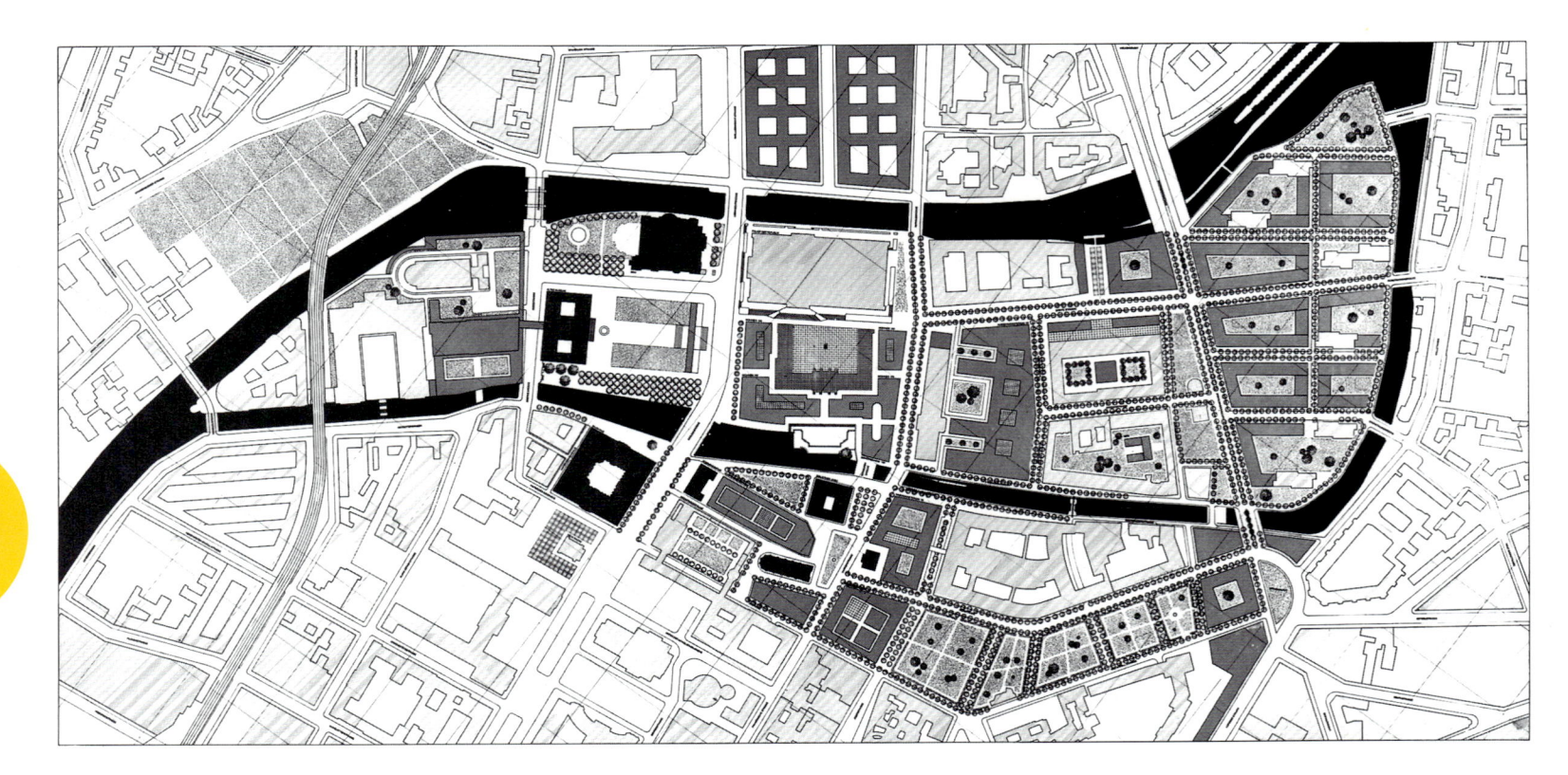

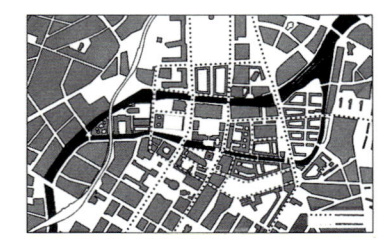

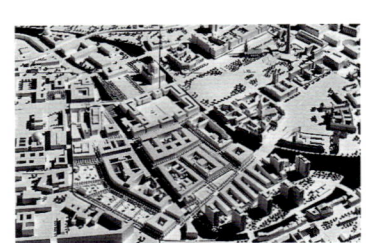

The competition proposal is based on the premise of the preservation of the Palast der Republik in its original form, without any change whatsoever and if necessary, in the sense of the original design, the careful, respectful restoration of the interior and exterior aesthetics.

Taking this decision as a point of departure, the attempt should nonetheless be made to relativize the monumental position of the Palast. It should be liberated from its parade position and integrated into an enclosed urban volume. This is achieved by treating the building not as a free-standing one, but rather as a street block and interlacing it as such into the urban fabric.

With this idea in mind the street block development is consequently extended up to the street "Unter den Linden", forming a closed background to the Lustgarten in conjunction with the front side of the Palast. Two things are achieved by doing so: firstly, the dense network of development on the Spreeinsel continues up to its border; secondly the Lustgarten acquires a spatial enclosure which incorporates the free-standing buildings of the Cathedral, the Altes Museum and the Zeughaus.

However, since respect for history amongst other things forbids development on the former Schloss grounds, the plan of the Schloss is left spatially free within the block structure. A negative space is therefore created on this site. The Schlossplatz emerges in the plan as an open space enclosed architecturally on all sides, which can be used as a historical park, if not fully at first. The historical park is revived by existing building elements, columns, capitals, bases, etc. Above all the Eosander Gate is reconstructed on its original site. Beside the great architectural relicts on the Museumsinsel, a further exhibition space for

den großen Architekturrelikten auf der Museumsinsel entstünde hier ein weiteres Ausstellungsfeld für die großen Architekturelemente preußischer Vergangenheit.

Der städtebauliche Gedanke für die Neuordnung der Spreeinsel beruht auf dem von Schinkel in seinem Berlin-Plan von 1851 vorgeprägten Konzept, nämlich der in die allgemeine Stadtstruktur eingelagerten Solitärbauten. Solitärbauten wie die Friedrichswersche Kirche, das Staatsratsgebäude, zusammen mit der vorgeschlagenen Wiederherstellung der Kommandatur, der Bauakademie, der alten Münze, des Sockels für das Denkmal Wilhelms I., sowie einiger architektonischer Kleinode im Blockinneren bilden sowohl räumliche als auch architektonische Höhepunkte im sonst mehr oder weniger profanen Stadtgefüge.

Die vorhandene Bebauung wird zu geschlossenen Baublöcken ergänzt, so daß ein klares System aus öffentlichem Straßenraum, Blockrandbebauung und begrünten Innenhöfen entsteht. Zusammen mit dem Staatsratsgebäude bildet das Außenministerium einen vielfältigen Baublock mit Innenhöfen, Plätzen und Durchwegungen. Für das Innenministerium wird der Bestand des alten Reichsbankgebäudes genutzt. Ein Eingangsblock mit innenliegender Passage schafft die Verbindung zum Werderschen Markt. Die alte Münze von Gentz könnte in diesem Ensemble wieder hergestellt und als Empfangsgebäude genutzt werden.

Der Charakter des alten Werderschen Marktes sollte wiederhergestellt werden. Neben der Kirche wäre die Neuerrichtung der Bauakademie ein wichtiges Element. Auch die alte Blockbebauung könnte hier wieder berücksichtigt werden und böte sich als Konferenzzentrum an. Die Bebauung am Werderschen Markt wird durch den Baublock des Medienzentrums, gleichzeitiger Ab-

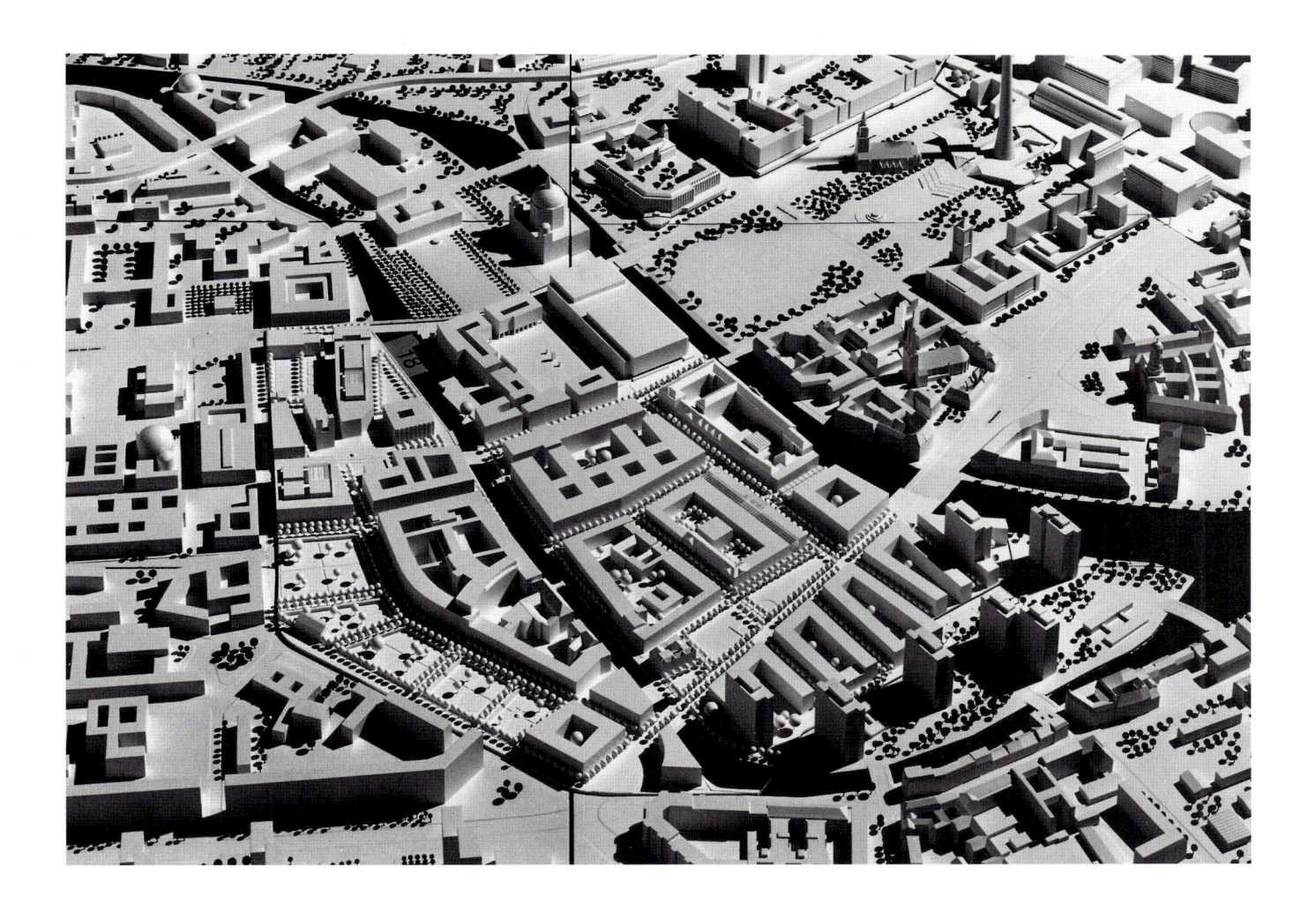

the great architectural elements of Prussian history would be developed here.

The urban design idea for the restructuring of the Spreeinsel is based on the concept initially advocated by Schinkel in his Berlin Plan of 1851, namely that of the freestanding building embedded in the overall urban fabric. Free-standing buildings such as the Friedrichswerder Church, the Staatsrat building, in conjunction with the proposed reconstruction of the Kommandatur, the Bauakademie, the old Münze [Mint], the base for the Wilhelm I. Memorial as well as several architectural gems in the block interior form spatial as well as architectural highlights in what is otherwise a more or less profane urban fabric.

The existing development is completed into closed architectural blocks, allowing a clear system of public street space, perimeter block development and planted inner courtyards to develop. In conjunction with the Staatsrat building, the Foreign Ministry forms a diversified building block with inner courtyards, squares and interlinking paths. The existing structure of the old Reichsbank building is used for the Interior Ministry. An entrance block with an enclosed passage creates the connection to the Werder Marketplace. The old Münze von Gentz could be recreated in this ensemble and used as a reception building.

The character of the old Werder Marketplace should be recreated. Besides the Church, the reconstruction of the Bauakademie would be an important element. The old block development could also be taken into consideration again and would present itself as a conference centre. The development on the Werder Marketplace is rounded off by the media centre block, which also forms the conclusion of the green stretch. The square development

Oswald Mathias Ungers with Stefan Vieths, Köln 4

4 Oswald Mathias Ungers mit Stefan Vieths, Köln

schluß des Grünzugs, abgerundet. Die Platzbebauung um den zukünftigen Schloßplatz sollte eine möglichst dichte urbane Mischung enthalten: Läden und Kultureinrichtungen im Erdgeschoß mit Arkaden, im Geschoß darüber Büros und darüber Wohnen.

Die geschlossene Blockbebauung der Spreeinsel wird im Osten vom Wasserlauf der Spree und im Süden und Westen von einem ringförmigen Grünzug eingefaßt, in dem Gebäude eingelagert sind. Der Grünzug folgt den alten Wallanlagen der Stadt. Der Verkehr strukturiert sich in drei große Verkehrsspangen in Südwest-Nordost Richtung: „Unter den Linden", Werder- und Gertraudenstraße.

Der Plan ist ein Versuch, in der Mitte Berlins durch vorsichtige Ergänzungen den fragmentarischen und widersprüchlichen Bestand im Sinne eines überlagerten, vielfältigen Stadtsystems zu komplettieren.

DER ARCHITEKT

Die Erhaltung des Palastes der Republik wegen seiner Bedeutung für 17 Millionen Menschen und die Umbauung des „Negativraumes" des Schlosses mit Wohnhäusern schafft am Lustgarten und am Schloßplatz eine unbefriedigende räumliche Situation. Die wichtigsten Ost-West-Verbindungen „Unter den Linden" und Werderstraße verlieren ihre räumliche Qualität und Rhythmisierung.

Die beiden Ministerien sind funktionsfähig konzentriert, und besonders das Außenministerium als geschlossener Block eröffnet die Chance, das restliche Quartier vielfältig zu nutzen. Die Integration des Staatsratsgebäudes erscheint wegen der überreichlichen Geschoßfläche realistisch.

Die Arbeit bietet interessante städtebauliche Ansätze südlich des Marx-Engels-Platzes, die auch stufenweise realisierbar sind.

DAS PREISGERICHT

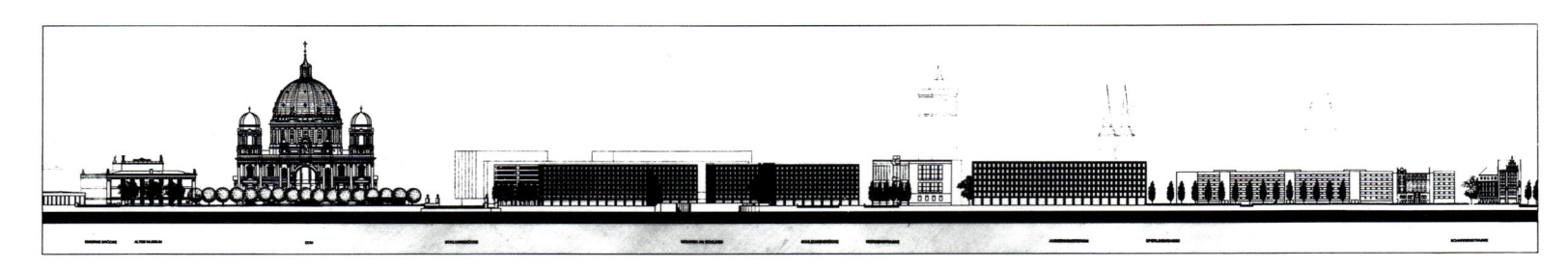

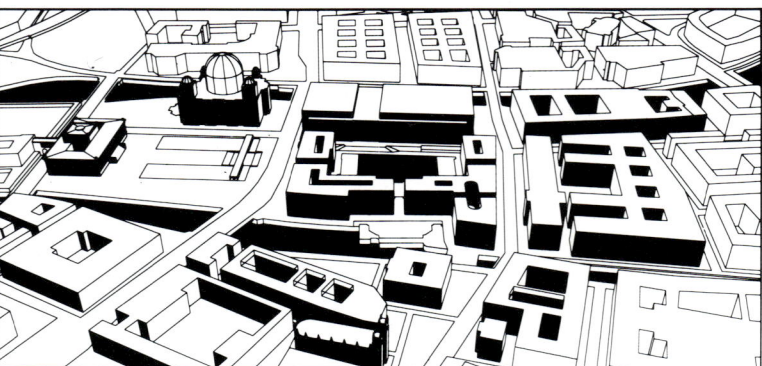

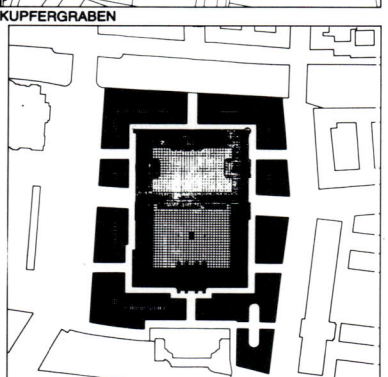

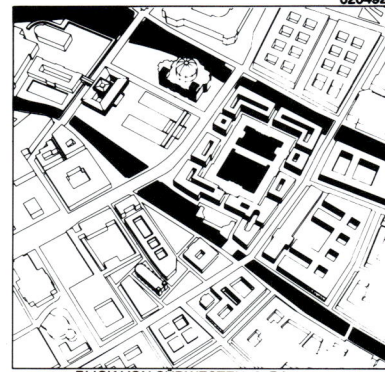

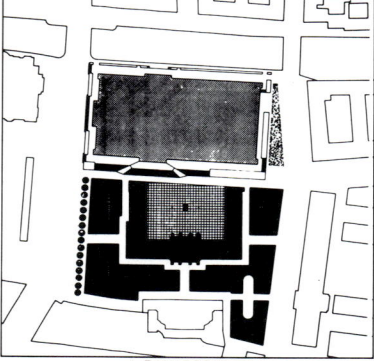

around the future Schlossplatz should contain as dense an urban mixture as possible: shops and cultural facilities on the ground floor level with arcades, on the floor above, offices, and above these residential spaces.

The closed block development of the Spreeinsel is enclosed to the east by the watercourse of the river and to the south and west by a circular green stretch in which buildings are embedded. The green stretch follows the city's medieval ramparts. The traffic is structured into three main traffic braces to the south-west-north-east: Unter den Linden, Werderstrasse and Gertraudenstrasse.

The plan is an attempt to complete the centre of Berlin through cautious additions, to add to the fragmentary and contradictory existing structures in order to develop a superimposed, diversified urban fabric.

THE ARCHITECT

The preservation of the Palast der Republik on the grounds of its significance for 17 million people and the enclosure of the "negative space" of the Schloss using residential buildings creates an unsatisfying spatial situation at the Lustgarten and on the Schlossplatz. The important east-west connections of "Unter den Linden" and Werderstrasse lose their spatial quality and rhythm.

The two Ministries are functionally concentrated and in particular, the design of the Foreign Ministry as a closed block creates the possibility of using the remaining area in a variety of ways. The integration of the former Staatsrat building appears realistic, thanks to the more than sufficient floor areas.

The project offers interesting urban design approaches worthy of implementation south of Marx-Engels-Platz, which can also be built in phases.

THE JURY

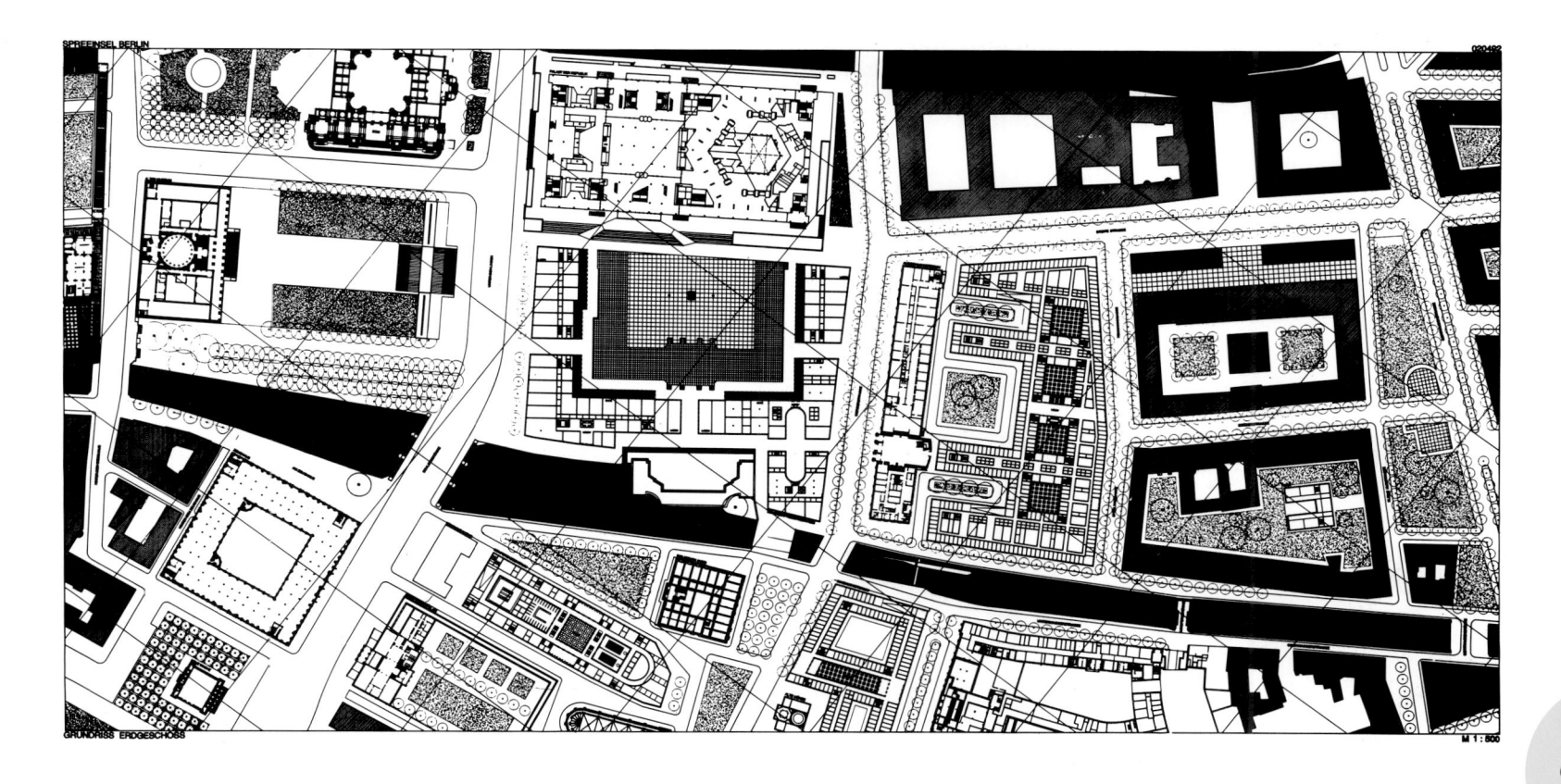

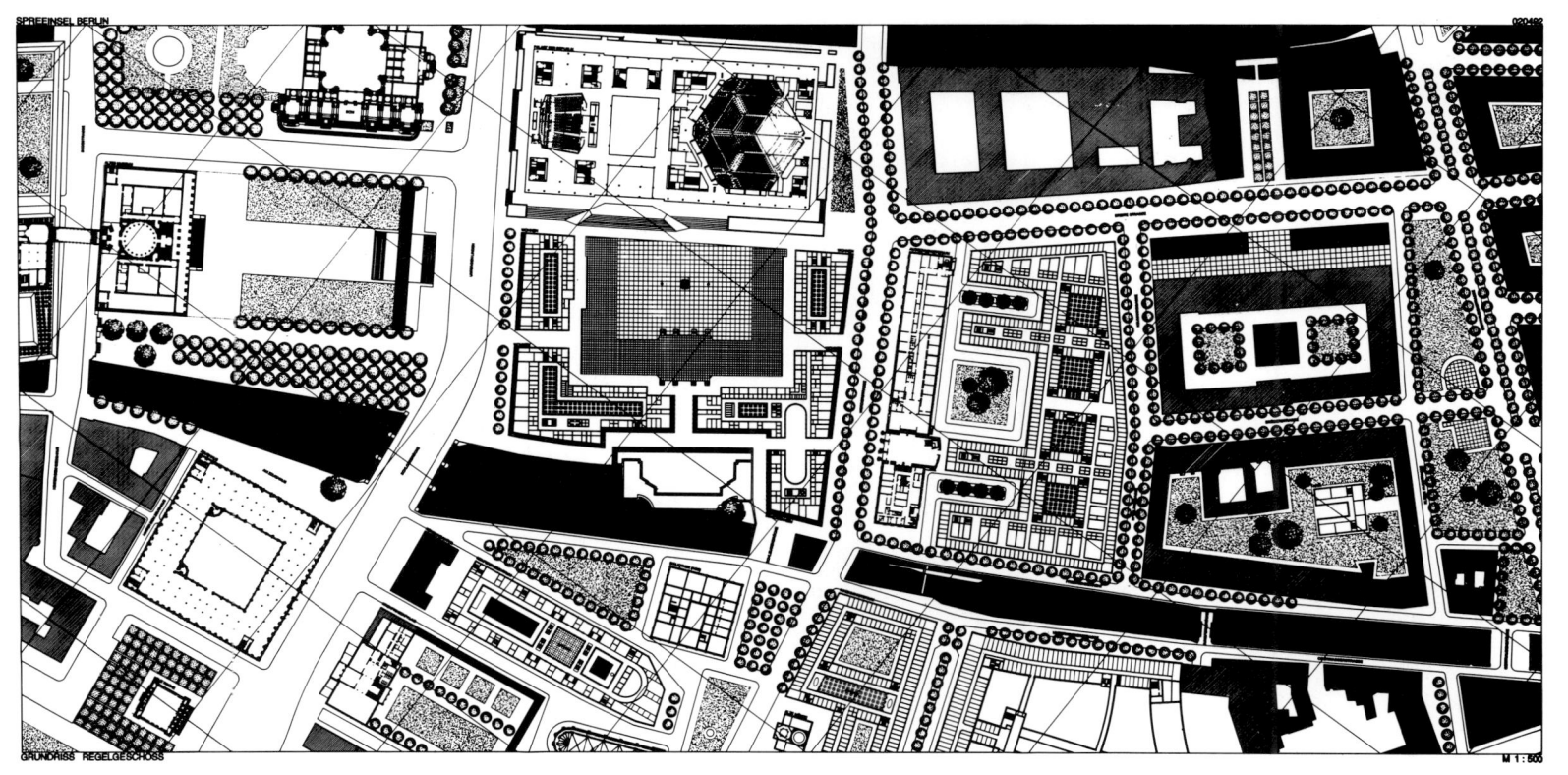

Oswald Mathias Ungers with Stefan Vieths, Köln 4

5 Hentrich-Petschnigg & Partner, Berlin

Wir denken an einen Garten, den Garten der Stadt. Dieser Garten ist zuerst ein Ort der Ruhe und der Kultur. Als der innerste Ort der Republik versteht er sich jenseits vordergründiger Ansprüche.

Die Bauten, über die wir hier sprechen, sind die Installationen dieses Gartens, der räumlich gefaßte Rahmen, Schutz der Stille. Im Blickpunkt der Linden sind sie zugleich der Ausblick auf neue Räume jenseits der Spree.

In der Mitte: ein erhöhter Patio. Auf diesem Parnaß begegnet man sich, man spricht und hört, man schöpft und gibt. Dabei meinen wir, daß die erwarteten Ministerien an den dafür vorgesehenen Orten günstig untergebracht sind. Sie verfügen beide über ein gut gelegenes und großzügig bemessenes Grundstück und sind vorteilhaft von der Französischen und der Breiten Straße erschlossen. Die Bauakademie wird wiedererrichtet. Mit diesem Bau entsteht einer der anregendsten Plätze überhaupt, ein Platz am Wasser, der ehemalige Schinkelplatz. Er fordert die Einrichtung einer raumfassenden Spur zu beiden Schenkeln dieses Dreiecks, der Loggia am Wasser und der Gebäudeloggia zum Werderschen Markt.

Die Erhaltung des ehemaligen Staatsrats ist für uns unstrittig, insbesondere das Portal des Schlosses sollte nun dort verbleiben, wo es ist.

Das Gelände der ehemaligen Wallanlagen wird als ein die Mitte umfassender Grünraum erhalten. Ziel ist die Berücksichtigung und Entwicklung übergeordneter Grünverbindungen mit ihren ökologisch wirksamen Ausgleichsfunktionen: Spree und Spreekanal, Wallanlagen und Fischerinsel, Lustgarten und Marx-Engels-Garten, Schinkelplatz und Petriplatz, Monbijou, Unter den Linden. Mit dem Nebeneinander, der Vielfalt, den Widersprüchen und Gegensätzen treten viele Spannungen

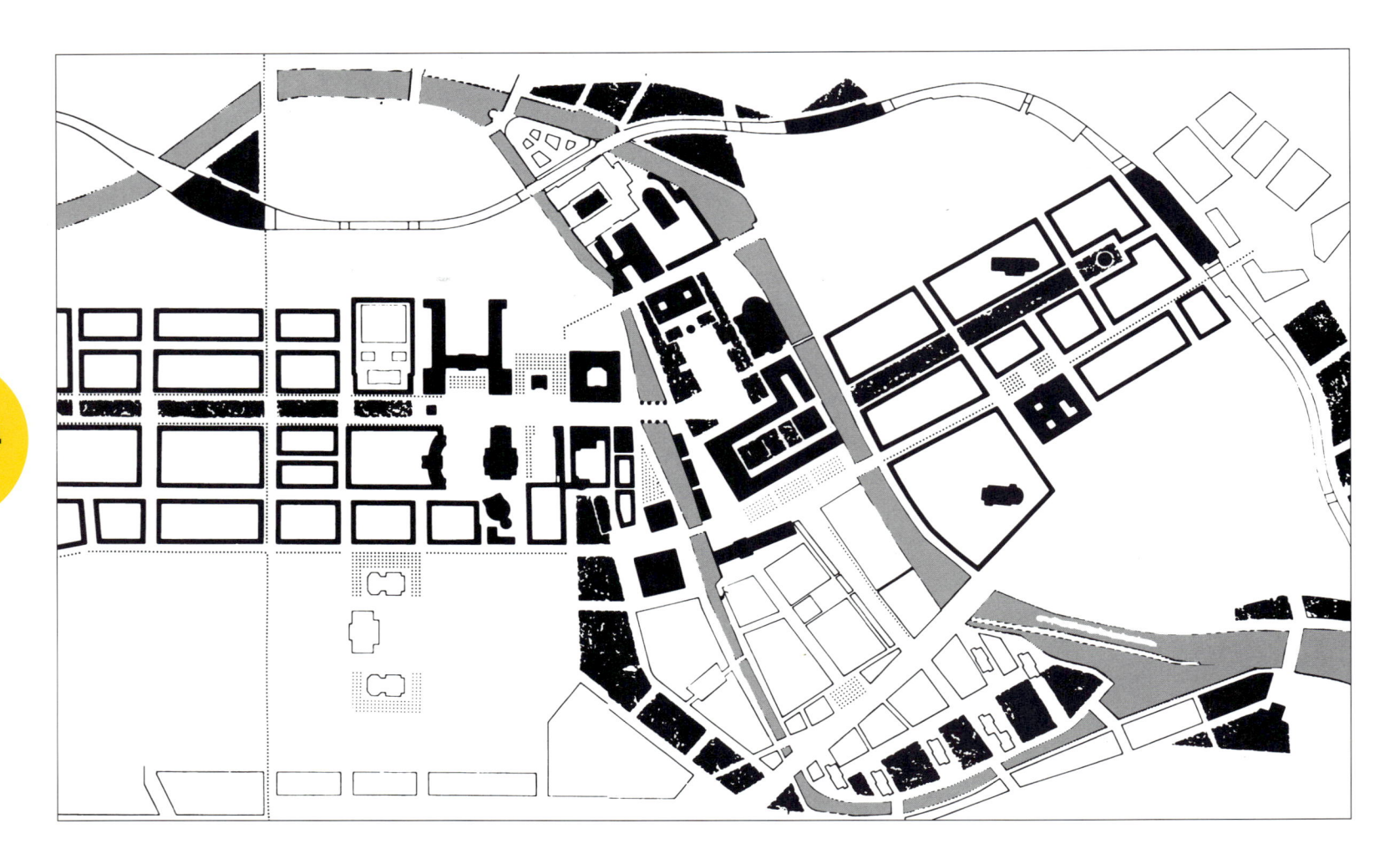

We have a garden in mind, the garden of the city. This garden is predominantly a place of tranquillity and culture. As the innermost point of the Republic, it sees itself as beyond superficial pretensions. The buildings under discussion are the installations of this garden, the spatially defining frame, safeguarding the stillness. Whilst visually linked to the linden trees, they also overlook new spaces beyond the Spree. In the centre: an elevated patio. On this Mount Parnassus people meet, they speak and listen, they give and take. At the same time in our opinion the expected Ministries are conveniently housed in the designated places. Both of them are provided with pleasantly situated and spacious grounds and are conveniently reached by Französische Strasse and Breite Strasse.

The Bauakademie is rebuilt. With this building one of the most stimulating squares of all comes into being, a square on the water, the former Schinkelplatz. It requires the creation of a spatially framing track to both legs of this triangle, the loggia on the water and the building loggia facing Werder Marketplace.

The preservation of the former Staatsrat building is indisputable for us; the portal of the Schloss particularly must now remain where it is. The grounds of the former medieval ramparts are preserved as a greenspace enclosing the core. The objective is the consideration and enhancement of primary greenspace links with their environmentally effective balancing functions: the river and the canal, the ramparts and the Fischerinsel, Lustgarten and Marx-Engels Garten, Schinkelplatz and St Peter's Square, Monbijou, Unter den Linden.

The coexistence, the variety, the contradictions and opposites cause many tensions to emerge in an innovative way. But it is just this diversity

auf neue Weise zutage. Aber gerade die Abwechslung unterschiedlicher Freiräume bestimmt das Erleben auf der „Stadt-Insel". Sie verbinden die naturraumtypischen Strukturen mit dem Stadttypischen, die alte Stadt mit den neuen Formen zu einem Ganzen.

Über die Verkehrslösung für die Mitte muß an dieser Stelle dringend nachgedacht werden. Der Fahrzeugverkehr überhaupt ist an diesem Ort unakzeptabel und auch unnötig. Dieser Ort ist Ziel, nicht Weg. Das Forum Friderizianum ebenso wie der Lustgarten sollten in Zukunft nicht mehr befahren werden. Der gewöhnliche Verkehr wird im Osten schon vom Alexanderplatz aus um die Mitte geführt, im Westen am Brandenburger Tor wird man es ebenso machen wollen. Die damit einhergehende Beruhigung käme der gesamten Mitte, insbesondere auch den Linden zu Gute.

DIE ARCHITEKTEN

Der Entwurf führt in der Mitte der Stadt zu großen ökologischen Qualitäten, insbesondere durch die offene Entwicklung des Friedrichswerders und seine Weiterführung am südlichen Ende der Fischerinsel, dies jedoch auf Kosten der städtischen Plätze am Friedrichswerderschen Markt und Spittelmarkt.

Die Neuordnung der öffentlichen Räume im zentralen Bereich folgt nur scheinbar dem historischen Grundriß. Hierzu gehört auch die Abriegelung der Straße „Unter den Linden" auf der Höhe des Doms, die nicht nur verkehrsplanerisch fragwürdig ist, sondern auch den gewünschten stadträumlichen Zusammenhang zwischen Ost und West zerstört. Dieser Mangel kann auch nicht durch die Qualität der erweiterten Lustgartenanlage wettgemacht werden. Die Wettbewerbsarbeit liefert einen beachtenswerten Beitrag im Bereich der Schloßfreiheit.

DAS PREISGERICHT

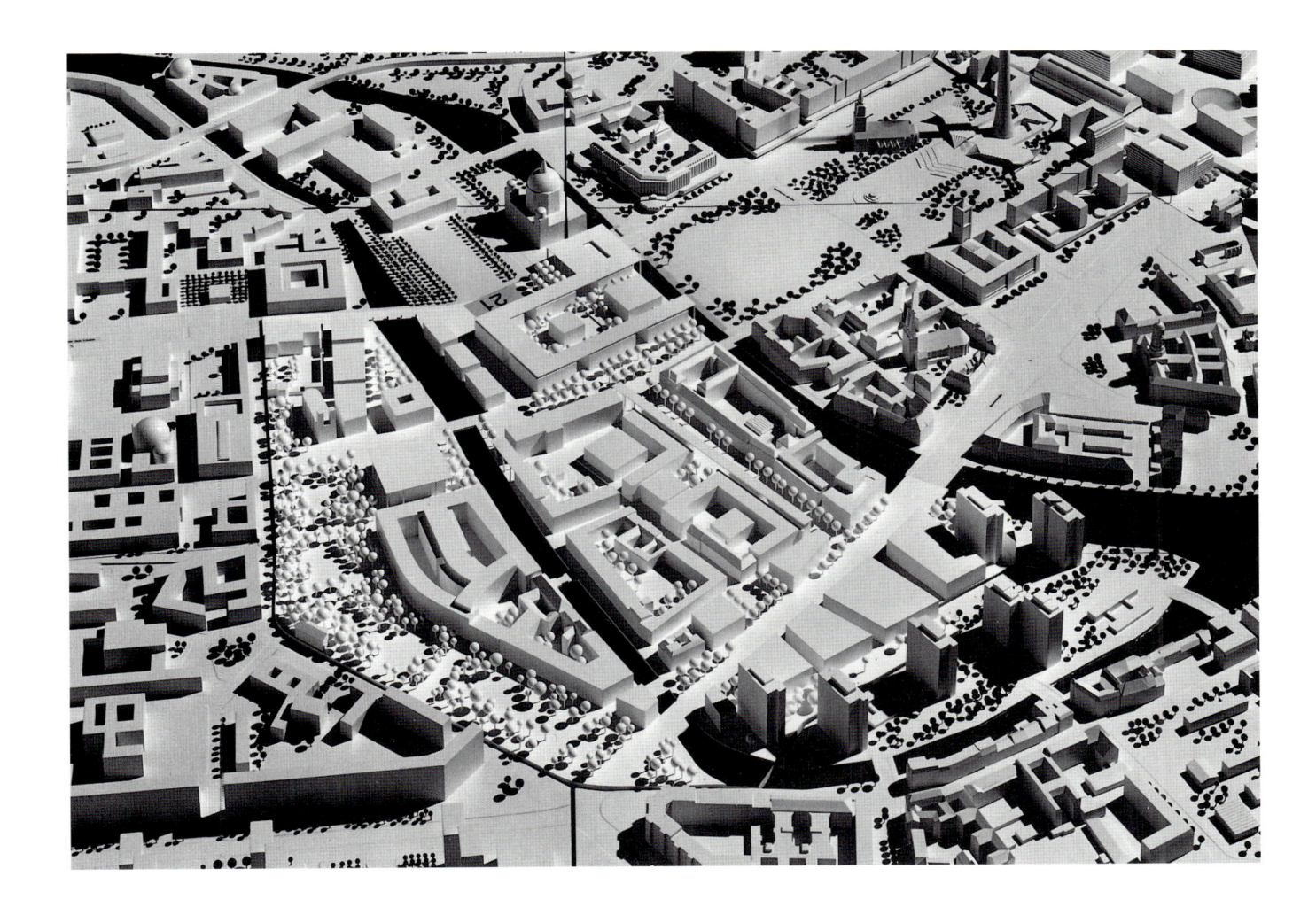

of different open spaces which defines the experience on the "city island". In linking patterns typical of the natural landscape with those typical of the cityscape, and the old city with the new forms, they create a whole.

It is crucial at this point to consider the traffic solution for the centre. Traffic of any kind is not acceptable in this place and also superfluous. This place is the goal, not the way there.

The Forum Friderizianum as well as the Lustgarten should in future be traffic-free. The general traffic is already routed from Alexanderplatz around the centre, one would wish to do the same in the west at the Brandenburg Gates. The accompanying calm would do "Mitte" as a whole, but particularly the linden trees good.

THE ARCHITECTS

The project generates good ecological conditions in the city centre, especially by the open development of Friedrichswerder and its extension to the southern end of the Fischerinsel. This however is at the expense of the urban squares of Friedrichswerder Marketplace and Spittelmarkt.

The new layout of the public spaces in the central area only appears to follow the historic plan. This is in conjunction with the closure of the street "Unter den Linden" on the level of the Cathedral, which is not only questionable in terms of traffic, but also destroys the desired link between east and west.

This lack cannot be compensated for by the high quality extension of the Lustgarten.

The project offers a remarkable contribution in the vicinity of the Schlossfreiheit.

THE JURY

Hentrich-Petschnigg & Partner, Berlin 5

5 Hentrich-Petschnigg & Partner, Berlin

Lageplan M 1:1000

67

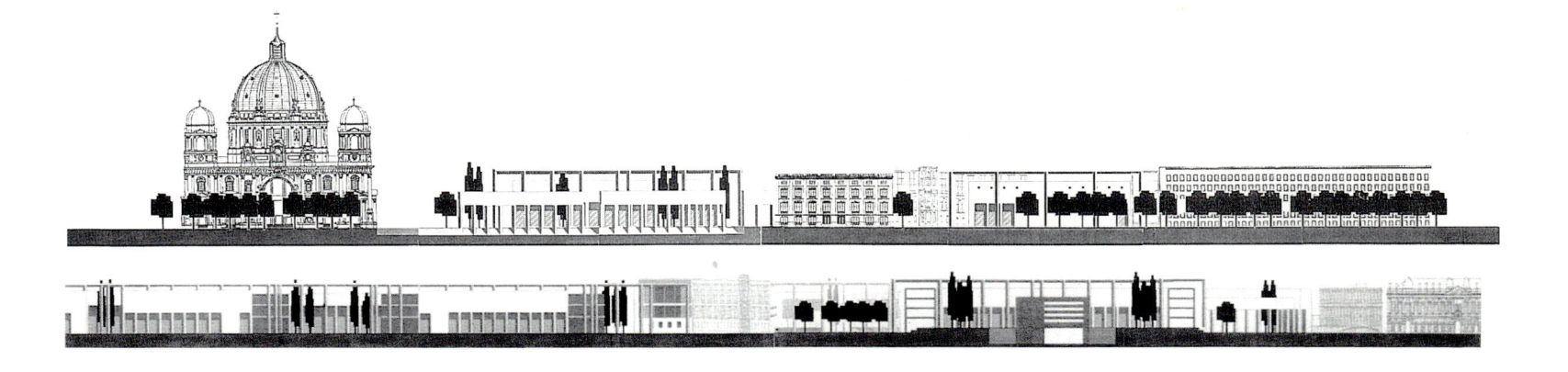

Hentrich-Petschnigg & Partner, Berlin 5

1. Ankauf: Christoph Langhof mit W. Schäche und Th. Hänni, Berlin

Trotz erheblicher Kriegszerstörungen sowie den Deformationen und Verwerfungen, die die Architektur der Nachkriegszeit verursachte, ist das städtebaulich prägende Prinzip in den überkommenen Relikten noch spürbar und verlangt nach Restitution.

Anstelle der nicht mehr existenten steinernen Gebäudeformationen treten nun jedoch im Aufriß leichte, transparente Baukörper, deren Konfigurationen jeweils auf einen gläsernen Raum bezogen sind. Sie bilden gleichsam die „neuen Bühnen des städtischen Lebens". Als die „Foren der Mitte" sind sie die urbanen Orte der Versammlung, der Kommunikation und des sozialen Austauschs von Stadt und Staat, von Kultur und Kommerz.

Ihr verbindendes, identitätsstiftendes Prinzip ist das des „diaphanen Raumes", der je nach Standort und Nutzung eine spezifische Ausformung erfährt. Seine architektonischen Merkmale sind der durch klare Gebäuderiegel gefaßte „gläserne Kubus", über den sich schützend ein transluzenter Baldachin spannt. Das wiederhergestellte Raum- und Kompositionskonzept erhält so in der dritten Dimension des städtischen Gefüges ein modernes, zukunftweisendes Anlitz.

Will man den Friedrichswerder seine Grundrißfigur wiedergeben, muß sein Nukleus, der Werdersche Markt, restituiert werden. Unter Aufnahme der noch greifbaren strukturellen wie baulichen Elemente ist seine räumliche Morphologie wiederherzustellen, wobei die Friedrichswerdersche Kirche ihre Dominanz zurückerhält und ihr zur Seite wieder der Kubus der Bauakademie treten muß.

Im Zusammenhang mit dem Korpus der Bauakademie ist desweiteren der Schinkelplatz wieder auszuformulieren. Dazu ist ein Gebäuderiegel zwischen Kronprinzenpalais und Schinkelplatz vorgesehen, wel-

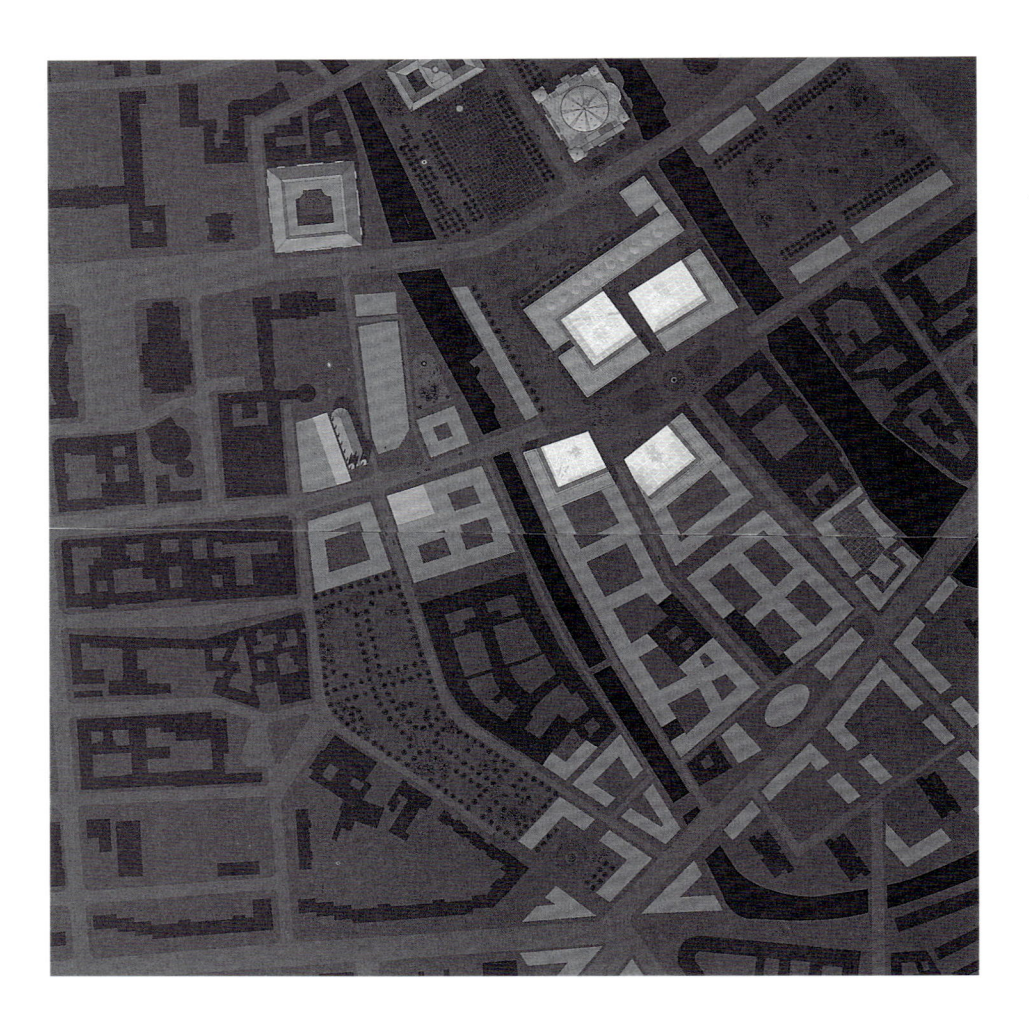

In spite of severe wartime damage and the deformations and sacrifices occasioned by the architecture of the postwar years, the underlying urban principle can still be detected in the surviving relics and is pleading for restitution.

The stone building formations which no longer exist are replaced, however, by transparent structures of a light elevation, with configurations which each relate to a volume of glass. These constitute, as it were, the "new arenas of urban life". As the "fora" of the centre, they are urban places of assembly, communication, social exchange – between city and state, between culture and commerce.

The cohesive principle, on which identity is also founded, is that of the "diaphanous space", which assumes specific forms according to location and function. Its architectural feature is the "glass cube", contained by clear structural slabs, with a protective, translucent canopy above. In this way, the concept of space and composition is restored, in the three-dimensional urban fabric, with a modern, forward-looking face.

If Friedrichswerder is to recover the contours of its grid, its structural and spatial nucleus, the Werder Market, must be returned. Its spatial morphology must be restored, absorbing those elements of structure and construction which are still tangible. The Friedrichswerder church will thereby reestablish its one-time dominance, while the significant cube of the Bauakademie must return to its side.

Schinkelplatz must be elaborated in conjunction with the Bauakademie volume. To this end, we envisage a slab between Kronprinzenpalais and Schinkelplatz which is oriented to the fronts of the former blocks and stretches from Unter den Linden to the Werder Market. The former Reichsbank, earmarked for the Inte-

cher sich an den Baufluchten der früheren Blöcke orientiert und sich von „Unter den Linden" bis zum Werderschen Markt erstreckt. Das für das Innenministerium vorgesehene Gebäude der Reichsbank erhält auf der nördlich vorgelagerten Freifläche einen modernen Kopfbau.
Für die Raumbildung des Schloßbereichs sowie die Konturierung des Schinkelplatzes ist die Restitution der Schloßfreiheit unabdingbar. Hier entsteht unter Einbeziehung des bastionsförmigen Postaments des ehemaligen Kaiser-Wilhelm-Denkmals ein sich in unterschiedliche Gebäudeeinheiten differenzierender Gebäuderiegel.
Um den innerstädtischen Raum wieder eine bauliche Mitte und urbane Struktur zu geben, ist unter Einbeziehung relevanter Teile des „Palastes der Republik" eine Gebäudeanlage hergestellt, die in Volumen und Kontur dem ehemaligen Stadtschloß entspricht. Der Veranstaltungssaal des „Palastes der Republik" ist in die Gebäudeformation integriert, die eine Bibliothek und großzügige Versorgungs- und Kommunikationsflächen ausweist und somit die kulturellen „Foren der Mitte" beinhaltet.
Anstelle des heutigen Staatsratsgebäudes ist der Kopfbau des Außenministeriums vorgesehen. Eine klare Winkelfigur rahmt hier einen der vier „diaphanen" Empfangsräume der „Foren der Mitte". Stadträumlich übersetzt das Gebäude dabei die Bauflucht der Werderstraße auf die östliche Seite der Spree und gibt dem wiedererstandenen Schloßplatz einen signifikanten südwestlichen Abschluß. Auf den südwestlich anschließenden Blöcken bis zur Scharrenstraße können die zusätzlichen Gebäudeeinheiten des Außenministeriums realisiert werden. Die wertvolle Bausubstanz an der Brüderstraße wird integriert.

DIE ARCHITEKTEN

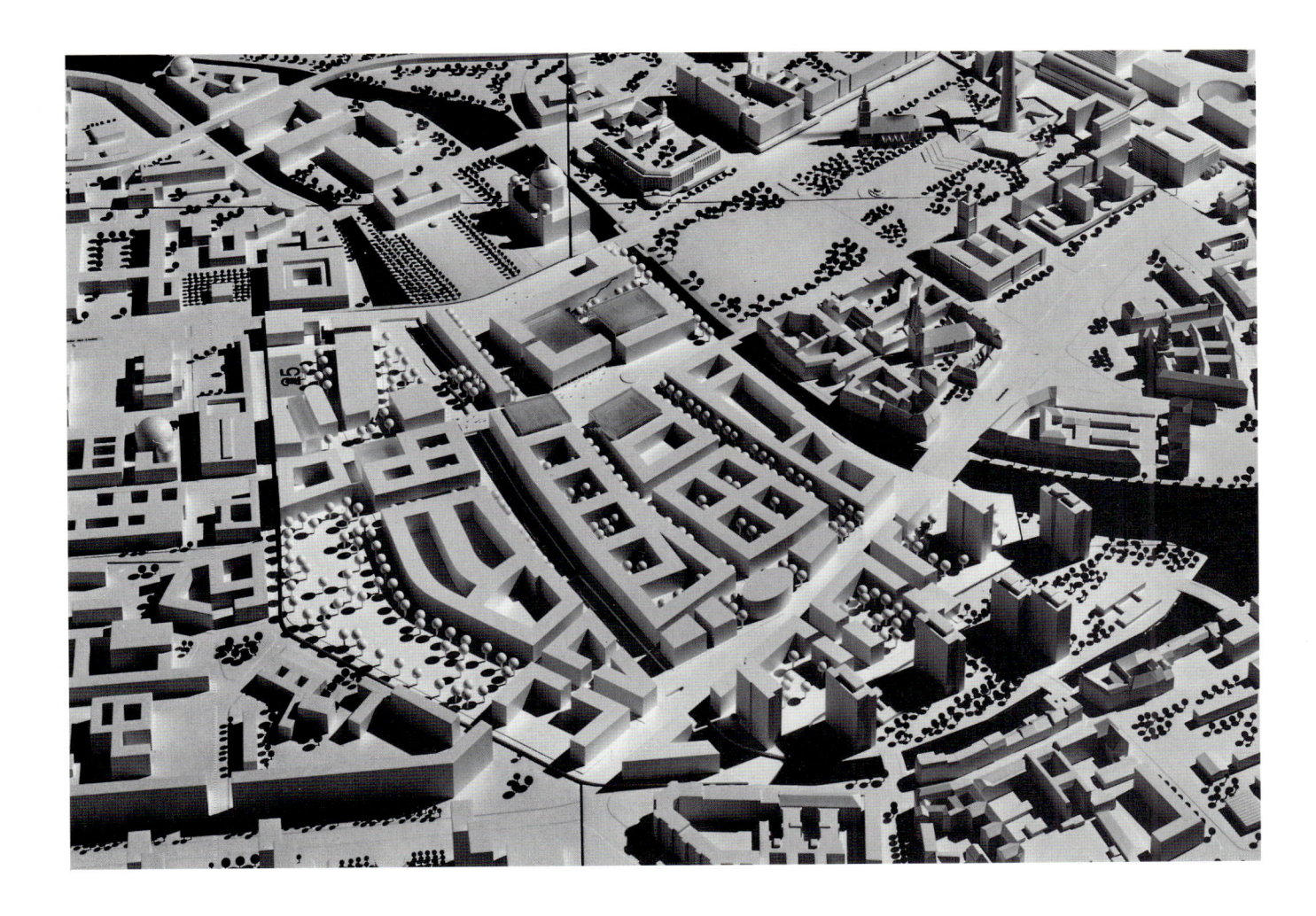

rior Ministry, acquires a modern terminus on the available site to its north.
To define the space around the Schloss and create contours for Schinkelplatz, it is essential to recreate the Schlossfreiheit. The bastion-like base on which the statue of Kaiser Wilhelm once stood is incorporated into a slab differentiated by building sections.
To restore a built core and an urban structure to this inner-city venue, we have designed a building similar in volume and contour to the former Schloss, which incorporates appropriate parts of the Palast der Republik. Its theatre has been integrated into the formation, which is intended to accommodate a library and also generous space for facilities and communication, and which will thus constitute the cultural "fora of the centre" [incl. media centre].
The Staatsrat gives way to the end building for the Foreign Ministry. A definite angular figure here frames one of the four "diaphanous" reception halls for the "fora of the centre". In terms of urban design, this building transports the street front of Werder Strasse across to the east of the Spree, providing a significant southwestern conclusion for the reborn Schlossplatz. The remaining sections of the Foreign Ministry can be accommodated in the blocks extending southwest towards Scharrenstrasse. The valuable buildings on Brüderstrasse are integrated.

THE ARCHITECTS

1. Mention: Christoph Langhof with W. Schäche and Th. Hänni, Berlin

1. Ankauf: Christoph Langhof mit W. Schäche und Th. Hänni, Berlin

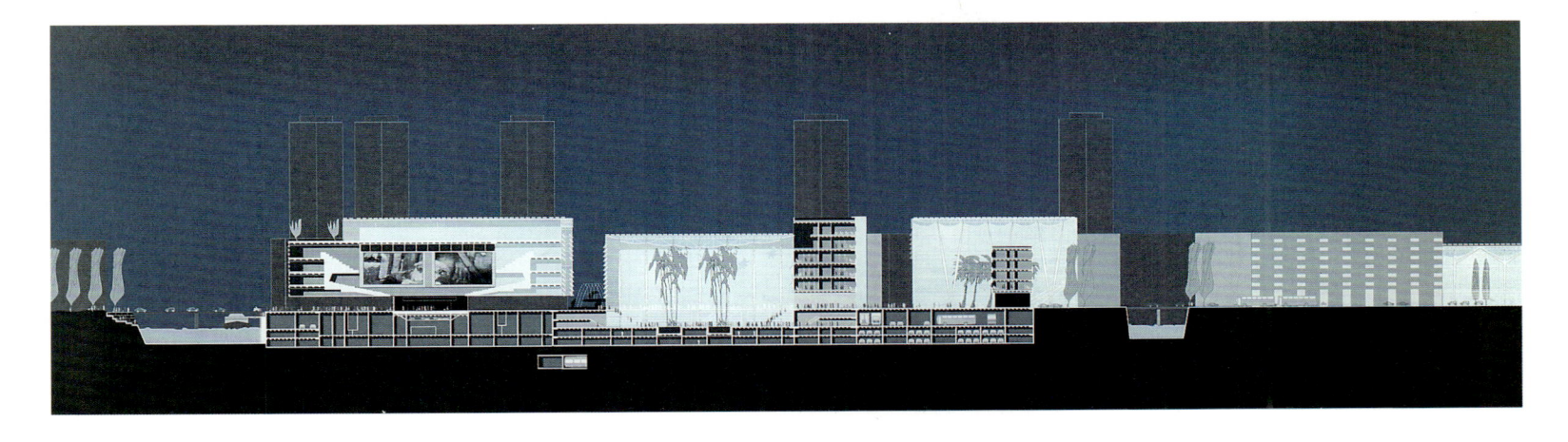

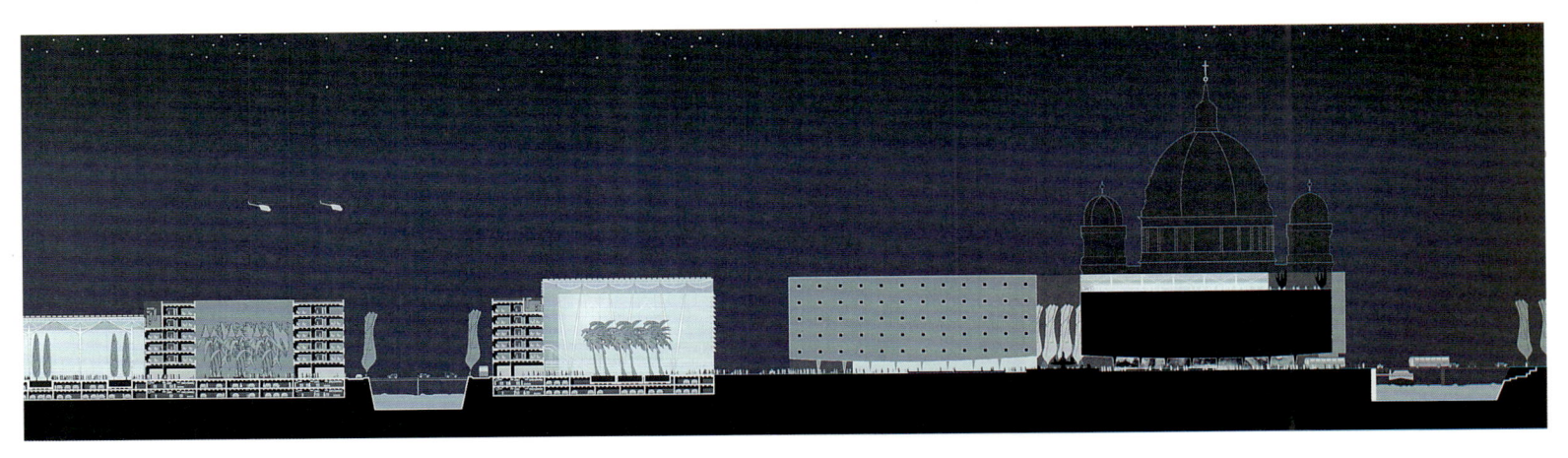

**1. Mention: Christoph Langhof
with W. Schäche and Th. Hänni, Berlin**

2. Ankauf: W. Baltin, Th. Bolwin, W. Müller-Hertlein, M. Richter, Karlsruhe

Mit dem Spreeinselwettbewerb besteht die Chance geschichtliche Kontinuität im Stadtraum sichtbar zu machen, dennoch Realitäten der Gegenwart einzubinden und zu würdigen.

Im Entwurf spielen dabei die großräumigen Ost-West-Verbindungen eine entscheidende Rolle. Ihre [Nord-Süd-]Verbindungspunkte auf der Spreeinsel sind durch den verfehlten Städtebau der nahen Vergangenheit nicht mehr erlebbar.

Für die Erkennbarkeit des Ortes ist die Schloßbrücke der wichtigste Standort. Darüberhinaus sind an sämtlichen Brückenköpfen Situationen zu schaffen, die über kontrastierende Raumabfolgen das Überqueren der Spree verdeutlichen. Dies kann zum einen über Referenzen an die Historie geschehen: Umlenkung der Straße „Unter den Linden" entsprechend der historischen Platzsituation oder die Raumabfolge Spittelmarkt–Petriplatz. Zum anderen wird die Chance der großflächigen Neustrukturierung des zentralen Inselsbereiches [mit dem Konferenz- und Medienzentrum] genutzt, um über die Geschichte hinausgehende Möglichkeiten einer Vernetzung der Berliner Mitte zu finden.

Die Breite Straße bildet das Rückgrat der Insel. Sie verbindet nicht nur die sehr unterschiedlichen Funktionswelten, sondern schafft über die neue offene Mitte eine Spange zwischen den Stadtmagistralen.

Die Konzeption zur Verbesserung der klimatischen und ökologischen Situation der Berliner Mitte sieht neben dem sinnvollen Schutz von bestehenden Grünflächen und kleinklimatischen Ausgleichsmaßnahmen, ihre Aufgabe in der Einbeziehung und Aufwertung des Wassers als in jeder Beziehung ortsprägendem Element. Es gilt die Präsenz der Spree nicht nur im optischen Sinne zu verbessern, sondern auch ihre neue infrastrukturelle Bedeutung

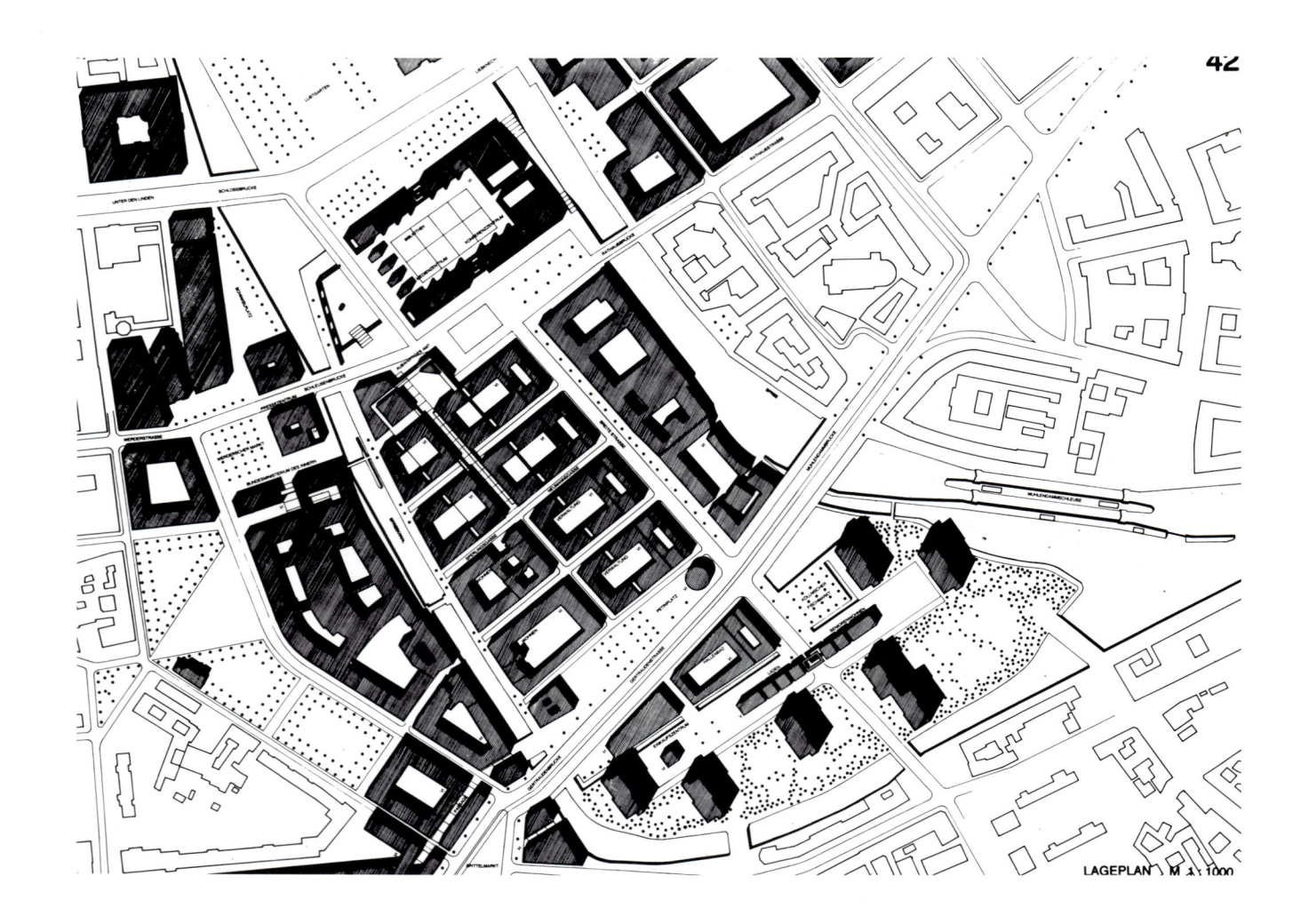

The Spreeinsel Competition offers an opportunity to render historical continuity visible within the urban scenario whilst integrating and acknowledging present-day realities. The major east-west thoroughfares – Strasse des 17. Juni via Unter den Linden to Alexanderplatz, and Potsdamer Platz along Leipziger Strasse – play a decisive role in the proposal. Their [north-south] linkages on Spreeinsel are no longer recognizable due to the failures of urban planning in the recent past. Schlossbrücke is the most important point in generating recognition for this place. Indeed, situations must be created at all the bridgeheads which use contrasting spatial sequences to draw attention to the river crossing. One approach is to make historical references: reroute Unter den Linden to reflect the historical arrangement of squares, or else the spatial sequence Spittelmarkt–St Peter's Square. Extensive restructuring of the island's centre [with the conference and media centre] can be used at the same time to establish more effective networks for the centre of Berlin than those alone which history offers.

Breite Strasse is the backbone of the island. Not only does it link the very different functional worlds (housing, administration, education and the arts); it also provides a brace, across the new, open centre, between the urban thoroughfares.

Our strategy for improving the climate and ecological conditions in Berlin's centre not only ensures sensible protection for existing green spaces, with compensatory measures for the microclimate; it also sets out to integrate and upgrade the water, which is in every sense an element from which the area derives its character. The aim is both to improve the Spree's visual presence and to illustrate its new importance as a feature of Berlin's infrastructure.

für Berlin zu verdeutlichen. An Kaskadenbecken wird [auf der Fischerinsel] Spreewasser über photovoltaisch gesteuerte Pumpen auf ein höheres Niveau gebracht. Kaskaden erhöhen auf natürliche Weise den Sauerstoffgehalt im Wasser und bilden ein urbanes Gestaltungselement. Der Einsatz des „optimierten Wassers" ermöglicht sowohl die Kühlung als auch die Heizung der Verwaltungsgebäude. An der Stelle der ehemaligen Schloßfreiheit ist in Verbindung mit der Spreeterrasse ein großflächiges, geschlossenes Verdunstungsbecken vorgesehen, welches zum einen das lokale Kleinklima verbessert, zum anderen über photovoltaisch betriebene Fontänen den Feuchtegehalt erhöht.

DIE ARCHITEKTEN

Die Arbeit trägt der Tatsache Rechnung, daß es sich bei den Ministeriumsneubauten um einfache Bürobauten handelt, und fügt in erkennbarer Radikalität, aber unter Wahrung der städtebaulichen Maßstäbe, eine neue Struktur in den Stadtorganismus ein.
Dabei gelingt es durch das Markieren der alten Schloßkontur, einfache attraktive Stadträume zu formulieren. Ein zweiter Baukörper südlich der Bauakademie führt zu einer erwägenswerten Torwirkung. Für den Friedrichswerderschen Markt ist eine akzeptable Raumform gefunden, die Beziehung zum Wallgrün hat. Bedauerlicherweise bestätigt sich der erste Eindruck nicht, daß die gefundene Baukörperstruktur zu besonders gut funktionierenden Bürobauten führt. Unverständlich bleibt, warum die Verfasser den Abbruch der Wohnhäuser entlang des Spreekanals vorschlagen.

DIE JURY

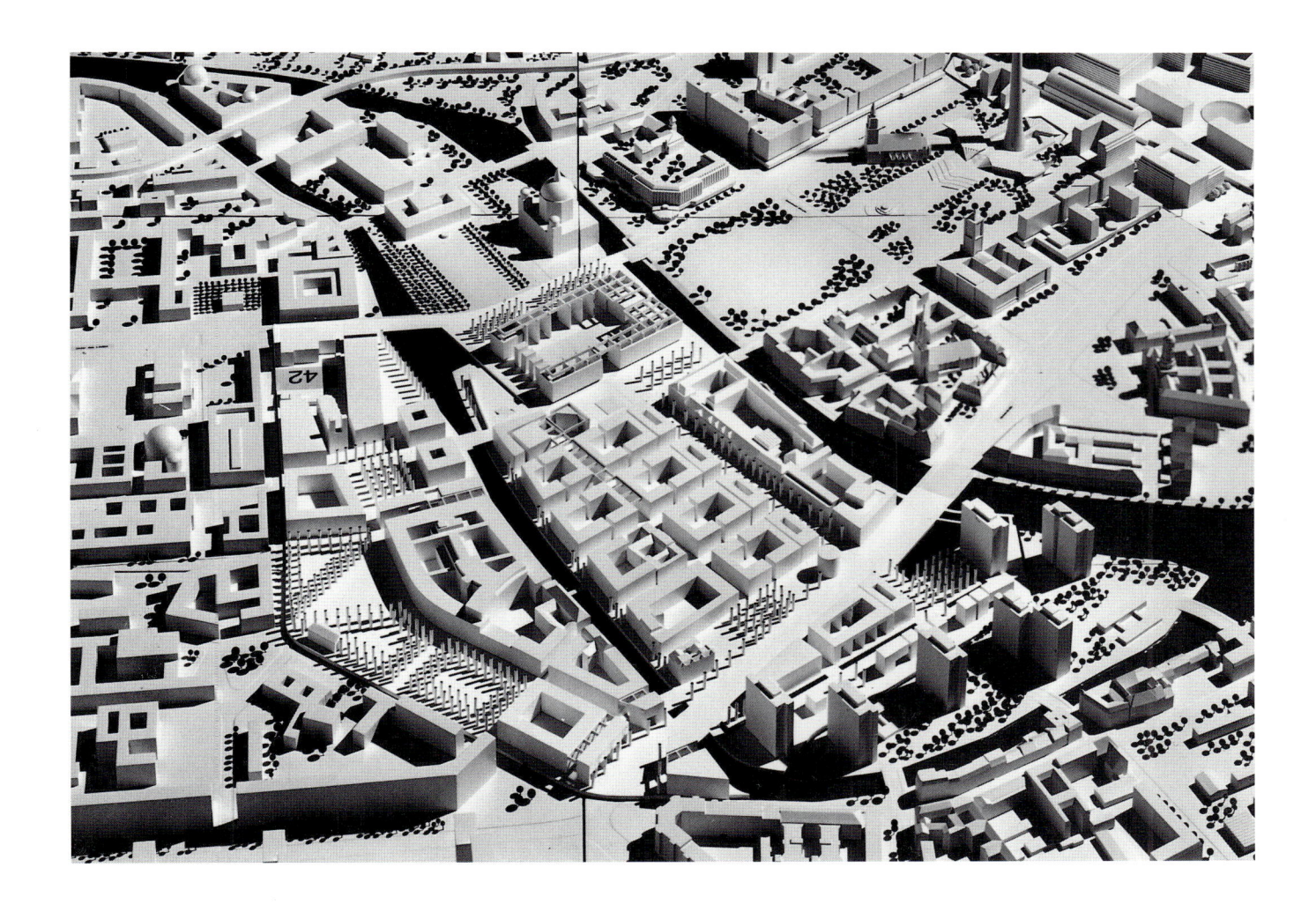

Cascading fountains [on Fischerinsel] will raise water from the Spree using photovoltaic pumps. Cascades are a natural form for increasing the oxygen content of the water, and they are also an urban design feature. This "upgraded water" can be used to cool and also heat the administrative building [of the Foreign Ministry on Breite Strasse].
On the site of the former Schlossfreiheit, and in conjunction with the river terrace, a large, closed evaporation basin will improve the local microclimate and raise moisture levels by means of photovoltaic fountains.

THE ARCHITECTS

This submission acknowledges that the new ministerial buildings are to be simple office buildings. It also introduces a new structure into the urban organism with an obvious radicalism which nevertheless respects the city's dimensions. By marking the old contours of the Schloss, simple, attractive urban spaces are defined. Old references are reactivated. A second building south of the Bauakademie creates a noteworthy gateway effect. An acceptable spatial form which relates to the green of the ramparts has been found for the Werder Market. Regrettably, the initial impression that the built structures elaborated here will lead to well-functioning office buildings is not confirmed upon closer scrutiny. No reason can be found for the demolition of the residential buildings along the canal which the authors propose.

THE JURY

2. Mention: W. Baltin, Th. Bolwin, W. Müller-Hertlein, M. Richter, Karlsruhe

2. Ankauf: W. Baltin, Th. Bolwin, W. Müller-Hertlein, M. Richter, Karlsruhe

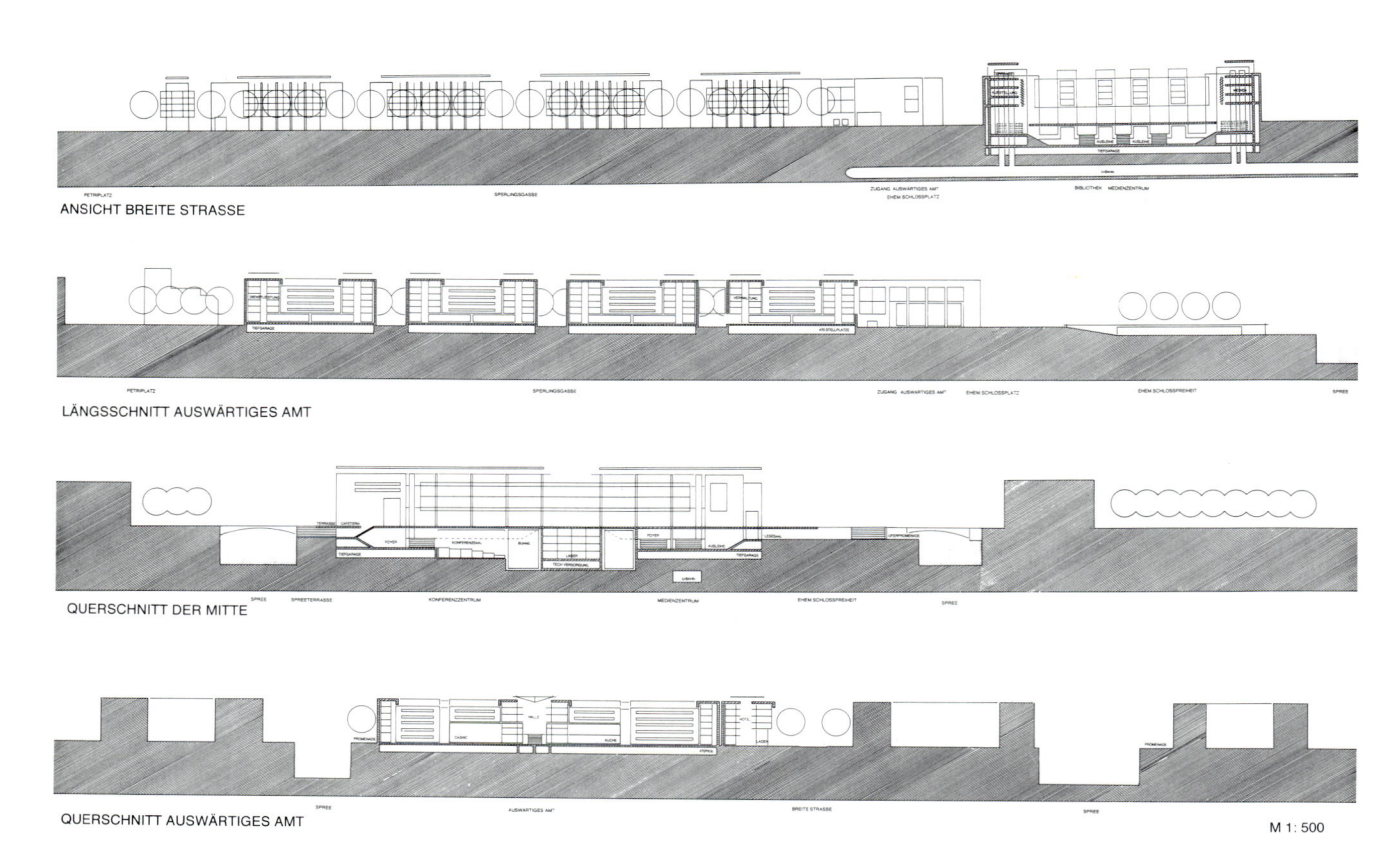

ANSICHT BREITE STRASSE

LÄNGSSCHNITT AUSWÄRTIGES AMT

QUERSCHNITT DER MITTE

QUERSCHNITT AUSWÄRTIGES AMT

M 1:500

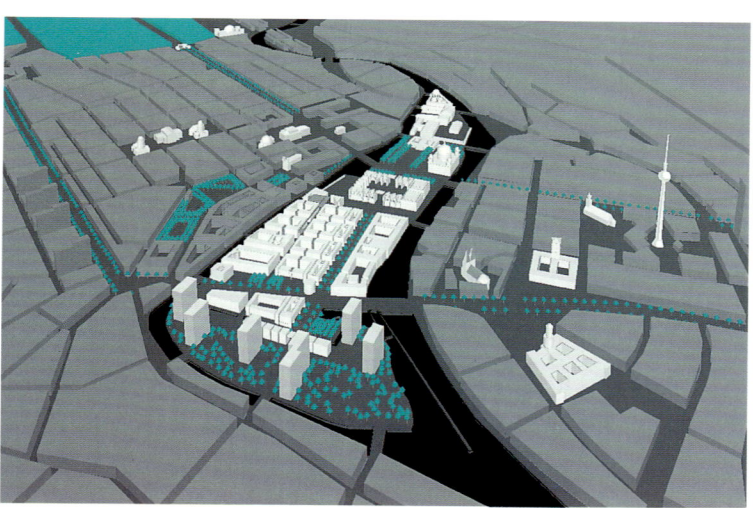

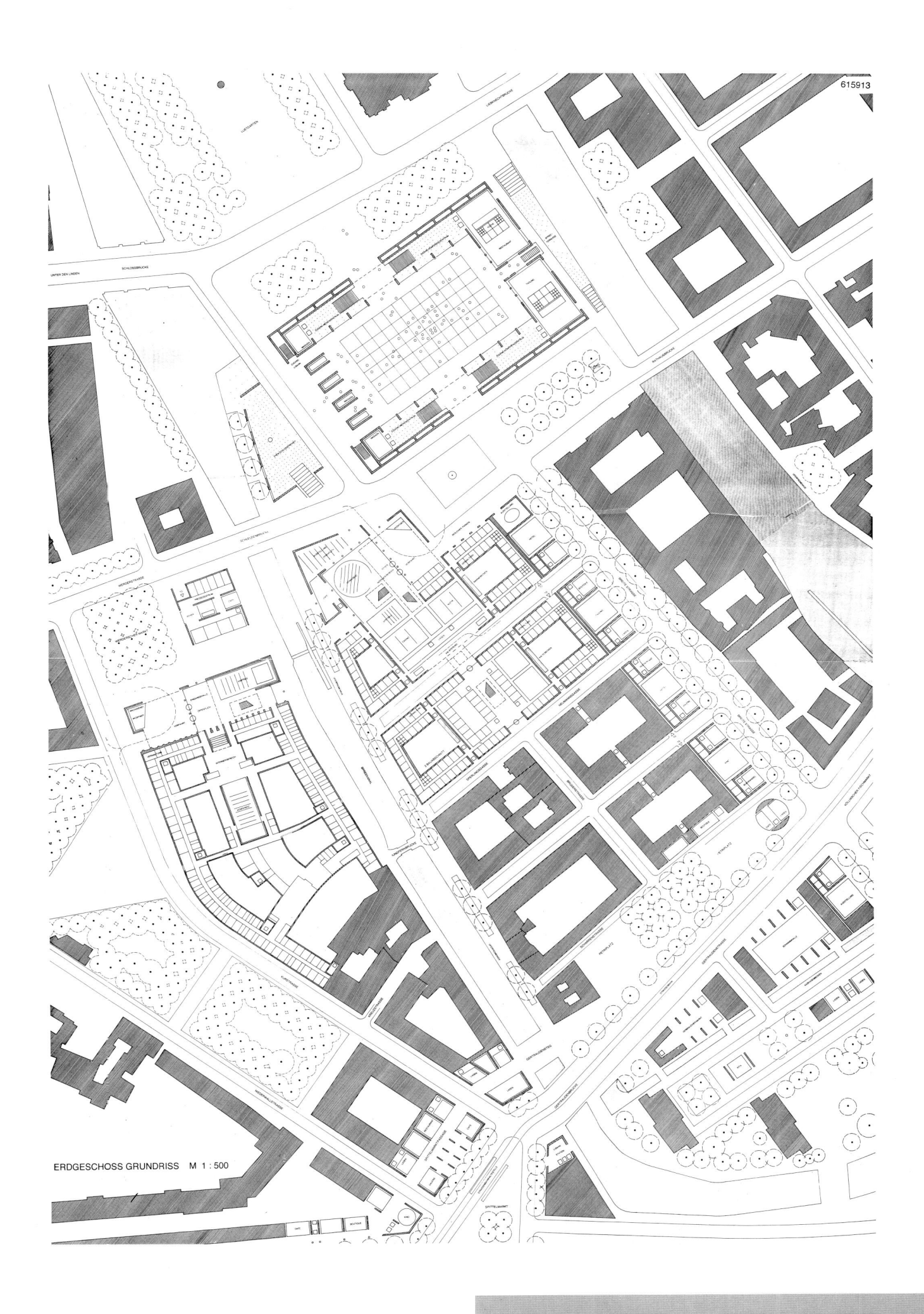

ERDGESCHOSS GRUNDRISS M 1:500

2. Mention: W. Baltin, Th. Bolwin, W. Müller-Hertlein, M. Richter, Karlsruhe

3. Ankauf: P. Zlonicky, K. Wachten, O. Ebert, Dortmund

In der Mitte ein Raum für Bürger und Besucher, für den Bund und Berlin, ein Forum für die gesellschaftliche Mitte der Hauptstadt, offen nach Osten und Westen, Süden und Norden.

Ein Teil seiner Räume sollte das neue „Haus der Kulturen der Welt" aufnehmen. Mediathek und Kongreßzentrum sind eingefügt. Als städtebauliche Leinwand für die Linden wird die fragmentarische Rekonstruktion der Schloßwand als Projektionsfläche oder Kunstwerk, gestaltet mit Fundstücken aus Schloßkeller und Lagerhöfen, vorgeschlagen.

Im Stadtboden wird der Umriß des Schlosses sichtbar. Der Palast der Republik, nicht verleugnet, sondern saniert, wird zur Spree, zum Marx-Engels-Platz und zum Himmel über Berlin geöffnet.

Der Berliner Baublock trennt klar den öffentlichen Raum vom privaten Hof und schafft Orientierung. Eine Allee von der Museumsinsel zum Märkischen Museum zeichnet den Verlauf der historischen Stadtbefestigung nach. Die grünen Flächen sind gartenarchitektonisch gestaltet, offen für Bewohner, Beschäftigte und Besucher.

Am Marx-Engels-Forum ist Reparatur durch Städtebau notwendig und möglich, durch ein Weiterbauen in klaren Räumen und Linien. Die grobe Maßstäblichkeit der Reichsbank wird durch den Stadtpark gemildert, gefaßt von einem schlanken Gebäudezug an der Ober- und Niederwallstraße.

Berlin bietet dem Bund die besten Adressen der Stadt: Schloßplatz und Werderscher Markt. Die Ministerien integrieren sich in den Stadtgrundriß, repräsentativ nur durch die Qualität ihrer Architektur, nicht durch Masse und Höhe. Sie brauchen sich nicht von der Stadt abzuriegeln, weil sich ihre empfindlichen Bereiche zu den Höfen orientieren.

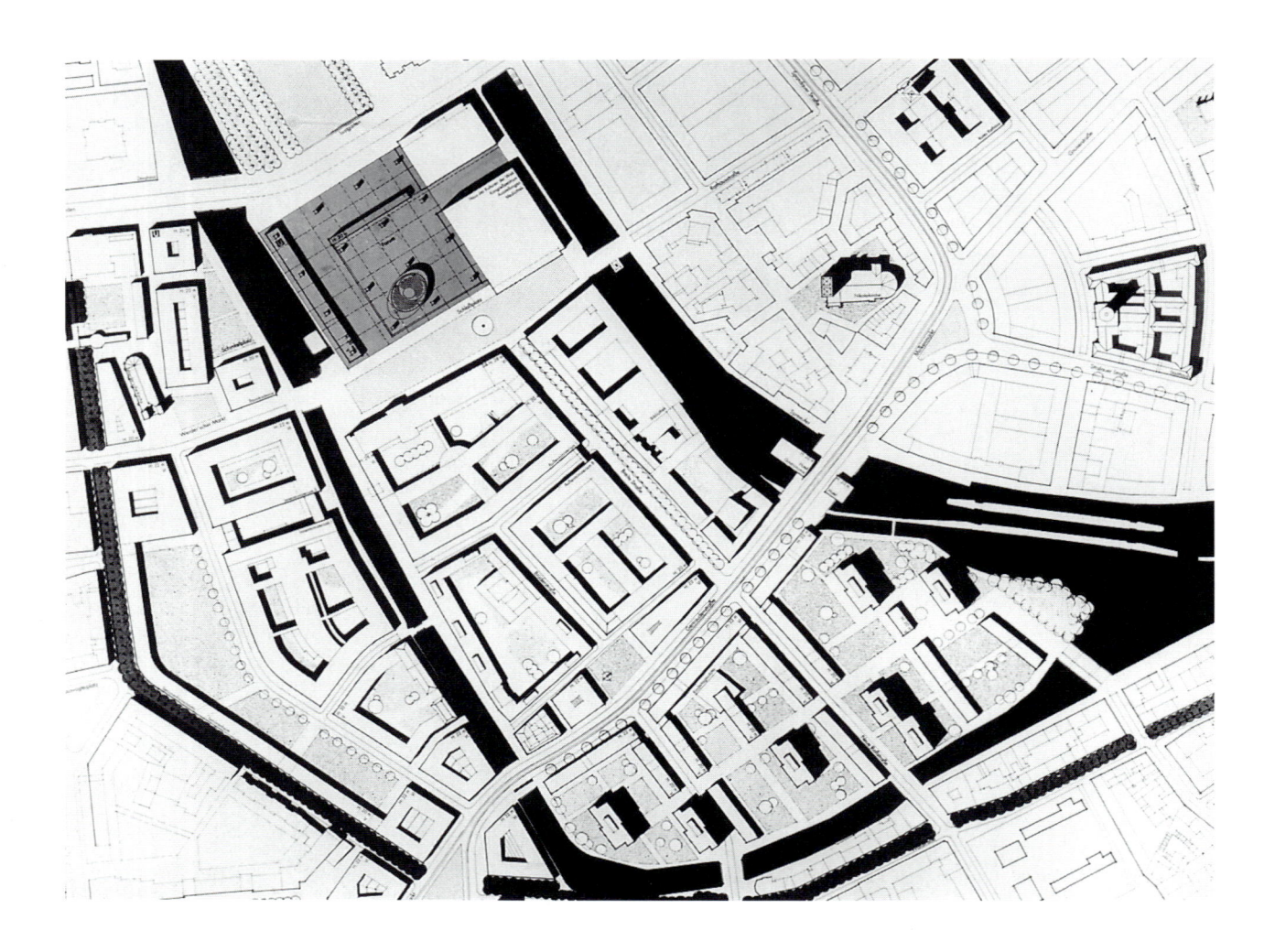

DIE ARCHITEKTEN

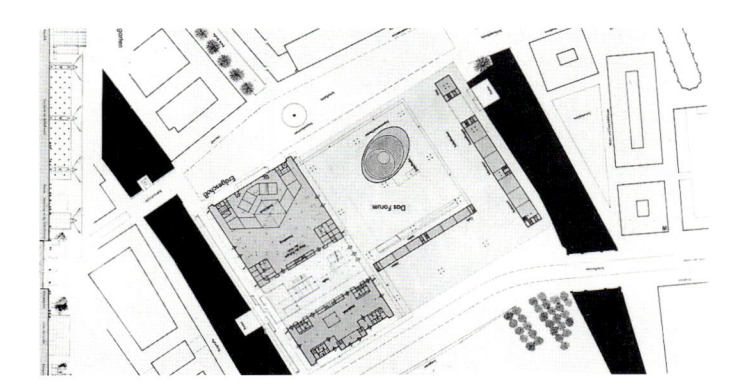

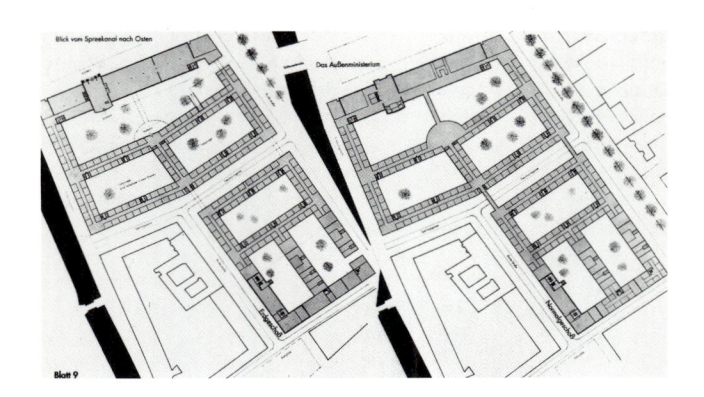

At the centre, a space for citizens and visitors, for the Federal Government and Berlin, a forum for the public centre of the capital, open to east and west, south and north. Some of its rooms should accommodate the new "House of World Cultures". The mediatheque and congress centre are inserted here. As an urban backcloth for the linden avenue, we propose a fragmentary reconstruction of the Schloss wall, as either a projection or a work of art, made with items discovered in the cellar and storerooms of the Schloss.

The outline of the Schloss will be marked on the ground. The Palast der Republik is not disowned but renovated, and opens towards the Spree, Marx-Engels-Platz and the heavens over Berlin.

The block perimeters characteristic of Berlin clearly divide public space from private courtyards and provide orientation. An avenue from Museumsinsel to the Märkisches Museum traces the city's historical fortifications. The green spaces are landscaped like gardens, open to people who live and work here and to visitors.

Urban design must and can repair by continuing to build, with clear spaces and lines. The coarse dimensions of the Reichsbank are alleviated by the urban park, contained by a slender sequence of buildings along Ober- and Niederwallstrasse.

Berlin is offering the government the best addresses in town: Schlossplatz and Werder Market. The ministries will integrate into the urban ground plan, with a stature created only by the quality of their architecture, and not by volume and height. They do not need to block themselves off from the city. They are secure because their sensitive sections face the courtyards.

THE ARCHITECTS

3. Mention: P. Zlonicky, K. Wachten, O. Ebert, Dortmund

4. Ankauf: Laurids und Manfred Ortner, Berlin

Die obere Hälfte der Spreeinsel wird durch eine Reihe von Einzelkörpern bestimmt, die teils frei oder Rücken an Rücken stehend die verschiedenen Planungs- und Zeitschichten an diesem Ort dokumentieren.

Zwei massige Solitäre nehmen die Stellung des alten Schloßvolumens ein, das der Umgebung einst Maßstab und Halt gab. Der westliche Teil des Schloßvolumens nimmt das Medienzentrum und die Zentralbibliothek auf.

Zwei neue, gezielt gesetzte Körper, der Medienturm und die Spreegalerie, klären die Situation und machen die jeweiligen räumlichen Qualitäten erlebbar. Die Perspektive von „Unter den Linden" erhält einen zusätzlichen Akzent, der auf den Wechsel der städtebaulichen Strukturen auf der Insel und hinüber zum Alexanderplatz weist. Ebenso erhält der Übergang an der Schloßbrücke ein Profil durch die klar gesetzte Kante des Medienturms. Von der inneren Funktion her muß der Turm seiner außerordentlichen Lage gerecht werden und zum Brennpunkt der kulturellen Kommunikation werden. Nach Osten ist die Spreegalerie mit Restaurant, Cafe und Ausstellungsräumen angeschlossen.

Die südliche Hälfte der Spreeinsel war und wird wieder von einer Blockstruktur geprägt. Die Funktionsmischung reicht vom repräsentativen Außenministerium am Schloßplatz, über öffentliche Nutzungen im Marstallblock, Läden, Restaurants und Kino zwischen Breite Straße und Brüderstraße, bis zu städtischem Wohnen und einer Grünerholungszone auf der Fischerinsel.

Der Schinkelplatz entsteht in den alten Fluchten. Der Wedersche Markt wird großzügiger und mit einer Ausweitung nach Süden gestaltet. So werden die Bauten des Innenministeriums in den Platzraum einbezogen.

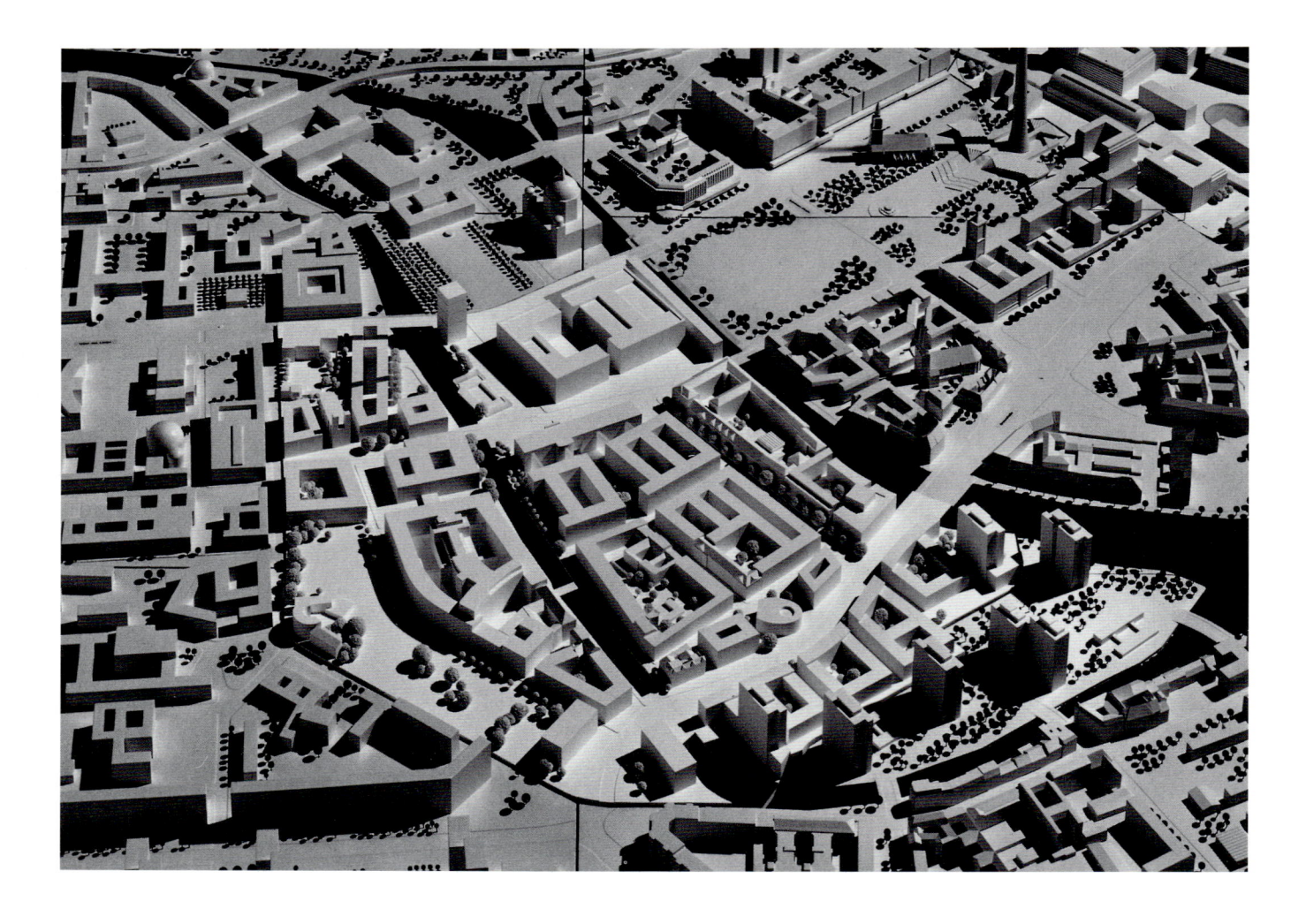

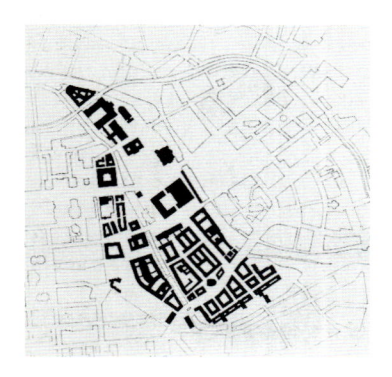

DIE ARCHITEKTEN

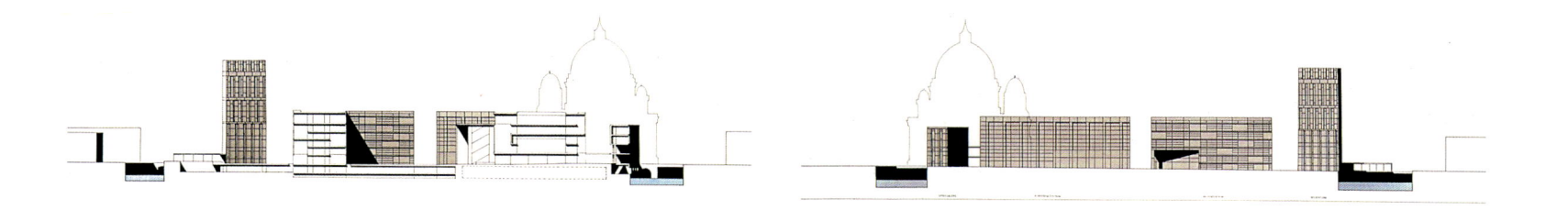

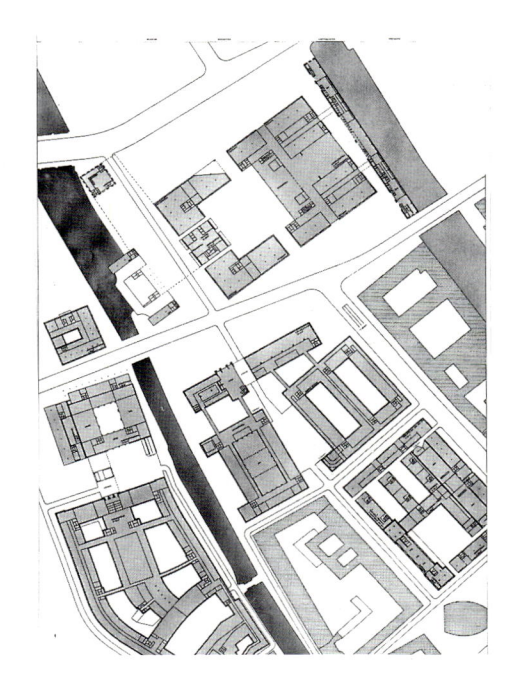

The top half of Spreeinsel is determined by a series of individual structures, some free-standing and others back-to-back, which testify to various layers of planning and time. Two weighty, autonomous buildings replace the volume of the old Schloss, which once provided a scale and orientation for its surroundings and is now to offer an abutment once again for the avenue Unter den Linden. The western section of this volume accommodates the media centre and library. Two new, carefully sited volumes, the Media Tower and Spree Gallery, clarify the situation and help convey the diverse spatial qualities. The perspective from Unter den Linden acquires an additional touch, which draws attention to the interplay of urban structures on the island and across to Alexanderplatz beyond. Similarly, the transitional zone by Schlossbrücke draws contours from the clear edge set by the Media Tower. This tower's internal function must do justice to its outstanding location by becoming the vital focus of cultural communication. The Spree Gallery stands to the east, with a restaurant, café and exhibition rooms. The southern half of Spreeinsel, centring on St Peter's Square, will again be defined by the block structure. Its functional mix ranges from the prestigious Foreign Ministry on Schlossplatz to public uses in the Marstall quarter, with shops, restaurants and a cinema between Breite Strasse and Brüderstrasse, and urban housing with a green recreation zone on Fischerinsel.

Schinkelplatz will regain its former demarcations. Werder Market will expand more generously to the south. This will integrate the buildings of the Interior Ministry into its spatial context and provide a link to the green area.

THE ARCHITECTS

4. Mention: Laurids and Manfred Ortner, Berlin

5. Ankauf: Wilhelm Holzbauer, Wien

Der Verfasser schlägt vor, den zur Seite des Lustgartens gerichteten Flügel des Schlosses sowie jenen entlang des Spreekanals wieder völlig zu rekonstruieren. Argumente, daß Rekonstruktionen dieser Art verlogen seien, können im Hinblick auf die große Anzahl geglückter Rekonstruktionen nicht nachvollzogen werden. Es geht hier um die Rekonstruktion eines zentralen Bereiches, der Berlin seine Identität zurückgeben soll und nicht um eine kunsthistorische Theorie. Es wird vorgeschlagen, auch einen wesentlichen Teil des Palastes der Republik, den großen Saal und die östliche Fassade zu erhalten, und die beiden Bauteile durch einen Neubau an der Südseite zu verbinden. Der Gesamtkomplex könnte als Konferenzzentrum Verwendung finden, die rekonstruierten Teile des Schlossses für Repräsentationszwecke der Ministerien.

An der Nordostecke, gegenüber dem Dom, wird ein an den Apothekerflügel erinnernder Vorbau vorgeschlagen, der an Schlüters rekonstruierte Schloßfassade anbindet. Diese Collage verschiedener Bauteile wäre ein visuell gewordenes Haus deutscher Geschichte.

Ein wesentlich neuer Vorschlag ist, bei der Gertraudenbrücke den Spreekanal zu teilen und den „Neuen Spreekanal" westlich der Kurstraße anzuordnen, welcher bei der Schloßbrücke wieder in den Spreekanal einmündet. Auf dieser Insel wäre die rekonstruierte Bauakademie und das Innenministerium situiert. Der neue Wasserlauf hätte auch eine historische Begründung in den Wassergräben vor den Fortifikationen, welche bis zum Ende des 18. Jahrhunderts existierten. Westlich des „Neuen Spreekanals", in der jetzigen Brache zwischen Kur- und Niederwallstraße werden Bibliothek und Medienzentrum situiert.

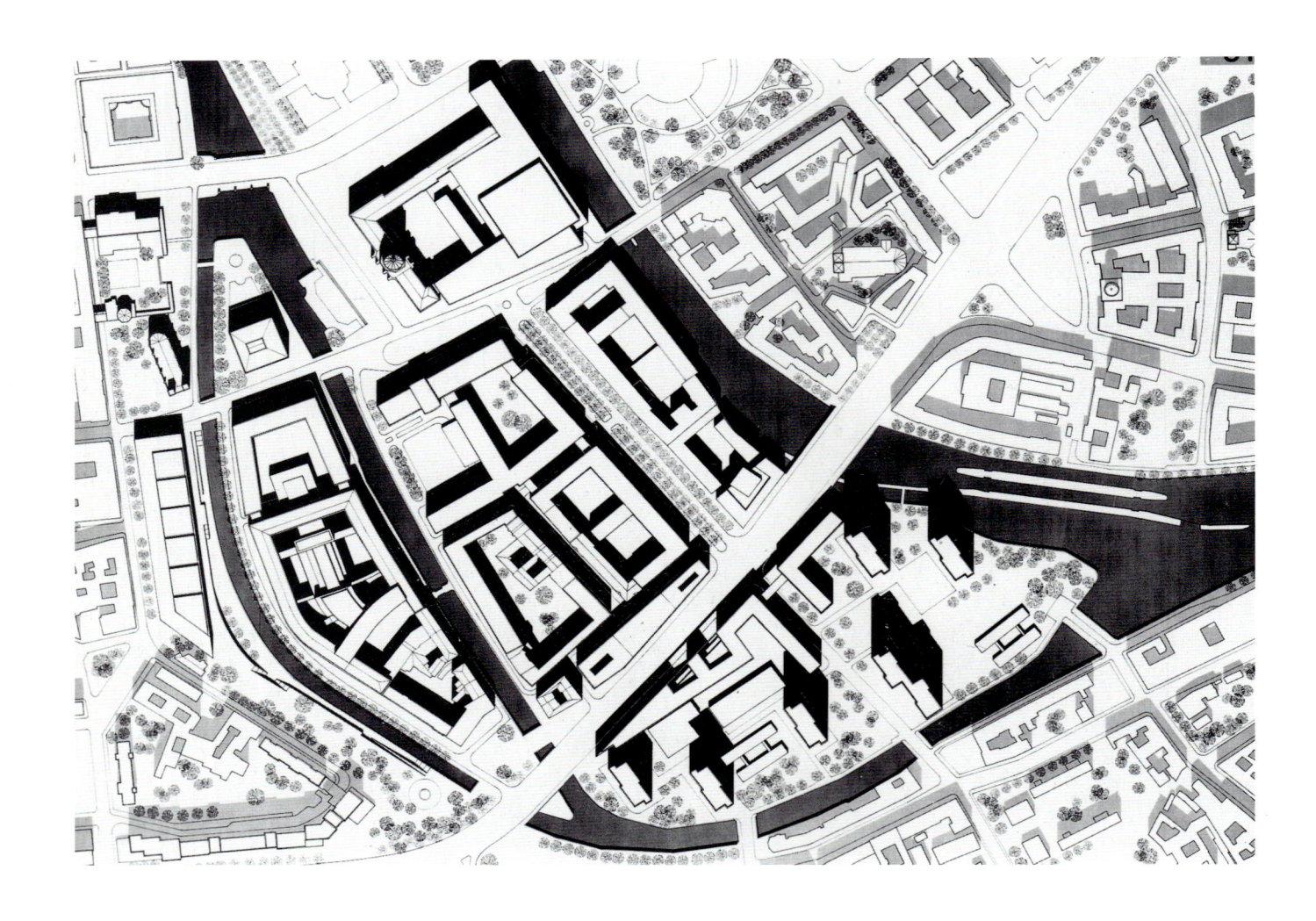

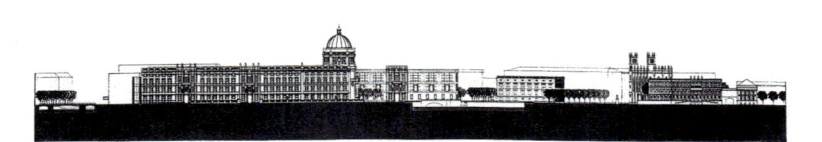

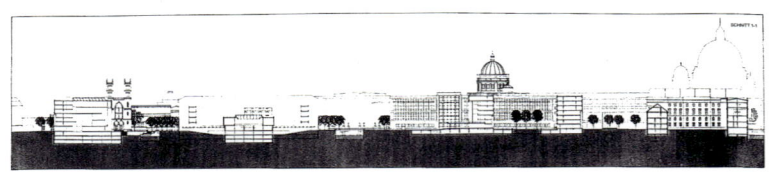

DER ARCHITEKT

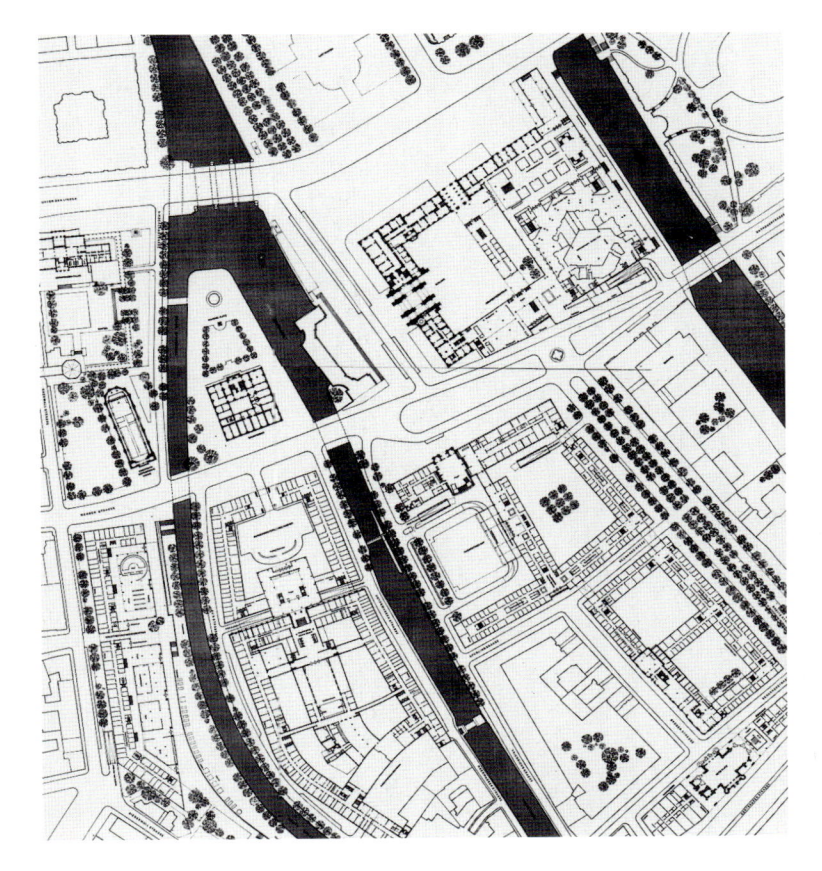

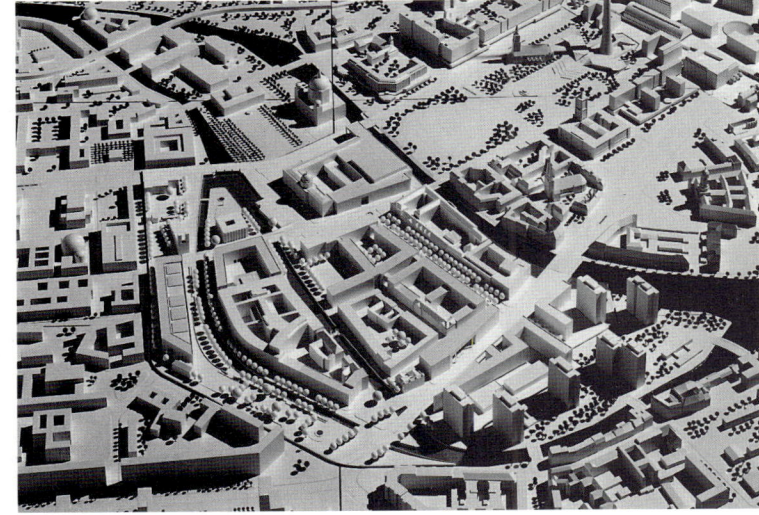

The author proposes completely reconstructing the two wings of the Schloss which faced the Lustgarten and the canal. The large number of successful reconstructions refute the argument that reconstruction of this kind is deceitful. We are not talking about a theory of art history, but about reconstructing a central zone which will restore Berlin's identity. The proposal also retains a considerable section of the Palast der Republik (the large hall and east front), linking the two torsos with a new structure on the south side. The overall complex could be used as a conference centre, with the reconstructed elements of the Schloss serving the Foreign and the Interior Ministries for representational purposes.

A small annexe reminiscent of the apothecary's wing, in transition to Schlüter's reconstructed facade, is proposed at the northeast corner opposite the cathedral. This collage of different structural elements in a single complex would be the visual expression of a house of German history.

One substantially new proposal is to divide the canal at Gertraudenbrücke, channelling the "New Spree Canal" west of Kurstrasse before it rejoins the original at Schlossbrücke. This island would accommodate the reconstructed Bauakademie and the Interior Ministry complex. The historical foundations of the new waterway would be the moat of the city fortifications, which survived until the end of the 18th century. The library and media centre are envisaged in a building west of the "New Spree Canal", in the current wasteland between Kurstrasse and Niederwallstrasse.

THE ARCHITECT

5. Mention: Wilhelm Holzbauer, Wien

6. Ankauf: Peter Alt, Thomas Britz, Saarbrücken

Die Spreeinsel soll durch ortstypische Blockkanten als Insel im städtischen Raum erfahrbar gemacht werden. Im Süden bindet die gewählte Blockstruktur die Insel in den städtischen Kontext ein. Der nördliche Teil der Spreeinsel wird durch eine großzügige, objekthafte Bebauung, „Agora", in seiner Freiräumlichkeit hervorgehoben. Wir verzichten darauf, das alte Stadtschloß wiederaufzubauen oder den Palast der Republik zu erhalten. Das neue Kongreßzentrum wird mehr sein, als beide für die Stadt jemals würden sein können, nämlich eine Bühne des öffentlichen Lebens, die ihre Vitalität in die umgebenden Stadträume verströmt.

Die einzelnen Phasen der Geschichte des Lustgartens werden als Überlagerungen in Kies, Rasen und sehr niedrigen Hecken abgebildet. Zum Alexanderplatz entsteht ein Wandelhain am Fluß. Die Breite Straße wird (durch Rückbau) als Geschäftsstraße herausgebildet.

Der Werdersche Markt wird mit einer Markthalle sowie dem Medienzentrum auf den Grenzen der historischen Bebauung, und einer Bibliothek in der rekonstruierten Bauakademie zu einem erneuerten Stadtplatz überführt.

Die nur scheinbare Trennung des Friedrichswerder von der Spreeinsel durch die vorgeschlagene rahmende Bebauung auf der ehemaligen Schloßfreiheit definiert den Friedrichswerder mit der fragmentarisch gefaßten Bürgerwiese als „Nebenbühne" der Spreeinsel. Eingebettet in diese Blockstruktur bilden hier das Auswärtige Amt [mit dem integrierten Staatsratsgebäude] und jenseits der Insel das Innenministerium [mit nördlichem Kopfbau] über sehr unterschiedlich gestaltete, einerseits parkräumlich geprägte, andererseits städtisch interpretierte Innenhöfe markante Orte im öffentlichen Raum.

DIE ARCHITEKTEN

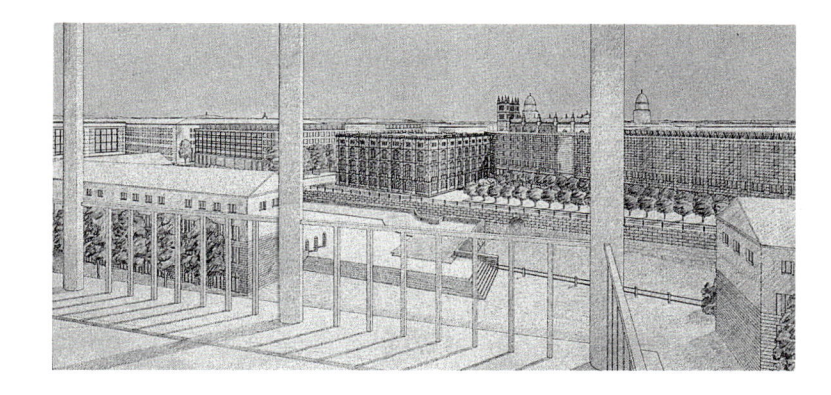

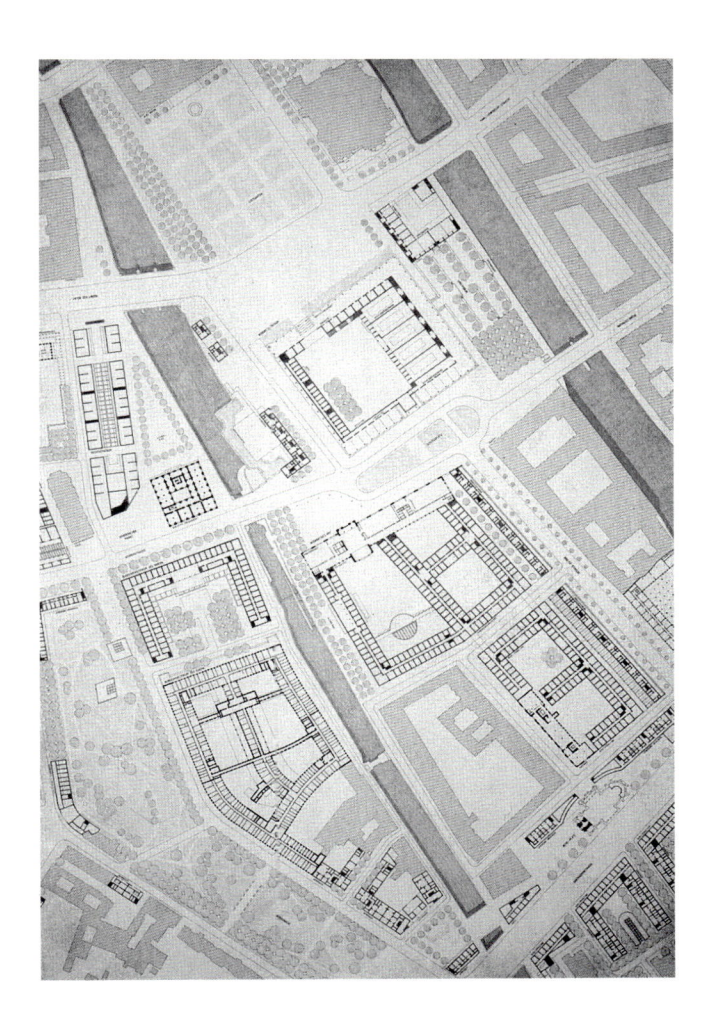

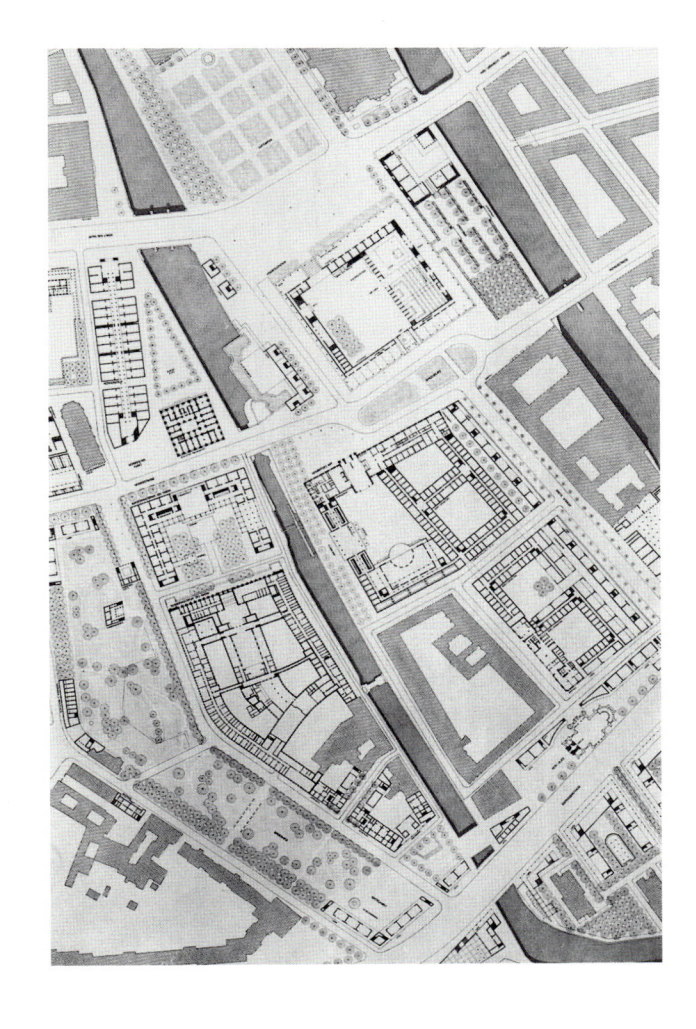

The Spreeinsel should be made tangible as an island in the urban space though the block borders typical of the area. The block structure chosen to the south integrates the island into the urban context. The open spaciousness of the northern part of the Spreeinsel is accentuated by an expansive, object-like development, an "Agora". We elect not to rebuild the old Stadtschloss or preserve the Palast der Republik: the new congress centre will be more than either could ever have been for the city, namely a stage for public life, exuding its vitality to the surrounding urban spaces.

The individual phases of the history of the Lustgarten are depicted in layers of gravel, lawn and very low hedges. Towards Alexanderplatz a grove for quiet strolls appears along the river. Breite Strasse is developed into a shopping street [by reclaiming pedestrian space]. The Werder Marketplace is [transformed] into a new urban square with a market hall as well as a media centre on the boundaries of the historical development, and a library in the reconstructed Bauakademie. The ostensible separation of Friedrichswerder from the Spreeinsel through the proposed framing development on the former Schlossfreiheit defines Friedrichswerder with the fragmentary enclosure of the civic greenspace, forming a "secondary stage" on the Spreeinsel.

Embedded in this block structure are the Foreign Ministry [with the integrated Staatsrat building] and beyond the island the Interior Ministry [with a northern front building], which through very differently designed inner courtyards – one defined by park space, the other an urban interpretation – form imposing places in the public space.

THE ARCHITECTS

6. Mention: Peter Alt, Thomas Britz, Saarbrücken

7. Ankauf: Eduard Drumm, Wolf-Rüdiger Zahn, Frankfurt am Main

Das bisherige Leitbild für diesen Spreeraum wird vor allem durch die Kenntnis der alten Bezugsmaße des Schlosses geprägt. Eine solche, fast übermächtige Vorstellung muß überwunden werden, zugunsten einer neuen baulichen, kulturellen und politischen Textur. Die vorgegebenen Ansiedlungen von Ministerien dürfen diesen zentralen Raum nicht allein vereinnahmen.

Wir schlagen vor, die notwendige Erweiterung des Bundesministeriums des Innern als Kopfbau vor das Haus der Parlamentarier zu legen. Verbunden werden beide Gebäudeteile durch eine gefaßte, intime Gartenfläche. Die Friedrichswerdersche Kirche, die Bauakademie und eine Neubauzeile umrahmen den Werderschen Markt.

Durch den Spreekanal getrennt, aber parallel dazu angelegt und in Fortführung der Inselform wird das Auswärtige Amt angeboten. Das Areal zwischen Mühlendamm, Breite Straße und ehemaligem Schloßplatz ist ein idealer Standort für dieses Ministerium. Das ehemalige Staatsratsgebäude wird erhalten und kann zusammen mit dem neuen Gebäudetrakt und den intern nutzbaren Gartenflächen für Öffentlichkeitsarbeit, Empfänge und Repräsentation dienen.

Das Kulturzentrum wird auf dem Marx-Engels-Platz angeordnet. Das Gesamtgebäude ist leicht in unterschiedliche Realisierungsabschnitte aufzuteilen. Das kulturelle Leben der Stadt und der Republik sieht sich in einer speziellen Gebäudeform repräsentiert: der „Agora", einer Festhalle mit einem vorgelagerten Forum.

Die Gebäude sind, wie alle anderen Gebäude, zwischen 4 und 6 Geschosse hoch, die wir als Obergrenze in diesem Bereich betrachten. Die „Agora", zwischen den beiden Seitenflügeln, stellt eine luftige, transparente Halle dar.

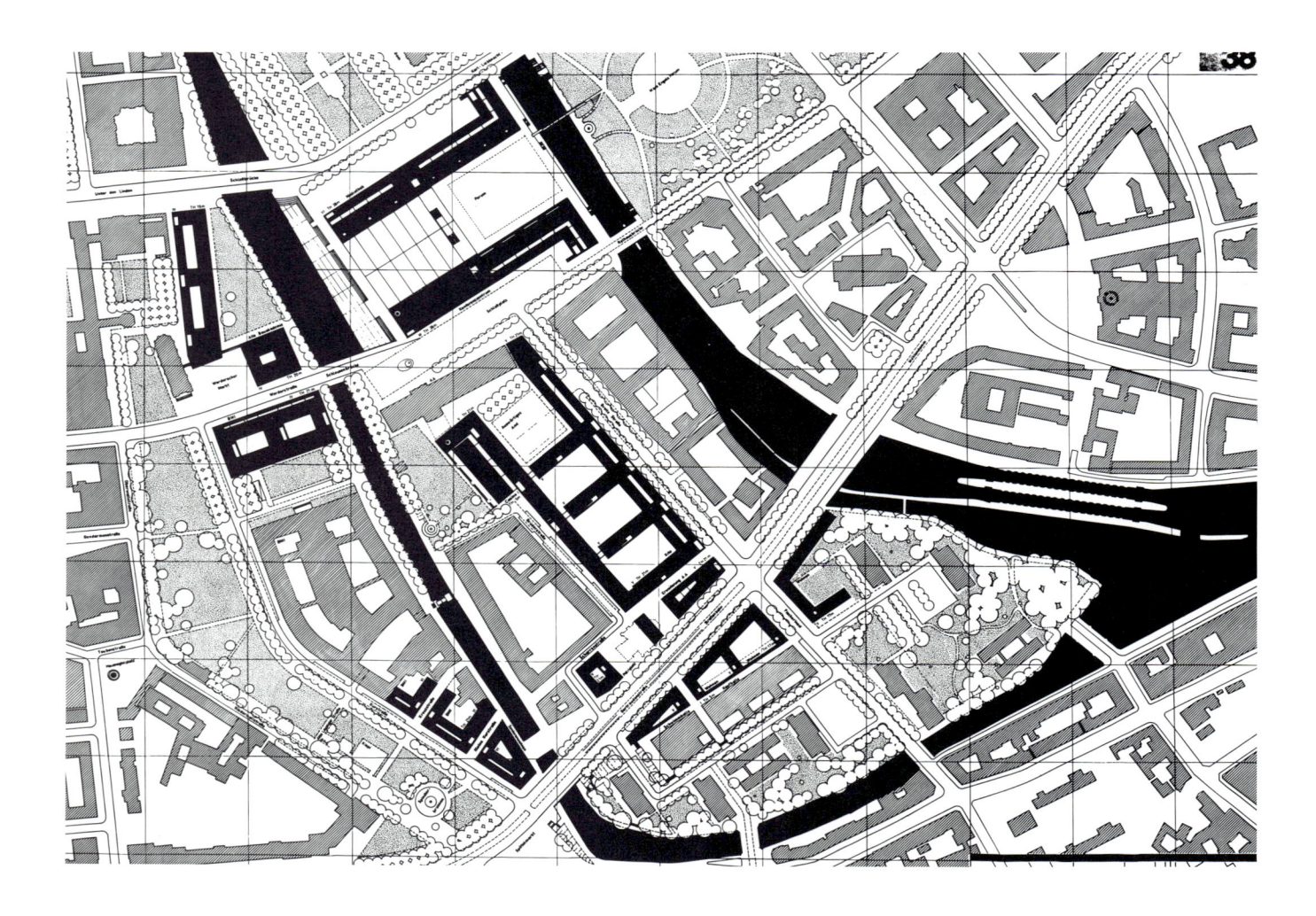

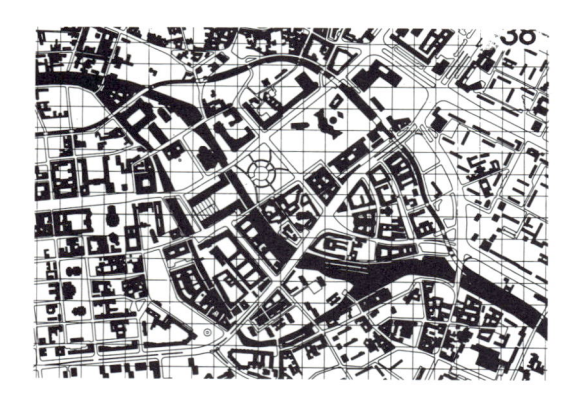

DIE ARCHITEKTEN

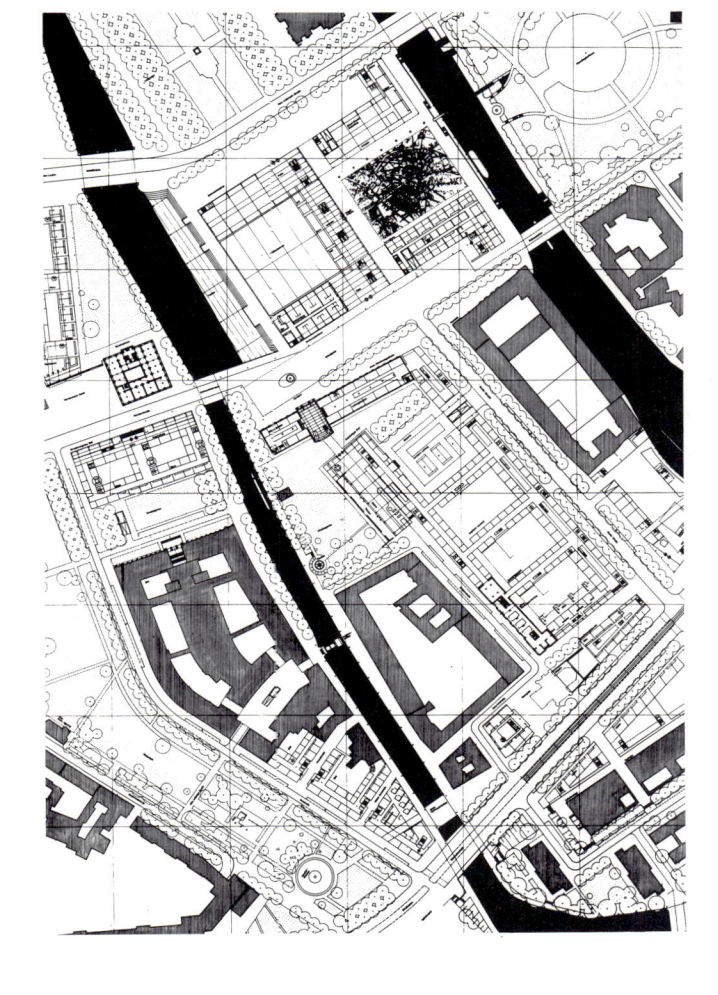

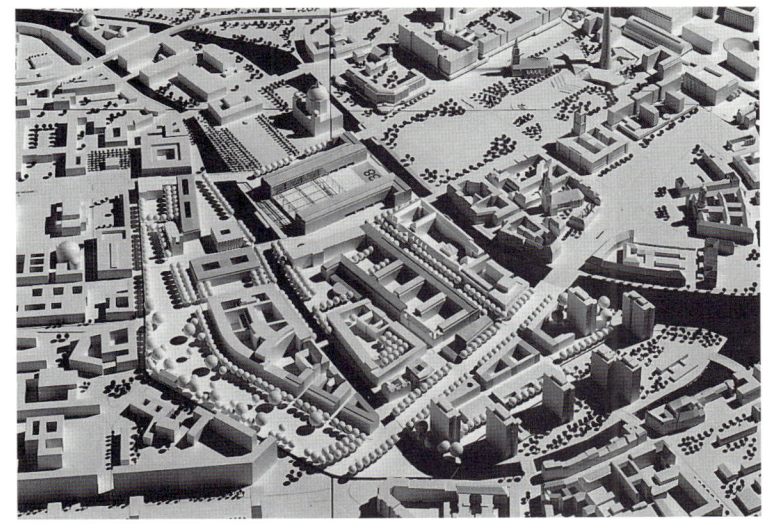

Hitherto, the tone for this area around the Spree has been set primarily by an awareness of the old Schloss with its dimensions of reference. This almost overpowering dominance must be countered by a new architectural, cultural and political texture. The required accommodation of ministeries must not monopolize this central space.

We propose locating the necessary extension to the Interior Ministry in an end structure in front of the M.P.'s building [Reichsbank]. The two buildings are linked by an enclosed garden with a sense of privacy. The Werder Market is framed by Friedrichswerder Church, the Bauakademie and a new line of buildings.

The Foreign Ministry is divided by the canal but arranged parallel to it, echoing the island form. The site between Mühlendamm, Breite Strasse and the former Schlossplatz is ideal for this ministry. The former Staatsrat is preserved, and can be used for public relations, receptions and protocol, in conjunction with the new tract and the garden areas for internal functions.

The cultural centre is accommodated on Marx-Engels-Platz. The building is easily divided into separate phases of implementation. The cultural life of the city and the Republic is symbolized by a specific structural form: the "agora", a festive hall with a forum in front and a space confined at the sides but open.

These buildings, like the others, are four to six storeys high, which we regard as the upper limit in this area. The "agora" between its two side wings is an airy, transparent hall, with the foyer on its upper level and the media centre at street level.

THE ARCHITECTS

7. Mention: Eduard Drumm, Wolf-Rüdiger Zahn, Frankfurt am Main

Andreas Gottlieb Hempel, München

Nicht einmal die Zerstörungen des Bombenkriegs und der nachfolgende Versuch zur Auslöschung eigener Traditionen haben im Zentrum Berlins die dem Ort innewohnende Erinnerung tilgen können. Die Geschichte muß deshalb grundlegende Planungskomponente bleiben.
Inhaltlicher und baulicher Mittelpunkt der Stadt bleibt das Schloß mit neuer „demokratischer" Nutzung. Deshalb sollen die historischen Außenfassaden mit der Kuppel sowie dem Schlüterhof als überragendem Beispiel des deutschen Barocks wiederaufgebaut werden. Das Kongreßzentrum und der Gastronomietrakt, der auch nach außen heutige Architekturformen zeigt, werden eingebaut. Die Blickbezüge auf das Schloß von „Unter den Linden" und der Breiten Straße werden wiederhergestellt. Der Spreekanal wird zu einer „Wasserfront" vor der Westfassade des Schlosses [verbreitert]. Die Struktur des Stadtgrundrisses soll wieder vom Spannungsverhältnis zwischen bedeutenden Einzelbauten und der Blockrandbebauung mit Straßenräumen und Plätzen bestimmt werden. Deshalb soll, soweit irgend möglich, der alte Stadtgrundriß wiederhergestellt werden.
Durch Rekonstruktion, Renovierung und Neubau bedeutender Einzelbauten in moderner Form müssen die neuen Einbauten, Schloß, Bauakademie und Petrikirche, dabei erkennbar bleiben. Die Blockstrukturen werden mit einer kleinteiligen Mischung aus Läden, Handwerkerhöfen, Büros und Wohnungen wiederaufgenommen. Die öffentlichen Nutzungen, Auswärtiges Amt, Innenministerium, Bibliothek und Medienzentrum, ordnen sich ebenfalls in die Blockstrukturen ein. Die Straßen- und Platzräume werden in modifizierter Form wiederhergestellt. Der „Landschaftsraum" soll spürbar werden: Insel im Fluß.

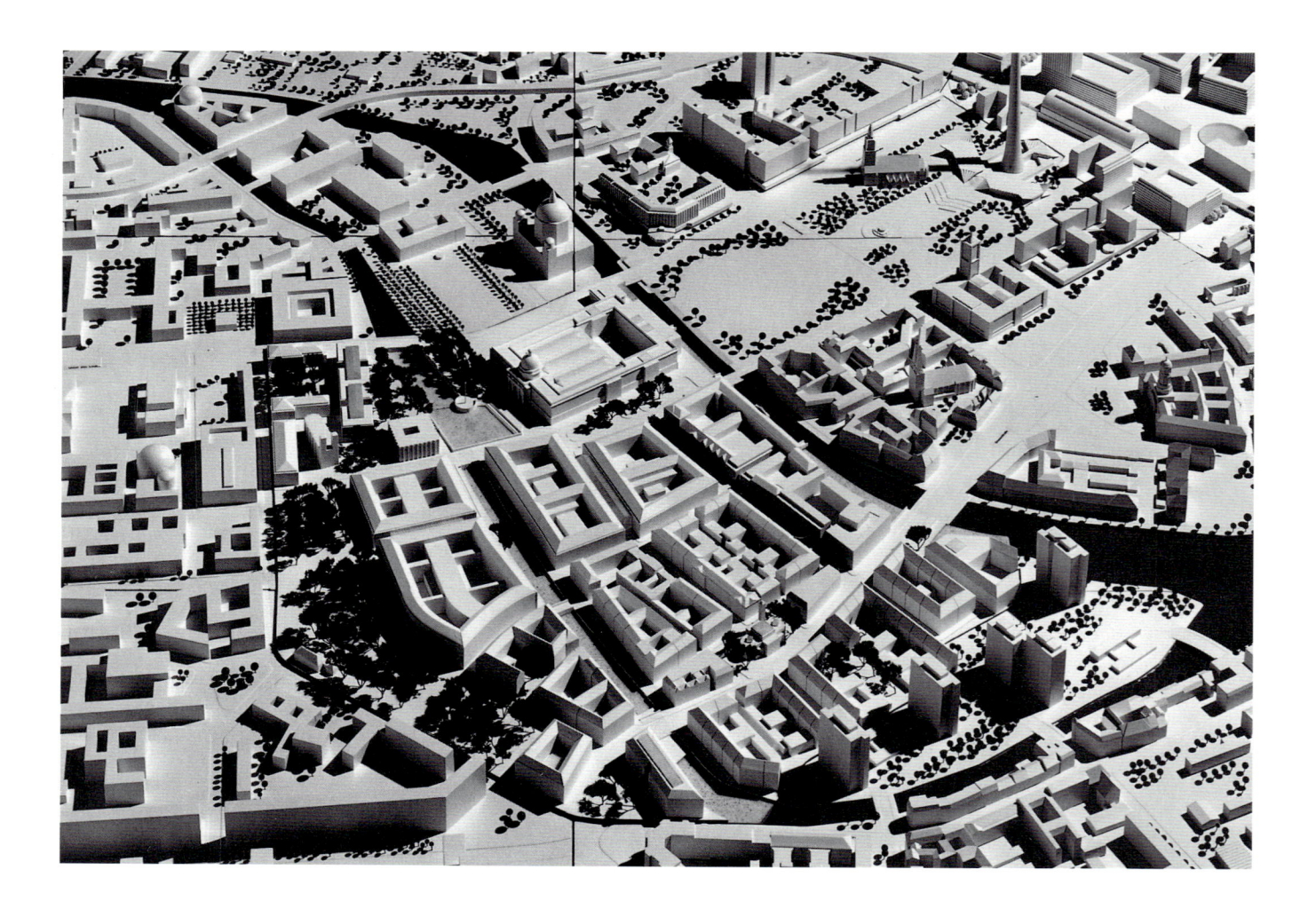

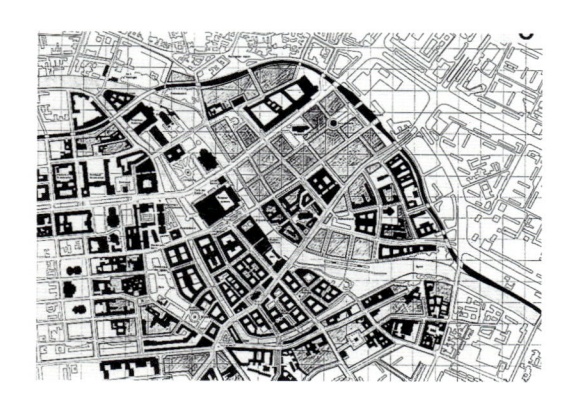

DER ARCHITEKT

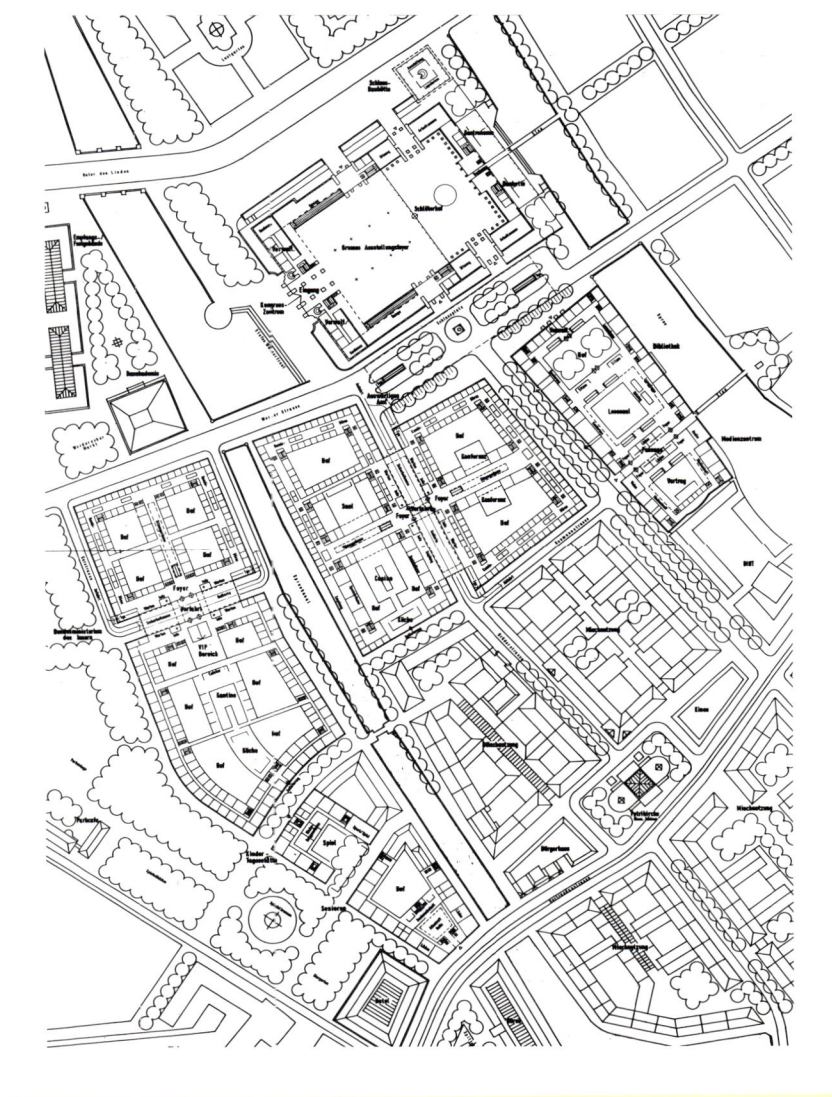

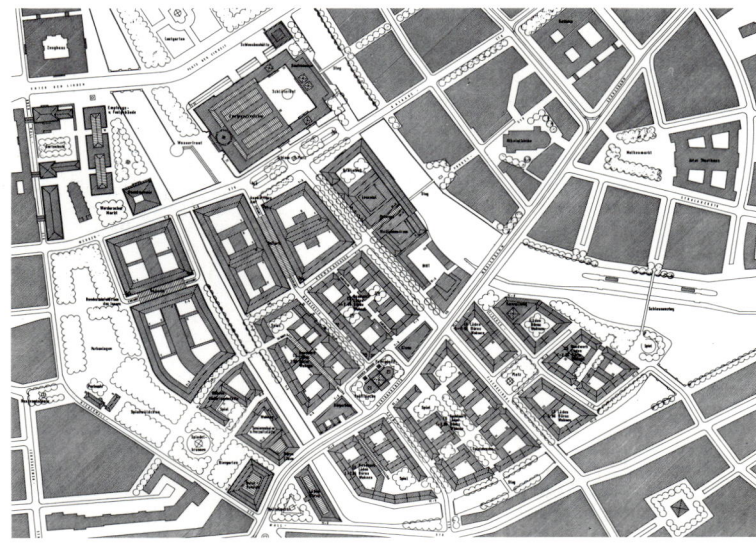

Neither the destruction caused by a war of bombs, nor the ensuing attempts to blot out tradition have been able to erase the memories which pervade the centre of Berlin. History, therefore, must remain the underlying component, for arbitrary designs are doomed. The Schloss remains the thematic and structural centre of the city, albeit with a new "democratic" function. For this reason, the original exterior façades, with the dome and Schlüter's courtyard, must be rebuilt as an outstanding example of German Baroque. The Congress centre and the restaurant building are incorporated, but using contemporary architectural forms outside as well as inside. For views of the Schloss, sight lines will be recreated from Unter den Linden and Breite Strasse. The [widened] canal becomes a "waterfront" for the west facade of the Schloss.

The structure of the urban plan will be determined once more by interplay between significant buildings and the block perimeters which generate streets and squares. To this end, the old urban plan must be restored as far as possible. With significant buildings being reconstructed, refurbished or built anew in modern form, the new additions, Schloss, Bauakademie and St Peter's, must be identifiable. The block structures are resumed, with a mix of small-scale shops, craft courtyards, offices and dwellings. The public functions – Foreign and Interior Ministry, library, media centre – are also arranged according to these block structures.

Streets and squares are recreated in modified form. There must be a sense of the "landscape": island in a river.

THE ARCHITECT

Andreas Gottlieb Hempel, München

Gang Fu + Quing Fei, New York

Obgleich der historische Stadtgrundriß als Bezugspunkt beachtet werden muß, wäre es heute nicht praktikabel, ihn ohne unnötige wirtschaftliche und psychologische Opfer zu reproduzieren. Die Spreeinsel soll zum neuen, starken, repräsentativen, internationalen Bild für Berlin, das vereinigte Deutschland und unsere Zeit werden. Sie erhält eine spezifische Dramaturgie und ein wohl definiertes städtisches System, um dieses Bild zu stützen.

Unser einfacher und klarer Entwurf ist von vernünftiger Maßstäblichkeit und eindeutiger Funktionszuordnung bestimmt.

Eine neue, städtische Plaza – der Garten des Medienzeitalters – entsteht am Ort des früheren Schlosses durch Verlängerung des Lustgartens nach Süden, Schaffung eines Abschlusses für die Linden, einer Sichtverbindung zum Rathaus und eines offenen Systems für Bauten beiderseits der Plaza. Ein transparentes, bei Nacht leuchtendes Dach definiert den Platz zusätzlich. Städtische Dichte und Gebäudemischung werden wiederhergestellt. Ein eindeutiges horizontales System zeigt die sanften Übergänge zwischen den verschiedenen Funktionsbereichen an. Der ehemalige Staatsrat wird in das neue Außenministerium integriert. Das Schloßportal, in Richtung Mediengarten gelegen, wird der offizielle Zugang. Neubauten (Einkaufen/Theater/Kino) entlang der Westseite der verengten Breiten Straße geben der Annäherung an die Plaza dramatische Spannung. Sechsgeschossige Blöcke zwischen Außenministerium und Petriplatz nehmen verschiedene Nebenfunktionen auf. Der Petriplatz wird das kommerzielle Zentrum der Spreeinsel, entlang der Gertraudenstraße Wohnungsbau.

Schinkelplatz und Bauakademie werden wieder aufgebaut.

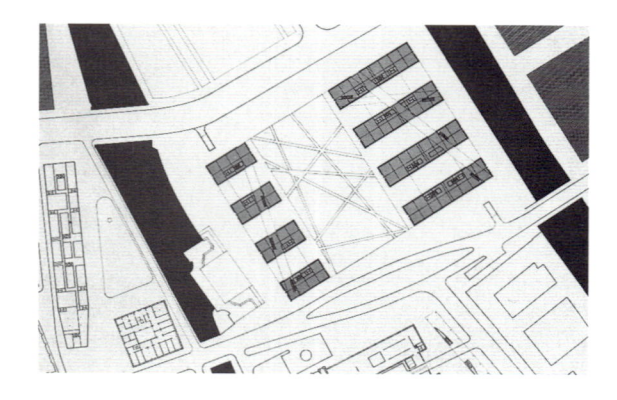

DIE ARCHITEKTEN

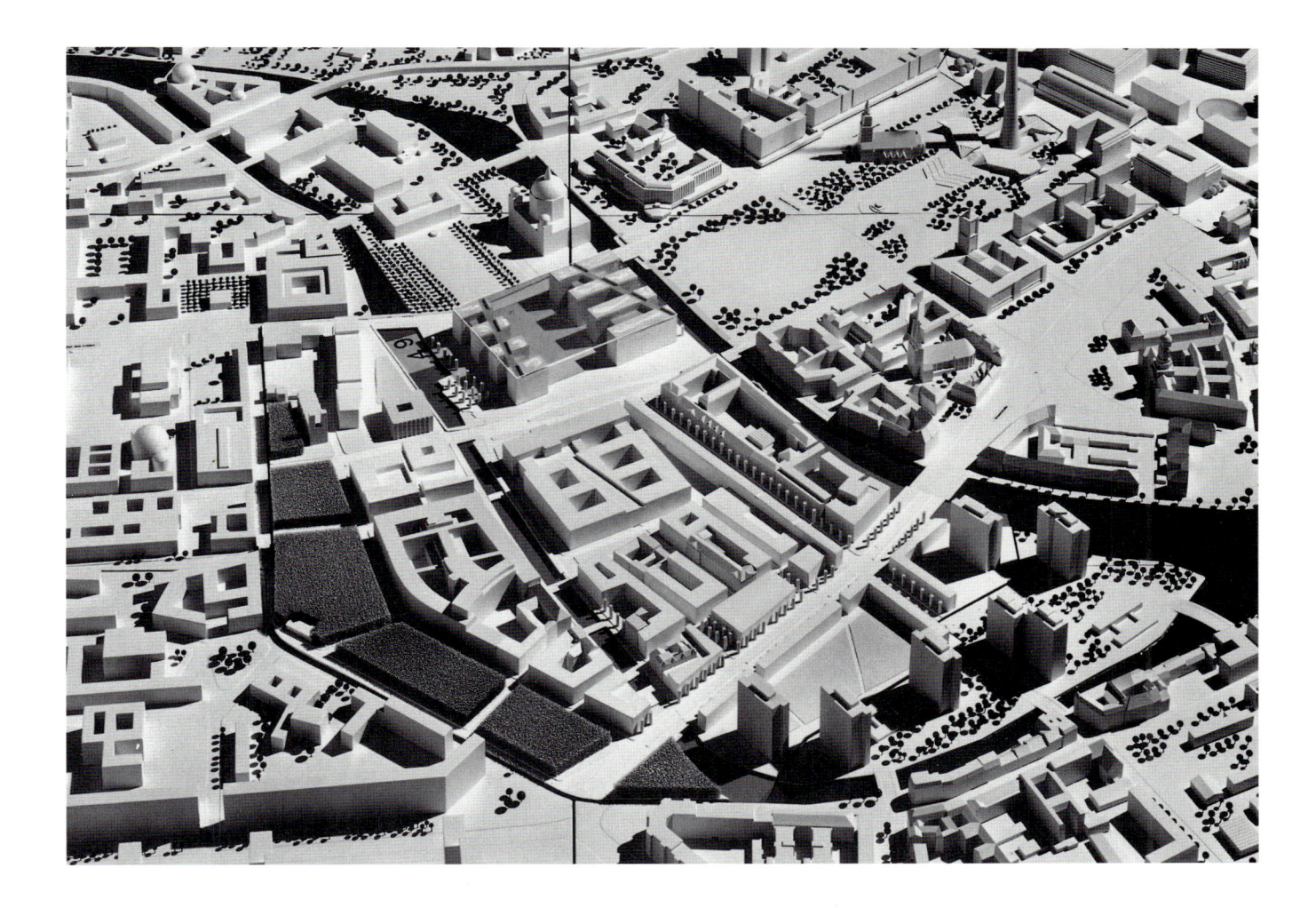

While attention must be paid to the historical layout of Spreeinsel as a reference point, today it would be impractical and impossible to restore it without making unnecessary sacrifices, both economical and psychological ones. Spreeinsel should project a new, strong representational and international image for Berlin, united Germany and our time. It should have its own drama and a unique, well-defined urban system to sustain the new image.

We propose a very simple and straightforward design, marked by restrained, reasonable scale and proper allocation of functions. Create a new urban plaza – Garden of Media Age – on the site of former Schloss by extending Lustgarten southward, by providing a terminal point for Unter den Linden as well as a visual linkage with Rathaus, by establishing an open system for building volumes on either side of the new plaza, by providing a transparent, at night luminous, roof to further define the plaza in the heart of Berlin. Reestablish the urban density and a mixture of building volumes. A clear horizontal system indicates the smooth changes between different function zones.

Incorporate the former Council of State building with new Foreign Office complex. The entrance with Schloss portal piece facing the Media Garden will be the ceremonial entrance. A series of new structures (shopping/theatre/cinema arcade) along west side of narrowed Breite Strasse tensifies the dramatic experience of approaching the new plaza.

Six storey blocks between the Foreign Office and Petriplatz contain various supporting facilities. Petriplatz becomes the commercial centre of Spreeinsel; apartments along Gertraudenstrasse; restoration of Schinkelplatz with Bauakademie.

THE ARCHITECTS

Gang Fu + Qing Fei, New York

Peter Kroos, Berlin

Die Gertraudenstraße wird verengt. So können im alten Petriviertel nutzungsdurchmischte Neubauten entstehen, die die Fischerinsel an die Mitte anbinden.
Der Spittelmarkt wird unter Respektierung der heutigen Straßen- und Brückenverläufe in modern abgeänderter Form wieder aufgebaut. Am Werderschen Markt sollte die Bauakademie wiedererrichtet werden. Um die Friedrichswerdersche Kirche entsteht wieder ein dicht bebautes Quartier, welches zu den offenen Platzräumen einen spannenden Gegensatz bildet.
Das zukünftige Außenministerium entsteht zwischen Brüderstraße und Breiter Straße. Diese Baublöcke weisen bis auf das alte Kaufhaus Hertzog keine erhaltenswerte Bausubstanz auf. Das ehemalige Staatsratsgebäude ist nicht erhaltenswert, da es eine gesunde Entwicklung der Spreeinsel, von Süd nach Nord über die Brüderstraße, blockiert. Die gesicherte Vorfahrt des Außenministeriums liegt am repräsentativen Schloßplatz und hat Sichtbeziehungen zur Straße „Unter den Linden". Das Bundesministerium des Innern kann zu großen Teilen in das alte Reichsbankgebäude einziehen. Ein Erweiterungsbau schafft einen Zwischenraum für Vorfahrt und Empfang. Nach dem Wiederaufbau der Bauakademie wird durch diesen Erweiterungsbau der Werdersche Markt räumlich gefaßt und die Jägerstraße findet ihren Abschluß. Die alte Mitte Berlins sollte in Zukunft ein modernes Gebäude besetzen, welches im Grundriß und Volumen dem alten Schloß angeglichen ist. Die vorgegebenen Nutzungen Konferenzzentrum, Bibliothek und Medienzentrum werden durch andere kulturelle Nutzungen ergänzt. Das Innere des Gebäudes wird durch einen großen glasüberdachten Hof oder Platz beherrscht.

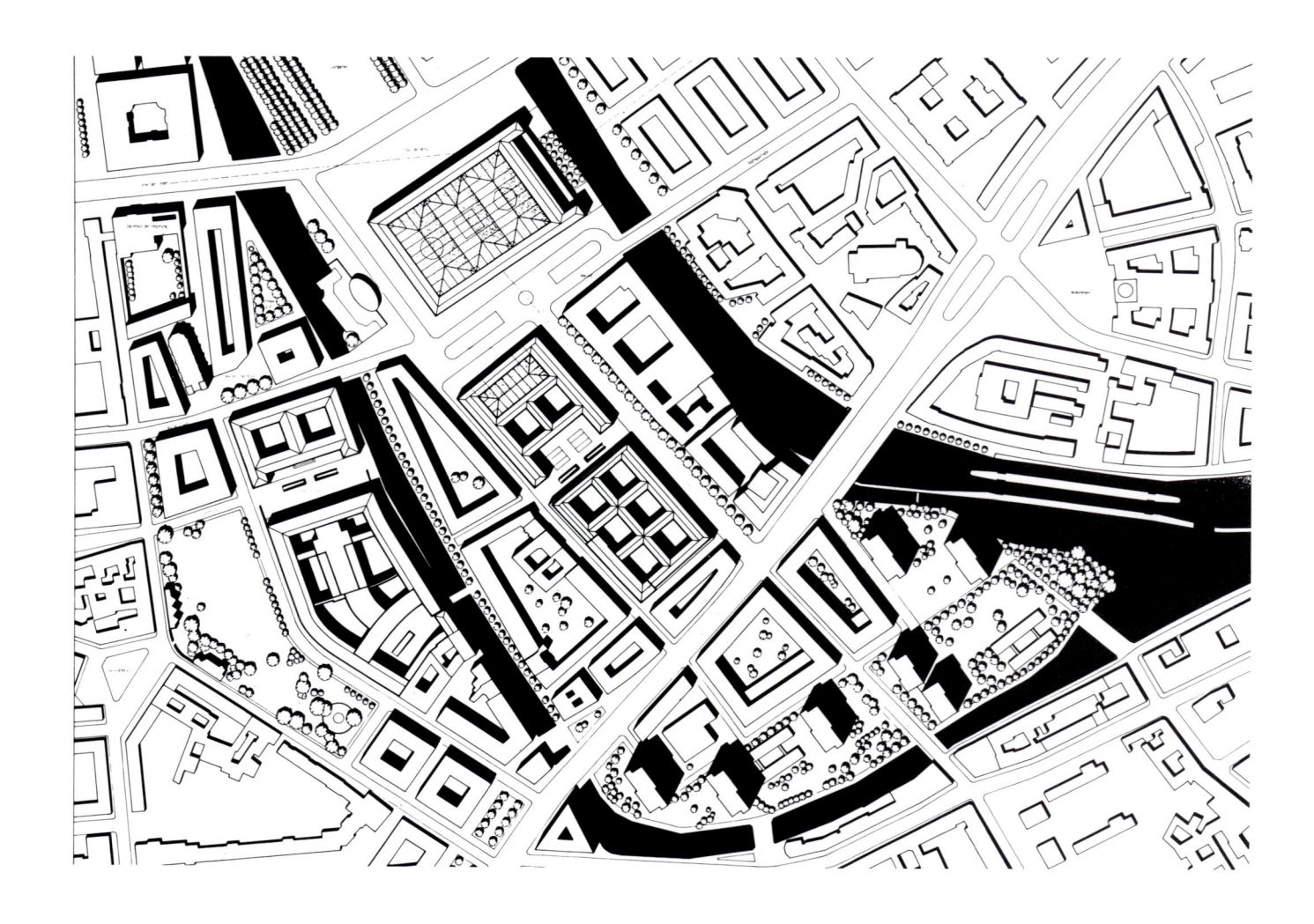

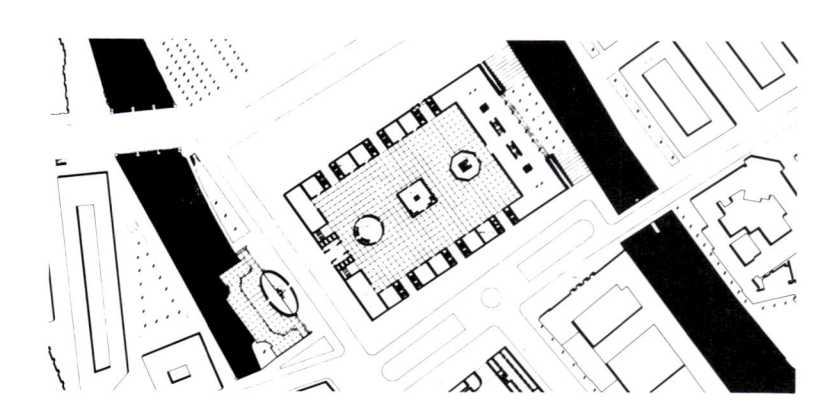

DER ARCHITEKT

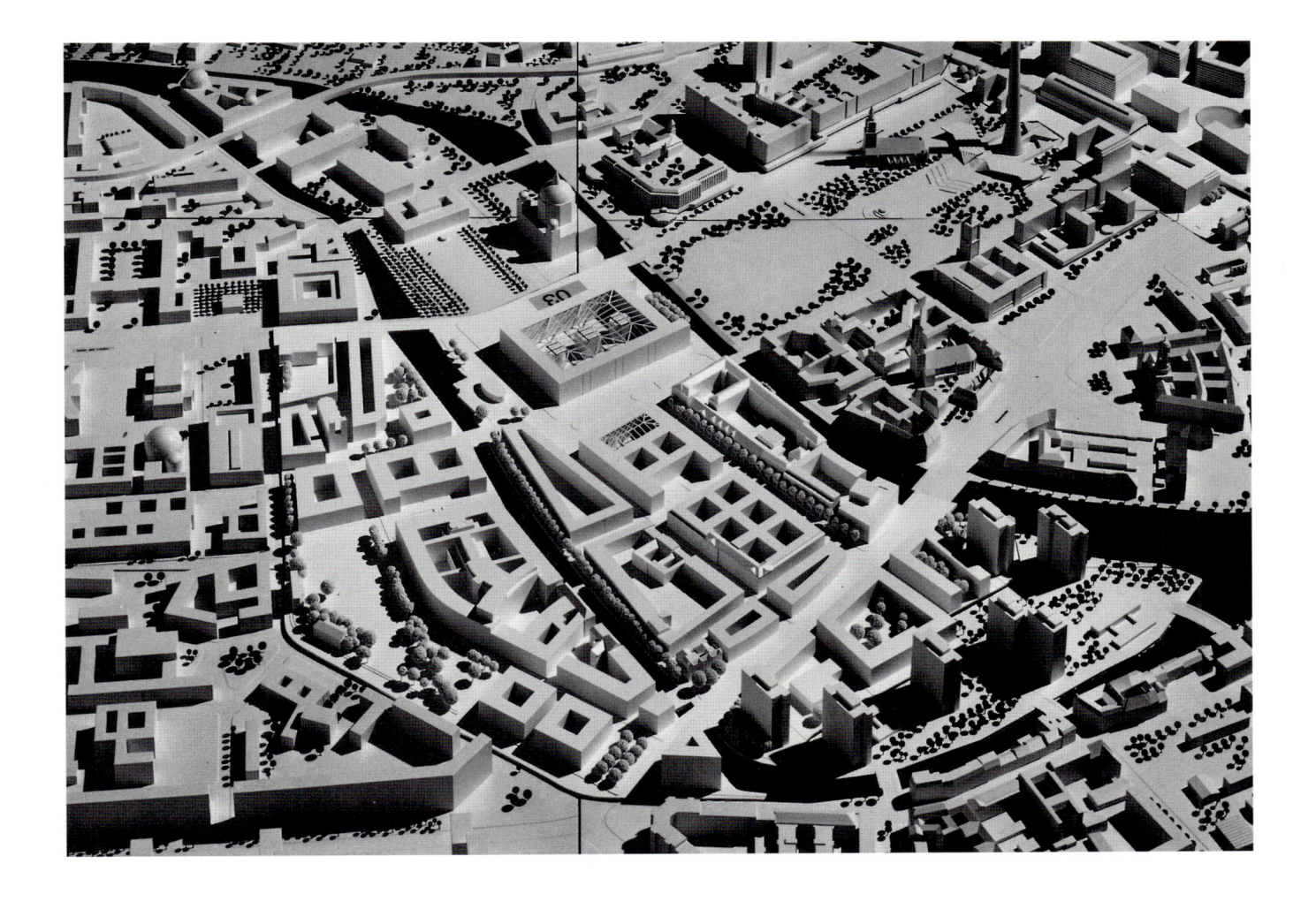

Gertraudenstrasse is narrowed. As a result new mixed-use buildings can be built in the old St. Peter's quarter, linking the Fischerinsel to the centre. A modern revised form of the Spittelmarkt is rebuilt respecting the courses of the existing streets and bridges. The Bauakademie is reconstructed on Werder Marketplace. A densely developed quarter arises around the Friedrichswerder Church, forming an effective contrast to the open spaces of the squares.

The future Foreign Ministry is located between Brüderstrasse and Breite Strasse. None of the building fabric of these structural blocks is worthy of preservation with the exception of the old Hertzog Department Store. The former Staatsrat building is not worthy of being preserved as it impedes the healthy development of the Spreeinsel from the south to the north across Brüderstrasse. The monitored entrance drive of the Foreign Ministry is situated on the representative Schlossplatz with visual links to the street "Unter den Linden".
Most of the Interior Ministry can be relocated into the old Reichsbank building. An extension creates an intermediate space for the entrance drive and the reception. The reconstruction of the Bauakademie allows the Werder Marketplace to be spatially enclosed by the new building and provides Jägerstrasse with its conclusion.

In the future a modern building which conforms to the old Schloss in plan and volume should occupy the old centre of Berlin. The proposed functions of conference centre, library and media centre are supplemented by other cultural functions. The interior of the building is dominated by a large glass-covered atrium.

THE ARCHITECT

Peter Kroos, Berlin

Wolf & Partner, Berlin

Dort, wo einst das nur Privilegierten zugängliche Schloß der Hohenzollern stand und später der Palast der Republik, soll ein Stadtraum für alle entstehen: Berlins „Gute Stube". Dies könnte eine Verbindung zwischen dem Konferenzzentrum und der Mediathek/Bibliothek sein, die über einen gemeinsamen Patio erschlossen werden. Diese „Offene Mitte" soll Programm für einen Freiraum sein, der als kultureller Marktplatz der Stadt zu verstehen ist, in räumlichem Kontrast zu Schinkels Lustgarten. Nicht Animositäten gegenüber dem abgelösten Staatsratsgebäude und dem abgelösten Gesellschaftssystem, sondern der Wunsch, einen Block zwischen Spreekanal und Brüderstraße mit privaten Nutzungen an dieser zentralen Stelle zu integrieren, läßt uns auf dieses Symbol der untergegangenen DDR verzichten.

Das Außenministerium, das Marstallgebäude und der Brüderstraßenblock bilden gemeinsam mit einem Torgebäude, das die Schleusenbrücke markiert, einen neuen Stadtplatz im Süden des Konferenz- und Bibliotheksgebäudes. Cafés, Restaurants und Kinos werden zur Belebung des Platzes beitragen.

Abgeschirmt vom Großstadtverkehr wird die „Fast-Berliner-Erfindung", der Hof als halböffentlicher Raum, zur Erschließung nahezu aller geplanten Gebäudekomplexe genutzt. Dies erlaubt, die geplanten Ministerien als Blockbausteine in den Stadtkörper zu integrieren und gleichzeitig den Sicherheitsanforderungen nachzukommen.

Signifikante Stellen der Verknüpfung der Spreeinsel mit der umgebenden Stadtstruktur werden mit punktförmigen Überhöhungen zur Orientierung markiert. Alle Ufer werden öffentlich zugänglich. Ein Spaziergang kann rund um die Insel geführt werden, abwechselnd zwischen städtischer Uferbebauung und grünem Freiraum.

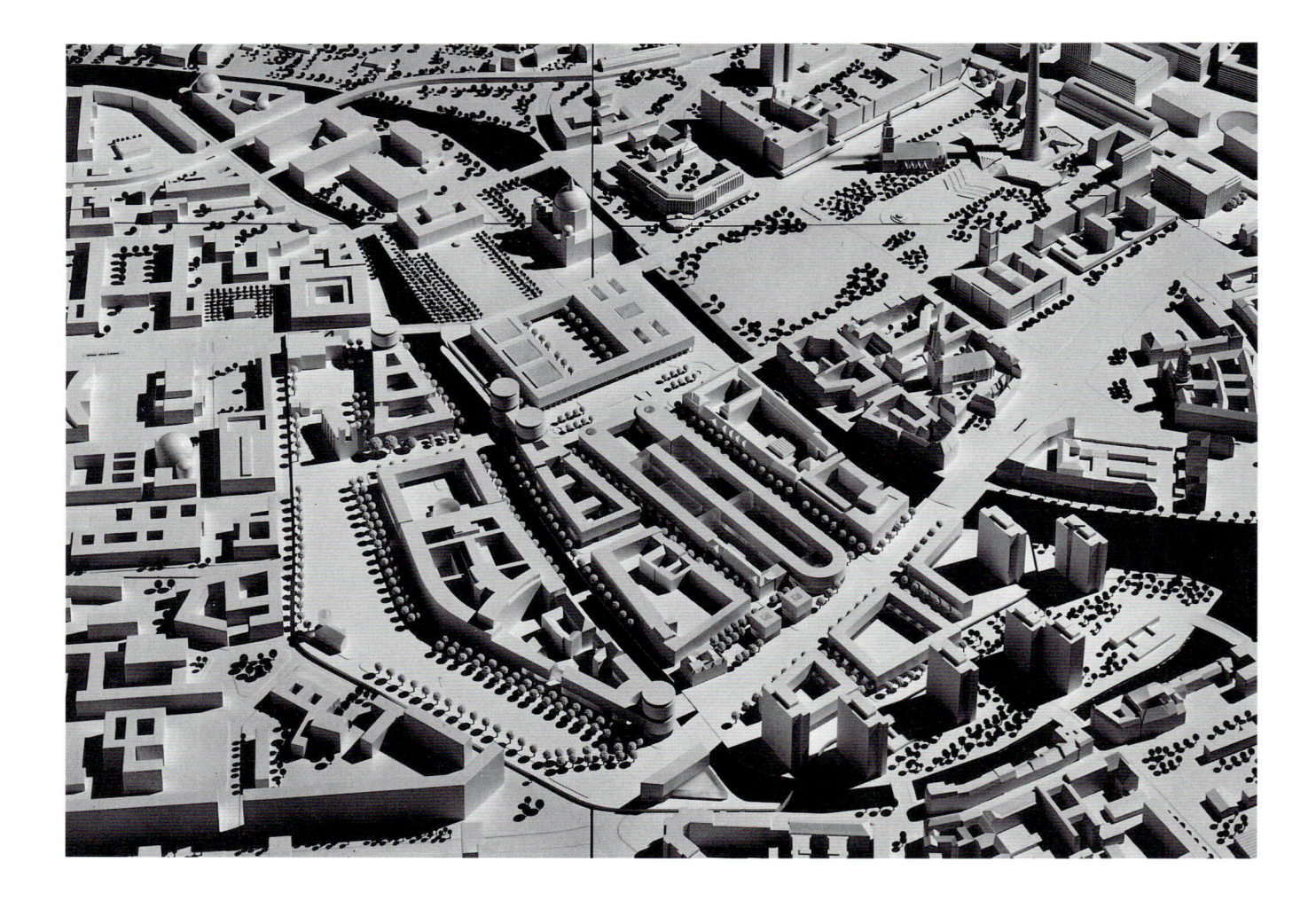

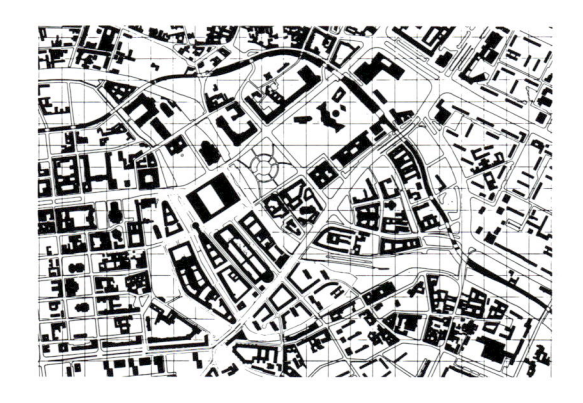

DIE ARCHITEKTEN

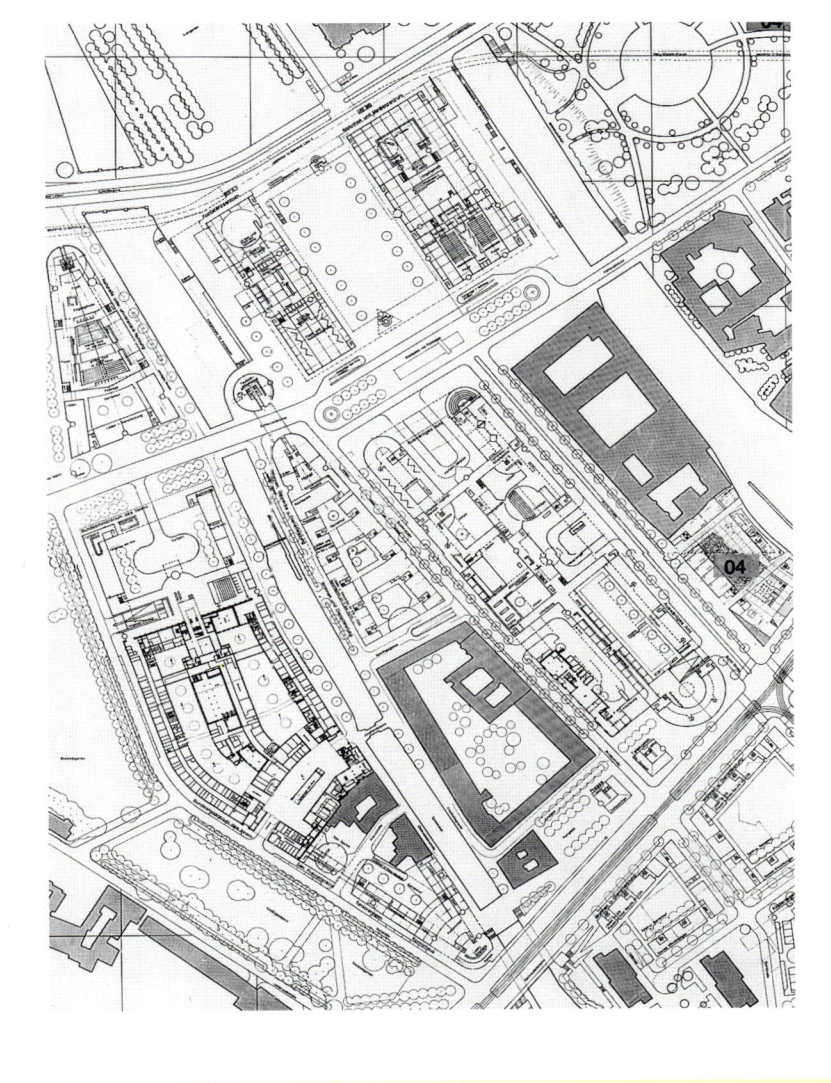

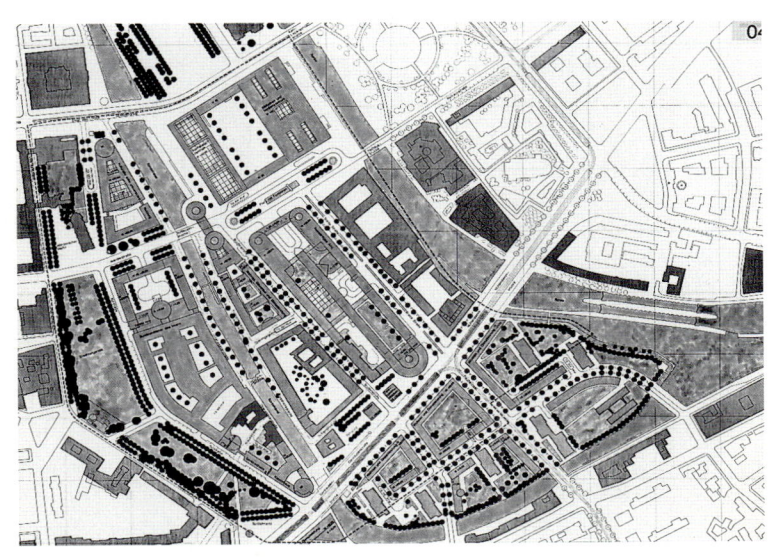

Where once the Schloss of the Hohenzollern stood accessible only to the privileged, and later the Palast der Republik, an urban space for all is created: Berlin's "Parlour". This could be a link between the conference centre and the media centre/library, reached via a common patio, the "Open Centre". "Open Centre" here indicates a programme for an open space, to be seen as the cultural marketplace of the city, in spatial contrast to Schinkel's Lustgarten.

Not animosity towards the superseded Staatsrat building and the superseded social system, but rather the desire to integrate a block between the canal and Brüderstrasse with private functions on this central location leads us to dispense with this symbol of the past GDR.

In conjunction with a gateway building demarcating the Schleusenbrücke, the Foreign Ministry, the Marstall building and the Brüderstrasse block form together a new urban square to the south of the conference and library buildings. Cafés, restaurants and cinemas add life to the square.

Screened off from the city traffic, the "Quasi-Berlin-Invention", the courtyard as a semi-public space, is used to allow circulation between nearly all of the planned building complexes. This form of circulation allows the planned Ministries to be integrated like building blocks into the urban fabric whilst simultaneously meeting the security requirements. Important points interlinking the Spreeinsel with the surrounding urban fabric are demarcated with point-shaped superelevations to ease orientation. All river and canal banks are publically accessible. It is possible to go for a walk around the island, alternating between urban development along the banks and greenspaces on the southern end of the island.

THE ARCHITECTS

Wolf & Partner, Berlin

Uwe Graul, Halle

Leitgedanke für die städtebauliche Raumbildung der Spreeinsel war die Anknüpfung an die historischen Bezüge unter Wiederherstellung oder Neuanlage von Platz- und Straßenräumen, um die Mitte Berlins neu zu formulieren.

Dazu entsteht im Norden durch die Erweiterung des Grünbestandes der Lustgarten als ein intensiver Grünbereich mit Verweilcharakter. Die eigentliche Mitte, der ehemalige Marx-Engels-Platz, wird mit der Gebäudegruppe des Konferenz-, Bibliotheks- und Medienzentrums besetzt. Dessen innerer Platz öffnet sich über Passagen zu den neuen Brücken sowie über Terrassen, kleine Platzanlagen und begehbare Uferzonen großzügig zum Wasser hin.

Südlich schließt sich der Schloßplatz mit dem Neptunsbrunnen in seiner historisch langgestreckten Trapezform an, in Sichtachse zur Säulenhalle des Alten Museums. Die alleenartige Breite Straße und Brüderstraße spannen den Komplex des Auswärtigen Amtes ein. Am neuen Petriplatz endet die Brüderstraße mit einer gläsernen Bürohochhausdominanten anstelle der ehemaligen Petrikirche. Von hier ist auch der repräsentative Haupteingang in das Auswärtige Amt geplant.

Um den Köllnischen Fischmarkt wird die Blockstruktur zwischen Friedrichsgracht, Grün- und Roßstraße wieder aufgenommen, wobei das vorhandene Grün und die Wohnhochhäuser der Fischerinsel mit einbezogen werden. Die Friedrichswerdersche Vorstadt erhält eine Blockrandbebauung mit einer Grünverbindung auf den ehemaligen Festungswällen. Unter Einbeziehung der ehemaligen Reichsbank entsteht mit nördlich vorgelagertem Neubau das Bundesministerium des Innern, mit Hauptzugang vom Werderschen Markt und teils öffentlichen Funktionen im Erdgeschoß.

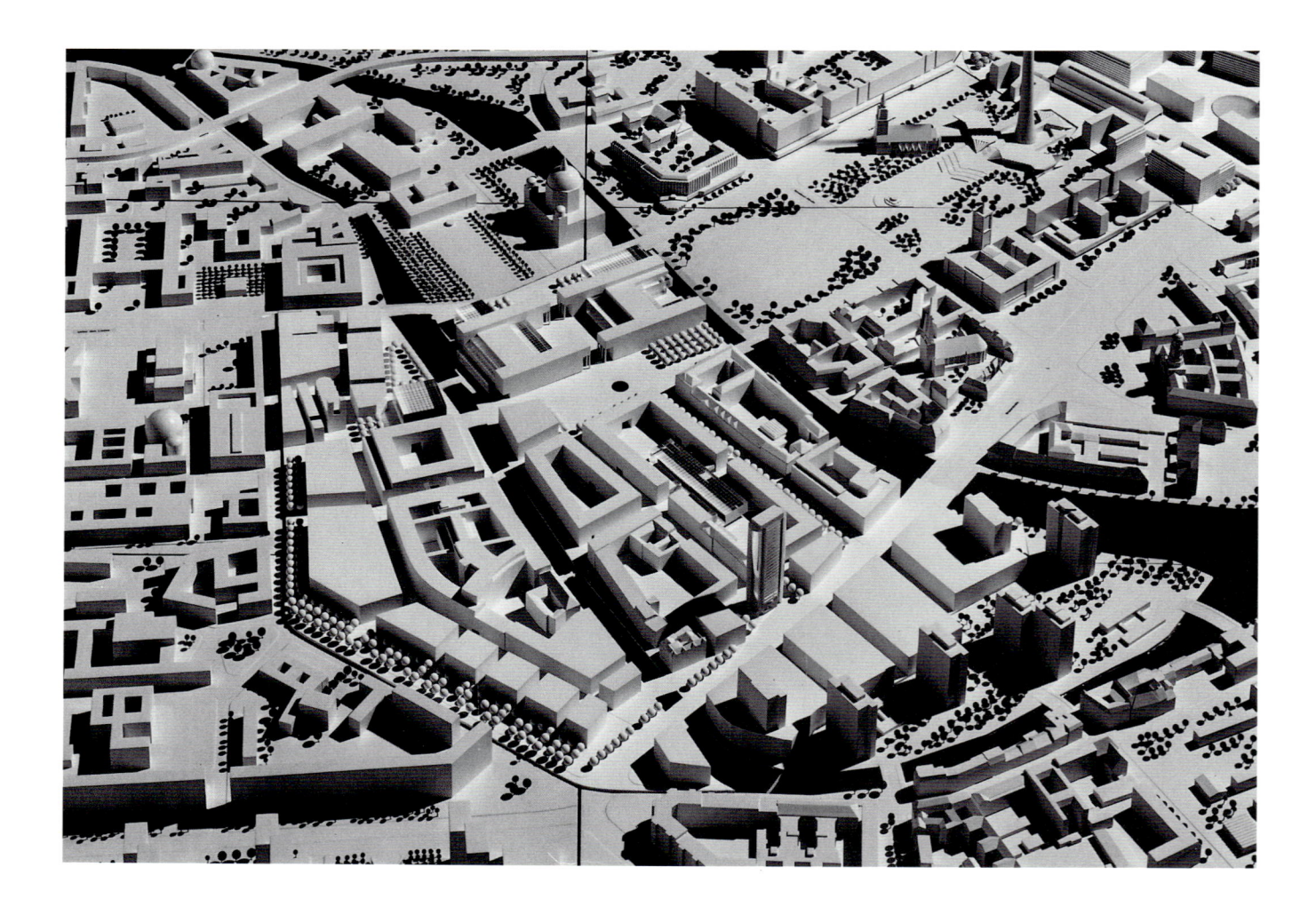

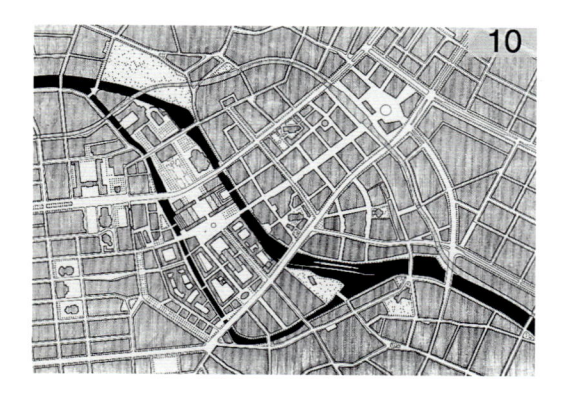

DER ARCHITEKT

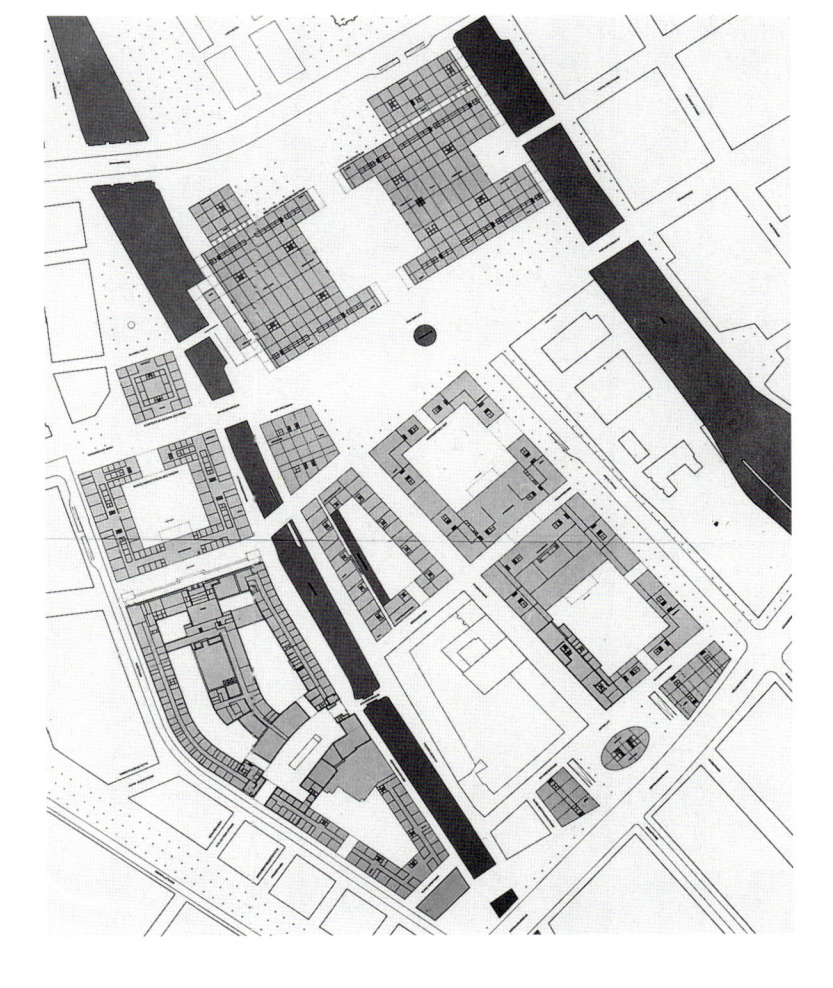

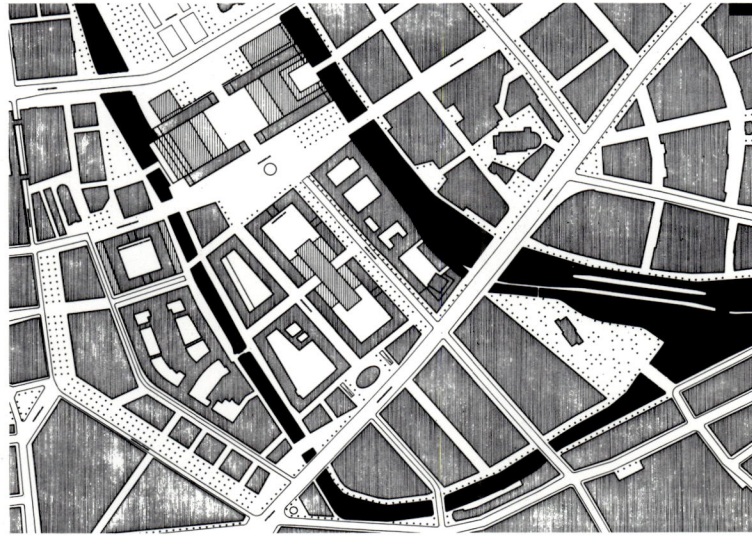

The main idea for the spatial design of the Spreeinsel was based on the historical relationships as a point of departure, reformulating the centre of Berlin through the recreation or new layout of square and street spaces.

In conjunction with this, a lush greenspace with an inviting character is created to the north through an enhancement of the greenery in the Lustgarten. The actual centre, the former Marx-Engels-Platz, is occupied by the conference, library, and media centre. Its inner square opens to the new bridges with passages, and opens expansively to the water through terraces, greens and accessible zones along the banks.

To the south the Schlossplatz adjoins the Neptune Fountain in its historically long trapezoid shape, on a visual axis to the hall of columns of the Altes Museum. The avenue-like Breite Strasse and Brüderstrasse enclose the Foreign Ministry complex. Brüderstrasse ends on the new St Peter's Square with a dominant glazed office highrise on the site of the former St Peter's Church. The representative main entrance to the Foreign Ministry is also planned from here.

Around the Köllnischer Fischmarkt the block structure is taken up again between Friedrichsgracht, Grünstrasse and Rosstrasse, including the existing greenery and the residential tower blocks of the Fischerinsel in doing so. The Friedrichswerder suburb acquires a perimeter block development with a green link on the former fortification ramparts. The Interior Ministry includes the former Reichsbank with a new building attached to the north, with its main entrance from Werder Marketplace and some public functions on the ground floor.

THE ARCHITECT

Uwe Graul, Halle

Frank Dörken, Volker Heise, Berlin

Auf dem Standort des ehemaligen Stadtschlosses, der „Zentralen Wunde" (Peschken) Berlins, wird das neue, republikanische Zentrum der Bildung und Kultur gebaut. Es wird ein vielfältig nutzbarer, untereinander verwobener Bereich des Wissens und der Künste: die „Schloßstadt". Sie wird im Umriß und den Maßstäben des ehemaligen Schlosses erstehen, jedoch als ein Ensemble aus fünf zusammengehörigen Einzelbaukörpern, die mit ihren vier großen Kuben zwei sich rechtwinklig schneidende Straßenräume bilden. Am Standort der ehemaligen Apotheke entsteht ein eigenständiger Anbau als das torbildende Gegenüber des Doms. In der vorgeschlagenen Gestaltung der fünf Gebäude ist das Schloß „aufgehoben". Die Nutzungen werden so angeordnet, daß die Kongreßbereiche und die Bibliotheks- und Medieneinrichtungen sowohl zum Lustgarten wie auch zum Schloßplatz orientiert sind.

An der Südseite des Schloßplatzes plädieren wir für den Erhalt des ehemaligen Staatsratsgebäudes. Das Gebäude wird der Eingangsbau des Außenministeriums. Seine westliche Fassung bekommt der Schloßplatz durch einen quadratischen Ergänzungsbau des Ministeriums.
Der Park auf den Wallanlagen wird im Norden, an der Jägerstraße, von einem wiedererrichteten Baublock für Büro- und Gewerbenutzungen begrenzt. Die Jägerstraße wird nach Osten als neuer Platz vor dem Innenministerium bis zum Spreekanal weitergeführt. Im Norden wird dieser Platz durch einen Baublock, der an drei Seiten den alten Straßenverläufen folgt, begrenzt. In ihm können zusätzliche Flächen für das Innenministerium ausgewiesen werden.
Die Verfasser schlagen für den gesamten Bereich Friedrichswerder Nord den Wiederaufbau auf dem alten Stadtgrundriß vor.

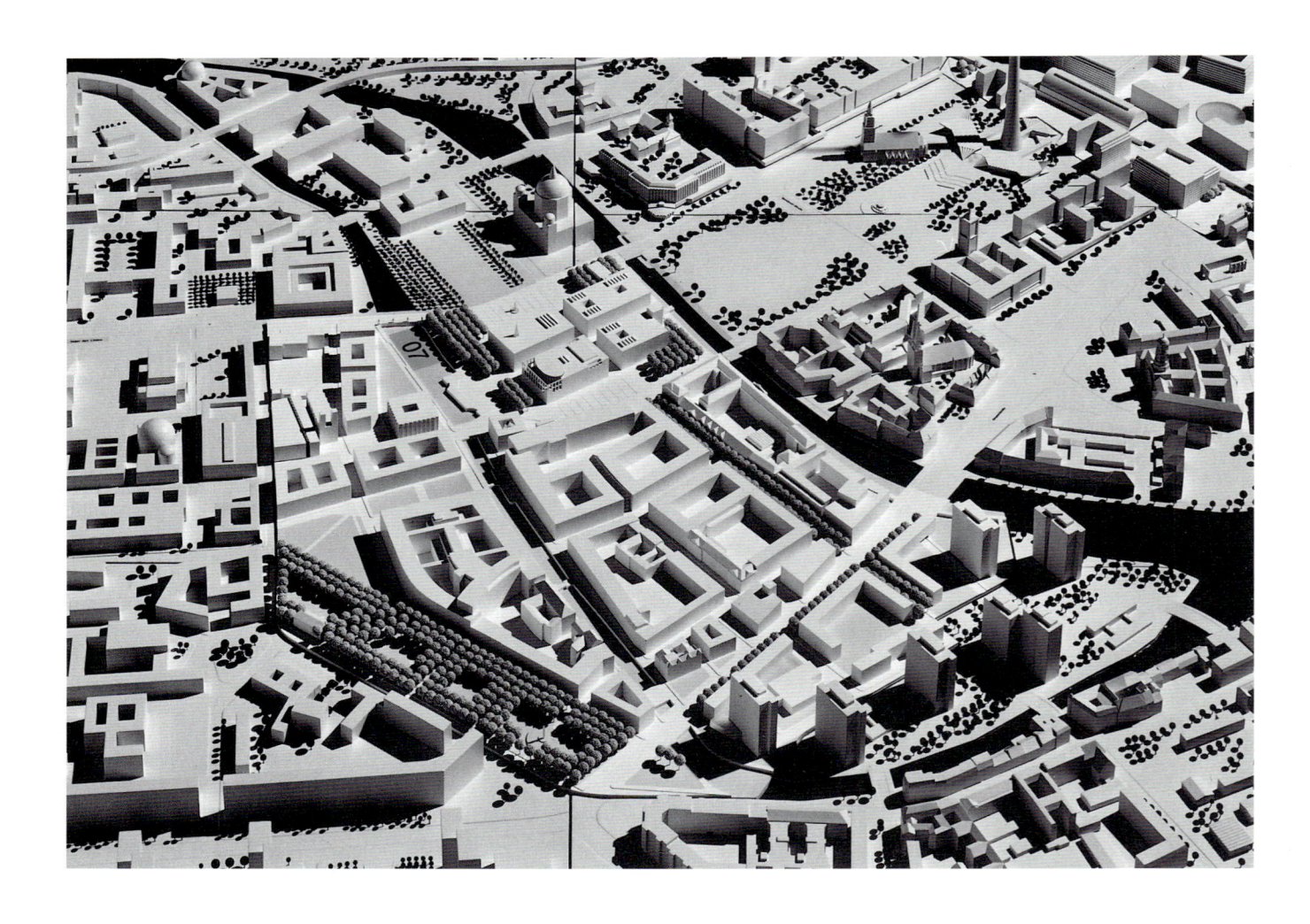

DIE ARCHITEKTEN

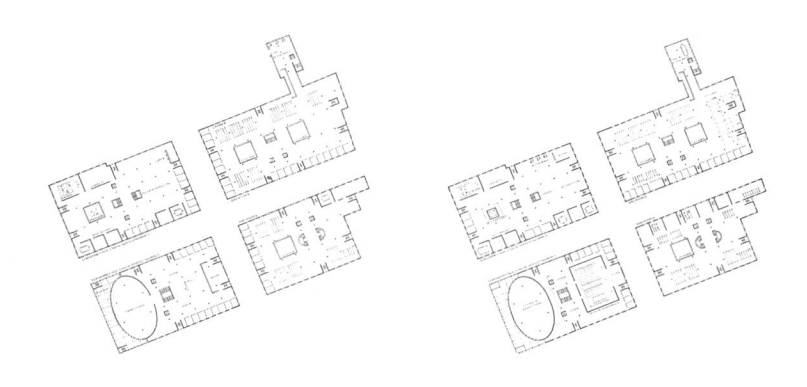

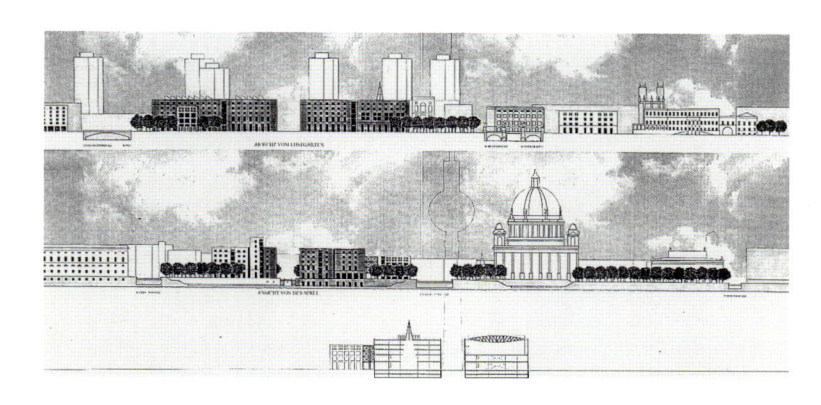

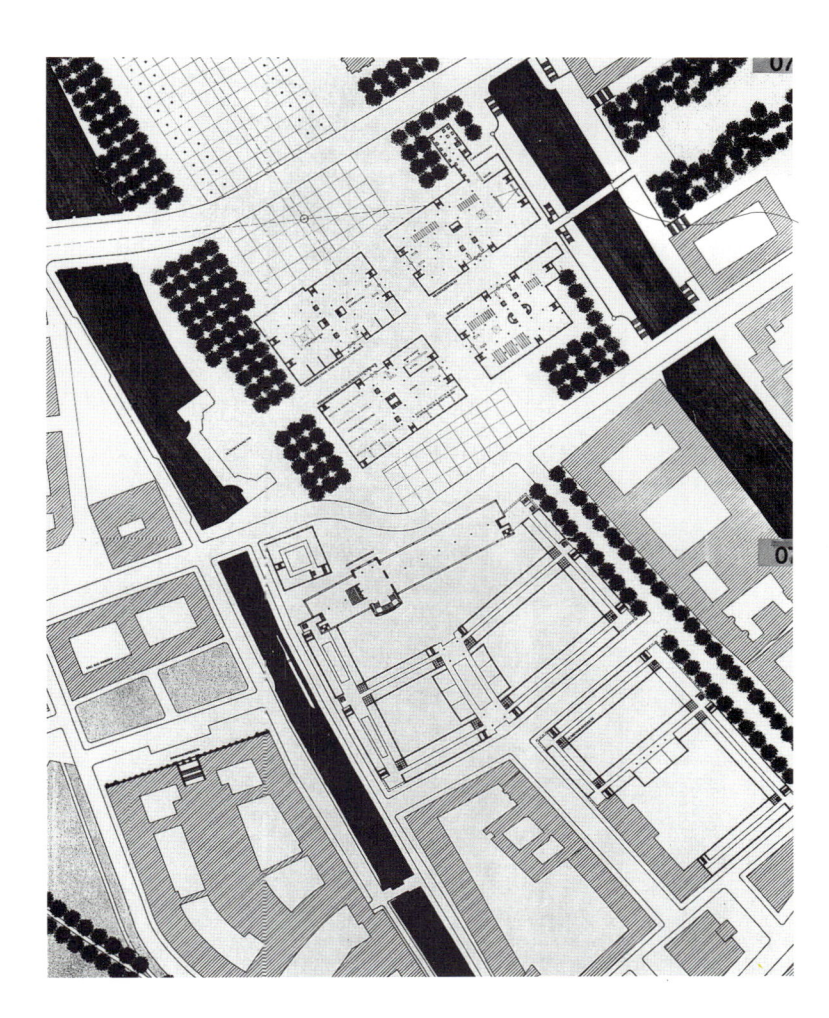

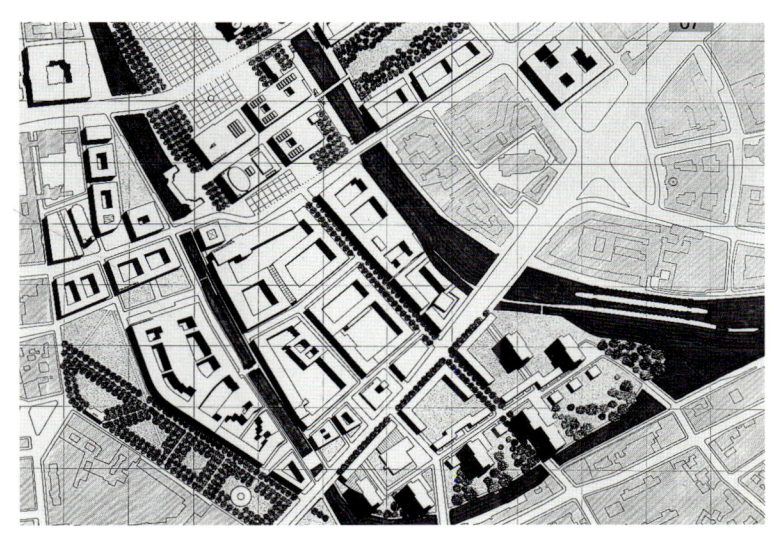

The new republican centre of education and culture is built on the site of the former Stadtschloss, the "Central Wound" (Peschken) of Berlin. It is a multifunctional, interwined place of knowledge and the arts: the "Palace City". Whilst it takes on the contours and scale of the former Schloss, it does so as an ensemble of five interrelated building components, which with their four large cubes form two orthogonally intersecting street spaces. An independent addition appears on the site of the former Apothecary acting as a counterpart to the Cathedral, and forming a gate. The Schloss is "incorporated" in the proposed design of the five buildings. The layout of the functions is such that the congress areas and the library and media facilities are oriented to the Lustgarten as well as to Schlossplatz.

On the south side of Schlossplatz we advocate the preservation of the former Staatsrat building. The building is transformed into the entrance building of the Foreign Ministry. The west façade of Schlossplatz is created by a square addition to the Ministry. The park on the medieval ramparts is bordered to the north on Jägerstrasse by a building block rebuilt for office and commercial spaces. Jägerstrasse is extended to the east to form a new square in front of the Interior Ministry up to the canal. To the north this square is bordered by a further building block which follows the course of the old streets on three sides. Additional spaces for the Interior Ministry could be made available here.

The authors propose the reconstruction on the basis of the old city plan for the entire area of Friedrichswerder Nord.

THE ARCHITECTS

Frank Dörken, Volker Heise, Berlin

Claude Vasconi, Paris

Die große Achse Berlins ist die „Straße des 17. Juni", die sich kilometerweit von Westen nach Osten, durch den Tiergarten und das Brandenburger Tor erstreckt und sich „Unter den Linden" fortsetzt. Das Verschwinden des Schlosses eröffnet eine neue Perspektive, die ihren Endpunkt am Campanile des [Roten] Rathauses findet.

Unser Vorschlag stützt sich auf eine Erschließung des Rathauses durch die Verstärkung der Ost-West-Verbindung, die die Wiedervereinigung der Stadt Berlin symbolisiert. Diese Achse, die auf das Rathaus zuläuft, wird von einer weiten Esplanade überlagert, die den Lustgarten integriert. Die Karl-Liebknecht-Straße wird wieder eine natürliche Verkehrsader.

Auf dem Marx-Engels-Forum ist das Konferenzzentrum, die Mediathek und Bibliothek vorgesehen. In den unteren Geschossen sollen öffentliche Einrichtungen, wie Läden, Cafés und Ausstellungsflächen das Herz Berlins für jedermann erlebbar machen. Das dreieckige Gebäude gegenüber der Bibliothek ist als Hotel oder für das Gewerbe vorgesehen.

Die Bereiche des Außenministeriums liegen zwischen „Unter den Linden" und der Scharrenstraße. Das ehemalige Staatsratsgebäude soll soweit wie möglich erhalten werden.

Zur Fischerinsel hin löst sich das Gefüge auf, die Bauten werden kleinteiliger, was ihrer Funktion (Wohnungen) entspricht. Entlang der Gertraudenstraße wird der Straßenraum durch einen Riegel geschlossen, der Durchgänge zum Petriplatz bietet. Akzente werden durch die etwas höheren Wohnkuben gesetzt.

Das immer wieder auftretende Thema der Arkaden begleitet die Hauptrichtungen des Entwurfs. Dieses Element bietet dem Fußgänger einen gefaßten Raum, im Gegensatz zu den bisherigen überdimensionierten Straßenfluchten.

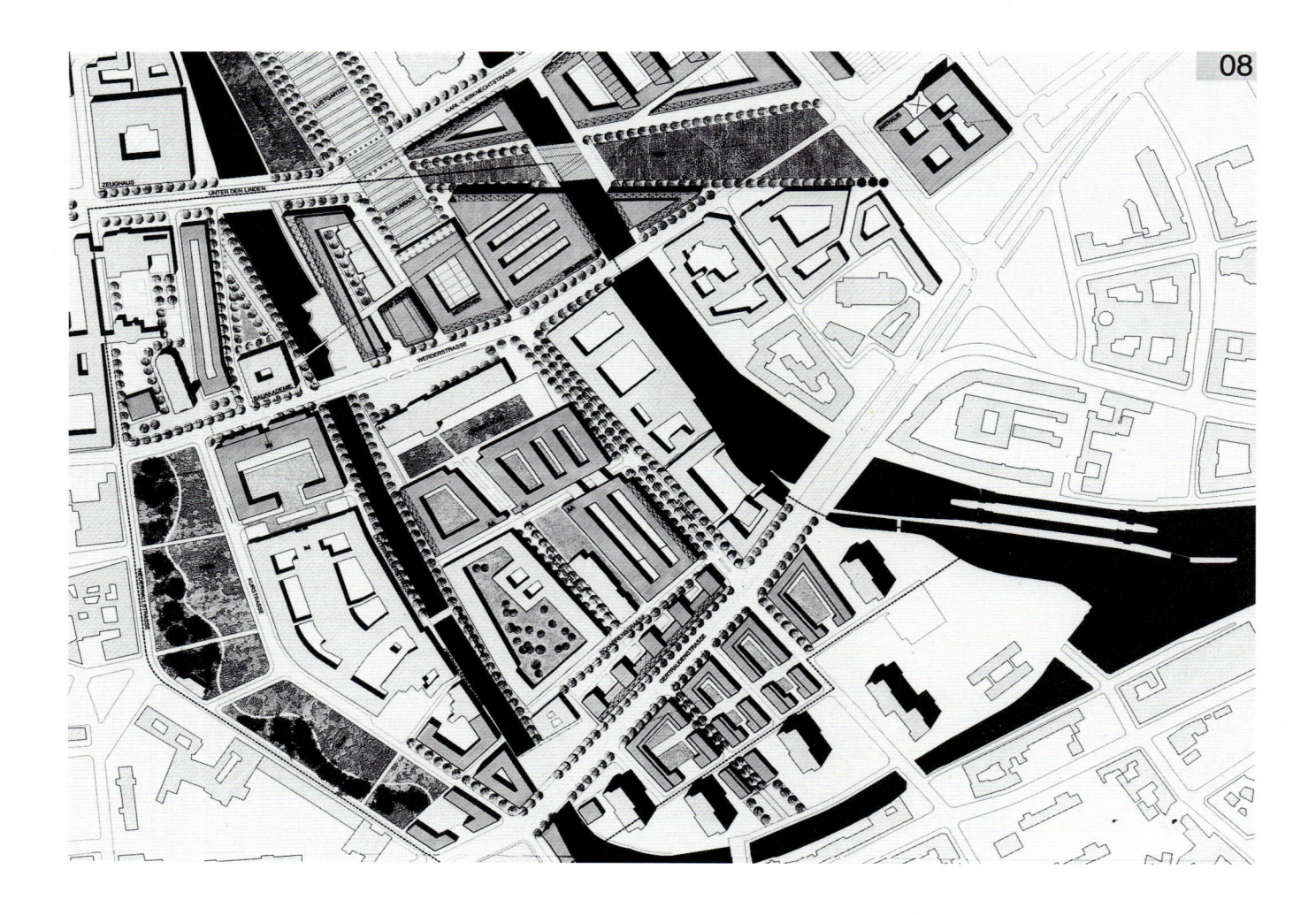

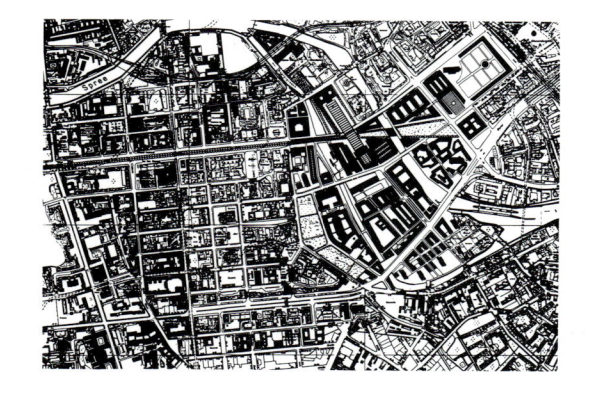

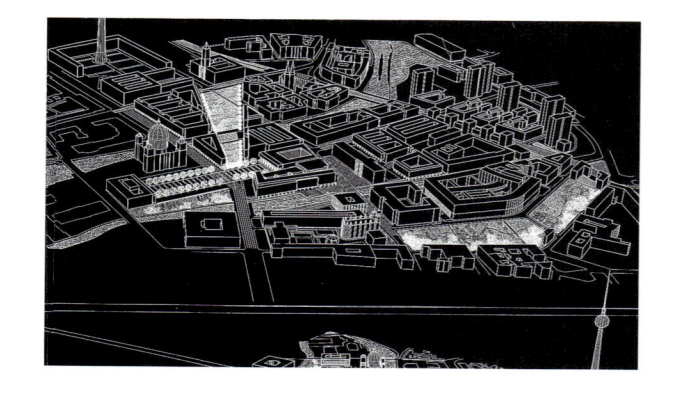

DER ARCHITEKT

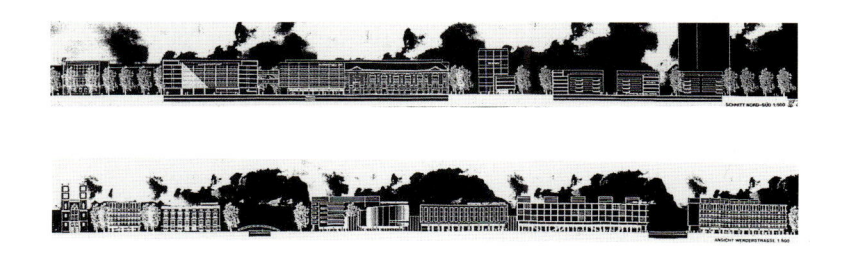

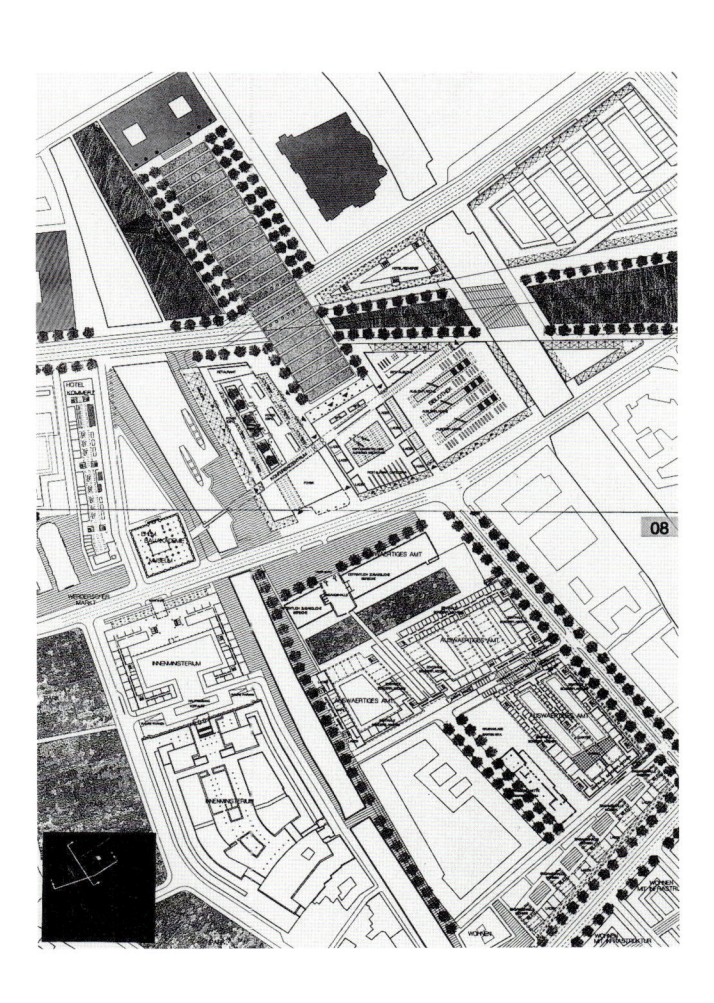

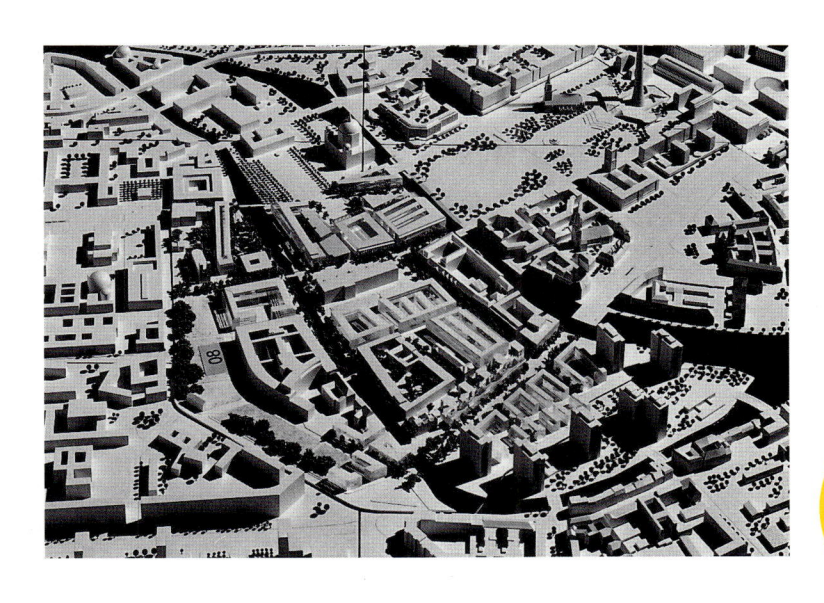

Berlin's dominant axis is Strasse des 17. Juni, which runs several kilometres from west to east, through the Tiergarten and the Brandenburg Gate, where it continues as Unter den Linden. The disappearance of the Schloss opens up a new perspective which terminates at the campanile of the [Red] Town Hall.

Our proposal clears a passage through to the Town Hall by reinforcing this east-west link as a symbol of Berlin's reunification. The axis culminating in the Town Hall is superimposed by a broad esplanade which incorporates the Lustgarten. Karl-Liebknecht-Strasse becomes a natural thoroughfare once more.

We propose to locate the conference centre, mediatheque and library on Marx-Engels-Forum. Public facilities such as shops, cafés and exhibition rooms in the lower storeys should convey to allcomers a sense of being at the heart of Berlin. The triangular building opposite the library is intended as a hotel or for commerce.

The Foreign Office complexes are between Unter den Linden and Scharrenstrasse. The former Staatsrat should be as largely as possible retained.

The configuration dissolves towards Fischerinsel. The buildings here consist of smaller elements in keeping with their (residential) function. Along Gertraudenstrasse the street is lined by a slab which provides passageways to St Peter's Square. Slightly higher cubes of housing place accents.

Arcades are a recurrent theme in conjunction with the main elements of the proposal. They offer pedestrians a contained space, in contrast to the overdimensional streets of the past.

THE ARCHITECT

Claude Vasconi, Paris

Klaus Lattermann, Berlin

Das grundsätzliche Ziel des städtebaulichen Entwurfes ist, den historischen Stadtgrundriß mit seinem raumbildenden Kanten zu restituieren. Die angestrebte Differenzierung in der Fassadengestaltung versucht der Unterscheidung der Funktionen gerecht zu werden.

Die monumental trutzige Außenwirkung des alten Reichsbankgebäudes dürfte für das neue Innenministerium eher von negativer Wirkung sein. Das dem wiederhergestellten Werderschen Markt und Bauakademie gegenüber vorgelagerte neue Empfangsgebäude könnte in diesem Sinne mildernd wirken.

Ein großes gestalterisches Problem dieses Entwurfs besteht in der Entscheidung, das ehemalige Staatsratsgebäude in seiner heutigen Form für das Außenministerium zu erhalten. So ist das Ministerium in drei Komplexe gegliedert. Der repräsentative Bereich mit seiner nach innen orientierten Vorfahrt, der den Empfangsbereich und die Büros des Ministers wie der Staatssekretäre beinhaltet, befindet sich auf dem westlichen Stadtschloßgrundriß. Der eigentliche Verwaltungsteil ist zwischen Staatsratsgebäude und Neumannsgasse situiert.

In einer späteren Bauphase, die nach Abschluß der Diskussion um den Abriß des „Palasts der Republik" ansteht, ist das Konferenzzentrum als repräsentativer Ort für Staatsakte und ähnliches realisierbar. Eine Besonderheit bildet die hafenartige Aufweitung der Spree mit der Überschreitung der Traufhöhe von ca. 18 m in diesem Bereich, die durch Wasserspiegelung eine dem Fernsehturm adäquate Begrenzung dieser Sichtachse erzeugt.

Die geplante Gebäudehöhe der sonstigen Neubauten von ca. 18 m orientiert sich an der Traufhöhe von Zeughaus, Bauakademie und weiteren früheren Repräsentationsbauten.

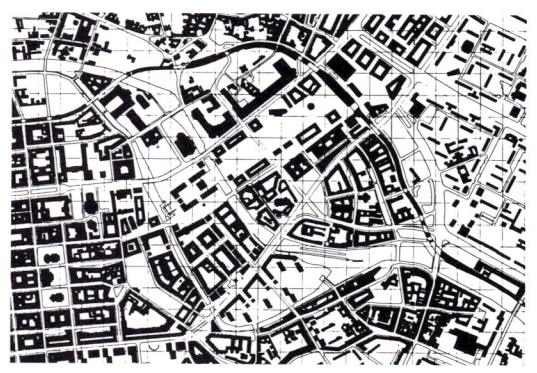

DER ARCHITEKT

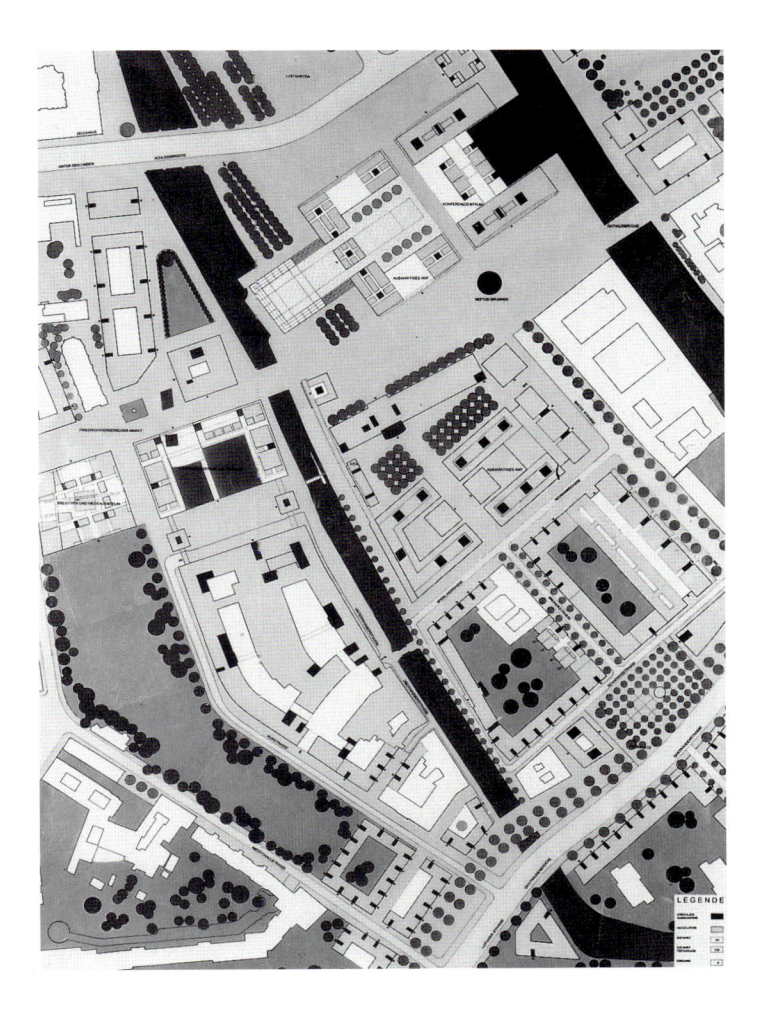

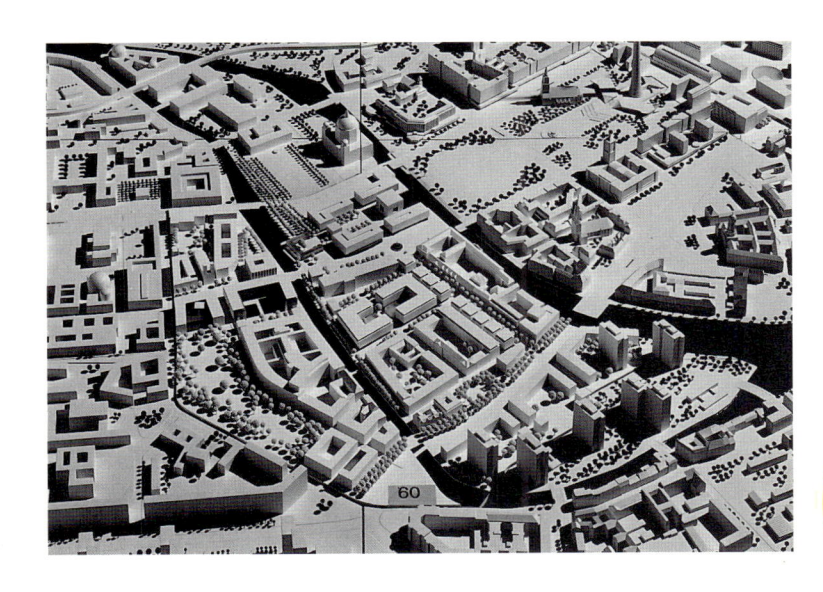

The basic goal of the urban design is to restore the historical city plan with its spatially defining borders. The differentiation aimed at in the façade design attempts to do justice to the clear distinction of the functions, which can be detected from outside. The thoroughly impregnable effect the old Reichsbank building has from the outside is likely to have a negative effect on the new Interior Ministry. The new attached reception building sited opposite the reconstructed Werder Marketplace and Bauakademie could moderate this effect.

One of this project's main design problems is posed by the decision to retain the former Staatsrat building in its present form for the Foreign Ministry. This results in the Ministry being composed of three different complexes. The representative section, with its driveway oriented inwards, is located on the western part of the Stadtschloss plan and contains the reception area, the offices of the Minister and those of the undersecretary of state. The actual administration section is situated between the Staatsrat building and Neumannsgasse.

In a later building phase following on from the conclusion of the discussion about the demolition of the "Palast der Republik", the conference centre can be realized as a representative place for state ceremonies and similar occasions. One feature worthy of note is the fact that the cornice height of approx. 18 m is exceeded in the area of the harbour-like widening of the river; the reflection in the water echoing the television tower creates a boundary of this visual axis of inner city open space.

The planned height of the remaining new buildings of approx. 18 m is oriented on the cornice heights of the Zeughaus, Bauakademie and other earlier representative buildings definitive for the character of this area.

THE ARCHITECT

**Klaus Lattermann,
Berlin**

Klemens Gabrysch, Bielefeld

Die Realisierung des Konzeptes erfordert für die geometrische Mitte der Spreeinsel einen herausragend gestalteten Baukörper von sehr großer Baumasse. Unser Konzept läßt eine stufenweise Rekonstruktion des Ursprungsbauwerkes der Berliner Stadtentwicklung zu. Zeitgenössische Architekturen vermögen die erforderliche Fassadenauflösung dieses großen Stadtbausteins nur unvollkommen zu leisten. Aufgrund der Nutzung als Tagungs- und Kulturschloß kann z. B. ein überdachter Schlüterhof zu einem unverwechselbaren Festsaal mit einer dem Ort entsprechenden Identität erwachsen.

Den inneren Lebensraum der langgestreckten Spreeinsel bildet eine vom Schloß und seinen beiden vorgelagerten Plätzen unterbrochene Gesamtgartenanlage: im Norden der Lustgarten nach Schinkels Erstentwurf von 1828, im Süden die zum Grünzug ausgebaute Breite Straße und als stadträumlicher Abschluß ein halbkreisförmiger Endpunkt mit einer Stufenbebauung. Dieser soll eine Vermittlerrolle zwischen Nord- und Südseite der Leipziger Straße zufallen.

Spreeübergreifend bildet der neue Grünzug mit der über die alte Gertraudenbrücke angebundenen Parkanlage auf dem ehemaligen Stadtwall ein grünes Hufeisen, das sich in Richtung Kultur- und Tagungszentrum sowie zum Werderschen Markt mit der Bauakademie und dem angrenzenden Bibliotheks- und Mediencampus öffnet.

Das Auswärtige Amt mit der Adresse Schloßplatz ist mit einer inneren Erschließungshalle in der Achse der Brüderstraße konzipiert. Die Achse endet am [westlichen] Hauptportal des Schlosses. Das Ministerium des Innern wird im Haus der Parlamentarier untergebracht. Der nördliche Erweiterungsbau bildet den Abschluß zum Werderschen Markt.

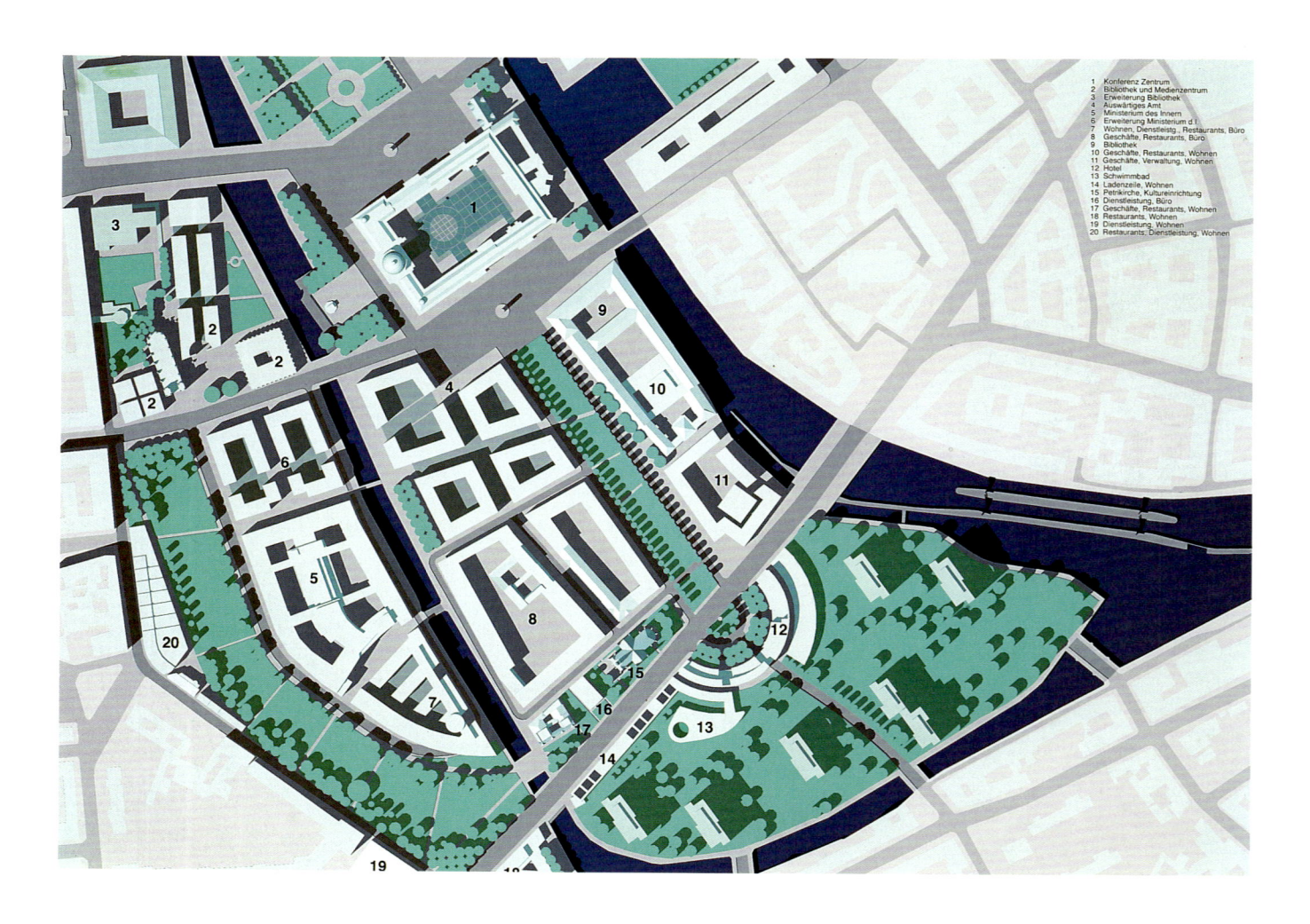

DER ARCHITEKT

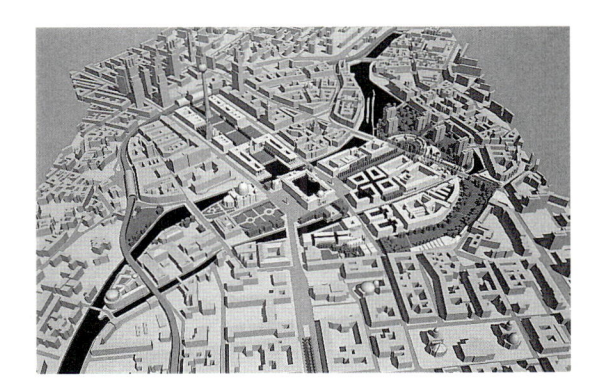

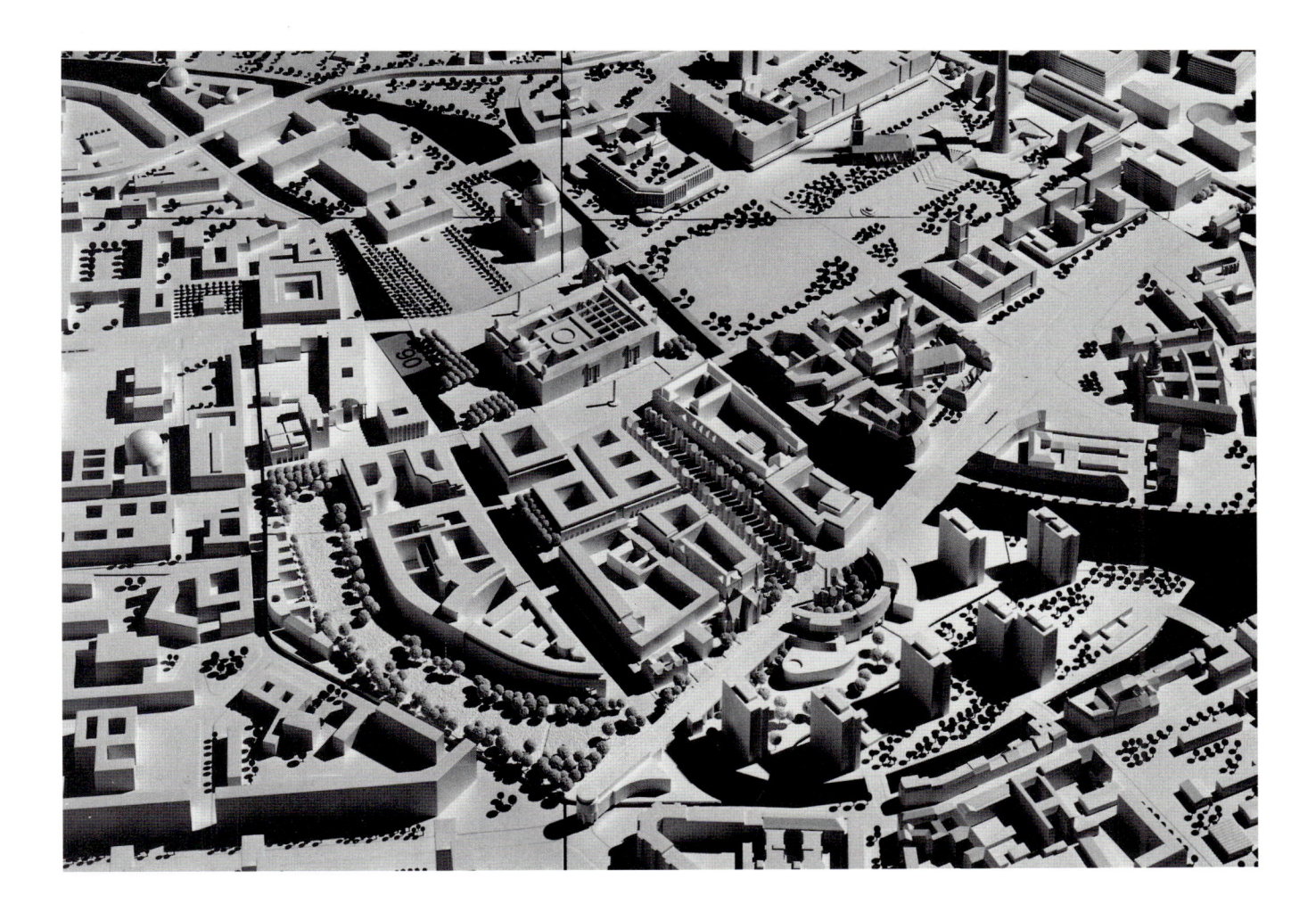

The realization of the project calls for an excellently designed building volume of very great mass for the geometrical centre of the Spreeinsel. Our concept permits the step by step reconstruction of the original buildings of the Berlin urban fabric. For purely technical reasons contemporary architectural solutions are only partially able to attain the necessary façade resolution of this great urban building block. Its function as a conference and cultural palace means that a covered Schlüteresque courtyard, for example, can develop into an unmistakable festival hall with an identity commensurate with the location.

The inner space of the long Spreeinsel is formed by a comprehensive garden complex interrupted by the Schloss and the two squares in front of it: to the north the Lustgarten as Schinkel initially designed it in 1828, to the south Breite Strasse transformed into a green stretch, and a semicircular end point with even stepped development forming a spatial conclusion. This is assigned a mediating role in the difference of scale between the northern and southern side of Leipziger Strasse.

Reaching over the river, the new green stretch forms a green horseshoe with the parking area on the former city ramparts, reached by the old Gertraudenbrücke. The horseshoe opens towards the cultural and conference centre as well as to the Werder Marketplace with the Bauakademie and the adjacent library and media centre. The Foreign Ministry located on Schlossplatz is envisaged as having an inner circulation lobby in the Brüderstrasse axis. The axis ends on the [western] main portal of the Schloss. The Interior Ministry is housed in the Haus der Parlamentarier. The northern addition forms the southern conclusion of the Werder Marketplace.

THE ARCHITECT

Klemens Gabrysch, Bielefeld

Mauri Korkka, Kirsti Rantanen, Sari Lehtonen, Helsinki

Der Entwurf schafft die Erinnerung an das Herz Berlins neu. Die historischen Elemente und Spuren bilden einen Teil des zukünftigen Stadtzentrums. Dieses neue Zentrum zollt dem historischen Grundriß der Stadt Respekt, versteht sich aber nicht als Rekonstruktion.

Die offenen Stadträume mit ihrer unterschiedlichen Maßstäblichkeit sind von großer Bedeutung; sie bilden eine Abfolge von heiteren und geschäftigen, monumentalen und intimen Bereichen. Ebenso wichtig sind Endpunkte und Sichtverbindungen. Das zentrale Gebäude ist das Bibliotheks-, Medien- und Konferenzzentrum am Ort des Palasts der Republik; ihm wurden geräumige Ausstellungsflächen angefügt. Das Wasserbassin in der Mitte schafft eine intime und ruhige Zone.

Der Turm des Außenministeriums bildet ein neues Wahrzeichen. Es war unser Ziel, die für die Ministerien notwendige Bürofläche in kompakter Form zu schaffen, damit die Sicherheitsanforderungen die Aktivitäten einer lebendigen Stadt nicht beeinträchtigen.

Der Lustgarten wurde in einen Park verwandelt; die Baumreihen wurden gemäß Schinkels Plan angeordnet, um die Bedeutung des Alten Museums hervorzuheben. Der Platz vor dem Konferenzzentrum wird von dem Turm am Spreeufer und von dem niedrigen, schmalen Baukörper am Kanal begrenzt. Der Eingang zum Innenministerium liegt am Werderschen Markt. Der Bereich zwischen der Kurstraße und der Ober-/Niederwallstraße wurde als Park gestaltet. Der Spittelmarkt wurde wieder in seiner historischen Form angelegt. Eine Reihe von Stadträumen beginnt hier und folgt der Gertraudenstraße. Im freigestellten Eosander-Portal wurde ein kleines Museum zur Geschichte der Spreeinsel untergebracht.

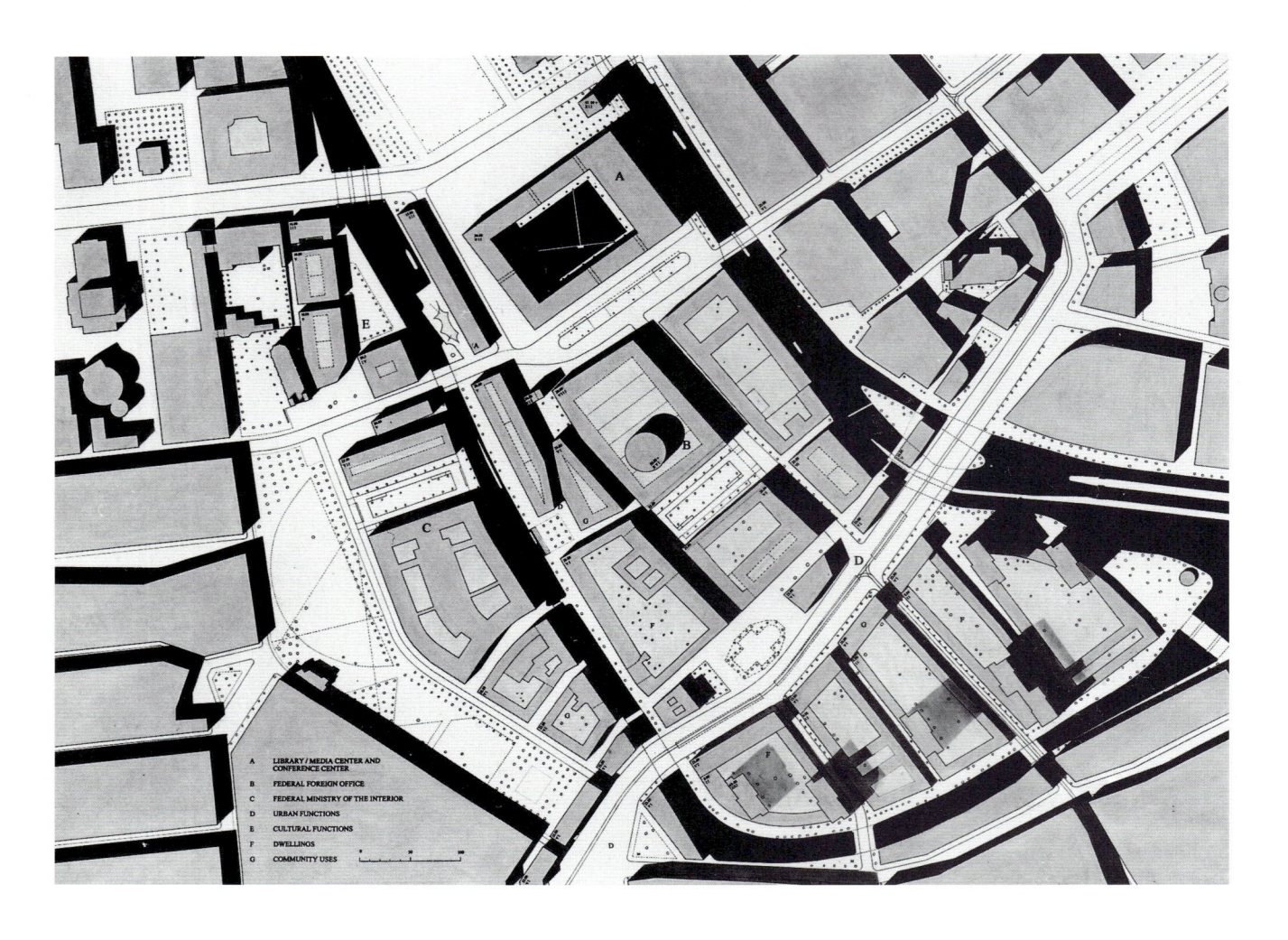

DIE ARCHITEKTEN

A LIBRARY / MEDIA CENTER AND CONFERENCE CENTER
B FEDERAL FOREIGN OFFICE
C FEDERAL MINISTRY OF THE INTERIOR
D URBAN FUNCTIONS
E CULTURAL FUNCTIONS
F DWELLINGS
G COMMUNITY USES

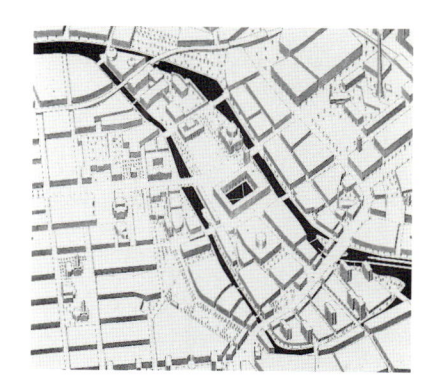

The proposal recreates the memory of the heart of the city of Berlin. The historical elements and traces of the past form a part of the future city centre. This new centre pays its respect to the historical urban structure yet is not a reconstruction.

The open spaces with their varying scale are of great importance; they form a sequence of serene and busy, monumental and intimate urban spaces. Equally important are the terminal points and vistas within and outside the area.

The area's central building is the library, media- and conference centre on the site of the Palace; an extensive exhibition space has been added to the complex. The pool in the centre provides an intimate and meditative waterscape.

The tower of the Foreign Office is a new landmark. It was our aim to create space for the ministeries in a compact way so that the security requirements would not interfere with the functions of a lively city.

Lustgarten has been made into a park; the avenues of trees have been laid out according to Schinkel's plan in order to emphasise the importance of Altes Museum. The plaza created in front of the conference centre is bounded by the tower on the side of the Spree and by a low narrow volume on the side of the Spree canal.

The public entrance to the Ministry of the Interior is situated at Werderscher Markt. The open space between Kurstrasse and Ober-/Niederwallstrasse has been treated as a park. Spittelmarkt has been partially redefined in its original form. A series of urban spaces begins there and follows Gertraudenstrasse.

A small museum which details the area's history has been located in the freestanding Eosanderportal.

THE ARCHITECTS

Mauri Korkka, Kirsti Rantanen, Sari Lehtonen, Helsinki

Oei + Bromberger, Fellbach

Die Beziehungen zwischen Museums- und Fischerinsel einerseits, Alexander- und Schloßplatz andererseits werden durch ein Flanierkreuz formuliert, das an seinem Kreuzungspunkt durch ein großes Gebäude besetzt wird. Um dem innerstädtischem Raum wieder eine adäquate bauliche Mitte und eine differenzierte urbane Struktur zu geben, wird in Verschmelzung mit dem Palast der Republik eine Erweiterung als Kulturraum vorgeschlagen.

Der Ort des ehemaligen Hohenzollernschlosses ist ein „Freiraum", ein öffentlicher Raum des Volkes mit Freiflächen und Gebäuden. Als öffentliches Gebäude beinhaltet es Funktionen wie Konzertsäle, Bibliothek, Medien, Ausstellungen und Gastronomie.

Um den Schloßplatz wiederherzustellen, sieht das Konzept hier ein Gebäude vor, das unabhängig vor dem Staatsratsgebäude steht und mit den dahinter plazierten Ergänzungen des Stadtgrundrisses das neue Außenministerium ergibt. Der Gebäudekomplex ist abgesehen von einer gesicherten Vorfahrt durch Mantelnutzungen erfahrbar.

Die Breite Straße erhält durch eine Häuserzeile an ihrer Westseite das alte, schmalere Profil zurück. Damit wird ein der Situation angemessener öffentlicher Raum geschaffen, der die Mitte Cöllns mit dem Schloßplatz verbindet. Durch die Wiederaufstellung des Neptunbrunnens in der Achse der Breiten Straße wird das räumliche Gefüge des ehemaligen Schloßplatzes rückgewonnen. Der größere Teil des Erweiterungsbaus der Reichsbank kann für das Innenministerium genutzt werden. Die übrigen Flächen werden im nördlich angrenzenden Block plaziert, wodurch die Wiederherstellung des Werderschen Marktes und ein Dialog mit der Bauakademie erreicht werden.

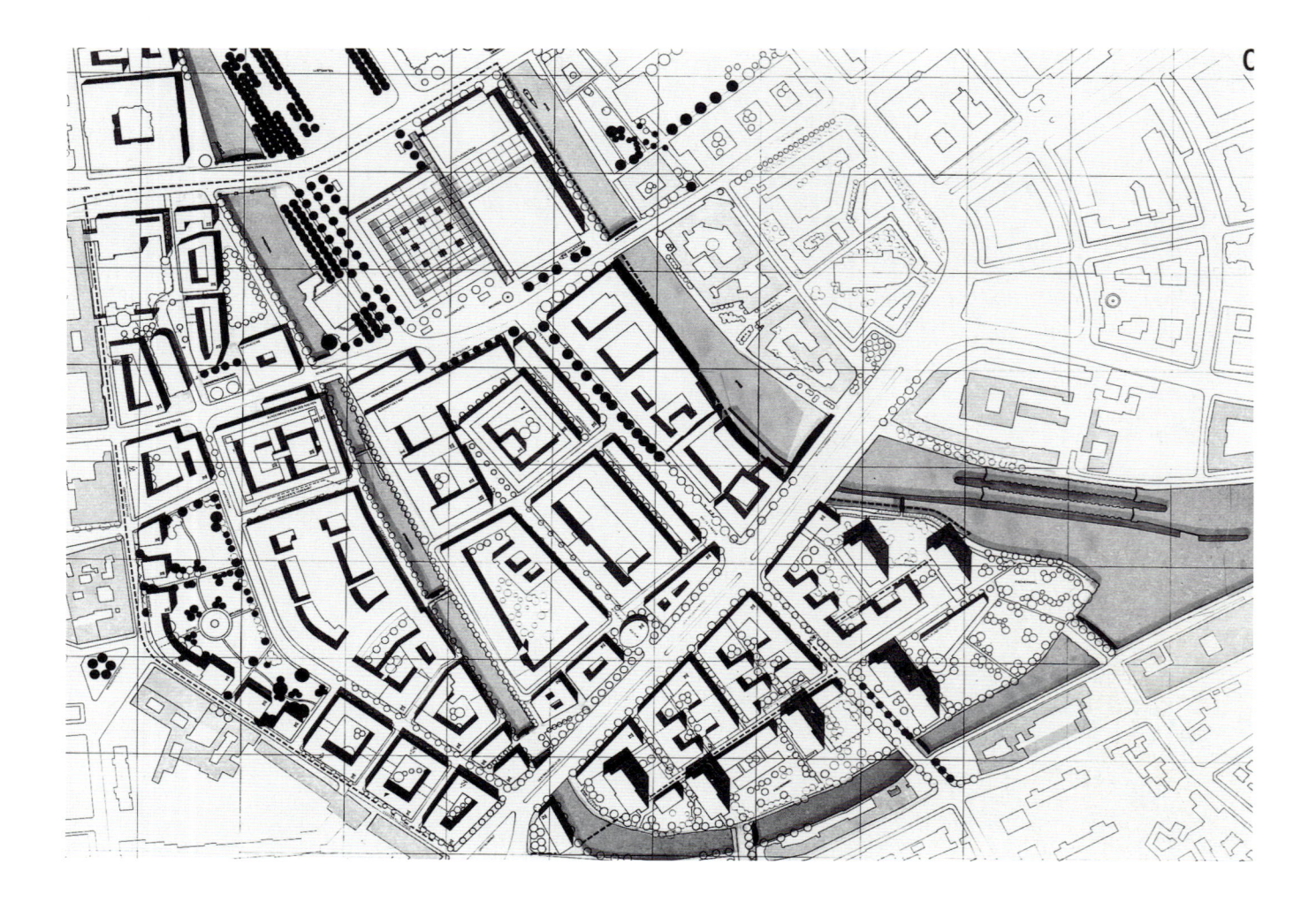

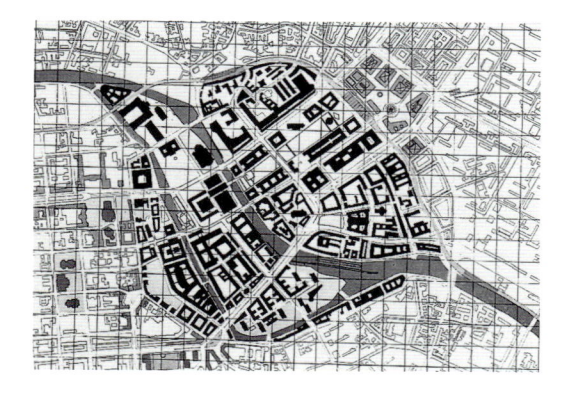

DIE ARCHITEKTEN

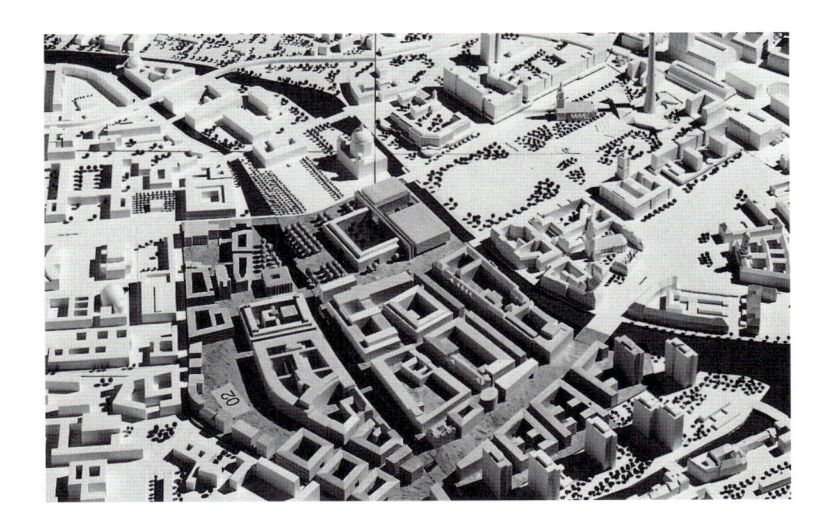

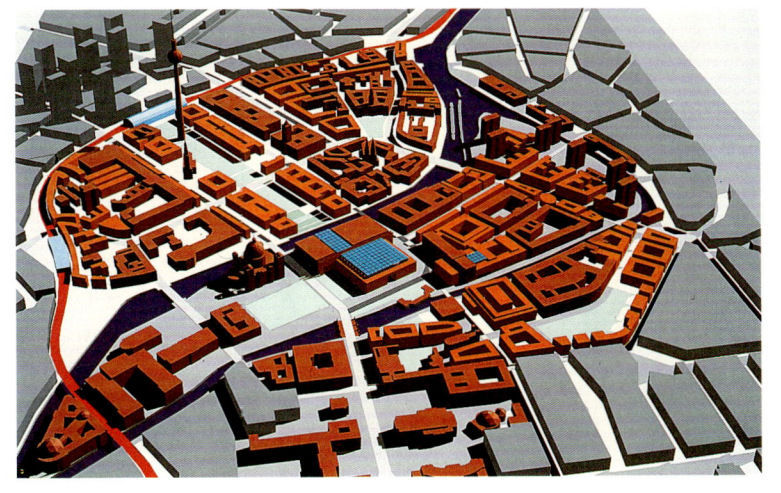

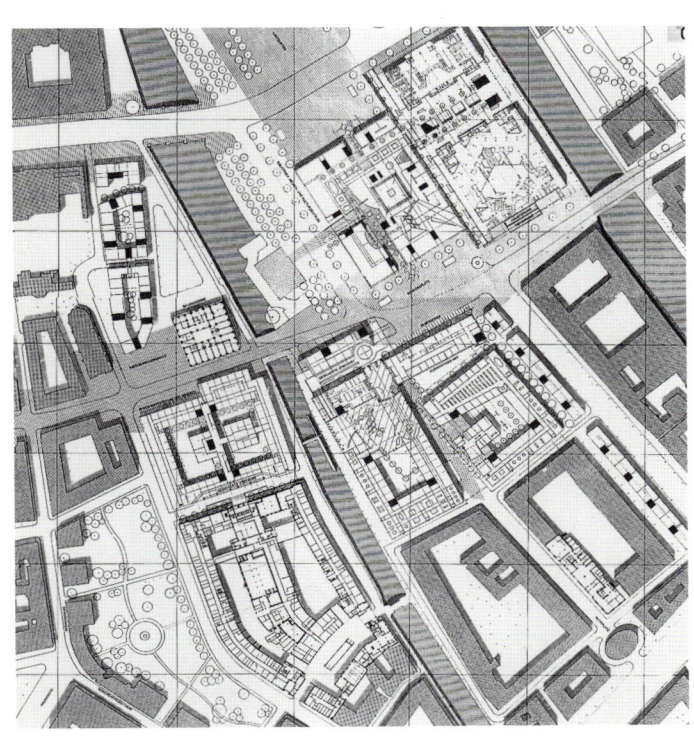

The relationships between Museumsinsel and Fischerinsel, and between Alexanderplatz and Schlossplatz are formulated by a cruciform promenade, with a large building placed on its intersection. To give the inner city space a fitting architectural centre and a differentiated urban fabric, an extension merging with the Palast der Republik is proposed as a cultural space.

The site of the former Hohenzollern palace is an "open space", a public space for the people, comprised of open spaces and spaces in buildings. As a public, multicultural building in the centre of a capital city it contains functions such as concert halls, library, media centre, exhibitions and catering.

To reconstruct Schlossplatz, the project envisages a building here standing independently in front of the Staatsrat building and, with the city plan additions behind it, forming the new Foreign Ministry. Apart from a monitored driveway, the differentiated building complex is accessible from all sides through peripheral functions.

The old narrower profile is returned to Breite Strasse by a row of buildings on its west side. The creation of this profile forms a public space appropriate to the context, which links the centre of Cölln with Schlossplatz. Through the repositioning of the Neptune Fountain in the Breite Strasse axis, the spatial fabric of the former Schlossplatz is recovered. Most of the Reichsbank addition can be used for the Interior Ministry. The remaining spaces are placed in the adjoining block to the north, thus attaining both the formation of space and location through the reconstruction of the Werder Marketplace, and a dialogue with Schinkel's Bauakademie.

THE ARCHITECTS

Oei + Bromberger, Fellbach

Pietro Cefaly, Latina

Unser wesentliches Ziel war es, dem Wettbewerbsgebiet wieder Kohärenz zu verleihen. Die Spreeinsel ist nicht nur eines der wichtigsten Elemente des Zentrums von Berlin, sondern sie bildet zusammen mit den angrenzenden Bereichen auch einen zentralen Ort europäischer Stadtkultur. Um diesen kohärenten urbanen Zusammenhang wiederherzustellen, halten wir den Abriß jener Gebäude für erforderlich, die keinen Bezug zum urbanen Konzept dieses Stadtteils haben. Seine Aktivitäten und seine zukünftigen Aufgaben legten die Schaffung einer Abfolge von Plätzen nahe, die eine städtische Identität definieren und gleichzeitig einige der historischen Wesensmerkmale freilegen. Weder soll die historische Morphologie identisch reproduziert, noch soll einem abstrakten und von den geschichtlichen Wurzeln unabhängigen Modell gefolgt werden; unser Vorschlag orientiert sich am spezifischen urbanen Gehalt Berlins. Er soll die komplexe Bedeutung der historischen Schichtung urbaner Textur zurückgewinnen und gleichzeitig eine völlige Neuorganisation des Raumes durch die neuen Aufgaben leisten, wie sie in den Wettbewerbsvorgaben ausgewiesen waren. Wir stellen uns eine bewußte Erweiterung der verschiedenen Stadträume vor, wo die Neubauten ihre – klar ablesbare – Funktion und Bedeutung finden. Unser Entwurf besteht aus mehreren funktionell unabhängigen, aber miteinander kompatiblen Teilen:

a) Die Definition einer neuen städtischen Kulisse mit einem großen internationalen Empfangszentrum als Schlußpunkt für die historische Verbindung Unter den Linden. Dieses Zentrum steht im Dialog mit Lustgarten, Altem Museum und Dom, und ist auf der anderen Seite durch einen neuen Anlegeplatz mit dem Kanal verbunden.

Our principal aim has been that of restoring the competition site, which is one of the most important elements of the centre of Berlin, to a general coherence. Moreover, the island of the Spree and its surrounding areas constitute one of the sites of central importance for European urban culture. To recreate this coherent urban space we have thought it necessary to pull down all those buildings which could not be related to the urban idea of this particular part of the city. The activities already existing in the area and the expected new functions of the place called for the creation of a series of new spaces which define a new urban identity in the city centre and rediscover some of its essential historical features at the same time. Neither meaning to identically rebuild the historical morphology nor following an abstract model independent of the historical roots, our intervention is to keep in mind Berlin's specific urban meaning.

Our plan aims simultaneously at recovering the complex meaning of the historical stratification of the urban texture and at a complete reorganisation of space through the new functions detailed in the competition requirements. We envision a conscious expansion of the different urban spaces where the new buildings can find their – clearly recognisable – reasons and meanings.

Our proposal consists of several functionally independent and reciprocally compatible parts:

a) The definition of an urban background with the formation of a terminal point for the historical perspective of Unter den Linden with a large international reception centre. The centre is in dialogue on one side with Lustgarten square and the architectures of Altes Museum and Berliner Dom and is linked to the Spreekanal on the other side by means of a new landingplace.

b) Die Schaffung eines Raums vor allem für kulturelle Nutzung, um den symbolischen Pol von Friedrichwerderscher Kirche, Kronprinzenpalais und rekonstruierter Bauakademie. Dieser Bereich kann Bibliotheken, Museen und ähnliche kulturelle Einrichtungen aufnehmen.

c) Jenseits der Rathausstraße, die wieder ihre ursprüngliche Rolle als Verbindung zwischen Gendarmenmarkt und Alexanderplatz erfüllen soll, kann eine Abfolge von Stadträumen zwischen der historischen Bedeutung der Stadt und ihren wichtigen administrativen Funktionen vermitteln. Eine Reihe von vier großen städtischen Blöcken (mit vielfältigen und vermischten Nutzungen und Funktionen) soll entstehen, wobei die historischen Werte der alten Stadt, wiedergewonnen durch die Lektüre der alten Pläne und durch die Nutzung der alten, bedeutungstragenden Gebäude, mit den neuen Gebäuden koexistieren.

Jeden unnötig mimetischen Ansatz ebensowie die Zurschaustellung einer falschen, historisch und kulturell entwurzelten Modernität gilt es zu vermeiden.

DER ARCHITEKT

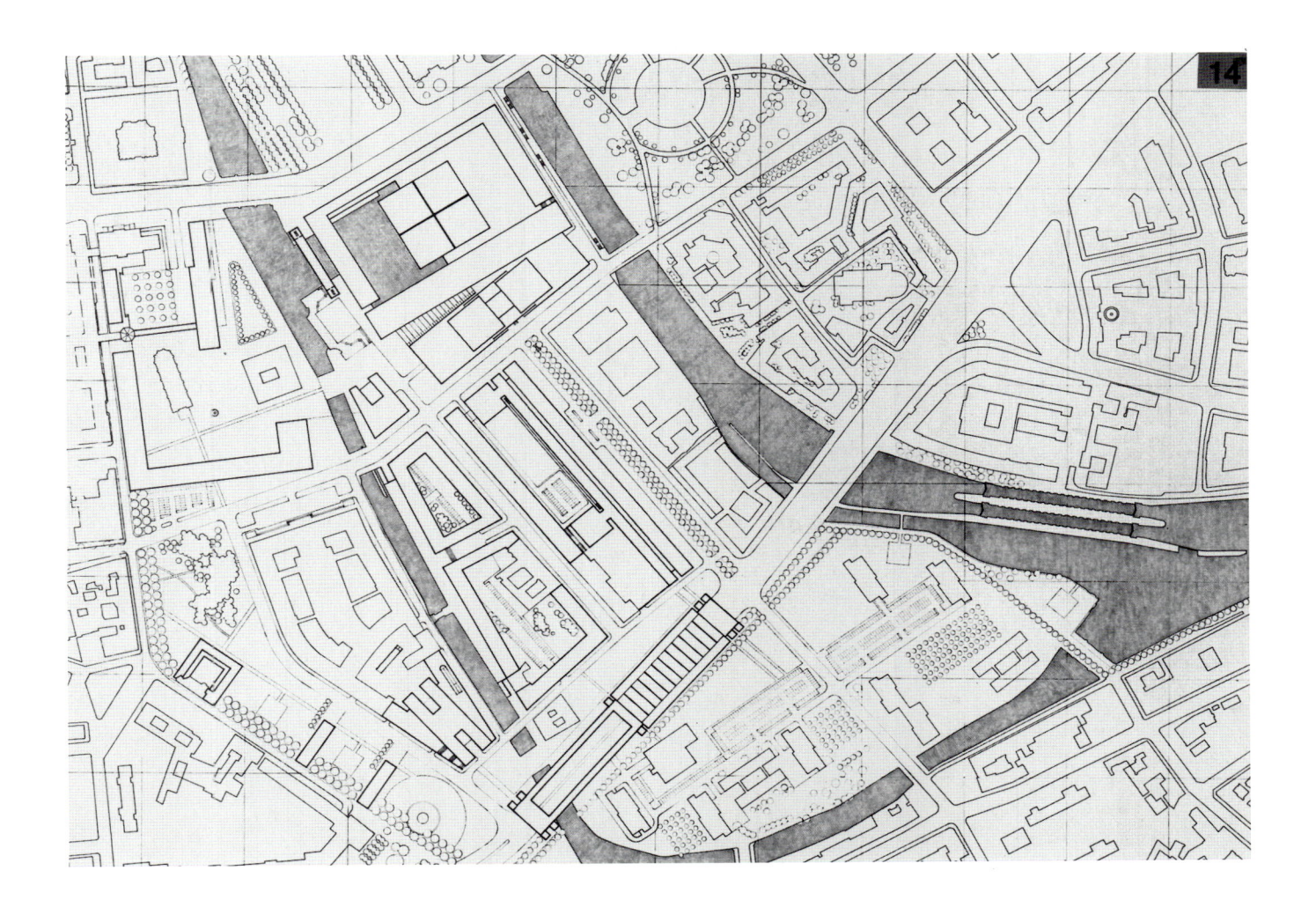

b) The creation of an urban space predominantly for cultural use, around the symbolic pole formed by Friedrichwerdersche Kirche, by Kronprinzenpalais and the rebuilt Bauakademie. The space can house libraries, museums and connected cultural services.

c) Beyond the axis of Rathausstrasse, which is to be restored to its rôle of connecting the monumental complex of the Gendarmenmarkt and the Alexanderplatz, a series of spaces can achieve a connection with the city's historical importance and its great administrative functions. A series of four great urban blocks of buildings (with manifold and reciprocally integrated destinations of uses and functions) are to be created where the historical values of the old town, recovered through the rereading of the old plans and the reuse of the architecture still considered meaningful, can coexist with the new buildings.

Any unnecessary mimetic approach as well as showing off a false modernity uprooted from its historical and cultural roots should be avoided.

THE ARCHITECT

Pietro Cefaly, Latina

Pietro Cefaly, Latina

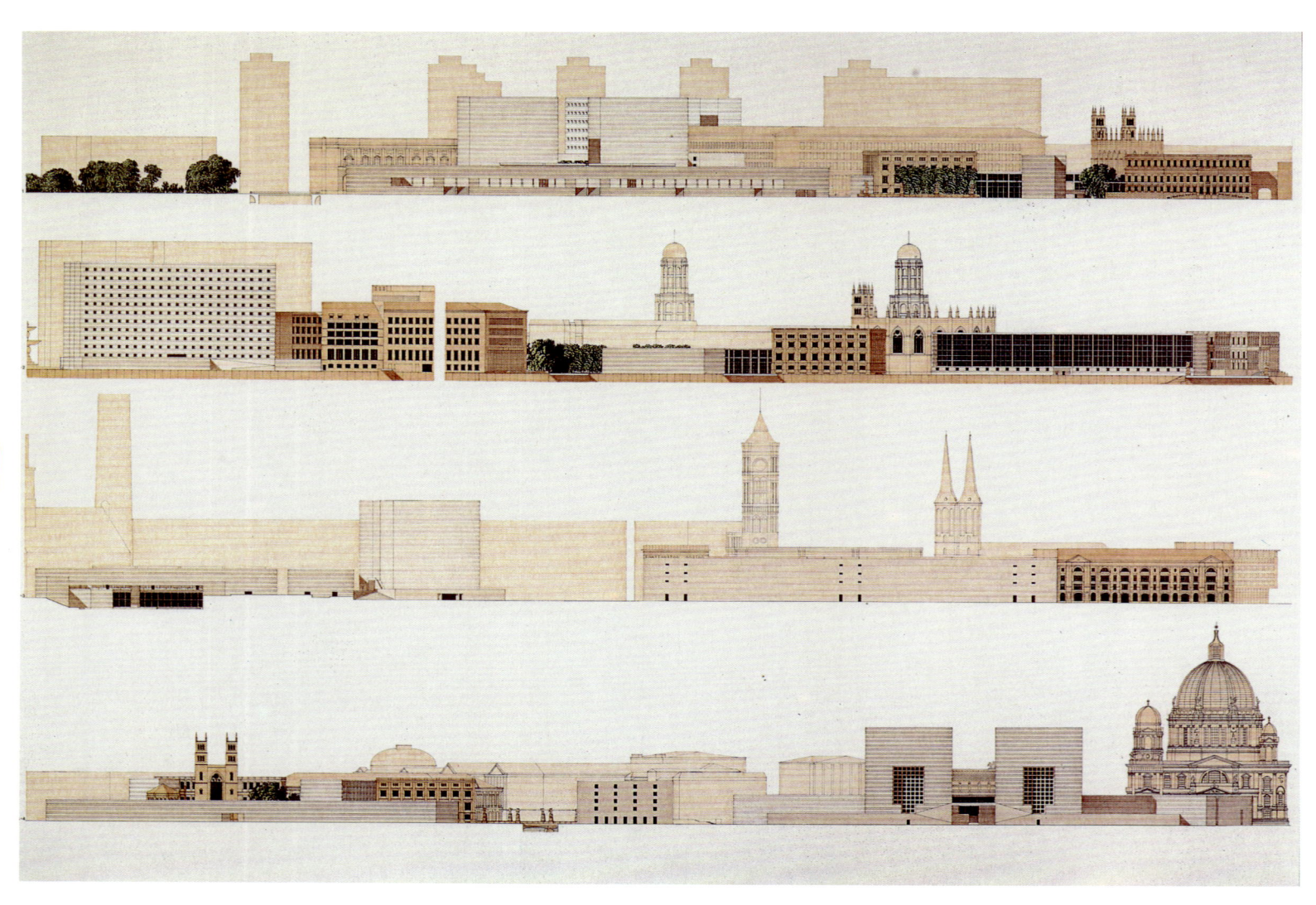

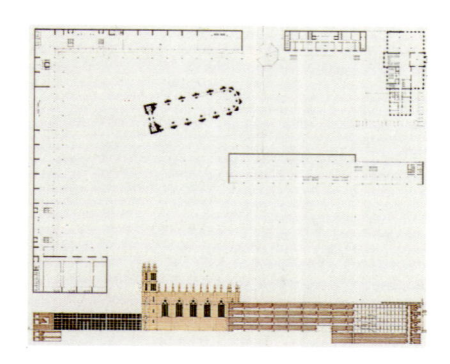

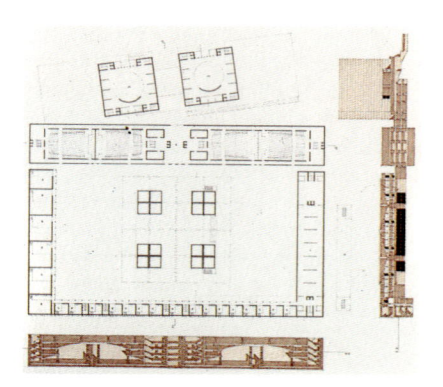

Pietro Cefaly, Latina

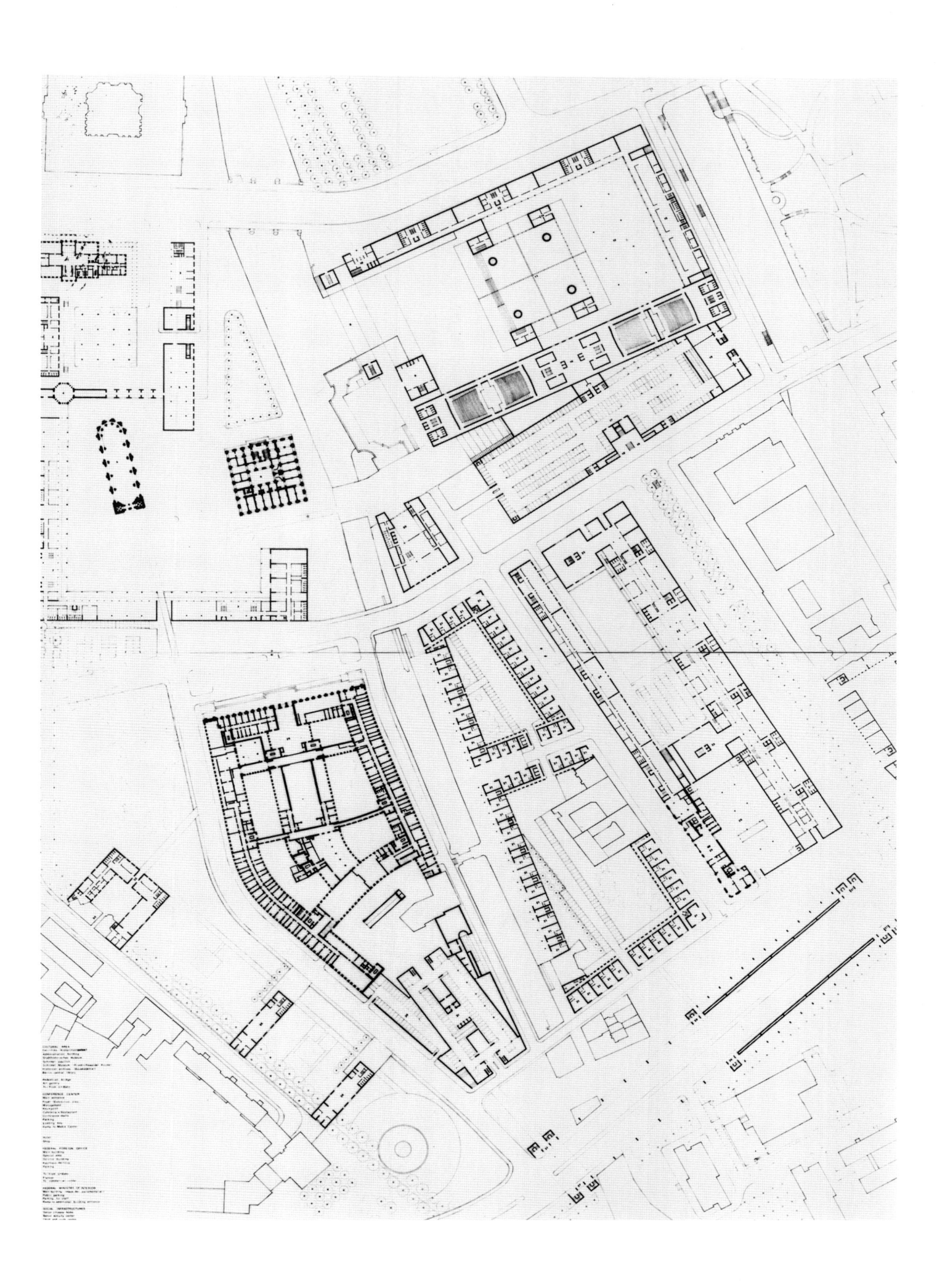

Eckert, Negwer, Sommer, Suselbeek, Berlin

Der Charakter Berlins als Großstadt ist geprägt durch ihre strukturelle Unterschiedlichkeit, durch ihre Vielzahl stadträumlicher und architektonischer Versatzstücke. Wir empfinden diese Ansammlung einzelner ablesbarer Stadtfragmente, in ihrer morphologischen Definition von Stadtraum als die eigentliche städtische Qualität Berlins.

Festgelegt auf den Begriff der Museumsinsel, entsteht die Spreeinsel als Kontinuum unterschiedlicher Stadtraumtypologien: Forum (Museumsinsel), offener Raum (Lustgarten), gefaßter Raum (Breite Straße) und Raumstruktur bestehend aus einer hierarchischen Straßen-Platzfolge (Fischerinsel).

Vom gegenwärtig beziehungslosen Nebeneinander der bestehenden Bauten ausgehend werden drei architektonische Eingriffe vorgenommen. In den Umrissen des ehemaligen Schlosses entsteht ein Bibliotheks- und Konferenzbau. Nach außen ein differenzierter Baukörper, der auf unterschiedliche Situationen mit unterschiedlichen Baukörpergesten (Loggia, Freitreppe, Tor, Arkade) reagiert, definiert dieses Gebäude nach innen einen spezifischen öffentlichen Raum, eine Art öffentlicher Innenhof.

Die Breite Straße wird in ihrer gesamten Länge von einem Gebäude gefaßt, das durch seine doppelgeschossigen Arkaden die Straße zum Boulevard aufwertet. Die Fischerinsel wird durch eine einheitliche Struktur zum Stadtteil.

Das mehrdeutige, zusammengesetzte Gebäude des Außenministeriums wird durch seinen wechselnden Kontext bestimmt: zweigeschossige Arkaden entlang der Breiten Straße, Kopfbauten an der Wasserkante und am Petriplatz. Das Innenministerium befindet sich im ehemaligen Reichsbankgebäude. Die Erweiterung schließt die Lücke zur Bauakademie.

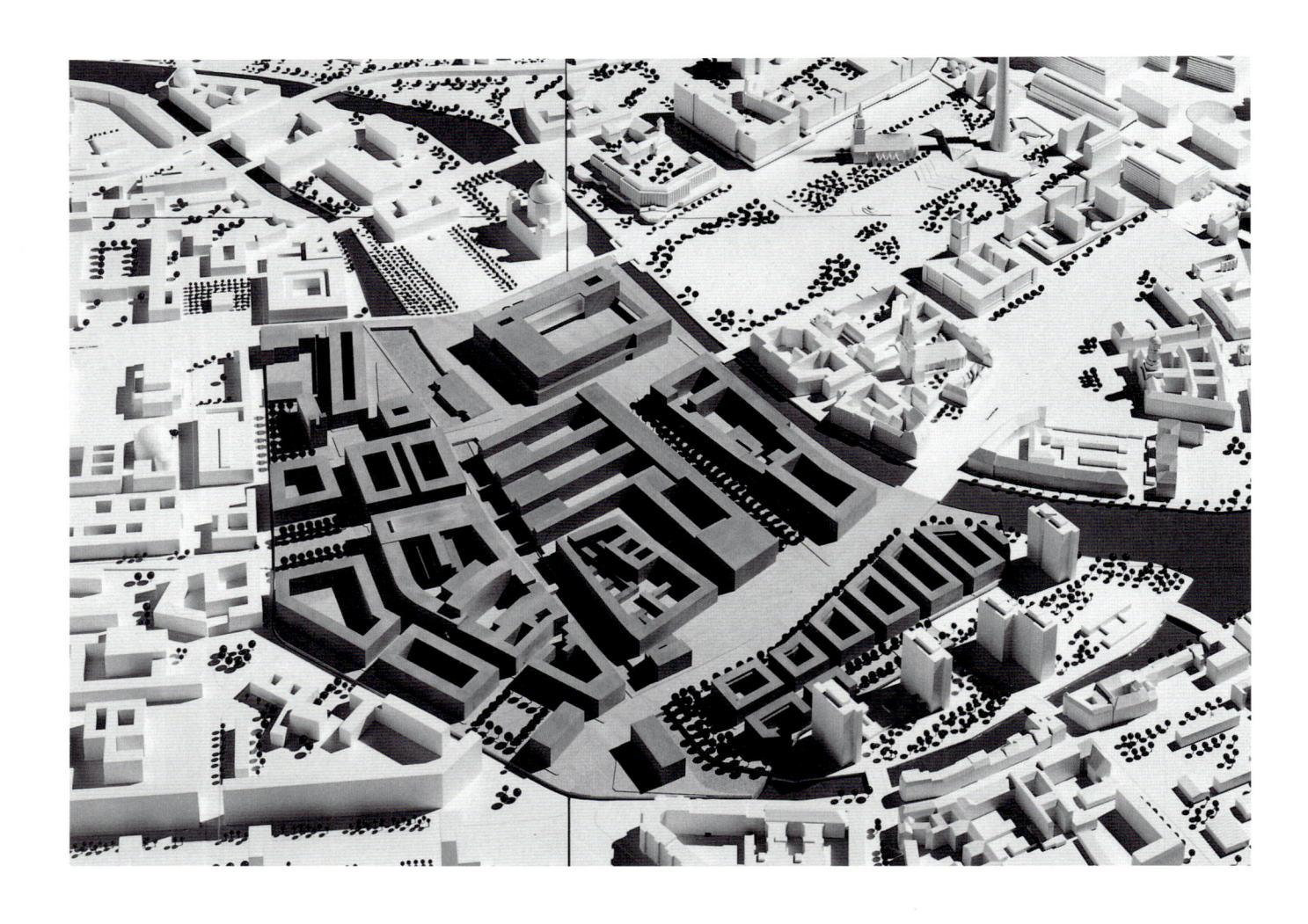

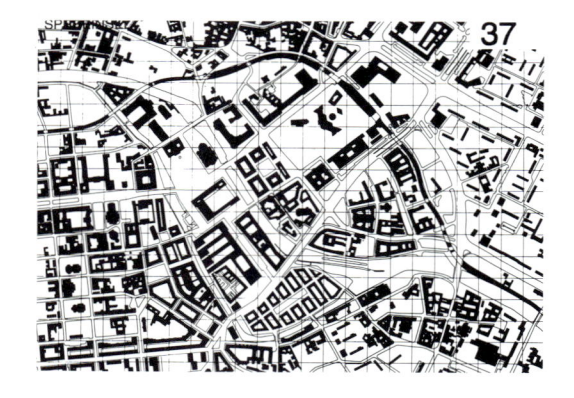

DIE ARCHITEKTEN

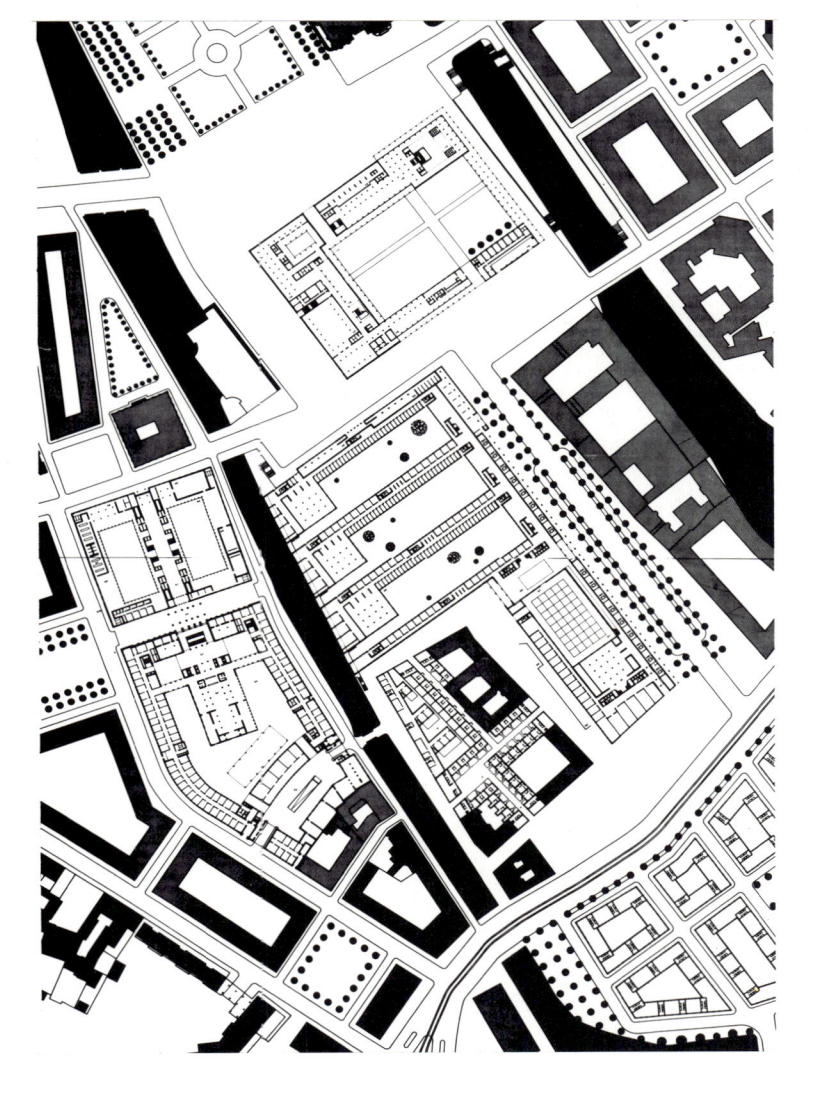

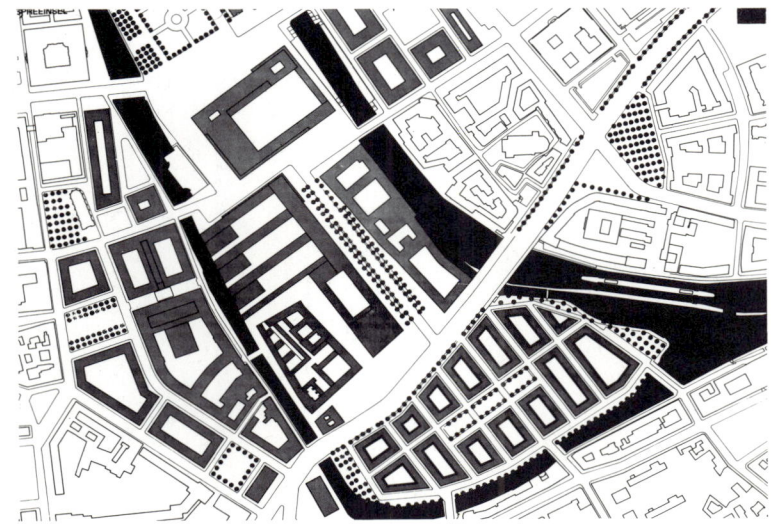

Berlin's character as a city is determined by its structural heterogeneity, with a great variety of urban and architectural sets. To us, the urban quality of Berlin lies in this very accumulation of individually decipherable fragments with their morphological definition of urban space. Spreeinsel was predefined by Museumsinsel. It is a continuation of various spatial urban typologies: the forum (Museumsinsel), the open space (Lustgarten), the contained space (Breite Strasse), and structured space based on a hierarchical sequence of street and square (Fischerinsel).

We envisage three architectural interventions to counter the present autistic coexistence of buildings.

A library and conference building are built on the contours of the former Schloss. Towards the outside, this is a differentiated structure, responding to diverse situations with diverse postures (loggia, flight of steps, gate, arcade), while towards the inside it defines a specific public space, a kind of public courtyard. One building stretches the full length of Breite Strasse, containing the street and upgrading it as a boulevard by virtue of its two-storey arcades. Fischerinsel acquires district status from a cohesive structure and architecture. The typology and proportions of the adjacent block structures are continued here. The Foreign Ministry building is composed from various elements of significance, determined by its changing context: two-storey arcades on Breite Strasse, end structures on the water edge and on St Peter's Square, each with a distinctive form of expression, a "rear" onto Brüderstrasse. The Interior Ministry is housed in the former Reichsbank. Its extension bridges the gap to the Bauakademie.

THE ARCHITECTS

Eckert, Negwer, Sommer, Suselbeek, Berlin

Ingrid Spengler, Manfred Wiescholek, Hamburg

Der Marx-Engels-Platz ist Zentrum Berlins und Drehpunkt der beiden stadtprägenden Achsen „Unter den Linden" und Rathausstraße – Alexanderplatz. Die neue Bebauung auf dem Platz soll den Zentrumscharakter deutlich machen und in ihrer Nutzung allen Bürgern offenstehen.

Der Komplex umgibt dazu einen diagonal durchquerbaren Innenhof, der immer zugänglich ist. Die Außenkanten des Quadrats, die sich auf die historischen Gebäudekanten beziehen, begrenzen die Volumina der eingestellten Baukörper von Bibliothek, Medien- und Konferenzzentrum. Der Neubau bildet gleichzeitig den Kopf der Achse zum Alexanderplatz. Die begleitende Bebauung tritt nach außen hin einheitlich, nach innen in Form und Nutzung heterogen in Erscheinung. Der Charakter der „Insel" wird durch ergänzende Bauten entlang der Wasserkante verstärkt, ausgenommen davon ist der Bereich östlich der Friedrichswerderschen Kirche. Hier wird in Anlehnung an die städtebauliche Qualität des Ensembles um die ehemalige Bauakademie ein Neubau vorgeschlagen.

Das Innenministerium ist in der ehemaligen Reichsbank untergebracht und erhält seine Adresse durch einen nördlich vorgelagerten neuen Kopfbau mit Blick auf die Friedrichswerdersche Kirche und den Marx-Engels-Platz.

Das Auswärtige Amt erhält eine neue Baustruktur südlich des ehemaligen Staatsratsgebäudes, das als Kopfbau des Ministeriums erhalten bleibt. Für die Erweiterung des Auswärtigen Amtes sind ausreichende Flächen im Block nördlich der Scharrenstraße vorhanden. Die beiden Gebäudekomplexe werden durch eine „Bürostraße" verbunden, die gleichzeitig Kommunikationsachse sein kann.

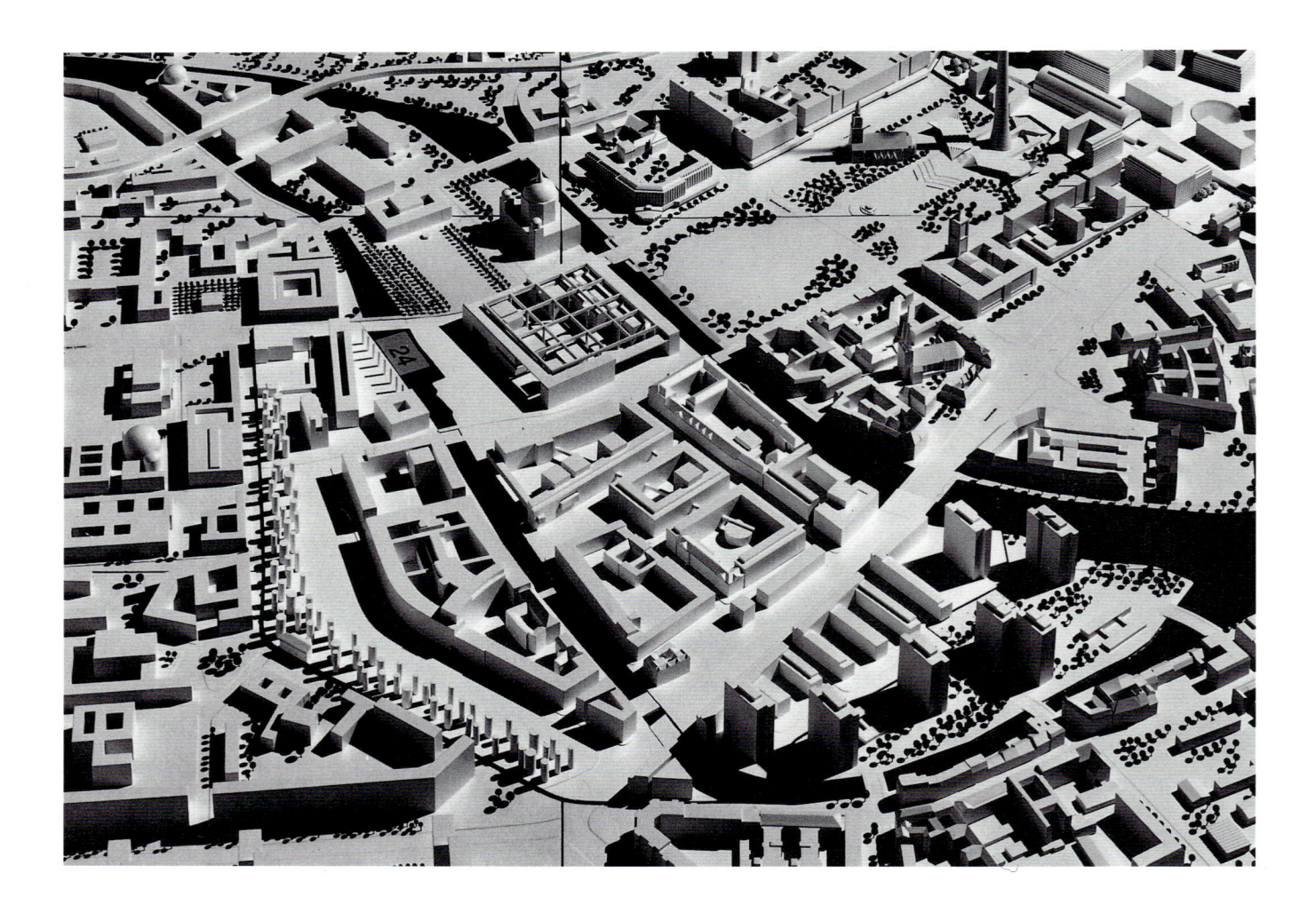

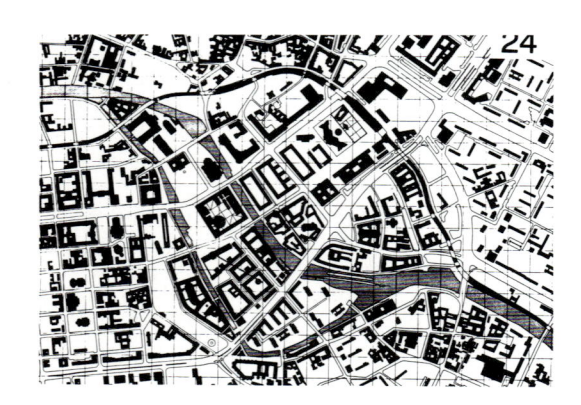

DIE ARCHITEKTEN

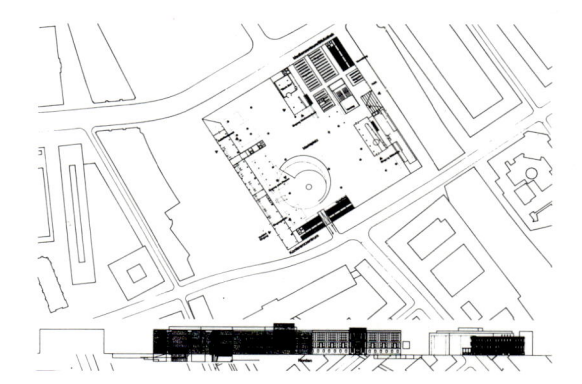

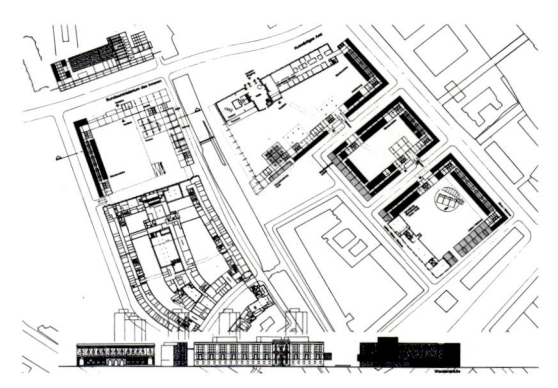

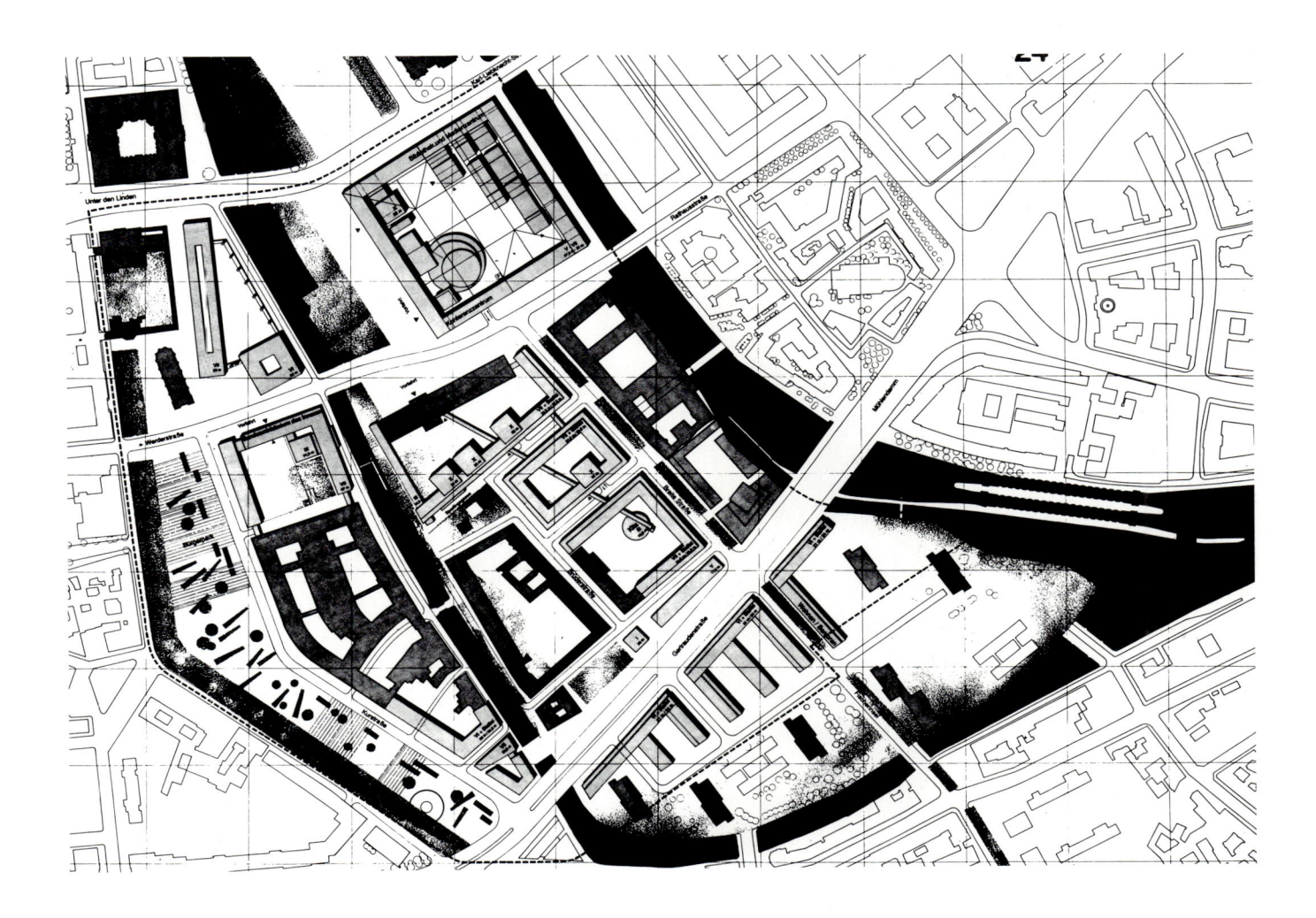

The Marx-Engels-Platz is the centre of Berlin and the pivotal point of both of the axes which define the city, namely "Unter den Linden" and Rathausstrasse–Alexanderplatz. The new development on the square makes its central character clear and its function is accessible to all citizens.

To this end the complex encloses an inner courtyard which can be crossed diagonally and is always accessible. The exterior borders of the square which make reference to the historical building edges, form the boundary of the volumes of the inserted building masses of library, media and conference centre. At the same time the new building forms the head of the axis to Alexanderplatz. The parallel development appears homogeneous from the outside, on the inside however, it is heterogeneous in both form and function.

The "island" character is strengthened by additional buildings along the water's edge, with the exception of the area east of the Friedrichswerder Church. A new building is proposed here in reference to the spatial quality of the ensemble around the former Bauakademie.

The Interior Ministry is housed in the former Reichsbank and acquires its public character through a new front building attached to the north with a view of the Friedrichswerder Church and Marx-Engels-Platz.

The Foreign Ministry is given a new building to the south of the former Staatsrat building, which is preserved as the front building of the Ministry. Sufficient space for an expansion of the Foreign Ministry is available in the block to the north of Scharrenstrasse. The two building complexes are linked by an "office street" which can also serve as a communication axis.

THE ARCHITECTS

Ingrid Spengler, Manfred Wiescholek, Hamburg

Axel Schultes mit Charlotte Frank, Berlin

„Öffentliche Lust ist wenig in Berlin. Angesichts unserer Berliner Platzkultur schleicht sich Wehmut ein, einmal wenigstens in Berlin einen Platz zu haben, der es in räumlicher Intensität mit seinen südlichen Vorbildern aufnehmen könnte – ein Traum vielleicht für die Spreeinsel, da wo das Schloß einmal stand ..." – das war auch Kritik an lokalpatriotischer Übertreibung, als wenn das Schloß der Raumspender im Herzen der Stadt je gewesen wäre. Er war es nicht, aus zehn Gründen nicht, vor allem zum Lustgarten hin nicht.

Der Rückgriff auf vermeintliche Vorbilder, auf einen Schinkel etwa, für den Stadt, städtische Dichte nur „Labyrinth" war, wo eine leider sehr Berlinische Vorliebe fürs Solitäre zum Durchbruch kam, dieser Rückgriff hindert Berlin daran, an vielen zentralen Orten der Stadt in die Räume zu finden. Dieser isolierte Blick auf die isolierten Objekte hat deutsche Italien-Sehnsucht und -Bewunderung immer wieder mit Sammlerblindheit geschlagen.

Gegen diesen aufs Objekt fixierten Blick richtet sich auch unser Vorschlag zur Spreeinsel, auch der nimmt sich, wie das Berlin vor 200 Jahren, die Inspiration aus dem Süden, aber nicht die Schinkelsche Kopie der Objekte, sondern die stadträumliche Gestalt selbst ist Ausgangspunkt der Transformation ins Berlinerische hinein.

Unser erster Gedanke dabei: die „dunkle Masse" des Stadtschlosses – von alters her und immer eher Burg als Schloß – von innen nach außen kehren, aus Masse Raum machen, den Lustgarten vor dem alten Museum ins Städtische spiegeln. Die fünf Flügel des neuen „Schlosses", bis an die Spreearme gespannt, lassen die Linden anfangen wie sie am Brandenburger Tor aufhören. Dem Pariser Platz im Westen entspricht der neue, um vieles dichtere Schloß-

"Public pleasure is in short supply in Berlin. Given our city's cultivation of squares, there is an insidious melancholy desire to have at least one square in Berlin which might match its southern models in spatial intensity – a dream, perhaps, for Spreeinsel, at the point where the Schloss once stood ..." – That remark was also criticizing a partisan exaggeration: as if the Schloss had ever endowed the heart of the city with space. It did not, especially not towards the Lustgarten, and there were ten different reasons for that.

By latching onto apparent prototypes – such as Schinkel, who saw city, urban density, simply as a "labyrinth" – and thereby encouraging an unfortunate and peculiar local fondness for freestanding buildings, Berlin's discovery of spaces has been inhibited in many central situations. This isolated eye for the isolated structure has repeatedly infected Germany's yearning admiration and desire for Italy with collector's myopia.

Our proposal for Spreeinsel, too, challenges this fixation on the individual building. Like the Berlin of 200 years ago, it draws its inspiration from the south, but the transformation which it injects into Berlin's marrow does not imitate features in the manner of Schinkel; rather, it derives from the urban fabric itself.

Our first thought was to turn the "dark mass" of the Schloss (always and from time immemorial more of a castle than a palace) inside out, to turn mass into space, to create an urban phenomenon which mirrors the Lustgarten by the Altes Museum. The five wings of the new "Schloss", reaching from one arm of the river to the other, permit Unter den Linden to begin just as it ends at the Brandenburg Gate. Pariser Platz in the west has its counterpart in the new, far denser Schlossplatz in the

platz im Zentrum – eigentlich müßte er sotto castello, „Unter dem Schloß", heißen.

Die Arbeitsteilung der Baumassen erklärt sich von selbst. Die Schloßflügel, die Platzränder also, sind fürs Allgemeine, die Schloßfreiheiten, mit ihren eingestellten Solitären, fürs Besondere. Die Palette der Nutzungen dazu ist diskutiert: eine Bibliothek, ein Haus der Kulturen der Welt, ein Konferenzzentrum, eine Redoute für den Außenminister, oder, wer will das voraussagen, für den Bundespräsidenten in der Beletage vis-à-vis zum Alten Museum. In fester Hand ist nur das Erdgeschoß: Das Café Florian von der Piazza San Marco und alle seine polyglotten Brüder machen den neuen Schloßplatz zur Großen Neugierde. Ein neues Stück Stadt städtisch zu nutzen, sich nicht festlegen zu müssen auf alle Zeit, das macht die Qualität eines solchen Platzes aus. „Reprogramming the programme": die Stadt und ihre Inhalte müssen und werden zueinander finden, wenn nur die Räume stimmen, die Berlin mehr als irgendwo anders hier auf der Insel zusammenhalten sollen.

„Das Schloß?" – Stadtgestalt herstellen mit einer Ansammlung solitärer Baukörper, welcher Qualität auch immer, ist in den letzten Jahrhunderten immer häufiger versucht worden. Dieser dürftigen Strategie der Fragmente, dem Arrangement der Solitäre immer wieder zu folgen, mag typisch berlinerisch empfunden sein. „Berliner Plätze sind gar keine" – das wäre auch der angemessene Kommentar zum wieder errichteten Schloß, das ungelenk einen Ort besetzen würde, ohne ihn räumlich Gestalt werden zu lassen.

Dieser dürftigen Berliner Tradition, dieser antiquarischen Verkrampfung entgegenzutreten, wäre erste Aufgabe einer kritschen Jury. Obsiegt etwa der Teil des Preisgerichts,

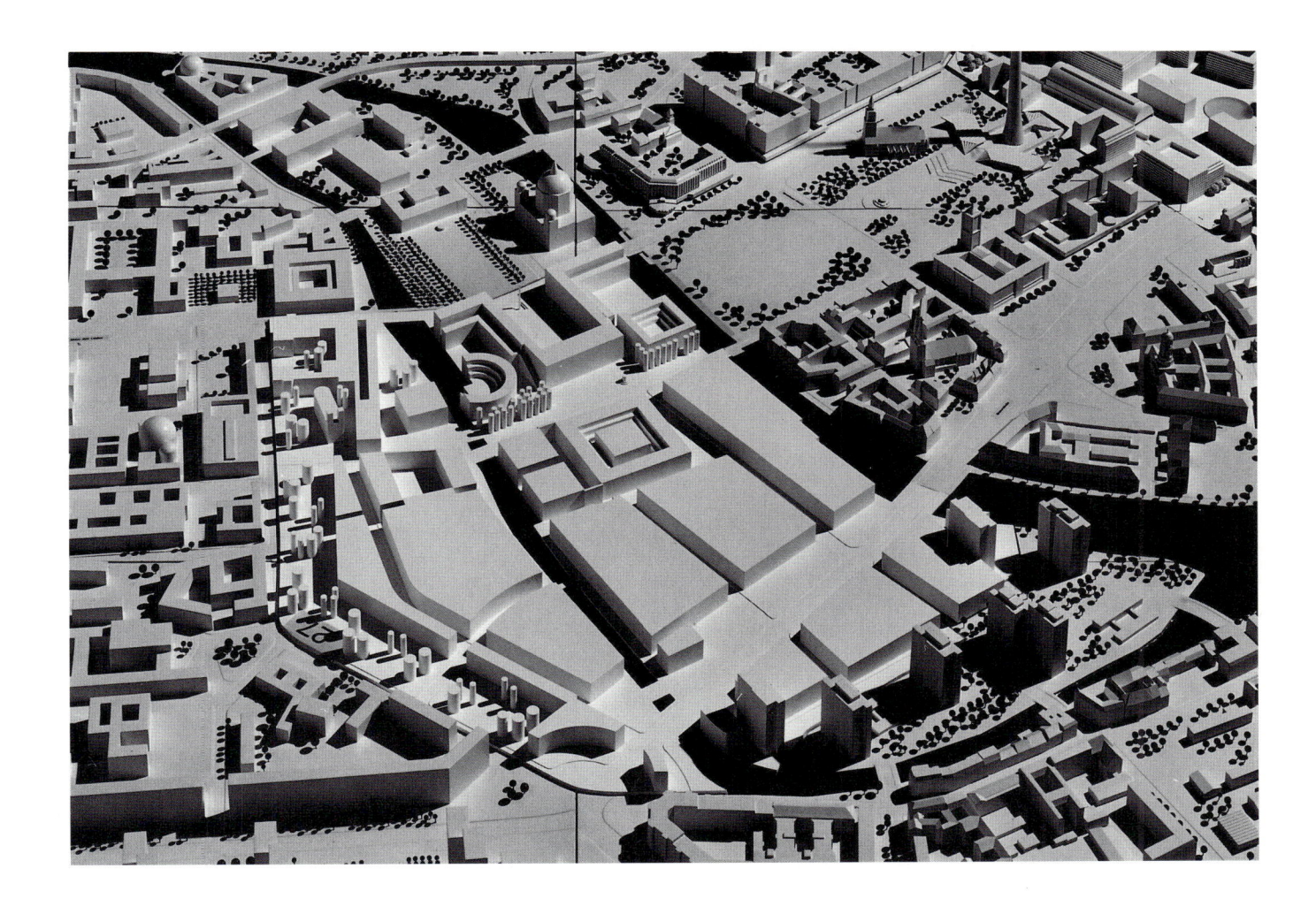

centre – this space should more appropriately be termed "sotto castello", literally "under the palace". The division of labour between the volumes is selfexplanatory. The wings of the Schloss, which line the squares, serve the universal, and the precincts, each embracing a freestanding building of its own, serve the specific. The spectrum of functions is the subject of discussion: a library, a house for the world's cultures, a conference centre, a redoubt for the Foreign Minister or – who can predict? – for the Federal President in the bel-étage facing the Altes Museum. Only the use of the ground floor is fixed: The "Florian"-Café from Piazza San Marco in Venice, together with all its polyglot brothers, turn the new Schlossplatz into [Schinkels] "Große Neugierde", literally the "Great Curiosity". The quality of a square such as this is obtained by using the new chunk of city in the urban manner, and not having to declare a decision for all time. "Reprogramming the programme": the city and its meanings must and will convene, if only the spatialness is right that holds Berlin together, on the Spree island more so than anywhere else.

"And the Schloss?" – In recent centuries there have been increasingly frequent attempts to generate an urban fabric by accumulating lone buildings of whatever quality. This feeble strategy of fragments, always bowing to the arrangement of freestanding buildings, may be regarded as characteristic of Berlin. "Squares in Berlin are not squares at all" would be an apt comment if the Schloss were to be rebuilt, clumsily occupying a location without allowing it to become a spatial form.

The primary task of a criticial jury would be to combat this wretched Berlin tradition, this cramped antiquarianism. Should victory go to

Axel Schultes with Charlotte Frank, Berlin

Axel Schultes mit Charlotte Frank, Berlin

der schon vor Kenntnis der Wettbewerbsarbeiten und sowieso den alten Stadtgrundriß zu restaurieren entschlossen ist, würde aus der Mitte Berlins ein Herz der Winde, der Restflächen, der „Finsternis" werden – würde eine weitere Tragödie Berliner Stadtbauhoffnungen heraufbeschworen worden sein. Lernfähigkeit aber attestierte sich die erste Jury: auf einem mit fundamentalen räumlichen Defiziten imprägnierten Stadtgrundriß zu beharren, das Schloß selbst aber – an Schlüter vorbei, wie billig – als sozusagen moderne Fälschung erfinden zu wollen – einer solchen Charade sollte diese Jury eine Absage erteilen.

Der alte, untaugliche, kalte, trostlose Stadtgrundriß lehrt das Gegenteil. Erst eine neue, auf der Spreeinsel leider notwendigerweise feste, dichte räumliche Gestalt und Ordnung macht auch dem Andreas Schlüter wieder Laune, am Wettbewerb teilzunehmen. Sein Paradestück, der Schloßhof, das einzige Schloßdetail von urbaner Qualität, könnte im neuen, großen „Schloß"-Hof, im vis-à-vis zum Alten Museum eine räumliche suggestive Wiedergeburt erfahren.

DIE ARCHITEKTEN

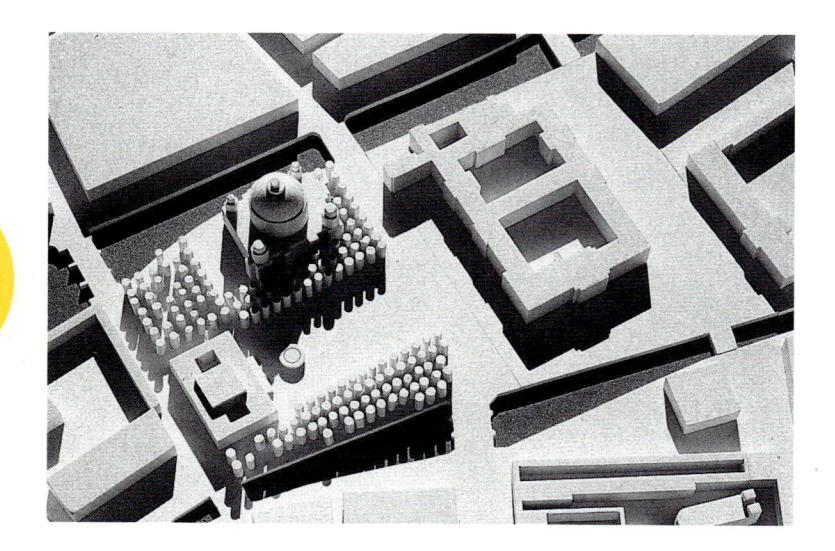

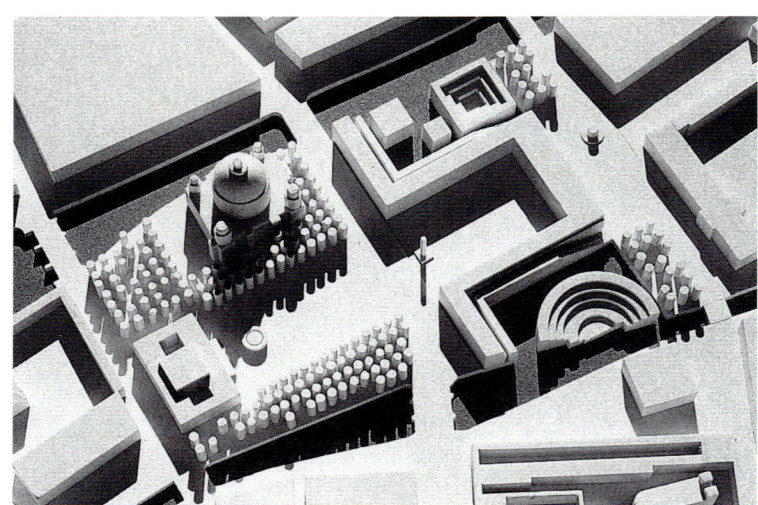

those judges who, before considering the proposals submitted, are intent in any case on restoring the old urban plan, Berlin's centre will become the heart of winds, residues, "darkness". This would conjure up yet another tragedy of futile hopes for Berlin's urban planning. To insist on a city layout riddled with fundamental spatial deficits and to reinvent the palace as a modern forgery, as it were, while conveniently bypassing its architect Schlüter – this charade should be rejected by the jury, thus proving the ability to learn.

The old, unfitting, cold, desolate urban plan teaches the contrary. Only a new spatial form and order, which on Spreeinsel is unfortunately compelled to be taut and dense, might tempt even Andreas Schlüter to take part in the competition. His pièce de résistance, the palace courtyard, the only detail in the Schloss which could lay claim to urban quality, might experience a spatially suggestive rebirth in the big new "palace" courtyard opposite the Altes Museum.

THE ARCHITECTS

Grundriss 1:500

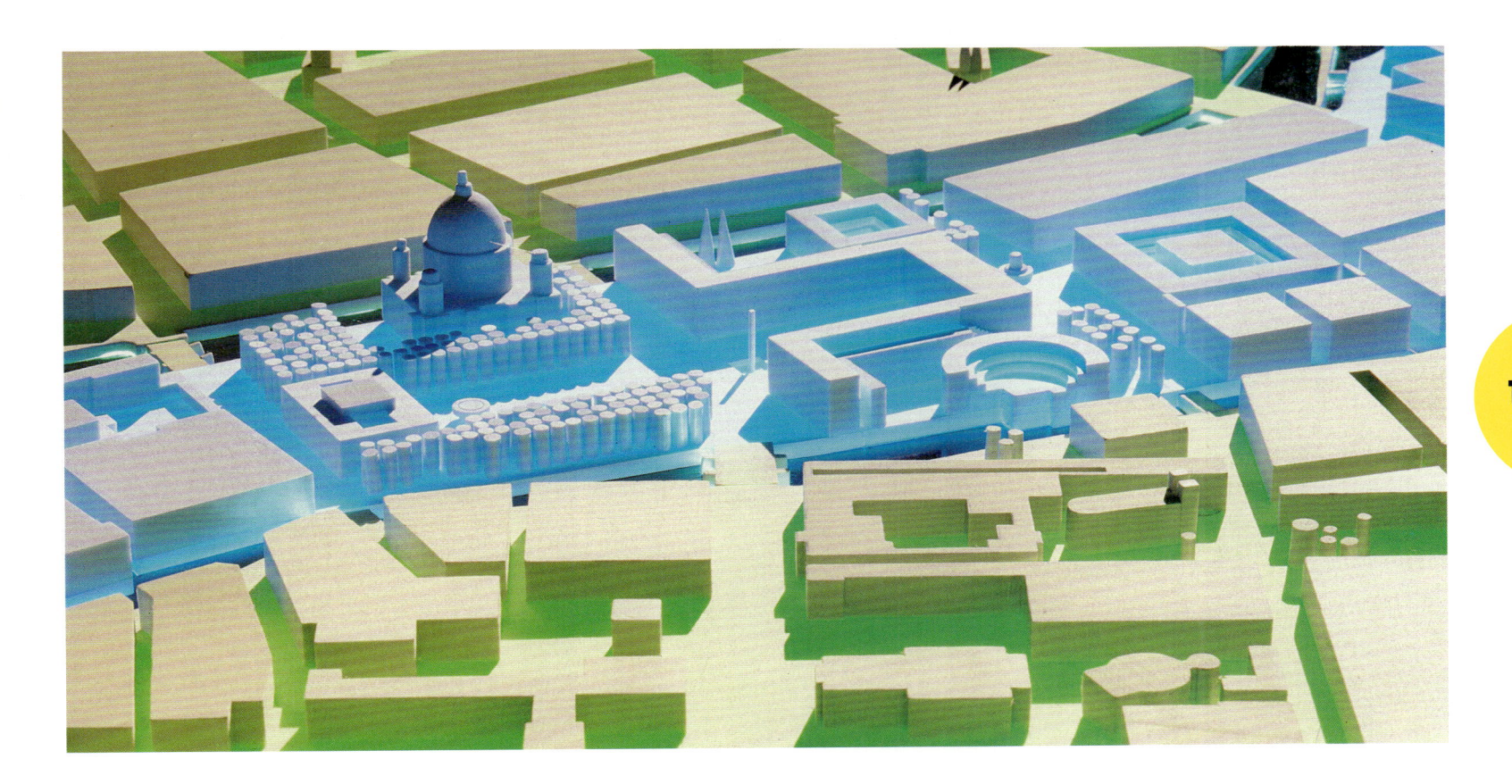

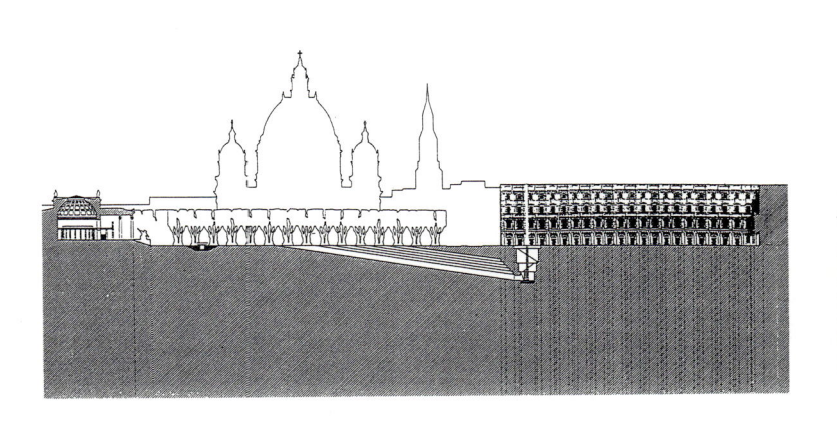

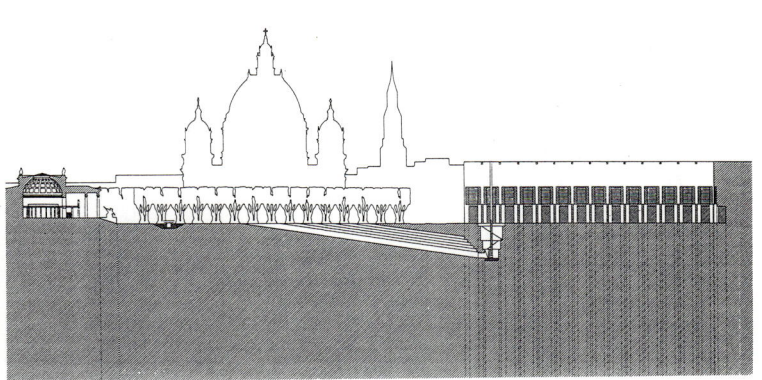

Axel Schultes with Charlotte Frank, Berlin

119

Johann Bojer, Wien

Unter dem Eindruck der kontroversen Diskussion um den Wiederaufbau des Schlosses oder den Erhalt des Palastes der Republik erscheint die Zeit noch nicht reif für eine dem Ort angemessene Lösung. Durch die Abdeckung der geforderten Raumprogramme in den Randzonen des Wettbewerbsgebietes entsteht ein größerer Spielraum für eine Lösung zum „richtigen Zeitpunkt". Die vorgeschlagene Randbebauung berücksichtigt dennoch den historischen Stadtgrundriß und zeigt Lösungsvarianten.

Die Breite Straße soll als „Rambla" ausgestaltet werden und das Bibliotheks- und Medienzentrum auf der Fischerinsel mit der Museumsinsel attraktiv verbinden. Vorgeschlagen wird eine zweigeschossige, filigrane Gebäudestruktur mit Geschäften und vor allem Läden für den Buchhandel.

Zur Freihaltung der Mitte und als Verknüpfung des Präsidentenpalais, des Auswärtigen Amtes mit dem Ministerium des Innern wird ein „dezentrales" Konferenzzentrum vorgeschlagen. Der Konferenzkomplex gruppiert sich um den Werderschen Markt und bindet die Kirche und die Bauakademie in das Ensemble ein. Der beabsichtigte Erweiterungsbau des Ministeriums des Innern wird im Süden, zum Spittelmarkt vorgeschlagen.

Das Auswärtige Amt ist zwischen Breite Straße und Spreekanal ohne Berücksichtigung des Staatsratsgebäudes geplant. Die beiden Gebäudekomplexe bilden mit dem bestehenden Wohnbaukomplex einen dreieckigen Platzraum aus.

DER ARCHITEKT

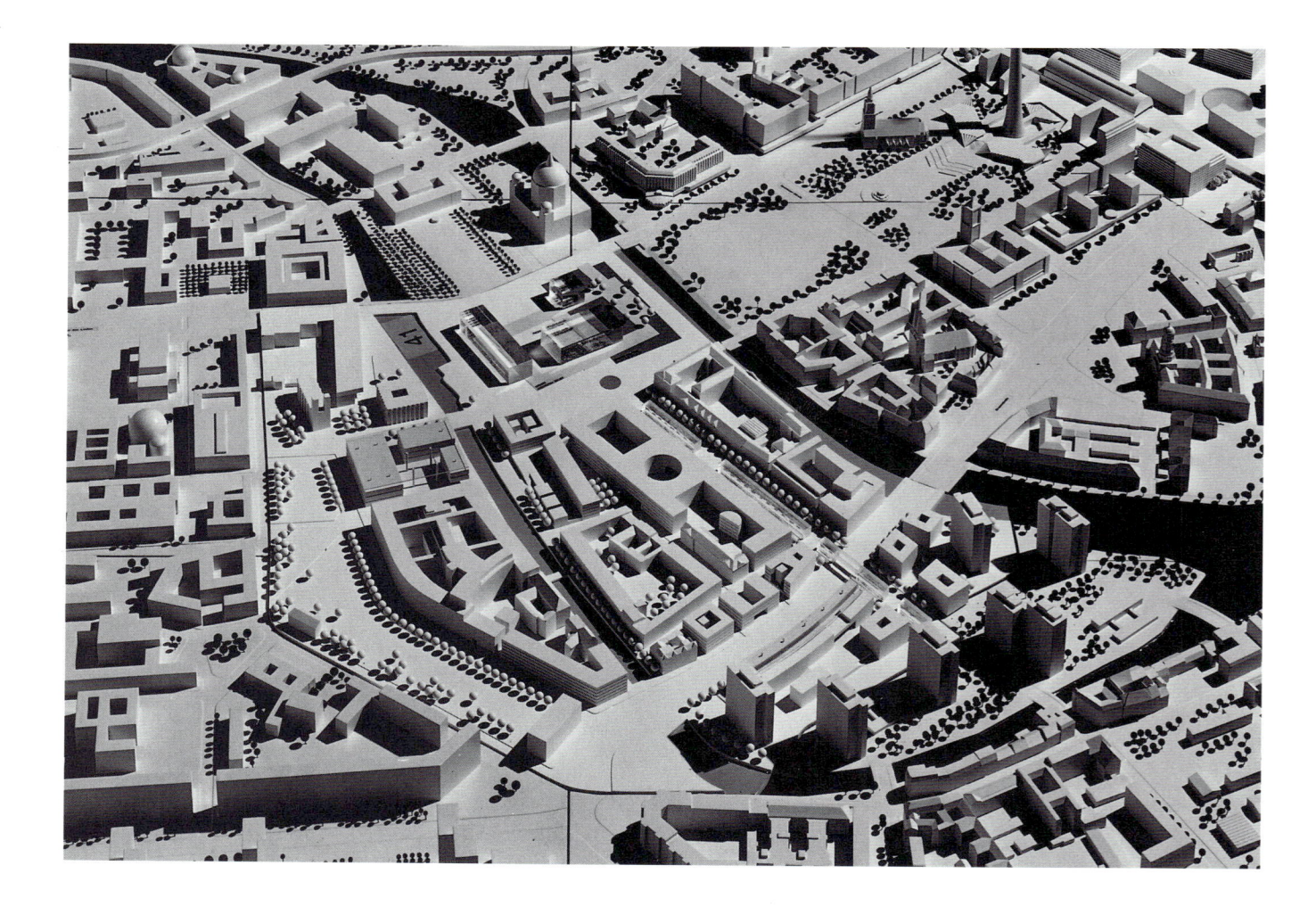

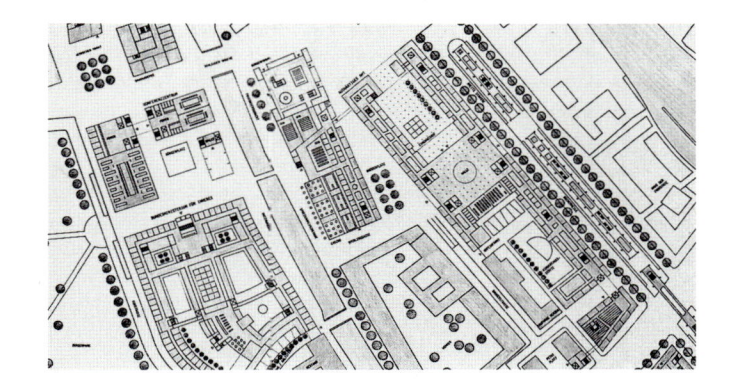

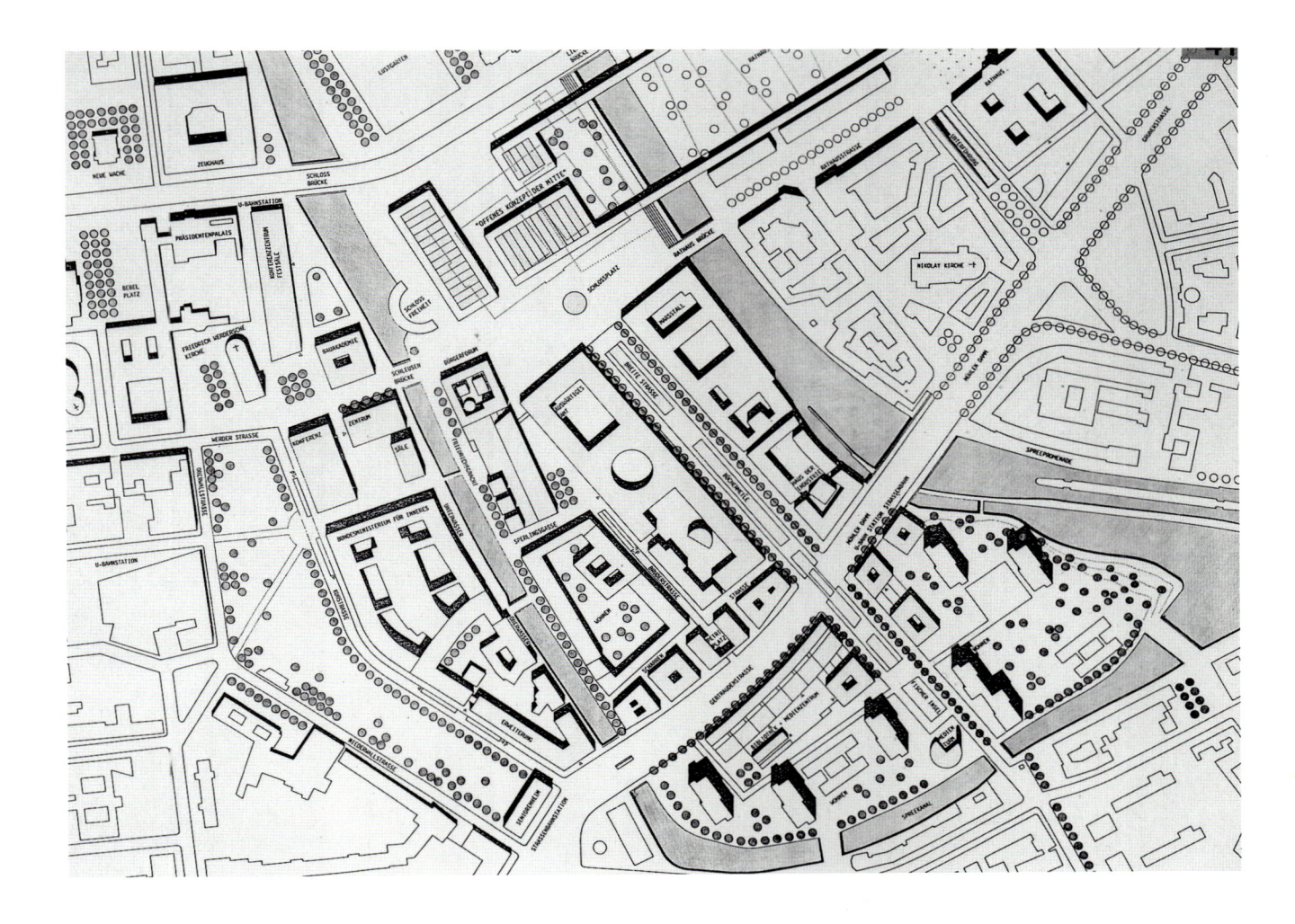

Under the impact of controversial debate about rebuilding the Schloss or preserving the Palast der Republik, the time does not seem ripe for defining objectives and formulating a proposal which is right for this place. By catering for the various spatial requirements in the peripheral zones of the competition site, greater scope remains for producing a solution at the "right time". In spite of this, the prposed perimeter development respects the historical urban plan and evokes alternative approaches.

Breite Strasse should be a "Rambla", an attractive passage from the library and media centre on Fischerinsel to Museumsinsel. A filigree, two-storey structure is envisaged for the buildings, containing retail outlets and above all bookshops.

A "decentralized" conference centre is proposed, to keep the centre free and also to link the Präsidentenpalais, Foreign Ministry and Interior Ministry. The conference complex is grouped around Werder Market, incorporating the church and Bauakademie into its ensemble. The intended extension to the Interior Ministry is envisaged to the south, facing Spittelmarkt.

It is planned to locate the Foreign Ministry between Breite Strasse and the canal without preserving the building of the Staatsrat. These two complexes and the existing residential complex will together create a triangular plaza.

THE ARCHITECT

Johann Bojer, Wien

Wolfgang Engel, Klaus Zillich, Berlin

Weder ein Gebäude noch ein städtischer Ort bestimmen die demokratische Mitte, es sind viele Orte und viele Räume, ein komplexes Gewebe von städtischen Innen- und Außenräumen, die die polyzentrale Öffentlichkeit der Mitte ausmachen.

Der Zustand der Mitte provoziert ein selbstbewußtes Weiterbauen am Stadtraum und am Objekt, eine Gratwanderung zwischen Replik und Innovation, mit dem Ziel der Erzeugung einer lebendigen Stadtlandschaft aus alten und neuen Bauten, aus alten und neuen Räumen, aus alten und neuen Nutzungen.

Der Bereich des ehemaligen Stadtschlosses wird als Dreh- und Angelpunkt zweier stadthistorisch bedeutender Achsen wiederentdeckt: der Achse Pariser Platz–Lustgarten und der Achse Alexanderplatz–Schloßplatz. Der Anfangs- und Endpunkt der Achse der Residenzstadt wird am Lustgarten rekonstruiert, der der Bürgerstadt im Bereich des Schloßplatzes neu gestaltet.

Auf dem Standort des ehemaligen Stadtschlosses wird ein neuer autonomer Baukörper positioniert, der sich zwar in Volumetrik, Bautypus und Plazierung am alten Schloß orientiert, aber als zeitgenössische Architektur mit zeitgenössischem Inhalt formuliert werden soll. Er bleibt herausragenden öffentlichen Nutzungen vorbehalten. Wir nennen den Bau vorläufig „Zivilisationskloster", er folgt dem Prinzip des „Weiterbauens". Etwas größer als das Schloß kann er sich die noch existierenden Kellergewölbe für seine Zwecke erschließen. Vom Palast der Republik werden der große Veranstaltungssaal sowie das Foyer als Nutzungen und Identität erhalten und integriert. Am Standort des ehemaligen Apothekenflügels wird ein neuer Kubus positioniert, der zwischen dem voluminösen Dom und dem „Zivilisationskloster" vermittelt und einen

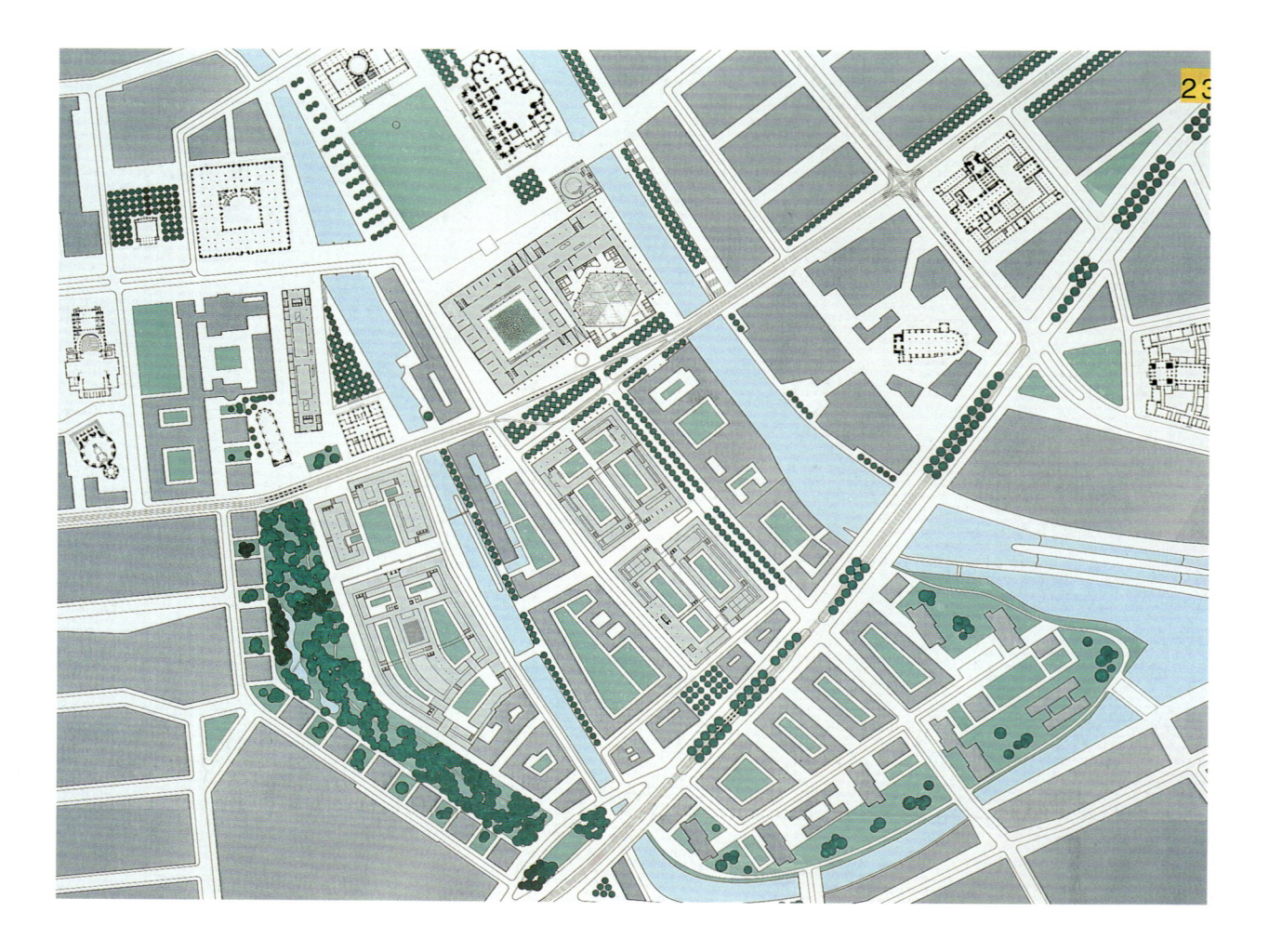

The democratic centre is defined neither by a building nor by an urban setting. There are many settings and many spaces in a complex tissue of interior and exterior forms which consitute the polycentral communality of the centre.

The condition in which the centre finds itself provokes confident continuation in constructing urban space and building alike, a tightrope walk between response and innovation, the goal being to generate a lively urban landscape of buildings old and new, spaces old and new and functions old and new. The area around the former Schloss is rediscovered as the pivotal point of two historically significant axes: one from Pariser Platz to the Lustgarten, and the other from Alexanderplatz to Schlossplatz. The first axis, established by the Electors who resided here, begins and ends at the Lustgarten, and that point is reconstructed; the second, created by the bourgeois community, will be redesigned at Schlossplatz.

A new, autonomous building is located on the site of the former Schloss. In volume, type and orientation, it refers to the old Schloss, but it will be formulated as contemporary architecture with a contemporary role. It is reserved for outstanding public functions. For the time being we shall call it the "monastery of civilization". It follows the principle of continued construction. It is slightly larger than the Schloss and will be able to use the latter's surviving cellar vaults for its own purposes. The big theatre and foyer of the Palast der Republik are preserved and integrated in their functions and as elements of identity. A new cube is built on the site of the former apothecary's wing, mediating between the voluminous cathedral and a new Point de Vue. This location would be ideal for an offshoot of the Guggenheim Museum.

neuen Point de Vue bildet. Dieser Standort wäre ideal für einen Ableger des Guggenheim Museums geeignet.

Der ehemalige Schloßplatz wird als Anfangs- und Endpunkt der ältesten Achse der Bürgerstadt Berlin städtebaulich aufgewertet und in seiner räumlichen Qualität verstärkt. Alle neuen Gebäude öffnen sich im Sockelbereich über Arkaden zum Platz. Die Neubauten des Außenministeriums definieren die südliche Platzwand neu. Das Außenministerium ist optimal positioniert mit Adresse, repräsentativer Vorfahrt und dem Öffentlichkeitsbereich zum Schloßplatz ausgerichtet, und mit einem weiteren Entree zur Breiten Straße und Eingang vom Petriplatz aus.

Am Randbereich zur orthogonalen Friedrichstadt werden entlang der Wallstraße Stadtpalais vorgeschlagen, die zum geschlossenen Vis-à-Vis der ehemaligen Reichsbank eine Auflockerung darstellen. Das Glacis auf den Wallanlagen schafft eine neue grüne Verbindung zwischen den drei historisch bedeutenden, zum Teil neu gestalteten Plätzen: Friedrichswerderscher Markt, Hausvogteiplatz und Spittelmarkt. Das Haus der Kulturen der Welt bildet zusammen mit der Bauakademie den neuen Schinkelplatz und für den Friedrichswerderschen Markt eine neue Platzkante aus.

Das Innenministerium erhält durch die Erweiterungsbauten zum Friedrichswerderschen Markt sowohl eine repräsentative Adresse als auch eine gesicherte Vorfahrt. Gleichzeitig liegt es attraktiv zwischen der Friedrichsgracht und dem neuen Glacis am Friedrichswerder. Von den Wohnhochhäusern auf der südlichen Fischerinsel schiebt sich über den bereits vorhandenen Wohnblock auf der Ostseite der Friedrichsgracht ein „Keil" von Wohnnutzungen zwischen die Ministerien und öffentlichen Einrichtun-

The former Schlossplatz is upgraded in terms of urban design as the first and last point on the city's oldest bourgeois axis, and its spatial qualities are reinforced. All new buildings will open onto this square at base level via arcades. The new buildings of the Foreign Ministry will redefine the southern wall of the square. The Foreign Ministry is in an ideal position, with its address, its protocol driveway and its public relations section on Schlossplatz. It will have another entrée on Breite Strasse and an entrance from St Peter's Square.

Palais [urban residences] are proposed along Wallstrasse on the periphery of the orthogonal Friedrichstadt. They will alleviate the severity of the former Reichsbank across the way. The glacis [on the ramparts] created a new green link between the three historically significant squares, here partly redesigned: Friedrichswerder Market, Hausvogteiplatz and Spittelmarkt. In combination with the Bauakademie, a House of World Cultures creates the new Schinkelplatz and provides a new edge for the Friedrichswerder Market.

Its extensions towards the Friedrichswerder Market grant the Interior Ministry a prestigious address and a screened driveway. It is also attractively placed between Friedrichsgracht and the new glacis by the Market. From the residential towers on Fischerinsel in the south to the residential block which already stands on the eastern side of Friedrichsgracht, housing drives a "wedge" between the ministries and public institutions as far as Schinkelbrücke. These buildings remain residential, ensuring not only a degree of public access, but also a modicum of urban mix on this stage of monuments old and new.

The underlying theme of a polycentral, democratic centre cannot be

Wolfgang Engel, Klaus Zillich, Berlin

Wolfgang Engel, Klaus Zillich, Berlin

gen bis an die Schinkelbrücke. Diese dem Wohnen vorbehaltenen Gebäude garantieren nicht nur eine öffentliche Zugänglichkeit, sie erzeugen auch ein Minimum an urbaner Mischung in diesem Raum der alten und neuen Monumente.

Die Leitidee einer polyzentralen demokratischen Mitte ist ohne eine neue Verkehrskonzeption für den engeren Wettbewerbsbereich nicht durchsetzbar.

Die bisherige autobahnähnliche Trasse quer über den Lustgarten kann bei entsprechend integrierter Planung für den Individualverkehr gekappt werden. Analog zum Brandenburger Tor können Busse und Taxen passieren. Der nördliche Teil der Lustgarten-Umfahrung wird lediglich als Ein-Richtungsfahrbahn angelegt.

Die Leipziger-/Gertraudenstraße wird als Ost-West-Hochleistungsverbindungsstraße voll funktionsfähig erhalten mit Anschluß an die Mollstraße. Sie wird als Stadtstraße in den Stadtkörper integriert und führt in einem gesonderten Gleisbett eine Tram mit. Zu den bereits vorhandenen Tram-Trassen wird eine neue Linie vom Alex über den Schloßplatz, den Werderschen Markt und den Gendarmenmarkt bis zur Friedrichstraße weitergeführt und in das S- und U-Bahnnetz eingehängt. Über diese Trassen wird das ganze Wettbewerbsgebiet optimal über den ÖPNV erschlossen.

DIE ARCHITEKTEN

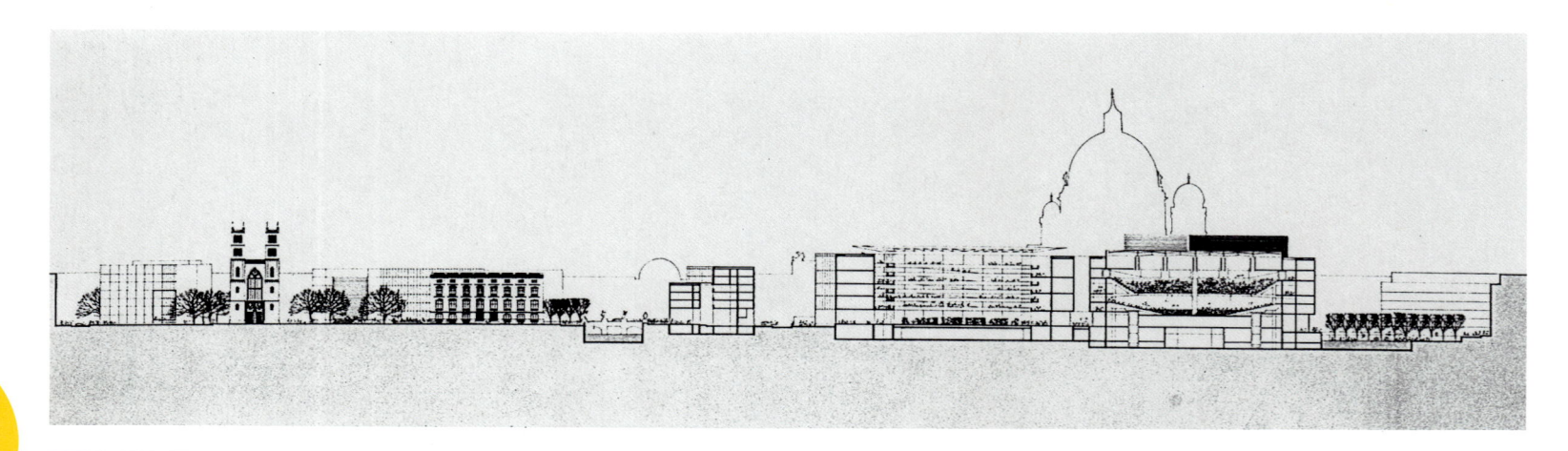

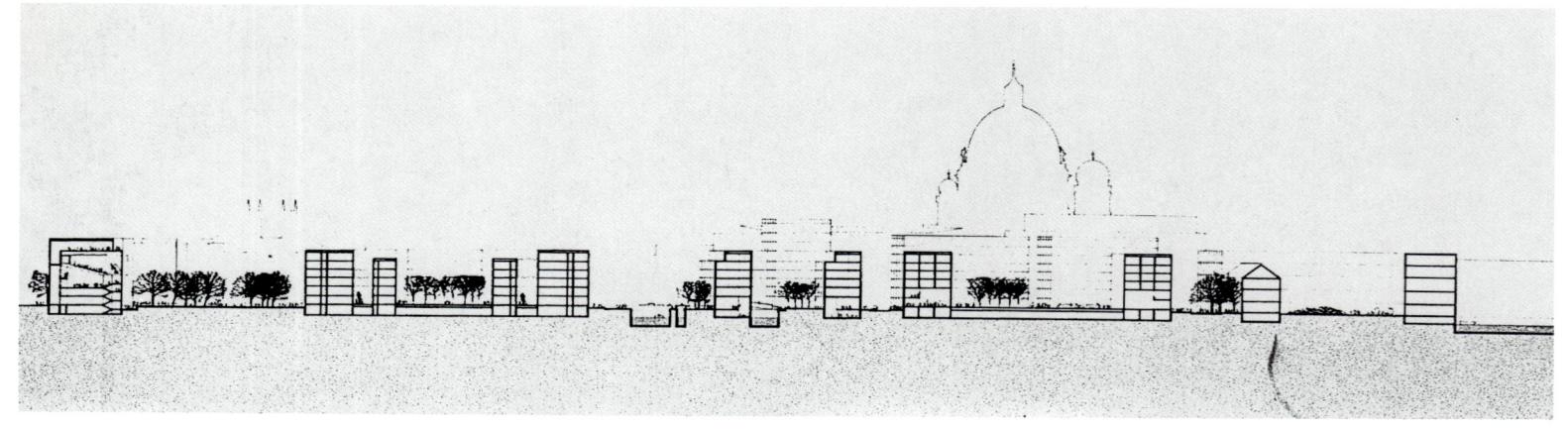

achieved without a new traffic strategy for the narrower competition site. If planning is properly integrated, private vehicles can be ousted from the present motorway-like swathe across Lustgarten. Buses and taxis can pass, as at the Brandenburg Gate. The northern section of the detour around the Lustgarten becomes a one-way street. Leipziger/Gertraudenstrasse functions fully as a major east-west artery feeding Mollstrasse. It is integrated into the urban structure as an urban thoroughfare and will include a tram in its own lanes. Apart from the present trams, a new line will leave Alexanderplatz for Friedrichstrasse via Schlossplatz, the Werder Market and Gendarmenmarkt, providing links to the underground and S-Bahn systems. The entire competition site will thus be serviced optimally by public transport.

THE ARCHITECTS

125

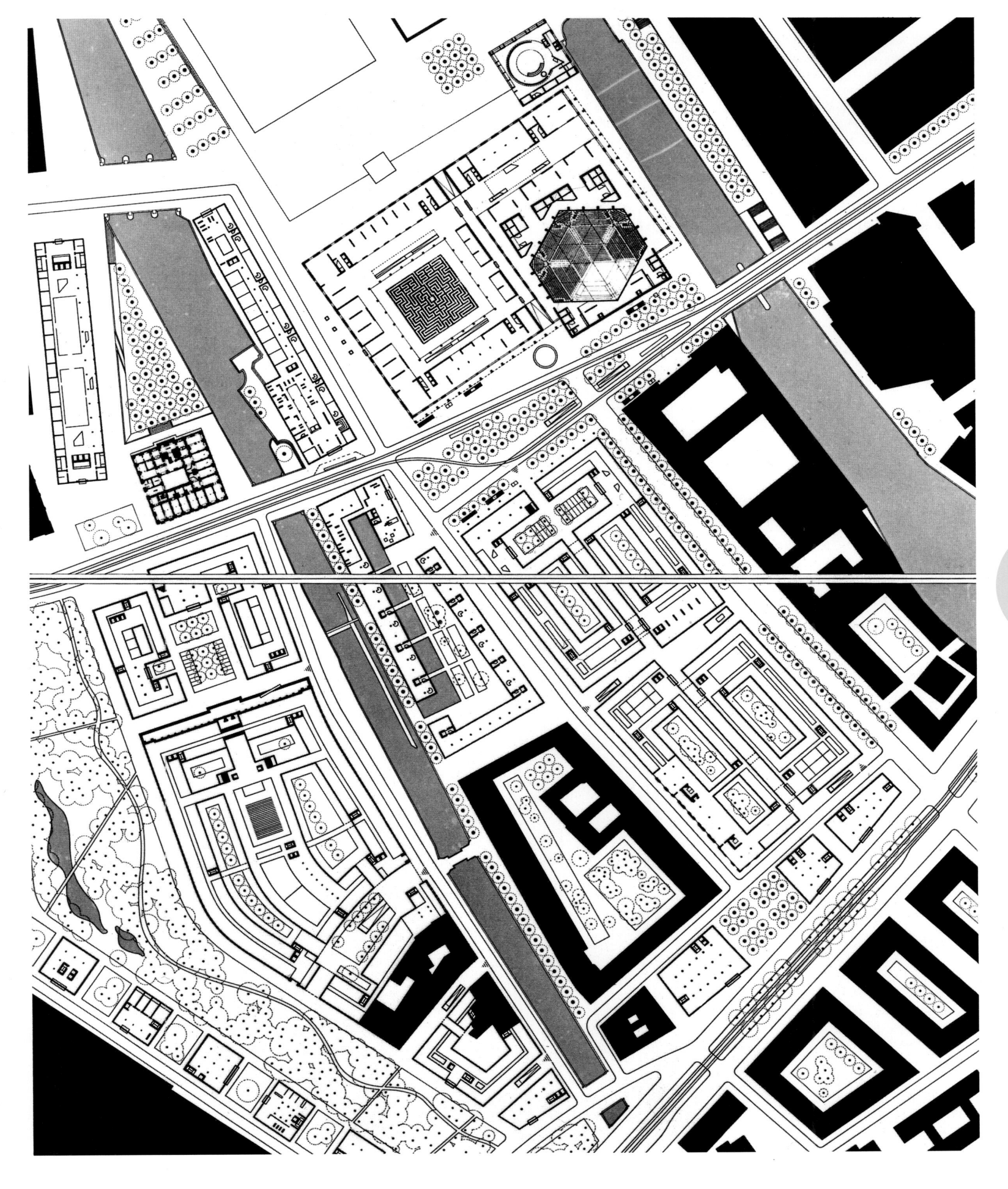

Wolfgang Engel, Klaus Zillich, Berlin

Brunnert, Mory, Osterwalder, Vielmo, Stuttgart

Der räumliche Kontrast von innerstädtischer Dichte und großflächigen Freibereichen mit Solitärbauten prägt den Charakter des Gesamtensembles.

Auf der Nordhälfte der Insel werden die Solitärbauten mit kulturellen Nutzungen und großzügigen Freiräumen durch das neue Konferenz- und Medienzentrum abgerundet. Die Südinsel ist durch verdichtete Blockstrukturen geprägt, die durch ihre deutliche Nord-Süd-Richtung die historische Struktur und Verknüpfung des Gebietes aufnehmen. Auf dem Friedrichswerder wird die historische Situation mit der Bauakademie als markantem Brückenkopf wiederhergestellt, um ihn spannungsvoll zum Freibereich des Kulturzentrums in Beziehung zu setzen.

Das Konferenz- und Medienzentrum als Kopf der südlichen Inselbebauung belebt den neuen Platz an der Rathausbrücke. Es umschließt einen für Fußgänger erschlossenen Stadtplatz für vielfältige öffentliche und repräsentative Nutzungen. Der Dom wird durch das leichte Einschwenken des Baukörpers und die damit entstehende große Uferzone räumlich großzügig freigestellt. Das hier vorgesehene große Portal zum innenliegenden Stadtplatz nimmt direkten Bezug zum Eingang des Alten Museums.

Der Bereich der ehemaligen Schloßfreiheit ist geprägt durch die Kopfbauten des Konferenzzentrums, des repräsentativen Teils des Auswärtigen Amtes und der wiederaufgebauten Bauakademie. Das Auswärtige Amt ist durch eine innere, überglaste Straße erschlossen, die die Brüderstraße fortsetzt und sich mit einem „Cour d'Honneur" als Zentrum der repräsentativen Räume zur Schloßfreiheit öffnet.

Das Bundesministerium des Innern erhält durch den Erweiterungsbau einen großzügigen Eingangsplatz.

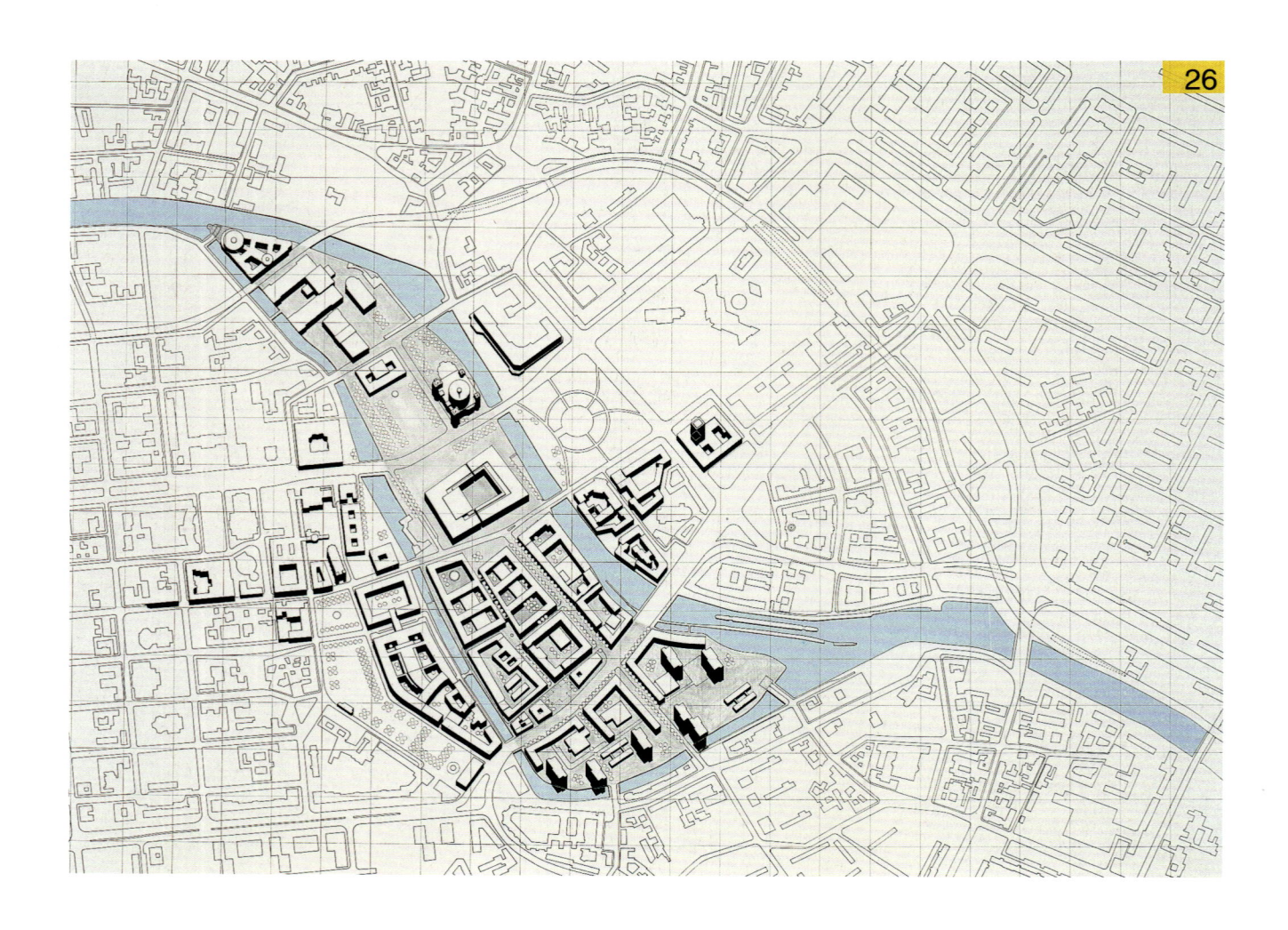

DIE ARCHITEKTEN

26

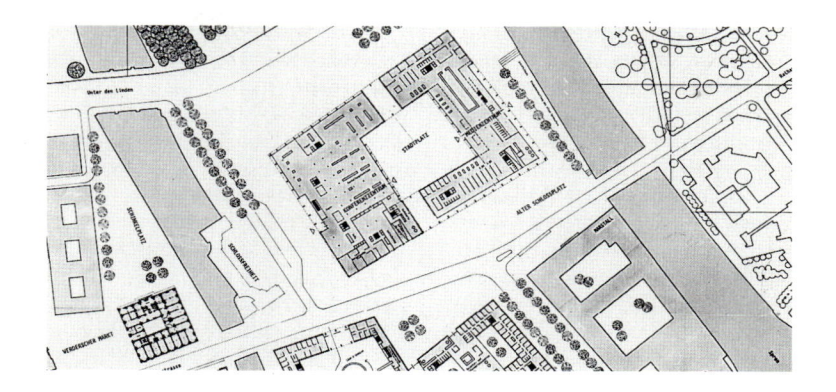

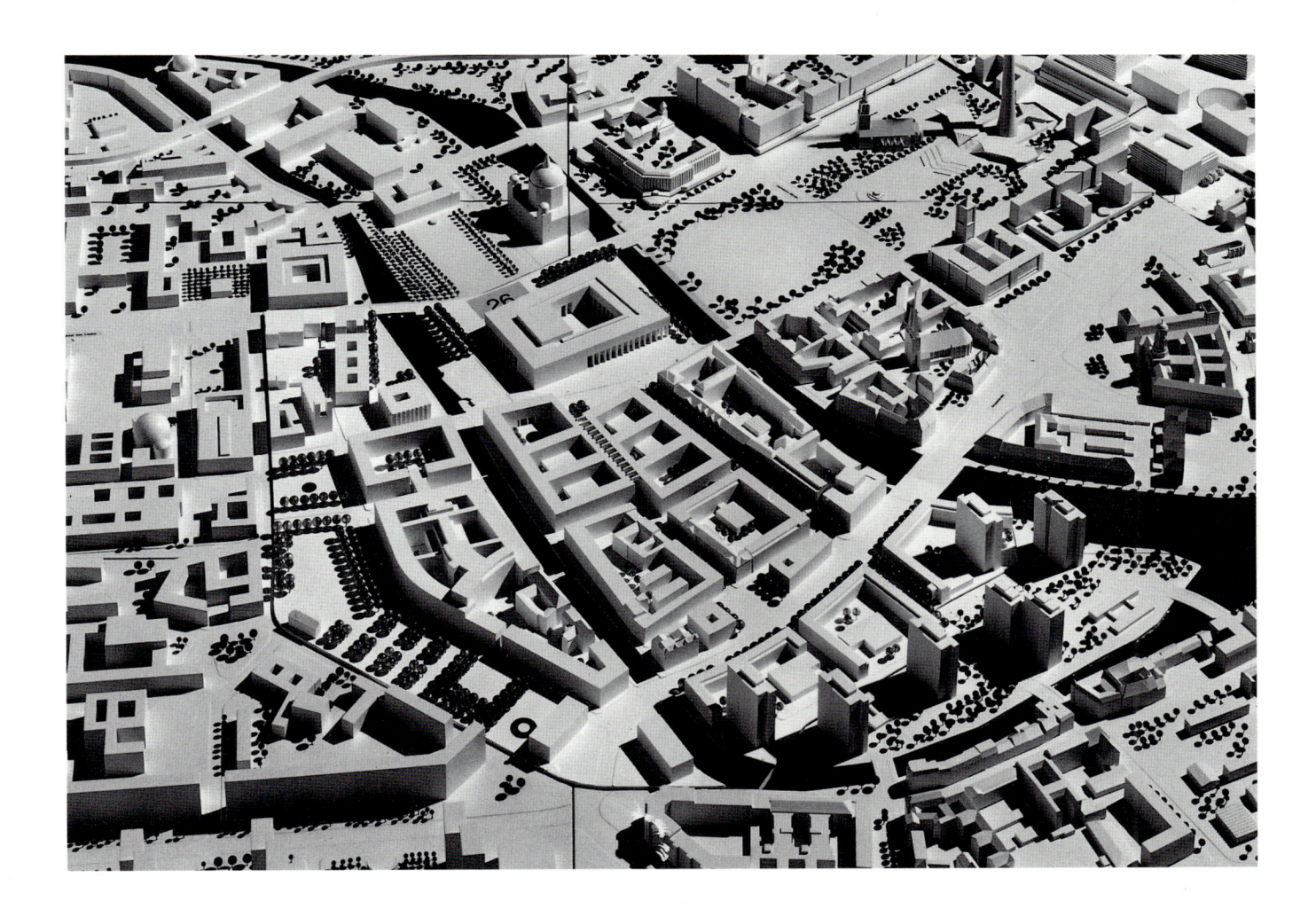

The spatial contrast of inner city density and expansive open spaces with free-standing buildings defines the character of the overall ensemble.
On the northern half of the island, the free-standing buildings are rounded off by the new conference and media centre with cultural functions and ample open spaces. The southern island is characterised by dense block structures, incorporating in their clear north-south direction the historical context and linkage of the site. The authors propose to recreate historical conditions in the Friedrichswerder area with the Bauakademie as a prominent bridgehead on Spreeufer and Schinkelplatz, in order to create effective interplay between it and the open space of the cultural centre. The conference and media centre as the head of the southern island development livens up the new square on the Rathausbrücke. The centre encloses an urban square with pedestrian access designated for various public and representative functions. Spatially generous open siting of the Cathedral is created by the slight turn of the building volume and the resulting wide bank zone. The large portal planned here leading to the enclosed urban square makes direct reference to the Altes Museum entrance.
The former Schlossfreiheit area is defined by the impressive fronts of the conference centre building, the representative part of the Foreign Ministry and the Bauakademie, which is rebuilt. The Foreign Ministry is reached by an internal, glazed, covered street, which is an extension of Brüderstrasse, opening to the Schlossfreiheit with a "Cour d'Honneur" as the centre of the representative spaces.
Through the addition the Interior Ministry acquires a spacious entrance area.

THE ARCHITECTS

Brunnert, Mory, Osterwalder, Vielmo, Stuttgart

Michał Owadowicz, Paweł Detko, Piotr Jurkiewicz, Warszawa

Im Herzen von Berlin Mitte und der Spreeinsel soll am Standort des zerstörten Schlosses und des jetzt ungenutzten Palasts der Republik ein Europaforum entstehen. Dieses steht für die demokratischen Werte und Ansprüche der Bundesrepublik in einem zusammenwachsenden Europa des 21. Jahrhunderts. Es besteht aus dem Konferenzzentrum und dem Außenministerium, die sich um einen rechteckigen öffentlichen Platz herum anordnen. Vom Portikus des Forums aus, der mit den Kolonnaden des Alten Museums korrespondiert, erstreckt sich die große Achse Berlins nach Westen zum Brandenburger Tor und dem Tiergarten. Das vorgeschlagene städtebauliche Konzept respektiert das widersprüchliche Erbe des Spreeinsel-Gebiets und führt historische Strukturen und Räume wieder ein. Als Akt der Anerkennung werden einige Gebäude der DDR, die für die Identität Berlins wichtig sind, in diesen prestigeträchtigen Standort integriert. Allen wichtigen Räumen wird individuell Ausdruck verliehen, mit Respekt vor der Tradition des jeweiligen Orts und seiner zukünftigen Rolle in der Vielfalt des sozialen und politischen Lebens im wiedererwachten Zentrum der Stadt.
Das Europaforum bildet einen Stadtblock, in Referenz an die zentrale Rolle des zerstörten Schlosses. Bögen und Portikus sind die Zugänge zum Innenhof. Dieser neue Schloßplatz verbindet die zwei Wasserseiten der Spreeinsel und erinnert damit an die historische Form. Der Staatsrat ist Teil eines Platzes und ist mit dem Außenministerium durch einen Tunnel verbunden; weitere Büroflächen erstrecken sich beiderseits der Brüderstraße. Zwischen dem Werderschen Markt und dem Fluß steht der neue, repräsentative Anbau des Innenministeriums an die ehemalige Reichsbank.
DIE ARCHITEKTEN

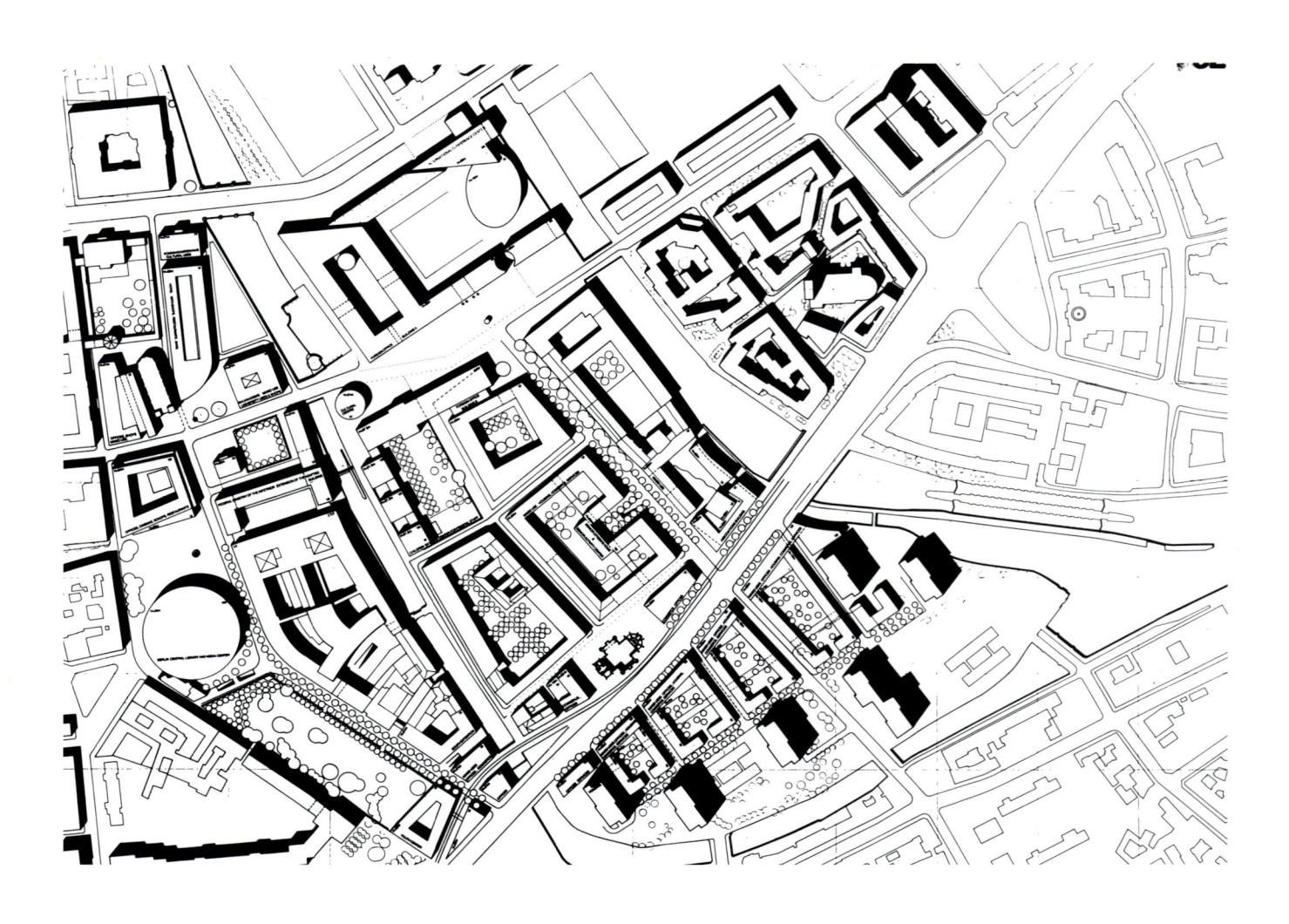

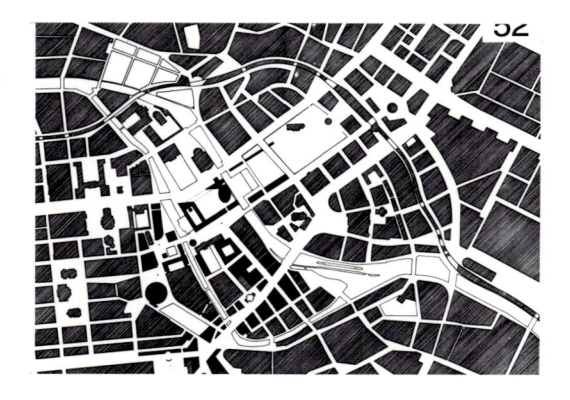

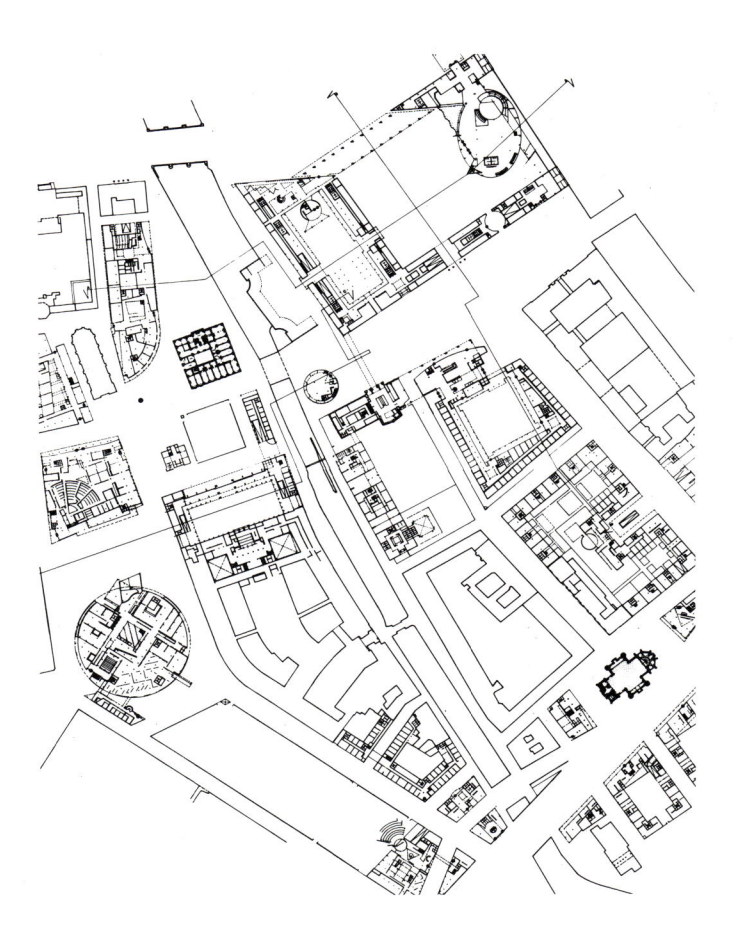

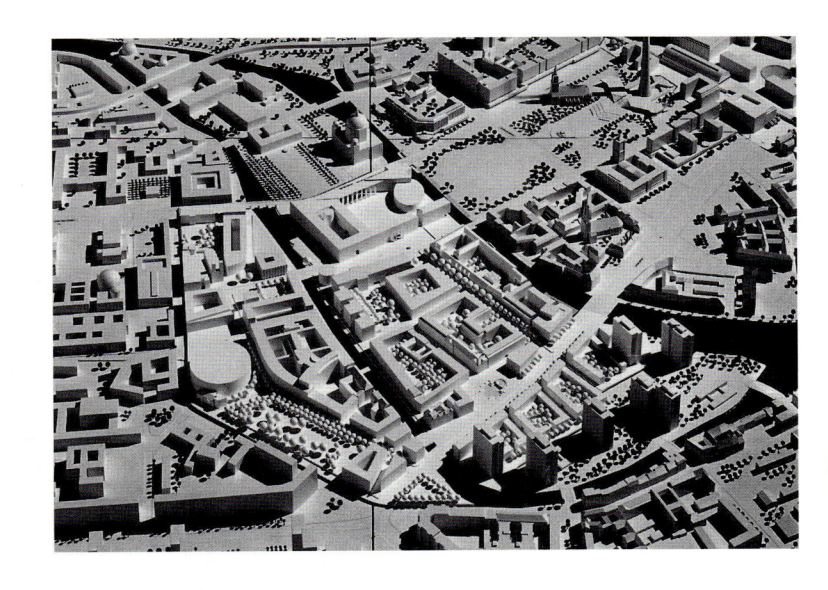

In the heart of Stadtmitte, in the middle of Spreeinsel, on the site of the demolished Schloss and of the now empty Palast der Republik the new concept of Europaforum is conceived. Its structure is to express the democratic values and the ambitions of the Bundesrepublik in a unifying Europe of the 21st century. It is composed of the Conference Centre and the Foreign Office grouped together around the rectangular public square. From the portico of Europaforum, which complements the colonnades of Altes Museum, the great axis of Berlin starts reaching west towards Brandenburg Gate and Tiergarten.

The proposed urban concept pays respect to the contradictory heritage of Spreeinsel area reintroducing historic structures and public spaces. In an act of acknowledgement some GDR buildings, important to Berlin's identity, are integrated into the most prestigious places of the capital. All significant areas were given individual expression respecting each place's tradition and projected rôle in the variety of social and political life of the revived centre of Berlin.

The Europaforum integrates the International Conference Centre and the Federal Foreign Office in one perimeter block. The new urban concept pays respect to the crucial rôle of the demolished Schloss. Archways and portico give access to the internal square.

The new Schlossplatz spans two embankments of Spreeinsel in a form resembling its historic identity. The Staatsrat is integrated into a square and linked to Foreign office by a tunnel; further office space extends on both sides of Brüderstrasse. Werderscher Markt is separated from the river by a new representative wing of the Ministry of the Interior located in the former Reichsbank.

THE ARCHITECTS

Michał Owadowicz, Paweł Detko, Piotr Jurkiewicz, Warszawa

Deubzer, König, Berlin

„Müßte ich Architektur mit einem Wort erklären, so würde ich sagen, daß Architektur die bedachtsame Herstellung von Räumen ist. Sie bedeutet die Herstellung von Räumen, die ein Gefühl von Nützlichkeit hervorrufen." (Louis Kahn)
„Aber eine moderne Gesellschaft muß noch mehr können, sie muß einen großen Raum schaffen, in dem ihre Großzügigkeit sich architektonisch darstellt."
(Peter Sloterdijk)

Diese Forderung richtet sich an die Gestaltung von Raum. Deshalb bleibt unverzichtbar, plant man die Rückkehr eines zerstörten Gebäudes, es auf ein „Gefühl von Nützlichkeit" für unsere Zeit zu untersuchen. Während Schloßanlagen auf ein hohes Maß an räumlicher Wirkung inszeniert worden waren, präsentierte sich das Berliner Stadtschloß mehr als ein Gebäude ohne klare räumliche Außenbezüge, ohne eine Abfolge von Gebäude- und Raumkomposition. So unverzichtbar es ist, sich auf die alten Stadtstrukturen und auf deren Kontinuität zu besinnen, so genau muß aber geprüft werden, ob auch dieses Gebäude nicht vielmehr Ausdruck seiner Zeit und ihrer Umstände war, und es wieder in unsere Zeit zu transportieren doch nur dann gelänge, wenn es für das Architektonisch-Räumliche von besonderem Wert wäre.

Die Struktur des alten Schlosses, die Lage von Ufer- zu Uferseite, mit einer Rückfassade zum Lustgarten und einer Hauptzugangsseite gegenüber, wird im neuen Konzept adaptiert. Es zeigen sich vier baulich klar definierte Stadträume: eine gestaltete Gartenseite mit einem großzügig verglasten, offenen Bibliotheksraum, der den Blick zum Lustgarten auf die Museen erlaubt, die offiziellen Seiten mit Medienzentrum und Konferenzsälen zu den Ministerien hin orientiert sowie ein großer Innenhof.

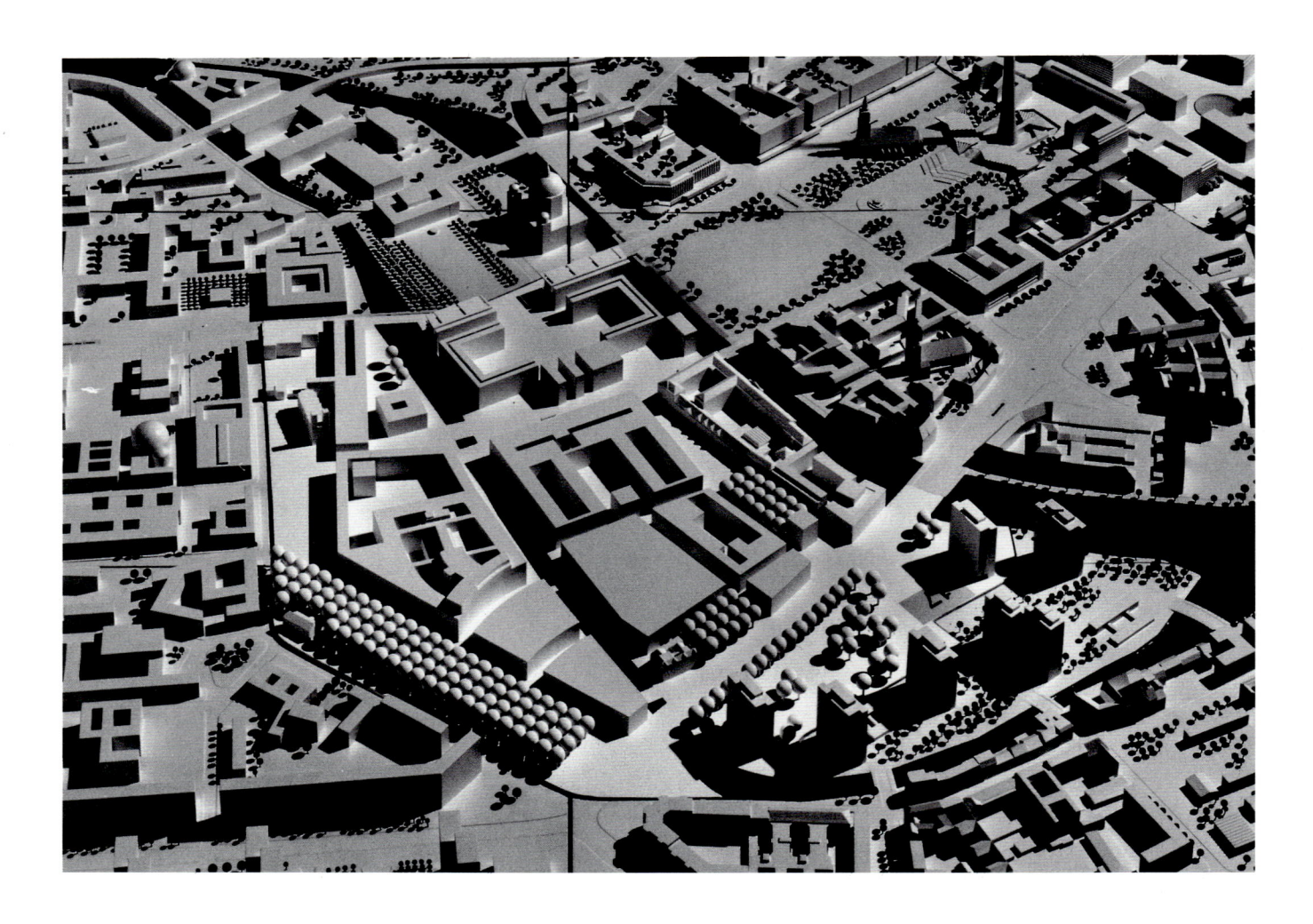

DIE ARCHITEKTEN

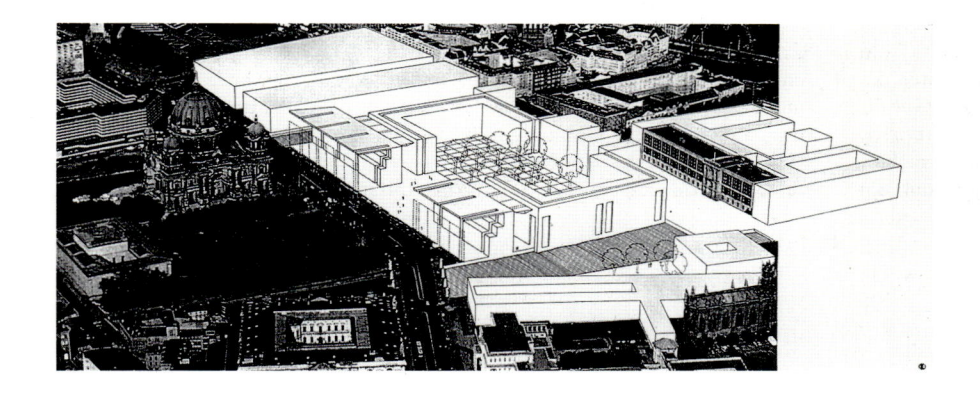

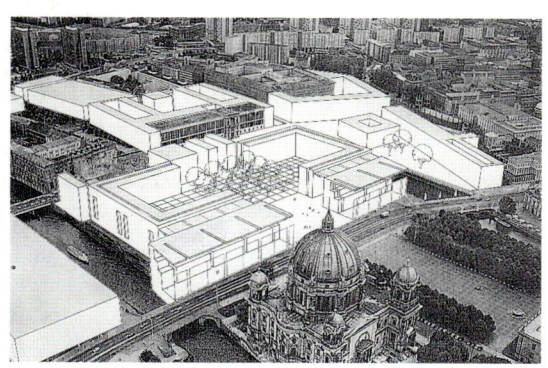

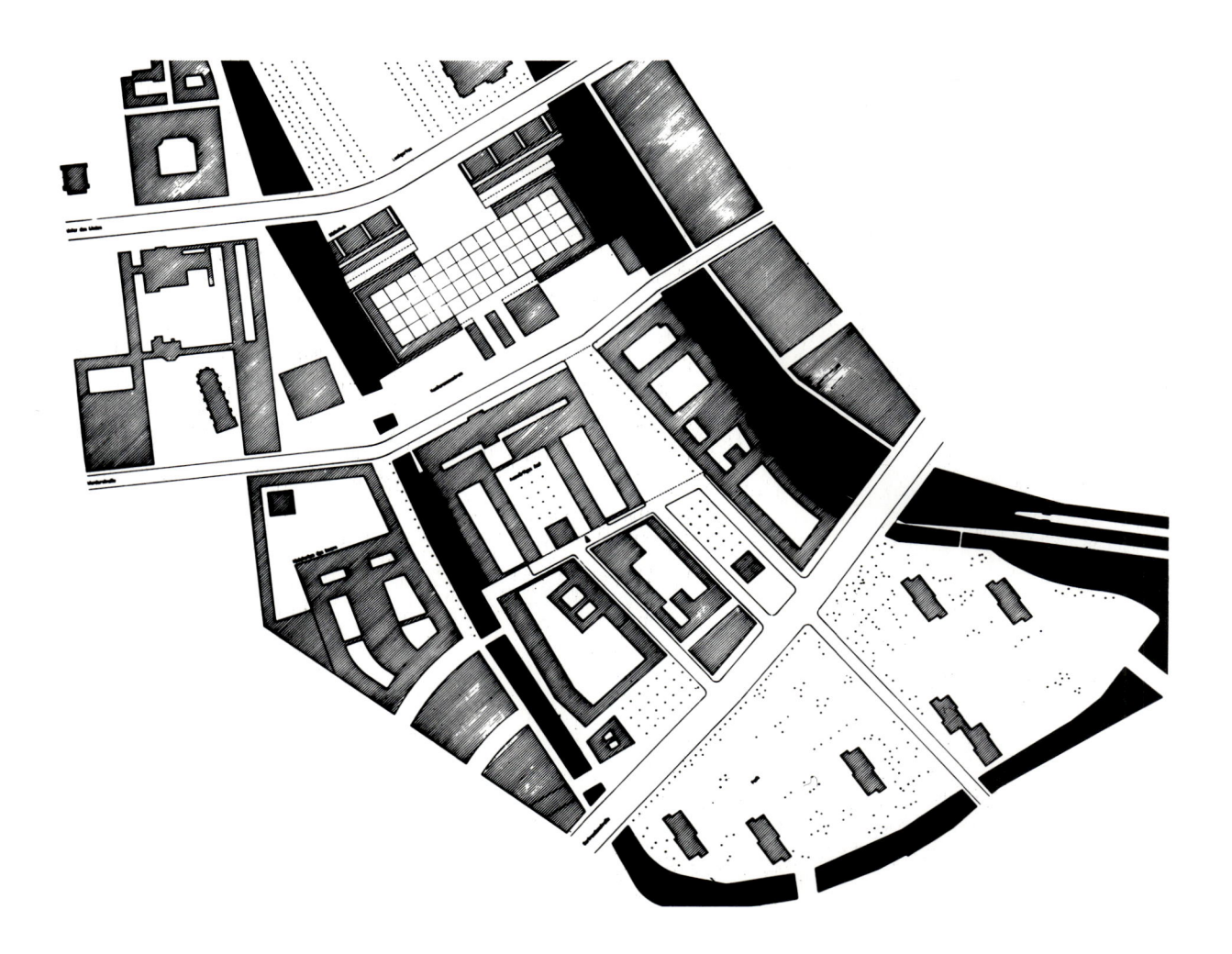

"If I had to explain architecture in one word, I would say that architecture is the considered creation of spaces. It means the creation of spaces which evoke a sense of usefulness." (Louis Kahn)
"But a modern society must be capable of even more, it must create a wide context in which its liberality expresses itself architecturally." (Peter Sloterdijk)
Architecture always demands the design of space. This is why it is crucial when undertaking the recovery of a building that has been destroyed to examine it from the point of view of a "sense of usefulness" in terms of the present. Whereas palace complexes were orchestrated with a high degree of spatial effect, the appearance of the Berlin Stadtschloss is more that of a building lacking distinctive external spatial links, lacking a sequence in its building and spatial layout. As essential as it may be to contemplate the old urban fabric and its continuity, it is just as necessary to undertake a detailed examination of whether this building was not perhaps far more an expression of its time and circumstances. It is essential to be aware that transporting it into the present can only be successful if it is of particular architectural/spatial value.

The layout of the old Schloss – the sides parallel to the banks, a back façade opening on to the Lustgarten and a main entrance side opposite – is adapted in the new project. Four clearly defined urban spaces emerge: a designed garden elevation with an expansively glazed, open library space, permitting a view towards the Lustgarten of the museums, the official side[s] with the [media centre and] conference halls facing the Ministries as well as a spacious interior courtyard.

THE ARCHITECTS

Deubzer, König, Berlin

Walter Liebender + Associates, München

Die großräumige Einbindung der Spreeinsel und ihre Umfassung durch anliegende Stadtbereiche läßt das Ordnungsprinzip der Einbindung und Umfassung entstehen. Demgegenüber steht das Prinzip freistehender, triftender Solitäre im Norden und Süden der Insel. Die Einbindung der Fragmente und das Umfassen der Teile führen zusammen zu einem größeren Ganzen, zu einer neuen Ordnung. Der Dialog der triftenden Solitäre und ihrer Monofunktionen wird erweitert durch den Dialog der mulitfunktionalen Bereiche in einer Versammlung umfaßter Objekte. Die Synthese wird zum Prinzip, die Insel Stadt per se.

Die Spreekante wird wiederhergestellt und die Bundesinstitutionen so eingefügt, daß kein exklusiver Monolog entsteht, sondern vielmehr ein über die Grenzen der Spreeinsel und Berlins Mitte hinausgehender Dialog. Das Ordnungsprinzip der Umfassung schafft dabei die Voraussetzung für die Absicht des Auslobers, die Mitte Berlins Schritt für Schritt zu füllen.

In der Mitte Berlins wird ein Stadtforum errichtet, das mit einer Stadtloggia und dem Konferenzzentrum umfaßt ist. Entlang der Breiten Straße werden die Reste der Blockränder und triftenden Solitäre umfaßt und diese Teile zu einem größeren Ganzen verbunden, in dem das Auswärtige Amt auf der einen Seite und die Bibliothek und das Medienzentrum auf der anderen Seite Platz finden.

Die Fischerinsel wird als innerstädtischer Erholungsraum beibehalten und in einem Stadtpark mit Einrichtungen für die Jugend, Erziehung und Wohnen umgewandelt. Dieser Erholungsraum verbindet sich mit dem Grünzug des Spreekanals. Zwischen Zeughaus und Spittelmarkt wird die Spreekante wiederhergestellt. Werderscher Markt,

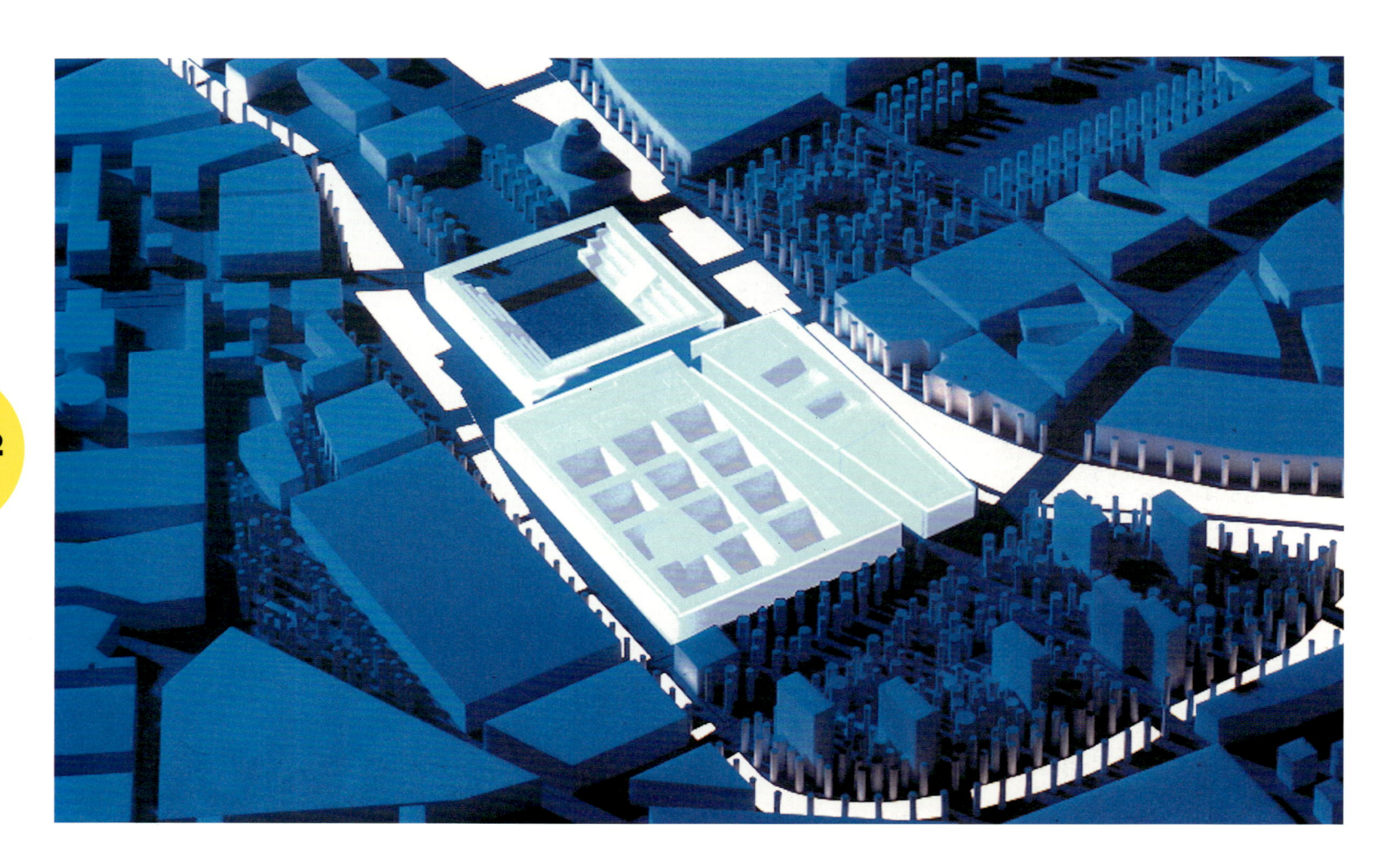

Today Spreeinsel is integrated within a spacious matrix, enclosed by adjoining districts. This inspired the principles to which this proposal owes its order: integration and enclosure. It contrasts with the principle of lone, free-standing buildings at the north and south ends of the island. By integrating the fragments and enclosing the parts, a greater whole is created, and also a new order. The dialogue between the lone, free-standing buildings with their monofunctions is complemented by the dialogue between multifunctional areas in enclosed structural assemblies. Synthesis is the principle. The island is city per se.

The riverside edge is restored, and the federal institutions are incorporated in a manner which prevents an exclusive monologue, promoting, rather, a dialogue which emanates beyond the boundaries of Spreeinsel and Berlin's centre.

Enclosure as an ordering principle facilitates the sponsor's intention of filling the centre of Berlin step by step. A city forum occupies the central point, enclosed by a city loggia and the conference centre. Along Breite Strasse, the remains of block perimeters and free-standing buildings are enclosed and linked into a larger whole, with the Foreign Office on one side and the library and media centre on the other.

Fischerinsel is retained as an inner-city recreation zone, with residential uses and facilities for the young and the elderly. This recreational city park is linked to the green zone of the Spree canal.

The riverside edge is restored between the Zeughaus and Spittelmarkt. The Werder Market, Spittelmarkt and the urban space around Friedrichswerder Church [are] redefined. The space on each side of the canal is contained, with a green

Spittelmarkt und der Stadtraum um die Friedrichswerdersche Kirche werden neugefaßt. Der Spreeraum zu beiden Seiten des Kanals wird eingefaßt und als Grünzug von der Schloßbrücke bis zur Fischerinsel ausgebildet.

Wir wollen mit unserem Vorschlag zum Wiederaufbau der Stadtmitte beitragen – dies angesichts der glücklichen Lage Berlins, bereits im zu Ende gehenden Jahrhundert die Tür einen Spalt breit ins kommende Jahrtausend öffnen zu können. Unser Entwurf verfolgt dabei das Ziel, mit neuen Wahrzeichen der Mitte eine Transparenz zu verleihen, die in die kommende Epoche hineinleuchtet, ohne Monumentalität zu erwecken oder der Romantik vergangener Tage nachzutrauern. Karl Friedrich Schinkels Ordnungsprinzip für Berlins Mitte sollte angewendet werden; zwischen der Friedrichswerderschen Kirche und dem Fernsehturm entsteht eine Querachse. Die Stadtloggia und das Konferenzzentrum als transparenter Glaskörper schließen die Straße „Unter den Linden" räumlich und visuell ab. Staatsratsgebäude, Marstall und die denkmalgeschützten Gebäude vis-à-vis der Breiten Straße werden durch die transparenten, teilweise offenen Glasarkaden des Auswärtigen Amts und des Bibliotheks- und Medienzentrums umfaßt und integriert. Die Bibliothek fügt sich in den Innenhof der Stadtbibliothek. Als Abschluß der Baudenkmäler an der Achse „Unter den Linden" führt die wiederzuerrichtende Bauakademie die Reihe der Neubauten der Spreekante an. Diese Reihe wird fortgesetzt durch ein Botschaftsgebäude und zwei Museen zur Aufnahme von Schinkels Sammlung, weiterhin durch die Bauten für die zukünftige Erweiterung des Bundesministerium des Inneren und für die Verwaltung, welche das „Haus der Parlamentarier" flankieren, sowie

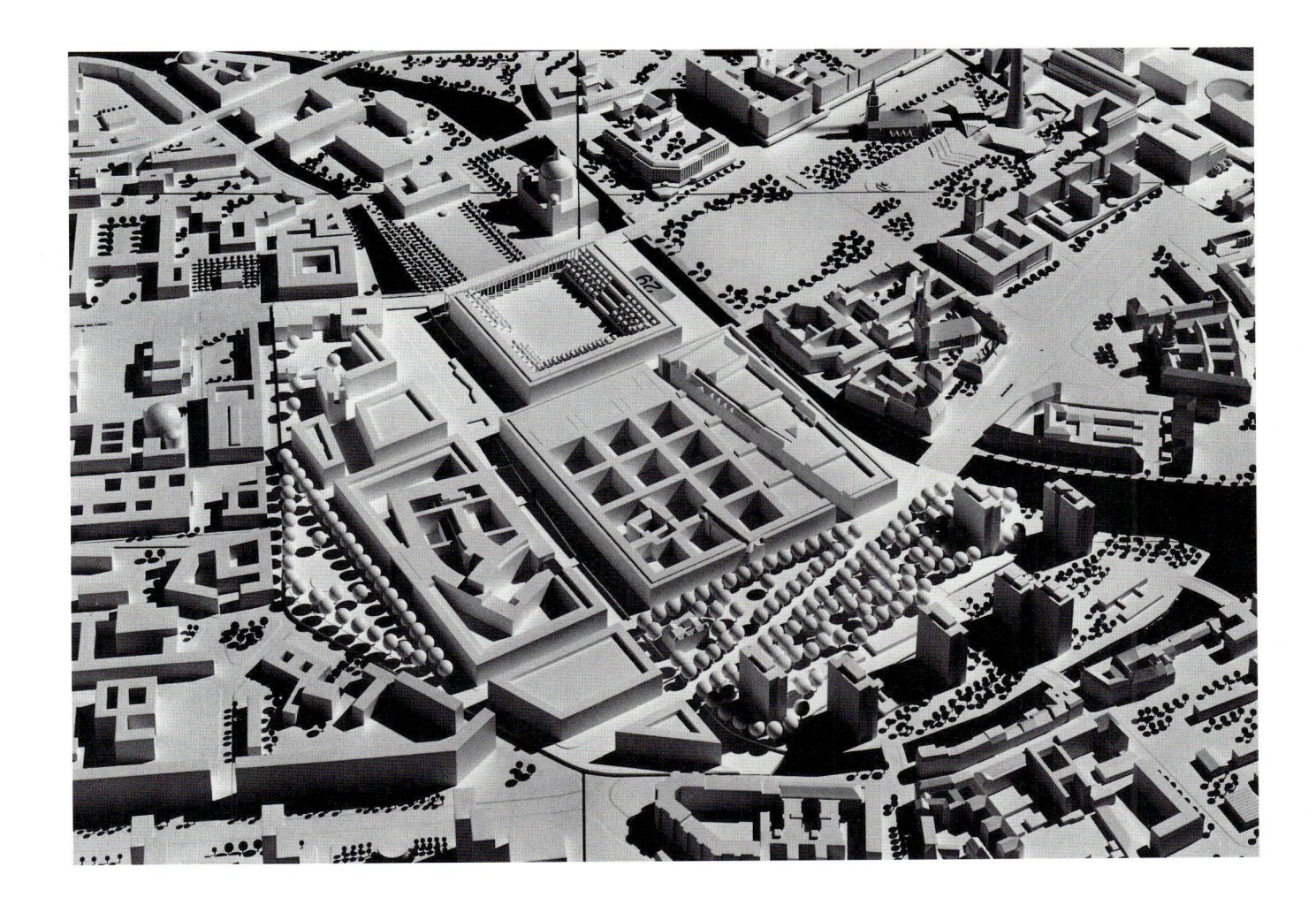

band from Schlossbrücke to Fischerinsel.

We wish to contribute to the reconstruction of the city centre with our proposal, bearing in mind the fortunate position Berlin finds itself in of being able to open the door a crack into the coming millenium before the century has actually come to a close. In doing so, our design strives to lend the centre a transparency with new landmarks which shine into the coming epoch without evoking monumentality or mourning the romanticism of days gone by.

Karl Friedrich Schinkel's layout principles for Berlin's centre are adhered by it; a transverse axis is created between the Friedrichswerder Church and the Television Tower.

The transparent glass structure of the city loggia and the conference centre close off the street „Unter den Linden" both spatially and visually.

The building of the former Staatsrat, the Marstall and the buildings classified as historical monuments opposite Breite Strasse are enclosed and integrated by the transparent, partially open glass arcades of the Foreign Office and the library and media centre. The library is incorporated into the inner courtyard of the city library. The Bauakademie is rebuilt at the head of the row of new buildings on the riverside edge, together forming a conclusion to the building monuments on the „Unter den Linden" axis. This row is continued by an embassy building and two museums intended to accommodate the Schinkel collection, as well as by buildings for the future extension of the Federal Interior Ministry and its administration which flank the „Haus der Parlamentarier". It is further continued by the residential and commercial buildings on Spittelmarkt.

Spittelmarkt is redefined by expan-

Walter Liebender + Associates, München

Walter Liebender + Associates, München

durch die Wohn- und Geschäftsbauten am Spittelmarkt. Der Spittelmarkt wird mit großzügigen Geschäfts- und Bürobauten neu gefaßt; diese stehen in Verbindung mit infrastrukturellen Einrichtungen, Shopping-Center, Kaufhalle, Restaurants, Kino und Wohnungen.
DIE ARCHITEKTEN

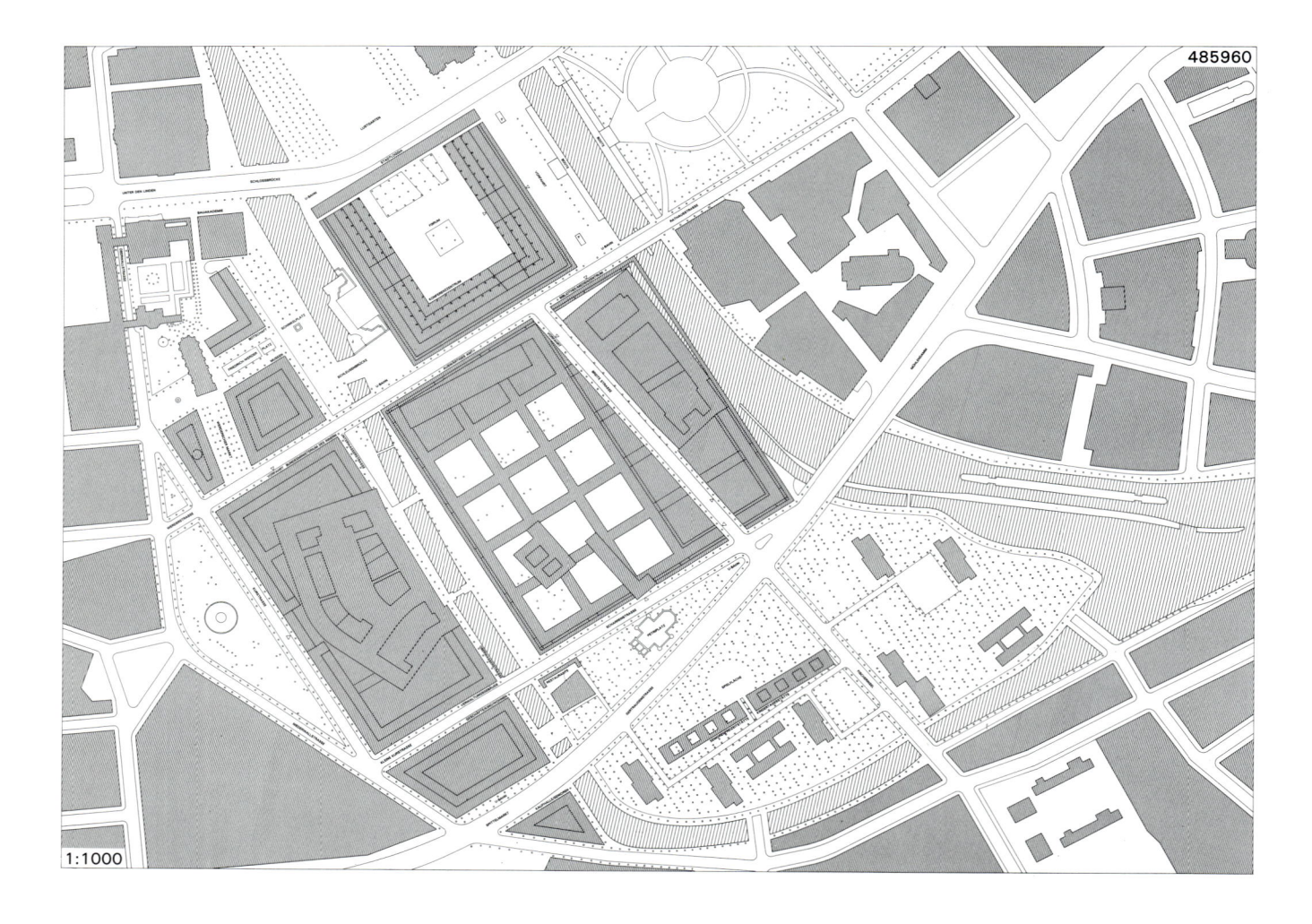

sive commercial and office buildings in conjunction with infrastructural facilities such as a shopping centre, a department store, restaurants, a cinema and residential spaces.
THE ARCHITECTS

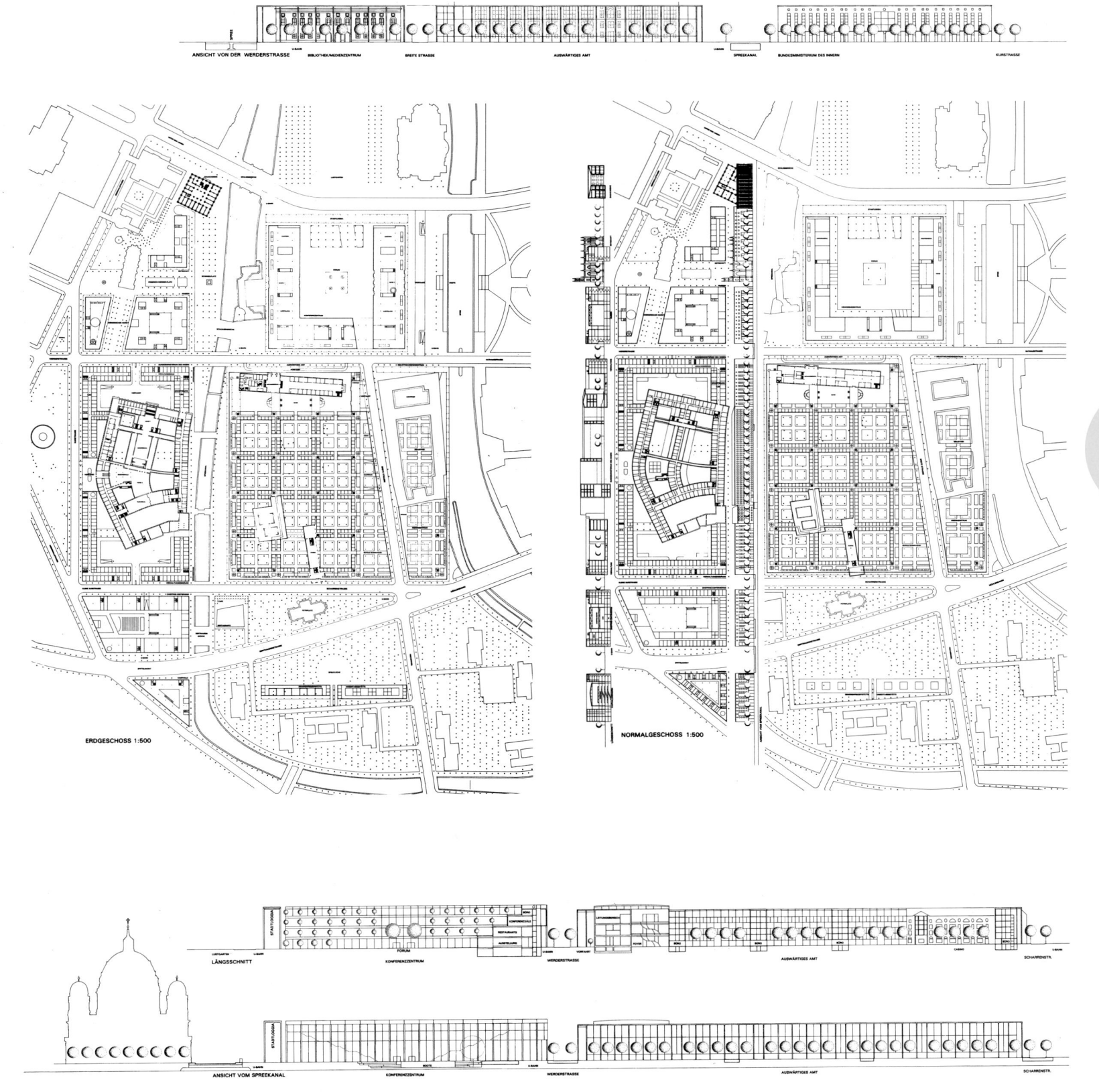

Walter Liebender + Associates, München

Robert C. R. Lassenius, Berlin

Das neue Konferenzzentrum beschreibt in seinen Umrissen die Form des ehemaligen Berliner Stadtschlosses. Eine Kolonnade als Pendant zum Lustgarten ist städtebaulicher Endpunkt der Achse „Unter den Linden". Ost- und Südflügel haben eine „Wasserkante", wie dies auch bei den meisten historischen Bauten der Spreeinsel der Fall ist. Das Thema des Innenhofs wird durch das Konferenzzentrum neu interpretiert. Er soll für die Öffentlichkeit zugänglich sein und zum „Wohnzimmer" der Spreeinsel werden.

Der Bereich zwischen Werder- und Scharrrenstraße wird für die Unterbringung des Auswärtigen Amtes optimal organisiert. Die Eingangshalle und die Konferenzräume befinden sich im zentralen Block. Die öffentlich zugänglichen Bereiche konzentrieren sich in dem glasüberdachten Hof an der Fußgängerpromenade. Die historischen Straßen sind wiederhergestellt und offen für jedermann. Dort wo Sperlingsgasse und Brüderstraße zusammentreffen, entsteht ein neuer Platz unmittelbar am Fluß.

Der Bereich [Friedrichswerder Nord] wird reurbanisiert auf der Grundlage des historischen Stadtgrundrisses. Dadurch werden Schinkelplatz und Werderscher Markt zu neuem Leben erweckt. Die Bauakademie und möglicherweise auch das Kommandantenhaus sollten rekonstruiert werden. Die Bibliothek und das Medienzentrum werden am Werderschen Markt errichtet.

Im Süden bezieht sich die Bibliothek auf den Park. In ihrem Zentrum befindet sich eine gläserne Passage, die im Osten auf einen Platz mündet. Das Haus der Parlamentarier wird vom Bundesministerium des Innern belegt. Die Erweiterung dieses Gebäudes befindet sich am Werderschen Markt; eine zweite Erweiterung an der Kreuzstraße ist möglich.

DER ARCHITEKT

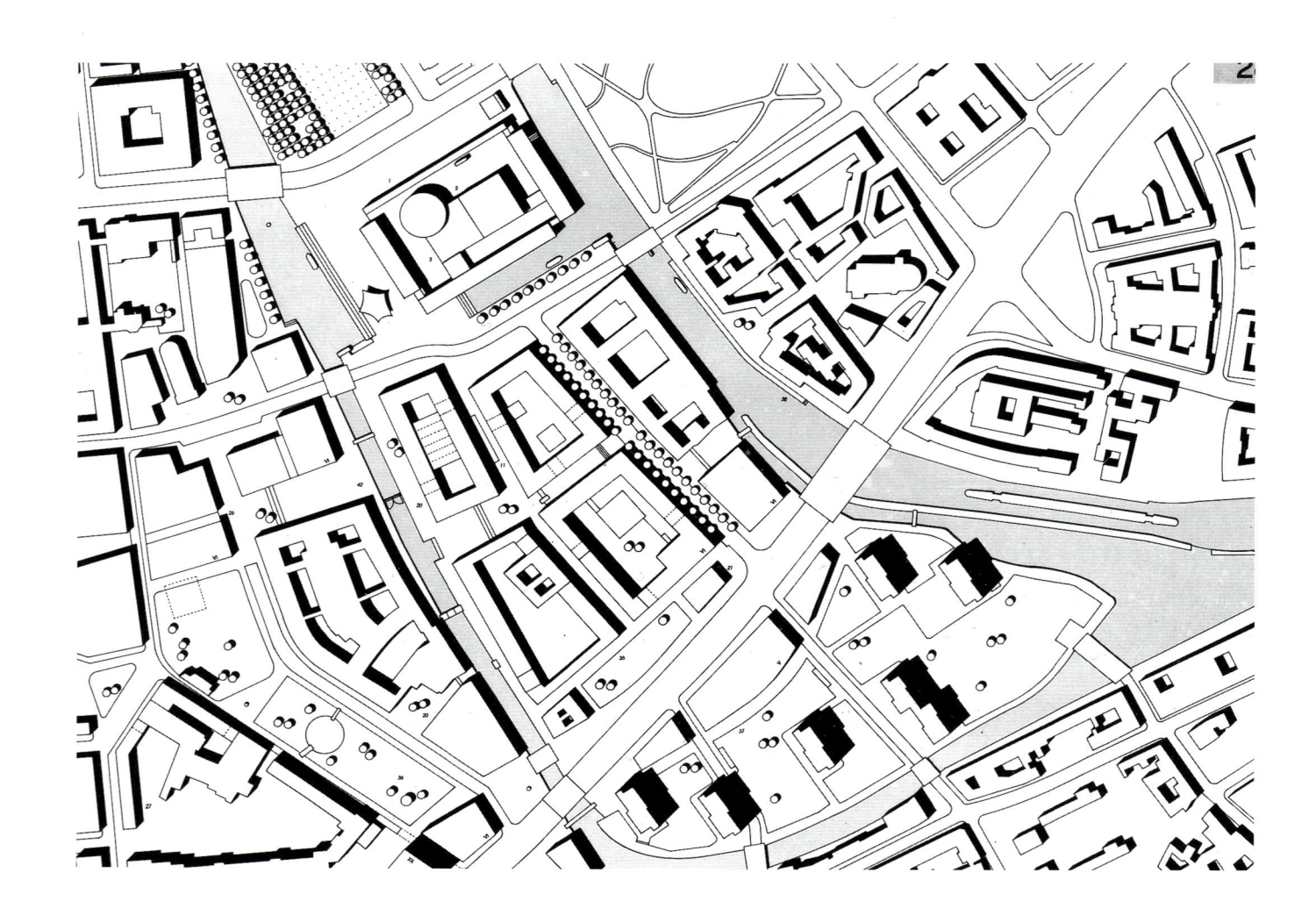

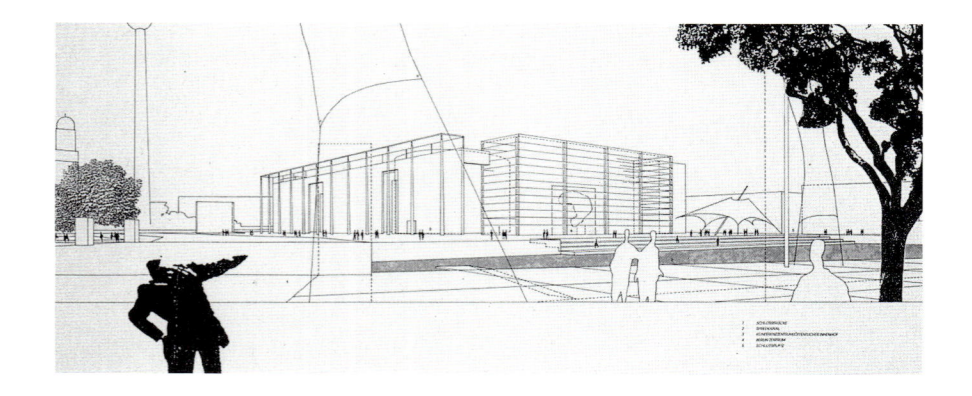

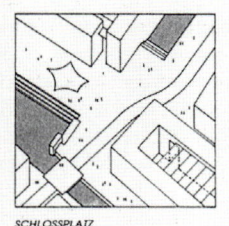

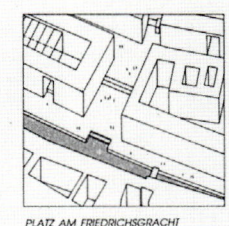

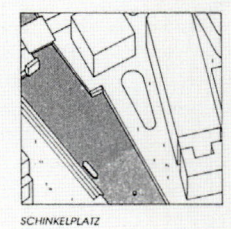

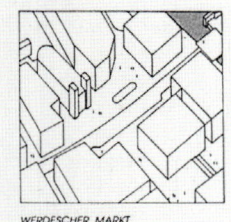

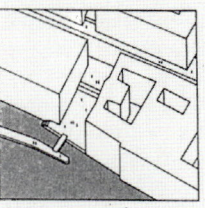

SCHLOSSPLATZ   PLATZ AM FRIEDRICHSGRACHT   SCHINKELPLATZ   WERDESCHER MARKT   PLATZ AM MÜHLENDAMM

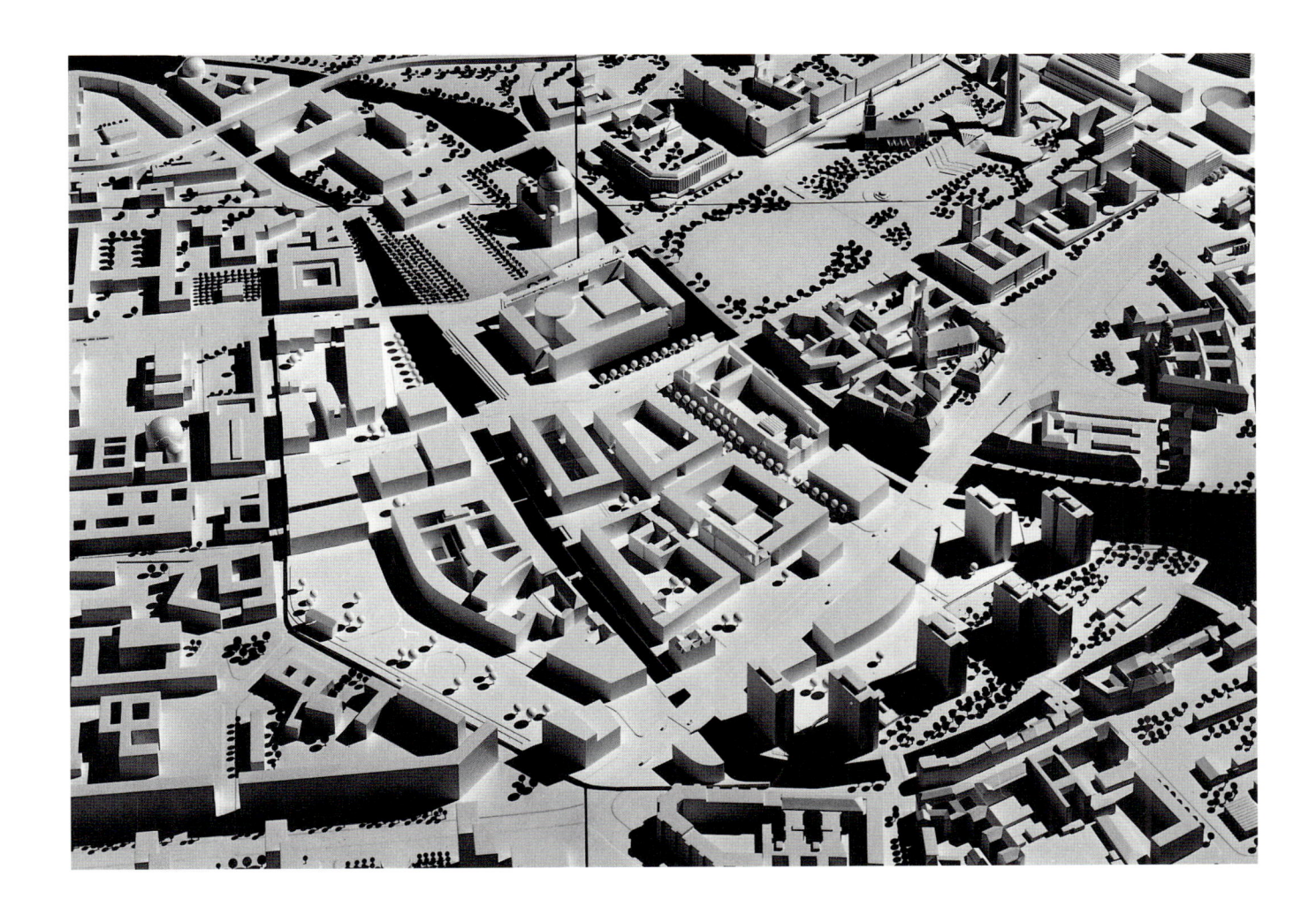

The contours of the new conference centre describe the form of the former Berlin Stadtschloss. A colonnade as a pendant to the Lustgarten is the spatial end point of the "Unter den Linden" axis. East and south wings have a "water border", as is also the case with most historical buildings on the Spreeinsel. The theme of the inner courtyard is reinterpreted by the conference centre. It is accessible to the public and takes on the character of the Spreeinsel "living room". The area between Werderstrasse and Scharrenstrasse is optimized to accommodate the Foreign Ministry. The entrance lobby and the conference spaces are situated in the central block. The publicly accessible areas are concentrated in the glass-covered courtyard along the pedestrian promenade. The historical streets are recreated and open to all. In the future, an extensive pedestrian zone will stretch along the river. At the intersection of Sperlingsgasse and Brüderstrasse a new square is formed in direct proximity to the river.

The area [Friedrichswerder Nord] is reurbanized on the basis of the historical city plan. This results in the revival of two historical squares: Schinkelplatz and the Werder Marketplace. The former Bauakademie and possibly the Kommandantenhaus are reconstructed. The library and the media centre are constructed on the Werder Marketplace. To the south, the library relates to the park. Its centre contains a glazed passage leading to the east into a square. The former Haus der Parlamentarier houses the Interior Ministry. The extension of this building is located on the Werder Marketplace; a second extension is possible on Kreuzstrasse.

THE ARCHITECT

Robert C. R. Lassenius, Berlin

Gerd Münster, Ralf Sroka, Berlin

„Der Ort... ist von seiner historischen Lage her dazu prädestiniert, ein Gebäude zu tragen, an dem die Mitglieder dieser Gesellschaft begreifen, wer sie sind, wenn sie hindurchgegangen sind.
Wenn an der Stelle eines Schlosses gebaut werden soll, dann muß es etwas mehr sein,... was mehr Welt in sich hat als ein Schloß."
(Peter Sloterdijk)
Den „Linden" ihren Abschluß zurückgeben, dem Lustgarten sein fehlendes Gegenüber schenken, der historischen Lage des Ortes, gepaart mit der unstillbaren Sehnsucht nach „dem" Zentrum, Rechnung tragen, ohne sich „fritzisch gesinnt" zu zeigen oder gar einen Massivkoloß zu installieren, der sich nur durch Behörden füllen ließe.
Mit dem Zweifel, ob die Flaniermeile der „Linden" heutigen Ansprüchen an die Stadtmitte auf die Dauer genügen kann, hier einen Ort für aktives Kulturleben, Zerstreuung, Kommunikation – neues Flanieren – zu finden und, sich an den guten alten Traum der „Stadtkrone" erinnernd, den städtebaulichen Rahmen für ein Haus umreißen, das gesellschaftliches Amphitheater und Medium zugleich sein kann.
Also diesen Ort als Platz nach Innen transportieren, den schützenden Wänden Transparenz verleihen, ein fliegendes Dach mit einem Sternenhimmel versehen.
Drumherum und mittendrin: die Bibliothek, die sich Spreeufer und Forum zur Orientierung aussuchen darf, das Konferenzzentrum, Cafés, Wechselausstellung (Kunsthalle), Dienstleistung (Festspiele GmbH), Medienturm um das Spektrum von den Philharmonikern über den verregneten 1. Mai bis zu Nam June Paik möglich werden zu lassen. Deshalb: hier haben Behörden nichts zu suchen.
Die historische Last als Chance ergreifen und lernen, mit den Brüchen zu leben:

"This site... is destined by virtue of its historical location to hold a building which enables the members of this society who walk through it to understand who they are.
... if something else is to be built in the place of a palace, it has to be something more, ... reflecting more of life than a palace."
(Peter Sloterdijk)
Give the "Linden" their conclusion back, offer the Lustgarten its missing counterpart, do justice to the historical location of the site combined with an insatiable desire for "the" centre, without seeming to "hanker after the kaiser" or installing a weighty colossus which can then only be filled by official institutions.
In spite of misgivings about the long-term ability of the leisurely Linden to fulfil modern expectations of a city centre, find a place here for cultural activity, entertainment, communication – new leisure; recalling the good old dream of the "city's crown", delineate the urban framework for a building which can be both amphitheatre and a medium.
Carry this site to the inside as a piazza, make its protective walls transparent, place a canopy over it with a firmament of stars.
All round and inside: the library (which may choose for orientation between the bank of the river and the forum), the conference centre, cafés, exhibitions (art salon), services (Film Festival), media tower, to permit the full spectrum from Philharmonia via rainy May Day to Nam June Paik. That is why official institutions have no place here.
Seize upon the historical burden as an opportunity and learn to live with caesuras: "Pay heed... to the surviving fragments of this world, preserve their integrity and grant them dignity." (Colin Rowe)
The Bauakademie building (whether original or newly interpreted, but certainly accommodating architects) is

„Den Überbleibseln in der Welt Aufmerksamkeit ... schenken, ihre Integrität erhalten und ihnen Würde verleihen".
(Colin Rowe)
Der Baukörper der Bauakademie (ob historisch oder übersetzt, aber allemal mit der Architektur als Nutzer) ist ebenso hilfreich, den Werderschen Markt zu fassen wie der neue Nachbar des Kronprinzenpalais. Das Innenministerium erhält seinen gewünschten Kopfbau, die Hauptfassade der Reichsbank hat sich wieder zu bescheiden. Der städtische Grünzug bleibt, vermittelt aber durch Wohnen und Seniorenheim von der „Behördenstadt" zur Mischkultur der Friedrichstadt.
Das ehemalige „Staatsratsgebäude" ist zu erhalten, auf Dauer und mit mehr Distanz wird es uns auch Paradoxes über unsere und der Stadt Geschichte erzählen können. Ein selbstbewußtes Außenministerium wird gut hiermit leben können: aufgefächert dahinter mit Schwerpunkt und Foyer zur Breiten Straße und Durchlässigkeit zur Wasserseite, die trotz Sicherheitsbedürfnis öffentlich bleibt.

DIE ARCHITEKTEN

as helpful in lining the Werder Market as is the new neighbour of the Kronprinzenpalais. The Interior Ministry is granted the end structure it requests; the main façade of the Reichsbank must retain its modesty. The urban greenery remains, but with its residential uses and home for the elderly it mediates between the institutional quarter and the mixed culture of Friedrichstadt.
The former Staatsrat must be preserved: in the long term and with more detachment, it will teach us paradoxes about our history and that of our town. A self-assured Foreign Ministry can live well with that, fanned out behind it with its focus and foyer on Breite Strasse, and permeable on the water side which, in spite of the need for security, remains accessible to the public.

THE ARCHITECTS

Gerd Münster, Ralf Sroka, Berlin

Gerd Münster, Ralf Sroka, Berlin

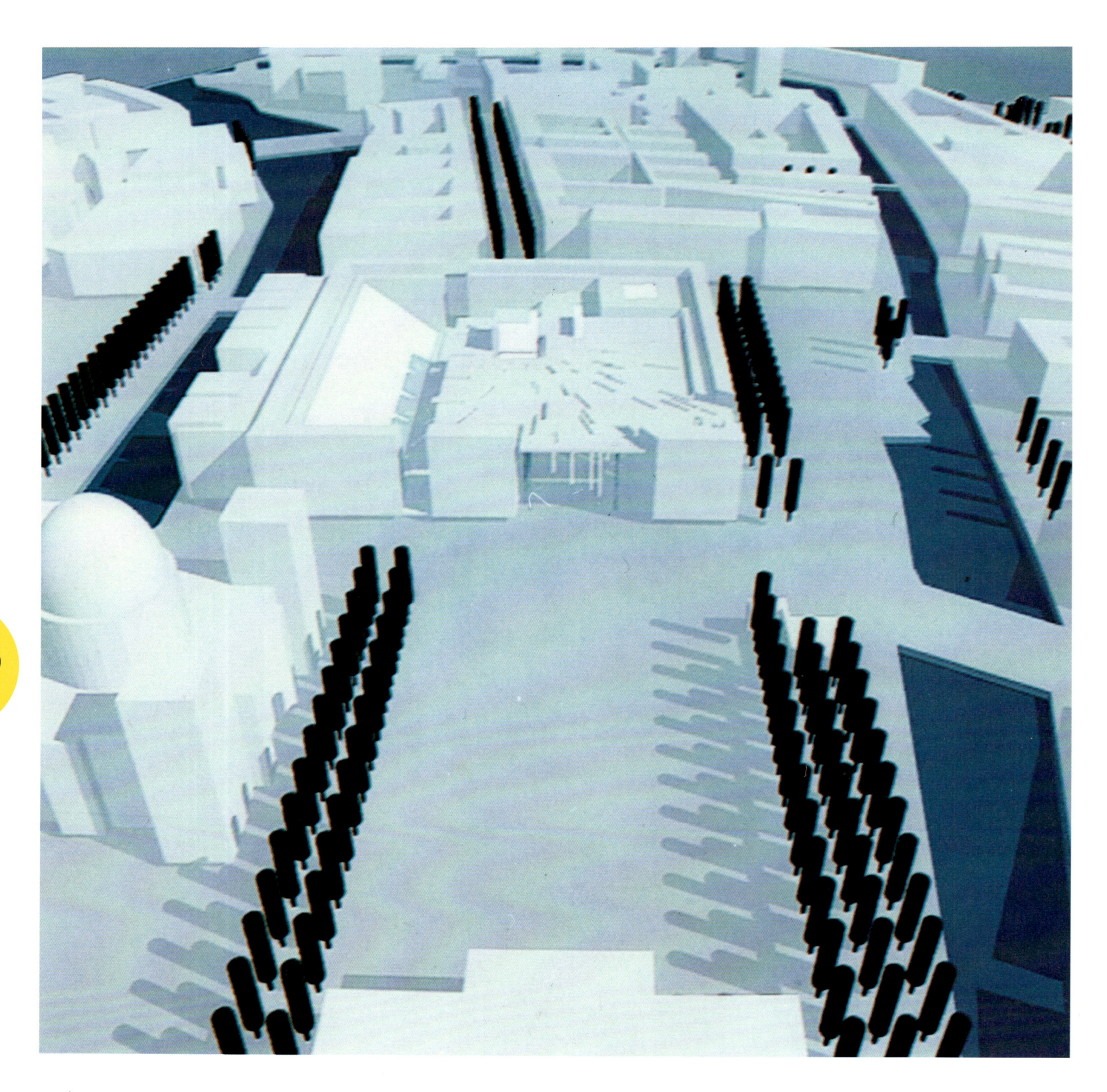

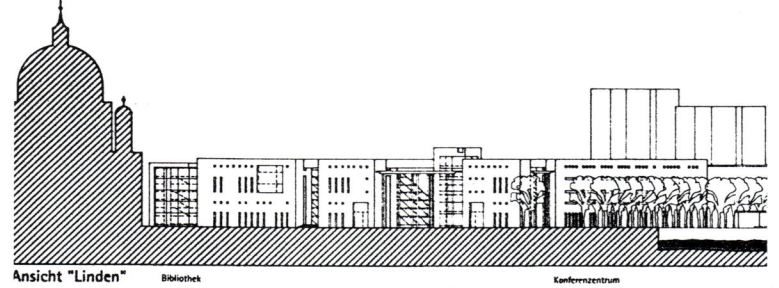

140

Ansicht "Linden" Bibliothek Konferenzzentrum

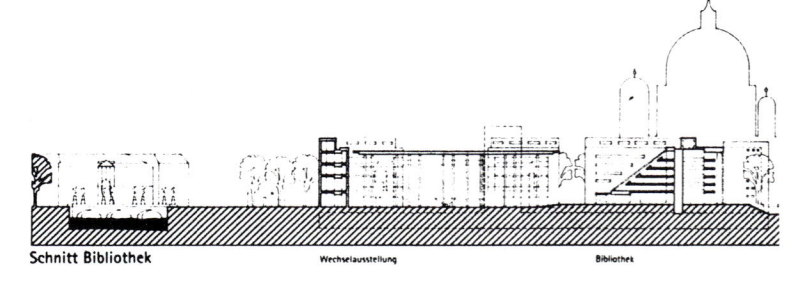

Schnitt Bibliothek Wechselausstellung Bibliothek

Gerd Münster, Ralf Sroka, Berlin

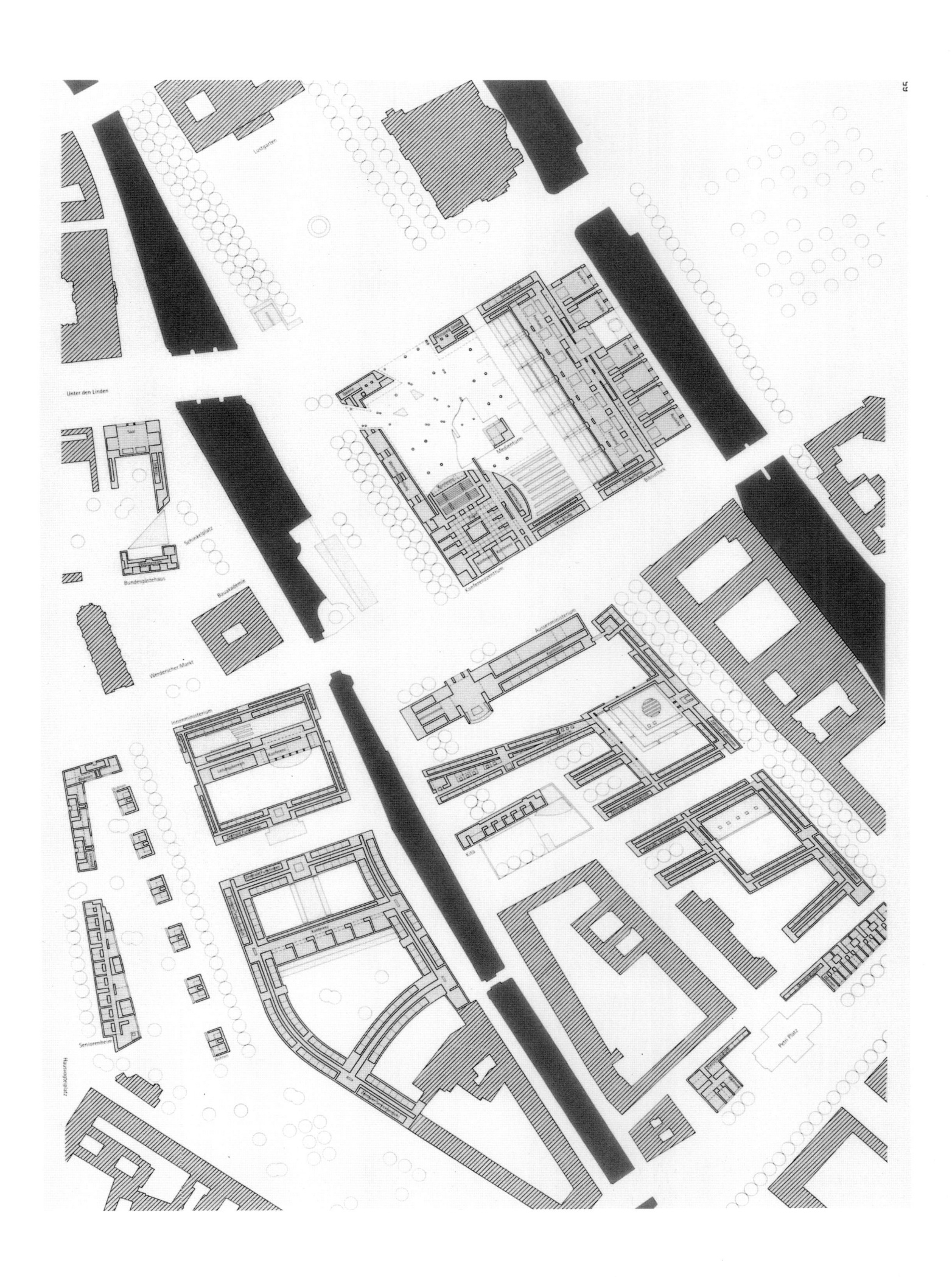

Determann + Martienssen, Hannover

Die teilweise torsohafte Stadtstruktur wird ergänzt und weiterentwickelt, die Eigenart der städtebaulichen Grundstrukturen gestärkt, die örtliche und geschichtliche Wertigkeit des Stadtgrundrisses verdeutlicht.
Das „Forum der Zukunft" ist Dreh- und Angelpunkt der zentralen Stadträume. Er wird als öffentlicher Stadtplatz angelegt. Eine hohe Pergola mit Galerien und Dach umfassen ihn. Platz und Pergola liegen als bauliche Bindeglieder zwischen dem als Bibliothek und Medienzentrum genutzten Palast der Republik und dem neuen Kongreßzentrum. Der Palast der Republik wird baulich auf seine tragende Grundstruktur zurückgenommen, damit verringern sich seine Außenmaße. Grundrißstruktur und Architektur ergeben sich aus den Erfordernissen des Gesamtkomplexes. Der Stadtplatz ist Zentrum des Gebäudekomplexes und gleichzeitig Teil der Raumfolge von Lustgarten und Schloßplatz. Die ehemalige Schloßfreiheit wird zum terrassierten, baumbestandenen Uferplatz am Spreekanal.
Die Brüderstraße wird verlängert und stößt wieder auf den Schloßplatz. Zusammen mit den neuen Baulichkeiten des Auswärtigen Amtes und dem ehemaligen Marstall erhält der Raum eine dem ursprünglichen Schloßplatz entsprechende Kontur. Die Gebäude des Auswärtigen Amtes sind als Solitäre in der Blockstruktur angelegt.
Westlich anschließend im Altgebäude zwischen Spreekanal und Wallring hat das Bundesministerium des Innern seinen Standort. Das Gebäude der Bauakademie wird wiederhergestellt. Zusammen mit dem terrassierten Uferplatz am Forum entsteht beiderseits des Spreekanals ein belebter Stadtraum. Ein Solitär mit Wohnnutzung bildet den Übergang von den Grünflächen der Wallanlagen zum Schinkelplatz.
DIE ARCHITEKTEN

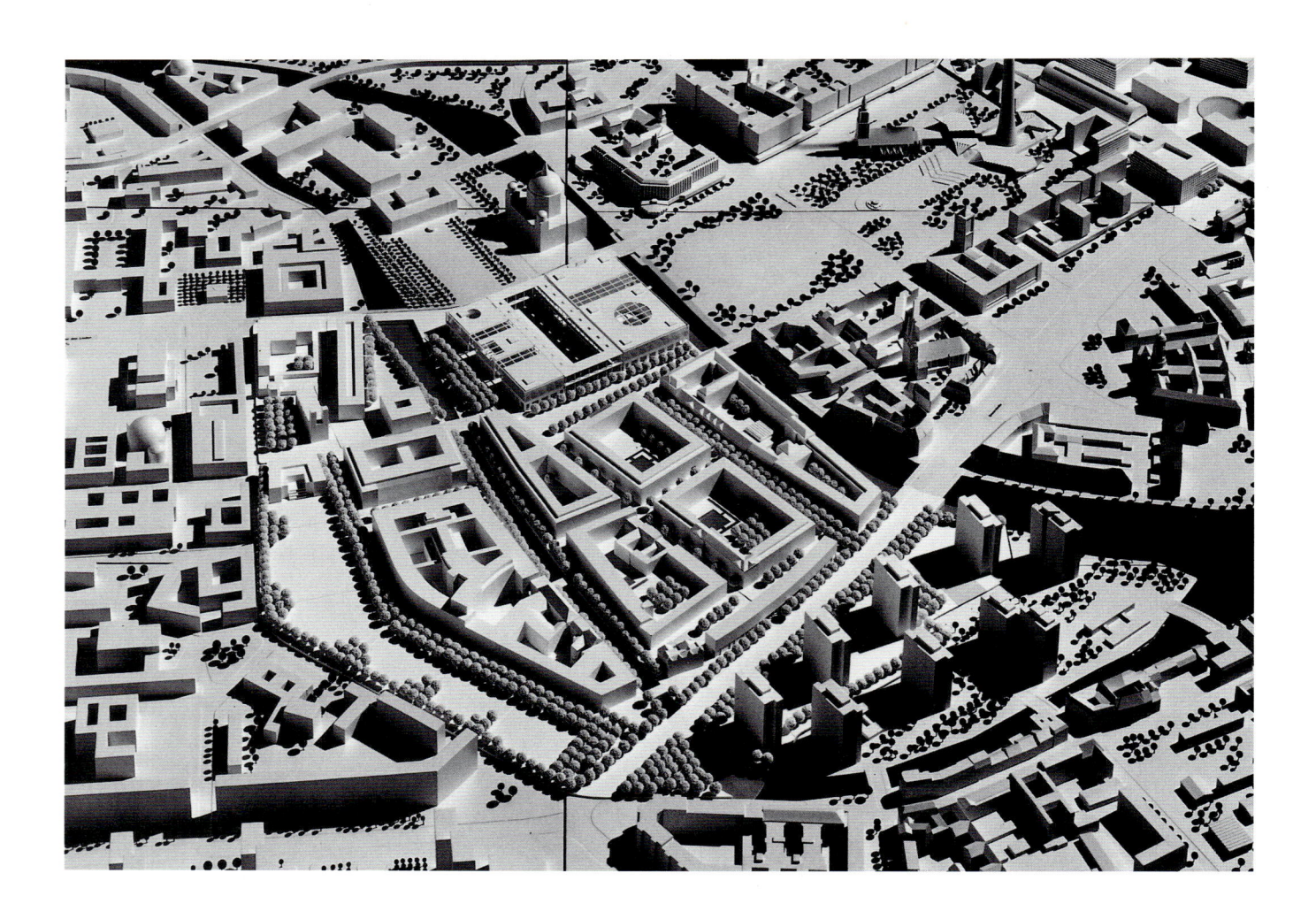

143

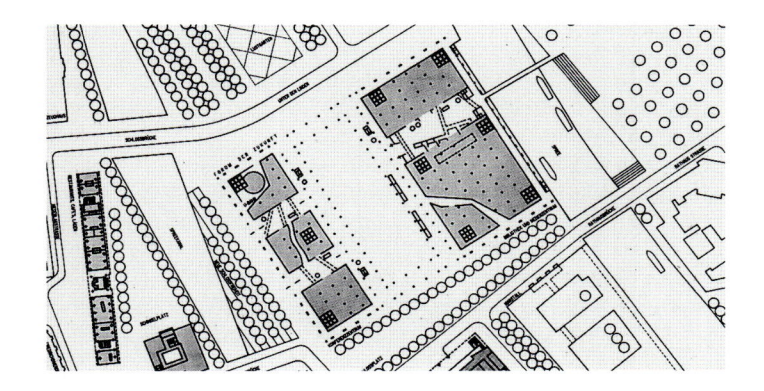

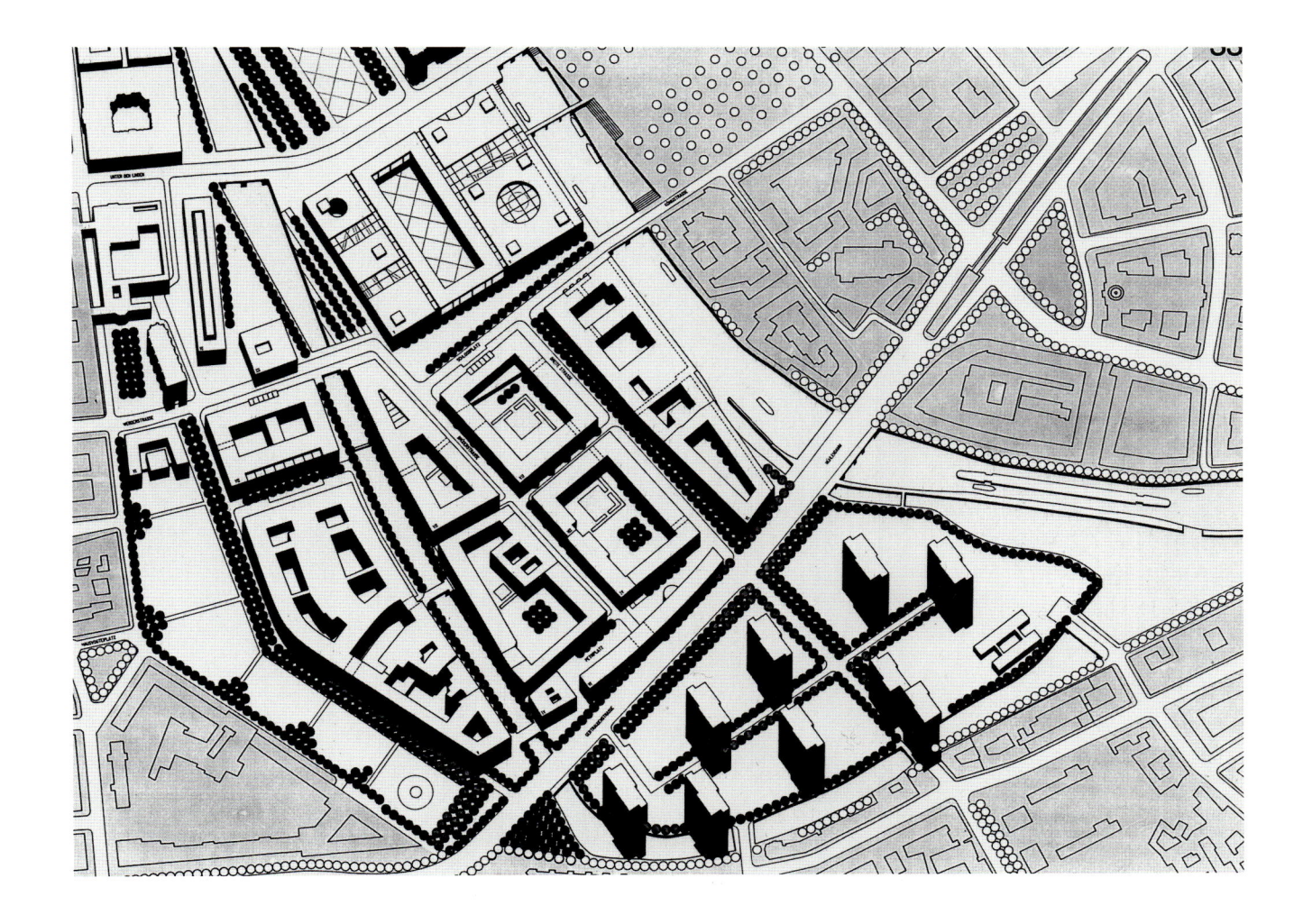

The somewhat torso-like urban fabric is completed and developed further, the uniqueness of the basic urban patterns is strengthened, the local and historical value of the city plan is ellucidated.

The heart of the central urban spaces is the "Forum of the Future". Its layout is that of an open urban square. A high pergola with galleries and a roof encloses it. Square and pergola act as architectural binding elements between the Palast der Republik – used as a library and media centre – and the new congress centre. The Palast der Republik is dismantled down to its structural frame, thus reducing its external dimensions.

Plan structure and architecture are the product of the requirements of the complex as a whole. The Stadtplatz is the core of the building complex and at the same time part of the spatial sequence of the Lustgarten and Schlossplatz. The former Schlossfreiheit is turned into a terraced square planted with trees on the bank of the canal.

Brüderstrasse is extended up to Schlossplatz again. In conjunction with the new buildings of the Foreign Ministry and the former Marstall, the space recovers contours commensurate with the original Schlossplatz. The Foreign Ministry buildings are arranged as free-standing buildings in the block structure.

Adjoining to the west between the canal and the ramparts ring in the old building is the Interior Ministry. The Bauakademie building is recreated. With the terraced square on the bank near the forum, a lively urban space is created on both sides of the canal. A free-standing building with residential space forms a transition from the greenspaces of the medieval ramparts towards Schinkelplatz.

THE ARCHITECTS

Determann + Martienssen, Hannover

Gebrüder Schärli AG, Luzern

Im südlichen Teil der Spreeinsel sowie an der Ecke Werder-/Kurstraße wird die historische Blockbebauung ergänzt. Damit wird der historische Zusammenhang der spreeübergreifenden Stadtteile wieder erlebbar. Der Neueingriff wird im Zentrum der Insel vollzogen, bestehend aus den zwei Hauptelementen Sockel und Oberbau.

Der Oberbau bildet eine geschlossene Form als Reminiszenz an das alte Schloß und die Berliner Blockbebauung. Das neue Volumen steht im orthogonalen System mit Dom und Altem Museum und definiert so den Raum des Lustgartens. Sockel und Oberbau bilden getrennte, unabhängige Elemente, durch deren Zusammenspiel neue, spannungsvolle Räume entstehen.

Der Oberbau verbindet die historisch gewachsenen und zusammengehörigen Stadtteile Berlin, Neu-Cölln und Friedrichswerder. Mittig auf der Insel wird Raum geboten für ein Kongreßzentrum (mit Büros im Oberbau). Im Sockelbereich werden Bibliothek, Medienzentrum, Cafés und Restaurants zur Verfügung gestellt. Östlich der Spree ist ein Kulturzentrum mit Open-Air-Bühne, Ausstellungsräumen und Galerien geplant. Westlich des Spreekanals entsteht ein Hotelzentrum.

An der Ecke Werder-/Kurstraße wird das Bundesministerium des Innern einquartiert. Als Erweiterung steht der Block nördlich zur Verfügung. Ein Endausbau ist in südlicher Richtung vorgesehen.

Das Auswärtige Amt wird in zwei Blöcken, intern verbunden, zwischen Brüderstraße und Breite Straße realisiert. Das alte Staatsratsgebäude steht im Widerspruch zur historischen Blockbebauung im südlichen Teil der Insel. Damit der Gedanke der Stadtreparatur nachvollziehbar wird, schlagen wir vor, das Gebäude abzureißen.

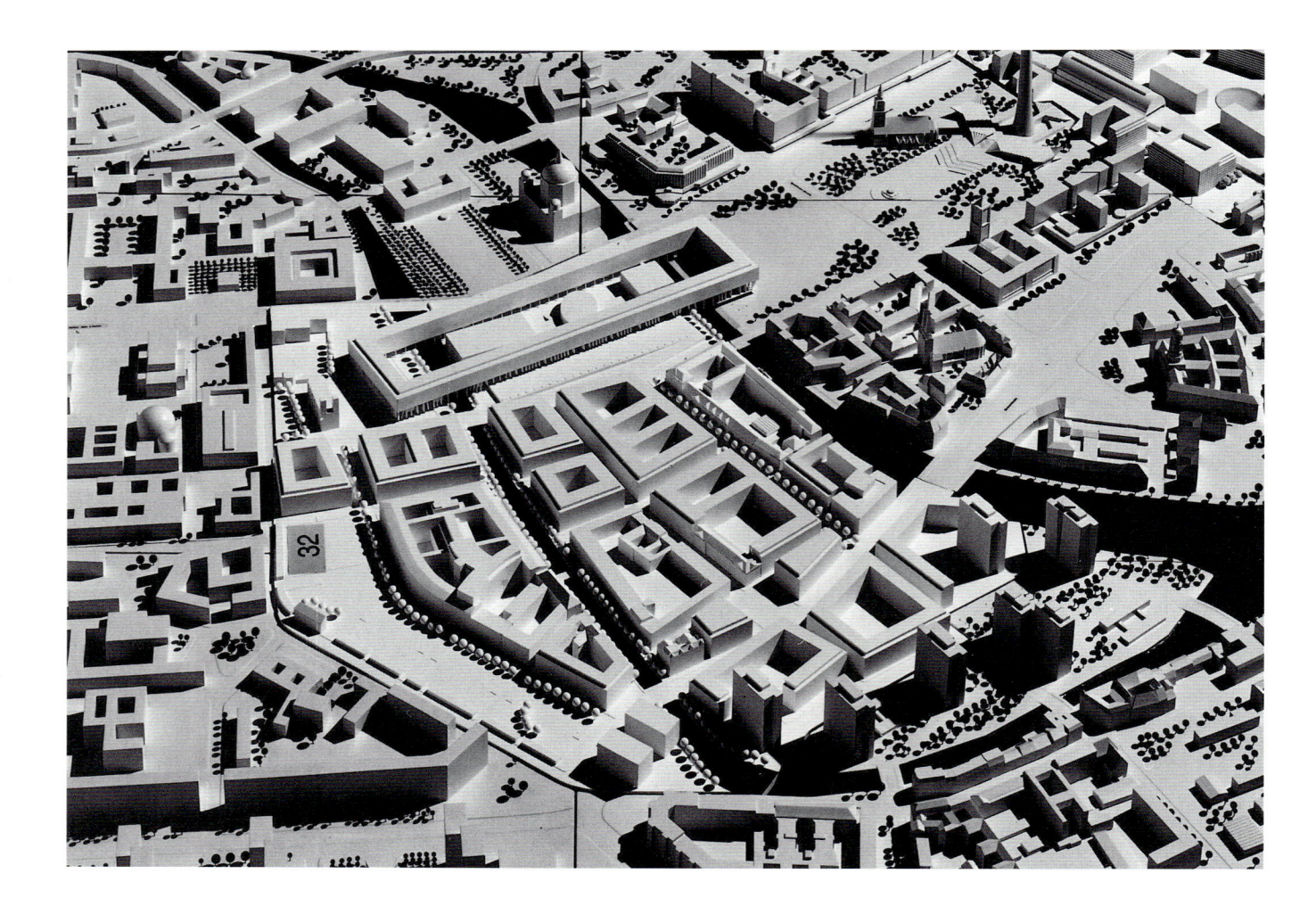

DIE ARCHITEKTEN

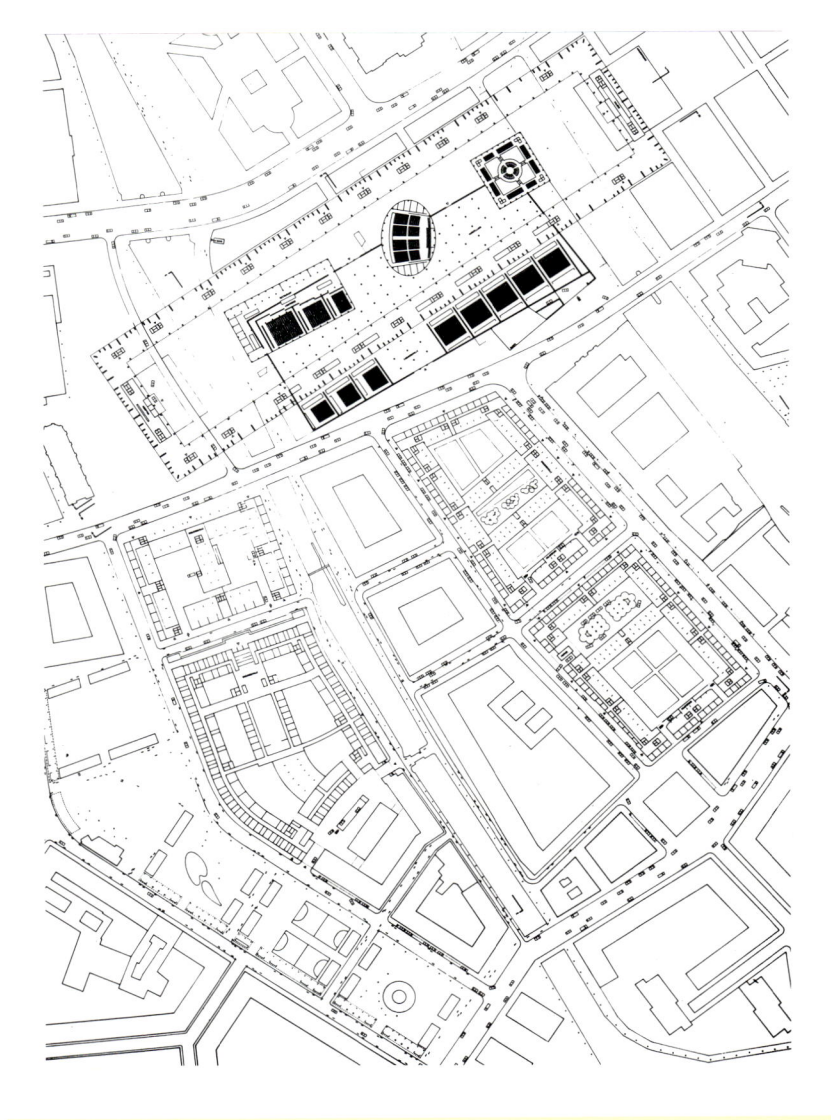

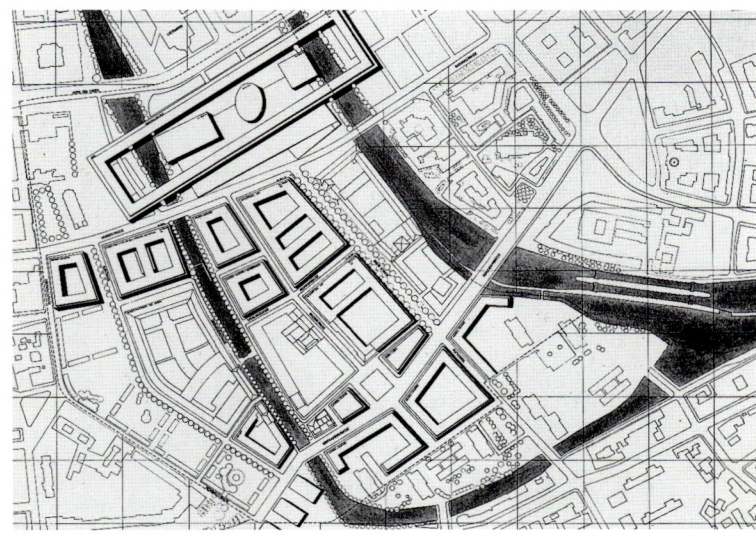

The historical block development is completed on the southern part of the Spreeinsel as well as on the corner of Werderstrasse and Kurstrasse. In doing so the historical context of those districts which straddle the river is revived. Building is undertaken at the centre of the island, and consists of two main elements: base and superstructure. The superstructure creates a self-contained form reminiscent of the old Schloss and the Berlin block development. The new volume is sited orthogonally to the Cathedral and the Altes Museum, thus defining the Lustgarten space. Base and superstructure form separate, independent elements, which create new spaces characterised by a sense of tension through their interplay.

The superstructure links the Berlin districts of Neu-Cölln and Friedrichswerder, which arose and belong together historically. Space is available at the centre of the island for a congress centre [with offices in the superstructure]. The base section houses the library, the media centre, cafés, and restaurants. To the east of the river is a cultural centre with an open air stage, exhibition spaces, and galleries. A hotel centre is built to the west of the canal.

The Interior Ministry is placed on the corner of Werderstrasse and Kurstrasse. The block to the north is available for an extension. An extension of the end is planned to the south. The Foreign Ministry is realized in two blocks, internally cross-connected, between Brüderstrasse and Breite Strasse. The old Staatsrat building presents a contradiction to the historical block development on the southern part of the island. To make the idea of city reparations comprehensible, we propose the demolition of this building.

THE ARCHITECTS

**Gebrüder Schärli AG,
Luzern**

Ferdinand von Hohenzollern, Berlin

Die Rekonstruktion von Stadtgrundrissen oder Baudenkmälern wie das Stadtschloß würde die historischen Entwicklungen mißachten. Der Wiederaufbau des Zentrums muß sich nicht im formalen, sondern inhaltlichen Sinne auf die Geschichte beziehen.

Der Palast der Republik riegelt städtebaulich die wichtige Beziehung Spreeinsel-Alexanderplatz ab und hinterläßt eine ungefaßte Öde auf der Westseite. Das Außenministerium der DDR auf der anderen Seite bildet eine maßstabslose Trennwand zwischen Spreeinsel und Friedrichstadt. Deshalb sollte auf beide Gebäude verzichtet werden. Der Ost-West-Riegel des geplanten Konferenzzentrums als Haupt des Blockbandes gibt zwei historischen Stadträumen wieder bauliche Fassung: der Gartenseite Lustgarten mit Dom, Altem Museum und Zeughaus im Norden; der Stadtseite Schloßplatz mit Bibliotheksturm, Staatsrat und Bauakademie auf der Südseite. Der Boulevard „Unter den Linden" im Norden wird in seiner großzügigen Form bis zum Alexanderplatz fortgeführt und durch das Blockband baulich gefaßt. Die Spreeinsel ist nicht mehr Endpunkt, sondern Drehpunkt der Achse. Sie erhält einen dem Stadtschloß entsprechenden Identifikationswert.

Die Ministerien sind mit ihren repräsentativen Kopfbauten für die Öffentlichkeit am Schloßplatz und Werdermarkt vertreten, ziehen sich aber in das dahinterliegende Stadtgefüge zurück.

Der Verlauf der ehemaligen Stadtbefestigung wird durch den Wohnungs- und Geschäftsbau des „Stadtwalles" symbolisiert. Das Petriviertel als Zentrum der Infrastruktur wird klar definiert und durch den Hochhausgürtel samt Grünanlagen der Fischerinsel eingerahmt.

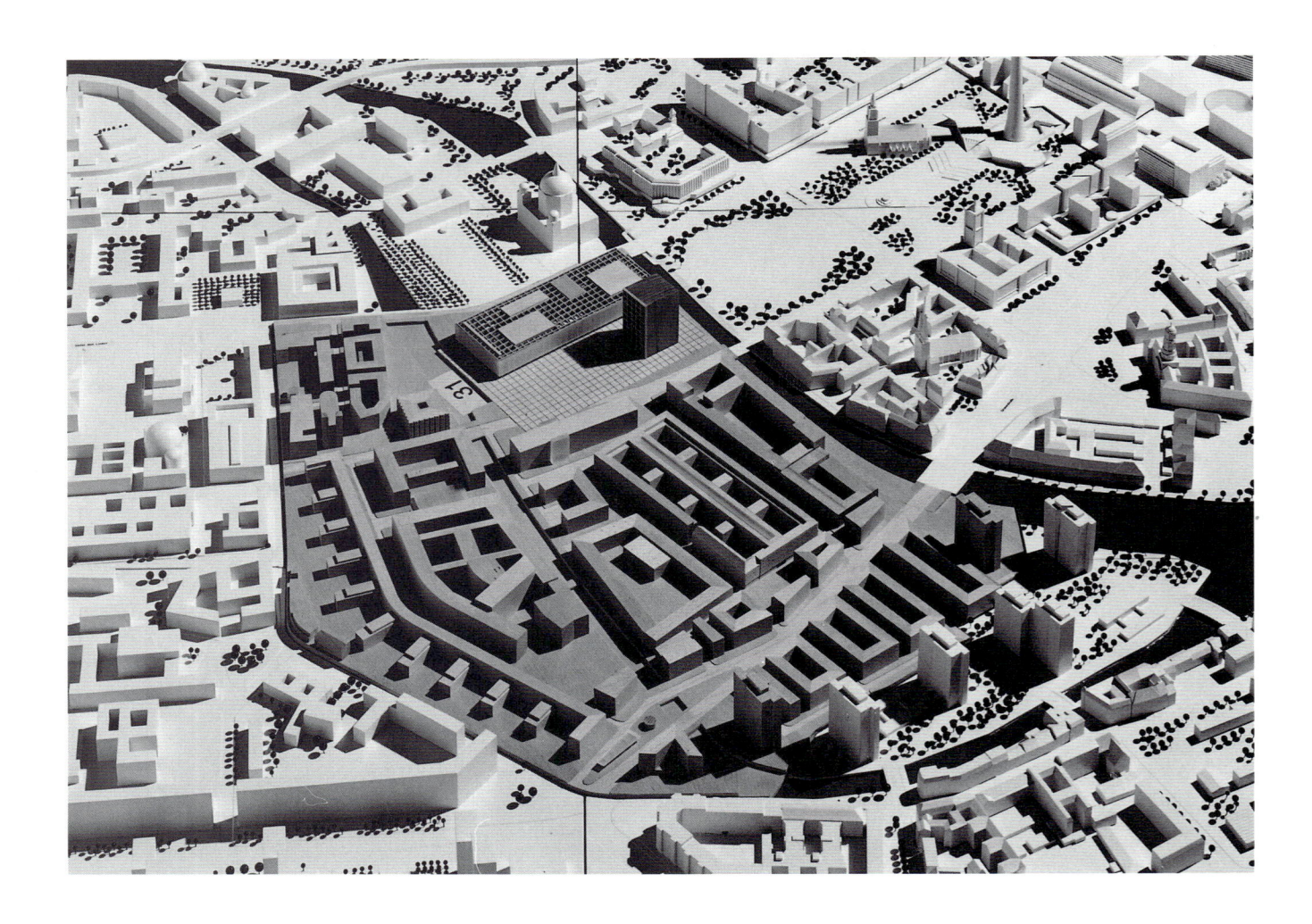

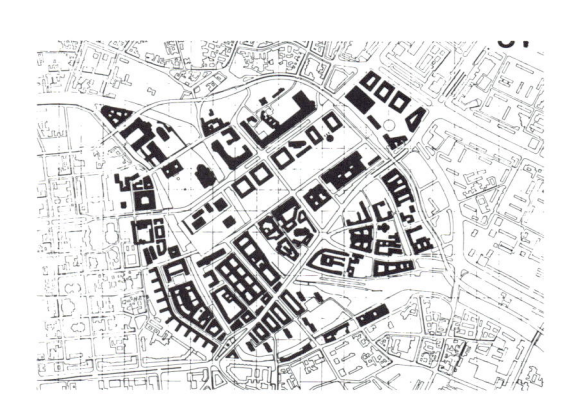

DER ARCHITEKT

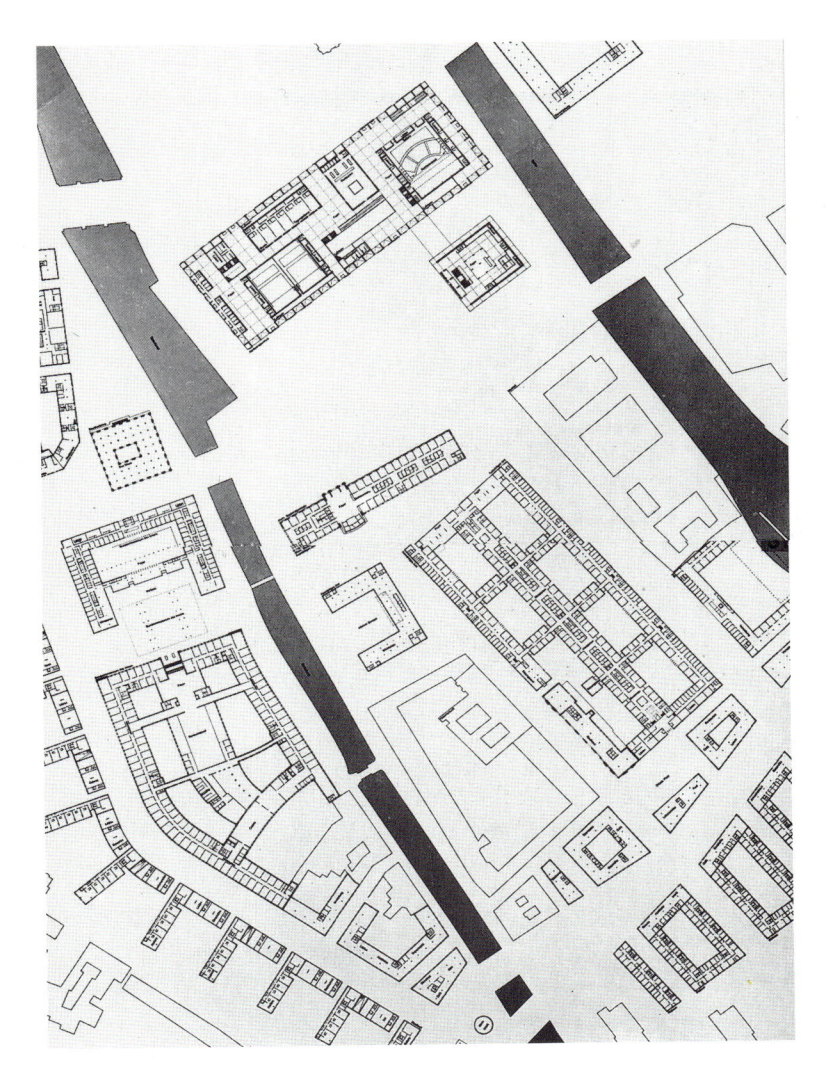

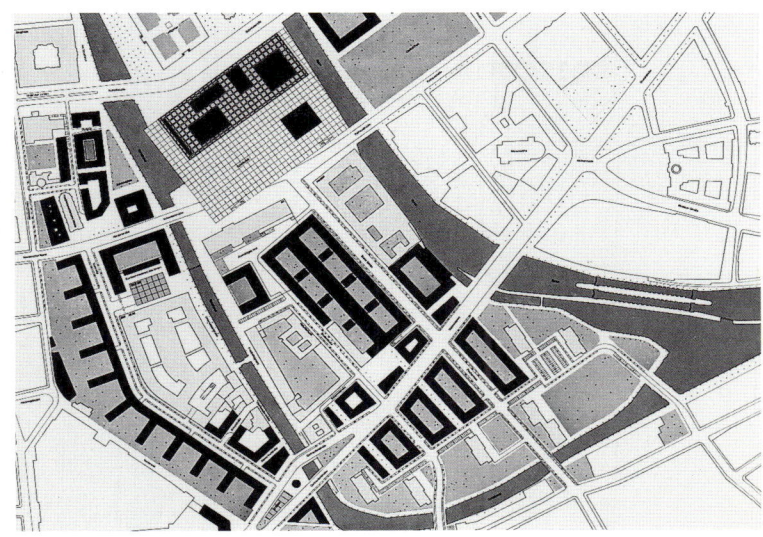

To reconstruct city plans or architectural landmarks such as the Stadtschloss would be to disregard historical developments. The rebuilding of the centre must make reference to history not in a formal sense, but rather in terms of content. The Palast der Republik spatially blocks off the important Spreeinsel-Alexanderplatz relationship, leaving an unenclosed wasteland on the west side. The Foreign Ministry of the GDR on the other side forms a partition lacking in scale between Spreeinsel and Friedrichstadt. Both buildings should be dispensed with for these reasons.

The east-west bar of the planned conference centre as the head of the block ribbon provides an architectural frame again for two historical urban spaces: to the garden side the Lustgarten with the Cathedral, to the north the Altes Museum and the Zeughaus; to the city side the Schlossplatz with the library tower, the Staatsrat building and the Bauakademie on the south side.

The "Unter den Linden" boulevard in its spacious form is extended to the north up to Alexanderplatz and is architecturally enclosed by the block ribbon. The Spreeinsel is no longer the end point, but rather the pivotal point of the axis. It acquires an identification value commensurate with that of the Stadtschloss.

The Ministries are present with their representative front buildings for the public on Schlossplatz and Werder Marketplace, but withdraw into the urban fabric behind them.

The run of the former city fortifications is symbolized by the residential and retail building of the "City Ramparts". The St. Peter's quarter as the core of the infrastructure is clearly defined and enclosed by the tower block belt and green spaces of the Fischerinsel.

THE ARCHITECT

Ferdinand von Hohenzollern, Berlin

Louis Canizares & Jacques Pe, Toulouse

Entgegen den gängigen Vorstellungen, denken wir, daß eine Stadt ihre Qualität als Stadt nicht etwa durch ihre Architekturen erhält, sondern durch die Qualität des „Leerraumes" zwischen den Gebäuden.

Von den ursprünglichen Stadtplänen ausgehend waren wir bemüht, die öffentlichen Räume wiederzufinden, indem wir die zukünftigen architektonischen Elemente unter Bewahrung der sichtbaren Konturen wie auch der Gebäudehöhe anordneten. Baumreihen, parallel zur Bauflucht, folgen dabei dem Verlauf aller öffentlichen Straßen und Wege.

Gemäß dem alten Flurplan sollen die Blöcke wieder aufgeteilt werden. Der Blockkern bleibt frei von jeglicher Bebauung. Er ist als gemeinschaftlicher, begrünter Raum vorgesehen, so daß jedes Blockinnere über sein eigenes Mikroklima verfügt.

Die erneute Verbindung der Stadt mit ihrer Vergangenheit zu ermöglichen, ist in unseren Augen maßgebend. Das soll keinesfalls bedeuten, daß die Stadt wie vor ihrer Zerstörung wiederaufgebaut werden muß. Wir wollen Berlin eine neue Perspektive, in Form einer großzügig angelegten Esplanade schenken. Diese Esplanade existiert schon östlich der Spreeinsel. Ähnlich dem „Champ de Mars" in Paris, soll sie den Rahmen für wichtige Ereignisse bilden, aber auch zum Begegnungsort der Berliner werden.

Für die Ministerien und andere Institutionen begnügen wir uns mit einem städtebaulichen Leitkonzept, da vor detaillierten Funktionsplänen eine genauere Festsetzung unverzichtbar erscheint.

Das bedeutendste historische Merkmal der Spreeinsel bleibt das Stadtschloß. Wir können uns vorstellen, daß es durch eine Markierung mit Granitplatten und Glasvolumina dauerhaft in Erinnerung behalten werden kann. **DIE ARCHITEKTEN**

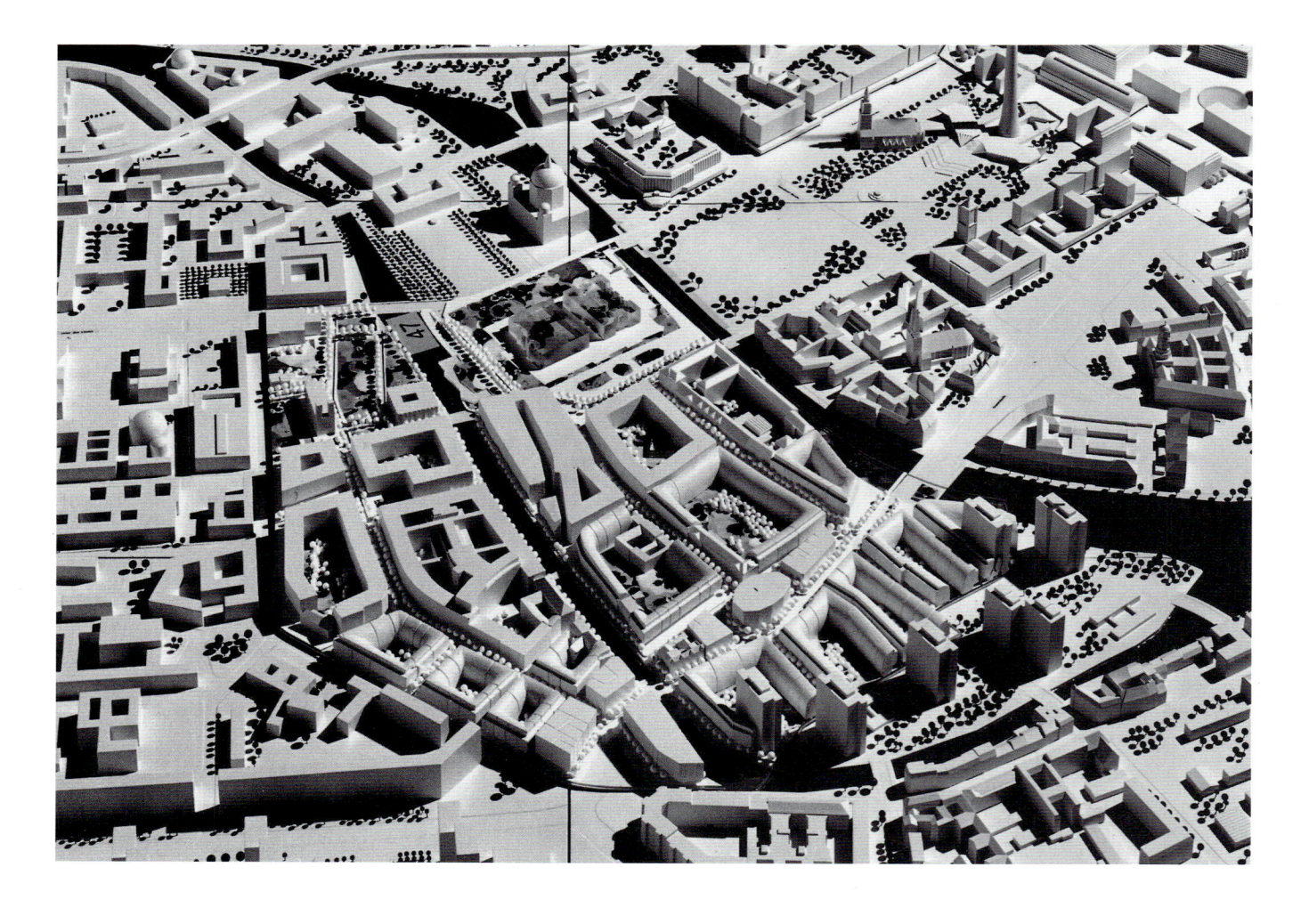

We believe, in contrast to the conventional assumption, that a city derives its urban quality less from its architecture than from the quality of the "empty spaces" between buildings. We drew on the historical maps to rediscover the public spaces, preserving visible contours and structural heights in arranging future architectural elements. Trees parallel to the building fronts line all the public streets and paths. The blocks are to be divided once more according to the old boundary charts. There should be no development within their perimeters. These green cores are retained for communal use, so that each courtyard will have its own microclimate.

In our view, the decisive criterion is to renew the city's links with its history. This does not at all imply that the city must be rebuilt as it was before its destruction.

We want to offer Berlin a new prospect in the form of a spatiously designed esplanade. This esplanade already exists to the east of Spreeinsel. Rather like the "Champ de Mars" in Paris, it shall create a framework for major events, but it will also be a place for Berliners to meet.

For the ministries and other institutions we have simply provided a basic planning concept, given that more precise functional specifications would appear necessary before detailed drawings can be produced.

The Schloss remains the most important historical landmark on Spreeinsel. We could imagine perpetuating its memory by means of markings, using granite slabs and glass volumes.

THE ARCHITECTS

Louis Canizares & Jacques Pe, Toulouse

Wolfgang Henning, Stuttgart

Modische Aha-Effekte werden vermieden, eine Ästhetik der Einfachheit, der Klarheit und Ordnung wird angestrebt. Für das Wettbewerbsgebiet gilt die Aufnahme der traditionellen Blockgliederung und stadttopographisch nachvollziehbarer Straßenführungen.

Der Kernbereich und Mittelpunkt der Planung, am Standort des früheren Stadtschlosses, ist dem Wiederaufbau eines Konferenzzentrums und einer Bibliothek vorbehalten, die als neuer Bibliothekstyp mit einem Medienzentrum vorzustellen ist. Der Grundriß beider Funktionsteile geht über Brücken ineinander über. Sie sind von der Entscheidung, ob Neubau oder Restaurierung der Schlossfassade funktional und formal unabhängig realisierbar. Ein öffentlicher Durchgang in Verlängerung der Achse der Breiten Straße führt zu den Eingängen und Foyers der Bibliothek und des Konferenzzentrums.

Im Bereich der Breiten Straße/Brüderstraße ist das Staatsratsgebäude nicht zu erhalten. Dessen Bauqualität kann die Störung der Straßen- und Platzräume nicht aufwerten. Am Schloßplatz markiert ein neuer repräsentativer Eingangsbereich das Auswärtige Amt. Die Vor- und Zufahrt von der Breiten Straße bildet einen neuen gesicherten Innenhof aus, dem sich entlang der Atrien die Sitzungssäle und Büros des Ministeriums anschließen.

An der Werderstraße und westlich der Brüderstraße gruppiert sich ebenfalls in Atrien ein Gebäudekomplex mit Dienstleistungen. Hier entstehen Geschäfte am aufgewerteten Mühlengraben, Cafés und ein Einkaufszentrum. Am Werderschen Markt vervollständigen Rekonstruktionen die städtebauliche Struktur des erhaltenen Ensembles. Hier beginnt ein Grünbereich in der Art eines „Englischen Gartens".

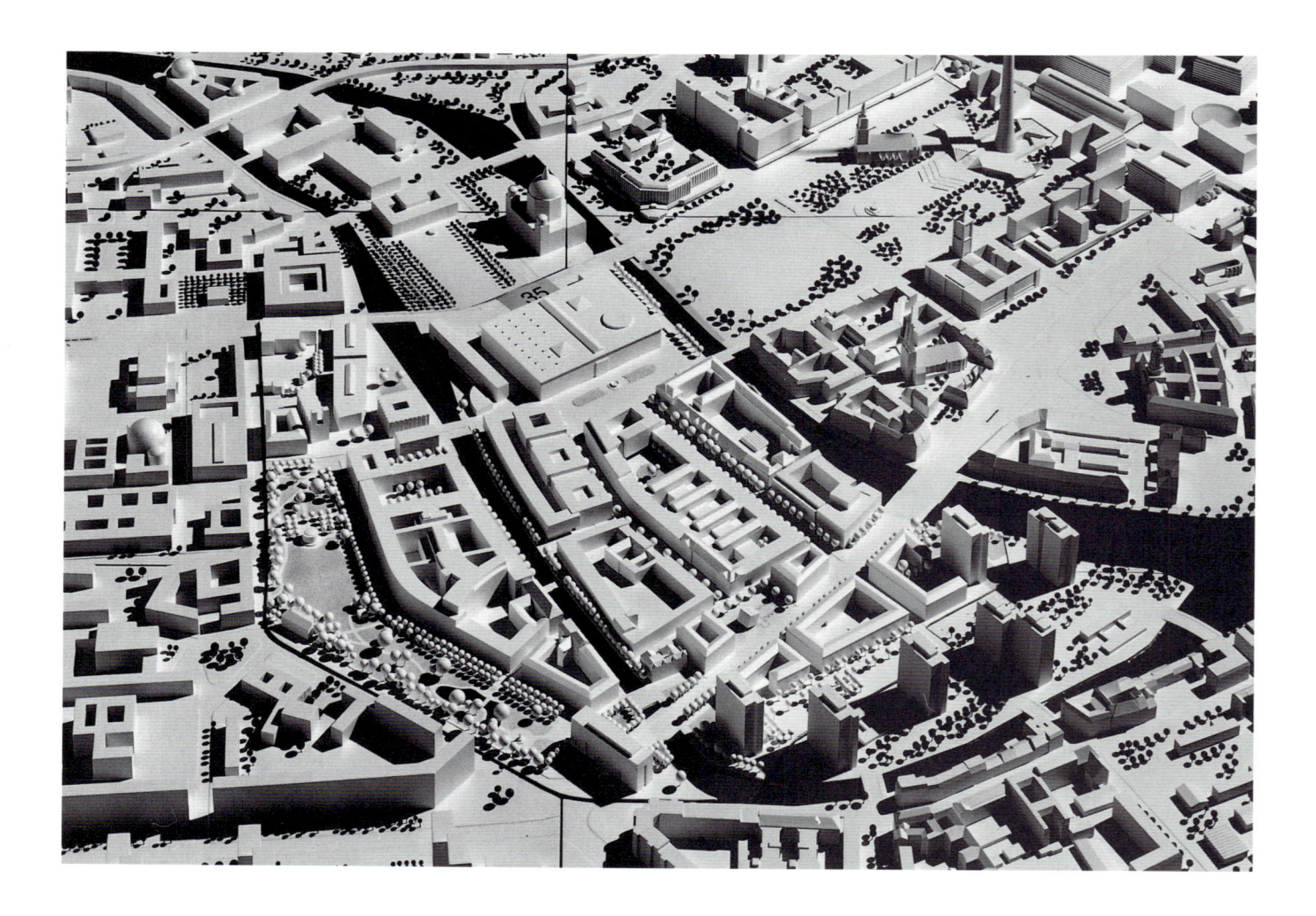

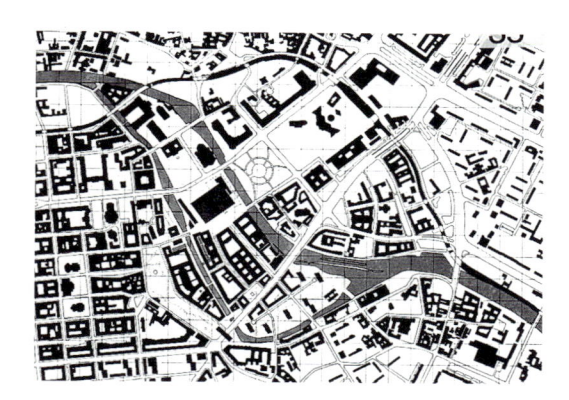

DER ARCHITEKT

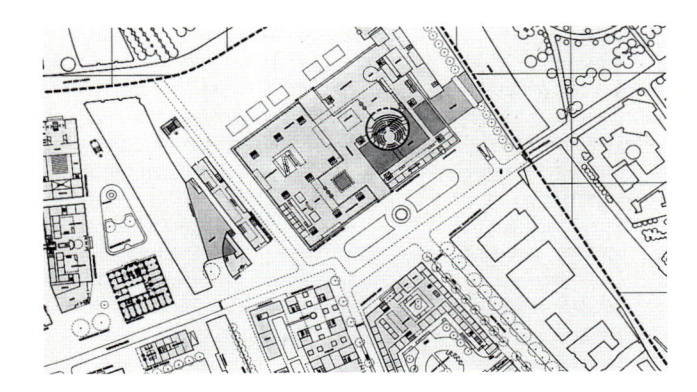

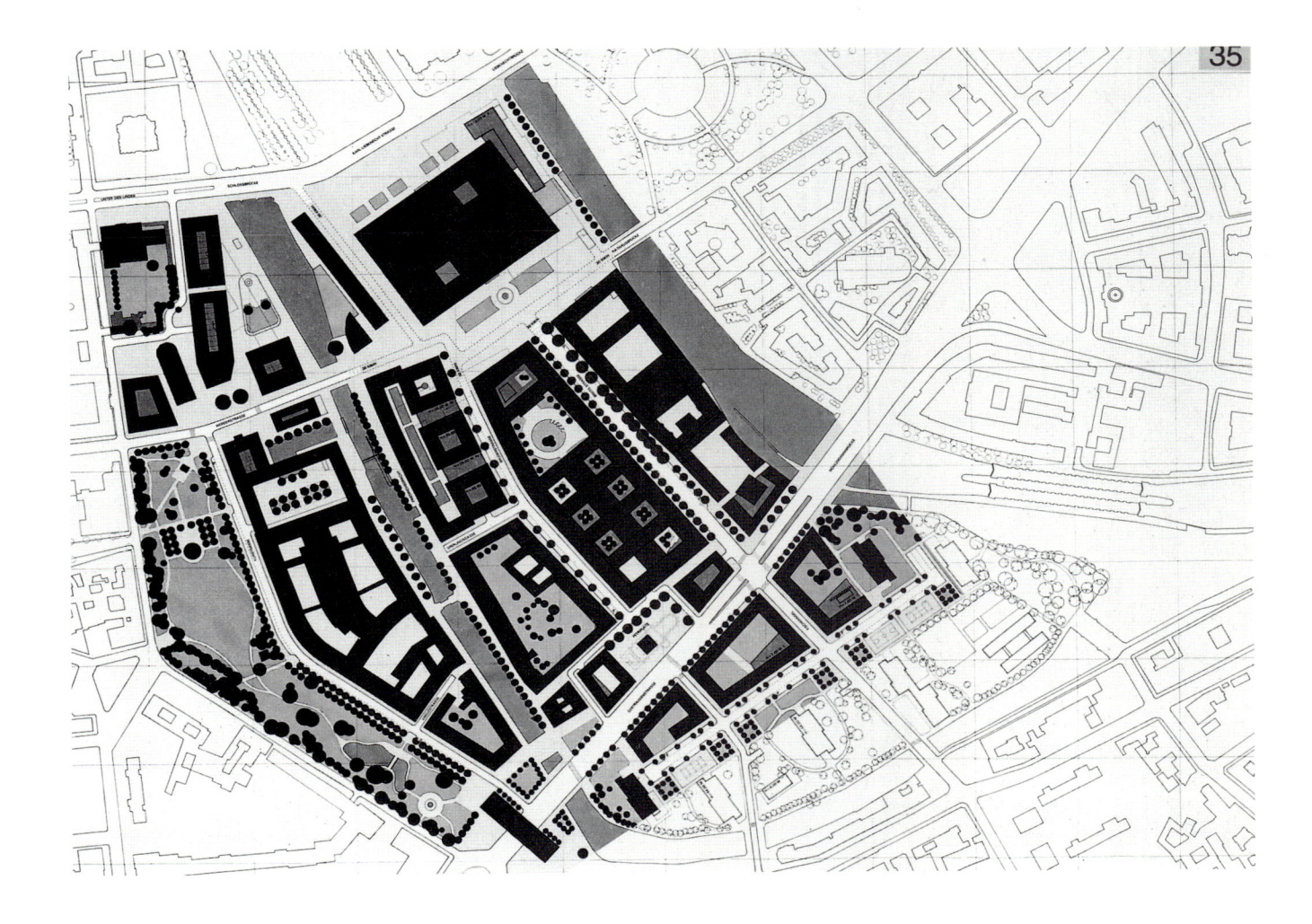

Fashionable surprise effects are avoided; an aesthetic of simplicity, clarity and order are aimed at. The traditional block composition is adopted for the competition site, as is a street layout coherent in terms of urban topography, linked to the surrounding district.

The core area and focus of the planning, on the site of the former Stadtschloss, is reserved for the reconstruction of a conference centre in conjunction with the city library. The city library is conceived of as a new type of library with a media centre. Through bridges the plan of the two parts merges. They are independently realizable both functionally and formally in terms of the decision to create a new building or to restore the palace façade. A public passage continuing the axis of Breite Strasse leads to the entrances and foyers of the library and the conference centre.

The Staatsrat building cannot be preserved in the area of Breite Strasse/Brüderstrasse. Its architectural quality cannot compensate for the disruption it causes to the street and square spaces. A new representative entrance area marks the Foreign Ministry on Schlossplatz. The access and entrance drive off Breite Strasse form a new secured interior courtyard. Adjoining it, clustered along the atriums are the meeting rooms and offices of the Ministry. On Werderstrasse and to the west of Brüderstrasse is a building complex with services of all kinds, which is clustered around atriums as well. Shops, cafés and a shopping centre develop on the optimized Mühlengraben, with offices and residential spaces on the upper floor levels. Reconstructions on the Werder Marketplace complete the urban fabric of the preserved ensemble. A greenspace in the style of an "English Garden" begins here.

THE ARCHITECT

Wolfgang Henning, Stuttgart

Alberto Munari, Bologna

Wir schlagen den Wiederaufbau von Bauakademie, Petrikirche und Schloß vor. Sowohl die Bauakademie als auch die Kirche sollten im ursprünglichen Sinne genutzt werden. Das Schloß hingegen sollte nur zum Teil rekonstruiert werden (Hauptfassade, Dach, Eingänge), das Gebäudeinnere kann anders gestaltet und anders als ursprünglich genutzt werden. Die historischen Plätze – Schinkelplatz, Petriplatz und die vier Vorplätze des Schlosses – werden ebenfalls wiederhergestellt. Die Brüderstraße sowie die Straßen auf der Fischerinsel werden geöffnet, die neue Brücke über den Spreekanal abgerissen, die Gertraudenstraße wird auf 21 Meter Breite verengt und zur alten Brücke geführt. Spittelmarkt sowie der Werdersche Markt werden wiederhergestellt, die Wallstraße wird geöffnet. „Unter den Linden" sollte verengt werden, ein Verkehrstunnel führt unter dem Lustgarten hindurch. Das Schloß wird das Konferenzzentrum aufnehmen. Das Innenministerium grenzt südlich an die Kreuzstraße; weitere Büroflächen können durch die Rekonstruktion der Alten Münze als Teil eines größeren Gebäudekomplexes entstehen. Ein Innenhof verbindet dabei alte und neue Gebäudeteile. Das runde Gebäude nimmt ein Computerzentrum auf; auf dem Dach ein Helikopter-Landeplatz. Bibliothek und Medienzentrum zwischen der Brüderstraße und dem Kanal müssen ganz der Kultur geweiht sein; im Inneren dort ein Hof mit Glasdach.
Im ehemaligen Kaufhaus Hertzog wird ein Teil des Auswärtigen Amts untergebracht. Weiterhin sieht der Entwurf ein Handels- und Einkaufszentrum am Spittelmarkt, ein Kino am Petriplatz, Schwimmbad und Kindergarten, ein Altenheim und ein Gästehaus vor. Es werden Gärten – „Hortus Conclusus" – angelegt.

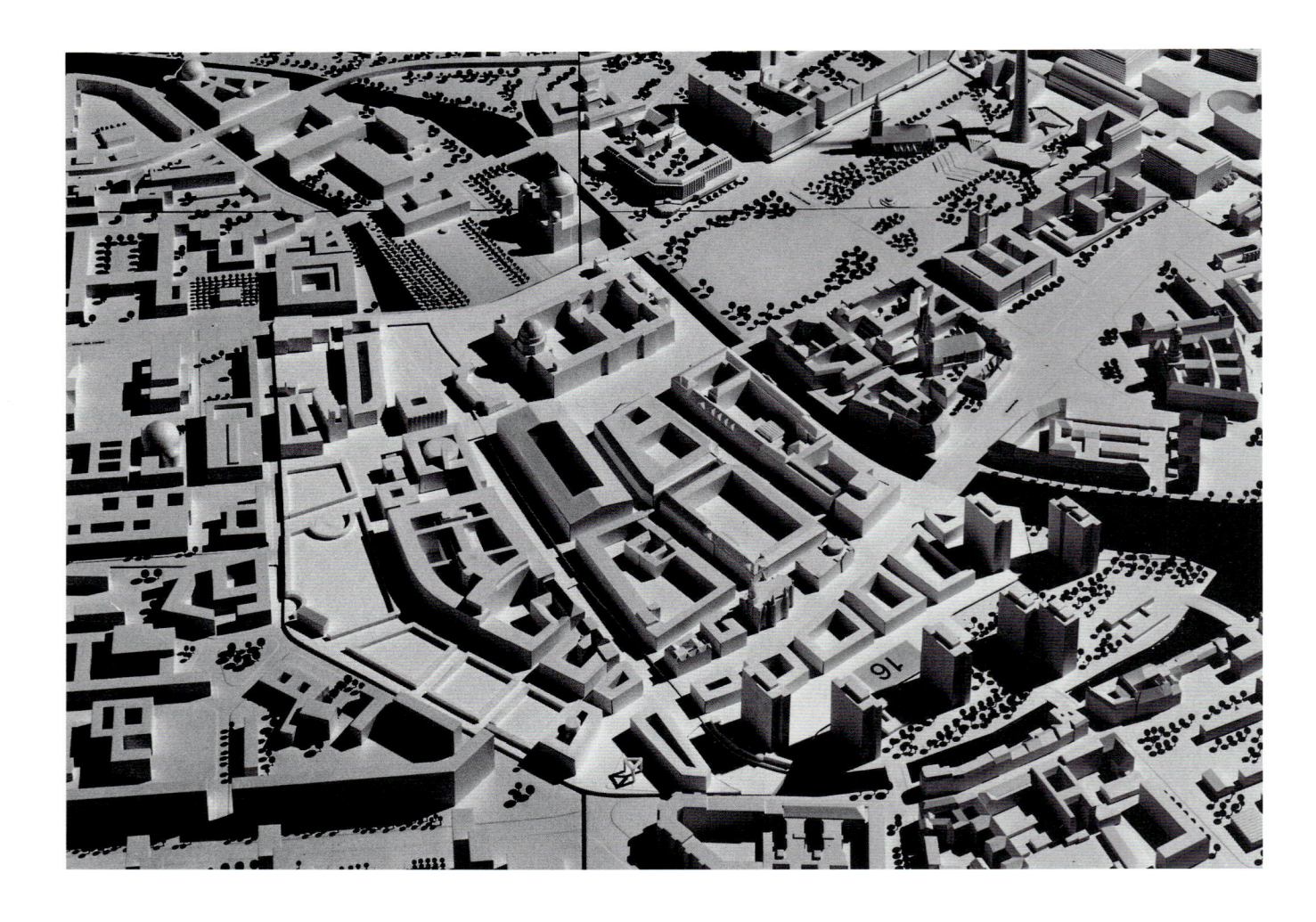

DER ARCHITEKT

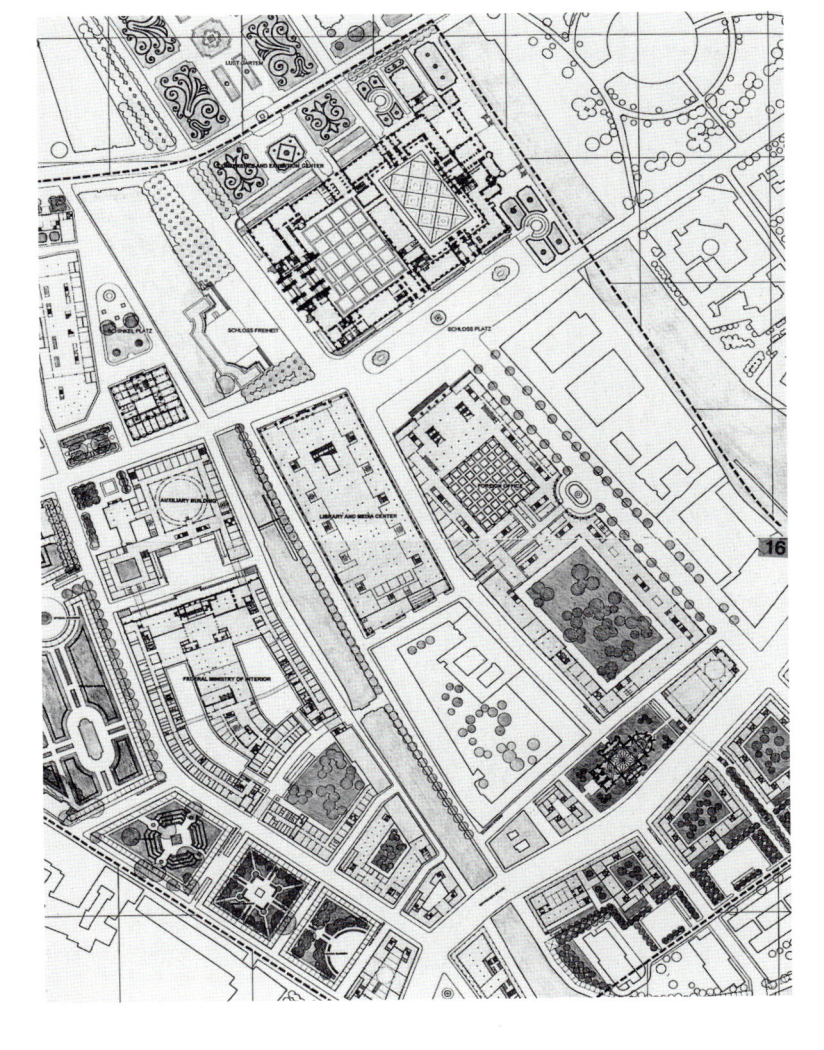

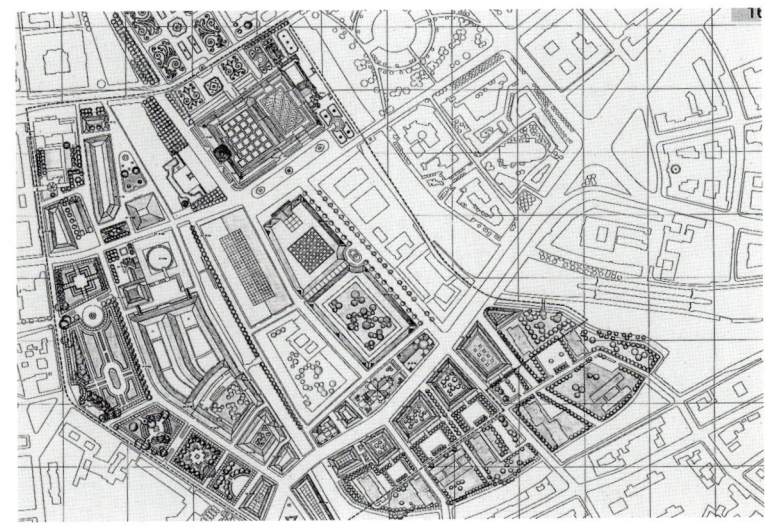

We suggest to rebuild the Bauakademie, St Petri Church and the Schloss. Both the Bauakademie and the church should be used for their original purposes. The Schloss, however, should be only partially rebuilt (e.g. front façade, roof, entrances) while the interior of the building could be created for purposes different from the original ones.

Schinkelplatz, St Petri-Platz and the four spaces around the Schloss should be restored as well. In addition to this we suggest to reopen the Brüderstrasse and the streets on the Fischerinsel, to demolish the new bridge over the Spree Canal and to divert Gertraudenstrasse towards the old bridge; it should be narrowed down to 21 meters. Spittelmarkt as well as Werderscher Markt should be restored, Wallstrasse reopened. "Unter den Linden" should be narrowed, with a traffic tunnel under the Lustgarten. The Schloss will host the conference and exhibition centre. The Ministry of the Interior borders on Kreuzstrasse to the south. Further space for this ministry could be created by rebuilding Alte Münze as part of a complex set of buildings with an inside square linking the new and the old building. The round building includes a computer centre; on the roof a heliport will be installed. The library and media centre between Brüderstrasse and the canal must be a real temple of culture. Inside will be a court area with a glass ceiling. The Foreign Office will include the Hertzog Department Store.

Other buildings – such as a trading and shopping centre on Spittelmarkt, a cinema on Petriplatz, a swimming pool and kindergarten, a senior citizen's home and a guest residence – have been projected. Gardens – "Hortus Conclusus" – will bound the framework of the streets.

THE ARCHITECT

**Alberto Munari,
Bologna**

Wilhelm Kücker, München

Das Ziel ist die Wiedergewinnung des geschichtlich gewordenen Stadtraumes in Formen, die den Bedürfnissen der Gegenwart gerecht werden. Der Weg dahin führt über die grundsätzliche Wiederherstellung des Straßennetzes und der Blockrandbebauung, weil die geschichtslose „neue" Nachkriegsstadt mit ihren überdimensionierten Leerflächen als städtischer Lebensraum versagt hat. Dennoch muß dies über die weitgehende Einbindung der Nachkriegsbebauung in die „kritische" Rekonstruktion des Stadtgrundrisses geschehen. Der Abriß der Nachkriegsbebauung ist wirtschaftlich nicht zu vertreten, und außerdem muß sie als Teil der Geschichte dieser Stadt hingenommen werden.

Die Komplexität der Metropole verlangt nach differenzierten Lösungen für die sich in ihrer Eigenart unterscheidenden Stadtquartiere. Sensibelster Bereich ist das historische Ensemble von Zeughaus, Altem Museum und Dom, dem das Bezugselement abhanden gekommen ist: das Schloß als zentralem Ort, von dem die Stadtentwicklung ihren Ausgang nahm und ohne den sich diese Stadt nicht erklärt. Deshalb bleibt keine andere Wahl, als diesen Bau wenigstens in seinen barocken Umrissen neu erstehen zu lassen.

Es kommt darauf an, eine Synthese aus dem Neuen und der Erinnerung an das Alte zu finden. Der Palast der Republik ist jedenfalls, auch ohne seine Asbestschäden, nicht zu retten, wenn die historische Mitte Berlins gerettet werden soll.

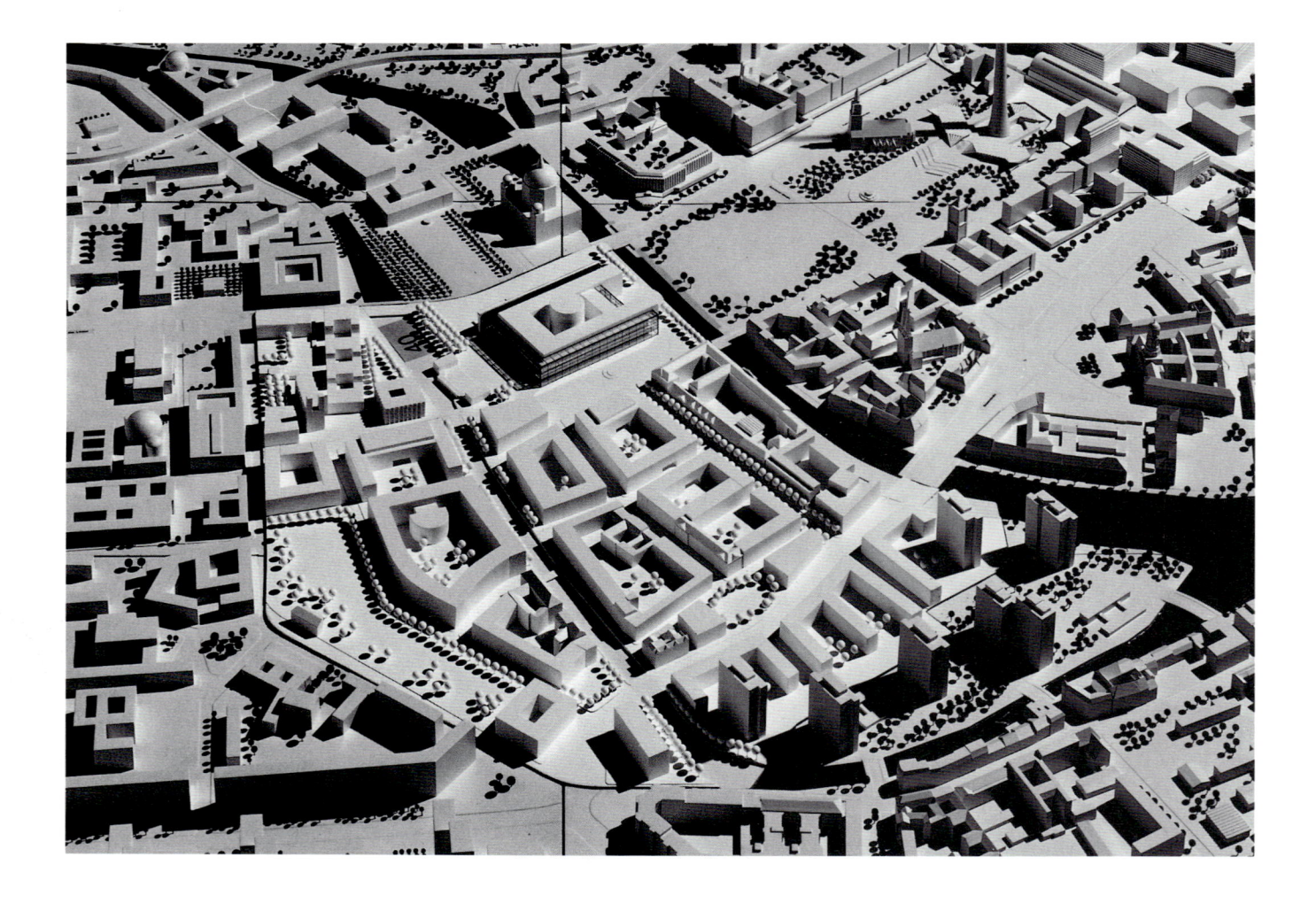

DER ARCHITEKT

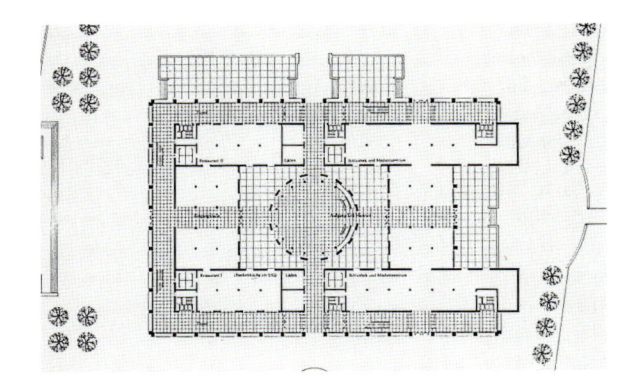

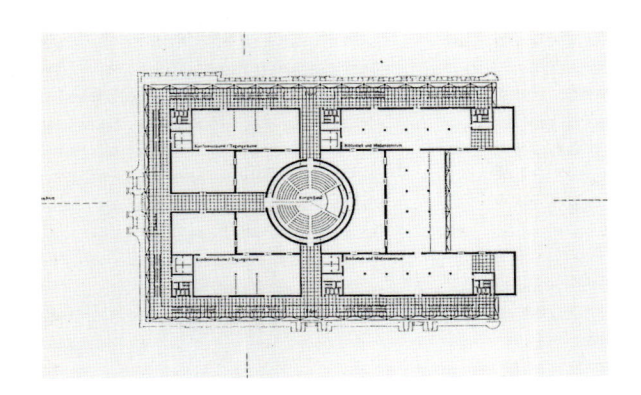

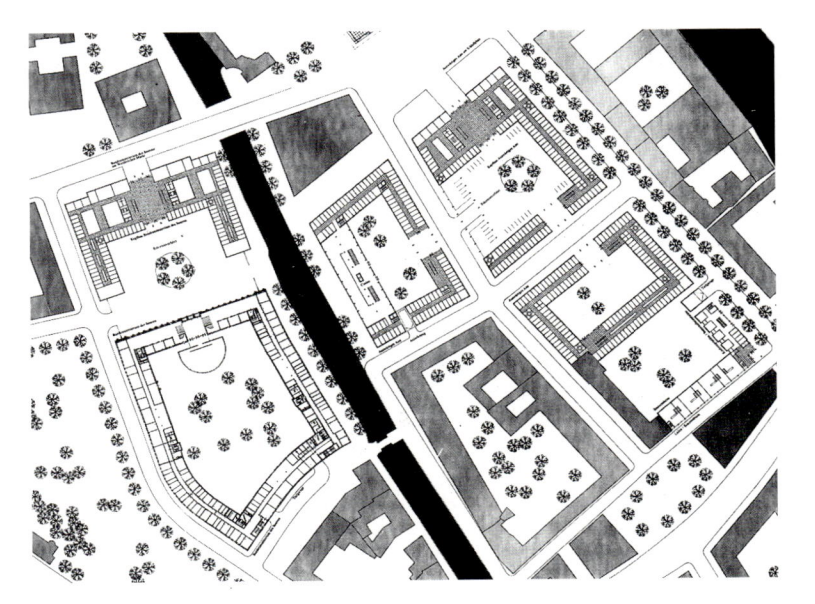

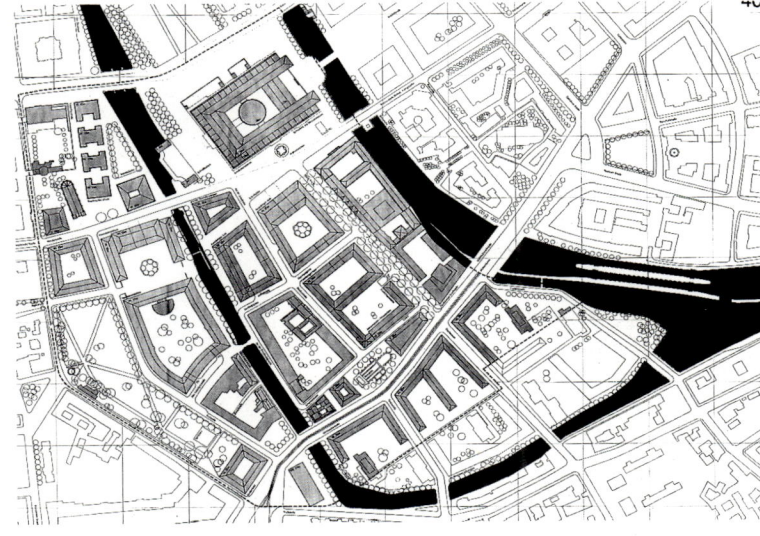

The aim is to restore an urban terrain which evolved historically using forms which cater for present-day needs. This is achieved through the principle of recreating the [former] street grid and quadrangle perimeters, because the "new", ahistorical, postwar city with its overdimensioned voids has failed as an urban habitat.

Nevertheless, this "critical" reconstruction of the urban plan is compelled to integrate much of the postwar development. Demolishing these postwar additions is economically unacceptable, and besides, they must be tolerated as a chapter in the city's history.

The complexity of this metropolis calls for a differentiated approach to districts of distinct character. The most sensitive area is the historical ensemble comprising Zeughaus, Altes Museum and cathedral, for it has lost its point of reference: the central Schloss, from which urban development radiated and without which this city cannot be explained. That is why there is no option but to recreate this building, or at least its Baroque outlines.

The point is to obtain a synthesis between new features and recollections of the old. The Palast der Republik cannot be salvaged, regardless of its asbestos, if we are to salvage the historical centre of Berlin.

THE ARCHITECT

Wilhelm Kücker, München

Grochulski, Oborski, Rogacki, Stefanowicz, Szeniawski, Warszawa

Das Ziel des Projekts ist die volle Vereinigung von Spreeinsel und Friedrichswerder mit dem städtebaulichen Gewebe Berlins, bei der gleichzeitigen Bestimmung dieser Gebiete als separate Strukturen.
Die Breite Straße wird als städtebauliche Hauptachse definiert, die von „Unter den Linden" bis zum Petriplatz führt. Das Außenministerium und Konferenzzentrum werden an die Stelle des historischen Stadtschlosses gesetzt. Mit der erweiterten Öffnung auf Spree und Berliner Rathaus erhält der Schloßplatz eine neue Form. An der Breiten Straße stehen auf der westlichen Seite die Bibliothek und das Medienzentrum, östlich der Deutsche Industrie- und Handelstag. In seiner neuen räumlichen Form wird der Petriplatz die Fischerinsel und das [nördliche] Verwaltungszentrum verbinden.
Der neu entworfene Werdersche Markt und die Kurstraße werden als zweite Hauptachse gekennzeichnet. Die Friedrichswerdersche Kirche wird den nördlichen, und der neue Platz (Kleiner Kurplatz) mit dem versetzten Spindlerbrunnen den südlichen Endpunkt bilden. Das Ministerium des Innern, im aus- und umgebauten Haus der Parlamentarier, kann mit dem Komplex des Außenministeriums ein städtebauliches Quartier mit gemeinstaatlichen Aufgaben bilden. Die Verbindung mit der Spreeinsel werden die Schleusenbrücke und die neue Holzgartenbrücke garantieren. Im nördlichen Teil des Friedrichswerder ist ein Hotel hohen Standards vorgesehen. Andere Grundstücke sind für Wohnen und Dienstleistungen bestimmt. Für eine neue Funktion wird die Bauakademie am historischen Standort wiederaufgebaut.
Die Ufer der Spree und des Spreekanals spielen die Rolle von Kaistraßen. Die Grünanlagen sind mit den öffentlichen Räumen verzahnt.
DIE ARCHITEKTEN

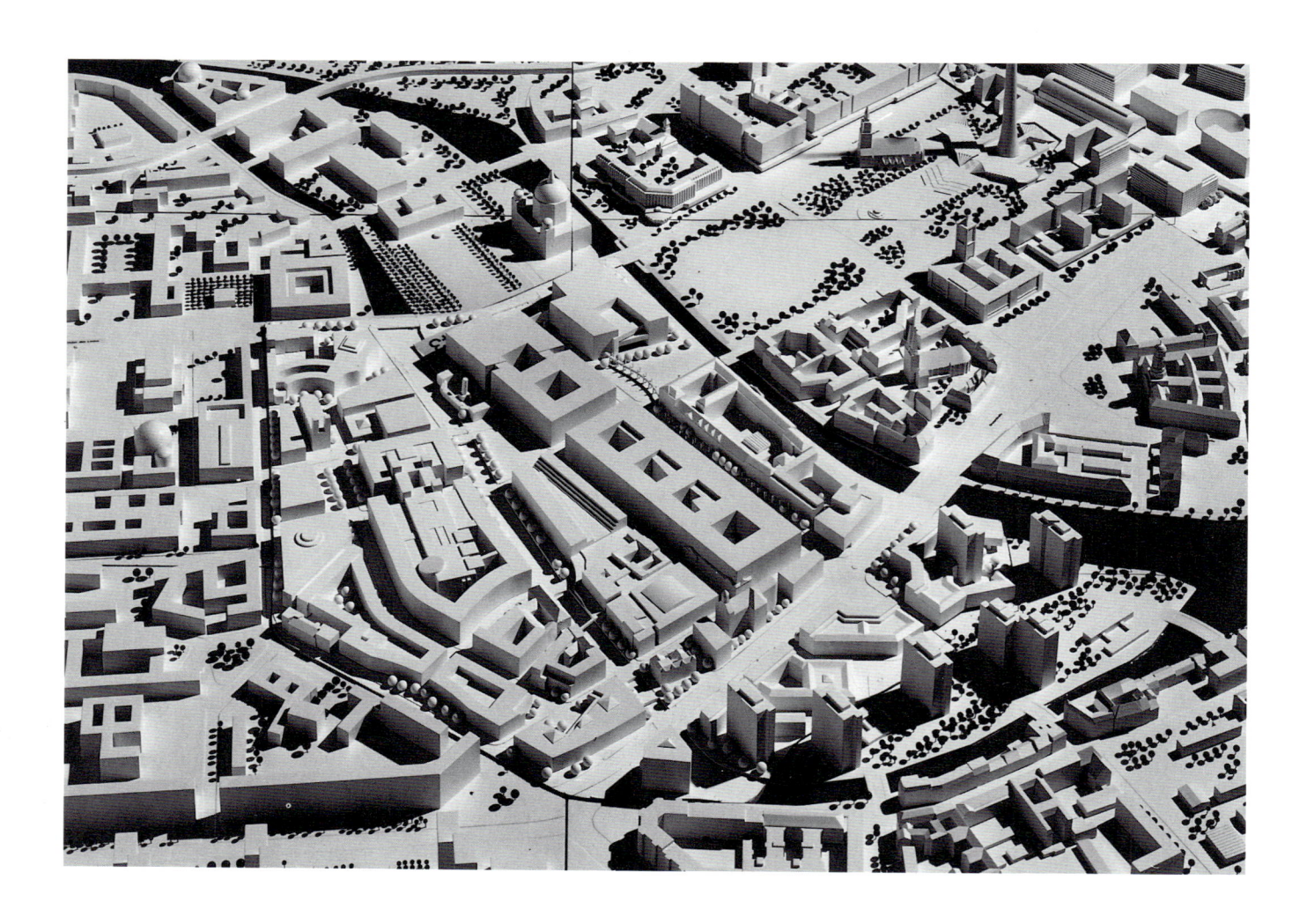

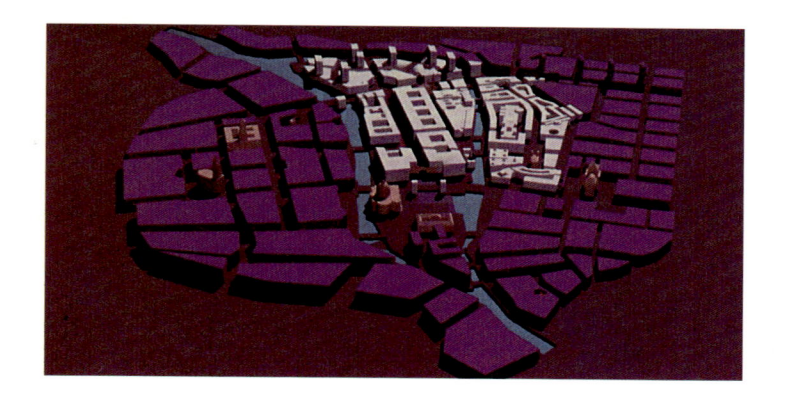

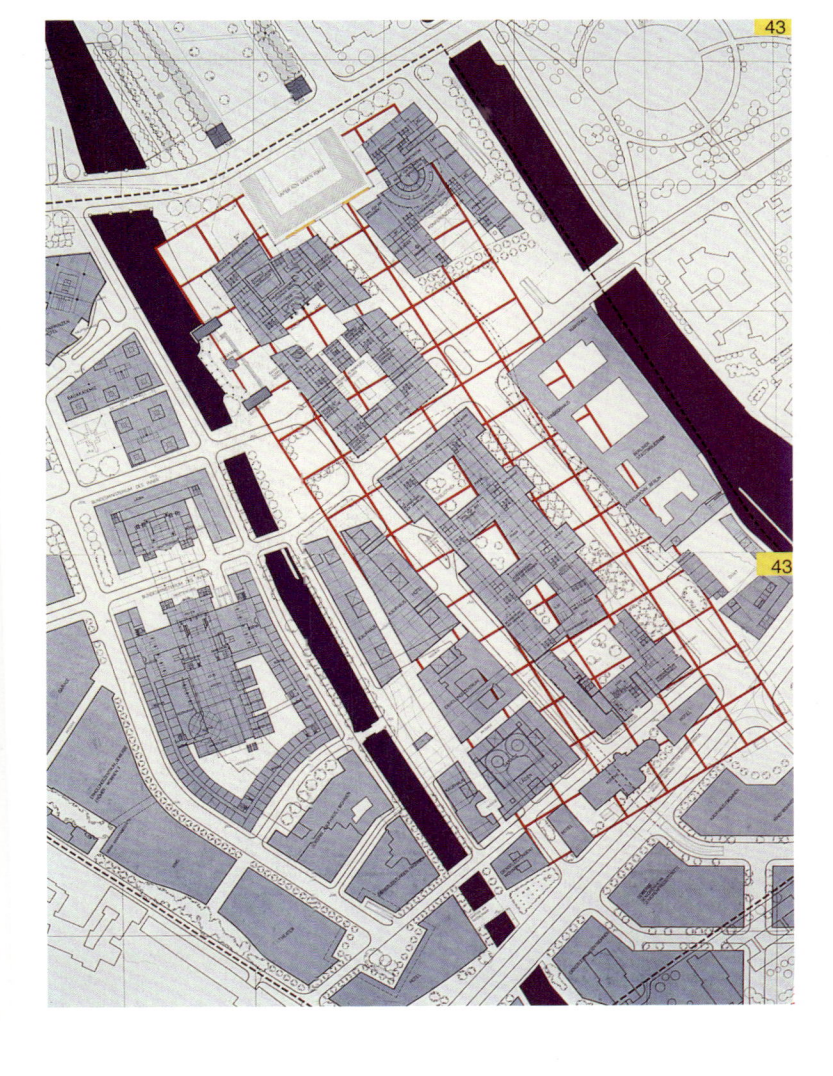

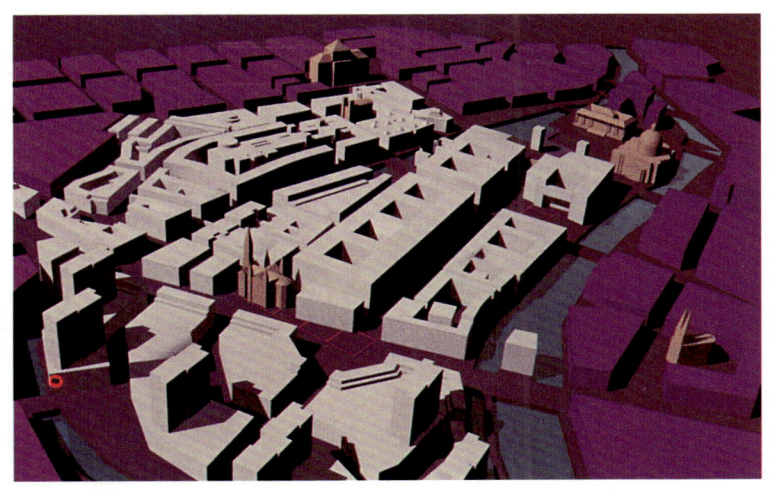

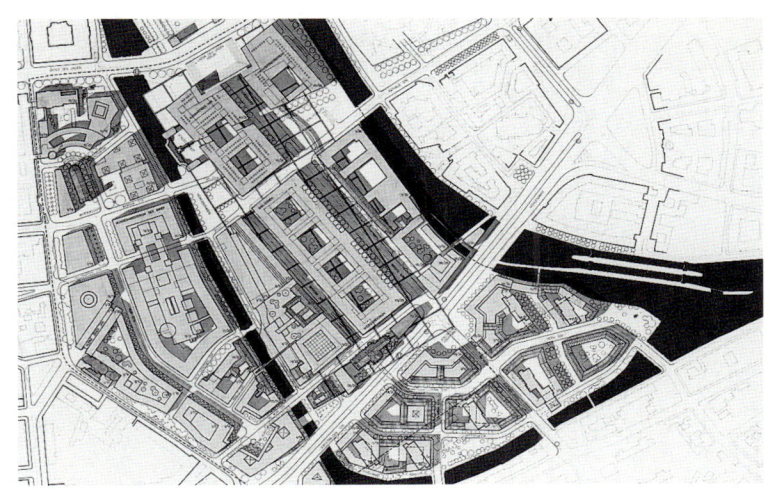

The project sets out to unite Spreeinsel and Friedrichswerder completely with the urban fabric or Berlin while establishing these areas as distinct urban structures.
Breite Strasse is defined as a main urban thoroughfare leading from Unter den Linden to St Peter's Square. The Foreign Ministry and conference centre take the place of the historical Schloss. Schlossplatz derives a new form from its broader opening onto the river and Berlin's Town Hall. The library and media centre are on the west side of Breite Strasse, and the Chamber of German Industry and Commerce on the east. The square outside St Peter's is reshaped, and assumes a mediating role between Fischerinsel and the administrative centre [to the north]. A second thoroughfare embraces Werder Market and Kurstrasse. It begins in the north at Friedrichswerder Church and terminates in the south at the new square, Kleiner Kurplatz, with the relocated fountain. In conjunction with the Foreign Ministry, the Interior Ministry, housed in the enlarged, converted M.P.'s building, constitutes an urban quarter serving functions of state. Links with Spreeinsel are assured by Schleusenbrücke and a new (Holzgarten) bridge.
A quality hotel is envisaged in the northern part of Friedrichswerder. Other plots are earmarked for housing and services. The Bauakademie will be rebuilt on its original site, but with a new function.
The river and canal banks play the role of quays. The network of green spaces is closely linked with the public areas.

THE ARCHITECTS

Grochulski, Oborski, Rogacki, Stefanowicz, Szeniawski, Warszawa

CS-Plan & Partner, Berlin

Unser Ziel ist es, die vorhandene Insel innerhalb des Stadtgefüges durch eine asymmetrische Achsenfunktion zu verdeutlichen.
Die Spreeinsel wird durch die Neuorientierung, Arrondierung sowie die Gestaltung der Uferzonen und Übergänge als Inselsituation erlebbar gemacht. Das Rückgrat bilden die lineare Fußgängerbeziehung und der gerichtete Bebauungsriegel als ordnende Elemente.

Die Klangachse versteht sich als musikalische Bereicherung und zusätzliche Dimension der Insel, die im Zusammenhang mit ihrer funktionalen Vielfalt und kulturellen Abfolge zu sehen ist. Die Abfolge von 12 Klangräumen im Abstand von 100 m zeichnen den 1,2 km langen Fußgängerweg von der Fischerinsel bis zum Pergamonmuseum nach und verbindet die verschiedenen Bereiche der Insel kulturell in Nord-Süd-Richtung. Dabei durchläuft der Klangteppich die existierenden Gebäude der Brüderstraße und das Staatsratgebäude und reiht so Alt und Neu an ihr auf.
Im historischen „Mittelpunkt" Berlins entsteht das neue Kulturzentrum. Dabei bildet es den Schwerpunkt der „Kulturachse" und faßt gleichzeitig städtebaulich den Platz. Das Staatsratsgebäude wird zu einem Museum der DDR-Geschichte umfunktioniert, als Herausforderung zu einem souveränen Umgang mit 40 Jahren Geschichte. Das Kongreßzentrum ist in seiner temporären Nutzung als [südlicher] Schlußpunkt der Achse angeordnet.
Die Ministerien werden westlich der Spreeinsel als zusammenhängender, eigenständiger Riegel angeordnet: gute Adressen, Vorfahrten und Erschließung, volle Integration vorhandener Substanz, verkehrsfreie Zone, nur fußläufig-kontrollierbar zu begehen.

DIE ARCHITEKTEN

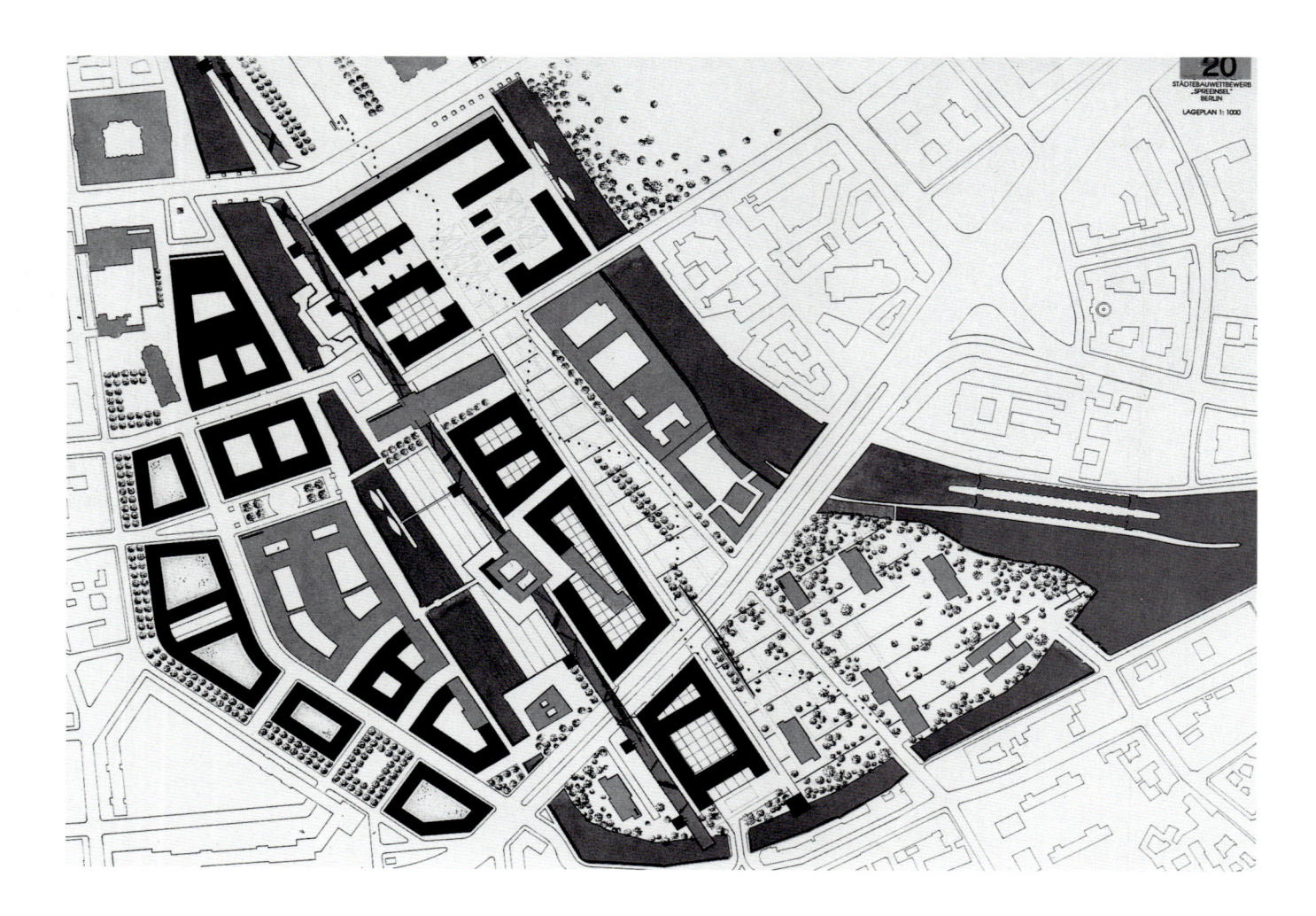

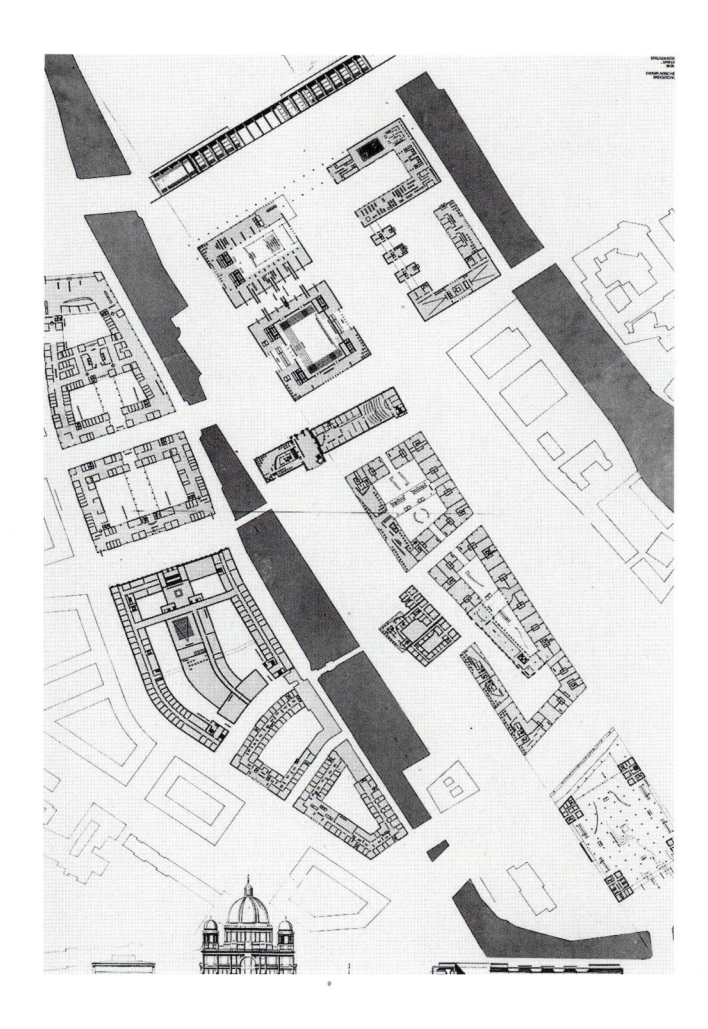

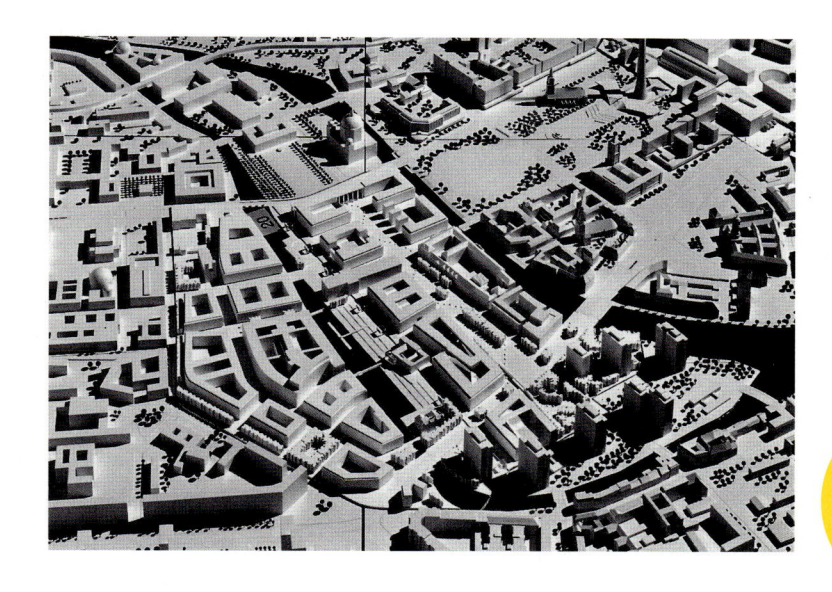

Our objective is to emphasise the existing island within the urban fabric through an asymmetrical axis function.

The new orientation and restructuring as well as the design of zones along the banks, and the transitions allow the Spreeinsel to be made tangible as an island. The backbone is formed by the linear pedestrian links and the aligned development bar – elements which lend structure.

The sound axis is envisaged as a musical enrichment and additional dimension of the island in the context of its functional variety and cultural sequence. The sequence of 12 sound spaces at intervals of 100 m traces the 1.2 km long pedestrian walk from the Fischerinsel to the Pergamonmuseum and links the various sections of the island culturally in a north-south direction. In doing so the sound carpet passes through the existing buildings on Brüderstrasse and the Staatsrat building, stringing together old and new.

In the historical "central point" of Berlin a new cultural centre appears. It also forms the centre of the "cultural axis" and at the same time defines the square spatially. The Staatsrat building is remodelled into a museum of GDR history, urging a considered approach to dealing with 40 years of history. The congress centre is laid out in its temporary function as the [southern] conclusion point of the axis.

The Ministries are arranged to the west of the Spreeinsel as a coherent, independent bar: good public locations, driveways and circulation, full integration into the existing fabric, traffic-free zone, only monitored pedestrian access.

THE ARCHITECTS

CS-Plan & Partner, Berlin

Heidrun Eppinger, Hannover

Der Entwurf schlägt städtische Räume vor, die – ohne zu restaurieren – historische Beziehungen wiederherstellen und stärken. Städtebauliche Mittel dafür sind straßenbegleitende und platzbildende Blockstrukturen. Die historischen Solitärbauten werden in Beziehung zu den neuen Stadträumen gesetzt. Neben historischen Bauten sind die Regierungsbauten der ehemaligen DDR in die städtebaulichen Vorschläge einbezogen.

Der Straßenraum zwischen Mühlendamm und Spittelmarkt erhält seine Fassung durch straßenbegleitende Bauformen und Baumreihen. Der Petriplatz entsteht in neuer Form. Der Wersche Markt wird nach Norden und Süden geschlossen. Der nach Osten offene Platzraum mit Bauakademie und Kirche steht in Beziehung zum Schloßgrundstück. Die Ministerien haben Standorte hoher Identität: das Auswärtige Amt zwischen Schloßplatz, Breite Straße und Petriplatz; das Bundesministerium des Innern zwischen Werderschem Markt und Spittelplatz. Die Ministerienkomplexe sind mit 6 Geschossen von mäßiger Höhenentwicklung. Sie bilden Blöcke unter Einbeziehung historischer Bauten. Die ausgedehnten Komplexe der Ministerien sollen in Ost-West-Richtung durchgängig bleiben.

Der ehemalige „Palast der Republik" läßt sich auf dem Schloßgrundstück zu einem multifunktionalen Kulturgebäude erweitern, das von Bundeseinrichtungen und Stadtöffentlichkeit in Anspruch genommen werden kann. Das Konferenzzentrum kann hier voll untergebracht werden. Die Bibliothek wird auf der Ostseite der Breiten Straße vorgeschlagen. Wenn die Ergänzung um den Medienbereich angestrebt wird, sollte das Grundstück des Deutschen Industrie- und Handelstags in den Bibliothekskomplex einbezogen werden.

DIE ARCHITEKTIN

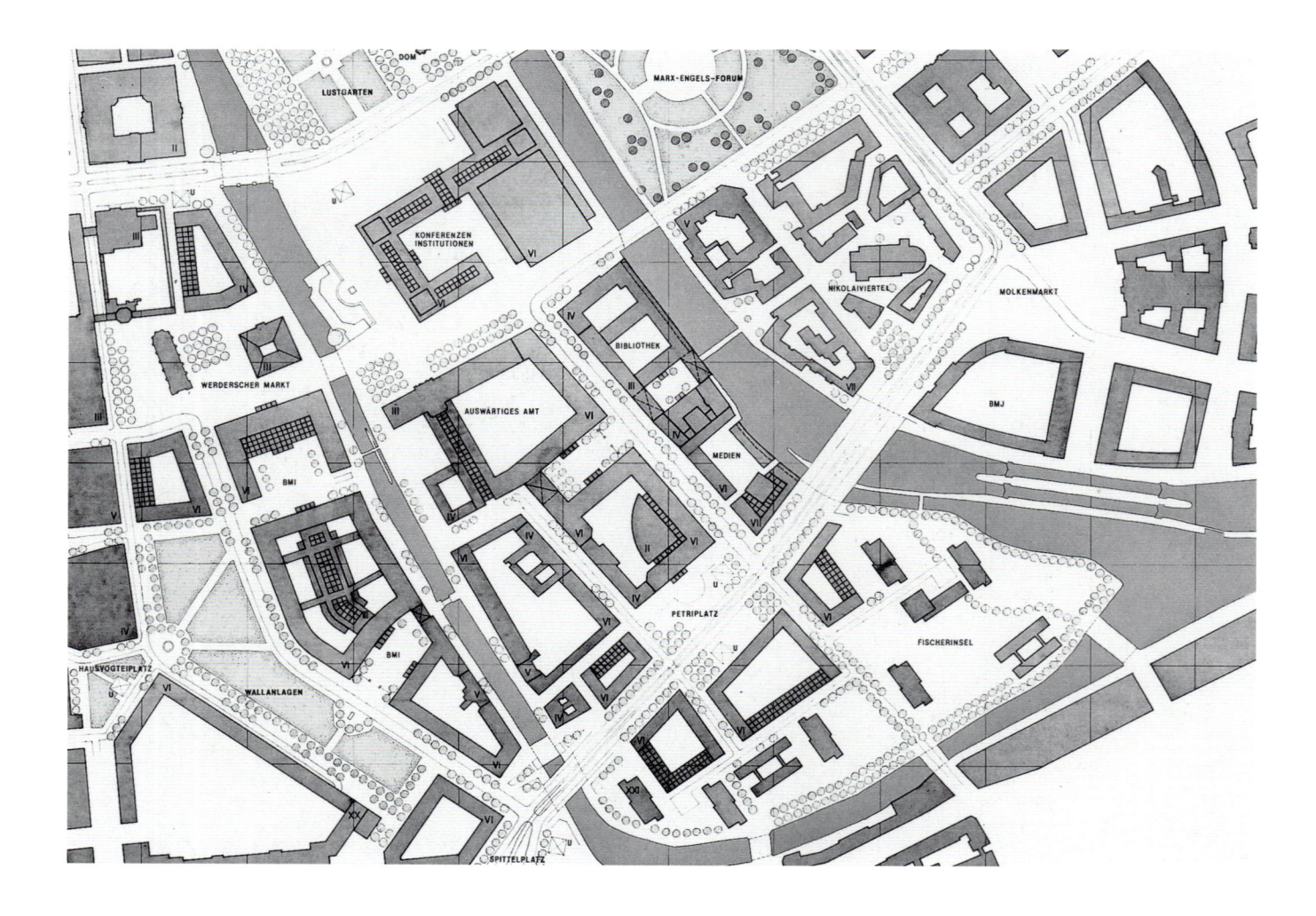

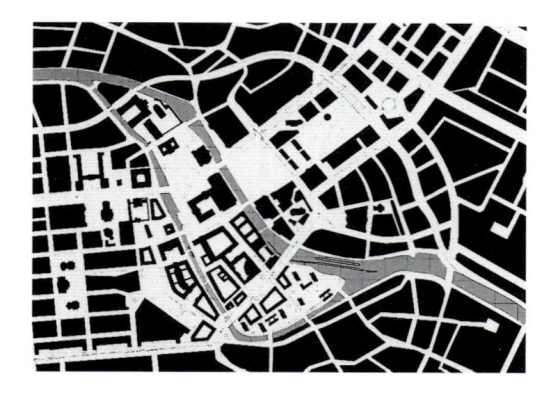

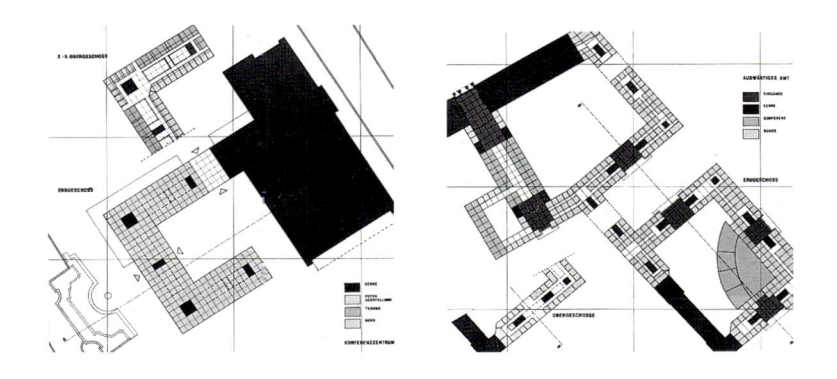

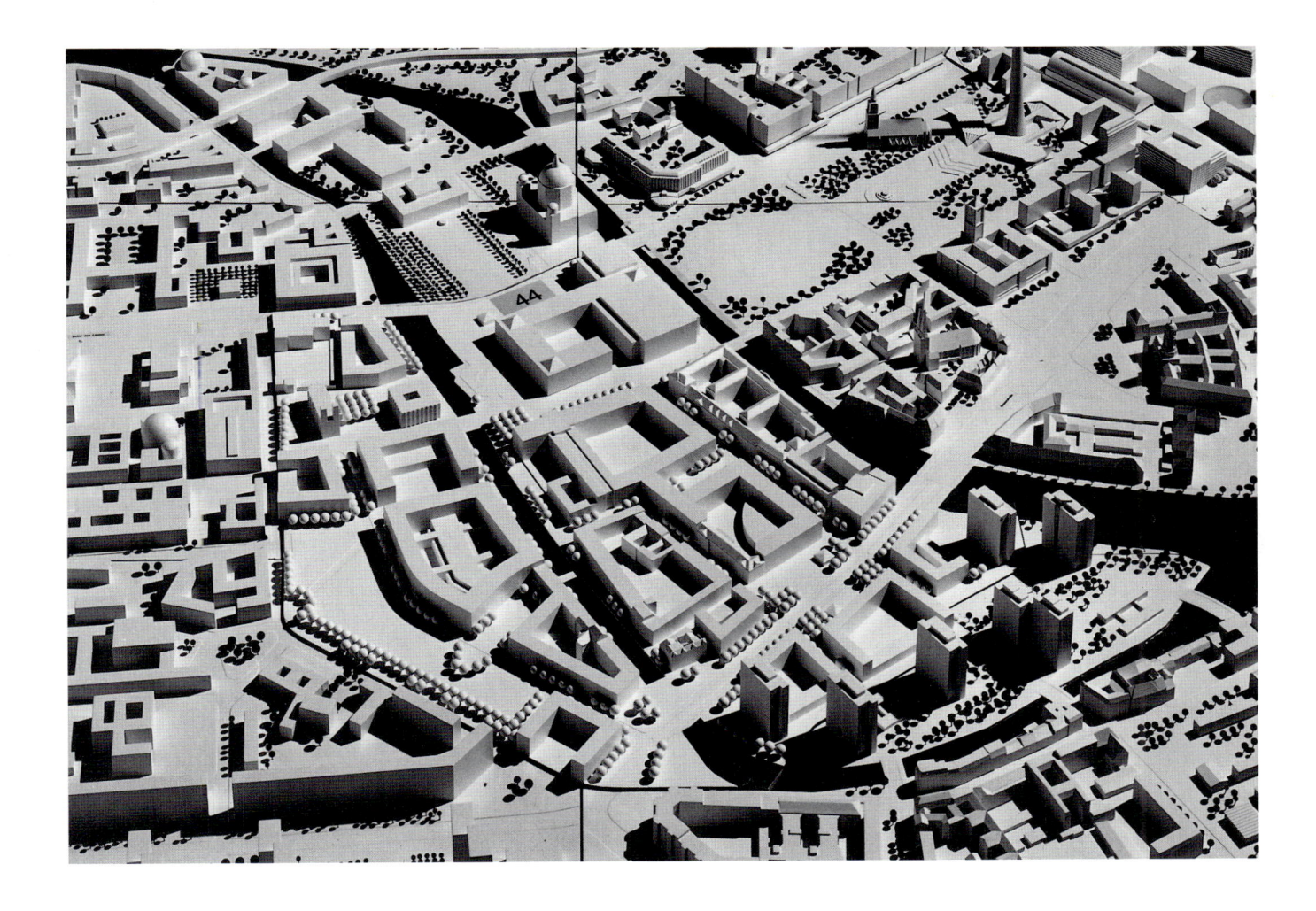

The design proposes urban spaces which regenerate and reinforce historical relationships without restoration. Its urban tools are block structures which line streets and create squares. Within these new urban spaces, a referential context is established for the historical freestanding buildings. Apart from historical buildings, government buildings dating from the former GDR are also integrated into the urban proposals.

The space from Mühlendamm to Spittelmarkt is contained by means of structural forms and lines of trees which delineate the street. The square by St Peter's is recreated in a new guise.

Werder Market is enclosed to the north and south. The square, which contains the Academy and church, opens eastwards, establishing a relationship with the site of the Schloss. The ministry sites are ridden with identity: the Foreign Ministry between Schlossplatz, Breite Strasse and St Peter's Square; the Interior Ministry between Werder Market and Spittelplatz. The ministerial complexes are restrained in their six-storey vertical development. They constitute blocks which incorporate historical buildings. These expansive complexes should be permeable in an east-west direction.

The former Palast der Republik can be expanded across the site of the Schloss to create a multifunctional cultural centre which can be used by both federal institutions and the community of Berlin. The conference centre requirements can be accommodated here.

The library is envisaged on the east side of Breite Strasse. If the media area is to be included, the site of the German Industry and Commerce building should be incorporated into the library complex.

THE ARCHITECT

Heidrun Eppinger, Hannover

Martin Schönfeldt, Berlin

Berlins Mitte erhält die Identität zurück, die aus der Poesie der typischen Berliner Baublöcke im Zusammenspiel mit Solitären entstanden ist.
Die für die Spreeinsel charakteristischen, in Nord-Süd-Richtung verlaufenden Straßen werden in den Stadtgrundriß zurückgeführt. Die Kanten der neuen und alten Baublöcke bilden im abwechslungsreichen Spiel mit Vor- und Rücksprüngen Plätze und Stadträume im eigenen Maßstab des Strukturkonzepts.

Auf der Fischerinsel fassen in Berliner Traufhöhe raumbildende Blockstreifen die Südseite des Mühlendamms. Der Spittelmarkt wird mit straffen Gebäudekanten als urbaner Platz gefaßt. Für das Strukturkonzept der Blöcke und der Interaktion der Solitäre ist kein Gebäude besser geeignet als die Bauakademie. Folgerichtig wird auch der Schinkelplatz als Freiraum für die Korrespondenz zwischen dem Alten Museum und der Bauakademie dienen. Eine Reihe kleinerer Blöcke rahmt den Schinkelplatz im Westen und bietet exklusivem Wohnen und Arbeiten Platz.

Um dem Werderschen Markt Raum zu geben, weicht das Empfangsgebäude des Innenministeriums zurück. Östlich der Schleusenbrücke springt ein Gebäude des Außenministeriums [eines von fünf] vor, um dem anschließend zurücktretenden Empfangsgebäude am Schloßplatz den notwendigen Achtungsraum zu schaffen. Auf dem Schloßplatz stehen eine Bibliothek und das Konferenzzentrum, die den Konturen des alten Schlosses folgen. Die gleichwertige Öffnung in alle Richtungen erfordert dabei differenzierte Fassadenstrukturen. Im Osten wird der Grünzug mit einem großzügig geöffneten „Tor" aufgenommen. Im Westen lädt das Eosander-Portal in das Konferenzzentrum ein.

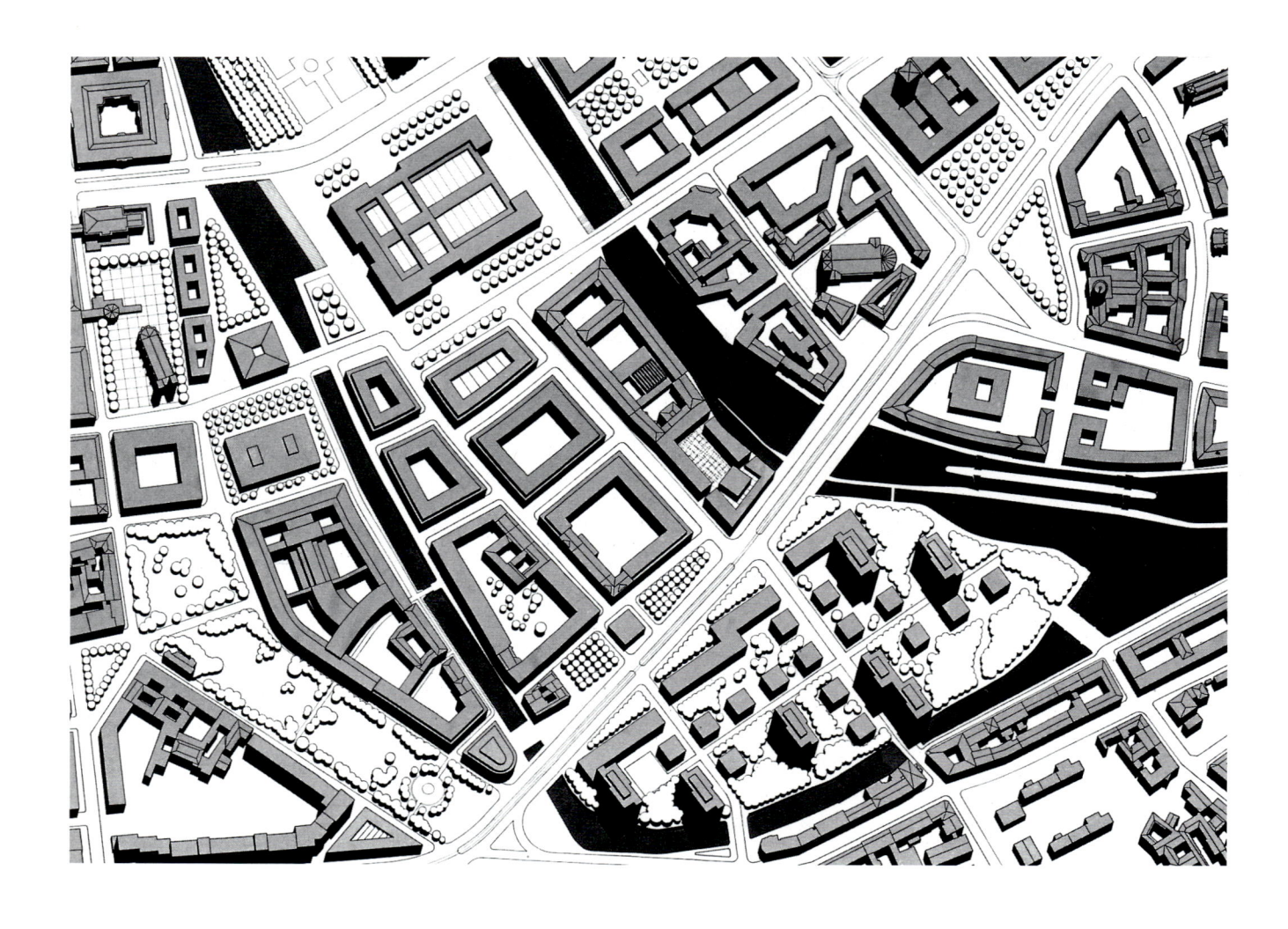

DER ARCHITEKT

Berlin's centre regains the identity it once derived from the poetry of the city's traditional housing blocks (courtyard and built perimeter) in its interplay with free-standing structures.

The streets running north to south which were so characteristic of Spreeinsel are restored to the grid. The edges of new and old blocks alternate with projections and recesses to create squares and spaces which match the scale of the structural concept. On Fischerinsel, the space is defined by ribbon blocks south of Mühlendamm which observe Berlin's eaves height. Spittelmarkt is delineated as an urban square by firm built edges. The Bauakademie is the most suitable object for this structural concept based on blocks which interact with free-standing buildings. As a logical consequence, Schinkelplatz provides the free space across which the Altes Museum and the Bauakademie establish their correspondence. A row of smaller blocks providing exclusive housing and employment frames Schinkelplatz to the west.

The reception building for the Interior Ministry recedes to provide scope for the Werder Market. A building belonging to the Foreign Ministry [one of five] stands forward east of Schleusenbrücke so that there is enough space for the reception building set back behind it on Schlossplatz to enjoy the respect it is due.

Marx-Engels-Platz is occupied by a library and the conference centre, which follow the contours of the old Schloss. So that the fronts are all equally welcoming, the structures of the facades must differ. In the east, the green band commences with a generously open "gateway". In the west, the Eosander portal invites guests into the conference centre.

THE ARCHITECT

Martin Schönfeldt, Berlin

Jürgen Frauenfeld, Frankfurt am Main

Leitbild ist eine Art Agora, welche in Anlehnung an den Vorkriegszustand rund um das ehemalige Stadtschloß die historische städtebauliche Grundstruktur wiederherzustellen sucht.

Angestrebt wird eine einfache Raumgeometrie aus kubischen Baukörpern, welche in einem spannungsvollen Wechselspiel aufeinander und auf den Raum dazwischen bezogen sind. Ein klassisches Prinzip, das Schinkel bei seinen Planungen auf der Spreeinsel im Sinn gehabt haben muß.

An die Stelle des Stadtschlosses und des Palastes der Republik tritt als neue kulturell-kommunikative Funktion das Stadtforum. Es enthält neben den Bibliotheken und dem Medienzentrum, Film- und Fernsehstudios, Kinos, Ateliers und Ausstellungsräume.

Die einfache Grundform des Atriumbaus ermöglicht die Gliederung in Bereiche mit unterschiedlichen funktionalen Anforderungen, während das zentrale Atrium die einzelnen Bereiche zusammenfaßt. Der vorgelagerte Loggien-/Arkadenumbau bildet den Übergang zu den umliegenden Platzräumen und belebt diese mittels Cafés, Galerien, Läden usw.

Die Ministerien sind beiderseits des Spreekanals angeordnet. Das Bundesministerium des Innern umfaßt den Neubaublock mit Haupteingang und das ehemalige Reichsbankgebäude. Der Altbau ist entkernt und auf ein übersichtliches Format zurückgebaut.

Das Auswärtige Amt, mit repräsentativem Haupteingang am Schloßplatz, erstreckt sich über drei Blöcke beiderseits der Brüderstraße über die Neumannsgasse hinweg und öffnet sich zum Spreekanal. Das Staatsratsgebäude ist überplant. Das Konferenzzentrum an seiner Stelle stellt eine Art Brückenkopf dar.

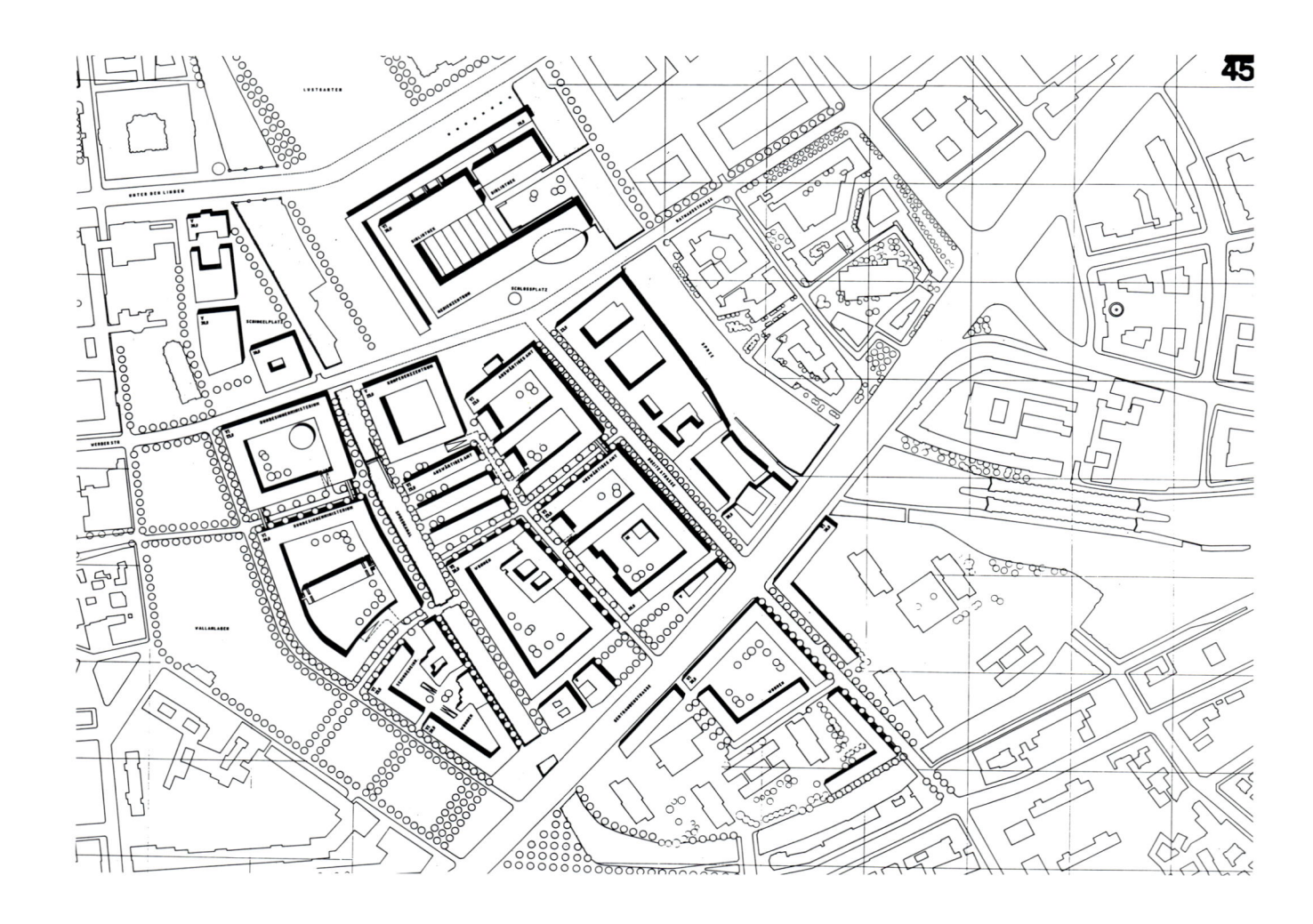

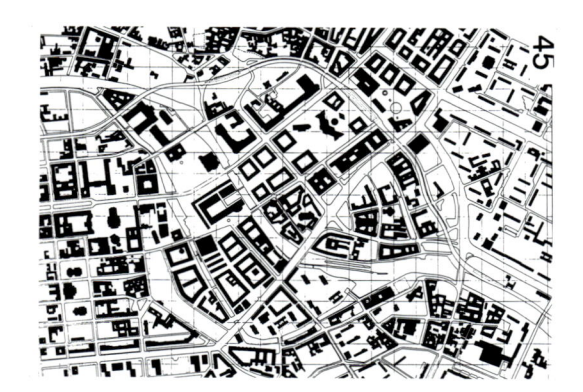

DER ARCHITEKT

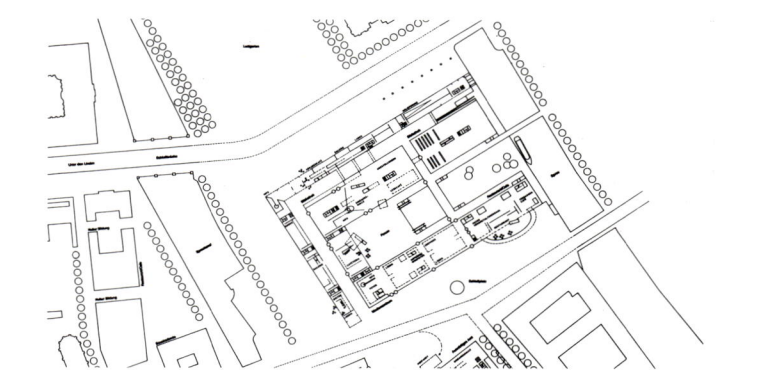

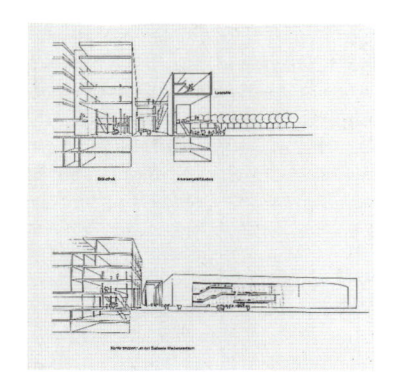

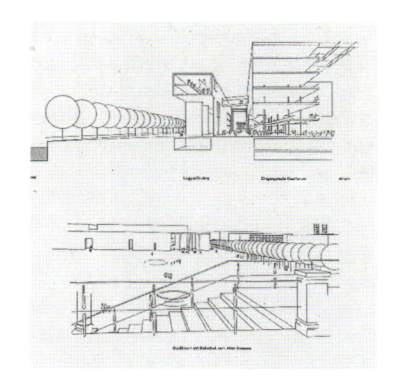

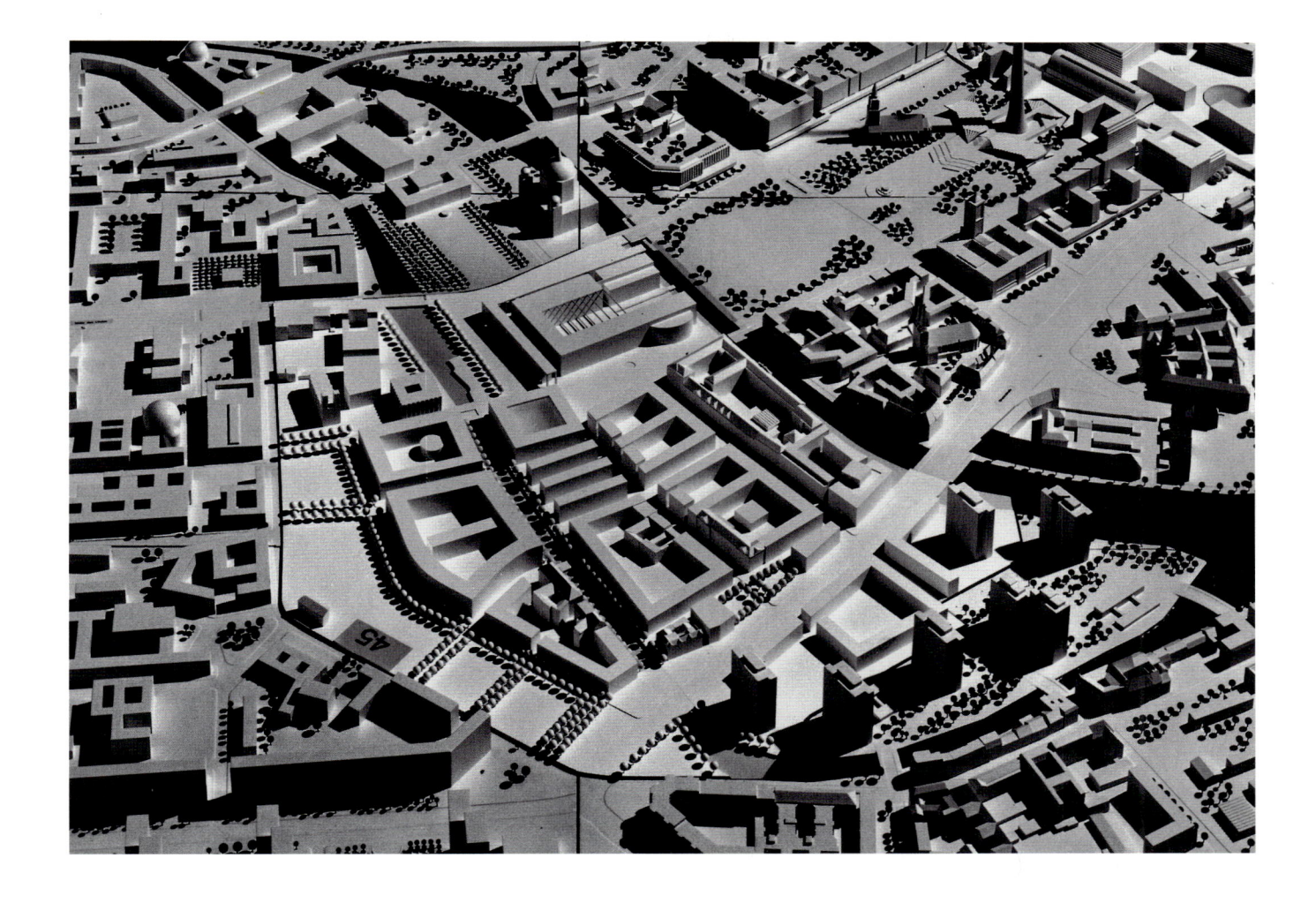

The underlying theme is a kind of agora, which is intended to recreate the essential urban structure of the past by drawing on the prewar situation around the former Schloss.

The aim is to achieve a simple spatial geometry consisting of cubic buildings which set up a busy interaction among themselves and with the space between. It is a classical principle which Schinkel surely had in mind when drawing up his plans for Spreeinsel.

A city forum takes the place of the Schloss and the Palast der Republik. It introduces the new function of cultural communication and contains not only the library and media centre, but also film and TV studios, cinemas, artists' studios and exhibition rooms.

The simple base form of the atrium permits the organization of sections with different functional requirements, while the central atrium draws the various sections together. The mantle structure of loggias and arcades provides transition to the surrounding open spaces, injecting life by means of cafés, galleries, shops, etc.

The canal provides the fundamental theme for the ministries, which are located to both sides of it. The Interior Ministry comprises the new block, with the main entrance, and the former Reichsbank. The old building has been gutted and reduced to a comprehensible format.

The Foreign Ministry, with its grand main entrance on Schlossplatz, embraces three blocks of streets on both sides of Brüderstrasse and across Neumannsgasse. These buildings open structurally onto the canal. The Staatsrat falls prey to a new ground plan. The conference centre in its stead forms a kind of canal bridgehead. Schinkelplatz, rebuilt with its Academy and perimeter development, completes the agora-type urban fabric around the city forum.

THE ARCHITECT

Jürgen Frauenfeld, Frankfurt am Main

Ralf Lenz, Berlin

Die Mitte Berlins bedarf nur der Transformation des historischen Stadtgrundrisses. Alle unsere Planungen beziehen sich auf diese Aussage. Nicht die Erfindung, sondern das Finden und Herausarbeiten von Spuren sind die Entwurfskriterien unserer Rekonstruktion des Stadtgefüges.

So entstehen Raum- und Gebäudedimensionen im traditionellen Sinne: Schloßplatz und Schloßfreiheit kehren in die Stadt zurück. Das Alte Museum, der Lustgarten, die Bauakademie, auch das Entwurf gebliebene Stadtpalais für Prinz Wilhelm sind von besonderer Wichtigkeit für unseren Entwurf.

Unser Vorschlag für ein Ministerium auf dem Terrain des ehemaligen Stadtschlosses ordnet und festigt den Stadtraum. Das Gebäude, das Öffentlichkeit schafft, wird Endpunkt der Straße „Unter den Linden". Der aus der Gebäudefigur resultierende öffentliche Platz bezieht sich auf den Lustgarten mit dem Alten Museum. Ein Terrassengarten, ähnlich den Weinbergterrassen von Sanssouci, gibt ihm eine atmosphärische Eindeutigkeit.

Das Auswärtige Amt, eingespannt zwischen Lustgarten und Schloßplatz, hat zwei Hauptschauseiten: die schon erwähnte Lustgarten- und die Haupteingangsseite mit der Vorfahrt. Das Konferenzzentrum ist unmittelbar mit dem Außenministerium verbunden. Der U-förmige Grundriß nimmt im Erdgeschoß das Casino und den öffentlichen Bereich auf, der Kopfbau zum Marstall vorzugsweise Seminarräume und Restaurants.

Ein städtisches Karree mit Doppelhof komplettiert den Block des Hauses der Parlamentarier [für das Innenministerium. Bibliothek und Medienzentrum befinden sich im Block zwischen Neumannsgasse und Gertraudenstraße.] Ein großzügiges Foyer verbindet den Filmmedien- und Kinobereich mit der Bibliothek.

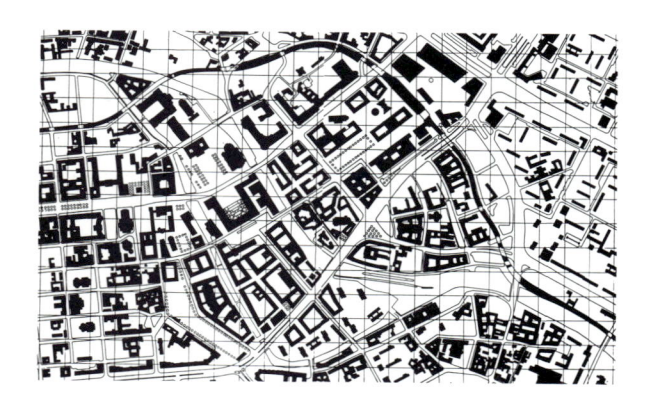

DER ARCHITEKT

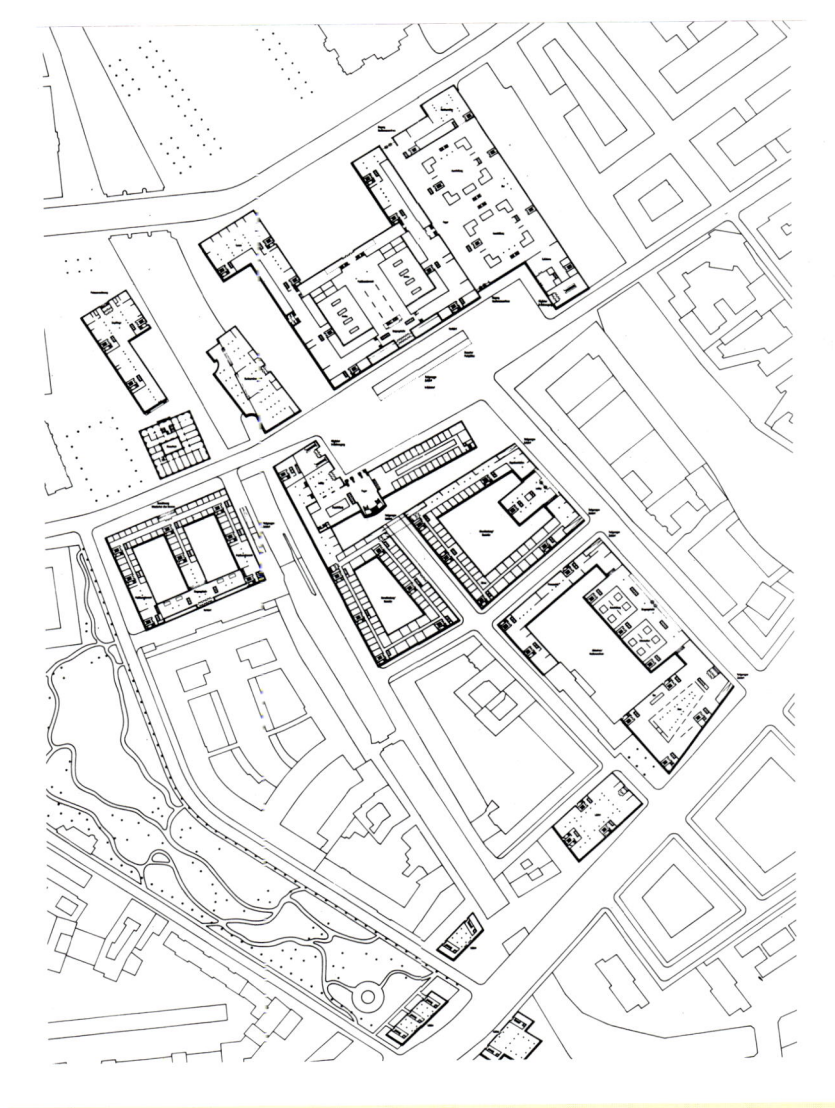

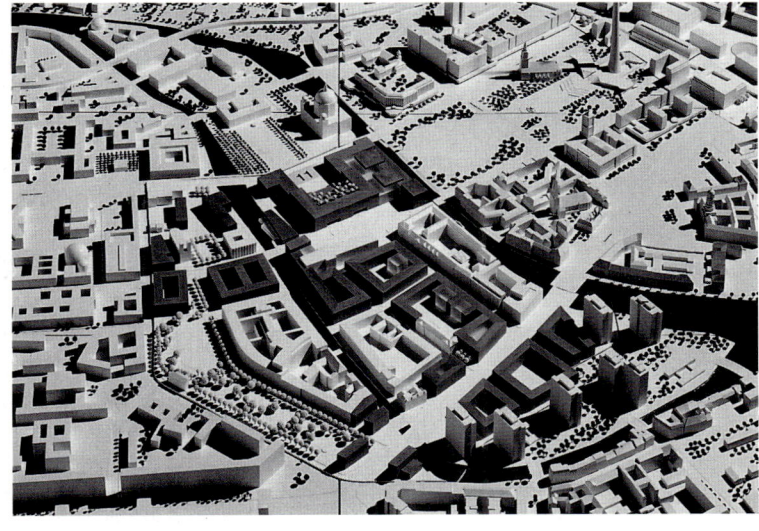

The centre of Berlin needs only a transformation of the historical city plan. All of our plans refer to this statement. Not invention, but rather the discovering and extricating of traces are the project criteria of our reconstruction of the urban fabric.
Thus spatial and building dimensions arise in the traditional sense: Schlossplatz and Schlossfreiheit return to the city. The Altes Museum, the Lustgarten, the Bauakademie, and also the Stadtpalais for Prince Wilhelm which never went beyond the design phase, are of particular importance for our project.
The urban space is structured and consolidated by our proposal of a Ministry on the site of the former Stadtschloss. The building that has a public character forms the concluding point of the street "Unter den Linden". The public square formed by the building figure makes reference to the Lustgarten and the Altes Museum. A terrace garden, similar to the vineyard terraces of Sanssouci lends it an atmospheric distinctiveness.
The Foreign Ministry, framed between the Lustgarten and Schlossplatz, has two main representative elevations: the Lustgarten side mentioned above, and the main entrance side with the driveway. The conference centre is connected directly to the Foreign Ministry. The U-shaped ground plan includes the dining club and the public area on the ground floor level; the front of the building facing the Marstall mainly contains seminar rooms and restaurants.
An urban block with a double courtyard completes the block of the Haus der Parlamentarier [for the Interior Ministry. The library and the media centre are located on the block between Neumannsgasse and Gertraudenstrasse.] A spacious foyer links the film media and cinema section with the library.

THE ARCHITECT

Ralf Lenz, Berlin

Oliver Schwarz, Zürich

Drei Baukomplexe prägen die Stadtmitte: das Kongreß- und Medienzentrum, das Außenministerium und das Innenministerium. Ihrer Funktion entsprechend formulieren sie die neue Berliner Mitte.

Das Kongreß- und Medienzentrum steht mit seiner öffentlichen Nutzung an der Stelle des Palastes der Republik und bezieht mit seinem quadratischen Grundriß den ehemaligen Standort des Schlosses ein. Die Freiräume im Berliner Zentrum werden durch diesen dominanten, durchlässigen Baukörper klar abgeschlossen. Die Wegeachsen kreuzen sich im großzügigen Innenhof des Gebäudes. Die vier Quadranten sind durch das Freilichtforum, die Ausstellungshalle, die Bibliothek und das Kongreßzentrum besetzt.

An der Südwestseite des neuen Kongreß- und Medienzentrums wird durch einen langen Baukörper der neue Friedrichswerderplatz geschaffen. Die Spree liegt wie ein flaches Bassin in der Mitte dieses Platzes. Die Verlängerung des Achsenkreuzes der neuen Mitte führt als Fußgängerverbindung über die Spree. Großskulpturen prägen die Maßstäblichkeit dieser räumlichen Fortsetzung der Museumsinsel.

Die Adresse der neuen Ministerien ist der neue Friedrichswerderplatz. Der abgewinkelte Teil des neuen Baukörpers bildet die Erweiterung des Innenministeriums. Ein großzügiger Vorhof führt zum neuen Eingangsbereich des Innenministeriums, welcher über einen gläsernen Lichthof mit dem Haus der Parlamentarier verbunden ist.

Das ehemalige Staatsratsgebäude bildet die Front des Außenministeriums. Die Ausrichtung des Portales wird durch die innere axiale räumliche Organisation des Verwaltungsbaus weitergeführt. Ein großer länglicher Lichthof verbindet die neuen Querflügel des Gebäudes.

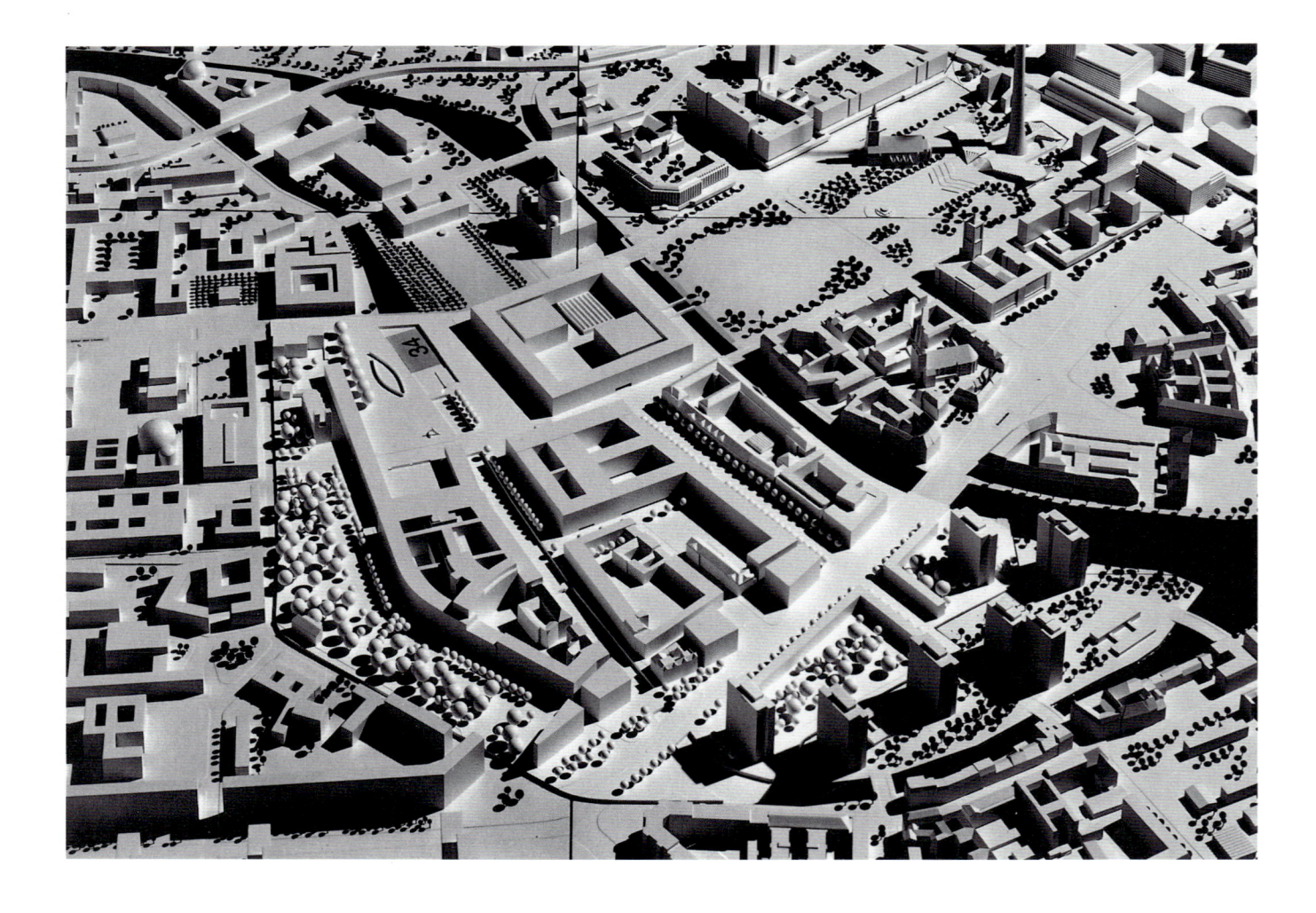

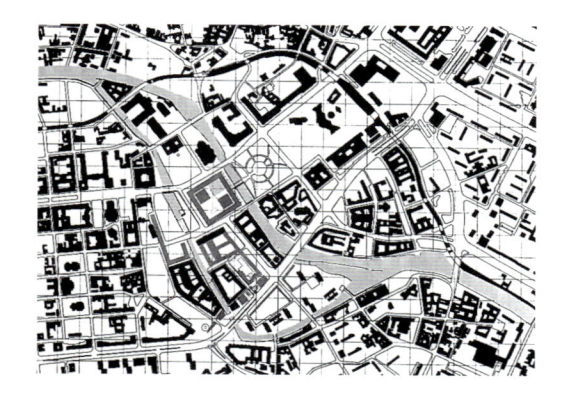

DER ARCHITEKT

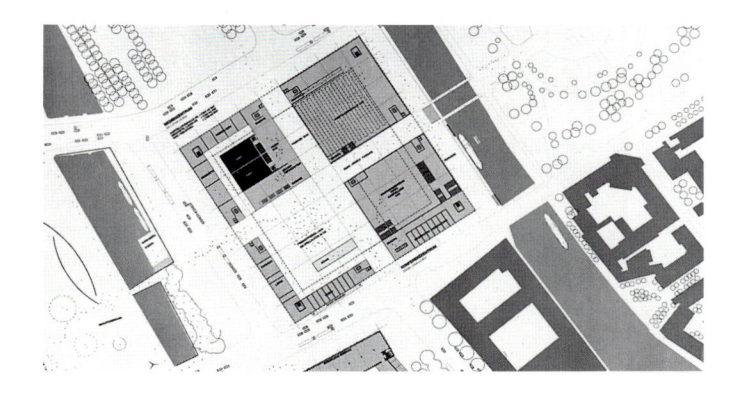

Three building complexes define the urban core: the congress and media centre, the Foreign Ministry and the Interior Ministry. They formulate the new Berlin centre commensurate with their function. The congress and media centre with its public function is located on the site of the Palast der Republik and with its square plan incorporates the former site of the Schloss. The open spaces in the centre of Berlin are clearly enclosed by these dominant permeable building volumes. The building mass is an open centre.

The pathway axes intersect in the building's spacious interior courtyard. The four quadrants are occupied by the open-air forum, the exhibition hall, the library and the congress centre. On the southwest side of the new congress and media centre, a long building volume creates the new Friedrichswerderplatz. The vertical composition of the façade makes reference to the classical buildings of the surroundings. The river lies in the middle of this square like a shallow pool. The extension of the axis intersection of the new core leads over the river in the form of a pedestrian link. Large sculptures define the scale of this spatial continuation of the Museumsinsel.

The public location of the new Ministries is the new Friedrichswerderplatz. The angular section of the new building volume forms the extension of the Interior Ministry. A spacious forecourt leads to the new entrance area of the Interior Ministry which is connected to the Haus der Parlamentarier by an atrium.

The former Staatsrat building forms the front of the Foreign Ministry. The direction of the portal is continued by the interior axial spatial organization of the administrative building. A large oblong glass-covered atrium connects the new transverse wing of the building.

THE ARCHITECT

Oliver Schwarz, Zürich

Klaus Brandt, Berlin

Aus Gründen der Stadtidentität und historischer Kontinuität wird auf dem ehemaligen Schloßgrundstück ein Baukörper vorgeschlagen, der in Abmessungen und der architektonischen Reichhaltigkeit dem Stadtschloß entspricht.

An dieses Haus der Begegnung soll auf der Spreeseite das Konferenzzentrum der Bundesregierung angefügt werden, das in vereinfachter Form die Fläche der vorschlüterischen, nicht mehr rekonstruierbaren Schloßbauteile einnimmt. Im Zusammenspiel mit dem Dom definiert es eine Art Eingangstor zur Spreeinsel. Mit dem Haus der Begegnung bildet es einen Nutzungsverbund. Wesentlicher Bestandteil der städtebaulichen Konzeption sind die beiden öffentlich zugänglichen Höfe dieses Komplexes. Neben ihrer Funktion als Nutzflächen für Freiluftveranstaltungen sind sie wichtige Glieder einer Folge kontrastierender Freiräume.

Zwei diagonal von ihrem Schnittpunkt mit der Gertraudenstraße ausgehende Verbindungen schließen die Spreeinsel zusätzlich an den südlichen Stadtteil an.

Von großer Bedeutung ist der Rückbau des Straßenzugs von der Leipziger Straße bis zum Mühlendamm auf stadtverträgliche Breiten. Das Quartier zwischen den Ufern, der Gertraudenstraße und Werderstraße wird zu einer dichten, jedoch mit großzügigen Höfen ausgestatteten Blockstruktur ergänzt. In seiner Mitte, in hervorgehoben prominenter Lage, liegt der Komplex des Auswärtigen Amtes.

Der U-förmige Anbau an das Haus der Parlamentarier, für den Leitungsbereich und zugeordnete Abteilungen, ergibt einen gesicherten Vorfahrtsbereich und stellt die Raumwirkung des Werderschen Marktes wieder her.

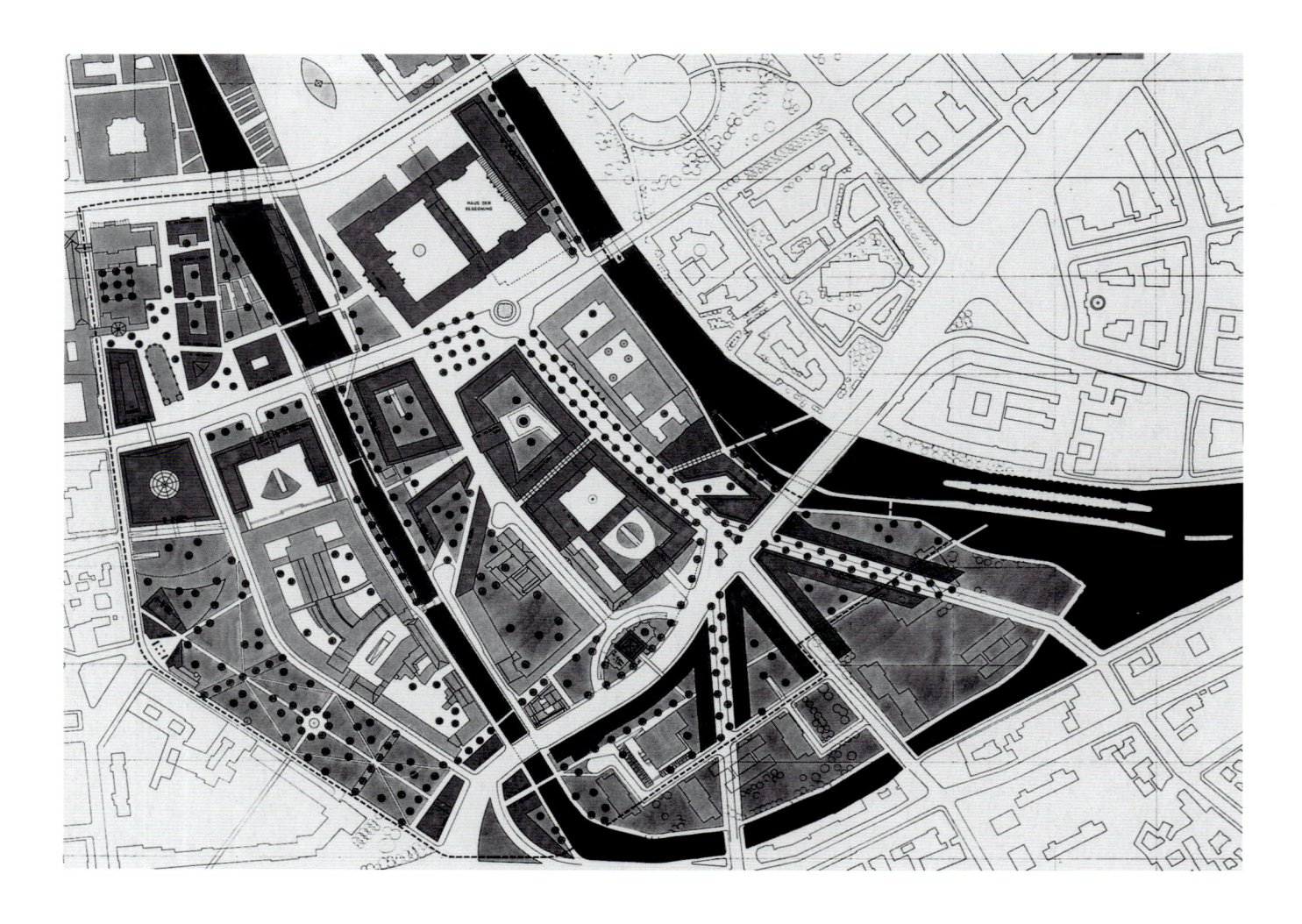

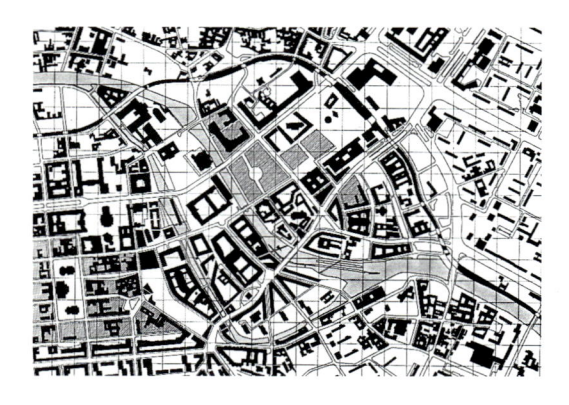

DER ARCHITEKT

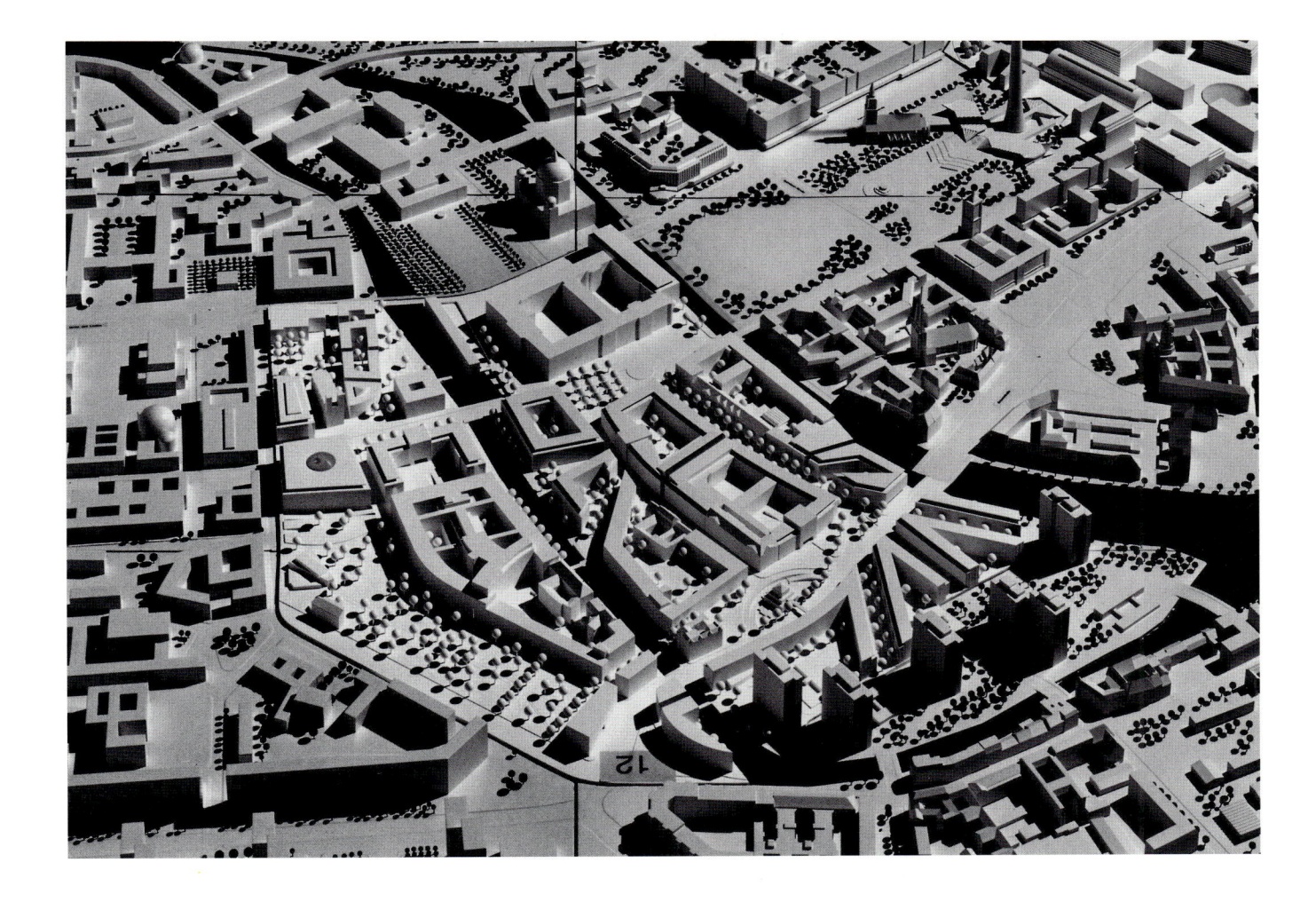

For reasons of urban identity and historical continuity a building volume commensurate with the Stadtschloss in dimension and architectural wealth is proposed on the former palace site.

Adjoining this Haus der Begegnung [Meeting House] on the side facing the river is the conference centre of the Federal Government, which in a simplified form occupies the area of the pre-Schlüter palace element which is no longer reconstructable. Through interplay with the Cathedral it defines a kind of entrance gateway to the Spreeinsel. It forms a multifunctional complex with the Haus der Begegnung. An essential component of the spatial conception are the two publicly accessible courtyards of this complex. Apart from their function as useable space for open air events they are also important elements of a sequence of contrasting open spaces. Two connections running diagonally from their intersection with Gertraudenstrasse provide additional links from the Spreeinsel to the district to the south.

Of great significance is the reclaiming of pedestrian space on the stretch of street from Leipziger Strasse up to Mühlendamm to a width compatible with the city. The quarter between the banks, Gertraudenstrasse and Werderstrasse is developed into a dense block structure, interspersed however with spacious courtyards. In its centre, on an imposing, prominent site is the Foreign Ministry complex. The U-shaped addition to the Haus der Parlamentarier for the executive section and the supporting functions produces a monitored driveway area and recreates the spatial effect of the Werder Marketplace.

THE ARCHITECT

Klaus Brandt, Berlin

Henning Larsens Tegnestue, København

Ausgehend von der zentralen Lage der Spreeinsel in Berlin ist der grundlegend urbane Charakter der vorgeschlagenen Bebauung dazu gedacht, den bestehenden historischen Kontext durch eine moderne Architektursprache äußerlich und in seiner Bedeutung hervorzuheben.
Es soll eine dicht bebaute Innenstadt mit einfacher und klarer Gliederung entstehen. In diesem räumlich-architektonischen Innenstadtkomplex wird eine Hierarchie geschaffen, durch die das Stadtzentrum im Gesamtkontext jenen Eindruck von Erhabenheit und intimer Monumentalität vermittelt, der für die zentralen Bereiche der schönsten alten Städte Europas kennzeichnend ist.
Vorgesehen ist ein großartiger städtebaulicher Komplex, der sich über die gesamte Spreeinsel erstreckt und von seiner Größe wie auch der künstlerischen Gestaltung her das Zentrum Berlins von der übrigen Stadt abhebt.
Vor dem Alten Museum erstreckt sich ein 860 Meter langer, zentraler Platz, gleichsam ein öffentliches Parkett. Bestimmend für Lage und Ausrichtung des Spreeplatzes ist die lineare Verbindung vom Alten Museum zur Petrikirche. Diese Achse bestimmt die Lage der umgebenden Gebäude und Plätze. Die städtebauliche Struktur der Spreeinsel ist durch massive Bauwerke sowie Baumgruppen und -reihen gekennzeichnet, die Insel und Stadtlandschaft zu einer Einheit verschmelzen lassen.
Auflockernde Elemente wie Baumgruppen, künstliche Bäche, Beleuchtung und Straßenpflaster beleben die Fläche. Zentrale Elemente der Insel sind die wichtigen Dienstleistungs- und Verwaltungseinrichtungen, die entlang des Spreeplatzes und zwischen Spreekanal und Spree angesiedelt sind.
Für das Auswärtige Amt setzen eine große runde Empfangshalle und ein

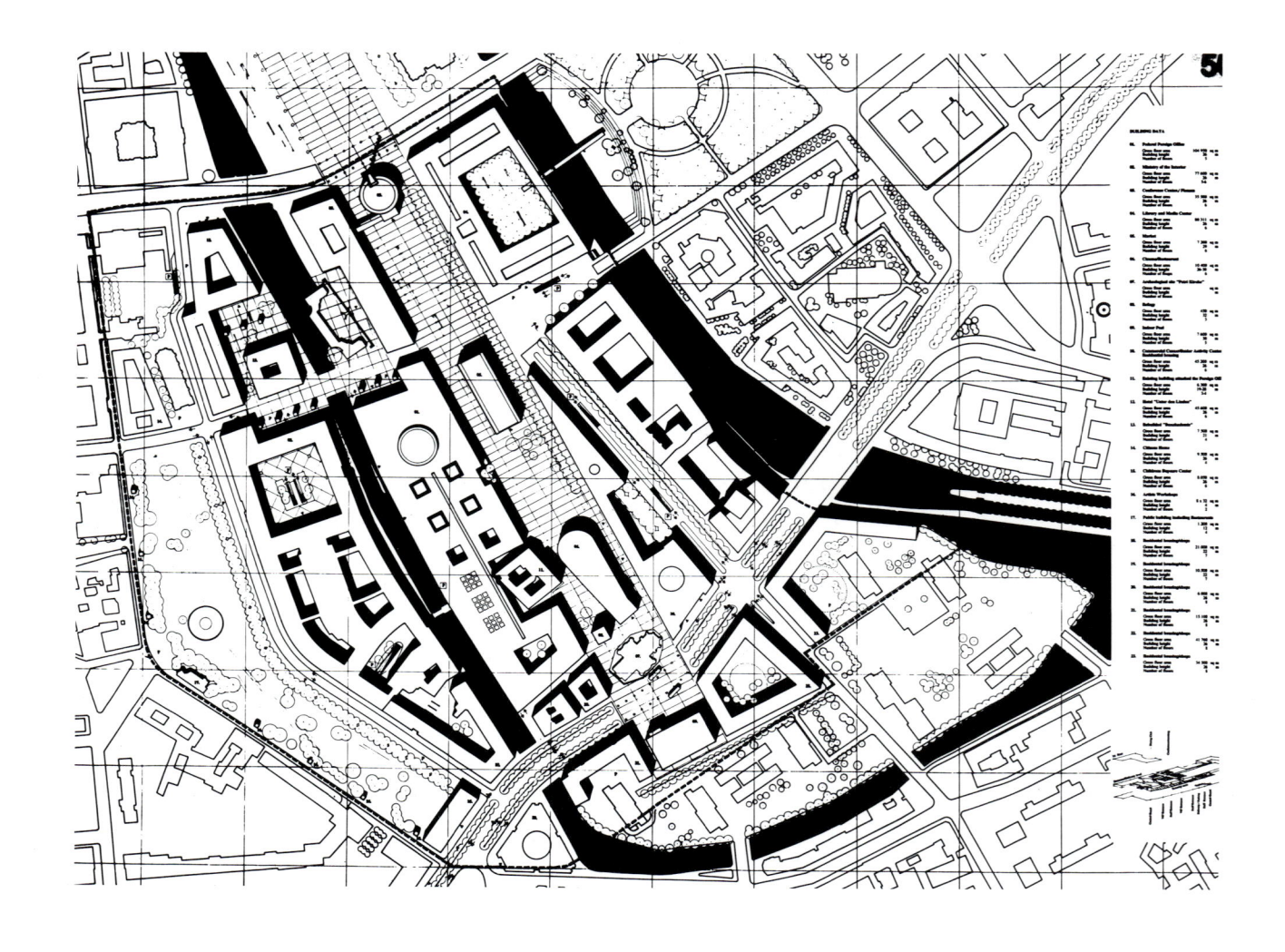

Based on the central location of the Spreeinsel in Berlin, the fundamentally urban character of the proposal will both in expression and in significance emphasise and amplify the inherent historic context in contemporary architectural terms. A dense city with a simple and clear structure is created; within this spatial urban complex, a hierarchy is developed which evokes a city centre with the dignity and the intimate monumentality typical of the old European cities. A magnificent urban complex is proposed which stretches right across the island, distinguishing the centre of Berlin from the rest of the city by its grandeur and artistic design.
A central square 860 metres long, Spreeplatz, extends from the Altes Museum like a public stage. Its location and orientation are determined by the linear link from the Altes Museum to St Peter's Church. The same axis determines the position of the surrounding buildings and smaller squares and spaces. The urban structure of the Spreeinsel is characterised by solid building volumes and by groups and rows of trees which draw island and townscape together.
The terrain draws vitality from versatile elements such as tree clusters, artificial streams, lighting and paving stones. The island's central features are the major service facilities and administrative institutions, which are located along Spreeplatz and between the canal and river.
A very big, round reception hall and a long inside corridor with a distributive function are the highlights of the Foreign Ministry. The main access for visitors to the Foreign Ministry is from Neuer Schinkelplatz via a spacious lobby. Vehicular access is provided through the 400 m long, monitored colonnade leading either to one of the inner courtyards or directly to the secured underground

ausgedehnter innerer Verteilerkorridor die Hauptakzente. Besucher betreten das Gebäude durch die weiträumige Halle vom Neuen Schinkelplatz aus. Zufahrten führen durch die 400 m lange überwachte Kolonnade entweder in einen der Innenhöfe oder direkt in die überwachte Tiefgarage. Die lange Fassade zum Spreeplatz hin wird durch Nischen für Gruppen geschützter Bäume bzw. durch die erhalten gebliebenen Gebäude in der alten Brüderstraße unterbrochen. Letztere Gebäude sollen für feierliche Anlässe genutzt werden.

Das Konferenzzentrum befindet sich in der Nähe der Straße „Unter den Linden" und besteht aus zwei, durch Fußgängerbrücken verbundenen Gebäuden, einem langen schmalen, zum Spreekanal hin ausgerichteten Gebäude und einem plastischen auf dem Platz. Das Bibliotheks-/Medienzentrum besteht aus einem 170 Meter langen, dem Spreeplatz zugewandten Gebäude und zwei seitlichen Anbauten nach Osten hin. Das alte Warenhaus [Hertzog] im Zentrum des Spreeplatzes wird in einen Freizeitkomplex umgewandelt.

Die Breite Straße erhält ihren gewerblichen Charakter zurück. An der Werderschen Straße wird eine sehr große Markthalle errichtet, die von der Bauweise her an die ursprünglichen Arkaden der Friedrichstraße erinnert.

Der gesamte städtebauliche Komplex wird durch Innenhöfe aufgelockert, die in der Stadt wie Gärten wirken sollen. Durch Tore, Passagen, Brücken und Plätze sind sie visuell miteinander verbunden. Stellenweise gelangt der Spaziergänger quer zur Hauptachse von einem Garten in den anderen. Zusammen mit den Gebäudefronten bilden die einzelnen Baumreihen die berühmten Alleen und betonen die Achse.

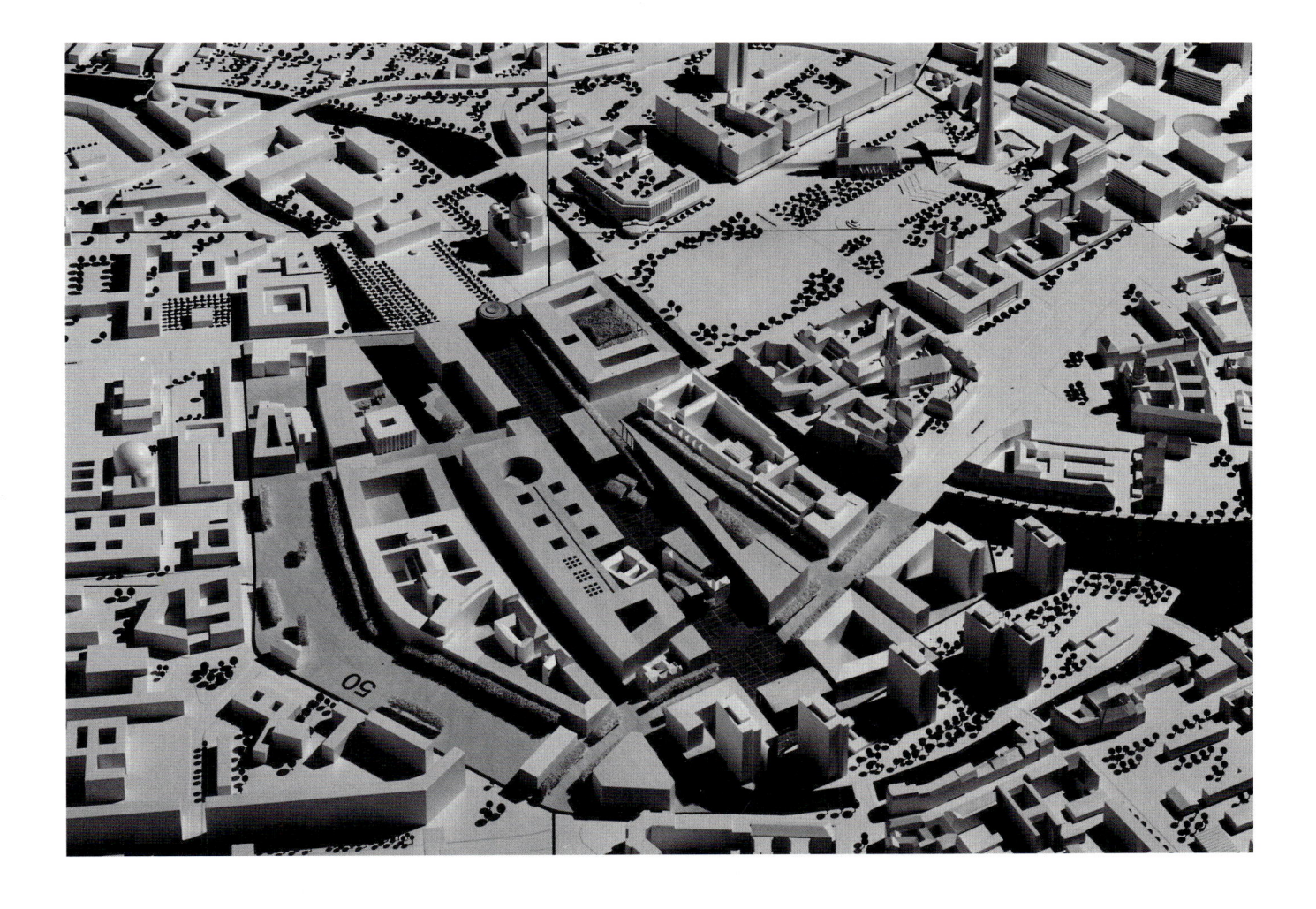

DIE ARCHITEKTEN

parking. The long façade towards Spreeplatz is interrupted by niches for groups of preserved trees or by the historic buildings in the old Brüderstrasse. These houses will serve ceremonial purposes.

The conference centre is near Unter den Linden and consists of two buildings linked by footbridges. The long, narrow building faces the canal, while its shapelier counterpart is on the square. The library/media centre is a 170-metre building facing Spreeplatz with two side annexes to the east. The old [Hertzog] department store in the middle of the square has been transformed into a leisure complex.

Breite Strasse is returned to the trades. A very large market hall, structurally reminiscent of the original arcades on Friedrichstrasse, is built on Werdersche Strasse. The entire urban layout is broken up by courtyards. These courtyards and spaces are to fulfil the function of urban gardens. They are visually interlinked by gates, passage ways, bridges and squares. The rows of trees together with the lines of the building façades form the famous alleys and emphasise the main axis.

THE ARCHITECTS

Henning Larsens Tegnestue, København

Henning Larsens Tegnestue, København

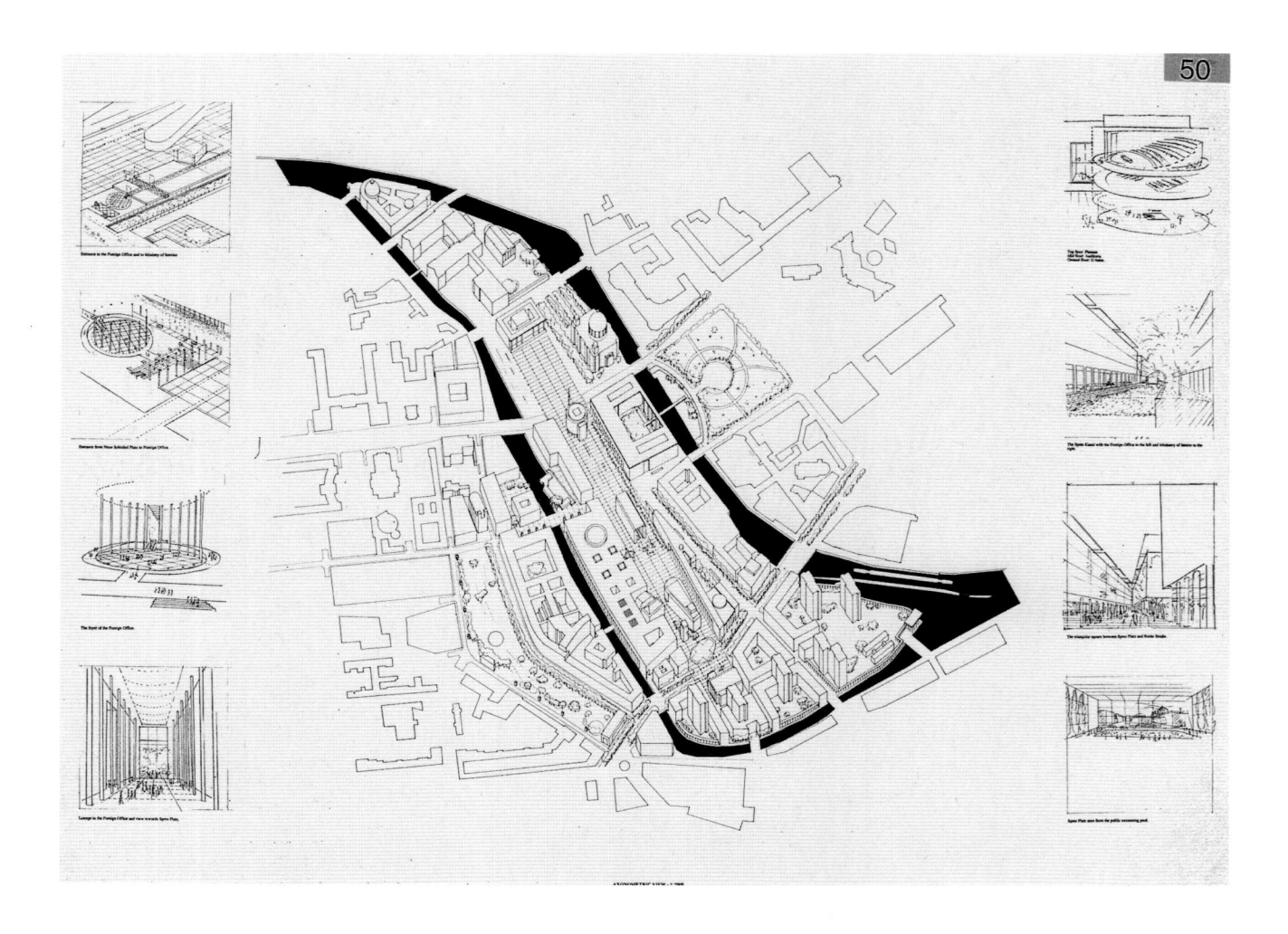

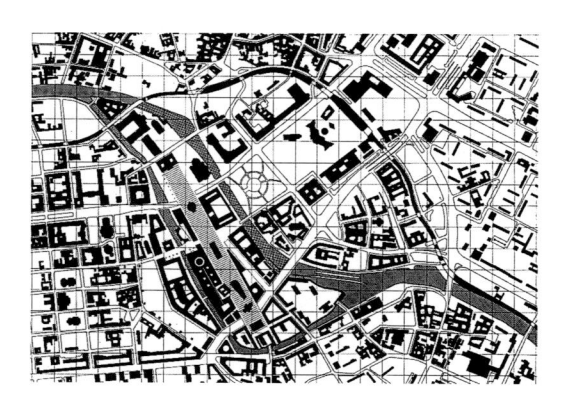

**Henning Larsens Tegnestue,
København**

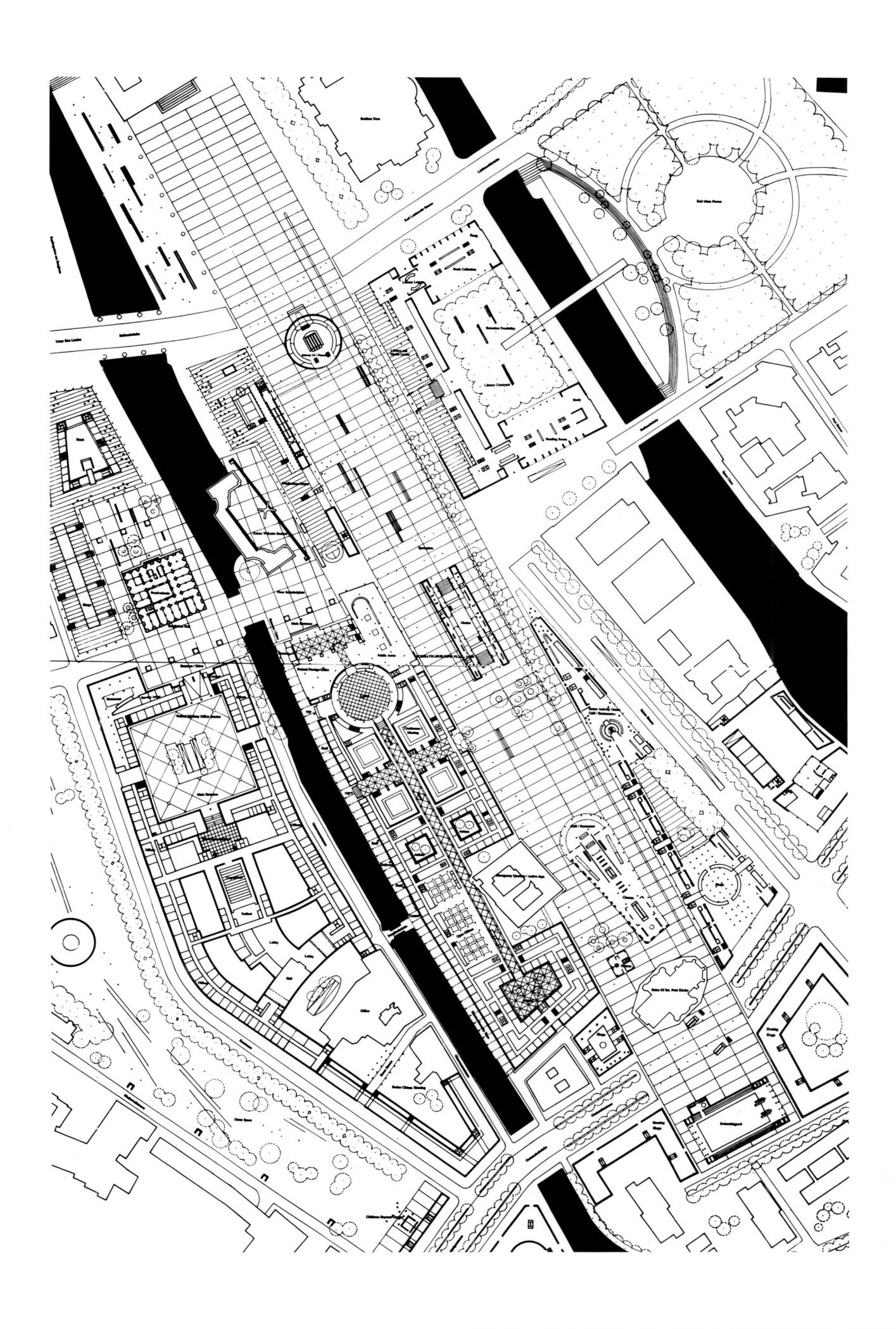

Branislav Greiner, Berlin

Die Grundentscheidung des Entwurfs ist, den historischen Stadtgrundriß wieder zum Tragen zu bringen. Das Planungsgebiet war historisch uneinheitlich. Wenn es wieder ein lebendiges Stadtgebiet werden soll, wird es auch in Zukunft nicht einheitlich sein. Der Entwurf geht deshalb von vier Teilbereichen aus, die unterschiedliche Gebietsprofile aufweisen: Schloßbereich, Brüderstraße/Breite Straße, Petri-Viertel und Friedrichswerder.

Zusammen mit der wiederzuerrichtenden Bauakademie und deren Hinterland jenseits der Friedrichsgracht bildet der Schloßbereich ein Denkmalsgebiet, das durch die Chance historischer Rekonstruktion und kulturell-öffentlicher Nutzung geprägt ist. Das Schloß wird als öffentliche städtebauliche Anlage verstanden, daher schrittweise Rekonstruktion der öffentlichen Räume. An der Spree werden Fassade und angrenzende Raumteile des Palastes erhalten.

Die patrizische Hälfte des alten Cölln (Brüderstraße und Breite Straße) ist heute ausreichend entleert, um zur Not Regierungsfunktionen aufzunehmen, vorausgesetzt, die künftigen Nutzer lassen sich auf die Vorgaben des Stadtgrundrisses ein: die historischen Blöcke, auf die sie sich verteilen müssen.
Der Wiederaufbau des cöllnischen Stadtkerns (Petri-Viertel) ist als Gegengewicht zur Neubesetzung des Schloßbereichs nötig. Die Randbebauung an der Scharrenstraße steht für Wohnen/Handel/Dienstleistung zur Verfügung.
Das Gebiet zwischen Friedrichsgracht und Oberwallstraße ist als erkennbares selbständiges Stadtviertel beabsichtigt. Verschüttete Figuren der Stadtteilgeschichte tauchen wieder auf: der kurfürstliche Holzmarkt, der Gefangenenhof der Stadtvogtei, der Umriß des alten Jägerhofs im ehemaligen Reichsbankblock.

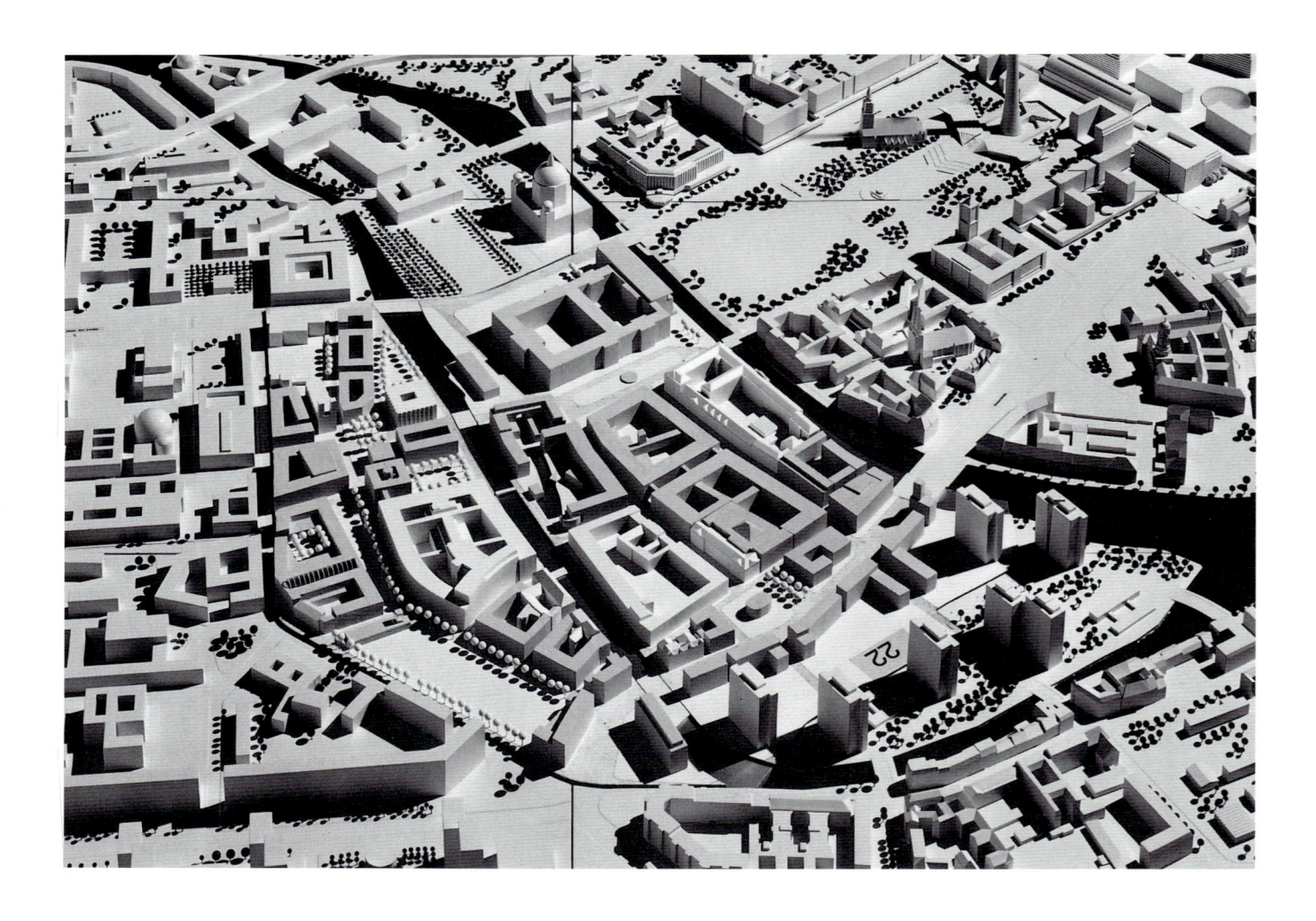

DER ARCHITEKT

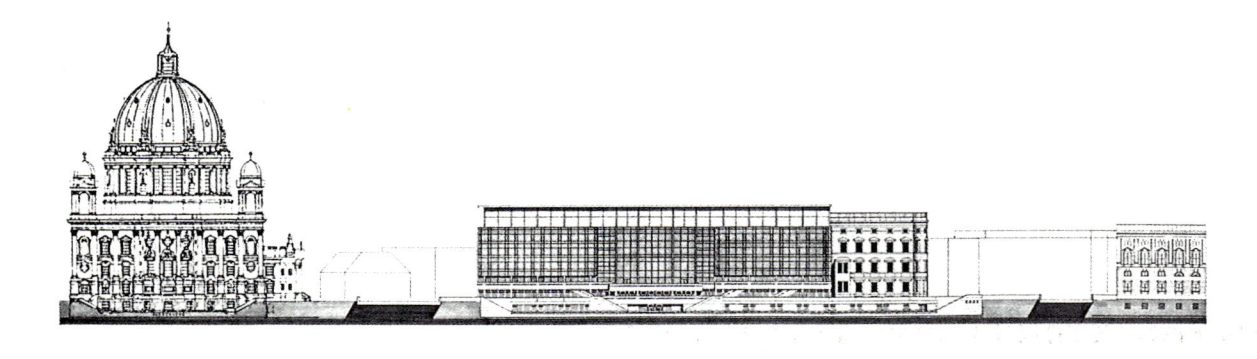

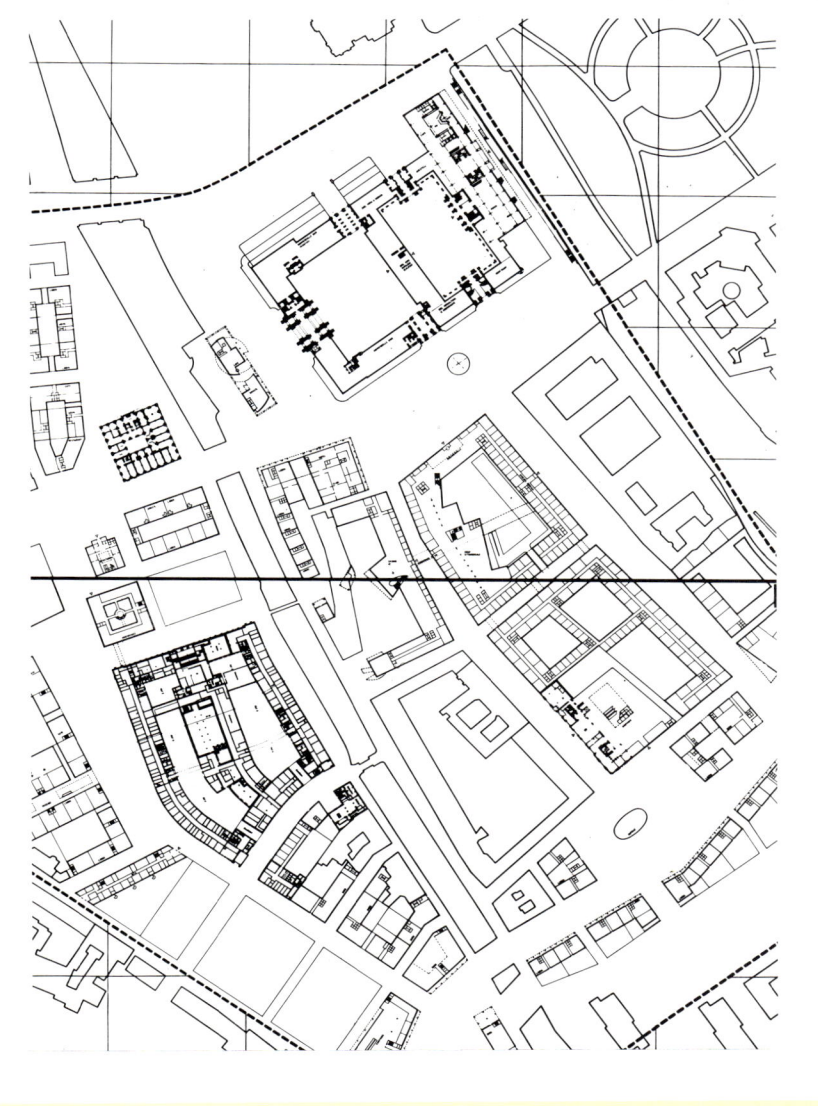

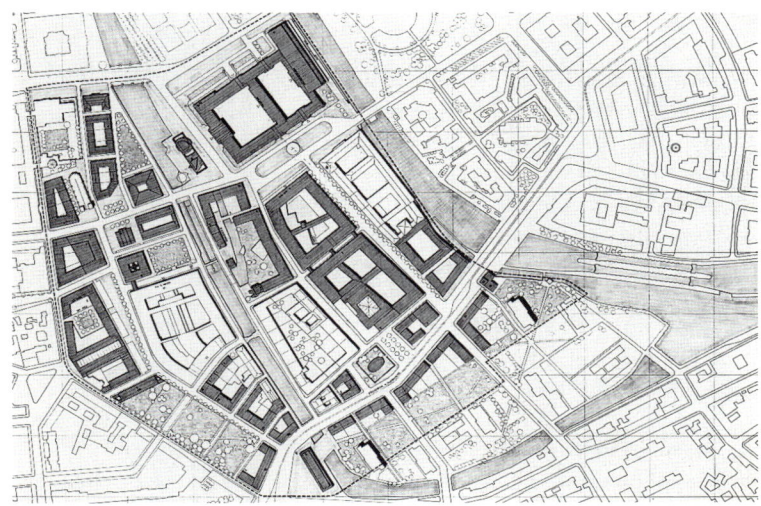

The basic decision of the project is to bring the historical city plan to the fore again. Historically the site lacked homogeneity. If it is to be revived into a lively city district, it will not be homogeneous in the future either. The project therefore deems it necessary to divide the site into four sections which present differing site profiles: the Schloss vicinity, Brüderstrasse/Breite Strasse, the St Peter's quarter, and the Friedrichswerder area.

In conjunction with the rebuilt Bauakademie and its environs beyond the Friedrichsgracht, the Schloss area forms a landmark site defined by the prospects of historical rebuilding and cultural/public use. The Schloss is conceived of as a public urban design complex, thus calling for the reconstruction of the public spaces in stages. The façade and adjacent spatial elements of the Palast facing the river are preserved.

The elegant half of old Cölln [Brüderstrasse and Breite Strasse] is presently sufficiently emptied as to be able to accommodate governmental functions should the need arise, with the precondition that the future users be prepared to accept the constraints of the city plan: the historical blocks over which they would have to be distributed. The resurrection of the Cölln urban core [the St. Peter's quarter] is necessary as a counterbalance to the new layout of the Schloss area. The perimeter development on Scharrenstrasse provides residential, commercial, or services space. The area between Friedrichsgracht and Oberwallstrasse is intended as a visibly independent quarter. Buried figures of the quarter's history emerge: the Electoral Wood Market, the Governor's Prisonyard, the contours of the old Jägerhof in the former Reichsbank block.

THE ARCHITECT

Branislav Greiner, Berlin

Beteiligte an Preisgericht, Vorprüfung und Organisation
Jury, Preliminary Examiners and Organisational Staff

SachpreisrichterInnen / General Judges
Manfred Kanther, Bundesminister des Innern
Dr. Irmgard Schwaetzer, Bundesministerin für Raumordnung, Bauwesen und Städtebau
Eberhard Diepgen, Regierender Bürgermeister von Berlin
Dr. Volker Hassemer, Senator für Stadtentwicklung und Umweltschutz
Ulrich Roloff-Momin, Senator für Kulturelle Angelegenheiten
Anton Pfeifer, Staatsminister beim Bundeskanzler
Dr. Dieter Kastrup, Staatssekretär des Auswärtigen Amtes
Dr. Dietmar Kansy, Mitglied des Bundestages
Gerhard Keil, Bezirksbürgermeister Berlin-Mitte

StellvertreterInnen / Deputy Judges
Franz Kroppenstedt, Staatssekretär im Bundesministerium des Innern
Gerhard von Loewenich, Staatssekretär im Bundesministerium für Raumordnung, Bauwesen und Städtebau
Volker Kähne, Chef der Senatskanzlei
Wolfgang Branoner, Staatssekretär in der Senatsverwaltung für Stadtentwicklung und Umweltschutz
Peter Conradi, Mitglied des Bundestages
Dr. Volker Busse, Ministerialdirigent im Bundeskanzleramt
Dr. Claus J. Duisberg, Botschafter Auswärtiges Amt
Dr. Jürgen Starnick, Mitglied des Bundestages
Dorothee Dubrau, Baustadträtin Bezirk Berlin-Mitte

FachpreisrichterInnen / Expert Judges
Hanns Adrian, Hannover
Edvard Jahn, Berlin
Peter Blake, Branford/Connecticut
Josef P. Kleihues, Berlin
Gerhart Laage, Hamburg
Gustav Peichl, Wien
Franco Stella, Vicenza
Günter Schäffel, Bonn
Dr. Hans Stimmann, Berlin
Angela Wandelt, Leipzig

StellvertreterInnen / Deputy Judges
Christiane Thalgott, München
Johanne Nalbach, Berlin
Inge Voigt, Frankfurt/Main
Dr. Dieter Kienast, Zürich
Barbara Jakubeit, Berlin
Jürgen Dahlhaus, Berlin
Michael Bräuer, Rostock

Koordination des Verfahrens / Coordination
Für das Land Berlin die
Senatsverwaltung für Stadtentwicklung
und Umweltschutz:
Wolfgang Süchting
Patrick Weiss
Almut Jirku
Für die Bundesrepublik Deutschland
die Bundesbaudirektion:
Volker Breuer
Petra Wesseler

Organisatorische Leitung / Organization
Bernd Faskel
Gunter Strey

VorprüferInnen / Preliminary Examiners
Birgit Dietsch, Wolf von Horlacher, Hans-Hermann Krafft, Martin Kusanke, Detlef Mallwitz, Caroline Raspé, Francesca Rogier, Dietrich Scholz, Veronika Schröter, Elisabeth Sikiaridi, Hans L. Vetter, Dr. Martin Wimmer, Birgit Wolf

MitarbeiterInnen / Staff
Thomas Bahnemann, Dorothea Balzer, Monika Bischof, Klaus Bonnet, Gabriele Brüß, Darius Cierpialkowski (Wettbewerbsbroschüren), Yanti Damerau, Antonius Edelbrock (Dia-Präsentation), Ellen Eisemann, Michel Feith (Ausstellungsbau), Jairo Ferreira da Silva, Ulrike Filter, Volker Gahnz, Stefan Gellenbeck, Bettina Gerdes, Ludger Gerdes, Isabelle Grudet (Übersetzung), Astrid Haas (Dia-Präsentation), Matthias Hartmann, Ingo Herrmann, Steffen Huhn, Carina Keil (Wettbewerbsbroschüren), Ken van Kesteren, Peter Lindner, Anja-Maria Mayer, Konrad Opitz, Claudia Ottmann, Sascha Panknin, Astrid Pankrath, Susanne Pikart, Jennifer Prange, Francesca Rogier (Übersetzung), Eva Schad, Enno Schick, Christina Siekiera, Manuela Sliwinski, Christina Striewski, Carla Tandler, Hamid Tarkashvand, Volker Thiele, Uta Tonski, Konstanze Uhlig, Michael Vierling, Andrea Wiese, Ulla Zander

Chronologie des Wettbewerbs

24. 3. 1993 Beschluß des Gemeinsamen Ausschusses der Bundesregierung und des Berliner Senats über die wesentlichen Rahmenbedingungen des Wettbewerbes

ab 23. 8. 1993 Ausgabe der Ausschreibungsunterlagen für die 1. Phase (Bewerbung)

22. 10. 1993 Abgabe der Wettbewerbsunterlagen

13.–15. 12. 1993 Preisgericht zur Auswahl der Teilnehmer für die 2. Phase

7. 1. 1994 Ausgabe der Unterlagen an die 52 Teilnehmer der 2. Phase

7. 2. 1994 Rückfragen

21. 2. 1994 Rückfragenbeantwortung

7. 4. 1994 Abgabe der Wettbewerbsarbeiten

14. 4. 1994 Abgabe des Modells

9.–11. 5. 1994 Preisgericht der 2. Phase

1. 6. 1994 Beschluß des Bundeskabinetts zur Realisierung eines 1. Bauabschnittes für das Auswärtige Amt entsprechend dem Ergebnis des Wettbewerbs auf dem Gelände des ehemaligen Staatsratsgebäudes und zur Unterbringung des Bundesministeriums für Wirtschaft in der ehemaligen Reichsbank

23. 6.–4. 9. 1994 Ausstellung der 1.105 Arbeiten der 1. Phase und der 52 Arbeiten der 2. Phase in der ehem. Reichsbank

Chronology of the Competition

March 24, 1993 Joint Committee of the Federal Government and the Senate of Berlin adopts its resolution on the essential conditions for the competition

from August 28, 1993 Competition materials are issued for Phase 1 (application)

October 22, 1993 Deadline for submission of entries

December 13 – 15, 1993 Jury session to select phase 2 entrants

January 7, 1994 Material circulated to the 52 phase 2 entrants

February 2, 1994 Deadline for queries

February 21, 1994 Written answers to queries

April 7, 1994 Deadline for submission of drawings

April 14, 1994 Deadline for submission of model

May 9 – 11, 1994 Jury session for phase 2

June 1, 1994 Federal Cabinet adopts a resolution on implementing the first phase of development to accommodate the Foreign Ministry on the site of the former Staatsrat-Building in accordance with the results of the competition and on locating the Federal Ministry of Industry in the former Reichsbank

June 23 to September 4 1994 Exhibition in the former Reichsbank of all 1,105 Phase 1 entries and the 52 Phase 2 entries

Verfahren und Aufgabenstellung des Wettbewerbs

Das Verfahren
Erste Gespräche zur Vorbereitung des Wettbewerbs fanden im Herbst 1992 statt, die intensive Phase der Vorbereitung begann nach Abschluß des Spreebogen-Wettbewerbs im Februar 1993.
Die Abstimmung des Verfahrens und der Vorgaben war in die Entscheidungsstrukturen eingebettet, die mit dem Hauptstadtvertrag vom 25.8.1992 etabliert worden waren. Die Rahmenbedingungen des Wettbewerbs wurden in dem von der Bundesregierung und dem Berliner Senat gebildeten „Gemeinsamen Ausschuß" beschlossen. Eine Unterarbeitsgruppe „Wettbewerb Spreeinsel" wurde eingesetzt, die unter Federführung der Senatsverwaltung für Stadtentwicklung und Umweltschutz die Vorbereitung gesteuert hat. Zum Zeitpunkt des Spreeinsel-Wettbewerbs wurden die in Deutschland geltenden Grundsätze und Richtlinien für Wettbewerbe (GRW 77) durch eine Dienstleistungsrichtlinie der Europäischen Gemeinschaft ergänzt, die seit Juli 1993 bei Wettbewerben mit einer Preis- und Honorarsumme über 200.000 ECU anzuwenden ist. Weiterhin war, verbunden mit der Entscheidung für eine internationale Wettbewerbsausschreibung, die UNESCO-Empfehlung über internationale Architektur- und Stadtplanungswettbewerbe vom 27.11.1978 zu beachten. Mit dieser Verfahrensart wurde im Rahmen der fortschreitenden europäischen Integration Neuland beschritten.
Die Konstruktion des Verfahrens war durch den vorlaufenden städtebaulichen Ideenwettbewerb „Spreebogen" geprägt. Dieser Wettbewerb für das neue Parlamentsviertel am Reichstagsgebäude hatte mit 835 eingereichten Entwürfen eine bislang nie dagewesene Teilnahme zu verzeichnen. Es bestand Einvernehmen, als Referenz an diese außerordentliche Resonanz auch den Wettbewerb Spreeinsel weltweit auszuschreiben. Ein ähnlich großes Interesse an der Beteiligung war zu erwarten. Obgleich der Teilnahmerekord beim Spreebogen-Wettbewerb durchaus als positives Zeichen für die Hauptstadtentscheidung begriffen wurde, sollten beim Spreeinsel-Wettbewerb die belastenden Begleiterscheinungen eines Mega-Verfahrens reduziert werden. Das betrifft einerseits den Aufwand der Teilnehmer, die, geht man von durchschnittlichen Bürokosten von 50.000,- DM für die Wettbewerbsteilnahme aus, im Spreebogen-Wettbewerb eine Leistung von insgesamt mehr als 40 Millionen DM erbracht hatten. Dieser – wenn auch freiwillig erbrachte – Aufwand sollte der Architektenschaft nicht erneut zugemutet werden. Auch auf der Seite der Auslober sollte der finanzielle und organisatorische Aufwand verringert werden.
Deshalb wurden verschiedene Möglichkeiten diskutiert, wie trotz des weltweiten Zulassungsbereichs mit einem dem eigentlichen Wettbewerb vorgeschalteten Auswahlverfahren die Teilnehmerzahl auf eine handhabbare Größe reduziert werden könnte. Ein sogenanntes „Windhundverfahren", bei dem nur die Architekten zugelassen werden, die sich bis zu einem bestimmten Zeitpunkt gemeldet haben, wurde wegen fehlender Chancengleichheit der internationalen Bewerber ausgeschlossen. Ein Auswahlverfahren anhand von Werkverzeichnissen, Referenzen u.a. wurde gleichfalls verworfen, da die beteiligten Architektenkammern befürchteten, daß dann junge, unbekannte Büros nur geringe Chancen hätten.
Deshalb verständigte man sich auf ein Auswahlverfahren, in dem die Bewerber anonym eingereichte, skizzenhafte Stadtideen erarbeiten mußten, aus denen etwa 50 Entwürfe durch das Preisgericht aus-

The Procedure
Discussions about organizing the competition began in autumn 1992, and once the Spreebogen Competition was completed in February 1993, organization was able to proceed apace.
The agreement on transferring parliamentary and government functions to Berlin, signed on 25 August 1992, defined structures for taking decisions about procedure and objectives. Under this, the federal government and the Senate of Berlin set up a joint committee, which established framework conditions for the competition. A specific Spreeinsel Competition working group was to supervise organization under the aegis of the Berlin Ministry for Urban Development and Environmental Protection.
At this point in time, the Principles and Guidelines for Competitions (GRW 77) which applied in Germany were extended to include a Directive on Public Service Contracts from the European Union, which has been applicable since July 1993 to competitions where prize money and fees exceed 200,000 ECU in value. Furthermore, the decision to open the competition to applicants outside Germany meant that UNESCO's Recommendation on International Architectural and Urban Design Competitions of 27 November 1978 would also apply. This competition procedure was a further step in the direction of European integration.
The shape which the procedure took was greatly influenced by the Spreebogen Competition for Urban Design Ideas, which had just taken place. An unprecedented 835 proposals had been submitted for designing the capital's new parliamentary district alongside the former Reichstag. It was generally agreed that this unusual level of interest should be acknowledged by opening the Spreeinsel Competition to worldwide participation. A similar response was expected.
Although the record participation in the Spreebogen Competition was certainly interpreted as a positive sign for the decision to move the government to Berlin, there was a need, when it came to the Spreeinsel Competition, to reduce the onerous implications of a mega-procedure for applicants and sponsors alike. If the average costs of participation are estimated at 50,000 DM per entrant, their expenditure in the Spreebogen Competition must have amounted to more than 40 million DM. However willingly the effort had been made, the architectural community should not be expected to assume that burden again. For the sponsors, too, a reduced financial and organizational input seemed advisable.
Various ways were therefore discussed of setting up a preliminary selection procedure to restrict the number of participants to a manageable figure without sacrificing the commitment to international eligibility. It was decided to dismiss the "greyhound race" approach, which would exclude architects who failed to meet a certain deadline, as this would discriminate against participants from abroad. Selection on the grounds of works published and other credentials was also rejected, as the Chambers of Architects taking part in the discussions were concerned that only offices with a prominent reputation would be chosen and that the odds would be against young, unknown practicians.
A selection procedure was finally adopted which would call upon applicants to submit anonymous proposals in schematic form. About 50 of these would then be chosen by the jury, who would invite the authors to participate in a second phase: the competition proper. The

gesucht und deren Verfasser zur zweiten, eigentlichen Wettbewerbsphase eingeladen werden sollten. Der Aufwand für die Bewerbungsphase wurde durch die Beschränkung auf drei vorgegebene Pläne im Maßstab 1:2.000 limitiert. Erst in der Wettbewerbsphase erarbeiteten die 52 ausgewählten Teilnehmer verfeinerte Entwürfe bis hin zu Schemagrundrissen für die Ministerien im Maßstab 1:500. Die Auswahl der Teilnehmer für die Wettbewerbsphase wurde durch das Preisgericht vorgenommen. Um die von der Union Internationale des Architectes (UIA) für das gesamte Verfahren geforderte Anonymität zu gewährleisten, lief jede Kontaktaufnahme zu den ausgewählten Teilnehmern über ein Notarbüro. Erst am Schluß des gesamten Verfahrens wurden diese durch Öffnung der Verfassererklärungen bekannt.

Im Grunde entspricht das gewählte Verfahren mit dem entwurflichen Bewerbungsvorlauf weitgehend einem zweistufigen Wettbewerb nach GRW 77, nur daß dort üblicherweise die Anonymität zu Gunsten eines kooperativen Ablaufs in der zweiten Wettbewerbsstufe aufgehoben wird. Durch die reduzierten Anforderungen in der ersten Wettbewerbsphase wurde zwar auf Seiten der teilnehmenden Architekten der Aufwand niedrig gehalten, für die Auslober wurde jedoch nur die Vorprüfung eingespart. Die höchste Hürde des gesamten Verfahrens war sicherlich die Aufgabe, in einer dreitägigen Preisgerichtssitzung 1.105 städtebauliche Konzepte beurteilen zu müssen. Dies gelang dank der disziplinierten Arbeit des Preisgerichts in verantwortlicher Weise.

Es hat sich gezeigt, daß solche großen Verfahren – wenn auch mit erheblichem Aufwand – zu bewältigen sind. Dennoch dürften sie eher eine Ausnahmeerscheinung bleiben, da die bislang unter Anwendung der neuen EG-Dienstleistungsrichtlinie durchgeführten Wettbewerbe bei weitem nicht die Dimensionen des Spreeinsel-Wettbewerbs erreichen.

Die Aufgabenstellung
Anlaß des Wettbewerbs war der Beschluß von Bundesregierung und Senat, im Wettbewerbsgebiet zwei wichtige Ministerien unterzubringen. Damit sollte ein zweiter Regierungsschwerpunkt in der historischen Mitte Berlin entstehen, neben dem neuen Parlamentsviertel im Spreebogen. Diese Entscheidung wurde mit dem Beschluß des Gemeinsamen Ausschusses vom März 1993 Grundlage für die Aufgabenstellung.

Die Anforderungen und Vorgaben für das Außen- und Innenministerium waren wesentlich präziser formulierbar als die für das übrige Wettbewerbsgebiet, insbesondere den Marx-Engels-Platz. Deswegen war auch die Frage aufgekommen, ob ein städtebaulicher Realisierungswettbewerb für die beiden Ministerien nicht sinnvoller sei und zu schneller umsetzbaren Ergebnissen führen würde als ein städtebaulicher Ideenwettbewerb für ein größeres Gebiet, in dem manche Vorgaben aufgrund noch nicht abgeschlossener Meinungsbildung entsprechend offen bleiben mußten.

Letztendlich entschied man sich für die umfassende Aufgabenstellung, weil aus städtebaulicher Sicht hier jeder Straßenraum und Platz sowie jedes Bauwerk nur im Verhältnis zur städtebaulichen Neuformulierung und Gestaltung der Stadtmitte, dem Marx-Engels-Platz bzw. dem ehemaligen Schloß, angemessen beurteilt werden kann. Auch die Verknüpfungen zwischen Plätzen und ihren Begrenzungen,

effort required for the application phase was limited to three specified drawings on a scale of 1:2,000. In the competition phase, the 52 entrants ultimately selected would produce more detailed proposals, including schematic floor plans on a scale of 1:500 for the ministries. The jury was responsible for deciding who should take part in the competition phase. To ensure the principle of anonymity required for the full procedure by the Union Internationale des Architectes (UIA), all correspondence with these participants was undertaken by a notary. Identities were not revealed until the end of the competition, when the statements of authorship were opened.

This procedure is almost identical to the two-phase procedure, with preliminary applications based on schematic proposals, defined in GRW 77, except that competitions based on the guidelines normally dispense with anonymity in the second phase for the purposes of practical cooperation. Although the work of the applicants had been minimized by the limited requirements of the first phase, the sponsors did not benefit particularly in terms of reduced effort, because no preliminary examination was required. The greatest hurdle in the entire procedure was no doubt the jury's task of choosing between 1,105 urban proposals in the space of three days. This was achieved in a responsible way thanks to the jury's disciplined work.

The experience has shown that it is certainly possible to implement extensive procedures such as this, even if substantial work is involved. However, they will probably remain the exception rather than the rule, because although the Public Services Directive extends eligibility to the entire European Union, the competitions so far held under its provisions have been far smaller in magnitude than the Spreeinsel Competition.

The Objectives
The competition followed a decision by the federal government and the Senate to locate two major ministries in this area. This meant that Berlin's historical centre was to become a second focus for government functions after the new parliamentary district in the Spreebogen. The joint committee adopted a motion in March 1993 which translated this decision into a basis for the competition objectives.

Requirements and needs relating to the Foreign and Interior Ministries lent themselves to a far more accurate formulation than those pertaining to the rest of the site, notably Marx-Engels-Platz. This had raised the question as to whether a project competition for urban design around the two ministries would not be more appropriate and swifter to implement than a competition for urban design ideas covering a larger site, in which many requirements would have to be left open until opinions had been given time to consolidate.

In the end, the broader approach was preferred because, from the point-of-view of urban design, every street and square and every building must be evaluated in the context of the reconfiguration and contours of the historical centre, Marx-Engels-Platz and the site of the former Schloss. Splitting a fragment of the island away from the rest also threatened to pose problems in terms of the links between squares and the volumes containing them, or between paths and the places to which they led.

Even while the competition was in progress, public opinions were still taking shape. For the entrants, elaborating their proposals was no doubt complicated by the fact that some of the requirements expressed in the brief were constantly being challenged in public

Competition Procedure and Objectives

zwischen Wegebeziehungen und ihren Zielpunkten ließen die Abspaltung eines kleinen Gebietes auf der Spreeinsel problematisch erscheinen.

Die Meinungsbildung ging während des Wettbewerbs weiter. Die Aufgabe für die Teilnehmer wurde sicherlich dadurch erschwert, daß manche bindende Vorgabe während der laufenden Entwurfsarbeit in der öffentlichen Diskussion in Frage gestellt wurde. Gleichzeitig stieg damit jedoch auch die Chance, durch einen überzeugenden Vorschlag den einen oder anderen Konfliktpunkt auszuräumen.

Bereich Marx-Engels-Platz
Während für die beiden Ministerien die Vorgaben präzise formuliert waren, waren die Anforderungen an die Gestaltung des heutigen Marx-Engels-Platz wesentlich offener. Verbindliche Vorgabe war der Abriß des Palastes der Republik, da er nach allen vorliegenden Erkenntnissen bei der erforderlichen Entfernung des Spritzasbests auf den Rohbaustand zurückgeführt werden würde. „Eine Verwendung dieses Rohbaus erscheint aus städtebaulichen, funktionalen und wirtschaftlichen Gründen nicht zweckmäßig. Deshalb soll der Palast der Republik mit Ausnahme der Kellergeschosse abgerissen werden." (Beschluß des Gemeinsamen Ausschusses Bonn/Berlin v. 24.03.1993). Diese eindeutige Entscheidung beendete jedoch die öffentliche Diskussion nicht. Dem Wunsch nach Erhaltung des Palast der Republik stand der Wunsch nach dem Wiederaufbau des ehemaligen Stadtschlosses gegenüber. In diesem Wettbewerb ging es aber nicht um Architektur, sondern um die Plazierung von Gebäuden und öffentlichen Räumen.

An die inhaltliche Definition dieses Kernbereichs der Stadt Berlin richteten sich hohe Erwartungen. So heißt es in der Ausschreibung: „Dieser bedeutende Raum sollte niemandem allein gehören, weder den Bürgern, noch der Politik, noch der Kultur. Alle sollten jedoch in besonderer Weise in ihm vertreten sein. Diesem eigentlichen Mittelpunkt der Stadt sollen Nutzungen zugeordnet werden, die sowohl höchste Bedeutung ausstrahlen, wie auch der demokratischen Gesellschaft öffentlich zugänglich sind. Diese Nutzungen sollen nicht bereits Existierendes wiederholen oder erweitern, sondern eine herausragende Ausprägung solcher 'normaler' Nutzungen an einem Ort vereinen." Dies bezieht sich sowohl auf das geplante Konferenzzentrum, die Ausstellungsräume, das Bibliotheks- und Medienzentrum wie auch auf wissenschaftliche und kulturelle Nutzungen.

Bereich Breite Straße
Hier war das Auswärtige Amt mit einer Gesamt-BGF von 98.820 m² mit einem schematischen Raum- und Funktionsprogramm und sehr anspruchsvollen Erschließungs-, Vorfahrts- und Sicherheitsanforderungen unterzubringen. Dabei blieb es den Teilnehmern überlassen, diese im Gebiet zwischen Werderstraße, Breite Straße, Scharrenstraße und Spreekanal zu verteilen. Ob das denkmalgeschützte Staatsratsgebäude erhalten bleibt, stand zur Disposition, ebenso das erhaltenswerte ehemalige Kaufhaus Hertzog. Von Seiten des Ministeriums bestand der Wunsch nach einer in sich abgeschlossenen Liegenschaft, auf der andere Nutzungen oder öffentliche Durchwegungen aus Sicherheitsgründen nicht zulässig sind. Das Land Berlin wollte möglichst alle historischen Wegebeziehungen erhalten bzw. wiederher-

debate. At the same time, this implied the chance for a convincing proposal to dispense with some of the points at issue.

Marx-Engels-Platz
Whereas the needs of the two ministries had been precisely formulated, the design objectives for what is now Marx-Engels-Platz were left open in many respects. The only binding requirement was that the Palast der Republik should be demolished, because all expertise suggested that removing the asbestos as required by law would in any case reduce the building to its skeleton. "It does not appear advisable, from the urban, functional or economic angle, to make use of this skeleton. With the exception of the cellars, the Palast der Republik should, therefore, be demolished (Joint Committee Resolution, 24 March 1993)." However, this unambiguous decision did not put an end to the public debate. There were those who wished to preserve the Palast der Republik, and others who wished to see the former royal residence, the Schloss, rebuilt. But the competition was not about architecture, it was about the layout of public spaces and built areas.

This square is a core of Berlin, and there were high expectations of its thematic definition, to which the brief refers as follows: "This important space should not belong exclusively to anyone, neither the residents, nor the political community, nor the cultural world. Yet all of them should enjoy a special presence here. This is the true centre of the city, and the uses allocated to it should radiate supreme significance and also be publicly accessible to our democratic society. These uses should not simply repeat or expand what already exists, but combine an outstanding expression of these 'normal' uses in a single place." This refers to the projected conference centre, exhibition space and library and media centre as well as to scientific and cultural uses.

Breite Strasse
The Foreign Office was to be located here, with an overall gross floor area of 98,820 m², accommodating a schematic spatial and functional programme with very demanding requirements in terms of access, entrance and security. The participants were to decide how best to distribute this between Werderstrasse, Breite Strasse, Scharrenstrasse and the canal. They could choose whether to retain the Staatsrat (a listed building), or the old Hertzog department store (rated worthy of preservation). The ministry had requested a self-contained site where other uses and public footpaths would not be permitted for security reasons. Berlin wanted as much of the public pedestrian network as possible to be preserved, or even restored by means of a riverbank path all the way along the Spree. It was also considered desirable to locate an urban mix of uses along major public spaces in order to generate a lively city fabric.

Gertraudenstrasse/St Peter's/Fischerinsel/Spittelmarkt
The medieval market community of Cölln grew up around St Peter's church and its square, but at present this rôle cannot be detected. Urban design would ideally improve the definition of Gertraudenstrasse on both sides. The Lutheran Church plans to erect a chapel on the site of St Peter's, now demolished, in memory of the city's first church.

stellen sowie einen durchgängigen Uferweg entlang der Spree anlegen. Außerdem war es erwünscht, zu den wichtigen öffentlichen Räumen hin urbane Mischnutzungen anzusiedeln, damit ein lebendiges Stadtgefüge entsteht.

Gertraudenstraße/ Petriplatz/ Fischerinsel/ Spittelmarkt
Der Petriplatz mit der ehemaligen Petrikirche ist der bürgerliche Entstehungsort Cöllns, dessen Bedeutung gegenwärtig nicht erkennbar ist. Angestrebt wurde eine bessere städtebauliche Fassung der Gertraudenstraße auf beiden Seiten. Die evangelische Kirche hat die Absicht, an Stelle der abgerissenen Petrikirche, der ältesten Kirche der Stadt, eine Kapelle zur Erinnerung zu errichten. Erwünscht war auch die langfristige Anbindung der Fischerinsel über die drei historischen Brücken nach Kreuzberg und die Aufwertung der vorhandenen Freiflächen, insbesondere an den Ufern. Der Spittelmarkt sollte als Platz wiederhergestellt werden. Dabei war abzuwägen zwischen dem städtebaulichen Wunsch nach Fassung des Platzraumes und der aus stadtklimatischer Sicht wünschenswerten Beibehaltung der Öffnung vom Spreekanal zur vorhandenen Grünfläche.

Friedrichswerder
Auf dem Friedrichswerder war der Standort des Bundesministerium des Innern mit 76.000 m² BGF vorgesehen, im bestehenden Gebäude der ehemaligen Reichsbank bzw. dem ehemaligen Haus der Parlamentarier. Auf der freien Fläche nördlich davor bestand die Möglichkeit, einen neuen Ergänzungsbau zu errichten. Dies war insbesondere aus städtebaulichen Gründen wünschenswert, um den Werderschen Markt als Platzraum erkennbar werden zu lassen. Die westlich angrenzende Grünanlage sollte, abgesehen von einer möglichen baulichen Fassung entlang der Werderstraße, frei bleiben und als Bürgergarten ausgestaltet werden.
Nördlich der Werderstraße war der Abriß des ehemaligen Außenministeriums der DDR, welches in seiner Dimension alle stadträumlichen Bezüge ignoriert, feste Vorgabe. Der dadurch mögliche Wiederaufbau der Bauakademie, einem Meisterwerk Schinkels, und des davorgelegenen Schinkelplatzes war ausdrücklich erwünscht.
Insgesamt fiel die Einigung auf feste Vorgaben aufgrund der hochgesteckten Ziele und der intensiven öffentlichen Diskussion besonders schwer. Dennoch gelang es dem Preisgericht, sich mit großer Mehrheit für die Lösung des ersten Preisträgers Bernd Niebuhr zu entscheiden.

Almut Jirku, Wolfgang Süchting, Patrick Weiss
Senatsverwaltung für Stadtentwicklung und Umweltschutz

A desire was expressed that Fischerinsel's links with Kreuzberg be restored in the long term by means of the three original bridges, and that the open spaces here, especially along the river banks, be upgraded.
Spittelmarkt was to become a square again. Participants were left to weigh requests to enclose the space in the interests of urban design against recommendations to keep the green space open towards the canal in the interests of the microclimate.

Friedrichswerder
Friedrichswerder was earmarked for the Interior Ministry, which would require 76,000 m² gross floor area. It was to be accommodated in the former Reichsbank respectively the former "Haus der Parlamentarier". The open space to its north was available for a new extension, which was above all desirable in terms of urban design, as it would help to identify the old Werder Market-Place as a square. The green space to the west was to remain undeveloped, unless to contribute to this definition along Werderstrasse, and laid out as a public garden. The Jury reiterated this requirement after the first phase.
To the north of Werderstrasse, there was a firm requirement to pull down the former East German Foreign Ministry, the size of which repudiates every urban reference. This would permit a reconstruction of the Bauakademie, a masterpiece by Schinkel, and the square in front of it, Schinkelplatz. An explicit desire for this option was contained in the brief.
Generally speaking, the adoption of binding requirements was particularly difficult due to high expectations and the intense public debate. Yet the jury managed to agree on the solution of the winner of the first prize, Bernd Niebuhr, with great majority.

Almut Jirku, Wolfgang Süchting, Patrick Weiss
Berlin Ministry for Urban Development and Environmental Protection

Protokoll der Preisgerichtssitzung

Internationaler Städtebaulicher Ideenwettbewerb Spreeinsel Zweite Phase Protokoll der Preisgerichtssitzung

ausgelobt von der Bundesrepublik Deutschland und dem Land Berlin

vertreten durch
das Bundesministerium für Raumordnung, Bauwesen und Städtebau

die Bundesbaudirektion

die Senatsverwaltung für Stadtentwicklung und Umweltschutz

Durchführung:
Arbeitsgemeinschaft Wettbewerb Spreeinsel

Berlin/Bonn, Mai 1994

Internationaler Städtebaulicher Ideenwettbewerb Spreeinsel

Protokoll der Preisgerichtssitzung im ehemaligen Staatsratsgebäude Breite Straße 1, Berlin-Mitte

---

Montag, 9. Mai 1994
9.15 Uhr

Herr Senator Hassemer begrüßt die Teilnehmer des Preisgerichts. Er betont die Bedeutung der zweiten Phase des Ideenwettbewerbes, der städtebaulich ein letzter Mosaikstein und gleichzeitig der Schlußpunkt in der Diskussion um das Zentrum Berlins ist.

Herr von Loewenich dankt den Anwesenden für ihre Bereitschaft, an diesem Verfahren teilzunehmen. Er hebt die Bedeutung der Diskussion über die Art und Weise der Unterbringung der Ministerien hervor. Die Bedingungen und Voraussetzungen des Ideenwettbewerbs, die in der Ausschreibung festgehalten wurden, seien unverändert. In der zweiten Phase gehe es darum, unter den 52 Arbeiten die richtigen herauszufiltern und eine Entscheidung zu treffen.

Feststellung der Vollständigkeit des Preisgerichts:
Fachpreisrichter: Hanns Adrian, Michael Bräuer, Edvard Jahn, Peter Blake, Josef Paul Kleihues, Barbara Jakubeit, Gerhart Laage, Gustav Peichl, Franco Stella, Dr. Hans Stimmann.
Sachpreisrichter: Franz Kroppenstedt, Dr. Claus J. Duisberg, Anton Pfeifer (ab 9.50 Uhr), Volker Kähne, Gerhard von Loewenich (ab 16.15 Uhr Dr. Irmgard Schwaetzer), Peter Conradi (ab 10.15 Uhr Ulrich Roloff-Momin), Dr. Volker Hassemer, Dr. Dietmar Kansy, Gerhard Keil.

Ständig anwesende stellvertretende Fachpreisrichter:
Johanne Nalbach, Christiane Thalgott, Inge Voigt.

Einige der Sachpreisrichter werden aus dienstlichen Gründen nicht ständig an den Sitzungen des Preisgerichts teilnehmen können.
Sie werden dann gem. 3.3.3 GRW '77 durch stellvertretende Sachpreisrichter vertreten.
Ständig anwesende stellvertretende Sachpreisrichter:
Dr. Volker Busse, Dorothee Dubrau, Peter Conradi.

Als Sachverständige bzw. Gäste nehmen zeitweise an der Sitzung teil: Günther Auer (Auswärtiges Amt), Peter Wischnewski, Dieter Wellmann, Peter Weigel (Bundesministerium des Innern), Volker Breuer, Petra Wesseler (Bundesbaudirektion), Eileen Quinn (Union Internationale des Architectes), Dietrich Bolz, Eberhard Weinbrenner (Architektenkammer), Dr. Ekkehard Schröter (Senatskanzlei), Dr. Peter Kroll, Hans-Joachim Behaim-Schwarz, Dr. Helmut Engel, Heribert Guggenthaler, Manfred Kasper, Bärbel Winkler-Kühlken, Dr. Engelbert Lütke-Daldrup, Ulla Luther, Erhard Mahler, Christoph Müller-Stüler, Annalie Schoen, Wolfgang Süchting, Peter Syll, Patrick Weiss, Dr. Müschen (Senatsverwaltungen Berlin), Dr. Ingo Kowarik, Klaus-Dieter Lang, Dr. Charlotta Pawlowsky-Flodell, Dr. Wilfried Ruske, Bernhard Schneider,

---

Monday, May 9, 1994
9:15 am

Senator Hassemer greeted the jury participants. He emphasized the significance of the second phase of the competition for ideas, which is a last piece in the urban design mosaic and at the same time the conclusion of the discussion about the center of Berlin.

Mr. von Loewenich thanked those present for their readiness to take part in this process. He stressed the importance of the discussion about the ways and means of accommodating the ministries. The conditions and prerequisites of the ideas competition, which were set down in the program, are unchanged. In the second phase, the task is to filter out the right projects from among the 52 in order to reach a decision.

Confirmation of the full attendance of the jury:
Expert Judges: Hanns Adrian, Michael Bräuer, Edvard Jahn, Peter Blake, Josef Paul Kleihues, Barbara Jakubeit, Gerhart Laage, Gustav Peichl, Franco Stella, Dr. Hans Stimmann.
General Judges: Franz Kroppenstedt, Dr. Claus J. Duisberg, Anton Pfeifer (arriving after 9:50 am), Volker Kähne, Gerhard von Loewenich, (representing Dr. Irmgard Schwaetzer until 4:15), Peter Conradi (representing Ulrich Roloff-Momin until 10:15 am), Dr. Volker Hassemer, Dr. Dietmar Kansy, Gerhard Keil.
Deputy expert judges in continuous attendance:
Johanne Nalbach, Christiane Thalgott, Inge Voigt.

A few of the general judges were not able to take part during all of the sessions due to their official duties.
They were then represented by deputy general judges, in accordance with regulation 3.3.3 GRW '77.
Deputy general judges in continuous attendance:
Dr. Volker Busse, Dorothee Dubrau, Peter Conradi.

As consultants or guests participating in at least part of the sessions were: Günther Auer (Foreign Office), Peter Wischnewski, Dieter Wellmann, Peter Weigel (Federal Ministry of the Interior), Volker Breuer, Petra Wesseler (Federal Construction Board), Eileen Quinn (Union Internationale des Architectes), Dietrich Bolz, Eberhard Weinbrenner (Chamber of Architects), Dr Ekkehard Schröter (Senate Chancellery), Dr. Peter Kroll, Hans-Joachim Behaim-Schwarz, Dr. Helmut Engel, Heribert Guggenthaler, Manfred Kasper, Bärbel Winkler-Kühlken, Dr. Engelbert Lütke-Daldrup, Ulla Luther, Erhard Mahler, Christoph Müller-Stüler, Annalie Schoen, Wolfgang Süchting, Peter Syll, Patrick Weiss, Dr. Müschen (Berlin Senate Administration) Dr. Ingo Kowarik, Klaus-Dieter Lang, Dr. Charlotta Pawlowsky-Flodell, Dr. Wilfried

---

Concours international d'idées pour l'aménagement de Spreeinsel 2ème Phase Procès-verbal de la session du jury

Lancé à l'initiative de la République fédérale d'Allemagne et du Land de Berlin

représentés par:
le Ministère fédéral de L'Aménagement du territoire, de la Construction et de L'Urbanisme

la Direction fédérale de la Construction

et L'administration du Sénat chargée de L'Urbanisme et de la Protection de L'Environnement

Organisation:
Arbeitsgemeinschaft Wettbewerb Spreeinsel

Berlin/Bonn, mai 1994

Concours international d'idées pour l'aménagement de Spreeinsel

Procès-verbal de la session du jury qui s'est tenue dans l'ancien bâtiment du Conseil d'Etat, Breite Straße 1, Berlin-Mitte

Lundi, 9 mai 1994
9 heures 15

Le Sénateur Hassemer salue les membres du jury. Il souligne la signification de la seconde phase du concours d'idées qui constitue le dernier élément de la mosaïque de l'aménagement urbain et, simultanément, le point d'orgue de la discussion sur le centre de Berlin.

Monsieur von Loewenich remercie les personnes présentes d'avoir bien voulu participer à la procédure de concours. Il insiste sur la signification de la discussion relative à la forme et au caractère de l'implantation des ministères. Les conditions et principes du concours d'idées exposés dans la mise au concours restent inchangés. L'objectif de cette seconde phase est, parmi 52 projets, de filtrer le bon – de prendre une décision.

Contrôle de l'intégralité du jury:
Juges-experts: Hanns Adrian, Michael Bräuer, Edvard Jahn, Peter Blake, Josef Paul Kleihues, Barbara Jakubeit, Gerhart Laage, Gustav Peichl, Franco Stella, Dr. Hans Stimmann.
Juges d'office: Franz Kroppenstedt, Dr. Claus J. Duisberg, Anton Pfeifer (à partir de 9 heures 50), Volker Kähne, Gerhard von Loewenich (à partir de 16 heures 15 Dr. Irmgard Schwaetzer), Peter Conradi (à partir de 10 heures 15 Ulrich Roloff-Momin), Dr. Volker Hassemer, Dr. Dietmar Kansy, Gerhard Keil.
Juges-experts suppléants présents en permanence:
Johanne Nalbach, Christiane Thalgott, Inge Voigt.

Certains juges d'office ne peuvent, pour des raisons de service, assister en permanence aux séances du jury.
Conformément au par. 3.3.3. du règlement GRW'77 ils sont alors représentés par des juges d'office suppléants.
Juges d'office adjoints présents en permanence:
Dr. Volker Busse, Dorothee Dubrau, Peter Conradi.

Participent périodiquement à la séance à titre d'experts ou d'invités: Günther Auer (Ministère des Affaires étrangères), Peter Wischnewski, Dieter Wellmann, Peter Weigel (Ministère fédéral de l'Intérieur), Volker Breuer, Petra Wesseler (Direction fédérale de la Construction), Eileen Quinn (Union Internationale des Architectes), Dietrich Bolz, Eberhard Weinbrenner (Chambre des Architectes), Dr. Ekkehard Schröter (Chancellerie du Sénat), Dr. Peter Kroll, Hans-Joachim Behaim-Schwarz, Dr. Helmut Engel, Heribert Guggenthaler, Manfred Kasper, Bärbel Winkler-Kühlken, Dr. Engelbert Lütke-Daldrup, Ulla Luther, Erhard Mahler, Christoph Müller-Stüler, Annalie Schoen, Wolfgang Süchting, Peter Syll, Patrick Weiss, Dr. Müschen (Administrations du Sénat de Berlin),Dr. Ingo Kowarik, Klaus-Dieter Lang, Dr. Charlotta Pawlowsky-

Dr. Thiede, Dr. Lothar Rouvel, Lothar Juckel, Katherine Vanovitch, Brunhilde Wildegans, Herr Wosnitza, Kristina Laduch, Barbara Behrens, Herr Schnauß.

Protokollführung
Darius Cierpialkowski, Bernd Faskel, Carina Keil.
Der Preisgerichtsvorsitzende Herr Laage weist auf die absolute Vertraulichkeit der Sitzung hin und fordert die Anwesenden auf, bis zum Abschluß des Wettbewerbes mit fremden Personen keinen Meinungsaustausch über das Verfahren und die Arbeiten zu führen oder Erklärungen abzugeben und nimmt das Versprechen ab, daß sie vor der Abgabe der Arbeiten keine Kenntnis von den Wettbewerbsbeiträgen hatten; Vermutungen über Teilnehmer müssen unterbleiben, ebenso muß die Vertraulichkeit des Verfahrens gewahrt bleiben. Die Zusicherung wird von allen Anwesenden gegeben. Der Vorsitzende weist darauf hin, daß die Vorprüfbroschüren während des dreitägigen Verfahrens das Haus nicht verlassen dürfen.
Die Anwesenheitsberechtigung aller Teilnehmer am Preisgericht wird beim Betreten des Hauses kontrolliert. Im Gebäude halten sich somit nur Personen auf, die dem Auslober bekannt und an der unmittelbaren Durchführung des Preisgerichts beteiligt sind.

9.30 Uhr
Bericht der Vorprüfung
Bernd Faskel berichtet im Namen der ARGE Spreeinsel:
Eingegangen sind 52 Wettbewerbsarbeiten, die mit einer zweistelligen Tarnnummer versehen wurden.
Sämtliche Arbeiten wurden mit Plansatz und Modell eingereicht.
Die Verfasser der Arbeiten 21, 25, 27 und 47 haben keine Flächenberechnungen abgegeben. Die Arbeit 13 stellt die Obergeschosse nicht dar. Die Arbeit 25 ist ohne den Plan 1: 2.000 eingegangen; die Arbeit 47 hat keine Grundrißpläne. Die Arbeit 27 stellt nur den Grundriß „Neues Schloß" als Ausschnitt dar, die pauschalen Flächenangaben konnten nicht nachgerechnet werden.
Die Arbeit 29, 37 und 43 gaben ein Erweiterungsmodell zur Fischerinsel ab, die Arbeit 18 einen Alternativeinsatz für den Schloßbereich. Die Arbeiten 25 und 31 reichten ein erweitertes Umgebungsmodell zusätzlich ein.

Verstöße gegen die Auslobung: Bei Beiträgen, die Programmteile der Auslobung außerhalb des Wettbewerbsgebiets ausgewiesen haben, sind die betreffenden Flächen mit in die Berechnungen eingeflossen. Der Bericht der Vorprüfung vermerkt aber ggf. den Anteil innerhalb des Wettbewerbsgebiets angesiedelter Programmflächen.

Einzelberichte: Die Prüfergebnisse der Arbeiten sind in den 52 Einzelberichten der Broschüre wiedergegeben. Die Arbeiten werden über die Wiedergabe des Modellfotos, des Lageplans 1:1000, des Erdgeschoßgrundrisses 1:500 und des Schwarzplans 1:5000 dargestellt. Zur Charakterisierung der Arbeiten wurden je drei Piktogramme angefertigt, die die Lage der geforderten Programmnutzungen im Wettbewerbsgebiet, die Anordnung der Straßenführungen und die erhaltenen Gebäude der denkmalwerten bzw. geschützten Bausubstanz wiedergeben. Der Vorprüfbericht ist entsprechend den Untersuchungskategorien gegliedert, die von den Vorprüfern wie folgt festgelegt wurden: 1. Idee der Gesamtkonzeption, 2. Überörtliche Strukturvorschläge, 3. Stadträumliche Teilbereiche, 4. Nachweis der Raumprogramme, 5. Stufenweise Realisierbarkeit.

Flächenberechnungen: Von den studentischen Mitarbeitern der Vorprüfung wurden die Wettbewerbsentwürfe untersucht auf die geforderten Flächendaten BGF der Programmnutzungen, gesplittet in oberirdisch/unterirdisch sowie auf die städtebaulichen Dichtedaten Grundstücksfläche, GFZ und GRZ. Die Daten sind tabellarisch wiedergegeben.

Der Preisgerichtsvorsitzende stellt nach Rücksprache mit der Vorprüfung abschließend fest, daß es keine Wettbewerbsarbeiten gibt, die nicht beurteilungsfähig sind.
Das Preisgericht beschließt einstimmig, trotz einiger fehlender, in der Auslobung geforderter Leistungen, im Hinblick auf die Aufgabenstellung des Ideenwettbewerbs alle 52 Entwürfe für die weitere Beurteilung zuzulassen.

Ruske, Bernhard Schneider, Dr. Thiede, Dr. Lothar Rouvel, Lothar Juckel, Katherine Vanovitch, Brunhilde Wildegans, Mr. Wosnitza, Kristina Laduch, Barbara Behrens, Mr. Schnauß.

Recordkeeping for the minutes:
Darius Cierpialkowski, Bernd Faskel, Carina Keil.
The chair of the jury, Mr. Laage, pointed out the highly confidential nature of the sessions and called upon those attending to refrain from discussing the procedure and the projects with outsiders, or from giving out explanations until the end of the competition. He also required them to promise that they had no knowledge of the competition entries before the submission date. No speculation about the identities of the participants is permitted, and the confidentiality of the proceedings must be protected. A guarantee was given by all present. The jury chair also stated that the preliminary review booklets were not to be taken out of the building during the three day jury session.
The right to attend the proceedings would be checked on entering the building. Only those persons known to the sponsors and directly participating in the jury sessions would be permitted inside the building.

9:30 am
Report by the Preliminary Examiners
Bernd Faskel reported on behalf of the ARGE Spreeinsel: A total of 52 competition projects were received. They were marked with a twodigit code number.
All projects were submitted with a set of plans and a model. The authors of the projects numbered 21, 25, 27, and 47 did not supply area calculations. Project 13 did not show the upper level floors. Project 25 was without the plan at scale 1:2,000, and project 47 lacked any floor plans. Project 27 shows only the plan of the "New Palace" as a detail, and the rough areas given could not be verified.
Projects 29, 37, and 43 submitted a supplemental area model of the Fischerinsel, and project 18 included an alternative model insert for the Marx-Engels-Platz area. Projects 25 and 31 submitted supplemental expanded site models.

Infringement of the program: For entries which located program elements outside of the competition site, these areas are indicated in the calculations. Only the portions of the program areas situated within the competition sites are shown in the reports of the preliminary examination.

Individual reports: The results of the examination of the projects are given in the 52 individual reports in the booklet. The projects are illustrated with model photographs, a site plan at 1:1,000, the ground level plans at 1:500, and the figure/ground plan at 1:5,000.
Three diagrams were prepared to characterize each project, showing the location of the required program uses in the competition site, the organization of streets, and the preserved or protected buildings which were retained. The preliminary examination report is composed according to the categories set by the examiners as follows: 1. General concept, 2. Proposal for urban fabric, 3. Spatial subsectors, 4. Proof of spatial program, 5. Feasibility of phased development.

Area calculations: The student assistants reviewed the projects for the required area data of the gross area of the program uses, divided into above ground and below ground, along with urban design data of density, FAR and plot ratio. The data are given in tables.

After consulting the preliminary examiners, the chair determined that there were no projects which could not be judged.
The jury unanimously decided to admit all 52 projects into the judging procedure, despite a few missing requirements in regard to the task of the competition.

Flodell, Dr. Wilfried Ruske, Bernhard Schneider, Dr. Thiede, Dr. Lothar Rouvel, Lothar Juckel, Katherine Vanovitch, Brunhilde Wildegans, M. Wosnitza, Kristina Laduch, Barbara Behrens, M. Schnauß.

Rédaction du procès-verbal:
Darius Cierpialkowski, Bernd Faskel, Carina Keil.
Le président du jury, Monsieur Laage, rappelle le caractère absolument confidentiel de la séance et invite les personnes présentes à éviter tout échange d'opinions avec des tiers et toute déclaration sur les projets et sur la procédure du concours avant que ce dernier ne soit terminé. Il leur demande de déclarer sur l'honneur qu'elles n'avaient pas connaissance des projets avant leur présentation au concours; il leur rappelle qu'elles doivent s'abstenir de toute présomption concernant les participants et que la discrétion doit être gardée pendant la procédure. Le président indique que les brochures de la commission technique ne doivent pas quitter le bâtiment pendant les trois jours que dureront la procédure.
Le bien-fondé de la présence de tous les participants est contrôlé à l'entrée du bâtiment, de sorte que seules les personnes connues des auteurs de la mise au concours et participant directement aux délibérations du jury y soient présentes.

9 heures 30
Rapport de la commission technique
Bernd Faskel présente le rapport au nom de l'ARGE Spreeinsel:
Il a été reçu 52 projets dotés d'un code à deux chiffres. L'ensemble des projets a été soumis accompagné d'un jeu de plans et d'une maquette.
Les auteurs des projets 21, 25, 27 et 47 n'ont pas remis de calculs des surfaces. Le projet 13 a omis de représenter les étages supérieurs. Le projet 25 est arrivé sans le plan 1:2.000; le projet 47 n'est pas accompagné de plans de niveau. Le projet 27 ne présente que les contours du »nouveau château« sans qu'il soit possible de contrôler les indications de surfaces forfaitaires.
Les projets 29, 37 et 43 présentaient une maquette d'extension concernant Fischerinsel, le projet 18 une variante de la zone du château à insérer sur le plateau. Les projets 25 et 31 fournissaient en outre une maquette étendue aux abords.

Contraventions aux conditions de la mise au concours: Certains projets qui ont implanté des éléments du programme de la mise au concours à l'extérieur du site du concours ont inséré les surfaces concernées dans leurs calculs. Le rapport de la commission technique indique, le cas échéant, la part des surfaces du programme sur le site du concours.

Rapports individuels: Le résultat de l'examen des projets est repris dans les 52 rapports individuels de la brochure. Les projets sont illustrés par la photo de la maquette, le plan masse 1:1000, le plan de niveau du rezdechaussée 1:500 et le contrecalque 1:5000. Pour caractériser les projets il a été choisi trois pictogrammes traduisant l'implantation des utilisations exigées sur le site du concours, l'agencement du tracé des rues et les bâtiments existants classés monuments historiques ou protégés. Le rapport de la commission technique est structuré selon les critères d'examen définis par les membres de la commission technique: 1. Concept global, 2. Principes de structuration urbaine, 3. Espaces urbains particuliers, 4. Programmes, 5. Possibilité de réalisation par étapes.

Calcul des surfaces: Les stagiaires de la commission technique ont examiné les projets en termes de surface brute exigée pour les programmes d'utilisation, répartie en niveau souterrain et en surface. Ils ont également contrôlé la densité urbaine en chiffres de surface du terrain, C.O.S. et P.S. Les données correspondantes sont présentées sous forme de tableau.

Après consultation de la commission technique, le président du jury constate que tous les projets sont admis à concourir.
Le jury décide à l'unanimité d'admettre l'ensemble des 52 projets à la procédure ultérieure, ce malgré l'absence de quelques prestations exigées dans la mise au concours.

Minutes of the Jury Sessions

Protokoll der Preisgerichtssitzung

9.40 Uhr
Beginn des Informationsrundganges
Anhand von Diaprojektionen des Modells, Plans 1:2000, 1:1000, 1:500 und einer freien Darstellung erläutern die Vorprüfer alle 52 Arbeiten.

11.30 Uhr
Fortsetzung des Informationsrundgangs
Ab 11.40 Uhr wird Volker Hassemer durch Volker Busse vertreten.
Ab 12.05 Uhr wird Ulrich Roloff-Momin durch Peter Conradi vertreten.

12.45 Uhr
Mittagspause

13.45 Uhr
Beginn der Grundsatzdiskussion
In einer eingehenden Diskussion hebt das Plenum die Bedeutung der städtebaulichen Konzeption des Wettbewerbes hervor. Beim Thema Abriß Palast der Republik wird auf die Verbindlichkeit der Auslobung für die Phase 2 verwiesen. Es wird bedauert, daß das Thema Gertraudenstraße in den Wettbewerbsarbeiten nicht genügend berücksichtigt wird. Weiterhin wird beschlossen, die vorliegenden Gutachtertexte als Anhang zum Protokoll aufzunehmen.
Anschließend werden drei Arbeitsgruppen der Preisrichter gebildet. Jede Arbeitsgruppe führt eine Kurzbeurteilung vor den in Kojen präsentierten Entwürfen durch, um dann festzustellen, welche der 52 Entwürfe in einem 1. Wertungsrundgang ausgeschieden werden sollten.

Beginn 1. Wertungsrundgang
Diejenigen Arbeiten, die von allen drei Arbeitsgruppen zum Ausscheiden vorgeschlagen wurden, werden anhand der Diaprojektion als 1. Wertungsrundgang zur Abstimmung gestellt.
Folgende elf Arbeiten sind im 1. Wertungsrundgang *einstimmig* ausgeschieden:
7, 8, 9, 16, 22, 24, 41, 43, 44, 46, 47.

16.20 Uhr
Fortsetzung der Grundsatzdiskussion
16.25: Frau Dr. Irmgard Schwaetzer trifft ein.
Das Plenum ist sich einig, daß für die Mitte Berlins eine herausragende Lösung gefunden werden muß. Dabei sei es nicht zwingend, die historische Stadtstruktur zu ändern. Bei der weiteren Diskussion solle man für Ideen offen sein, die einem städtebaulichen Wettbewerb entsprechen. Die Jury sollte Entscheidungshilfe für die Politiker liefern; eine mutige und deutliche Entscheidung treffen. Die derzeitige Finanzdiskussion dürfe bei der Entscheidungsfindung keine übergeordnete Rolle spielen.
Das Plenum beschließt, den 2. Wertungsrundgang vor den Arbeiten fortzusetzen.

17.00 3Uhr
2. Wertungsrundgang
Nach eingehender Diskussion werden folgende Arbeiten mit einfacher Mehrheit ausgeschieden: (für Verbleib: für Ausschluß)

02 (1:18)	23 (3:15)	35 (1:18)
03 (6:13)	25 (9:10)	37 (1:18)
04 (1:18)	26 (2:17)	39 (7:12)
06 (6:12)	28 (2:17)	40 (0:19)
10 (1:18)	29 (0:19)	42 (9:10)
11 (7:12)	30 (2:17)	45 (0:19)
12 (0:19)	31 (2:17)	48 (0:19)
17 (4:15)	33 (9:10)	49 (0:19)
20 (0:19)	34 (0:19)	50 (5:14)
		52 (1:18)

Damit verbleiben nach dem 2. Wertungsrundgang noch folgende 13 Arbeiten im Verfahren.
01, 05, 13, 14, 15, 18, 19, 21, 27, 32, 36, 38, 51.

Die Sitzung des ersten Arbeitstages wird um 20.50 Uhr geschlossen.

9:40 am
Start of the informational round
Using the diapositive (slide) images of the models, plans at 1:2000, 1:1000, 1:500, and the optional drawings, the preliminary examiners presented all 52 projects.

11:30 am
Continuation of the informational round
From 11:40 am, Volker Hassemer was represented by Volker Busse.
From 12:05 pm, Ulrich Roloff-Momin was represented by Peter Conradi.

12:45 pm
Lunch break

1:45 pm
Start of the discussion on principles
During a lengthy discussion, the plenum stressed the significance of the urban design concepts of the competition. Regarding the demolition of the Palast der Republik, reference was made to the binding nature of the competition program for phase 2. Regret was expressed that the subject of Gertraudenstraße was not given sufficient consideration in the competition projects. It was further decided that the texts submitted by the consultants be appended to the minutes of the jury sessions.
In conclusion, three working subgroups were formed from the jury. Each working group was to execute a brief evaluation while looking at the projects displayed in the bays in order to then determine which of the 52 projects would be eliminated in the first round.

Start of the first round of judging
Using the slide projections, a vote was taken on those projects which were eliminated by all three working groups, as part of the first round of evaluation.
The following 11 projects were *unanimously* eliminated in the first round:
7, 8, 9, 16, 22, 24, 41, 43, 44, 46, 47

4:20 pm
Continuation of the discussion of principles
Irmgard Schwaetzer joined the proceedings at 4:25 pm.
The plenum was agreed that an outstanding solution for the center of Berlin must be found. Furthermore it is not imperative that the historic urban fabric be changed. In the discussion, one should be open to ideas corresponding to an urban design competition. The jury should provide an aid to politicians making decisions, and take a bold and clear decision. The current financial debates ought not to play an overly important role in the process of reaching a decision. The plenum decided to continue the second round of judging in front of the projects.

5:00 pm
Second round of judging
After lengthy discussion, the following projects were eliminated by a simple majority: (votes for keeping: votes to eliminate)

02 (1:18)	23 (3:15)	35 (1:18)
03 (6:13)	25 (9:10)	37 (1:18)
04 (1:18)	26 (2:17)	39 (7:12)
06 (6:12)	28 (2:17)	40 (0:19)
10 (1:18)	29 (0:19)	42 (9:10)
11 (7:12)	30 (2:17)	45 (0:19)
12 (0:19)	31 (2:17)	48 (0:19)
17 (4:15)	33 (9:10)	49 (0:19)
20 (0:19)	34 (0:19)	50 (5:14)
		52 (1:18)

The following 13 projects thus remained after the second round of judging was concluded:
01, 05, 13, 14, 15, 18, 19, 21, 27, 32, 36, 38, 51.

The session of the first day of judging was officially adjourned at 8:50 pm.

9 heures 40
Début du tour d'information
A l'aide de projection de diapositives des maquettes, des plans 1:2000, 1:1000, 1:500 et d'une libre présentation, la commission technique explique les 52 projets.

11 heures 30
Poursuite du tour d'information
A partir de 11 heures 40 Volker Hassemer est représenté par Volker Busse.
A partir de 12 heures 05 Ulrich Roloff-Momin est représenté par Peter Conradi.

12 heures 45
Pause-déjeuner

13 heures 45
Début de la discussion de principe
Au cours d'une discussion approfondie, l'assemblée plénière souligne la signification du concours en termes de concept urbain. Concernant le thème de la démolition du Palais de la République, il est renvoyé au caractère impératif de la mise au concours pour la phase 2. Il est regretté que les projets n'aient pas suffisamment tenu compte du thème Gertraudenstraße. Il est en outre décidé d'insérer les rapports d'expertise en annexe au procès-verbal.
Puis les juges sont répartis en trois groupes de travail. Chaque groupe de travail procède à une rapide appréciation des projets présentés dans des compartiments, en vue de définir lesquels parmi les 52 projets seront éliminés à la fin du premier tour de sélection.

Début du premier tour de sélection
Les projets dont les trois groupes de travail ont proposé l'élimination sont mis aux votes au cours d'un premier tour de sélection s'appuyant sur une projection de diapositives. Sont éliminés à *l'unanimité* au cours de ce premier tour de sélection les onze projets suivants:
7, 8, 9, 16, 22, 24, 41, 43, 44, 46, 47

16 heures 20
Poursuite de la discussion de principe
16 heures 25: arrivée de Madame Irmgard Schwaetzer.
L'assemblée plénière s'accorde sur la nécessité de trouver une solution remarquable pour le milieu de Berlin. A cet effet il n'est pas nécessaire de modifier la structure urbaine historique. Il conviendra, dans la poursuite de la discussion, de se montrer ouvert aux idées correspondant à un concours d'aménagement urbain. Le jury doit fournir une aide décisionnelle aux politiques, prendre une décision courageuse et sans ambiguité. L'actuelle discussion financière ne doit jouer aucun rôle majeur dans la prise de décision.
L'assemblée plénière décide de poursuivre le deuxième tour de sélection face aux projets.

17 heures
2ème tour de sélection
Suite à une discussion approfondie, il est décidé à l'unanimité simple d'éliminer les projets suivants: (pour le maintien: pour l'élimination)

02 (1:18)	23 (3:15)	35 (1:18)
03 (6:13)	25 (9:10)	37 (1:18)
04 (1:18)	26 (2:17)	39 (7:12)
06 (6:12)	28 (2:17)	40 (0:19)
10 (1:18)	29 (0:19)	42 (9:10)
11 (7:12)	30 (2:17)	45 (0:19)
12 (0:19)	31 (2:17)	48 (0:19)
17 (4:15)	33 (9:10)	49 (0:19)
20 (0:19)	34 (0:19)	50 (5:14)
		52 (1:18)

Après le deuxième tour de sélection les 13 projets encore en compétition sont les suivants:
01, 05, 13, 14, 15, 18, 19, 21, 27, 32, 36, 38, 51.

La séance du premier jour est close à 20 heures 50.

Dienstag, 10. Mai 1994
Die Sitzung des zweiten Preisgerichtstages der zweiten Phase beginnt um 9.00 Uhr

Fachpreisrichter: Hanns Adrian, Michael Bräuer, Edvard Jahn, Peter Blake, Josef Paul Kleihues, Barbara Jakubeit, Gerhart Laage, Gustav Peichl, Franco Stella, Dr. Hans Stimmann.
Sachpreisrichter: Franz Kroppenstedt, Dr. Claus J. Duisberg, Anton Pfeifer, Volker Kähne, Dr. Irmgard Schwaetzer, Peter Conradi, Dr. Volker Hassemer, Dr. Dietmar Kansy, Dorothee Dubrau
Ständig anwesende stellvertretende Fachpreisrichter: Johanne Nalbach, Christiane Thalgott, Inge Voigt.
Ständig anwesende stellvertretende Sachpreisrichter: Dr. Volker Busse.

Als Sachverständige bzw. Gäste nehmen zeitweise an der Sitzung teil: Günther Auer (Auswärtiges Amt), Peter Wischnewski, Dieter Wellmann, Peter Weigel (Bundesministerium des Innern), Volker Breuer, Petra Wesseler (Bundesbaudirektion), Eileen Quinn (Union Internationale des Architectes), Dietrich Bolz, Eberhard Weinbrenner (Architektenkammer), Dr. Ekkehard Schröter (Senatskanzlei), Dr. Peter Kroll, Hans-Joachim Behaim-Schwarz, Dr. Helmut Engel, Bärbel Winkler-Kühlken, Dr. Engelbert Lütke-Daldrup, Ulla Luther, Erhard Mahler, Christoph Müller-Stüler, Annalie Schoen, Wolfgang Süchting, Peter Syll, Patrick Weiss, Almut Jirku, Dr. Müschen (Senatsverwaltungen Berlin), Dr. Ingo Kowarik, Klaus-Dieter Lang, Dr. Charlotta Pawlowsky-Flodell, Dr. Wilfried Ruske, Bernhard Schneider, Dr. Thiede, Dr. Lothar Rouvel, Lothar Juckel, Katherine Vanovitch, Prof. Horbert, Brunhilde Wildegans, Prof. Horbert, Kristina Laduch, Barbara Behrens, Herr Schnauß.

Fortsetzung des 2. Wertungsrundgangs
Einleitend weist der Vorsitzende nochmals auf die Wahrung der Anonymität nach Innen und Außen hin. Von einigen Fach- und Sachpreisrichtern werden Rückholanträge gestellt.
Folgende vier Arbeiten werden zur Abstimmung vorgeschlagen und anhand der Diaprojektion diskutiert: 25, 33, 39, 50 (dafür : dagegen)

Arbeit 25 (13:6) bleibt in der Wertung.
Die Arbeit orientiert sich am historischen Stadtgrundriß. Die Interpretation des Schloßgrundrisses ist gelungen. Glaskuben definieren den früheren Königsplatz neu. Friedrichswerder und die Bebauung an der Spree sind gut gelöst.
Arbeit 33 (7:12) ausgeschieden.
Verknüpfung nach Süden gut gelöst, aber nach Osten problematisch. Entgegen den Vorgaben wird der nördliche Teil nicht belebt. Die Orthogonalität des zentralen Baukörpers widerspricht dem historischen Stadtgrundriß; seine Dimensionierung zerstört die Struktur. Ministerienbauten haben keine Adressen, Bezüge fehlen. Freiräume an den Wallanlagen und Marx-Engels-Forum sind gelungen.
Arbeit 39 (10:9) bleibt in der Wertung.
Das Glasdach auf dem Marx-Engels-Platz stellt einen interessanten Lösungsansatz dar. Es könnte als eine Metapher für ein „Offenhalten" stehen. Der Umgang mit dem Schloß und dem Palast der Republik ist jedoch kritisch zu sehen. Der Entwurf ermöglicht eine zügige Realisierung des AA und BMI. Positiv zu sehen ist die Öffnung nach Süden, die qualitätsvolle Bereiche schafft.
Arbeit 50 (10:9) bleibt in der Wertung.
Die Arbeit übergreift die Spreeinsel und betont durch lange Platzgestaltung (860 m) den Inselcharakter. Sie versucht eine völlig neue Interpretation der Mitte Berlins. Der Bereich Gertraudenstraße / Spittelmarkt ist gut gelöst.
Damit sind nach dem Ende des 2. Wertungsrundgangs noch folgende 16 Arbeiten im Verfahren:
01, 05, 13, 14, 15, 18, 19, 21, 25, 27, 32, 36, 38, 39, 50, 51.
Es werden sechs Arbeitsgruppen gebildet, die eine schriftliche Beurteilung der verbliebenen Arbeiten auf der Grundlage der in der Auslobung S. 159/160 aufgeführten Kriterienliste vornehmen.

Tuesday, May 10, 1994
The session of the second day of judging for the second phase of the competition began at 9:00 am.

Expert Judges: Hanns Adrian, Michael Bräuer, Edvard Jahn, Peter Blake, Josef Paul Kleihues, Barbara Jakubeit, Gerhart Laage, Gustav Peichl, Franco Stella, Dr. Hans Stimmann.
General Judges: Franz Kroppenstedt, Dr. Claus J. Duisberg, Anton Pfeifer, Volker Kähne, Dr. Irmgard Schwaetzer, Peter Conradi, Dr. Volker Hassemer, Dr. Dietmar Kansy, Dorothee Dubrau.
Deputy expert judges in continuous attendance: Johanne Nalbach, Christiane Thalgott, Inge Voigt.
Deputy general judges in continuous attendance: Dr. Volker Busse.

As consultants or guests participating in at least part of the sessions were: Günther Auer (Foreign Office), Peter Wischnewski, Dieter Wellmann, Peter Weigel (Federal Ministry of the Interior), Volker Breuer, Petra Wesseler (Federal Construction Board), Eileen Quinn (Union Internationale des Architectes), Dietrich Bolz, Eberhard Weinbrenner (Chamber of Architects), Dr Ekkehard Schröter (Senate Chancellery), Dr. Peter Kroll, Hans-Joachim Behaim-Schwarz, Dr. Helmut Engel, Bärbel Winkler-Kühlken, Dr. Engelbert Lütke-Daldrup, Ulla Luther, Erhard Mahler, Christoph Müller-Stüler, Annalie Schoen, Wolfgang Süchting, Peter Syll, Patrick Weiss, Almut Jirku, Dr. Müschen (Berlin Senate Administration) Dr. Ingo Kowarik, Klaus-Dieter Lang, Dr. Charlotta Pawlowsky-Flodell, Dr. Wilfried Ruske, Bernhard Schneider, Dr. Thiede, Dr. Lothar Rouvel, Lothar Juckel, Katherine Vanovitch, Brunhilde Wildegans, Prof. Horbert, Kristina Laduch, Barbara Behrens, Mr. Schnauß.

Continuation of the second round of judging
The chair began by reminding the jury again about the need to maintain anonymity within and outside of the proceedings. Motions to recall projects were placed by several general and expert judges.
The following four projects were proposed for voting and discussed with the aid of slide projections: 25, 33, 39, 50 (votes for: votes against).

Project 25 (13:6) was brought back.
The discussion noted that the project is oriented to the historic city plan. The interpretation of the Palace floor plan is successful. Glass cubes redefine the earlier Königsplatz. Friedrichswerder and the Spree development are wellresolved.
Project 33 (7:12) was eliminated.
The links to the south are wellresolved, but those to the east are problematic. The northern portion is not very active, in opposition to the requirements. The orthogonality of the central building mass contradicts the historic city plan; its scale destroys the pattern. The Ministry buildings have no formal address, relationships are lacking. Open spaces at the former fortifications and on Marx-Engels-Forum are interestingly resolved.
Project 39 (10:9) was brought back.
The glass roof above Marx-Engels-Platz offers an interesting solution. It could become a metaphor for "openness". The treatment of the former Palace site and the Palast der Republik was regarded with criticism, however. The design enables phased construction of the Foreign Ministry and the Ministry of the Interior. The opening to the south, which creates highquality areas, was viewed positively.
Project 50 (10:9) was brought back.
The discussion noted that the project pulls together the Spreeinsel and emphasizes its island nature with a long open space (860 meters). It attempts to reach an entirely new interpretation of the center of Berlin. The Gertraudenstraße-Spittelmakrt area is wellresolved.
There were thus 16 projects remaining after the second round of judging was concluded:
01, 05, 13, 14, 15, 18, 19, 21, 25, 27, 32, 36, 38, 39, 50, 51.
Six subgroups were formed which would prepare a written evaluation of the remaining projects, on the basis of the criteria listed in the competition brochure, pages 159–160.

Mardi 10 mai 1994
La séance de la deuxième journée de la deuxième phase débute à 9 heures.

Juges-experts: Hanns Adrian, Michael Bräuer, Edvard Jahn, Peter Blake, Josef Paul Kleihues, Barbara Jakubeit, Gerhart Laage, Gustav Peichl, Franco Stella, Dr. Hans Stimmann.
Juges d'office: Franz Kroppenstedt, Dr. Claus J. Duisberg, Anton Pfeifer, Volker Kähne, Dr. Irmgard Schwaetzer, Peter Conradi, Dr. Volker Hassemer, Dr. Dietmar Kansy, Dorothee Dubrau.
Juges-experts suppléants présents en permanence: Johanne Nalbach, Christiane Thalgott, Inge Voigt.
Juges d'office suppléants présents en permanence: Dr. Volker Busse.

Participent à la séance périodiquement à titre d'invités ou d'experts: Günther Auer (Ministère des Affaires étrangères), Peter Wischnewski, Dieter Wellmann, Peter Weigel (Ministère fédéral de l'Intérieur), Volker Breuer, Petra Wesseler (Direction fédérale de la Construction), Eileen Quinn (Union Internationale des Architectes), Dietrich Bolz, Eberhard Weinbrenner (Chambre des Architectes), Dr. Ekkehard Schröter (Chancellerie du Sénat), Dr. Peter Kroll, Hans-Joachim Behaim-Schwarz, Dr. Helmut Engel, Heribert Guggenthaler, Manfred Kasper, Bärbel Winkler-Kühlken, Dr. Engelbert Lütke-Daldrup, Ulla Luther, Erhard Mahler, Christoph Müller-Stüler, Annalie Schoen, Wolfgang Süchting, Peter Syll, Patrick Weiss, Almut Jirku, Dr. Müschen (Administrations sénatoriales de Berlin), Dr. Ingo Kowarik, Klaus-Dieter Lang, Dr. Charlotta Pawlowsky-Flodell, Dr. Wilfried Ruske, Bernhard Schneider, Dr. Thiede, Dr. Lothar Rouvel, Lothar Juckel, Katherine Vanovitch, Brunhilde Wildegans, Prof. Horbert, Kristina Laduch, Barbara Behrens, M. Schnauß.

Poursuite du 2ème tour de sélection
En introduction le président du jury insiste encore une fois sur la nécessité de conserver l'anonymat interne et externe. Certains jugesexperts et juges d'office formulent des demandes de réinsertion de projets, dont les quatre suivants qui sont mis aux voix et discutés sur la base d'une projection de diapositives: 25, 33, 39, 50 (pour:contre).

Projet 25 (13:6) reste en compétition.
Le projet s'oriente sur la trame historique de la ville. L'interprétation des contours du château est réussie. Des cubes de verre redéfinissent l'ancienne Königsplatz. Des solutions satisfaisantes sont apportées pour Friedrichswerder et les fronts de la Sprée.
Projet 33 (7:12) éliminé.
Le raccordement vers le sud est bien solutionné mais il reste problématique vers l'est. A l'encontre des données directrices la partie nord n'est pas animée. La forme orthogonale donnée au bâtiment central est contraire au plan historique de la ville, son dimensionnement détruit le tissu. Les immeubles des ministères n'ont pas d'implantation marquante, toute référence manque. Les espaces libres le long des fortifications et le Marx-Engels-Forum sont réussis.
Le projet 39 (10:9) reste en compétition.
Le vitrage au-dessus de la Marx-Engels-Platz constitue une ébauche de solution intéressante. Il peut être compris comme une métaphore pour »une ouverture«. L'approche du château et du Palais de la République appellent cependant la critique. Le projet permet une réalisation rapide des Ministères des Affaires étrangères et de l'Intérieur. L'ouverture vers le sud, qui crée des zones de qualité, est à considérer comme un élément positif.
Le projet 50 (10:9) reste en compétition.
Il dépasse Spreeinsel et en souligne le caractère insulaire par son aménagement en place allongée (860 m). Il tente une interprétation totalement nouvelle du coeur de Berlin. La zone Gertraudenstraße/Spittelmarkt est bien résolue.
A l'issue du deuxième tour de sélection sont donc encore en compétition les 16 projets suivants:
01, 05, 13, 14, 15, 18, 19, 21, 25, 27, 32, 36, 38, 39, 50, 51. Il est procédé à la constitution de six groupes de travail qui fourniront une appréciation écrite des projets restant en compétition à partir des critères exposés aux pages 159/160 de la mise au concours.

Minutes of the Jury Sessions

Protokoll der Preisgerichtssitzung

10.40 Uhr
Die Gutachter tragen eine Kurzfassung ihrer schriftlichen Stellungnahmen vor, die der Jury schriftlich vorliegen. Anschließend werden weitere Gesichtspunkte erörtert, die in den sechs Arbeitsgruppen vertieft aufgenommen werden sollen.
Folgende Punkte sollen dabei Berücksichtigung finden:
— vorrangige Bedeutung der Ministerienareale
— keine Zersplitterung der Ministerienblöcke und deren Nutzungen
— eindeutige Formulierung von Platzräumen
— Beachtung der denkmalwerten Bausubstanz
— stadträumliche Verknüpfungen
— Vorrang der städtebauliche Idee vor der Verkehrsplanung
— städtebaulicher Umgang mit dem ehem. Schloßplatz als Endpunkt des Zugangs vom Alexanderplatz
— Vermeidung eines großflächigen Abrisses von vorhandener Wohnbebauung
— Umgang mit Uferzonen

Die verbliebenen 16 Arbeiten der engeren Wahl werden vor dem Einsatzmodell im Plenum erneut eingehend diskutiert.

13.00 Uhr
Mittagspause

13.45 Uhr
Das Plenum setzt die Diskussion vor dem Einsatzmodell fort. Für die Arbeit 42 wird aus dem Kreis der Preisrichter ein Rückholantrag gestellt, der mit 12 : 7 Stimmen für Verbleib entschieden wird. Damit ist die Arbeit 42 wieder in der Wertung.
Nach der Diskussion beginnen die sechs Arbeitsgruppen mit der schriftlichen Bewertung der 17 Arbeiten der engeren Wahl.

17.00 Uhr
Ulrich Roloff-Momin nimmt wieder an der Sitzung teil.

Im Verlauf des Preisgerichtsverfahrens werden Zweifel laut, ob der Entwurf mit der Tarnzahl 27 nicht ein Verstoß gegen die Einhaltung der Anonymität vorliegt.
Das Preisgericht erörtert die vorgebrachten Bedenken, fühlt sich jedoch außerstande, im Rahmen des Preisgerichtsverfahrens eine abschließende Klärung darüber herbeizuführen, ob ein Ausscheidungsgrund nach Ziffer 4.7.1 GRW'77 vorliegt. Daher beschließt das Preisgericht, den Entwurf mit der Tarnzahl 27 weiter im Verfahren zu belassen, jedoch den Auslober zu bitten, die Prüfung des Sachverhaltes eines eventuellen Verstoßes gegen die Wahrung der Anonymität im Einvernehmen mit dem Landeswettbewerbsausschuß Berlin (Ziffer 3.4 GRW) und der UIA nachträglich vorzunehmen.
Für die Arbeit 17 wird ein Rückholantrag gestellt. Die Arbeit wird vor dem Umgebungsmodell kurz diskutiert, es folgt die Abstimmung:
Für den Rückholantrag stimmen 5 Preisrichter, dagegen 14 Preisrichter. Damit verbleibt die Arbeit 17 im 2. Rundgang.

17.30 Uhr
Verlesen der schriftlichen Beurteilung der Engeren Wahl.
Die 17 schriftlichen Beurteilungen der Engeren Wahl werden jeweils vor den Modellen verlesen, diskutiert, ergänzt und gutgeheißen.
Für die Arbeit 50 wird der Antrag auf Rückstufung in die 2. Wertungsrundgang gestellt und abgestimmt. Für die Rückstufung stimmen 13, dagegen 6 Preisrichter.
Damit scheidet die Arbeit 50 im 2. Wertungsrundgang aus.

Arbeit 01
Die Verfasser erwarten von der Wiederherstellung längst untergegangener Stadtstrukturen ein Anknüpfen an die Tradition des Ortes. Es zeigt sich, daß das schwierig ist. Die früher aus Einzelhäusern gebildeten Blöcke werden nun gleichförmig mit Büros gefüllt. Das Schloß, das früher nach Osten geöffnet war, wird durch einen wenig überzeugenden Gebäudeteil abgeschlossen. Der daraus entspringende Steg ist der Situation überhaupt nicht angemessen.

Die Baublöcke, in denen die Ministerien in funktional nachvollziehbarer Form untergebracht sind, werden durch Glasdächer („Galerie") verbunden. Dadurch wird ein neues, keineswegs der Situation angemessenes architektonisches Element eingeführt.
Der Stadtraum „Unter den Linden" wird wie früher durch die Nordfassade des Schlosses begrenzt. Das Freistellen der Westfassade ist wie in wilhelminischer Zeit nicht überzeugend, zumal die für die Situation wichtige Skulptur fehlt und durch die Stützmauern und Stufen nicht ersetzt wird. Der wiederentstandene Schloßplatz ist weder in seiner Raumbegrenzung noch in seiner Gestaltung gut.
Für den Friedrichswerderschen Markt und für den Spittelmarkt sind akzeptable Lösungen gefunden.
Die Darstellung der Fassaden des Neubaus deckt die Schwierigkeiten des Konzepts auf. Die Verfasser greifen besonders tief in die bestehende Bebauung ein. Die Hochhäuser auf der Fischerinsel sind durch kleinräumige Blockbebauung ersetzt. Das ist unrealistisch. Auch hierdurch wird Geschichte zerstört. Die einzelnen Bauten sind funktionsfähig. Bei einem Wiederaufbau des Schlosses hätte es nähergelegen, die Bibliothek dort unterzubringen anstatt im Marstall.

Arbeit 05
Bei respektvollem Umgang mit der bestehenden Substanz gelingt den Verfassern der Nachweis, daß durch schrittweise Ergänzung und Umbau eine räumlich ansprechende, funktionierende Stadtstruktur zu erreichen ist. Um die an dem Grundriß des Schlosses errichtete Baumasse entsteht durch Ergänzung der „Reichsbank", Erhalt des Staatsratsgebäudes und eine den Platzraum nach Osten abschließende Galerie ein befriedigender Stadtraum. Ein Turm am Rande des Spreekanals ist als Raumbegrenzung verständlich, als baukörperliches Element in dieser Form jedoch nicht akzeptabel.
Die Fassung des Friedrichswerderschen Marktes ist stadträumlich auch durch eine Beziehung zum Wallgrün gelungen. Die Kirche sollte nicht in dieser Weise eingeklemmt sein. Wichtige Bezüge sind aufgenommen und zum Teil gut neu interpretiert. Die Tiefgaragenabfahrt in der Breiten Straße stört allerdings einen wichtigen Bezug.
Für das Auswärtige Amt ist ein Grundriß gefunden, an dessen Funktionieren Zweifel bestehen. Das Staatsratsgebäude kann nicht ohne weiteres die ihm zugedachten Verbindungsfunktionen übernehmen. Es enthält nur eingeschränkt nutzbare Geschoßflächen.
Die Erweiterung des Reichsbankgebäudes durch einen freigestellten Baublock ist eine denkbare Lösung.
Die Gertraudenstraße erhält eine akzeptable räumliche Fassung.
Das dichte Zubauen der Freiflächen auf der Fischerinsel würde die Wohnverhältnisse dort verschlechtern.
Die Qualität der dargestellten Fassaden entspricht leider nicht der des gefundenen Stadtgrundrisses.

Arbeit 13
Zwischen „Unter den Linden" und Fischerinsel ist eine stadträumliche Struktur gefunden, die alte Bezüge aufnimmt, die sich auf das in seinen Konturen wiederaufgebaute Schloß bezieht, die aber neue Dimensionen und Raumformen entwickelt.
Die entstehenden Stadträume und -raumfolgen sind von hoher Qualität und durch Maßstab wie räumlichen Anspruch geeignet, einen zentralen Hauptstadtbezirk entstehen zu lassen. Sie werden durch Solitäre markiert, die nur akzeptabel sein können, wenn sie in exzellenter Architektur ausgeführt würden.
Bei sehr hohem Anspruch an die Stadträume entstehen Baukörper für die beiden Ministerien, die funktionieren, und – wenn die noch verbliebenen Sicherheitsprobleme gelöst werden können – ohne große Schwierigkeiten rasch verwirklicht werden können und in denen sich gute Arbeitsverhältnisse ergeben. Der Friedrichswerdersche Markt wird durch den Rundbau beeinträchtigt. Das Zubauen des Nordteils des Walls beläßt einen schönen grünen Platz am Südende, hat aber stadtklimatische Nachteile.
Der Vorschlag, die Wohnhäuser auf der Fischerinsel abzubrechen und durch eine Blockstruktur zu ersetzen, ist aus der Logik der Arbeit verständlich, jedoch unrealistisch.
Die Öffnung des Baukörpers des aufgebauten Schlosses nach Osten ist konsequent und kann eine dichte, im Osten anschließende Bebauung fördern. Es handelt sich um eine Arbeit mit großen stadträumlichen und funktionalen Qualitäten.

The building blocks in which the ministries are located in a functionally comprehensible form are joined by glass-roofed enclosures ("galleries"). Through this, a new but unsuitable architectural element is introduced.
The urban space of Unter den Linden is bordered as it once was by the northern facade of the Palace. The exposure of the western façade is, just as in the Wilhelmine era, not convincing, especially since the sculpture important to the context is missing, and the supporting walls and levels are not substituted. The reconstructed Schloßplatz is not good in its enclosure of space nor in its design.
Acceptable solutions were found for Friedrich Werder Markt and for Spittelmarkt.
The depiction of the facades of the new building conceals the difficulties underlying the concept. The authors make a deep intervention in the existing development. The Fischerinsel highrises are replaced by smallscale perimeter block development. This is unrealistic. Also history is damaged by this. The individual buildings are functional. In a reconstruction of the Palace, it would have been more sensible to locate the library in this rather than in the Marstall.

Project 05
While treating the existing fabric with respect, the authors succeed in demonstrating that by adding and rebuilding stepbystep, a spatially appealing, functioning urban pattern can be achieved. Around the building volume erected on the plan of the former Palace, a satisfying urban space is formed with the extension to the former Reichsbank, the preservation of the Council of State Building, and a gallery which completes the square to the east. A tower on the edge of the Spree canal is understandable as a way to mark the edge of the space, but is not acceptable as an architectural element in this form.
The enclosure of the Friedrichswerderscher Markt succeeds in terms of urban design, partly by relating to the greenery on the old fortifications. The church should not be hemmed in like this, however. Important references are taken up and are mainly reinterpreted well, but the underground garage ramp on Breite Straße disturbs an important relationship.
The ability of the plan developed for the Foreign Office to function is doubtful. The Council of State Building cannot assume the planned function as a connector without any changes. It contains floor areas of limited use only. The expansion of the former Reichsbank building with a free-standing building block is a feasible solution.
An acceptable spatial concept was given to Gertraudenstraße.
The dense additions on the open spaces on Fischerinsel would however make the residential situation worse.
The quality of the facades as drawn unfortunately does not match that of the city plan developed.

Project 13
Between Unter den Linden and Fischerinsel, a spatial pattern was found which takes up the old relationships, which relates to the Palace reconstructed in its contours, but develops new dimensions and spatial forms.
The resulting urban spaces and sequences are of high quality and are welldisposed to help create a central capital district by their scale and spatial ambition. They are marked by freestanding buildings, which will only be acceptable if they are executed in excellent architecture.
Buildings for the two ministries which function are created making very high demands on the urban spaces, and – if the remaining security problems can be solved without great difficulty – they can be quickly realized and will produce good working conditions.
The round building detracts from the Friedrichswerderscher Markt. The closure of the northern part of the old fortifications area leaves a fine green square at the southern end, but has disadvantages for the microclimate.
The proposal to demolish the residential buildings on the Fischerinsel and replace them with a block structure is understandable in view of the logic of the project, but unrealistic.
The opening of the building volume of the rebuilt Palace to the east is consistent and could encourage dense development to the east.
The project has a great deal of spatial and functional quality.

Les ilôts destinés à accueillir les ministères sous une forme réputéee fonctionnelle, sont reliés par des verrières (»Galeries«). Ceci a pour effet d'introduire un nouvel élément architectural, en désharmonie totale avec la situation.
L'espace urbain »Unter den Linden« est limité comme précédemment par la façade nord du château. Tout comme à l'époque impériale, le dégagement de la façade ouest n'est pas convaincant, d'autant que les sculptures déterminantes pour cette situation manquent et que les murs de soutènement ou les marches ne peuvent la remplacer. La nouvelle Schloßplatz ainsi créée n'est satisfaisante ni dans ses limites ni dans son agencement.
Les solutions trouvées pour le Friedrichswerderscher Markt et pour le Spittelmarkt sont acceptables.
La représentation des façades du nouveau bâtiment fait apparaître les difficultés du concept. Les auteurs interviennent de façon majeure dans le bâti actuel. Les tours de Fischerinsel sont remplacées par de petits espaces bâtis en bordure d'ilôts, ce qui est irréaliste et contribue à détruire la substance historique. Les divers bâtiments sont fonctionnels. En cas de reconstruction du château, il aurait été plus logique d'y prévoir la bibliothèque plutôt que d'installer celci dans le Marstall.

Projet 05
Tout en respectant le bâti existant, les auteurs prouvent qu'il est possible, en le complétant et en l'aménageant pas-à-pas, de créer une structure urbaine attrayante en termes d'espace et capable de fonctionner. Autour d'un volume construit sur l'emplacement du château apparaît un espace urbain satisfaisant, formé par l'extension de la Reichsbank, la conservation du bâtiment du Conseil d'Etat et une galerie fermant la place vers l'est. La tour sur la rive du canal de la Sprée peut s'entendre comme verrouillant l'espace; elle est cependant inacceptable sous cette forme comme corps de bâtiment. L'encadrement du Friedrichswerder Markt constitue, grâce à la liaison crée vers la verdure des anciennes fortifications, un espace urbain réussi. L'église ne devrait cependant pas être coincée de la sorte. D'importantes références sont reprises et partiellement fort bien réinterprétées. L'entrée du garage souterrain sur la Breite Straße a cependant pour effet de détruire une référence majeure.
Le plan conçu pour le ministère des Affaires étrangéres fait douter de la fonctionnalité du bâtiment. Le bâtiment du Conseil d'Etat ne peut pas aussi simplement que cela remplir le rôle d'élément de liaison qui lui est attribué. Il n'offre que des surfaces d'étage partiellement utilisables.
L'extension du bâtiment de la Reichsbank par un bloc solitaire constitue une solution envisageable. La Gertraudenstraße est correctement encadrée. La densité des constructions prévues sur les espaces libres de Fischerinsel contribuerait à la détérioration des conditions de logement.
La qualité des façades représentées ne correspond malheureusement pas à celle du schéma urbain existant.

Projet 13
Entre »Unter den Linden« et Fischerinsel se présente une structure urbaine qui reprend de vieilles références et qui s'appuie sur le château reconstruit dans ses contours anciens, tout en développant cependant des dimensions et des formes d'espace nouvelles.
Les espaces urbains ainsi créés et leur agencement en enfilade sont suceptibles, de par leur qualité, leur échelle et leur exigence spatiale, de générer un arrondissement central de la capitale. Ils sont marqués par des immeubles solitaires acceptables uniquement s'ils sont réalisés dans une architecture de très grande qualité.
Sur la base d'une sollicitation extrêmement exigeante des espaces urbains il est prévu de créer pour les deux ministères des bâtiments qui fonctionnent et qui, si les problèmes de sécurité résiduels peuvent être résolus, pourront être réalisés sans difficultés majeures pour offrir de bonnes conditions de travail. Le Friedrichswerderscher Markt souffre de la construction de forme ronde. La fermeture de la partie nord des anciennes fortifications permet certes la création d'un bel espace vert à l'extrémité sud, mais elle engendre des inconvénients en termes de climat urbain.
La proposition de démolir les immeubles d'habitation de Fischerinsel pour les remplacer par une structure d'ilôts se comprend dans le principe du projet; elle est cependant irréaliste. L'ouverture vers l'est du bâtiment du château est logique et elle peut permettre une certaine densité de construction dans son prolongement vers l'est. Il s'agit là d'un projet doté de grandes qualités en termes d'espace urbain et de fonctionnalité.

189

Minutes of the Jury Sessions

Protokoll der Preisgerichtssitzung

Arbeit 14
Die Verfasser wollen auf der Spreeinsel einen neuen Ort schaffen, der in der Bedeutung weit über Berlin hinausweist. Sie wählen dafür historische Städtebauelemente, um vier neue Stadträume abzugrenzen, die bewußt nicht an den traditionellen geschichtlichen Umgang mit dem städtebaulichen Bestand und der Topographie anknüpfen.
Dieser Ansatz, neue Stadträume abzugrenzen, wo zum Beispiel die Friedrichswerdersche Kirche als historisches Element eingestellt ist, wird als falsch bewertet. Die gewünschte Verknüpfung mit den umgebenden Stadtquartieren ist hiermit nicht möglich.
Die einzelnen räumlichen und architektonischen Elemente sind an und auf der Spreeinsel sehr fremdartig. Mit den Podesten und hochgelegten Höfen wird zusätzlich die topographische Wirkung und Bedeutung der Spreeinsel im Stadtgrundriß zerstört.
Die Einbeziehung des Wassers in den Marx-Engels-Platz entwertet die Bedeutung der Wasserläufe.
Die Überbauung der Gertraudenstraße als Verbindung zur Fischerinsel ist funktionell interessant; die städtebauliche Verbindung zwischen Spreeinsel und Fischerinsel wird damit aber eher behindert, und der wichtige Straßenzug Leipziger Straße/Gertraudenstraße/Alexanderplatz räumlich gestört.
In einzelnen neuen Quartieren ist eine große räumliche und architektonische Qualität erreicht, die sich auch besonders in den hervorragend ausgearbeiteten Ansichten zeigt.
Die gewählten Gebäudetypen – Einspänner – für das AA und die Bibliothek sind funktionell unbefriedigend und räumlich unzureichend.
Eine stufenweise Realisierung ist nicht möglich, da das städtebauliche Konzept nur als Gesamtidee verständlich wird.
Die architektonische Qualität der Einzellösungen könnte Ansätze und Ideen für die Realisierung bieten.

Arbeit 15
Die Idee von „Stadtreparatur als Ausdruck einer besinnlichen Rückschau und optimistischen Ausschau auf eine blühende, aufgeklärte und pluralistische Gesellschaft" bildet eine gutgemeinte, etwas betuliche wirkende Grundlage für die in den meisten Fällen richtigen städtebaulichen Entscheidungen des Projektes.
Der historische Stadtgrundriß wird weitestgehend respektiert.
Die vorhandenen Gebäude bleiben, abgesehen vom Palast der Republik, erhalten.
Die stadträumliche und architektonische Qualität der Platzfolgen bzw. der neuen Gebäude wird jedoch den hohen Ansprüchen der Aufgabenstellung nur bedingt gerecht.
Exemplarisch steht für diese Bewertung der „Bürgergarten" in den historischen Wallanlagen. Die gartenarchitektonische Gestaltung erscheint belanglos. Die städtebaulichen Vorschläge am Spittelmarkt, Hausvogteiplatz und am Friedrichswerderschen Markt sind nicht falsch, aber ohne genügende ortsprägende Ausformung.
Das Hotel, die Läden und das Konferenzzentrum auf dem Standort des ehemaligen Schlosses wird als funktionales Programm der Einzigartigkeit des Ortes nicht gerecht. Dies gilt erst recht für den Vorschlag zur Anordnung von Läden auf dem Gelände zwischen Schloßfreiheit und Spreekanal.
Die Architektur des zentralen Gebäudes ist gekennzeichnet durch eine Behandlung der Fassaden, die die unterschiedlichen Ansprüchen der jeweiligen Orte architektonisch nicht adäquat umsetzt.
Der Rückbau der Breite Straße mit Ladenvorbauten wird konzeptionell als begrüßenswerte Idee zur urbanen Aufwertung gewürdigt.
Die funktionale und architektonische Umsetzung erscheint unter dem Gesichtspunkt der Erschließung, Abstandsvorschriften zu den Bürobauten der AA und schließlich auch unter Sicherheitsgesichtspunkten sehr fragwürdig.
Positiv wird die Erhaltung und Integration des ehemaligen Staatsratsgebäudes als Teil des AA angesehen. Die Zufahrt durch das ehemalige Schloßportal zu der im Hof liegenden Vorfahrt vermag allenfalls aus Sicherheitsüberlegungen zu überzeugen. Architektonisch wird damit die Idee der Erhaltung konterkariert.
Die Erweiterung des Innenministeriums ist funktional und städtebaulich gelungen.
Die Blockrandschließung zur Fischerinsel wird konzeptionell als eine richtige Entscheidung eingeschätzt. Die Gertraudenstraße erhält wieder eine Fassung, das Wohngebiet der Fischerinsel wird vor dem Verkehrslärm geschützt und mit der Bebauung der Beginn einer städtebaulichen Aufwertung signalisiert.

Project 14
The authors want to create a new place on the Spreeinsel whose importance transcends Berlin. They choose historic urban elements, in order to define four new urban spaces, which deliberately do not link to the traditional historical treatment of the urban fabric and topography.
This approach of defining new urban spaces, in which for example the Friedrichswerder Church is inserted as a historical element, is judged to be wrong. The desired connection to the surrounding city districts is not possible.
The individual spatial and architectural elements on and near the Spreeinsel are very strange. With the platforms and elevated squares, the topographical effect and significance of the Spreeinsel in the city plan are also destroyed.
The integration of the water in Marx-Engels-Platz devalues the status of the river and the canal.
Building across Gertraudenstraße to create a link with the Fischerinsel is interesting functionally, however if anything it hinders the spatial link between the Spreeinsel and Fischerinsel and disrupts the important streetline constituted by Leipziger Straße/Gertraudenstraße to Alexanderplatz.
A high level of spatial and architectural quality is achieved in various new districts, and this is especially reflected in the excellently elaborated views.
The building types chosen for the Foreign Office and the library – with single loaded corridors – are functionally unsatisfactory and spatially insufficient.
Implementation in stages cannot take place because the urban design concept is only comprehensible in its entirety.
The architectural quality of the individual solutions may offer approaches and ideas for implementation.

Project 15
The concept of "urban repair as an expression of a reflective look back and an optimistic look forward to a blooming, enlightened and pluralistic society" creates a well-meaning, seemingly pedantic basis for the project's mainly correct urban design decisions.
The historic city plan is largely respected. The existing buildings remain preserved, with the exception of the Palast der Republik.
The urban and architectural quality of the sequence of squares or the new buildings is however not wholly suited to the demanding standards of the requirements given.
Exemplary of this valuation are the "civic gardens" along the historic fortifications. The design of the garden architecture seems trivial.
The urban design proposals for Spittelmarkt, Hausvogteiplatz, and Friedrichswerderscher Markt are not wrong, but they are not sufficiently developed to make an impact on the area.
As a functional program, the hotel, shops and conference center on the site of the former Palace do not do justice to this unique site.
This applies in particular to the proposal to locate shops on the site between the Schloßfreiheit and the Spree canal.
The architecture of the central building is characterized by facade treatment which does not adequately translate the different qualities of the individual places into architecture.
The restored alignment of Breite Straße with front shop frontage is a welcome concept for urban regeneration.
The functional and architectural manifestation appears very questionable in terms of circulation, setback requirements for the office buildings of the Foreign Ministry, and ultimately also in terms of security requirements.
The preservation and integration of the former Council of State Building as part of the Foreign Ministry is a positive proposal. For security considerations, the entrance through the former Palace portal to the driveway in the courtyard does not seem convincing. Architecturally, this contradicts the idea of preserving the building.
The extension of the Ministry of Interior is successful in terms of function and urban design.
The perimeter block closure of the Fischerinsel is found to be a proper decision conceptually. Gertraudenstraße is properly redefined, the residential district of the Fischerinsel is protected from the traffic noise, and the development signals the start of an urban regeneration.
There is however no basis for the threepart arcades in terms of urban design.
The design of Petriplatz and the straight route of Gertraudenstraße are hardly appropriate to restore something of the original quality of the street.

Projet 14
Les auteurs veulent créer sur Spreeinsel un lieu nouveau dont la signification dépasserait largement les frontières de Berlin.
Ils choisissent à cet effet des éléments urbains historiques pour sertir quatre nouveaux espaces urbains qui rompent sciemment avec l'approche historique traditionnelle du patrimoine urbain et de la topographie.
Cette ébauche de définition de nouveaux espaces urbains, dans laquelle par exemple la Friedrichswerdersche Kirche en tant qu'élément historique est insérée, est considérée comme erronée, car elle interdit tout raccordement aux quartiers environnants.
Les divers éléments spatiaux et architecturaux autour et sur Spreeinsel apparaissent totalement déplacés. Les estrades et cours surélevées contribuent en outre à détruire l'effet topographique et la signification de Spreeinsel dans le canevas urbain.
L'introduction de l'eau sur la Marx-Engels-Platz dévalue encore le rôle des cours d'eau.
L'idée de construire audessus de la Gertraudenstraße pour relier Fischerinsel est intéressante au plan fonctionnel; la liaison entre Spreeinsel et Fischerinsel en est cependant plutôt entravée et l'axe majeur Leipziger Straße / Gertraudenstraße/Alexanderplatz en souffre.
Divers nouveaux quartiers témoignent d'une grande qualité spatiale et architecturale que l'on remarque également dans des vues particulièrement bien traitées.
Le type de bâtiment choisi pour le ministère des Affaires étrangères et la bibliothèque est insatisfaisant au plan fonctionnel et insuffisant en termes d'espace.
Une réalisation par étapes n'est pas possible du fait que le concept urbain se comprend comme une idée globale.
La qualité architecturale des solutions particulières pourrait offrir des points de départ et des idées de réalisation.

Projet 15
L'idée de »réparation urbaine comme expression d'une rétrospective méditative et d'une perspective optimiste sur une société florissante, éclairée et pluraliste« constitue la base bien intentionnée et quelque peu empressée sur laquelle viennent se greffer des décisions souvent justes au plan urbain.
La trame urbaine historique est respectée le plus largement possible. Excepté le Palais de la République, les bâtiments existants sont conservés. La qualité urbaine et architecturale des enfilades de places et des nouveaux bâtiments ne répond cependant que partiellement à l'exigence des tâches posées.
Cette appréciation se confirme à l'exemple du »Jardin des citoyens« sur les anciennes fortifications. Son architecture paysagiste ne présente aucun intérêt. En termes d'urbanisme les idées émises concernant Spittelmarkt, Hausvogteiplatz et Friedrichswerderscher Markt ne sont pas fausses mais elles ne marquent pas suffisamment le lieu.
L'hôtel, les magasins et le centre de conférence à l'emplacement de l'ancien château ne correspondent pas, en termes de programme fonctionnel, au caractère unique de ce lieu.
Ceci se vérifie particulièrement dans la proposition d'agencement de magasins entre la Schloßfreiheit et le canal de la Sprée. L'architecture du bâtiment central se caractérise par un traitement des façades inadéquat par rapport aux différentes exigences architecturales de chaque lieu.
Le concept de reconstruction de la Breite Straße avec des magasins en saillie est salué comme élément de réévaluation urbaine.
L'application fonctionnelle et architecturale en apparaît très hasardeuse en termes d'accès, d'écartement nécessaire par rapport aux immeubles de bureaux du ministère des Affaires étrangères mais également au plan de la sécurité.
La conservation et l'intégration de l'ancien bâtiment du Conseil d'Etat comme élément du ministère des Affaires étrangères sont jugées positivement. L'accès par l'ancien portail du château vers le perron de la cour semble certes convaincant en termes de sécurité. Au plan architectural il est en contradiction avec l'idée de sa conservation.
L'extension du ministère de l'Intérieur est réussie an plan fonctionnel et urbain.
Le concept de fermeture de l'îlôt en direction de Fischerinsel est considéré comme juste. La Gertraudenstraße bénéficie ainsi d'une nouvelle bordure, le quartier d'habitation de Fischerinsel est protégé du bruit du trafic et les nouvelles constructions contribuent à sa réévaluation urbaine. L'agencement des trois segments d'arcades n'a cependant aucune justification en termes d'urbanisme.

Für die dreiteilig angeordneten Arkaden gibt es allerdings keine städtebauliche Begründung.
Die Gestaltung des Petriplatzes und die geradlinige Führung der Gertraudenstraße sind wenig geeignet, diesem Straßenzug etwas von der ursprünglichen Qualität zurückzugeben.
Die Arbeit zeigt, daß Stadtreparatur im Sinne einer „besinnlichen Rückschau" für dieser anspruchsvollen Ort kein ausreichendes Leitbild darstellt.

Arbeit 18
Der Entwurf ergänzt den Stadtgrundriß auf der Spreeinsel unter Achtung des Bestandes und des geschichtlichen Stadtgrundrisses und schafft damit auch interessante strukturelle Ergänzungen der vorhandenen Stadtquartiere.
Die Erhaltung des Palastes der Republik wegen seiner Bedeutung für 17 Millionen Menschen und die Umbauung des „Negativraumes" des Schlosses mit Wohnhäusern schafft am Lustgarten und am Schloßplatz eine unbefriedigende räumliche Situation, die den gesamten Entwurf beeinträchtigt. Die wichtigen Ost-West-Verbindungen „Unter den Linden" und Werderstraße verlieren durch die fehlenden Plätze ihre räumliche Qualität und Rhythmisierung.
Die Fassung des Werderschen Marktes und des Spittelmarktes sind geglückt und die Gestaltung der neuen Wallanlagen bringt einen Gewinn für das vorhandene Stadtquartier.
Die beiden Ministerien sind funktionsfähig konzentriert und besonders das AA als geschlossener Block nördlich der Neumannsgasse eröffnet die Chance, das restliche Quartier vielfältig zu nutzen.
Die Fußwege beidseits des Spreeufers bieten interessante Anschlüsse an die vorhandenen Wegenetze.
Die Gertraudenstraße ist um den Petriplatz wirkungsvoll erweitert und die südliche, allerdings zu massive Randbebauung versucht eine nicht ganz überzeugende Verknüpfung zu den Hochhäusern auf der Fischerinsel. Die Breite Straße ist räumlich enger gefaßt und als wirkungsvolle Nord-Süd-Verbindung zur Fischerinsel genutzt.
Die räumliche Disposition des AA ist gut und die Integration des Staatsratsgebäudes erscheint wegen der überreichlichen Geschoßfläche realistisch.
Die Arbeit bietet interessante verfolgenswerte städtebauliche Ansätze südlich des Marx-Engels-Platzes, die auch stufenweise realisierbar sind.

Arbeit 19
Die Arbeit setzt sich in hervorragender Weise mit der historischen Topographie auseinander.
Indem er an die Stelle des alten Schlosses einen neuen in sich geschlossenen Baukörper setzt, stellt er die stadträumliche Dominanz an diesem Ort wieder her und bringt wirkungsvoll den Mittelpunkt zurück.
Dadurch stellt er die drei städtischen Räume Schloßplatz, Schloßfreiheit und Lustgarten wieder her. Der Verzicht auf jede bauliche Entwicklung an der Schloßfreiheit und am Apothekenflügel wird bemängelt. Hier sind Überarbeitungen erforderlich, die auf die Besonderheit der Räume im Stadtgrundriß stärker Rücksicht nehmen.
Der vorgeschlagene Hauptbau zeigt nach außen eine zu große Abgeschlossenheit und sollte entsprechend seiner Funktion als Mittelpunkt der Stadt anders gestaltet werden.
Das Oval in der Mitte kann, wenn es eine größere Zugänglichkeit erhält, ein attraktiver und überzeugender Raum für die Öffentlichkeit werden.
Das nördliche Cöllner Quartier mit Breite Straße / Brüderstraße und Naumannsgasse / Sperlingsgasse ist mit einfachen, wohlüberlegten städtebaulichen Details gut gelungen.
Die entstehenden Blöcke werden den geforderten Aufgaben im hohen Maße gerecht, dabei verdient der Block des AA besondere Anerkennung, weil er das Thema des öffentlichen, halböffentlichen und privaten Hofes gut entwickelt.
Ähnliches gilt für den Bereich des BMI und seiner Erweiterung.
Die historische Trasse der Alten Leipziger Straße sollte im südlichen Bereich des Innenministeriums wiederhergestellt werden.
Die Bereiche des Friedrichswerderschen Marktes und des Schinkelplatzes sind gut gelöst, sollten jedoch im Bereich der Rosenstraße überarbeitet werden.
Das Preisgericht folgt nicht dem Vorschlag, den Friedrichswerder so dicht zu bebauen, die nördliche und südliche Fassung des Grünraumes zur Ausbildung des Spittelmarktes und des Werderschen Marktes scheinen dringend erforderlich.

The project shows that urban repair in the sense of a "reflective look back" does not provide an adequate model for this demanding location.

Project 18
The project supplements the Spreeinsel plan by respecting the existing and the historic city plan, and thus creates interesting additions to structure of the existing city quarters.
The preservation of the Palast der Republic due to its significance to 17 million people and the enclosure of the "negative space" of the Palace using residential buildings creates an unsatisfying spatial situation at the Lustgarten and at the Schloßplatz which detracts from the whole design. As important eastwest connections, Unter den Linden and Werderstraße lose their spatial quality and rhythm because of the missing spaces.
The delineations of Werderscher Markt and Spittelmarkt are successful and the design of the new wall areas is beneficial to the existing city quarter.
The two ministries are functionally concentrated and in particular, the design of the Foreign Ministry as a closed block north of Neumannsgasse opens up the possibility to use the remaining area in a variety of ways. The footpaths on either side of the Spree canal offer interesting connections to the existing network.
Gertraudenstraße is effectively widened around Petriplatz, and the southern, albeit too massive perimeter development attempts to create a not entirely convincing link to the Fischerinsel highrises. Breite Straße is spatially narrowed and used as an effective northsouth connection to the Fischerinsel.
The spatial disposition of the Foreign Office is good, and the integration of the former Council of State Building appears realistic thanks to the more than sufficient floor areas.
The project offers interesting urban design approaches worthy of execution south of Marx-Engels-Platz, which can also be built in phases.

Project 19
The project takes an excellent approach to the historic topography.
By placing a selfcontained built volume on the site of the old Palace, the project recreates the spatial dominance of this place and restores the centerpoint. In so doing, the three urban spaces of Schloßplatz, Schloßfreiheit, and the Lustgarten are reconstructed.
The lack of built development on the Schloßfreiheit (riverfront at the Palace) and at the former Apothecary wing was criticized. Revisions which take more consideration of the spaces in the city plan are necessary.
The proposed main building is too closedoff to the outside and should be designed differently in relation to its function as the centerpoint of the city.
The oval space in the center can become an attractive and convincing space for the public if it is made more accessible.
The simple, well-conceived urban design details of the northern quarter of Cölln with Breite Straße/Brüderstraße and Naumannsgasse/Sperlingsgasse are quite successful.
The blocks developed suit the given requirements to a high degree. The block of the Foreign ministry deserves special recognition; in it the theme of public, semipublic and private courtyards is welldeveloped.
The same is true of the area of the Ministry of the Interior and its extension. The historic route of the old Leipziger Straße should be restored south of the Ministry. The area around Friedrichswerder Markt and Schinkelplatz are wellsolved, but the Rosenstraße area should be reworked.
The competition jury does not support the proposal to develop Friedrichswerder area so densely. The northern and southern enclosure of the greenspace in order to form the Spittelmarkt and Werderscher Markt appear to be quite necessary.
The reorganization of Alt-Cölln, by which the Gertraudenstraße regains an urban profile, is generally viewed positively. The same applies to the spatial enclosure of the Fischerinsel, although in some areas the residential development appears to be too tight.
The density of the Fischerinsel development must be revised.

Project 21
The project generates great good ecological conditions in the city center, especially by the open development of Friedrichwerder and its extension to the southern end of Fischerinsel. This however is at the expense of the urban squares of Friedrichswerderscher Markt and Spittelmarkt. The new

L'agencement de la place Saint-Pétri et le tracé linéaire de la Gertraudenstraße sont peu adéquats pour rendre à cet axe sa qualité originale.
Le projet montre que la réparation urbaine au sens d'une »rétrospective méditative« ne suffit pas comme ligne directrice pour un lieu aussi exigeant.

Projet 18
Le projet complète la trame urbaine de Spreeinsel en respectant le patrimoine actuel ainsi que le tracé historique de la ville, complétant ainsi les quartiers urbains existants par une structure intéressante.
La conservation du Palais de la République du fait de sa signification pour 17 millions de personnes et le réaménagement de »l'espace négatif« du château à l'aide d'immeubles d'habitation créent au niveau du Lustgarten et de la Schloßplatz une situation peu satisfaisante au plan spatial et dérangeante pour l'ensemble du projet. Les grands axes estouest »Unter den Linden« et Werderstraße sont privés de leurs places et perdent ainsi leur qualité spatiale et leur rythme.
L'encadrement du Werderscher Markt et du Spittelmarkt sont bien réussis et le réaménagement des anciennes fortifications est un enrichissement pour le quartier actuel.
La concentration des deux ministères en assure la fonctionnalité.
En particulier l'îlôt fermé du ministère des Affaires étrangères au nord de la Neumannsgasse offre la chance d'une utilisation diversifiée du reste du quartier. Les chemins piétonniers le long des deux rives de la Sprée constituent d'intéressantes possibilités de raccordement au reste du réseau de chemins et promenades. La Gertraudenstraße est remarquablement élargie de façon à enserrer la Place Saint-Pétri. Par contre les constructions latérales massives sont une tentative peu convaincante de relier les tours à la Fischerinsel. La Breite Straße, dont l'espace a été resserré, constitue une liaison nordsud efficace vers Fischerinsel. La disposition spatiale du ministère des Affaires étrangères est bonne et l'intégration du bâtiment du Conseil d'Etat réaliste du fait de la générosité des surfaces des étages.
Le projet constitue une approche urbaine intéressante et digne d'être d'être suivie pour le sud de la Marx-Engels-Platz et, qui plus est, une approche réalisable en plusieurs étapes.

Projet 19
Le projet constitue une réflexion remarquable sur la topographie historique.
En posant à l'emplacement de l'ancien château un nouveau bâtiment constituant un ensemble en luimême, il rend à ce lieu sa prédominance au sein de l'espace urbain et en recrée efficacement le point central.
Il fait ainsi revivre les trois espaces urbains de Schloßplatz, Schloßfreiheit et Lustgarten. Le renoncement à tout développement architectural au niveau de la Schloßfreiheit er de l'Apothekenflügel est à regretter. Une reprise de ces points s'impose, de façon à tenir d'avantage compte de la particularité de ces deux espaces du tissu urbain. Le bâtiment principal, tel qu'il est prévu, témoigne d'un trop grand isolement par rapport au monde environnant. Il conviendrait donc, comptetenu de sa fonction comme point central de la ville, d'en revoir la conception. L'ovale central pourrait devenir un espace attrayant et convaincant pour le public, à condition d'être rendu plus accessible.
Au nord, le »Cöllner Quartier« avec les Breite Straße/Brüderstraße et Naumannsgasse/Sperlingsgasse est tout à fait réussi, avec des détails urbains simples et bien conçus. Les îlots ainsi formés répondent parfaitement aux tâches posées. A ce propos le ministère des Affaires étrangères mérite une mention particulière, du fait qu'il développe bien le thème de la cour publique, mipublique et privée.
Il en est de même de la zone accueillant le minisère fédéral de l'Intérieur et son extension. Le tracé historique de la Alte Leipziger Straße devrait être reconstitué dans la zone située au sud du ministère de l'Intérieur. La solution proposée pour Friedrichswerderscher Markt et Schinkelplatz est satisfaisante. Il conviendrait cependant de la revoir aux abords de la Rosenstraße.
Le jury n'accepte pas la proposition d'une construction aussi dense de Friedrichswerder. Il lui semble instamment nécessaire que les limites nord et sud de l'espace vert dessinent le Spittelmarkt et le Werderscher Markt.
Le réagencement de Alt-Cölln, qui rend à la Gertraudenstraße son profil urbain, est à apprécier comme un élément fondamentalement positif. Il en est de même pour l'aspect

Protokoll der Preisgerichtssitzung

Die Neuordnung von Alt-Cölln, mit der die Gertraudenstraße wieder städtisches Profil erhält, ist grundsätzlich positiv zu werten wie die bewegte räumliche Fassung der Straßen auf der Fischerinsel. Stellenweise erscheint die Wohnbebauung etwas zu eng.
Die starke Überbauung der Fischerinsel muß überarbeitet werden.

Arbeit 21
Der Entwurf führt in der Mitte der Stadt zu großen ökologischen Qualitäten insbesondere durch die offene Entwicklung des Friedrichwerders und seine Weiterführung am südlichen Ende der Fischerinsel. Dies geht jedoch auf Kosten der städtischen Plätze Friedrichswerderschen Markt und Spittelmarkt.
Die Neuordnung der öffentlichen Räume im zentralen Bereich folgt nur scheinbar dem historischem Grundriß. Hierzu gehört auch die Abriegelung der Straße „Unter den Linden" auf der Höhe des Dom, die nicht nur verkehrsplanerisch fragwürdig ist, sondern auch den gewünschten stadträumlichen Zusammenhang zwischen Ort und West zerstört.
Dieser Mangel kann auch nicht durch die Qualität der erweiterten Lustgartenanlage wettgemacht werden.
Die Wettbewerbsarbeit liefert einen beachtenswerten Beitrag im Bereich der Schloßfreiheit.
Begrüßt wird die Erhaltung des Staatsratsgebäudes in seiner Einbindung in einen neuen baulichen Zusammenhang. Dieser jedoch erbringt keine überzeugende Lösung für das Stadtquartier.
Er geht unsicher mit seinen städtebaulichen Mitteln um und zerstört dabei den Stadtgrundriß.
Ähnlich unproportioniert erscheint der Erweiterungsbau für das Innenministerium.

Arbeit 25
Der Verfasser bemüht sich um Auseinandersetzung mit der historischen Topographie, ohne dabei ängstlich am Detail des Stadtgrundrisses hängenzubleiben.
So gelingt ihm ein beachtlicher Schloßplatz, die Fassung des Wechselpunktes der Straße „Unter den Linden", der Schloßfreiheit und des Werderschen Marktes.
Dabei versucht er im Bereich des Schloßplatzes mit gläsernen Bauten moderne Akzente zu setzen, sowohl von der Gestalt, Technik, wie von der Funktion her. Dieses wird begrüßt.
Die an sich positive Wiederherstellung der Brüderstraße wird mit einem AA, das unter den gegebenen Bedingungen nicht baubar ist, und mit dem Abriß der historischen Wohnbebauung erkauft.
Den Spreekanal zwischen den beiden Ministerien zur abgeschlossenen Sicherheitszone zu erklären, wird abgelehnt.
Die Neuformulierung an der Gertraudenstraße und die neue Verklammerung der Fischerinsel mit der südlich angrenzenden Stadt wird positiv beurteilt.

Arbeit 27
Das Preisgericht anerkennt den Mut, für den Ort des ehemaligen Stadtschlosses und in Bezug zum Lustgarten einen völlig neuen Stadtgrundriß und Stadtraum zu entwickeln. Die Raumachse zwischen dem großen neuen „Hofraum" und dem alten Museum erscheint formal jedoch als überzogen und dem Ort wenig angemessen.
Vor allem die Aufgabe der historischen, durch Solitärbauten definierten offenen Raumkonzeption am Lustgarten, dessen Qualität im Bezug zu der strengen Geometrie des Pariser Platzes eine städtebauliche Qualität von europäischem Rang war, wurde völlig ignoriert.
Die darstellerische Qualität der Arbeit kann über diese Problematik nicht hinwegtäuschen.
Dies trifft auch für den Bereich südlich des neuen Cour d'honneur zu, den man trotz der anspruchsvollen Solitärbauten eher als städtebauliches „Back-of-House-Area" empfindet, dem man einen Zutritt über den „Haupteingang" verweigert.
Da die Ausweisung der Ministerien nicht näher präzisiert worden ist, kann hier leider keine genauere städtebauliche, architektonische oder funktionale Bewertung erfolgen.

Arbeit 32
Der mutige Versuch, die historische Mitte Berlins durch Überlagerung mittels einer Großform neu zu gestalten, erweckt eine gewisse Neugier, kann bei näherer Prüfung aber nicht überzeugen. Der die Spree und den Schloßgraben überspannende Gebäuderahmen ist wenig geeignet, order of the public spaces in the central area only appears to follow the historic plan. To this belongs also the closure of Unter den Linden near the Cathedral, which is not only questionable in terms of traffic, but also destroys the desired link between east and west.
This lack cannot be compensated for by the extension of the Lustgarten.
The project offers a considerable contribution in the vicinity of the Schloßfreiheit.
The preservation of the Council of State Building integrated into a new architectural relationship is welcomed.
This however does not result in a convincing solution for the district.
The project is uncertain about its spatial approach and destroys the city plan in the process.
The extension building for the Ministry of the Interior appears equally disproportionate.

Project 25
The authors attempt to work with the historic topography without clinging anxiously to the detail of the historic plan.
Thus they succeed in creating an impressive Schloßplatz, which defines the nodal point of Unter den Linden, Schloßfreiheit and Werderscher Markt.
In addition they attempt to set a modern accent in design, construction, and function in the area of Schloßplatz with glazed buildings. This is applauded.
The reconstruction of Brüderstraße, in general positive, is done at the expense of a Foreign Office which is not feasible under the given conditions, and with the demolition of the historic residential development. Closing off the Spree canal between the two ministries as a security zone is rejected.
The reformulation of Gertraudenstraße and the new bracketing of Fischerinsel together with the area of the city to the south is judged positively.

Project 27
The jury recognizes the boldness in the development of a completely new city plan for the site of the former Palace and in relation to the Lustgarten. However the spatial axis between the large new "courtyard" and the Altes Museum appears formally yet exaggerated and not appropriate to the place.
Above all, the purpose of the historic spatial approach around the Lustgarten, defined by freestanding buildings, whose quality in relation to the rigid geometry of Pariser Platz was of a design accomplishment of European significance, was fully ignored.
The graphic quality of the project cannot disguise this problem.
This is also true for the area south of the new "Court of Honor" which despite the ambitious freestanding buildings is perceived as an urban "backstage" which denies access from the "main entrance".
Unfortunately, since the details of the ministries are not more precisely shown, a more exact spatial, architectural or functional evaluation cannot be made.

Project 32
The bold attempt to redesign the historic center of Berlin by overlapping with a large mass, arouses a certain curiosity, but is not very convincing on closer inspection. The frame of buildings spanning the Spree and the Palace moat is hardly suited to recreating the obviously intended connection between the Forum Fridericianum and Marx-Engels-Forum. In addition the concept ignores the historic topography and urban typography of the site as well as the special character of the Spreeinsel in an unacceptable fashion.
The organization of urban design south of Werderstraße is more conventional if not mundane in contrast to the castrum-like large volume; i.e. without special attraction. This applies also to the two blocks of buildings offered for the Foreign Ministry. They cannot correspond to the functional or to the symbolic demands of this ministry.

Project 36
The overall urban design concept has a convincing homogeneity despite the deliberately scattered individual buildings planned.
It respects the historic city plan and recalls spatial qualities without copying them. The replacement of the destroyed City Palace with a new building takes into consideration the spatial quality in correspondence to the Lustgarten and reflects the former Schloßplatz. mouvementé des rues de Fischerinsel. Par endroits l'habitat semble quelque peu trop dense. L'importance du bâti sur Fischerinsel est à revoir.

Projet 21
Le projet dote le coeur de la ville de qualités écologiques indéniables, en particulier grâce à l'ouverture et au développement de Friedrichwerder et à sa continuation jusqu'à la pointe sud de Fischerinsel.
Cela se fait cependant au détriment des places Friedrichswerderscher Markt et Spittelmarkt.
Le réagencement des espaces publics dans la zone centrale ne suit qu'optiquement le schéma historique. Citons à ce propos le verrouillage de l'avenue Unter den Linden à hauteur de la cathédrale qui, déjà criticable en termes de circulation, détruit également le prolongement de l'espace urbain tel qu'il était souhaité entre l'est et l'ouest.
Cette faiblesse ne peut être compensée par la qualité du Lustgarten dans sa nouvelle extension.
Le projet apporte une contribution remarquable au niveau de la Schloßfreiheit.
Le maintien du bâtiment du Conseil d'Etat et son insertion dans une nouvelle configuration architecturale est apprécié, bien que ne constituant pas une solution convaincante pour ce quartier urbain.
Il fait preuve de timidité dans l'emploi des outils urbains et détruit ainsi la trame urbaine.
L'extension du ministère de l'Intérieur apparaît disproportionnée.

Projet 25
L'auteur s'efforce de réfléchir sur la topographie historique sans pour autant se tenir frileusement aux détails de la trame urbaine.
Cela lui permet de réussir une Schloßplatz remarquable, qui matérialise l'interface entre Unter den Linden, la Schloßfreiheit et le Werderscher Markt.
A l'aide de constructions en verre au niveau de la Schloßplatz il veut créer des accents modernes tant en termes de forme et de technique que de fonction. Cette volonté est appréciée.
La reconstitution de la Brüderstraße, en soi positive, ne peut se faire qu'au prix d'un ministère des Affaires étrangères inconstructible dans les conditions existantes et de la démolition d'immeubles d'habitation historiques. La déclaration du canal de la Sprée comme zone de sécurité close est rejetée.
La reformulation des abords de la Gertraudenstraße et le raccordement de Fischerinsel aux quartiers urbains vers le sud est jugée positive.

Projet 27
Le jury reconnaît le courage consistant à développer à l'emplacement de l'ancien château, en relation avec le Lustgarten, une trame et un espace urbain totalement nouveaux.
L'axe spatial entre la nouvelle grande »cour« et l'altes Museum apparaît cependant exagéré dans sa forme et peu adapté au lieu.
Et surtout la tâche fixée visant à la définition d'un concept spatial historique ouvert et marqué par des bâtiments solitaires sur le Lustgarten, dont la qualité, de niveau européen, se réfère à la stricte géométrie de la Pariser Platz, a été totalement ignorée.
La qualité représentative du travail ne peut faire oublier ce problème.
Ceci vaut également pour la zone au sud de la nouvelle cour d'honneur qui, malgré les bâtiments isolés à l'architecture ambitieuse, est plutôt ressentie comme une »Back-of-House-Area« imputable au renoncement à un accès par l'entrée principale. Du fait que l'identification des ministères n'est pas précisée, toute appréciation urbaine, architecturale et fonctionnelle précise est ici impossible.

Projet 32
La courageuse tentative de recréer le coeur historique de Berlin en y superposant une forme surdimentionnée éveille une certaine curiosité, sans cependant convaincre après plus ample examen. Le cadre de bâtiments surplombant la Sprée et le Schloßgraben est visiblement peu adéquat pour établir la liaison entre le Forum Fridericianum et le Marx-Engels-Forum.
En outre le concept ignore de manière inacceptable non seulement la topographie historique et la typographie urbaine du lieu mais aussi le caractère particulier de Spreeinsel. L'agencement urbain au sud de la Werderstraße est plutôt conventionnel, voire même courant, donc sans

die offenbar beabsichtigte Verbindung zwischen Fridericianum und Marx-Engels-Forum herzustellen.
Außerdem ignoriert das Konzept in inakzeptabler Weise die historische Topographie und städtebauliche Typographie des Ortes sowie den besonderen Charakter der Spreeinsel.
Die städtebauliche Organisation südlich der Werderstraße ist im Gegensatz zu der Kastrumartigen Großform eher konventionell bis alltäglich, also ohne besonderen Reiz. Das trifft auch für die zwei Baublöcke zu, die als Außenministerium angeboten werden. Sie können weder den funktionalen noch den repräsentativen Ansprüchen dieses Ministeriums entsprechen.

Arbeit 36
Das städtebauliche Gesamtkonzept ist trotz der sehr dezidiert geplanten Einzelbauwerke von überzeugender Homogenität.
Es respektiert den historischen Stadtgrundriß und erinnert stadträumliche Qualitäten, ohne diese zu kopieren.
Der Ersatz des zerstörten Stadtschlosses durch einen Neubau berücksichtigt die räumliche Qualität in Korrespondenz zum Lustgarten und reflektiert zudem den ehemaligen Schloßplatz.
Als besonders positiv zu bewerten ist die ebenso übersichtliche wie funktional überzeugende Neuordnung des Bereichs zwischen Werderschem Markt und Fischerinsel. Vor allem die klare räumliche Begrenzung der beiden Ministerien überzeugt aus funktionalen, sicherheitsreduzierten und städtebaulichen Gründen.
Hier wurde ein Konzept angeboten, welches gut geeignet erscheint.
Das dem Außenministerium vorgelagerte ellipsenförmige gläserne Hochhaus könnte ein sehr willkommener räumlicher Abschluß der Blick- und Wegeachse vom Alexanderplatz sein. Richtig erscheint auch der Versuch, den ehemaligen Prospekt der Fischerhäuser am Spreekanal durch eine neue Randbebauung zu ersetzen.

Arbeit 38
Die historische Bebauung wird weitgehend wiederaufgenommen.
Der Bau für Bibliothek- und Konferenzzentrum auf dem Marx-Engels-Platz ist axial auf den Fernsehturm ausgerichtet. Trotz der verständlichen Absicht ist das städtebaulich nicht richtig.
Der Bau selbst übersteigt in seiner Dimension die des alten Schlosses und wirkt als Barriere. Es ist zu bezweifeln, daß die geplante „Kultur-Agora" sich mit städtischem Leben füllt.
Durch die Überdimension der Bebauung auf dem Marx-Engels-Platz entsteht eine Disproportion zu der historischen Wiederbebauung am Schinkelplatz / Werderschen Markt.
Der Grünraum wird erhalten von der Schinkel-Klause bis zum Spittelmarkt. Dies ist grundsätzlich zu begrüßen; es fehlt aber eine räumliche Einfassung.
Das BMI wird geschlossen untergebracht. Der Vorbau hat allerdings keinen genügenden räumlichen Bezug zum Hauptbau. Angesichts der Übererfüllung des Raumprogramms hätte der Verfasser auch eine Durchwegung des Blocks (Alte Leipziger Straße) zur Erhaltung eines geschlossenen Baukörpers für das Innenministerium nutzen können.
Der Bereich des Auswärtigen Amts ist funktional angemessen gestaltet; die Integration des Staatsratsgebäudes gelingt jedoch weder räumlich noch funktional. Anerkannt werden die gut dimensionierten Innenhöfe. Am Spreekanal wird das Bild des Ministeriums durch vorgelagerte untergeordnete Bauten beeinträchtigt.
Der Schloßplatz bringt stadträumlich keine Qualität.
Die Randbebauung an der Gertraudenstraße wird begrüßt.
Insgesamt leistet das Projekt keinen wesentlichen und überzeugenden Beitrag zu der gestellten Aufgabe.

Arbeit 39
Die Verfasser versuchen, bestehende Bauten soweit wie möglich zu erhalten, und entwickeln ihr städtebauliches Konzept aus deren Integration.
Dies Bemühen wird grundsätzlich anerkannt. Sie streben dabei an, das städtebauliche Problem des Marx-Engels-Platzes unter Erhaltung des sanierten Palastes der Republik durch ein glasüberdachtes Forum, das bis an das Ufer des Spreekanals reicht, zu lösen.
Das Forum wird durch ein spielerisch eingestelltes Versatzstück aus aufgefundenen Resten des Schlosses auf dessen nördlicher Bauflucht ergänzt.

A particularly positive evaluation is attached to the reordered area between Werderscher Markt and Fischerinsel, which is both perceptible and functionally convincing. Above all, the clear spatial division between the two ministries is convincing for reasons of function, reduced security, and urban design.
A concept was offered here which appears to be very appropriate.
The ellipse-shaped glass highrise located in front of the Foreign Ministry could be a very welcome spatial terminus for the visual and street axis from Alexanderplatz. The attempt to replace the former riverside frontage of the fishermen's houses on the Spree canal by new perimeter development also appears correct.

Project 38
The historic development is extensively employed.
The building for the library and conference center on Marx-Engels-Platz is oriented to the axis of the TV Tower. Despite the understandable intention, this is not correct in terms of urban design.
The scale of the building itself exceeds that of the old Palace and appears to be a barrier. It is doubtful that the planned "Cultural Agora" can be activated with urban life.
Through the overscaled development on Marx-Engels-Platz, a disproportionate relation is formed to the historic reconstruction on Schinkelplatz and Werderscher Markt.
The greenspace is retained from the Schinkel area up to Spittelmarkt. This is basically welcome, but lacks spatial containment.
The Ministry of the Interior is selfcontained. The front building however does not have a sufficient spatial relationship to the main building. Given the fact that the space program is exceeded, the authors could have cut through the blocks (Alte Leipziger Straße) to retain a closed building volume for the Ministry of the Interior.
The area of the Foreign Office is designed appropriately to the function; the integration of the Council of State Building is neither spatially nor functionally successful. The wellscaled interior courts are acknowledged. The image of the Ministry on the Spree canal is diminished by the subordinate buildings placed before it.
The Schloßplatz does not add much to the urban design quality.
The perimeter development of Gertraudenstraße is welcomed.
In general, the project does not achieve an essential or convincing contribution to the requirements.

Project 39
The authors attempt to preserve existing buildings as far as possible, and they develop an urban design concept from their integration.
This effort is fundamentally acknowledged. They also seek to solve the urban design problem of Marx-Engels-Platz by retaining and restoring the Palast der Republik with a glass-roofed forum extending to the banks of the Spree canal.
The forum is enriched by a playfully arranged set of found fragments of the Palace on its northern edge.
This attempt appears functionally, spatially and proportionately unconvincing.
The design of Schinkelplatz is successful.
The spatial enclosure of the wall areas with headbuildings at the ends is welcomed, but on the other hand, the perimeter development on the west side of the public space limits its value visually and functionally. The urban design of the complex for the Ministry of the Interior is wellresolved. However the proposals for the Foreign Office do not appear functionally or spatially satisfactory.
The spatial enclosure of Gertraudenstraße is convincing in its approach, but not the proposal for a hotel on the bridge across the Spree.

Project 42
The project actually shows? that the new ministry buildings can be simple office buildings and introduces a new structure into the city organism in a radical way – but respecting the urban scale.
In addition it succeeds in creating simple, attractive urban spaces by demarcating the old Palace outline. The old references are employed. Königsplatz is clearly delineated. A second building south of the Bauakademie brings about a gateway effect worth considering. For the Friedrichswerderscher Markt an adequate spatial form was developed which relates to the greenery on the old wall area.

charme particulier, contrairement au format surdimensionné de type castrum. Cela vaut également pour les deux constructions proposées pour former le ministère des Affaires étrangères. Elles ne peuvent répondre ni aux exigences fonctionnelles ni aux obligations représentatives de ce ministère.

Projet 36
Le concept urbain global témoigne d'une homogénéité convaincante malgré la volonté marquée d'implantation de constructions distinctes.
Il respecte la trame historique urbaine et rappelle, sans cependant les copier, certaines qualités de l'espace urbain.
Le nouveau bâtiment en remplacement de l'ancien château s'oriente à la qualité spatiale du Lustgarten et reflète en outre l'ancienne Schloßplatz.
Il convient d'apprécier tout particulièrement le réagencement à la fois clair et fonctionnel de la zone entre Werderscher Markt et Fischerinsel. Et surtout la nette délimitation des espaces des deux ministères convainct pour des raisons de fonctionnalité, d'urbanisme et de sécurité.
Le concept proposé semble tout à fait adéquat.
La tour elliptique en verre placée devant le ministère des Affaires étrangères pourrait tout à fait clore l'axe routier et visuel depuis Alexanderplatz. Autre point positif, la tentative de remplacer l'ancienne perspective des maisons de pêcheurs le long du canal de la Sprée par de nouvelles constructions limitrophes.

Projet 38
Le bâti historique est largement repris.
Le bâtiment abritant la bibliothèque et le centre de conférence sur la Marx-Engels-Platz est placé dans l'axe de la tour de télévision.
Cette intention, bien que compréhensible, est une erreur en termes d'urbanisme. Les dimensions du bâtiment luimême dépassent celles de l'ancien château et forment barrière. Il n'est pas évident que »l'Agora culturelle« tel qu'elle est prévue, soit un lieu de vie urbaine.
Le surdimentionnement du bâti sur la Marx-Engels-Platz est disproportionné par rapport aux constructions historiques de Schinkelplatz et de Werderscher Markt.
L'espace vert entre la Schinkel-Klause et le Spittelmarkt est conservé, ce qui est à saluer, malgré le manque d'encadrement spatial.

Le ministère de l'Intérieur constitue une unité fermée. Il n'existe cependant pas de lien spatial suffisant entre l'avant-corps et le bâtiment principal. Comptetenu du respect extrême du programme spatial, l'auteur aurait pu prévoir une traversée de l'îlôt vers la Alte Leipziger Straße, de façon à obtenir un corps de bâtiment fermé pour le ministère de l'Intérieur. La zone du ministère des Affaires étrangères présente un agencement fonctionnel adéquat; l'intégration du bâtiment du Conseil d'Etat n'est cependant réussie ni spatialement ni fonctionnellement. Il convient de mentionner les cours intérieures bien dimensionnées. Le long du canal de la Sprée, l'apparence du ministère souffre de la présence d'avantcorps.
Le Schloßplatz n'apporte rien à l'espace urbain. Les bâtiments longeant la Gertraudenstraße sont appréciés. Globalement le projet n'apporte aucune réponse essentielle ni convaincante à la tâche posée.

Projet 39
Les auteurs essaient de conserver le plus possible les bâtiments existants et basent leur concept urbain sur l'intégration de ces derniers, effort tout à fait louable en soi.
Dans cet ordre d'idée, ils s'emploient à résoudre la problème urbain de la Marx-Engels-Platz en conservant le Palais de la République assaini sous un forum recouvert d'une verrière qui s'étent jusqu'à la rive du canal de la Sprée.
Ce forum est complété dans son alignement nord par un élément rapporté astucieusement agencé et constitué de vestiges du château. Cette tentative apparaît peu convaincante, tant en termes de fonctions que d'espace et de proportions.
La forme donnée à la Schinkelplatz est réussie.
L'encadrement de l'espace des anciennes fortifications par des têtes de bâtiment aux extrémités est appréciable. Par contre les constructions latérales sur le côté ouest de l'espace public en limitent la valeur visuelle et fonctionnelle. Le complexe du ministère de l'Intérieur est bien conçu en termes d'urbanisme, à l'inverse du ministère des Affaires étrangères qui, tant au niveau spatial que fonctionnel, n'est pas pleinement satisfaisant. L'encadrement de l'espace de la

193

Minutes of the Jury Sessions

Protokoll der Preisgerichtssitzung

Dieser Versuch erscheint funktional wie räumlichproportional nicht überzeugend.
Die Ausbildung des Schinkelplatzes ist gelungen.
Die räumliche Fassung der Wallanlagen durch Kopfbauten an den Enden wird begrüßt, dagegen schränkt die Randbebauung an der Westseite des öffentlichen Raumes seinen Wert visuell wie funktional ein. Der Komplex für das Innenministerium ist städtebaulich gut gelöst. Dagegen vermögen die Vorschläge für das Auswärtige Amt funktional wie stadträumlich nicht voll zu befriedigen.
Die räumliche Fassung der Gertraudenstraße ist im Ansatz überzeugend, allerdings nicht der Vorschlag für ein Hotel auf der Brücke über der Spree.

Arbeit 42
Die Arbeit trägt der Tatsache Rechnung, daß es sich bei den Ministeriumsneubauten um einfache Bürobauten handelt und fügt in erkennbarer Radikalität – aber unter Wahrung der städtebaulichen Maßstäbe – eine neue Struktur in den Stadtorganismus ein.
Dabei gelingt es durch Markieren der alten Schloßkontur, einfache, attraktive Stadträume zu formulieren. Alte Bezüge sind aufgenommen.
Der Königsplatz wird klar begrenzt. Ein zweiter Baukörper südlich der Bauakademie führt zu einer erwägenswerten Torwirkung. Für den Friedrichswerderschen Markt ist eine akzeptable Raumform gefunden, die Beziehung zu Wallgrün hat. Bedauerlicherweise bestätigt sich der erste Eindruck nicht, daß die gefundene Baukörperstruktur zu besonders gut funktionierenden Bürobauten führt.
Die Fassung der Gertraudenstraße gelingt nicht.
Unverständlich bleibt, warum die Verfasser den Abbruch der Wohnhäuser entlang des Spreekanals vorschlagen.
Die Vorschläge zu Ökologie können nicht überzeugen.

Arbeit 51
Die Arbeit ist eine Collage aus Bauteilen verschiedener Epochen.
Das drückt sich besonders explizit im Gebäudekomplex auf dem Marx-Engels-Platz als Verknüpfung von Resten des Palastes der Republik, einer Wiedererrichtung von zwei Flügeln des Schlosses sowie neuer zeitgemäßer Ergänzungen als verbindender Teile aus.
Der Verfasser nimmt in Teilbereichen wie gegenüber dem Lustgarten sowie an der Gertraudenstraße historische Raumbezüge wieder auf. Demgegenüber bleibt die Breite Straße in ihrer heutigen Dimension erhalten.
Der Schloßplatz wird durch eine Verengung in östlicher Richtung neu gefaßt, ufert aber ansonsten ohne erkennbare baukörperliche Begrenzungen aus. Der ernsthafte Versuch des Verfassers, neue stadträumliche Intentionen mittels der Einführung eines Spreekanals im Verlauf der Wallanlagen herzustellen, erscheint dem Preisgericht nicht angemessen.
Weder Schinkelplatz noch Werderscher Markt sind damit wiederherstellbar. Die Einfügung des Gebäudekomplexes Bibliothek und Medienzentrum in die vorhandene Grünanlage zwischen Ober- und Niederwallstraße wird als unzumutbarer Eingriff mit einer deutlichen Entwertung dieses ausgeprägten Grünraums betrachtet.
Die Funktionsfähigkeit der Ministerien scheint in der dargestellten Form gegeben.
Das trifft mit Einschränkungen für das Auswärtige Amt zu, wo die Probleme der Einbeziehung des ehemaligen Staatsratsgebäudes für die Zwecke des Auswärtigen Amtes noch nicht ausreichend untersucht sind.
Der städtebaulich offene Raum zum Spreekanal hinter dem Staatsratsgebäude ist ökologisch und stadtklimatisch wertvoll, in dieser Form aber als Vorfahrt für das Auswärtige Amt nicht nutzbar.
Im Süden versucht der Verfasser eine Anpassung an die Wohnhochhäuser an der Fischerinsel durch eine Hochzonierung der Gebäude beidseits der Gertraudenstraße zu erreichen, die wohl eine abschirmende Wirkung zu den bestehenden Gebäuden erzielt, aber hinsichtlich der neuen Funktionsnutzung Wohnen außerordentlich problematisch ist (Gebäudetiefen).

Es verbleiben endgültig 16 Entwürfe in der engeren Wahl.

18.45 Uhr
Ende der Sitzung.

Regrettably, the initial impression that the building pattern would lead to particularly well functioning office buildings is not confirmed.
The enclosure of Gertraudenstraße is not successful.
It is not clear why the authors proposed demolishing some of the residential buildings along the Spree canal.
The ecological proposals are not completely convincing.

Project 51
The project is a collage of building parts from different eras.
This is particularly expressed in an explicit way in the building complex on Marx-Engels-Platz as an integration of the remains of the Palast der Republik, the reconstruction of two wings of the Palace, as well as new modernday additions as connectors.
The authors take up historical spatial references in individual areas such as the Lustgarten and Gertraudenstraße.
In contrast, Breite Straße was held to its current dimension.
Schloßplatz is newly enclosed by narrowing along the eastern direction, but is dilineated without recognizable architectural boundaries. The serious attempt of the authors to create new urban design intentions by introducing a canal along the fortifications appears inappropriate to the jury. Neither Schinkelplatz nor Werderscher Markt can be reproduced this way. The insertion of the building complex for the library and the Media Center in the existing spaces between Oberwallstraße and Niederwallstraße are regarded as inadmissible interventions clearly depreciating this wellformed greenspace.
The ability of the ministries to function appears given in the form presented.
This applies to the Foreign Office with limitations, where the problem of integrating the former Council of State Building for the use of the Foreign Office has not yet been sufficiently explored.
The open space at the Spree canal behind the Council of State Building is ecologically and climatically valid, but unusable in this form as an entrance drive for the Foreign Office.
In the south, the authors attempt to match the apartment towers on the Fischerinsel by higher zoning on either side of Gertraudenstraße. This perhaps aims to screen the existing buildings, but is extremely problematic with respect to the new functional uses for housing (in terms of building depth).

There were ultimately 16 projects remaining in the final round.

6:45 pm
End of the session

Gertraudenstraße constitue une approche convaincante, contrairement à la proposition de construction d'un hôtel sur le pont sur la Sprée.

Projet 42
Le projet tient compte du fait que les nouvelles constructions des ministères seront de simples immeubles de bureaux. Tout en respectant les dimensions urbaines, il fait preuve d'un radicalisme évident en introduisant une nouvelle structure dans l'organisme urbain. Il arrive, en marquant les anciens contours du château, à formuler des espaces urbains attrayants dans leur simplicité, qui s'appuient sur des points de références anciens. La Königsplatz est nettement délimitée. Un second corps de bâtiment au sud de l'Académie d'architecture produit un effet de porte digne d'être mentionné. Le Friedrichswerderscher Markt est doté d'une forme spatiale acceptable en relation avec l'espace vert entre les anciennes fortifications. Malheureusement l'impression première, selon laquelle la structure des corps de bâtiment permettrait un fonctionnement particulièrement effectif des immeubles de bureau, ne se vérifie pas.
L'encadrement de la Gertraudenstraße n'est pas réussi.
La raison pour laquelle les auteurs ont proposé la démolition des immeubles d'habitation le long du canal de la Sprée reste confuse.
Les propositions faites en matière d'écologie ne sont pas convaincantes.

Projet 51
Il s'agit là d'un collage réunissant des éléments architecturaux de différentes époques. Ceci apparaît de façon particulièrement explicite dans le complexe de bâtiments sur la Marx-Engels-Platz qui réunit des vestiges du Palais de la République, reconstruit deux ailes du château tout en les complétant et les reliant avec des éléments contemporains. L'auteur reprend partiellement des espaces historiques, en face du Lustgarten et le long de la Gertraudenstraße par exemple. Par contre la Breite Straße conserve ses dimensions actuelles.

La Schloßplatz est remaniée et rétrécie vers l'est. Au reste ses contours s'estompent et ne sont marqués par aucun corps de bâtiment.
La tentative de l'auteur de créer de nouveaux espaces urbains en soulignant le tracé des anciennes fortifications par un canal de la Sprée n'est pas jugée adéquate par le jury.

En effet cette proposition ne contribue à recréer ni la Schinkelplatz ni le Werderscher Markt. L'insertion du complexe de bâtiments de la bibliothèque et de la médiathèque dans l'espace vert situé entre Oberwall- et Niederwallstraße est considéré comme une atteinte inacceptable et une détérioration évidente de cet espace vert.
La fonctionnalité des ministères semble assurée sous la forme proposée.
Ceci vaut également avec certaines réserves concernant le ministère des Affaires étrangères pour lequel les problèmes de l'insertion de l'ancien bâtiment du Conseil d'Etat n'ont pas encore été analysés suffisamment.
L'espace s'ouvrant sur le canal de la Sprée derrière le bâtiment du Conseil d'Etat revêt une importance certaines en termes d'écologie et de climat urbain, et n'est donc, pas, sous cette forme, utilisable comme perron du ministère des Affaires étrangères. Au sud l'auteur tente une adaptation aux tours de Fischerinsel en surélevant les immeubles des deux côtés de la Gertraudenstraße. Il obtient certes un effet d'écran pour les bâtiments existants, effet qui se révèle cependant extrêmement problématique (profondeur des bâtiments) du fait de l'utilisation nouvelle du quartier à des fins de logement.

Il reste en définitive 16 projets sélectionnés.

18 heures 45
Fin de la séance

Mittwoch, 11. Mai 1994
Die Sitzung des dritten Preisgerichtstages der zweiten Phase beginnt um 9.15 Uhr

Fachpreisrichter: Hanns Adrian, Michael Bräuer, Edvard Jahn, Peter Blake, Josef Paul Kleihues, Barbara Jakubeit, Gerhart Laage, Gustav Peichl, Franco Stella, Dr. Hans Stimmann.
Sachpreisrichter: Franz Kroppenstedt, Dr. Claus J. Duisberg, Dr. Volker Busse, Volker Kähne, Gerhard von Loewenich, Peter Conradi (ab 11.45 Uhr Ulrich Roloff-Momin), Dr. Volker Hassemer, Dr. Dietmar Kansy, Gerhard Keil.
Ständig anwesende stellvertretende Fachpreisrichter: Johanne Nalbach, Christiane Thalgott, Inge Voigt.
Ständig anwesende stellvertretende Sachpreisrichter: Dorothee Dubrau, Dr. Jürgen Starnick.

Als Sachverständige bzw. Gäste nehmen zeitweise an der Sitzung teil: Günther Auer (Auswärtiges Amt), Peter Wischnewski, Dieter Wellmann, Peter Weigel (Bundesministerium des Innern), Volker Breuer, Petra Wesseler (Bundesbaudirektion), Eileen Quinn (Union Internationale des Architectes), Dietrich Bolz, Eberhard Weinbrenner (Architektenkammer), Dr. Ekkehard Schröter (Senatskanzlei), Dr. Peter Kroll, Hans-Joachim Behaim-Schwarz, Dr. Helmut Engel, Heribert Guggenthaler, Manfred Kasper, Bärbel Winkler-Kühlken, Dr. Engelbert Lütke-Daldrup, Ulla Luther, Erhard Mahler, Christoph Müller-Stüler, Annalie Schoen, Wolfgang Süchting, Peter Syll, Patrick Weiss, Almut Jirku, Dr. Müschen (Senatsverwaltungen Berlin), Dr. Ingo Kowarik, Klaus-Dieter Lang, Dr. Charlotta Pawlowsky-Flodell, Dr. Wilfried Ruske, Bernhard Schneider, Dr. Thiede, Dr. Lothar Rouvel, Lothar Juckel, Katherine Vanovitch, Brunhilde Wildegans, Barbara Behrens, Herr Schnauß.

Da sich 16 Entwürfe in der engeren Wahl befinden, aber nur 5 Preise und 7 Ankäufe ausgelobt wurden, beschließt das Preisgericht, vier Arbeiten aus dem weiteren Verfahren auszuschließen.

Das Plenum berät erneut vor Plänen und Modellen. In der anschließenden Diskussion kristallisieren sich folgende vier Arbeiten heraus, die aus der engeren Wahl ausgeschlossen werden sollten: 01, 14, 15 und 32.
Es wird der Antrag gestellt, zuerst die Arbeiten 01, 14 und 32 aus der weiteren Wertung auszuschließen.
Die Abstimmung ergibt 18:1 Stimmen dafür. Damit scheiden die Arbeiten 01, 14 und 32 aus der engeren Wahl aus.

Da über den Ausschluß der Arbeit 15 aus der engeren Wahl Uneinigkeit besteht, wird der Antrag gestellt, die Arbeiten 15, 27 und 51 gegenüberzustellen und erneut zu diskutieren. Nach einer eingehenden Diskussion dieser drei Arbeiten stimmt das Preisgericht mit 16:3 Stimmen für den Ausschluß der Arbeit 27 aus der weiteren Wertung.

Zugleich wird festgelegt, daß die vier ausgeschiedenen Arbeiten in folgender Reihenfolge zu Nachrückern der engeren Wahl werden: 27, 14, 01, 32.

Damit verbleiben in der engeren Wahl folgende zwölf Arbeiten:
05, 13, 15, 18, 19, 21, 25, 36, 38, 39, 50, 51.

Zur Feststellung der Rangfolge der engeren Wahl, beschließt das Preisgericht folgendes Vorgehen:
— Über die Rangfolge der in der engeren Wahl verbliebenen Arbeiten wird aufgrund von Anträgen abgestimmt.
— Werden für einen Rang mehrere Arbeiten vorgeschlagen, wird über diese Arbeiten in einem gemeinsamen Abstimmungsgang entschieden, wobei jeder Preisrichter nur eine Stimme abgeben kann. Die Entscheidung wird mit absoluter Mehrheit der Preisrichterstimmen getroffen. Enthaltungen sind nicht zulässig.
— Erhält keine der zur Abstimmung gestellten Arbeiten die erforderliche Mehrheit, so findet ein weiterer Abstimmungsgang über die Arbeiten statt, die bei der vorausgegangenen Abstimmung die höchste und nächsthöchste Stimmenzahl erzielt haben.
In diesem Abstimmungsgang fällt die Entscheidung zugunsten der Arbeit, die die meisten Stimmen der Preisrichter auf sich vereint hat. Jeder Preisrichter hat nur eine Stimme; Enthaltungen sind nicht zulässig.

— Bei gleicher Stimmenzahl für mehrere Arbeiten wird der Rang durch die Arbeit besetzt, für die sich der Vor-

Wednesday, May 11, 1994
The session of the third day of judging for the second phase of the competition began at 9:00 am.

Expert Judges: Hanns Adrian, Michael Bräuer, Edvard Jahn, Peter Blake, Josef Paul Kleihues, Barbara Jakubeit, Gerhart Laage, Gustav Peichl, Franco Stella, Dr. Hans Stimmann.
General Judges: Franz Kroppenstedt, Dr. Claus J. Duisberg, Dr. Volker Busse, Volker Kähne, Gerhard von Loewenich, Peter Conradi (from 11:45 Ulrich Roloff-Momin), Dr. Volker Hassemer, Dr. Dietmar Kansy, Gerhard Keil.
Deputy expert judges in continuous attendance: Johanne Nalbach, Christiane Thalgott, Inge Voigt.
Deputy general judges in continuous attendance: Dorothee Dubrau, Dr. Jürgen Starnick.

As consultants or guests participating in at least part of the sessions were: Günther Auer (Foreign Office), Peter Wischnewski, Dieter Wellmann, Peter Weigel (Federal Ministry of the Interior), Volker Breuer, Petra Wesseler (Federal Construction Board), Eileen Quinn (Union Internationale des Architectes), Dietrich Bolz, Eberhard Weinbrenner (Chamber of Architects), Dr Ekkehard Schröter (Senate Chancellery), Dr. Peter Kroll, Hans-Joachim Behaim-Schwarz, Dr. Helmut Engel, Heribert Guggenthaler, Manfred Kasper, Bärbel Winkler-Kühlken, Dr. Engelbert Lütke-Daldrup, Ulla Luther, Erhard Mahler, Christoph Müller-Stüler, Annalie Schoen, Wolfgang Süchting, Peter Syll, Patrick Weiss, Almut Jirku, Dr. Müschen (Berlin Senate Administration), Dr. Ingo Kowarik, Klaus-Dieter Lang, Dr. Charlotta Pawlowsky-Flodell, Dr. Wilfried Ruske, Bernhard Schneider, Dr. Thiede, Dr. Lothar Rouvel, Lothar Juckel, Katherine Vanovitch, Brunhilde Wildegans, Barbara Behrens, Mr. Schnauß.

The jury resolved to eliminate four projects from the final round, since there were 16 projects remaining, but only 5 prizes and 7 honorable mention awards were to be given out.

The plenum again held its discussions in front of the plans and models. In the ensuing discussion, the following four projects were selected to be cut from the final round: 01, 14, 15, and 32.
A motion was put to first cut projects 01, 14, and 32 from further competition.
The vote was 18:1 in favor of the motion. Therefore 01, 14, and 32 were eliminated.

Since there was disagreement about cutting project 15 from the final round, a motion was passed to compare and reconsider 15, 27, and 51.
After lengthy discussion of these three projects, the jury voted 16:3 in favor of eliminating 27 from further competition.

At the same time it was determined that the four projects would be placed in sequential order as candidates for the final round: 27, 14, 01, 32.

Thus the following 12 projects remain in the final round:
05, 13, 15, 18, 19, 21, 25, 36, 38, 39, 50, 51.

To determine the order of the final round, the jury resolved to adopt the following procedure:
— Motions will be accepted to determine the order of the projects in the final round.
— If several projects are proposed for one place in the ordering sequence, a joint vote shall be taken about these projects, whereby each juror may only vote once. The decision shall be taken on the basis of an absolute majority of votes.
Abstentions are not allowed.
— If none of the projects receives the necessary majority, a further runoff vote will take place for those projects receiving the highest and nexthighest count of votes.
In this runoff vote, the decision will be made in favor of the project receiving the highest number of votes from the jurors. Each juror shall have only one vote; abstentions are not allowed.

— If the same number of votes is cast for several projects, the ranking shall be taken by the project chosen by the chair in a separate determination independent of the voting in the second runoff.

Mercredi 11 mai 1994
La troisième journée de réunion du jury de la seconde phase commence à 9h 15

Juges-experts: Hanns Adrian, Michael Bräuer, Edvard Jahn, Peter Blake, Josef Paul Kleihues, Barbara Jakubeit, Gerhart Laage, Gustav Peichl, Franco Stella, Dr. Hans Stimmann.
Juges d'office: Franz Kroppenstedt, Dr. Claus J. Duisberg, Dr. Volker Busse, Volker Kähne, Gerhard von Loewenich, Peter Conradi (à partir de 11h 45 Ulrich Roloff-Momin), Dr. Volker Hassemer, Dr. Dietmar Kansy, Gerhard Keil.
Juges-experts suppléants présents en permanence: Johanne Nalbach, Christiane Thalgott, Inge Voigt.
Juges d'office adjoints présents en permanence: Dorothee Dubrau, Dr. Jürgen Starnick.

Prennent part temporairement à la réunion en tant qu'experts ou invités: Günther Auer (Affaires étrangères), Peter Wischnewski, Dieter Wellmann, Peter Weigel (Ministère fédéral de l'Intérieur), Volker Breuer, Petra Wesseler (Direction fédérale de la Construction), Eileen Quinn (Union Internationale des Architectes), Dietrich Bolz, Eberhard Weinbrenner (Chambre des architectes), Dr. Ekkehard Schröter (chancellerie du Sénat), Dr. Peter Kroll, Hans-Joachim Behaim-Schwarz, Dr. Helmut Engel, Heribert Guggenthaler, Manfred Kasper, Bärbel Winkler-Kühlken, Dr. Engelbert Lütke-Daldrup, Ulla Luther, Erhard Mahler, Christoph Müller-Stüler, Annalie Schoen, Wolfgang Süchting, Peter Sylt, Patrick Weiss, Almut Jirku, Dr. Müschen (services du Sénat de Berlin), Dr. Ingo Kowarik, Klaus-Dieter Lang, Dr. Charlotta Pawlowsky-Flodell, Dr. Wilfried Ruske, Bernhard Schneider, Dr. Thiede, Dr. Lothar Rouvel, Lothar Juckel, Katherine Vanovitch, Brunnhilde Wildegans, Barbara Behrens, M. Schnauß.

Etant donné que 16 projets ont été sélectionnés mais que n'en ont été retenus que 5 seulement pour les prix et 7 pour les mentions, le jury décide d'exclure quatre projets des procédures suivantes.

Le jury au complet débat à nouveau devant les plans et les maquettes. La discussion suivante permet de dégager quatre projets que l'on prévoit d'exclure de la sélection: 01, 14, 15 et 32.
Une motion est présentée pour exclure d'abord les projets 01, 14 et 32 de l'examen.
Le résultat du scrutin est de 18 voix contre 1. Les projets 01, 14 et 32 sont donc exclus de la sélection.

Puisqu'il n'y a pas unanimité sur l'exclusion du projet 15, une motion est présentée pour confronter les projets 15, 27 et 51 et relancer le débat à leur sujet.
Après vote à 16 voix contre 3 l'exclusion du projet 27 de la suite de l'examen.

Il est décidé également que les quatre projets exclus seront classés selon l'ordre suivant comme suppléants pour la sélection: 27, 14, 01, 32.

Restent donc sélectionnés les douze projets suivants:
05, 13, 15, 18, 19, 21, 25, 36, 38, 39, 50, 51.

Le jury décide de procéder de la façon suivante pour établir le classement des oeuvres sélectionnées:
— Le classement des projets sélectionnés sera voté sur motion
— Si plusieurs projets sont proposés pour la même place, la décision sera prise à la suite d'un tour de scrutin commun aux projets concernés, chaque juré ne pouvant donner qu'une seule voix.
La décision est prise à la majorité absolue des voix des jurés. Les abstentions ne sont pas acceptées.
— Si aucun des projets présentés n'a rassemblé la majorité exigible, un autre vote aura lieu sur les projets qui auront obtenus lors du scrutin précédent le premier et le deuxième plus grand nombre de voix.
Lors de ce scrutin, la décision sera favorable au projet qui aura remporté le plus grand nombre de votes. Chacun des jurés dispose d'une seule voix, les abstentions ne sont pas acceptées.
— En cas d'égalité de plusieurs projets, le projet vainqueur sera celui que le président du jury aura choisi lors d'une procédure particulière, indépendamment de son vote au second tour.

195

Minutes of the Jury Sessions

Protokoll der Preisgerichtssitzung

sitzende des Preisgerichts unabhängig von seiner Stimmabgabe im zweiten Abstimmungsgang in einer gesonderten Feststellung entscheidet.

Um nach den langen Diskussionen ein erstes spontanes gemeinsames Meinungsbild zu erstellen, werden von allen Preisrichtern die nach Ihrer Ansicht drei wichtigsten Arbeiten benannt.

Der Antrag, diejenigen drei Arbeiten, die die meisten Stimmen auf sich vereinigt haben (13, 19 und 36) ohne weitere Diskussion auf die ersten drei Ränge zu setzen, findet keine Mehrheit (4 : 15 Stimmen).
Damit wird die Diskussion vor den Modellen fortgeführt.
Es werden die Vor- und Nachteile der Arbeiten vertieft diskutiert. Folgende Punkte werden vergleichend erörtert:
— Unter städtebaulichen Gesichtspunkten sind die Arbeiten außerordentlich gut.
— Die Realisierung der Ministerienblöcke kann schnell erfolgen.
— Zentrales Gebäude (Arbeit 19) ist nicht zu monumental, denn die Mitte der Stadt verträgt ein solches „Monument".
— Alle drei Arbeiten gehen vom Abriß des Staatsratsgebäudes aus.
— Der großflächige Abriß von Wohnbebauung ist kritisch zu sehen.
— Die Bebauung der Wallanlagen ist problematisch.

11.45 Uhr
Ulrich Roloff-Momin nimmt an der Sitzung teil.
Aus den Reihen der Jury wird der Antrag gestellt, einzelne Arbeiten, die in die Preisgruppe aufgenommen werden sollen, per Zuruf zu nennen.
Der Antrag wird mit 13 : 6 Stimmen angenommen.
Folgende Arbeiten werden vorgeschlagen: 13, 15, 18, 19, 21, 25, 36, 39, 42.

Bestimmung der Preis- und Ankaufgruppe
Nachfolgend werden Anträge gestellt, einzelne zuvor genannte Arbeiten in die Preisgruppe bzw. Ankaufsgruppe zu übernehmen.

Preisgruppe
Es wird der Antrag gestellt, die Arbeit 39 nicht in die Preisgruppe aufzunehmen (13 Stimmen für den Antrag, 6 dagegen).
Damit wird Arbeit 39 nicht in die Preisgruppe übernommen.
Arbeit 36 wird mit 12 : 7 Stimmen in die Preisgruppe aufgenommen.
Arbeit 19 wird mit 17 : 2 Stimmen in die Preisgruppe aufgenommen.
Arbeit 13 wird mit 18 : 1 Stimmen in die Preisgruppe aufgenommen.
Es wird der Antrag gestellt die Arbeit 25 in die Preisgruppe aufzunehmen. (6 Stimmen für den Antrag, 13 dagegen).
Damit wird die Arbeit 25 nicht in die Preisgruppe aufgenommen.
Arbeit 18 wird mit 12 : 7 Stimmen in die Preisgruppe aufgenommen.
Arbeit 21 wird mit 10 : 9 Stimmen in die Preisgruppe aufgenommen.
Somit werden folgende fünf Arbeit für die ersten fünf Preisränge bestimmt: 13, 18, 19, 21, 36.

Ankaufgruppe
Nachfolgend wird per Antrag und Abstimmung die Rangfolge der Ankäufe bestimmt:
Arbeit 25 wird mit 11 : 8 Stimmen in die Ankaufsgruppe aufgenommen. Sie ist zugleich erster Nachrücker.
Arbeit 42 wird mit 15 : 4 Stimmen in die Ankaufsgruppe aufgenommen.
(2. Ankauf) Arbeit 39 wird mit 12 : 7 Stimmen in die Ankaufsgruppe aufgenommen.
(3. Ankauf) Arbeit 05 wird mit 16 : 3 Stimmen in die Ankaufsgruppe aufgenommen.
(4. Ankauf) Arbeit 51 wird mit 10 : 9 Stimmen in die Ankaufsgruppe aufgenommen.
(5. Ankauf) Arbeit 15 wird mit 16 : 3 Stimmen in die Ankaufsgruppe aufgenommen.
(6. Ankauf) Arbeit 38 wird mit 16 : 3 Stimmen in die Ankaufsgruppe aufgenommen.
(7. Ankauf)

In order to form an initial spontaneous overall picture of the opinions after the long discussion, all of the jurors named the three projects they thought best.
A motion to rank the three projects which took the most votes prior to this (13, 19, and 36) in first, second, and third positions respectively without further discussion was defeated (4:15).

Thus the discussion was continued using the models. The advantages and disadvantages of each project were discussed in depth.
The following points were debated in order to make comparisons:
— In terms of urban design, the projects are extremely good.
— The execution of the ministry blocks can be done quickly.
— The central building (Project 19) is not too monumental, because the center of the city can accommodate such a "monument".
— All three projects assume the demolition of the Council of State Building.
— Extensive demolition of residential development is regarded critically.
— Development on the old fortification areas is problematic.

11:45 am
Ulrich Roloff-Momin joined the session.
A motion was put by the jury to receive motions nominating individual projects to the prize categories from the floor.
The motion was passed by 13:6.
The following projects thus became candidates for the first five prize categories: 13, 15, 18, 19, 21, 25, 36, 39, 42.

Determination of Prize and Honorable Mention Purchase Groups
Motions were placed to include specific projects from among those listed above in either the prize or purchase category groupings.

Prizes
A motion was put to remove Project 39 from the prize category (13 votes in favor, 6 against).
Thus Project 39 was not included in the prize category.
Project 36 was placed in the prize category by 12 votes to 7.
Project 19 was placed in the prize category by 17 votes to 2.
Project 13 was placed in the prize category by 18 votes to 1.
A motion was put to include Project 25 in the prize category (6 votes in favor, 13 against).
Thus Project 25 was not included in the prize category.
Project 18 was placed in the prize category by 12 votes to 7.
Project 21 was placed in the prize category by 10 votes to 9.
Thus the following five projects were placed in the first five prize categories: 13, 18, 19, 21, 36.

Honorable Mention Purchase Awards
Motions were then received and voted on to rank the honorable mention awards:
Project 25 was passed with 11 : 8 votes as the first in line to receive a prize in the event of any disqualification.
Project 42 was passed by 15 : 4 to become the second honorable mention. (Second honorable mention)
Project 39 was passed by 12 : 7 to become the third honorable mention. (Third honorable mention)
Project 05 was passed by 16 : 3 to become the fourth honorable mention. (Fourth honorable mention)
Project 51 was passed by 10 : 9 to become fifth honorable mention. (Fifth honorable mention)
Project 15 was passed by 16 : 3 to become sixth honorable mention. (Sixth honorable mention)
Project 38 was passed by 16 : 3 to become the seventh honorable mention. (Seventh honorable mention)

Pour faire ressortir un premier avis spontané malgré ces longues discussions, tous les jurés citent les trois projets qui sont à leurs yeux les plus importants.
Une motion est présentée pour demander que les trois projets ayant rassemblé le plus grand nombre de scrutins (13, 19 et 36) soient classés dans les trois premiers sans autre débat; cette motion n'a pas obtenu de majorité (4 voix sur 15).

Les débats se poursuivent alors devant les maquettes. Les avantages et inconvénients de chacun des projets sont longuement discutés. Les projets sont comparés selon les aspects suivants:
— Urbanisme: les projets sont tous excellents de ce point de vue.
— Faisabilité: les blocs des ministères peuvent être rapidement réalisés.
— Le bâtiment central (projet 19) n'est pas trop monumental, le centreville supporte un tel »monument«.
— Ces trois projets reposent sur le principe que le Conseil d'Etat (»Staatsrate) sera rasé.
— La démolition d'une grande partie des immeubles d'habitat est critiquable.
— Il est problématique de construire sur les anciennes fortifications.

11 h 45
Ulrich Roloff-Momin participe à la réunion.
Quelqu'un du jury demande de désigner par acclamation les projets à classer dans le groupe des prix.
Cette motion est acceptée par 13 voix contre 6.
Les projets suivants sont proposés:
13, 15, 18, 19, 21, 25, 36, 39, 42.

Détermination des groupes prix et des groupes des mentions
Ensuite sont déposés des motions pour classer les projets cités auparavant dans le groupe des prix ou dans le groupe des mentions.

Le groupe des prix
Une motion est déposée pour que le projet 39 ne soit pas placé dans le groupe des prix (13 voix pour la motion, 6 contre).
Le projet 39 n'est donc pas accepté dans le groupe des prix.
Le projet 36 est accepté dans le groupe des prix par 12 voix contre 7.
Le projet 19 est accepté dans le groupe des prix par 17 voix contre 2.
Le projet 13 est accepté dans le groupe des prix par 18 voix contre 1.
Une motion est déposée pour classer le projet 25 dans le groupe des prix (6 voix pour la motion, 13 contre).
Le projet 25 n'est donc pas accepté dans le groupe des prix.
Le projet 18 est accepté dans le groupe des prix par 12 voix contre 7.
Le projet 21 est accepté dans le groupe des prix par 10 voix contre 9.
En conclusion, les cinq projets suivants sont choisis pour les cinq premières places des prix: 13, 18, 19, 21, 36.

Le groupe des mentions
Ensuite, le classement des mentions est déterminé par motion et par vote.
Le projet 25 est accepté dans le groupe des mentions par 11 voix contre 8. Il est en même temps le premier suppléant pour la sélection.
Le projet 42 est accepté dans le groupe des mentions par 15 voix contre 4. (2ème mention)
Le projet 39 est accepté dans le groupe des mentions par 12 voix contre 7. (3ème mention)
Le projet 05 est accepté dans le groupe des mentions par 16 voix contre 3. (4ème mention)
Le projet 51 est accepté dans le groupe des mentions par 10 voix contre 9.
Le projet 15 est accepté dans le groupe des mentions par 16 voix contre 3. (6ème mention)
Le projet 38 est accepté dans le groupe des mentions par 16 voix contre 3. (7ème mention)

Bestimmung der ersten fünf Ränge:
Es wird der Antrag gestellt, die Arbeit 19 auf den ersten Rang zu setzen.
Es sprechen sich 12 Preisrichter dafür, 7 dagegen aus. Damit wird die Arbeit 19 auf den ersten Rang gewählt.

Die Arbeit 13 wird mit 16 : 3 Preisrichterstimmen auf den zweiten Rang gewählt.
Die Arbeit 36 wird mit 10 : 9 Preisrichterstimmen auf den dritten Rang gewählt.
Die Arbeit 18 wird mit 15 : 4 Preisrichterstimmen auf den vierten Rang gewählt.
Die Arbeit 21 wird mit 11 : 8 Preisrichterstimmen auf den fünften Rang gewählt.

Abschließend wird der Antrag gestellt, die Diskussion um die Rangfolge der Arbeiten 18 und 36 erneut aufzunehmen.
Die Mehrheit (10 : 9) unterstützt den Antrag.
Der Antrag die Rangfolge der Arbeiten 18 und 36 zu vertauschen findet jedoch keine Mehrheit (9 : 10).
Damit bleibt die ursprüngliche Rangfolge unberührt.

Der Antrag, die Preise entsprechend der zuvor bestimmten Rangfolge zu verteilen findet im Preisgericht eine Mehrheit (13 : 6 Stimmen). Damit entspricht die Rangfolge der ersten fünf Arbeiten den Preisen 1 bis 5.
Falls eine Arbeit nicht teilnahmeberechtigt ist, wird die frei-werdende Preis- oder Ankaufssumme unter den verbleiben-den prämiierten Arbeiten gleichmäßig aufgeteilt. Auch die-ser Antrag findet eine Mehrheit (12 : 7 Stimmen).

Empfehlung des Preisgerichts
Das Preisgericht empfiehlt mehrheitlich (18 : 1 Stimmen) den Auslobern, die mit dem ersten Preis ausgezeichnete Arbeit 19 zur Grundlage der weiteren städtebaulichen Bearbeitung zu machen.
Grundlage ist die schriftliche Beurteilung der Arbeit und die darin enthaltenen Kritikpunkte.

Öffnen der Verfasserumschläge
Der Preisgerichtsvorsitzende öffnet die Verfasserumschläge der 52 Wettbewerbsteilnehmer und verliest deren Namen (vgl. Teilnehmerliste).

14.45 Uhr
Entlastung der Vorprüfung
Anschließend würdigt der Vorsitzende die Arbeit der Vor-prüfung und bittet um die Entlastung der Vorprüfung. Er bedankt sich weiter bei den beiden Auslobern für die Orga-nisation des Wettbewerbs, bei den Dolmetscherinnen und besonders bei der Jury für die konzentrierte Arbeit und gibt den Vorsitz an die Auslober zurück.
Die Vertreter der Auslober, Herr von Loewenich und Sena-tor Dr. Volker Hassemer danken dem Vorsitzenden und den Jurymitgliedern und hoffen, daß das Wettbewerbsergebnis zügig umgesetzt werden kann.

15.00 Uhr
Ende der Sitzung

Determination of the top five prize rankings:
A motion was made to place Project 19 in the first rank.
12 jurors voted for, 7 against.
Thus Project 19 was selected to the first rank.

Project 13 was passed by 16 : 3 jury votes to second ranking.
Project 36 was passed by 10 : 9 jury votes to third ranking.
Projekt 18 was passed by 15 : 4 jury votes to fourth ranking.
Project 21 was passed by 11 : 8 jury votes to fifth ranking.

Following this, a motion was put to reopen discussion regarding the ranking of projects 18 and 36.
The motion was passed by a majority (10:9).
A motion to exchange the order of projects 18 and 36 was not supported, however (9:10).
Therefore the original ranking remained unchanged.

A motion to award the prizes according to the levels assigned was passed by a majority (13:6). The sequence was then adopted to award the first five projects prizes 1 through 5.
In the event that a project is not entitled to participate, the award or prize sum which becomes available shall be dis-tributed equally among the remaining entries.
This motion was also passed by a majority vote (12:7)

The jury's recommendation
By a majority vote (18:1), the jury recommended to the spon-sors that the project given first prize (19) become the basis for further urban design development.
The basis for this is the written evaluation of the project and the critical points made in it.

Opening of the envelopes
The jury chair opened the envelopes containing the identi-ties of the 52 competition participants and read out their names (see list).

2:45 pm
Formal Approval of the Preliminary Examiners's Report
In conclusion, the chair of the jury expressed appreciation for the work of the preliminary examiners and requested that they be relieved of their duties. He thanked the two sponsors for the organization of the competition, the inter-preters, and especially the jury for their concentration and efforts, and returned the chair to the sponsors. The represen-tatives of the sponsors, von Loewenich and Senator Hasse-mer, thanked the jury chair and the members of the jury, and expressed the hope that the competition results can be car-ried out with due speed.

3:00 pm
The session was closed.

Détermination des 5 premières places:
Une motion est présentée pour classer premier le projet 19;
12 jurés sont pour, 7 contre. Le projet 19 est donc choisi pour la première place.

Le projet 13 est élu par 16 voix contre 3 à la deuxième place.
Le projet 36 est élu par 10 voix contre 9 à la troisième place.
Le projet 18 est élu par 15 voix contre 4 à la quatrième place.
Le projet 21 est élu par 11 voix contre 8 à la cinquième place.

Ensuite est présentée une motion pour débattre à nouveau du classement des projets 18 et 36.
La majorité est pour (10 contre 9).
Cependant, la demande d'inverser le classement de ces projets 18 et 36 ne trouve pas de majorité (9 contre 10).
Le classement précédent est donc maintenu.

La motion visant à répartir les prix conformément au classe-ment défini précédemment réunit la majorité (13 voix contre 6). Le classement des cinq premiers projets correspond donc aux prix 1 à 5.
Si un projet devait ne pas être admis à concourir, le montant du prix ou de la mention qui serait ainsi libéré serait réparti à sommes égales les autres projets primés. Cette motion est aussi acceptée à la majorité (12 voix contre 7).

Recommandation du jury
Le jury recommande à la majorité de 18 voix contre 1 aux organisateurs que le projet primé 19 soit considéré comme base pour les travaux d'urbanisme subséquents.
Le document considéré sera l'appréciation écrite sur le pro-jet et les critiques qui y sont formulées.

Ouverture des enveloppes d'auteur
Le président du jury ouvre les enveloppes d'auteur des 52 concurrents et lit leurs noms (voir la liste des participants).

14h 45
Le quitus de la commission technique
Le président complimente alors la commission technique pour le travail qu'elle a effectué et demande son quitus. Il remercie les deux organisateurs du concours pour le bon déroulement de celui-ci, les interprètes et plus particulière-ment le jury pour leur concentration, puis cède la prési-dence aux organisateurs.
Les représentants des organisateurs du concours, Monsieur von Loewenich et le Sénateur Dr. Volker Hassemer, remer-cient le président et les membres du jury et espèrent que le résultat du concours pourra rapidement être exécuté.

15h 00
Fin de la réunion

---

01 Andreas Gottlieb Hempel; München
02 Oei + Bromberger; Fellbach
03 Peter Kroos; Berlin
04 Wolf & Partner; Berlin
05 Laurids und Manfred Ortner; Berlin
06 Klemens Gabrysch; Bielefeld
07 Frank Dörken, Volker Heise; Berlin
08 Claude Vasconi; Paris
09 Klaus Lattermann; Berlin
10 Uwe Graul; Halle
11 Ralf Lenz; Berlin
12 Klaus Brandt; Berlin
13 Krüger, Schubert, Vandreike; Berlin
14 Pietro Cefaly; Latina
15 Peter Alt und Thomas Britz; Saarbrücken
16 Alberto Munari; Bologna
17 Deubzer, König Architekten; Berlin
18 Oswald Mathias Ungers mit Stefan Vieths; Köln
19 Bernd Niebuhr; Berlin
20 CS-Plan & Partner; Berlin
21 HPP – Hentrich-Petschnigg & Partner; Berlin
22 Branislav Greiner; Berlin
23 Wolfgang Engel, Klaus Zillich; Berlin
24 Ingrid Spengler, Manfred Wiescholek; Hamburg
25 Christoph Langhof mit Thomas Hänni und Wolfgang Schäche; Berlin
26 Brunnert, Mory, Osterwalder, Vielmo; Stuttgart
27 Axel Schultes mit Charlotte Frank; Berlin
28 Robert C. Lassenius; Berlin
29 Walter Liebender + Associates; München
30 Gerd Münster, Ralf Sroka; Berlin
31 Ferdinand von Hohenzollern; Berlin
32 Gebrüder Schärli AG; Luzern
33 Determann + Martienssen; Hannover
34 Oliver Schwarz; Zürich
35 Wolfgang Henning; Stuttgart
36 Rudolf Rast; Berlin
37 Eckert, Negwer, Sommer, Suselbeek; Berlin
38 Eduard Drumm + Wolf-Rüdiger Zahn; Frankfurt am Main
39 Peter Zlonicky, Kunibert Wachten, Othmar Ebert; Dortmund
40 Wilhelm Kücker; München
41 Johann Bojer; Wien
42 Wolfgang Baltin, Thomas Bolwin, Wolfgang Müller-Hertlein, Martin Richter; Karlsruhe
43 Jerzy Grochulski, Marcin Oborski, Grzegorz Rogacki, Stanisław Stefanowicz, Marek Szeniawski; Warszawa
44 Heidrun Eppinger; Hannover
45 Jürgen Frauenfeld; Frankfurt am Main
46 Martin Schönfeldt; Berlin
47 Louis Canizares & Jacques Pe; Toulouse
48 Mauri Korkka, Kirsti Rantanen, Sari Lehtonen; Helsinki
49 Gang Fu + Qing Fei; New York
50 Henning Larsens Tegnestue; København
51 Wilhelm Holzbauer; Wien
52 Michał Owadowicz, Paweł Detko, Piotr Jurkiewicz; Warszawa

Minutes of the Jury Sessions

Teilnehmer

Ägypten / Egypt

Yasser Ahmed Fouad, Ahmed Saad Ahmed Mostafa Ibraheim, Ahmed Atef; Hossam Momen; **Cairo**

Argentinien / Argentinia / Argentina

**Marcelo P. Hanlon, Pablo E. M. Szelagowski,
Roberto Cappelli** María Elisa Sagüés, Adrián Bormape, Daniel Luis; **La Plata**
Alberto Sbarra Hernan Compagnucci, Florencia Schnack, Raul Arteca; **La Plata, Buenos Aires**
Horacio Torcello Horacio Torcello y Associates; Gonzalo Conte MacDonnel, Damián Parsons; **Buenos Aires**

Australien / Australia

Edward David Alexander; Terrigal, N. S. W.
Timothy Wright Araia; Perth
Stephen Axford und Andrew Olszewski Grazyna Olszewski und Bartosz Pisz; Phillip Hyams; **Melbourne**
Milenko Bacalja; Melbourne
Michael Bald & Associates Mark A. Smith, Paul Gray, Lynne Wolf; **Byron Bay**
Krzysztof Bieda, Peter Edgeley, Andras Kelly, Ian Briggs; Launceston, Tasmania
Roxy Binno; Wollongong East, N. S. W.
Darlene van der Breggen, Victoria Dennis, Vasilios Tsakalos; Erskineville
Carl, Rhys, Rees; DAS Corporate Ilan Zyl, Julian Malar, Bruce Cohn, Sunny Gian; **Sydney**
Ian Davidson, Fiona Nixon; Carlton, Victoria
J. Edward Glac, Guy di Domenico; Oakleigh
Patricia Gosling & Tony Kemeny Jeff Karskens, Sandra Lim, Barbara Schaffer, Paul Knox, Robert Denton; **Newtown**
Lindsay Holland; Lindsay Holland PTY Ltd. Architects; **Hawksburn, Victoria**
Graeme Kelk; North Carlton, Victoria
Doug McIntyre; Sutherland
Luke Murphy Dominique Hecq; David Potter, Ferencz Baranyay; **Melbourne**
Zvonko Orsanic, Ross Carpenter; Kensington, Victoria
Christopher Pytel Catherine Pytel; **Bentleigh, Victoria**
Gavan Reilly; Perth
Paul Ryder, Paula Valsamis, David Havercroft, Emma Williamson; Ryder Associates; **Darlinghurst**
DES SMITH Architects Des Smith, Rosanna Blacket, Bob Sinclair, Bruce Ratcliffe; **Melbourne**
Kerstin Thompson, Garth Paterson, Catherine Rush & Michael Wright; Melbourne
Konstanze Veit; Melbourne
Roger Vidler; City Architects Pty Ltd.; **Sydney**

Austria → Österreich

Belgien / Belgium / La Belgique

Wieslaw B. Bielyszew, Andrzej Dzierzawski, Andrej Skopinski; Bruxelles
Geert Blervacq, Philip van Vaerenbergh, Jan Verheyden; Bruxelles
Fuad Xavier Follebouckt; Forville
Pierre Philippart de Foy; Liège
Dirk-Bruno Heirman-Poelman Kenneth Groosman, Phillip Stein, Harald Kischlat, Bart van Leuven, Katrien Daemers, Stephan Scholz; **Merelbeke**
Andrzej Jastrzebski; Bruxelles
Lucien Kroll D. Cornélissens, B. Fasol, A. Dirkx, D. Boutsen, R. Hendriks, D. Besch, M.-B. Audollent, M.-C. Acs, Benali Rahma Landscape: S. Kroll; **Bruxelles**

Brasilien / Brazil / Brasil

Demetre Anastassakis D. Gois, H. Moraes, L. Anastassakis, A. Fiorini, A. Pedral, C. Ammon, F. Cebrian, F. Strack, L. Cooper, L. F. Freitas, M. Lando, N. Araujo, N. Crespo, S. Maia; **Rio de Janeiro**
Costabrandao – Arquitetura e Construcao Ltda. Fernando Brandao, Jaques Costa, Paulo Pereira, Marcelo Saavedra, Fernando de Almeida; **São Paulo**
Celso Pazzanese, Alvaro Puntoni Douglas Canjani, Marisa Djurdjevik, Marcos Carrilho; Leornado de Paula, Jonathan Whitley. Landscape: Renato Simbalysta; **São Paulo**
Ciro Felice Pirondi D. S. Calfa, E. Franca, F. Sendyk, J. M. de Oliveira Netto, R. M. Passaro; A. Dell'amonica, R. Gouveia de Azevedo, S. M. do Nascimento, V. B. Rantigueri, V. Elia; Carla Caffé, Davi Shermann; **São Paulo**
Abrahao Sanovicz F. Vázquez, A. Rittes Garcia, L. Carlos Chichierchio, A. Viviani, J. Antonio Seixas, Cláudia Rodriguez Cavalcanti; **São Paulo**

Bulgarien / Bulgaria / Republika Bulgarija

Dr. Abdon Eugenio Moreno Badillo Djartazanova Krassimira; **Sofia**
Todor Boulev Enterprise „BULARCHAT": Dora Doncheva, Vesselin Boulev; **Sofia**
Dr. Hristo Guentchev; Sofia
Georgi Kolarov Ivajlo Karadimov, Georgi Daskalov, Tanja Simenova; **Sofia**
Wladimir Christow Michow, Nikolai Jekow Christow; Sofia
Zdrasvko Rusev; Sofia
Emil Sardarev Igor Yankulov; **Sofia**
Petar Vassilev Savadtchiev; Sofia
Kamen Dotschev Schipkov; Sofia
Ivan Stefanov Andrej Koutchev, Tzvetanka Stefanova, Stanislav Stefanov, Assia Gospodinova; **Pleven**

Canada → Kanada

Colombia → Kolumbien

Croatia → Kroatien

Dänemark / Denmark / Danmark

Arkos Arkitekter M. A. A. I / S Arne Vejbaek, Kristiina Kesäaro Rikke Hansen, Bo Norregaard Jensen, Henrik Grube Mikkelsen, Bodil Jaeger, Jens Ravn, Niels Sigsgaard, Martin Haan; **København**
Asbjorn Hansen und Henrik Hjort Lars Oest Jacobsen; **Århus**
Scott Hollingsworth; København
Henning Larsens Tegnestue, with: J&W Bygg & Anläggning, Schweden, und J&W Jacobson & Widmark, Berlin Ulf Ericson; Peer Teglgaard Jeppesen, Louis Becker, Annika Carlson, Tanja Jordan; **København**
Stanislav Makarov; Horsens
Lene Rahbech; København

Deutschland / Germany

Jean-Marc Abcarius Klaus Hölscher, Christian Böninger, Anna Stylianakis; **Berlin**
Abeln + Skoda Hanne Detig, Simon Thamm; **Berlin**
Joao José de Abreu Vares Zain Pattie Associates, Landscape International; **Hamburg**
Hans-Peter Achatzi; Achatzi Architekten Hakah Tütühcü, Steffen de Rudder, Mirko Gabler; **Berlin**
Adelhelm + Dittmer Britta Pinz, Meta Macintosh, Otto Macintosh; **Hamburg**
E. Adrian Adrianowytsch; Karlsruhe
Rainer Ahrendt; Berlin
Bernd Albers Jan Faulhaber; **Berlin**
Peter Alt, Thomas Britz; Saarbrücken — 82
Dr. Hans-Joachim Aminde, Andreas Loweg Stefan Geiße, Ruprecht Neulinger; **Stuttgart**
Amorelli, Sembritzki, Tran Viet Sebastian Schmidt, Martina Hildebrandt; **Hamburg**
anonym – ArchitekturstudentInnen der FH Frankfurt a.M.; Frankfurt a. M.
Manfred Anthony; Berlin
Architecture Workshop Berlin Clinton Terry; **Berlin**
Lothar Arzt und Heinz Graffunder Lothar Gericke; **Berlin**
Klaus Baelser, Bernhard Schmidt, Martin Schwacke Annegret Löffler; **Berlin**
Hubert Bahl; Duisburg
Maurizio Baldassari; Berlin
Wolfram Baltin, Thomas Bolwin, Wolfgang Müller-Hertlein, Martin Richter; Wolfram Baltin & Partner; Karlsruhe — 42
Dieter Bankert; Arbeitsgemeinschaft Bankert (Dessau) und Schöne & Partner (Berlin); Dessau
Edouard Bannwart; Art + Com Dieter Dollacker, Achim Gustavus, Roef Maurer, Gerd Monath, Anne Völkel; **Berlin**
Lech Baranski, Helmut Leckscheid; Radebeul
Frank Barkow, Regine Leibinger Ellen Fortin, Michael Tingley; **Berlin**
Hilde Barz, Sibylle Kröger; Barz + Kröger Alexander Palowski; **Berlin**
O. Baum, T. Freytag, M. Leesch; Büro PAD Kirstie Stewart; **Weimar**
Götz Bellmann, Walter Böhm; Bellmann & Böhm – Architekten Lutz Mauersberger; **Berlin**
J. Berief / R. Drees, Architektur- Stadtplanung- Kommunalberatung Gudrun Walter, Alois Lompa; **Bielefeld**
Marion Bertolini und Stephan Wehmer mit Daniel Lopez; B + W Architektur Johann Glanzer; **Berlin**
Dietrich v. Beulwitz Marcus L. Andresen, Christian Rohn; **Berlin**
Horst Bidingmaier, Heinz Egenhofer, Peter Dübbers; Stuttgart
Heinz Bienefeld J. Quellmalz, F. Röger, D. Lutz; **Swisttal-Ollheim**
Dr. Harald Bodenschatz, Johannes Geisenhof; Planungsbüro Gruppe Dass; **Berlin**
Arbeitsgemeinschaft Böhm / Steinigeweg Rainer Goetsch, Sandra Domm; **Köln**
Werner Böhm Wu Gang, Karsten Böhm, Zhang Ying; **Koblenz**
Bohner + Krauß; Kirchentellinsfurt
Katrin Böning, Sean Michael Solley, Ian Fairnington; Berlin
Roland Borgwardt Angela Heisler; **Berlin**
Fritz Bornemann; Berlin
Bothe, Richter, Teherani Hermann Stegschuster, Frank Teich, Björn Meier; **Hamburg**
George Bradburn und Scott Kemp Konstanze Diefenbach; **Berlin**
Klaus Brandt Heike Brandt; **Berlin** — 170
Hans-Joachim Brandtner mit Christian Henschel D. Möller, Nikol; Peter Klose; **Berlin**
Stephan Braunfels Christian Müller, Gabriele Neidhardt; **München**
Klaus Theo Brenner Kaspar von Vegesack; **Berlin**
Architektenpartnerschaft Brunnert Mory Osterwalder Vielmo Udo Breiderhoff, Ruby Wai Tsang; **Stuttgart** — 126
I. Buchheim B. Stude; **Greifswald**
Kai Büder Manfred Menzel, Berthold Hensellek; **Köln**
Kyra Bullert Dierk Schafmeyer; **Stuttgart**

Burckhardt, Emch + Berger GmbH, Berlin und Burckhardt + Partner AG, Basel; BEB Steven Frankel, Roland Oberli, Samuel Schultze, Tom Koechlin; Robert Schmid, Atelier für Grafik u. Werbung ASG; **Berlin**
Büttner – Neumann – Braun Steffen Daum, Jens Suhren; **Berlin**
Helmuth Caesar, Guido Lambeck; **Berlin**
Hasan Cakir Clemens Strugalla; **Frankfurt a. M.**
Sergio Canton mit Angela Mensing „Workshop Team", Ferdinand von Hohenzollern, Jean-Pierre de L'Or, Alexander Plajer, Martin Weisser; **Berlin**
Alessandro Carlini, Erdmute Ae Carlini Stefano Costa Reghini; **Berlin**
Heiko Caster, Kathrin Möller; **Bremen**
Nina Chen; Berlin
Rebecca Chestnutt, Robert Niess Simão Ferreira, Anja Lübke, Monika Kaiser; **Berlin**
Jürgen Cors Imke Woelk, Martin Cors; **Uslar**
CS-Plan & Partner Christian Schwarz und Werner Teltscher, mit Christa Aue; Jasmin Turkmanovič, Wilfried Schoo; **Berlin** — 158
Bertrand Damagnez Robert Weisert, Florence Wiel, Michael Berehnts; **Frankfurt a. M.**
Thomas Darboven / Jörg Hülf Inken Witt, Hagen Borman, Dirk Möller; **Hamburg**
DEGW BERLIN GMBH Philip Tidd, William Hulbert, Lawrence Revill, Ken Baker; **Berlin**
Harald Deilmann P. Tormin, G. Bocianowski. Landscape: Georg Penker; **Düsseldorf**
Determann + Martienssen R. Grube, Futterlieb, Heinzel; **Hannover** — 142
Christiane Dettinger, Ulrike Fukas Demetris Economides; **München**
Deubzer, König Pia Ziegler; **Berlin** — 130
F. Dierks, J. Blume; Dierks & Partner Architekten, D. Bohnstedt, S. Ebenritter; **Darmstadt**
Reinhart Dittmann, Georges Maurios; Berlin
Wolfgang Döring Michael Dahmen, Elmar Joeressen; **Düsseldorf**
Frank Dörken & Dr. Volker Heise; Berlin — 96
Thomas Dreßler; Berlin
Marion Drews Thomas Ritscher, Caroline Glatzel-Poch; **Berlin**
Eduard Drumm, Wolf-Rüdiger Zahn Rainer Isensee; **Frankfurt a. M.** — 84
Max Dudler Corrado Signorotti und Esther Righetti; **Berlin**
Niclas Dünnebacke Xaviere Bouyer, Bernadette Bouyer; **Berlin**
Eckert Negwer Sommer Suselbeek Kurt Singstad, Marc-Laurent Naef, Oliver Neumann, Jorinde Behrens; **Berlin** — 112
Hartmut Eckhardt + Petra Hahn Andreas Leckert, Renate Seitz; **Darmstadt**
Wilfried Egger, Konrad Frey Onzek Ewald, Markus Otto; **Berlin**
Eller Maier Walter KG Berlin mit Alastair Gourlay (Arup Assoc., London) U. Schuster, M. Coelen; **Berlin**
Paul Elliott; Königstein im Taunus
Bruno Elmpt Rainulf Elmpt, Ruth Elmpt; **Meerbusch**
Heiko Engel, Mahmood Ramezani-Rad; Engel, Ramezani + Partner Urs Neider-Olufs, Gottfried Uhlmann, Dirk Wagner, Marit Kramer; **Berlin**
Wolfgang Engel, Klaus Zillich Stefan Kühlhorn, Fausto Machicao, Burkhard Niehaus; **Berlin** — 122
Heidrun Eppinger; Hannover — 160
Ulf Eriksson Tobias Davidson; **Berlin**
Dr. Bernd Ettel Nicholas Baker; **Berlin**
Gert Felgendreher Walter Gans, Hans Frei, Stefan Hauck, Kathleen Arthen, Werner Zimmer, Ute Felgendreher; **Berlin**
Hans-Peter Fetz Raphaela Sanner; **Berlin**
Ulrich Findeisen Matthias Wächter, Susanne Bern, Nikolaus Decker, Marcela Beucker; **Köln**
William Firebrace Sabine Kunze; **Berlin**
Fischer / Fromm Architekten BDA J. Baur, F. Schulz, St. Paulisch; Waltraud Reichardt; **Berlin**
Jean Flammang, Andrea Grond, Arbeitsgemeinschaft Flammang, Grond, Alain Linster; **Münster**
Friedhelm Flott, Dr. Heinrich Klose; Architektengemeinschaft Flott, Dr. Klose; **Kassel**
Wolfhardt Focke; Potsdam

Participants

Teilnehmer

Rainer Franke und Rainer Gebhard Heidrun Schäuffele, Susanne Bräuner, Dietmar Eichhorn, Markus Ebersold; **Karlsruhe**
Daniel Frankenstein; Berlin
Jürgen Frauenfeld; Frankfurt a. M. 164
Fromlowitz + Roemer; Berlin
Dietmar Frosch, Bernhard Karpf (Berlin und Brooklyn) Dawn Burcan; **Berlin**
Jo Frowein; Jo Frowein, Markus Löffler – Freie Architekten; **Stuttgart**
Klemens Gabrysch; Gabrysch & Partner Andrew Prosser; **Bielefeld** 102
Peter Gasteiger Rudolf Fisterwalder; **München**
Siegfried Gergs Jürgen Müller; **Stuttgart**
Martin Gerhardy Stefan Gräbener; **Berlin**
M. v. Gerkan Maren Lucht, Volkmar Sievers; **Hamburg**
Karl Friedrich Gerstenberg, Kaspar Kraemer, Rolf J. Schmiedecke, Jürgen J. K. Engel, Michael Zimmermann; KSP Architekten Thomas Rinne, Stefanie Küchenmeister, Annett Janeczko; **Berlin**
Carmen Geske, Thomas Wenzel Luis Ocanto; **Berlin**
Winfried Gladis Peter Titze, Heinrich Schmidt; **Frankfurt a. M.**
Wolfgang Göschel Joachim v. Rosenberg; **Berlin**
Werner R. Götz Ulrike Färber, Richard McLoughlin; **Berlin**
Burkhard Grashorn Prof. Dr. Peter Springer; **Oldenburg**
Uwe Graul Wolf-Rüdiger Thäder; **Halle (Saale)** 94
Branislav Greiner; Berlin 176
Ulrich Greiwe Emanuela Parma, Barbara Sargelo; **Berlin**
Ewa Grudziecka und Roman Grudziecki (Deutschland/Polen); **München**
Manfred Gründer; Gründer + Partner Berlin Thomas Gründer, Ralph Heckersbruch; **Witten**
Petra Grundmann; Fellbach
F. Guder, W. Jung, B. Hämmerli; architecten gjh; **Salzgitter**
Dieter Guttenberger; Architektur-Stadtplanung Werkgemeinschaft Guttenberger Thomas Tesmer, Thomas Betz, Christiana Kizler; **Stuttgart**
Volker v. Haas Peter M. Czekay; **Berlin**
Isabella Häring, Simone Neuhold; Häring + Zoller; **Stuttgart**
Stefan Hassenzahl, HP. Matt, Vesna Djordjevic; Werkfabrik; **Berlin**
Arbeitsgemeinschaft Simon F. Häussler, Dr. Christel Häussler; Schwäbisch Gmünd
Günther Häußer; Berlin
Jan von Havranek Josefine Thomas; **Dresden**
Hans-Dieter Hecker Sigrid Hecker, Nils Becker; **Freiburg**
Heckmann + Kristel + Jung – Freie Architekten; **Stuttgart**
Tim Heide P. Moreira, B. Nedelykoy, W. Rehn, R. Schmitz; **Berlin**
Hans Georg Heimel Matthias Heimel, Frank Staschok; **Frankfurt a. M.**
Herbert Heinke Peter A. Lehner-Breuner; **Berlin**
Heinle Wischer und Partner – Sigi Sliwinski Freie Achitekten Frank Fuhrmann, Reinhard Spät; **Berlin**
Fia Hekmat-Hoffmann; Berlin
S. Helsel, A. King, B. Webster, R. Owers A. Silver; **Berlin**
Andreas Gottlieb Hempel; München 86
Wolfgang Henning; Architekturbüro Bernd Mornhinweg, Fernando Luna Barrios; **Stuttgart** 150
Hensel Bechtloff Partner Bettina Kunst; **Hamburg**
Henze + Vahjen Martin Weißer; **Berlin**
Reimar Herbst und Martin Lang Ulrike Tschackert, Katrin Bertsch; **Berlin**
Architekten Hermann + Bosch mit Hanno Chef Claudia Zirra; **Stuttgart**
Dr. Erwin Herzberger; Gröppingen
Andreas Hierholzer; Berlin
John Hoepfner + Volker Hergenroder + Lydia Haack; Nürnberg
Ferdinand von Hohenzollern Ralph Schopen; **Berlin** 146
Rudolf Höll Kai-Uwe Harms, Stefanie Harms, Hans Krause, Silke Baumann; **Berlin**
HPP – Hentrich-Petschnigg & Partner H. Henkel, Prof. R. Thoma; G. Feldmeier, W. Keilholz, R. Baumann, B. Lautz, M. Pfeifer, J. Zillich; **Berlin** 64

Hundertmark + Ketterer, Architekten Steven Ware; **Berlin**
Klaus Huwendiek; Hamburg
Samuel C. Hyatt; Hellmuth, Obata & Kassabaum GmbH Michael J. Bennett, Susan Haug, Erich Ouwerkerk, Franz Kottmann, Anneliese Sullivan; **Berlin**
i con s B. London / München: J. P. Kellerer + M. B. Frank; **Bad Aibling**
Segjo Imeri; Berlin
Inbo Planungs- und Baumanagement GmbH Wim Westinga, Elke Bunk, David Diederix, Frans Sturkenboom; **Berlin**
Christoph Ingenhoven; Ingenhoven, Overdiek, Petzina und Partner Michael Reiß, Ekkehard John, Lothar Lühr, Bernhard Strecker, Dieter Hoffmann-Axthelm, Beate Tebartz, Landscape: WES, Prof. Hinnerk Wehberg, Michael Kaschke; **Düsseldorf**
Dirk Jabusch; Hannover
Maxi Jahn & Thor Slyngstad Clas Junghaus; **Berlin**
Philipp Jamme; Essen
Corneille F. Janssen; Obertraubling
Jentz – Popp – Wiesner; me di um Architekten Hans Müller, Till Hülsemann; **Hamburg**
Jasper Jochimsen; Berlin
Detlef Junkers M. Kathrin Zöller; **Berlin**
Klaus Josef Kaesler; Aachen
Werner Kaltenborn; Mannheim
Klaus Kammann und Eberhard Hummel Anupama Kundoo, Gilles Mercier, Abdel Rahman, A. N. Mohamed, Thomas Ludwig, Gerald Heulluy; **Berlin**
Tatjana Kan; Berlin
Günter Leopold Karrenbauer Ulrich Pauluw; **Berlin**
Peter Karsten Stefan Westfal; **Köln**
Boris Kazanski und Theresa Keilhacker Lorenzo Pompa; **Düsseldorf / Berlin**
Andreas J. Keller Sunitha Amalraj, Monika Bauer, Marion Mumhofer, Oliver Uhlig; **Frankfurt a. M.**
Christian Kennerknecht Ralf Schaf; **Berlin**
Alexander Khomiakow Joachim Werner, Jochen Jentsch; **Berlin**
Roland Kiderlen Wilkins / Proth, Klaus Brenner; **Stuttgart**
Hanspeter Klein und Wolf-Dieter Breucha (Stuttgart / Berlin) Peter Reinhardt, Henning Mayer, Ümit Serman. Landscape: Prof. Jörg Stötzer, Berlin; **Stuttgart**
Regula Klöti, Robert Haas, Brigitte Bohnen; Berlin
Thomas Klumpp Susanne Dornseifer; **Bremen**
Sitki Koca mit Martina Schnee; Planungsbüro Koca + Schnee; **München**
Christian Koch Lars Bey, Boris Scholz, Peter Kerscher; **Berlin**
Norbert Koch, Wolf-Dieter Drohn, Michael Schneider, Wolfgang Voigt; Koch + Partner, Robert Rechenauer, Jürgen Zschornack; **München**
Brigitte Kochta; München
Gerhard Köhne Uwe Köhne; **Berlin**
Peter Kolb, Henning Drinhausen Horst-Rainer Martini; Elisabeth Rosenkranz, Kai Kowalski, Jörg Schlieckmann; **Stuttgart**
Jens Könekamp Iris Blind; **Esslingen**
Dirk Korbach-Wirz Susanne Jores und Bernard Isfort, Ingmar Menzer; **Urbar / Koblenz**
Dr. Gerhard Kosel Marianna Dowgalewskaja; **Berlin**
Martin Kotzot; Büro G 2 K 2; **Stuttgart**
Ulrich Krause, Klaus Kürvers; Berlin
Matthias Krawinkel Maike Aussieker; **Köln**
R. M. Kresing Michaela Reinsch, Thomas Teepe, Norbert Stratmann; **Münster**
StadtBauplan Krieger, Greulich & Partner Architekten BDA, DWB Christian Schulz, Prof. Dr. Werner Durth; **Darmstadt**
Rob Krier Nadine Krier; **Berlin**
Peter Kroos; Berlin 90
Dr. Walter Krüger; ABK Architekturbüro Walter Krüger Kay Reißner; **Berlin**
Krüger, Schuberth, Vandreike Constanze Kutzner, Marcus Hebel, Sandra Regehr; **Berlin** 52
Wilhelm Kücker Klaus Freudenfeld, Henning Bouterwek, Nicolas Hein; **München** 154
Kühn, Bergander, Bley – Architekten; **Berlin**
Michael Lange, Kim Bartelt, Frank Steffgen; **Groß Glienicke**

200

Christoph Langhof mit Wolfgang Schäche Axel Xempers, Frank Schüler, Marc Aurel Schnabel; **Berlin** — 68
Robert C. R. Lassenius Teemu Kurkela; **Berlin** — 136
Klaus Lattermann Markus Kappes, Gustavo Ballabriga, Michael Ralph, Katharina Müller-Stüler, Grit Fichter; **Berlin** — 100
Rudolf Lechner Gregor Achatz, Martin Dahlhauser, Ulrich Lausen; **Traunstein**
Ralf Lenz Jan Hauschildt; **Berlin** — 166
Walter Liebender Associates Robert Meyer, Armin Rietzler, Timothey Wilkinson; **München** — 132
Eckhard Liebricht; Berlin
Erhardt Lindemann; L 2 Architekten; München
Armin Lipinski; Braunschweig
Zdzislaw Lipski & Jakub Wujek und Jakob Schulze-Rohr über: Architekten PRSSR Szymon Mielczarek, Roman Staszewski, Ela Wolna; **Berlin**
Walter von Lom mit Dierk Ellegiers und Bernhard Werth; Walter von Lom + Partner, Architekten BDA Christoph Lesch, Sandra Piekarski; **Köln**
Jean-Pierre de L'Or; Plajer – de L'Or Alexander Plajer, Ralph Schopen; **Berlin**
Stefan Ludes Waldemar Janotta, Sabina Grote-Schepers; **Berlin**
Eberhard Ludwig Paul Bittner, Gather, Kuntze, Richter, Lanfermann, Pfaff; Landscape: Susanne Schultz; **Düsseldorf**
Christoph Mäckler Zlatka Damianova, Susanne Widmer; **Frankfurt a. M.**
Maedebach, Redeleit & Partner Karola Höniger, Andreas Quednau, Michael Gieseke, Nicole Schiemann; **Berlin**
Helmut Maier Juha Lumme, Timo Savola, Jens Ruhe; **Berlin**
Martin + Pächter Karin Godenschweger, Simon Wacker; **Berlin**
Merete Mattern + Peter Follin + Partner + Fabian Zimmermann; Berlin
Brunhilde Meier und Jakob Lehrecke Robert Witschurke, Anna Janett; **Berlin**
J. P. Meier-Scupin; MSP; München
Erk Meinertz Sabine Wirth, Friedericke Hensch; **Berlin**
HG Merz + Agnes Held + Felix Held; Stuttgart
Jens Misiakiewicz; Frankfurt a. M.
Heinz Mohl und Karl Bauer Maria Simonetta Mohl Rodriguez, Sabrina Wilk; **Karlsruhe**
Jan Mühlendyck Christina Schmitt und Michael Berg; **Berlin**
Dr. Jörg Müller & Sylvia Scharping; Berlin
Moritz Müller und Götz Keller Josee Dionne; **Berlin**
Gerd Münster, Ralf Sroka Frank Dietrich, Karina Kondla, Franz Schommers; **Berlin** — 138
Nagler – Esefeld; SCALA Freie Architekten Stadtplaner Designer Tomac, Semmler, Rothenhöfer, Onur; **Stuttgart**
Nettbaum und Partner Architekturplanungs Gmbh Jutta Diekgers, Frank Felix, Ralph Sinz; **Berlin**
Bernd Niebuhr Kai Teutsch; **Berlin** — 48
Hermann Niederbracht Thomas Kubicka, Wolfgang Taphorn; **Braunschweig**
Vladimir Nikolic, Ferda Kolatan und Michael Viktor Müller; Nikolic und Partner Architekten; Köln
Dietrich Noack; Berlin
F. Novotny, A. Mähner, W. Nauerschnig Kress Fisher; **Berlin**
Nüchterlein / Reck; architekturstudio; Berlin
Oei + Bromberger; Fellbach — 106
Dieter Oligmüller Brigitte Vetter, Patricia Roa-Canales, Brunhilde Bergs; **Bochum**
Alan W. Organschi, Architecture Studio Elizabeth P. Gray; **Berlin**
Laurids Ortner und Manfred Ortner mit Hanns-Peter Wulf; ORTNER & ORTNER; Berlin — 78
Peter P. Pabel, Andrzey Duda, Marius Schlesiona, Henryk Zubel; Architekten P.L.P. Jan Kubec, Damian Radwanski; **Berlin**
Alexandr Pankjenin; Hamburg
Lucian Parvulscu und Dorin Stefan (Deutschland und Rumänien) Anda Stefan, Emil Rosca, Dag Bänisor; **Waiblingen**
Patzschke, Klotz und Partner Michael Matusiak, Landscape: v. Bargen; **Berlin**
Manfred G. F. Pechtold; Berlin
Markku R. Peltonen; Berlin
Dietrich Pernice und Volker Meyer zu Allendorf; Remscheid
Michael Peter, Markus Bauer und Partner Peter und Pluns; **Berlin**
Arbeitsgemeinschaft Jochen Peters, Holger Dubois, Klaus Muhler; Berlin
Martin Petrzika Sigrid Koch; **Berlin**
G. J. Pfeiffer; GJP-Bauatelier, Planungs-GmbH G. Knöss, A. Drechsel; **Wiesbaden**
H. Pfeiffer, Ch. Ellermann und Partner Nick Adomatis, Barbara Wolff, Martin Bäumker, Antonius Gleitz; **Berlin**
Gerhard Plath, Büro Offenbach; FREY-PLATH-THOMAS Planungsgemeinschaft Beuerlein und Baumgartner; **Offenbach a. M.**
Claudius Pratsch Thomas Becker, Thomas Mühlbauer; **Berlin**
Joachim Pries Sabine Kranz, Tillmann Thomsen; **Münster**
Justus Pysall + Peter Ruge; Berlin
Joachim Ramin Andrea Ulrich; **Berlin**
Rave Architekten BDA; Berlin
Horst Redlich, Christine Redlich; Berlin
Horst Reichl, Joachim Sassenscheidt; Stuttgart
Andreas Reidemeister, Joachim Gässel, Sebastian Wagner Marcelin Gow; **Berlin**
Georg Ritschl Martin Schmädeke; **Berlin**
Eike Rollenhagen, Günter Großmann, Ingeborg Rollenhagen, Eckart Krebs; München
Karl-Heinz Röpke Mikhail Belov (Moskau / München); **München**
Winfried Rosha und Hans Joachim Burow Gerald Noack; **Berlin**
Rossmann + Partner Freie Architekten BDA Johannes Kraus, Nikolaus Michel, Christine Felke; **Berlin**
Hartmut + Ingeborg Rüdiger; Braunschweig
Shaun James Russell; Berlin
Arndt Sänger; Darmstadt
Till Sattler; Architekten KSH Kaiser / Sattler / Hohlbein S. Beeck, O. Konrath, A. Leiding, D. Lopez de Quintana Beneyto, R. Wittner; **Düsseldorf**
Wolfgang Schade Charles Hartmann; **Teningen**
Klaus Schäfer; Berlin
Peter Scheck; Thalen Consult Horst Dähne; **Berlin**
ABB-Architekten Scheid, Schmidt und Partner Arch. Labsch; Statman, Kivistö; **Frankfurt a. M.**
Hanno Schmitt; Köln
Arnold Schindler; G 72 – architekt; Berlin
Gerhard Schlenzig mit Manfred Ludewig Reinhard Kühnemuth; **Berlin**
Christian Schließer Dr. Thomas Schmidt, Prof. Dr. Ulli Brehm, Dr. Brehm; **Berlin**
Arbeitsgemeinschaft Schlude + Ströhle; Böhmer, Hans-Beter Boltres, Manfred Löffler; **Stuttgart**
Dieter Schnittger mit Friedhelm Haas; Architekturbüro Schnittger Christoph Schulz, Ana Pato; **Berlin**
Rainer Scholl Thomas Huber, Stefan Neupert, Rainer Post; **Stuttgart**
Schomers, Schürmann, Stridde Michael Ravens; **Bremen**
Martin Schönfeldt Kerstin Schumacher, Martina Anders; **Berlin** — 162
Paul J. Schüler Allison Powell; **Hamburg**
Axel Schultes mit Charlotte Frank Arndt Kerber, Claudia Kromrei, Mathias Hiby, Bernhard Vogel; **Berlin** — 116
Martin Schürmeyer Maria Clarke, Roland Kuhn, Stefan Matheya, Jan, Stan; **Berlin**
Klaus Schuwerk, Andreas Mayer, Mirjam Schwabe Peter Wander; **Berlin**
Schuwirth & Erman Paul von Altrock, Peer Höcker; **Hannover**
Friedemann Schwanhäuser; Esslingen
Andreas Schwarz; Münster
Peter P. Schweger Wilhelm Meyer, Heike Schneider; **Hannover**
F. Sedlacek; F. Sedlacek + R. Dahlbender A. Nieling-Teipel; **Köln**
Peter Seidel; Arup GmbH, Ingenieure und Planer Marduk Krohn; **Berlin**
Theodor Seifert, Stefan Dobrowolski; Darmstadt
Richard Senta-Gall; München
Sven Silcher, Asmus Werner, Norbert Redante; ASW Architekten Silcher, Werner + Partner Thorsten Haun, Jutta Borgstädt-Schmitz, Herbert Denninghoff, Heiner Leiska, Peter Nehlsen; **Hamburg**

Participants

Teilnehmer

Fred Simon; Neckargemünd / Heidelberg
Sirus Ghassemi Wand A. Nowottnick; **Berlin**
Axel Spellenberg; Stuttgart
Spengler – Wiescholek, Freie Architekten Ute Schnoor, Silke Tuchtenhagen; **Hamburg**
Architekturbüro Sprengwerk Beatrix Rolling, Bernhard Sommerer; **Kassel**
Hartmut Stechow & Ulrich Tilgner Pradip Auddy, Sylvia Dykgers; **Bremen**
Claus Steffan und Erich Schneider-Wessling Werner Rotter, Christian Ducker, Huth und Heidenreich; **München**
Steinebach & Weber; Berlin
Wolfgang Steinel, Brigitte Fischer, Bernd Wippler, Liane Sommerhäuser; Berlin
Wolfgang Stockhaus; Berlin
Architektur & Städtebau Hans Thomas Stolpe Regina Schorr; **Saarbrücken**
Wolff Stottele; Lindau
Alberto Streicher; Beilingen
Christine von Strempel mit Michael Hindenburg; Berlin
Strüwing Papke Schmidt GmbH Dirk Altheimer, Nicola Denning; **Berlin**
Architekturbüro SWORA in der Architekten- und Ingenieurgesellschaft mbH Berlin G. Kunert, J. Pilz, M. Prütz, Ch. Scherzberg, Ch. Schulz, M. Stefanenko, K.-E. Swora; **Berlin**
Volker Theissen Bruno Rochaix, Roger Bollinger; **Berlin**
Cornelia Thielen Frank Zabel; **Frankfurt a. M.**
Astrid Tiemann-Petri; Stuttgart
Axel Tilch, Gisela Drexler; Riederau a. Ammersee
Ingenieurbüro Timm & Landskronagruppen Architekten, Schweden; TL ARGE Rügen Peter Broberg, Udo Timm, Ann Thulin, Dag Thulin, Marika Thell, Claes Pettersson, P-O L Lindberg, Rolf Beckman, KLAB durch Charlotte Lund; **Bergen auf Rügen**
Luis Tomé; Taller de Arquitectura Adriana Camani, Omar Hernández, Susann Roge; **Berlin**
Keith Tomlinson; Berlin
Siegfried Tschirley Carola Sigel, Frank Redecker-Christiansen; **Berlin**
Hanns Uelner Peter Abel, Frank Ende-Styra, Heike Hillekes; **Bonn**
Johannes Uhl Thomas Klingel, Andreas Lieb, Friederike Schneider, Detlev Kuhnke, Landscape: Prof. Falk Trillitsch; **Berlin**
Anton Ummenhofer Veit Kugel, Ralf Selg, Sabine Gall, Hans Hägele; **Stuttgart**
Oswald M. Ungers mit Stefan Vieths Peter Pfertner, Johannes Götz, Axel Steudel, Frank Wieschemann; **Köln**
Nadez da Nada Velimirovic; Hamburg
Dr. Hans Jürgen Voigt Werner Porzelt, Tatjana Williams; **Berlin**
Inkemar Vollenweider Johannes Brunner; **Berlin**
W & P Architekten Ingenieure; Hannover
Klaus Wachsmann Sibylle Pidun, Andrea Kirste; **Berlin**
Winfrit J. F. Wagner, Hans-Peter Voissel und Henning Kreitz Horacio Ruben Palacio; **Düsseldorf**
Alexander Ware und Markus Laubis Joanna Kuo, Uschi Schürmann; **Berlin**
Peter Weber Irmtraud Kück, Ingrid Weber-Wehner; **Bremerhaven**
Michael Weindel Dipl.-Ing. Spann, Dipl.-Ing. Weiler; **Karlsruhe**
Stefan Weiß; FABRIK No. 40 – Weiß & Partner Matthias Faust; **Berlin**
Peter Welbergen Maike Bräckerbohm, Frank Hillesheim, Gordana Smiljanic-Chikhani; **Frankfurt a. M.**
Karl-August Welp, Uwe Welp, Hendrik Welp; Bremen
Claus Wendel Michael Lieb, Rainer Hofman; **Stuttgart**
Paul Ernst Wentz Susanne Dövener, Lavorna Heimann, Henning von Bonin, Silke Kampen; **Düsseldorf**
Tobias Wenzel, Ebba Zernack; Berlin
Stefan Wewerka und Partner Prof. Dr. hc Stefan Polonyi; **Berlin**
Michael Wilkens mit Vinzenz v. Feilitzsch und Baufrösche Kassel; Baufrösche Kassel Josef Szymanski; **Kassel**
Jürgen Willen Margarete Amann, Samira Azgua; **Dreieich**
Peter L. Wilson und Julia Bolles-Wilson; Architektenbüro Bolles + Wilson; Münster
D. Windisch B. Streich, R. Sharegold; **Berlin**
Sabine Wittmann Michael Ashe; **Berlin**

202

Ingo Andreas Wolf; Berlin
Ludwig Wolf; Berlin
Thomas Wolf, Adolf Doerfler, Reinhard Stamm; Wolf & Partner; Berlin
Friederike von Wolff, Ben Huser; Konstanz
Jan A. Wolff; Karlsruhe
Gudrun Wurlitzer Simon Hubacher, Regina Kochs, Till von Rötel; **Köln**
Eunk Young Yi; Hürth-Efferen
Ralf Zander; Ettlingen
Evert van der Zee; De Weger Architekturbüro Berlin GbR Rianne Makkink und Laura Weeber; **Berlin**
Hansjürg Zeitler Ricco Johanson; **München**
Gerhardt Zickenheiner Petra Pfeiffer; **Frankfurt a. M.**
Peter Zlonicky, Kunibert Wachten, Othmar Ebert; Stadtplanung und Stadtforschung Jens Ebener, Irene Kistella-Hölters, Christoph Linscheid, Olaf Putz; **Dortmund**

114

92

76

Egypt → Ägypten

Finnland / Finland / Suomi

Jussi Aittonimi, Sami Lauritsalo, Fredrik Lindberg, Karri Liukkonen; Helsinki
Daniel Bruun, Jussi Murole; ARK. TSTO B & M Timo Vienamo, Harri Koski, Erjas Palonkoski, Pentii Murole, Andrej Sadlak, LT-Consultants; **Helsinki**
Markku Erholtz Eeva Simola, Olli-Pekka Jokela, Esa Piironen; **Helsinki**
Matti Happonen; Vantaa
Trevor Harris; Arkkitehtitoimisto Harris-Kjisik Hennu Kjisik, Hannu Tikka, Aimo Nissi; **Helsinki**
Olli Heininen und Lauri Rissanen; Porvoo
Pekka Helin Marja-Riitta Norri, Sanna-Maria Takala; **Helsinki**
Miikka Hirsimäki; Turku
Juha Hovinen; Espoo
Antti Ilveskoski; Arkkitehtitoimisto Antti Ilveskoski kommandiittiyhtiö Markku Kaila, Maija Haatainen; **Helsinki**
Jyrki Iso-Aho & Johannes von Martens Riikka Ahtikari; **Helsinki**
Olli-Pekka Jokela Kirsti Jokela, Markku Erholtz, Esa Piironen; **Helsinki**
Päivi Jukola, Jarmo Suominen Johanna Bruun; **Helsinki**
Mikko Juolahti Jari Nyman; **Helsinki**
Pirjo Kantola Eero Kantola; **Helsinki**
Olavi Koponen Marja Mikkola; **Helsinki**
Mauri Korkka, Kirsti Rantanen, Sari Lehtonen Karola Sahi; **Helsinki**
Sinikka Kouvo, Erkki Partanen; Architekturbüro Kouvo & Partanen Kati Miettinen, Henrik Lares; **Helsinki**
Olli Kumpulainen, Osmo Jaatinen; Järvenpää
Juha Leiviskä Pekka Kivisalo, Rosemarie Schnitzler; **Helsinki**
Klaus Lindh Kari Piela; **Helsinki**
Minna Lukander, Kirsi Leiman Pia Kilpinen, Ilkka Laine; **Helsinki**
Pekka Lukkaroinen, Pertti Vehreävesa; Arkkitehtitoimisto Pekka Lukkaroinen Ky; Oulu
Lasse Maaranen; Arkkitehdit Karuanoja Maaranen OY / Maaranen Eeva-Riitta Mantyniemi; **Espoo**
Petri Neuvonen Pekka Heikkinen; **Espoo**
Arbeitsgem.: Arch.-bureau a. men / Petteri Nisunen und: Arch.bureau Pertti Solla Ilro Mikkola, Tommi Grönlund, Jaakob Solla, Turo Halme; **Helsinki**
Esa Piironen Inkeri Brigatti; **Helsinki**
Lauri Sorainen, Eero Mustonen; Helsinki
Heikki Tolvanen Eeva Lähteenmäki; **Turku**
Jan Verwijnen Tuula Isohanni, Jari Mänttäri, Panu Lehtovuori; **Helsinki**
Matti Vuori, Adrien Fainsilber Tage Eriksson, Finnmap Consulting Oy; **Helsinki**

60

104

Frankreich / France

Bertrand Aublet Bogumil Serafin, ALTHÉE INTERNATIONAL SARL; **Paris**
Daniel Badani, Andréi Metulesco A. Beauchere, G. Bondon, R. Deac, A. Delarue, R. Dragan, E. Lecomte, G. Roques, A. Weygand, M. Paoli, M. Raillot, A. Pezavant, M. Derbesse, G. Trabbia, Mme Agon, J. P. Levy, Mme Laurent, Melle Cale; M. Tomov, Landscape: A. Cousseran; **Paris**
Alain Balembois Jaques Peyrard; **St.-Etienne**
Henry Barton Christopher Barton, Jeanne Tronquoy, Anne Van Den Berg; **Paris**
Marc Beri Philippe Raguin, Vincent Rey, Nelly Passelègue, Sofiane Messaoudène; **Paris**
Robert Bernard-Simonet; Paris
Patricia Chantal Bernier; Paris
Jean François Blot Blassel, Jean Lelay, Olivier Touraine Anne Lamiable, Agnes Plumet, Samuel Singer, Patricia Westerburg; **Paris**
Frederic Borel, Carola Brammen, Jean-Yves Guillemin Claire Sevaux, Massimo Mattiussi; **Paris**
Marc Bricet, Marc Julienne; S.C.P. d'Architecture Bricet-Julienne Christine Blanchard, Philippe Coudray, Nathalie Duguey, Pascal Monthule; **Montreuil**
Jacques Broquet; St. Charles la Forêt
Philippe Dubois Brunet Gérard Donati, Stephane Gueneau; **Paris**
Geert Buelens + Veerle Vanderlinden; Paris
Jean-Claude Burdese Pascal Truffaut, Gérard Engrand; **Tourcoing**
Louis Canizares & Jacques Pe Thierry Gay, Thierry Rebesco, Philippe Canizares, Denis Bergamelli, Nadia Pueck, Cathy Ichard, Marie-France Contacolli, Erich Sperling; Landscape: Jacques Duffaut; **Toulouse**
Roland Castro, Sophie Denissof; Atelier Roland Castro – Sophie Denissof Claude Boutin, Jean Michel Culas, Soraya Errais-Borges; **Paris**
Pierre Chapelon Jean-François Chaumette, Erwan Le Bail; **Paris**
Katrine Chassaing Hiram Duyvestijn; **Paris**
Marta de Cidrac; St. Germainen-Laye
Hérvé Cividino Charly Penaud, Mounia Soubra-Cividino; **Orleans**
Corrado Colombo Giorgio Miglio (Italien), Manuela Signorotti (Italien); **Flassans Sur Issole**
Mirela Constantin; Fondation Danoise Mihai Nuta; **Paris**
Radu Constantinescu Iléana Constantinescu, Christina Alexe; **Clichy**
Jaques Courbon B.E.T. E.S.T.A.I.R. T.C.E.; **Fontenay-aux-Roses**
Nigel Crawley; Rouen
Florence Curvale; Viroflay
Mike R. Dahlmanns; Marne la Vallée
Gilles Debs & Stefan Dobrev Veronique Phan, Mylene Reffuveille, Tzvetelina Dobreva; **Paris**
Bernard Dehertogh; Douai
Mitchell DeJarnett + Bradley Kligermann; DeJarnett + Kligermann Architecture + Images; Paris
Brigit DeKosmi, Franck Lavigne, Annie Kechichian; Espace SARL D'Architecture; Paris
Delfino & Domain & Schönert – D. D. S. Architects Vielberth; **Paris**
Marc Dilet Germain Adell, Marianna Antoniadou, Maciek Jurkowsky; **Paris**
Eric Drodelot Michel Debray, Yves Luby, Olivier Tric; **Nantes**
Jean Christophe Dubois; Paris
Laurent Duport & Jean-Pierre Ledieu; Paris
J. Duvert, P.-Y. Lebouc, M. Rolland, A. Vargas; TECTONIQUES (SARL); Lyon
Fabre / Speller Colette Rage, Akim Bara, Gilles Clément; **Clermont Fd.**
Geneviève Focque; Versailles
Bruno Fortier, Italo Rota Jean-Louis Cohen, Ivo Allas, Damien Cabiron, Rafael Mattar, Alexandre Ory; **Paris**
Patrick Fossey, Jean Jacques Bourlanges; Paris
A. S. A Architectes et Associés S.A.R.L.: Ivan Franic – Michel Garcin; Paris
Hervé Frossard; Nantes
Michel Galloy; Paris
Jacques Henri Gandais; Montrouge
Olivier Gerard Alejandro von Wuthenau (Mexico), Eduardo Terrazas (Mexico); **Paris**
Stephane Giordano-Raphat; Paris
Nilberto Gomes De Sousa Kamal Tilikete, Antoine Durand; **Paris**
Fabienne Guedo Thierry Dogbo, Laurent Gerbeaud, Jaakko Miettinen; **Les Lilas**
A. Gulgonen – F. Gulgonen; Paris
Franck Hammoutene, Bruno H. Vayssiere, Andréi Ferau; Paris
Alan Hennessy, Roy Adams, Massoud Pourhassan, Christian Hennuy; BDP-GROUPE SIX; Paris
Daniel Hermet Alain Chia, Jusep Herrero, Dominique Morelle, Patrick Pinel, Murielle Piriou, Eric Taveau, Roland Zipp; **Toulouse**
Claude Huertas; A. S. P. Frédéric Ruyant; **Paris**
SCP Huguet Prevost Loirat; Merignac Cedex
Véronique Joffre Hervé Basset; **Rodez**
Françoise-Helene Jourda et Gilles Perraudin; Jourda & Perraudin, Architectes Desvigne & Dalnoky; **Lyon**
Rene Kertudo, Toshio Sekiguchi; Paris
Biruta Kresling; Paris
Pierre Lafon Bertrand Franqueville, Marion Faunieres, Hervé Regnaud; **Rennes**
Denis Laming Martina Juvara, Luca Salmoiraghi, Caterina Guggiari, Gerhild Oldigs-Faure, Marc Faure; **Paris**
Pierre-Joel Lamy; St.-Junien
Bruno Le Besnerais; Gerau Conseil Jean Cescau, Bruno Le Besnerais, Philippe Avice, Ena Maxin-Jathieres, Hervé Moreau; **Paris**
Marc Le Verger; Montreuil sous Bois
Christian Leprette; Paris
Yves Lion; Paris
Hieronim Listowski; Paris
Yves Luthi Louis Ceventin, Gerard Lejeune; **Montrouge**
Paul Lutyens; Paris
Bernard Boleslaw Maga; Savigny Le Temple
Jean-Pierre Mahuzier; Nantes
Alexandre Maneval Dorothée Kopp, Christophe Valtin, Abbès Tahir; **Paris**
Jean Pierre Massenot Bouyghes; **Paris**
Jean-Marc Massot Jean-Piere Courtial, Lois De Dinechin, Brigitte Floret, Bruno Knop, Cécile Thierry, Caroline Buisson, Euro-Exe, Europe Model; **Le Crest**
Philip Mellor-Ribet & Konstanze Neuerburg; Paris
Bruno Mercier Vincenzo Cipicchia (Italien), Andreas Dalhoff (Deutschland), Anna Soave (Frankreich); **Paris**
Luca Merlini Emmanuel Ventura; **Paris**
Atelier J. J. Miel Y. Brunet; **Lagny sur Marne**
Jean-François Milou, Christophe Cuny, Olivier Netter, Marie Milou, Katharina Gerold, Patrick Thomas, Karine Foret; Studio Milou Architecture; Paris
Laurent Misson; Paris
Augustin Moreno-Ruiz; Etampes
Jean Msika Michel Retbi, Albine Vernier, Angèle Sonta, Johanna Ebertz; **Paris**
Paul Niepoort N.A.A. Nordic Ass. Architects; **St. Germain-en-Laye**
Vladislav Nikolov; Montgeron
Muriel Pages Jean-Baptiste Rigaudy; **Paris**
Oswald Paladini; Paris
Bruno Palisson Jean Luc Calligaro; **Paris**
Pierre-Alain Paquie, Benoit Brasilier; Paris
Bernard Paris; Atelier d'Architecture Bernard Paris David Summer, Jean Marc Fayel, Jean Marc Suspene, Alain Pocaud, Françoise Robin; **Vienne**
Michel Perisse Alain Fleury, Idalina Troncao; **Paris**
J. F. Perretant, A. Dos Santos, M. Bigarnet; Lyon
Virginie Picon-Lefebvre Claude Prelorenzo; **Paris**
Jaques Pierlot Arnauld Delatte, Bernard Pochon, Stéphane Torrez; Landscape: Eric Bayard; **Villeneuve d'Ascq**
Gilbert-Pierre Pignot Joseph Caspari, Claudie Jouanne; Landscape: Camille Hermand; **Paris**
Stéphane Plisson; Paris

Participants

Teilnehmer

Matthieu Poitevin; **Marseille**
Pierre Reiff; **Paris**
Christian Reitz; **Paris**
Jacques Ringuez, Agnès Gelain, Claire Midey; **Paris**
Alain Robert Fanny Hernandez, Atelier ALRO; **Paris**
Daniel Roland, Michel Etchebarne; **Bidart**
Blandine Rougon; **Paris**
Alain Sarfati und Hossein Khalilian; **Paris**
Florent Schneider; **Caen**
Jeff Schofield; **Paris**
Michel Seban und Elisabeth Douillet BABEL S.A.R.L. Gilbert Long, Bernard Mauplot; **Paris**
Jaques Sebillotte; **Nancy**
Steven Shelledy, **Boulogne**
Léonard Enea Spilimbergo; **Paris**
Séverine Stoffel Stéphane Lefebre; **Paris**
George Stoica und Traian Stafie; P.S. & T. et Associés Nathan Perl, Victoria Stafie, Andja Stoica, Susan Wood, Aleksandra Milosevic; **Paris**
Rodo Tisnado; Architecture Studio Europe Martin Robain, Jean-François Bonne, Alain Bretagnolle, René-Henri Arnaud, Gerhard Kalhöfer, Olivier Tossan; **Paris**
Roger Titus Stephane Ricout, Frederic Raymond; **Montrouge**
Pierre Tourre Christine Reinke; **Montpellier**
Cathrin Trebeljahr; **Paris**
Claude Vasconi; **Paris**
Jean-Louis Veret José Gadbois; **Montrouge**
Thierry Wiet François Laville; **Paris**
Thibault Wirz; **Bannans**
Gregoire Wroblewski Jan Mazur; **Paris**
André Wujek; **Vincennes**
Aymeric Zublena, Michel Macary; **Paris**
Vanina Zuccarelli Marie-Geneviève Lambert; **Paris**

Germany → Deutschland

Great Britain → Großbritannien

Griechenland / Greece / Helliniki Demokratia

Chi Wing Lo Caterina Betsou, Daniel Krebs, Maria Athanasiou, Uta Nusser; **Athen**
Antonis Vezyroglou Roula Kotsiani-Vezyroglou, Sotiris Papadopoulos; **Zografou-Athen**

Großbritannien / Great Britain

Ahrends Burton & Koralek Architects Peter Ahrends, Paul Drake, David Hayhurst, Landdesign Landscape Architects, Ove Arup & Partners, Civil Transportation Engineers; **London**
Sherry Bates, Antony Joyce and STS Bates Arch. Sherry Bates, Antony Joyce, Alessandro Zambelli, Gavin Redfern, Kate Foley, Desmond Cahill; **London**
Benson + Forsyth Architects J. Cannon, I. Carson, A. Henderson, J. Hutcheson, C. Winter; **London**
Gerhard H. Berger, Patrick Barnes; Broxted / Dunmow, Essex
David Black Sue Rowlands; **Hull**
Waldemar Bronitz-Czerechowski, BBCR Consultancy MRM PROJECTA GmbH & Co KG, Berlin, Louis A. Roche; **London**
Doug Clelland Isabel Aguilar; **London**
Clepsydra Design Workshops Gregoris Patsalosavvis, Toke Kharnpej, Eleni Makri, Zoyia Economou, S. H. Liew, Theodoulos Gregoriou; **London**
Creed 2+000 G.R.S. Melville, M. Dunlop, J. Sweet, R. H. Ball; **London**
Alan Charles Edward GEAL; Pleiade Associates Limited Martyn Brooks, of: Halcrow Fox, Peter Meacock; **Bristol**
Hans Guenter Eisner Christopher Paul David Eisner; **Devon**
Essex Goodman & Suggitt Limited R. Pearce; **London**

Roy Farrant; RMJM London Dtd. Chris Abell, Ben Chamberlain, Peter Flynn, Chris Way, Brian Peak; **London**
Barry Fineberg A. R. I. B. AF Paul Fineberg; **London**
Eduardo Hoyos-Saavedra; Exeter
ISP Architects Michael Stiff, Andrew Stiff, Mark Dudek; **London**
Jeffery Kipnis, Peter T. T. Kou, Arcuk; AAGDG D. Bunnag, M. Hensel, U. Koenigs, S. Mandola, T. Pellicer, S. Rastogi, C. Salter, K. Valsamidis, T. Verbes; **London**
Kohn Pedersen Fox, International Kevin P. Flanagan, David Leventhal; **London**
MacDormac, Jamieson, Prichard R. B. Bayudi, H. Brunskill, R. Langheit, F. McBride, D. Prichard, K. Whitworth; **London**
Marsden Architecture & Planning B. Marsden, A. Golzari, R. Irving, S. B. Tietz + Partners, J. Hardwick / S. Smith; **London**
Stefano de Martino Silvia Kuhle; **London**
Gordon McGregor Paul Gray; **Glasgow**
Jules Moloney & Neil Martin; London
Brian Murray; London
Liam J. O'Connor Alan Baxter, Peter Powlesland; **London**
Terence O'Rourke Terence O'Rourke, Gerald Brady, Charles Gardner, Craig Watson; **Bournemouth**
Geoffrey Powis; London
Ian Ritchie Architects Anthony Summers; **London**
George M. Russell; Wormit, Fife
S. W. Architects Miraz Ahmed, Jason Garcia Noonan, John Glew, John Southall, Wilfried Wang, Alan Penn; **London**
Robert L. Schmidt; London
Ivan Simovic Paul Simovic; **London**
Trevor Skempton Roy Daykin; **Newcastle upon Tyne**
Zoka Skorup & Braca Gakovic; London
James Stewart; London
David G. H. Waugh D. G. H. Waugh & T. S. Jamieson, P. Hill & D. W. DeJongh; **Edinburgh**
R. G. M. Webster W. A. Brogden, N. A. Lamb, F. I. B. Moffat; **Aberdeen**
Joachim Zadow; Robin Clayton Partnership; Liverpool

Hongkong

Howard Mehall Trett, Stephen Forrest; Trett & Forrest; **Hong Kong**

Hungary → Ungarn

Indien / India

Dr. Sanjay Ektate; Dattanagar, Dombivali (East)

Irland / Ireland / Eire

Noel Jonathan Brady; **Dublin**
Murray O'Laoire Ass. Architects S. O'Laoire, M. O'Carroll, R. Bingham, C. Ferry, C. FitzGerald, R. Murnaghan, V. Ducatez, T. G. Mitchell; **Dublin**
Peter Walsh; **Greystones, Wicklow**

Israel / Medinat Jisrael

Michael Azmanov – Moshe Levy; **Tel Aviv**
Zwi Huberman Baram Oren Grin Huberman; **Tel Aviv**
Avishai Ben-Abba und Alona Lifshitz Ofer Sha'ar; **Jerusalem**
Nahoum Cohen; **Tel Aviv**
B. Levy Architects Benjamin Levy, Alex Stiskyn, Jocelyne Africano, Jane Rabinovich; **Karmiel**
Gali Lichterov, Igor Lichterov, Lenka Cederbaum; **Haifa**
Dani Schwartz Amir Yuval; **Tel Aviv**
David Yanai; T.O.A.M – Architectural Planning & Research Ltd. Gadi Polity, Phalkovitz Eud; **Haifa**

Italien / Italy / Italia

Carmine Abate Enrico Primon, Mario Antonio Gabrieli, Mario Baschirotto; **Bassano del Grappa**
Renzo Agosto Enrico Capellani, Claudia Gasparini, Luigi Soramel; Landscape: Francesca Agosto; **Udine**
Gonella Amadio Claudio Baroni; **Verona**
Claudio Andreoli – Alberto Alessi; **Roma**
Mileto Attilio Elena Tosi; **Torino**
Aldo Aymonino, Franco Fiadone A. Carrozza, G. Ingrosso, G. Lecci; **Roma**
Carlo Aymonino, Maria Angelini, Gabriella Barbini, Roberto Cherubini, Alessandro Orlandi, Antonino Terranova Lauroa Iermano, Daniele Serretti, Mario Tassoni; **Roma**
Marco Baronti, Massimo Fagioli, Leonardo Latini, Ruben Lombardelli; **Firenze**
Emilio Battisti D. Vanetti, I. Bonfiglio, C. Cappa, G. Barilani, L. Cogato, P. Mistrangelo, A. Torlob, A. Da Gasso, F. Giansiracusa, M. Dall'Asta, A. Lombardo; **Milano**
Mario Bellini O. De Luca, A. Esposito, H. Hussmann, C. Malnati, V. Samarati; **Milano**
Alessandro Benevolo, Leonardo Benevolo, Luigi Benevolo, Benno Albrecht, Sergio Baiguera, Claudio Buizza, Franco Cerudelli, Guido Leoni, Ignazio Ivan Tognazzi, Mario Rossi; Studio Architetti Benevolo – Studio Associati Associati Anna Gatti, Stefano Bordoli, Mauro Paletti, Elena Pivato, Stefano Orizio, Bruno Tonelli; **Brescia**
Enrico Davide Bona P. Arbocó, M. Bresciani, C. Cicchetti, P. Cremonesi, P. Feltri, A. Femia, F. Majoli, J. M. Piaggio, A. Ricci; **Milano**
Dott. Paolo Bonatti, Dott. Nicoletta Francato; **Bolzano**
Rosaldo Bonicalzi Ezio Miele, Rosella Borsani, Daria Brasca, Paloma Barcella; **Fagnano Olona**
Dante Bonuccelli, Esteban Bravo Ovalle, Paolo Rapetti Andrea Peruffo; **Milano**
Marina Borrelli, Aldo Maria di Chio, Eduardo Borrelli; Borelli & di Chio architettura Vulcanica Marco Delli Veneri, Annamaria Parlato; **Napoli**
Jorge Manuel Brunetto Daniele Schmidt; **Roma**
Fabrizio Buccarella; Buccarella + Buccarella & Di Carlo Architetti Giorgio Buccarella, Luigi Di Carlo; **Foggia**
Piero Cadeo Chiarella Dolcetta; **Brescia**
Ruccardo Canella mit Andrea Bacialli und Giovanni Gardella; **Milano**
Alberto Caruso, Fabrizio Gellera, Elisabetta Mainardi, Walter Vicari; **Milano**
Pietro Cefaly; **Pietro Cefaly, Paola De Paolis, Patrizia Giliberti, Giorgio Muratore, Enzo Lisi, Ferruccio Bianchini; Latina**

108

Dr. Augusto Ciliani Dr. Vittorio Taravelli, Dr. Mauro Orsini, Claudio Bravi, Simona Mattioli, Michela Montanari; **Perugia**
Roberto Collová Brendan Randles, **Palermo**
Ugo Colombari, Guiseppe de Boni Isabella Mariotti, Giuseppina Rizzi; Landscape: Maria Luisa Mutschlechner, Alessandra Fassio; **Roma**
Gabriella Colucci Cesare Badaloni, Alberto Cherubini, Angela Di Benedetto, Roberto Mariotti, Massimo Martini, Patrizia Nicolosi; Aarmando Grossi, Francesco Moschini, Matteo Mariotti, Gabriele Pierluisi, Karin Robl; **Roma**
Edoardo Comoglio Bo Danilo, Annamaria Perino, Stefano Falbo; **Torino**
Dott. Stellina Occhetti Cortese Dott. Silvia Cortese, Dott. Claudio Venerucci; **Milano**
Roberto Costantini, Mara Paitowschi; **Spinea**
Massimo D'Alessandro; Massimo D'Alessandro & Associati Paolo Cestra, Laura Gallucci, Paolo Pannocchi, Elisabetta Portoghese, Susanne Schnorbusch, Sonderfachleute: Ove Arup & Partners, London; **Roma**
Maurizio d'Orsa, Lorenza Pieruzzi, Giordano Tavelli Xenia Monneret de Villard, Guglielmo Scattaro; **Milano**
Siegfried Deluег Matthias Merkelbach, Ute Oberrauch, Andreas Plank; **Sterzing**
Fabio Di Carlo und Monica Sgandurra; **Roma**
Terry Dwan Heidi Bullinga; **Milano**
Giovanni Battista Fabbri Elena Olivo, Elisa Brostot, Francesca Morini; Landscape: Jana Revedin; **Venezia**
Aldo Fantoni Giorgio Raimondi, Bernardo Marini; **Falconara**
Filippo Fantoni Francesco Fantoni, Paolo Gandolfi, Tobias Bünemann, Ademar Luìs Gonzaga Machado; **Modena**
Stefano Feriotti Stefano Albrigi, Augusto Bonfante, Franco Delaini, Maurizio Massei, Alessandro Melchiori; **Verona**
Paolo Ferraiolo; **Salerno**
Carlo Ferraro Cosimo Ricco; **Mesagne**
Giacinto Ferraro F. De Bartolo, Prof.ssa A. Ginese; **Acri**
Fabrizio Ferrero Davide Ferrero, Gert Lorber, Susanne Liese; Landscape: Giorgio Frascati; Traffic Planning: Maddalena Branca; **Torino**
Antonio Fontana; **Milano**
Gianluca Forlivesi, Enrico Benedetti – Architectes Associes; **Lugo**
Dott. Luca Forno Fabrizio Bartolomeo, Ilaria Becco, Luca Mori; **Genova**
Lesana Franco; **Conegliano**
Enrico Frigerio Stefano degli Innocenti, Maura Rossi, Stefano Manfredi, Francesco Salvagno; **Genova**
Fabrizio Galli Torsten Kasat; **Milano**
Francesco Garofalo, Sharon Yoshie Miura; **Roma**
Catia Gioia Paolo Vetere, Leonardo Serafino, Romano Maria Dellisanti, Dott. Maria Teresa Barbieri; Landscape: Raffaele D'Ascia; **Roma**
Carlo Giuliani Davide Rosa; **Venezia**
Gregotti Associati International Donato Buccella, Pino Donato, Uwe Hempfling; **Milano**
Nathalie Grenon Sergio Micheli, Roberto Lilli, Gloria Arditi; **Roma**
Sergio J. Hutter Studio di Architettura Hutter; **Torino**
Salvatore Lucio Iozzia; **Padova**
A. P. Latini, F. Bagli, L. V. Ferretti, S. Pasanisi, R. Puppio Bonifica S. p. A.; **Roma**
Filippo Laudicina Alessandro Orlandin, Michela Laudicina; **Arona**
Sergio Los Natasha F. Pulitzer, Roberto Zecchin, Elisabetta Carron, Gianluca Rosso, Laura Pinamonti; **Bassano del Grappa**
Pasquale Lovero Massimo Vianello, Andreina Mandara, Marino Chiaramonte, Luciano Eccher; **Venezia**
Giacomo Manca di Villahermosa Walter di Gneo; **Roma**
Pietro Marcozzi; **Montorio**
Vincenzo Martone; Cuomo Alberto, Ciro Roberto Ambrosino, Raffaele Cutillo, Annalisa D'Onofrio, Riccardo Ragozzino, Sergio Raucci Salvatore Galante; **Caserta**
Vittorio Maschietto Lorenzo Greppi, Giulio Vinci; **Firenze**
Stefano Mavilio, Giuseppe Todisco Prof. Claudio Ciborra, Prof. Giuseppe Miano; Fabrizio Di Marco; **Roma**
Giancarlo Mazzanti Marco Morabito, Marina Brunelli; Landscape: Shulamit Geller; **Firenze**
Andrea Mazzullo Loretto Buti, Elena Beorchia, Heico Zeitinger; **Milano**
Vittorio Mazzuccani; **Milano**
Antonio Monestiroli Chiara Negri, Raffaella Neri, Giuseppe Rossi, Giacomo Tutucci; **Milano**
Angelo Monti Dario Cazzaniga, Marco Ortalli, Diego Toluzzo; **Como**
Maurizio Moretti Riccardo Di Cosmo, Elisabetta Martinez, Giovanna Senzasono, Giovanni Pineschi; **Roma**
Mauro Moriconi und Gian Luca Terragna; **Genova**
Roberto Morisi; **Milano**
Piero Moroli Dott. Riccardo Moroli; **Roma**
Dott. Alberto Munari Dott. Giacometta Pantano; **Bologna**

152

David Palterer Norberto Medardi, Gianni Martini, Alessandra Montel, Prof. Luigi Zangheri, Yael Moria, David Sekely; **Firenze**
Sergio Pascolo Oliver Menzel, Anja Hennigs; **Milano**
Bonaretti Pellegrino Silva Agnetti, Luca Boccacci, Antonello Ferraro; **Parma**
Flaviano Perelli Cinzia Mancinelli, Silvano Suigi; **Milano**
Dott. Antonio Petrilli Dott. Sonia Garziera, Laura Bazzeri; **Como**

205

Participants

Teilnehmer

Fabio Pitoni Federico Cavalli, Andrea Teuffel, Sandro Rossi, Paolo Faraglia, Daniela Zaccagnini; **Labro**
Gianugo Polesello, Francesco Polesello, Giovanni B. Polesello; Udine
Franco Purini Marie Ferrari; Landscape: Laura Thermes; **Roma**
Livio Quaroni; Roma
Ermanno Ranzani Paolo Badetti, Marta Merlo, Cristina Magnanego, Lucia Sponza, Paola Raviolo; **Genova**
Giovanni Rebecchini Maria Cipriano, Maurizio Sarlo, Santa Caltabiano, Fabiana Rebecchini, Alberto Anticoli, Raffaele Cipriano; **Roma**
Giuseppe Rebecchini, Gianluca Frediani, Alessandro Massarente, Antonio Ravalli, Bruno Segato; Roma
Beniamino Rocca; Monza
Marco Romano, S. Colombo, S. Peca, M. Serini; Milano
Giorgio Rosental; Torino
Aldo Rossi Marco Brandolisio, Marc Kocher, Massimo Scheurer, Filippo Piattelli; **Milano**
Antonello Sado; Burolo
Dott. Marco M. Sagnelli Concetta Acquafresca, Sabrina Arosio, Dirk Cherchi; **Meda**
Stefano Sibilla, Enrico Pinna, Antonio Sibilla, Studio Sibilla Associati Giorgio Avigdor, Dott. Paolo Derchi; **Genova**
Uberto Siola Pasquale Miano, Luigi Pisciotti, Dante Rabitti; **Napoli**
Patrizio Sirtori Manuela Longoni, Ruggero Marazzi; **Milano – Cernusco sul Naviglio**
Pierluigi Spadolini, Laura Andreini, Stephan Boerries, Marco Casamonti, Adinolfo Lucchesi Palli, Adrei Perehodzev, Giovanni Polazzi, Guido Spadolini; Firenze
Marco della Torre Francesco Infussi; **Milano**
Mauro Trani Evelina Bette; **Trieste**
Gino Valle Architekten, Udine Broggi & Burckhardt Architetti Associati, Milano, Walter Hoetzel, Berlin, Paolo Pupulin, Piero Zucchi; **Milano**
Maria Veltcheva, Carmelo Baglivo, Paolo Palumbo, Corrado Sciarrini Marmo Gerardo, Marisa Mastropietro, Stefania Andrizzi; **Roma**
Giovanni Vio Paolo Ceccon; **Mestre**
Lorenzo Zamperetti; Bolzano
Luca Zevi, Spartak Bagliamaia, Graziella Carcone, Stephan Dietrich (Gruppo Dioguardi); Carlo Delle Fratte, Angelo Agostini, Massimo Mazzocchi, Giusepe Miazza; **Roma**

Japan / Nippon

Yuji Agematsu, Dept. of Architecture, Tokai University Takayuki Ibi, Kazuho Sanada, Akito Sogame, Osamu Mochizuki; **Hiratsukashi**
ARX Nobuaki Ishimaru, Takashi Yamaguchi, Hiroshi Nakanishi, Nuno Mateus, Frederic Levrat, Naohiko Hino, Kazuto Kasahara, Daiziro Takakusa; **Osaka**
Kaoru Chiba Nobuhide Tanigawa, Yoshihiro Yamane, Toru Morita, Akiko Tobu; **Kyoto**
Kunio Chikami Samuel Vasquez, Takahiro Tsurumi, Yasumasa Fukudome, Akiko Matsumo; **Kochi**
Atsushi Deguchi Kenji Yamamoto, Daizo Manabe, Hiroshi Nakano, Takeshi Sakai; **Fukuoka**
Nobuaki Furuya Students of KINKI University, Hiroshima: H. Fujii, I. Murakami, T. Aboshi, J. Okuda, H. Tawara, M. Iwata, T. Ujie, K. Obatake, H. Kobayashi, A. Sakamoto, Y. Takeishi, E. Tokunaga, R. Toyota, M. Nakano, Y. Nishimoto, N. Yakushiji; **Hiroshima**
Junichi Higashiyama, Moriya Kajiki (Chief), Kengo Koiso; Osaka
Kyugo Higuchi; Higuchi Associates Yoshihiro Kawai, Yutaka Akama (SLA Studio Land Inc.); **Tokyo**
Hideto Horiike + Urtopia Jia Inc. Futazo Zoshima, Masahiko Hayashi, Giichi Suzuki, Hiroshi Takahashi, Yoshiaki Satoh, Hideki Miura, Hidetaka Haruhara; **Tokyo**
Sadao Izumi Yoshiomi Tsuruoka, Hisao Yoshida, Shingo Sakakibara, Michiko Horie; **Tokyo**
Takahide Kamada Kazumi Ono, Hirofumi Yamanaka; **Tokyo**
Hideaki Kanayama; Yokohama
Wataru Kanbayashi S. Tei, H. Fukada, A. Ishikawa, I. Katase, H. Nishiyama, E. Yoshioka, Y. Ohshima, N. Takano, M. Ohtani, F. Imai, R. Fujimoto, S. Kumagai, M. Takeyama; **Tokyo**
Takashi Kato Y. Okuma, M. Saito, M. Komiyama, T. Shibata, H. Murooka, T. Murata, H. Tadakawa, M. Nisizuka; **Kawasaki**
Umekazu Kawagishi, Dept. of Architecture, College of Indus.Tech., Nihon University Gen Takahashi, Koki Kitano, Takanobu Kim, Katsuyuki Munesue; **Chiba**
Yoshihiro Kawai; SLA Studio Land Inc. Yutaka Akama, Kyugo Higuchi; **Tokyo**
H. Kidosaki, J. Kawamura, H. Horikoshi, T. Matsuoka; Architect 5 Partnership Constance Adams, Andreas Pässler, Magdalene Kübler; **Tokyo**
Katsuhiro Kobayashi + Kobayashi Laboratory; Tokyo Metropolitan University, Dept. of Architecture Masaji Hirayama, Yuko Kitano, Norihiko Koyama, Kaname Saitoh, Design Studio Architects; **Tokyo**
Uichi Murase Keikaku-Jimusho, Keiji Ogiso, Fujio Morita, Takatoshiy Ishiguro; **Nagoya**
Hiroshi Fukumori Nagatani Zyunichi Nakazyo, Frederick Kish, Keiko Kish; **Tokyo**
Tunakazu Nakamoto Masutanisekkei. Co, Ltd.; **Hiranumata**
Keiichi Nakayama; Kanagawaken
Kazuhiko Namba Hajime Osaki / Takumiya Architects, Masaki Endo, Takayuki Okamoto, Mikiko Fujitake, Mutsuro Sasaki; **Tokyo**
Sinya Nishimura, University of Niigata, Dept. of Architecture, Faculty of Engineering S. Ishida, M. Fujii, T. Asano, T. Hasegawa, S. Suzuki, Y. Kamiyama, Z. Bo, T. Satoh, K. Mizumo, K. Fujiki, Y. Sakamoto, S. Hiroe, Y, Chichiishi, Y. Tsugiishi, T. Ichikawa, H. Ogawa, Y. Makino; **Niigata**
Koyu Ogawa, Naruhiro Kuroshima Osamu Watanabe, Toshiyuki Nakai, Tadashi Fujishima; **Tokyo**
Hidetoshi Ohno, University of Tokyo, Dept. of Architecture, Faculty of Engineering Mitarbeiter des Ohno-Laboratory; **Tokyo**
Takayuki Okinaka Jun Murakami, Yoshio Ushigome; **Tokyo**
Yoshio Sakata; Nikken Sekkei Ltd. Masatoshi An, Satoru Otomaru, Nagamasa Nagata, Keiichiro Maeda, Hiroshi Nishimura, Masaya Aoki, Hisano Masubuchi, David W. Vaughan; Kanda Assoc. Arch., Inc.; **Tokyo**
Hisashi Seko Atsuko Seko, Hiromiti Takei, Hiroko Ishii, Miyuki Sakamoto; **Kobe**
Mashahiro Shibuya Shinya Matui, Mitiyo Yamagishi, Mikae Hirakuri; **Sapporo**
Kunisawa Shinji; Tokyo
Yukihiko So Ichiro Oishi, Junko Ishii; **Tokyo**
Ichiro Suzuki; Suzuki Studio of Architectural Design Scott Gold; **Tokyo**
Shoichi Suzuki; Mitsubish-Estate Co., Ltd.; Tokyo
Takuo Taira Alessandro Trambjoro, Kazuaki Kurihara; **Tokyo**
Shin Takamatsu Architect and Associates Shin Takamatsu, Satoshi Seki, Narihisa Hino, Kim Hong Kyun, Gen Tamada, Sheryl Barker; **Kyoto**
Minoru Takeyama Tadayoshi Numata, Taichi Seki, Hitoshi Haneji, Kiichi Tanaka; **Tokyo**
Tsukuru Takiyama; Tokyo
Toshihiko Toshima Peter A. May, Sukemasa Kabayama, Hayashi Hiroyuki, Keiko Itakura; **Chiba-Ken**
Toru Tsukida; Yokohama
Yoshiomi Tsuruoka Hisao Yoshida, Sadao Izumi, Shingo Sakakibara, Michiko Horie; **Tokyo**
Wataru Yamaguchi; Osakashi
Riken Yamamoto Rolf Ockert, Tatsui Mure; **Yokohama**
Takei Yasuhiro; Tokyo

Jugoslawien / Yugoslavia

Milutin Gec; Beograd
Luzajić Miomir Drasgoslav Marcić, Grujić Branislav; **Beograd**

Kanada / Canada

Rafel H. Aziz, John Blair; Toronto
The Boga Group Architects Ltd. Zul Boga, Ray Chan, Leo Loreco; **Calgary**
A. J. Diamond, Donald Schmitt and Company George Przybylski, Tanya Bortolotto, Jon Soules; **Toronto**
Jose I. Gil Pilar Gil, Lucas Gil, Cath. Pfeiffer; **Simcoe**
Jacek A. Gorka Joanna M. Gorka, Alexander Gorka, Anna Gorka; **Mississauga**
Dan Hanganu; Dan. S. Hanganu, Architects Thomas Schweitzer, Nathan Godlovitch, Radu Jean, Alex Touikan, Anca Hanganu, Radu Bejan; **Montreal**
Mihai Ilin; Montreal
Karp, Namisniak, Yamamoto Arch. Inc. Benny Choy, Michael Monka, Davic Dups, Stephan Namisniak; **Burlington**
Kirkland Partnership Arch. Michael Kirkland, Mark Sterling, Matthew Wilson, Steven Robinson, David Kirkland; Landscape: Robert Wright; **Toronto**
Ivan Kolev; Montreal
Jean-Claude Lebeuf; Dolbeau
Zarko Madunic Sania Toric; **Toronto**
Andrew M. Malczewski; Surrey
Stephen Mann; Warrilow Mann Architects Inc. Dennis Warrilow; **North York**
Diana Mihaela Cardas Marquis Pierre-André Marquis; **Sainte-Foy**
Blake Millar & Jim Strasman; Toronto
Milosh Pavlovicz & Pankaj Patel; Prime Architectural Consultant: Pyramid Architect Comarc Architects Ltd., Clive Clark, Robert Sampson, Terry Brown; **Toronto**
Waldemar Piasecki Dorota Wlodarczyk-Karzynska; **Montreal**
Pedro Miguel Pimentel, M. Filomena Nunes; Mississauga
Dimitri Procos, Technical University of Nova Scotia, School of Architecture Leon Katsepontes, David Quinn; **Halifax**
Scolozzi Architect Inc. & Project Planning Inc. Francesco Scolozzi, Doris Scolozzi-List, Macklin Hancock, Karl Frank; **Toronto**
Stone Kohn McQuire Vogt Architects Ken Brooks, Dan Cowling; **Toronto**
Janos Szabo Lenke Szabo; **Willowdale**
Doru Vasile Ivana Benda, Ladislau Kerekes; **Thornhill**
Radoslav Zuk Jacques Brunet, Paula Quinones, Kassra Tavakoli; **Montreal**

Kasachstan / Kazakstan

Uri G. Ratushny; Almaty

Kenia / Kenya

Dalgliesh Marshall Johnson Simon Johnson, Yusuf Ebrahim; **Nairobi**
Stanford M. Webb Vetle Jorgensen; **Nairobi**

Kolumbien / Colombia

La Sociedad de Diseno c.u.c. Ltda. Arqs. Carlos Uribe Joseph, Claudio Carreno Moreno, Sergio Carreno Moreno; **Bogota**

Korea (Süd) / Republic of Korea (South)

Sea Young Chang; Space of Korea J.-Y. Jung, S.-L. Lee, K.-S. Min, S.-H. Oh, Y.-H. Jo, P.-Y. Yoo, S.-H. Han, B.-J. Kim; **Seoul**
Youp Jaegal, Thomas Han Tae-Seok Hah, Myung-Sup Lee, Brendan Maloney; **Seoul**
Jong Kyu Kim Il kyo Jeong, Jeeun Song, Jaevon Jo; **Seoul**
Kwan Seok Kim (Artech Architects) + Kiho Kim Sunglyul Chang, Chuyoung Cha, Soyoung Park, Wonkyoung Park (Artech Associates); **Seoul**

Kroatien / Croatia

Miroslav Geng; Zagreb
Neno Kezic, Eugen Sirola; Split
Dr. Radovan Miscevic & Ljubomir Miscevic Dr. Aleksander Trumić & Ivica Rukavina, Dunja Zmikić & Visnja Peles; **Zagreb**
Sasa Randić und Idis Turato; Rijeka
Ingrid Todoric, Drazen Stimac; Zagreb

Lettland / Latvia

Edgars Berzins Silvis Grinbergs; **Riga**
Sergejs Nikiforovs, Kristians Sics; Riga

Luxemburg / Luxembourg

Steinmetz & Moreno; Luxembourg

Malaysia

Ken Yeang & Tengku Robert Hamzah Ang Chee Cheong, Laurence Liauw; **Ampang, Selangor**
Ken Yeang & Tengku Robert Hamzah Ng. En-Loong, Mark Gurney, Derek Ng. See Leng; **Ampang, Selangor**

Mexiko / Mexico

Rene Mancilla / Juan Manuel Heredia; Mexico

Niederlande / The Netherlands / Nederland

Alsemgeest & Westerwoudt Nico Alsemgeest; **Rotterdam**
Baneke, Van der Hoeven, Architekten; Amsterdam
Roy Blok & Stephen De Vrij & Sigrid F. Schulz; Amsterdam
Milos Bobic und Mirjana Milanovic; Amsterdam
J. Buijsen; Roosendaal
Van Gameren & Mastenbroek Architekten, zus. mit architektengroep loerakker rijnboutt ruijssenaars hendriks bv P. Linssen, H. Goverde, C. Weiler; **Amsterdam**
Haskoning, Königl. Ingenieur- und Architektenbüro G. Grosfeld, J. Driessen, H. Fernhout, W. Ariens, B. Schiphorst; **Nimwegen**
S. Komossa, D. C. T. van Peype B. Ladage; **Rotterdam**
Kraaijvanger, Urbis Donald Lambert, Henk Bouwman; **Rotterdam**
Marx & Steketee Architecten: M. C. Marx, A. J. Steketee, A. E. Hilberink, F. J. Havermans, G. F. Bsch; **Eindhoven**
Hans van Olphen; Amsterdam
Paul Salomons, Izak Salomons; Salomons & Salomons; Amsterdam
Kees van Santen C. K. Bos; **Noordgouwe**
Arbeitsgemeinschaft dS + V Rotterdam: J. Schrijnen, R. Bakker, R. v. Genderen u. a. Martin Aarts, Jaap v. d. Bout, Arjen Knoester, Chris van Langen, Ingrid Lübke, Karen van Vliet, Enno Zuidema; Landscape: Roel Bakker; **Rotterdam**
Joanne C. Schröder, Wilhelm Dijkema Alfred Meyers; **Zwolle**
Max van Son c/o Tauber Architecten BV Maarten Sanders; **Alkmaar**
Birgitte Verburgt, Cornelius Geiler; Amsterdam
Jan Vormer; Architektenburo Vormer Landscape: P. Blaauboer; **Alkmaar**
René Wansdronk; Wansdronk Architektuur; Amsterdam
Hüsnü Yegenoglu, Antoine van de Vijver, Ruud van Putten Elise Steilberg; **Amsterdam**

Participants

Teilnehmer

Norwegen / Norway / Norge

Arkitekgruppen CUBUS as Helge Borgen, Arne Aelen, Odd Lovset Asbjorn Andresen; **Bergen**
Per Arnt Carlsen Per Einar Saxegaard, Bard Helland; **Oslo**
Erik Dahle; **Elverum**
Wolcott B. Etienne Yolanda Sevje; **Oslo**
Dag Krogh; **Sandvika**
Sivilarkitekt MNAL Lars Oskar Ylvisaker; **Oslo**

Österreich / Austria

Claudio J. Blazica: Arbeitsgemeinsch. Blazica, Jadric, Spinael (Buenos Aires / Wien) Daria Jadric; **Wien**
Johann Bojer; **Wien** — 120
Helmut Christen Markus Dorner; **Wien**
Franz Cziharz, Dr. Dietrich Ecker, Herbert Missoni, Jörg Wallmüller; TEAM A GRAZ Thomasz Kabelis-Szostakowsky; **Graz**
Franz C. Demblin, Dr. Walter Cernek; **Wien**
Volker Giencke; **Graz**
Ernst Hoffmann; **Wien**
Wilhelm Holzbauer Dr. Michail Ljubin, Oliver Stoth; **Wien** — 80
Stefan Hübner; **Wien**
Christoph Kapeller; **Deutschlandsberg**
Paul Katzberger Karin Bily; **Perchtoldsdorf**
Franz Krenn, Werner Thönig, mit: Mathieu Lidolff (Frankreich); **Innsbruck**
Dimitris Manikas, Stephan Ferenczy, Ronald Kolbek, Lise Lind Christoph Jarder, Doris Kristandl; **Wien**
Erich Millbacher, Janz; **Mauternbach**
Polak Nikola Jadranke Kruljac; **Wien**
Hubo Potyka; **Wien**
T. Progomet, T. Prgomet, R. Clerici; **Graz**
Peter Todorov Bernhard Müllner, Eva Prost; **Wien**
Dr. Martin Treberspurg Stephan Ettl, Klaus Wailzer; **Wien**
Georg Ufermann Kollektiv „Plan & Arbeit": Peter Donner, Herbert Kauer, Georg Ufermann; **Wien**
Milko Volaric (Kroatien) über: Architekt Zehethofer; **Wien**
Manfred Wickenhauser; **Graz**

Pakistan

Badar-Us-Saqib Ali Khan M. M. Rashid, Nasir Ali Khan, Shaturgun Kateja; **Karachi**
Misbahuddin Najmi Taqi M. Khan, Faisal Butt, Darius Shroff, Ali Hassan; Khurram Shoro, Rakesh Kumar; **Karachi**
Riaz, Ur, Rehman, Khan, Rehman Sohail & Associates Abdul Waqar; **Gulberg Lahore**

Peru

Luis Delgado Syra Alvarez, Carolina Castillo, Roberto Morimoto; **Lima**

Polen / Poland / Polska

Jan M. Chmielewski, Andrzej Gawlikowski Ewa Grochowska; **Warszawa**
Konrad Chmielewski Jacek Marzan, Tomasz Pisarski; **Warszawa**
Grzegorz Chodkowski, Sławomir Gzell; **Warszawa**
Aleksander Chylak, Krystyna Gruszecka, Roman Wrzosek; **Warszawa**
Studio DEM Małgorzata Cichocka, Lech Mill, Piotr Zarzycki, Rafal Witkowski, Wiktor Wolański, Elzbieta Grzesik; **Warszawa**
Jerzy Grochulski, Marcin Oborski, Grzegorz Rogacki, Stanisław Stefanowicz, Marek Szeniawski; **Warszawa** — 156
Krzysztof Kobielski; **Wrocław**
E. Kotwica, Z. Sawicki, K. Giemza, A. Hajdorowicz; Exbud 1 GmbH. Design Department; **Kielce**
Jerzy Kuzmienko, Beata Beitman-Kuzmienko Adam Suflinski; **Warszawa**
Romuald Loegler, Michał Szymanowski; Atelier Loegler i Partnerzy Ewa Burkot, Arkadiusz Miśwewicz, Dariusz Barszczewski, Piotr Madej, Anita Orchowska; **Kraków**
Tomasz Mankowski, Institute of Architectural Design, Cracow University of Technology Paweł Koperski, Piotr Wróbel; **Kraków**
Elzbieta Muszynska, Krzysztof Muszynski; **Łódź**
Michał Owadowicz, Paweł Detko, Piotr Jurkiewicz
Anna Bazarnik-Kozlowska; **Warszawa** — 128
Bogdan Ratajczak Jerzy Wilk; **Leszno**
Wieslawa Strabel, Dr. Jacek Włodarczyk ARCH & URBS, Architektoniczno-Urbanistyczna; **Katowice**
Igor Zbigniew Strzok; **Studio Projektowe**; **Gdańsk**

Portugal

Luiz Cunha Büro Luiz Cunha e Domingos Avila Gomez; **Lisboa**
Nuno Duarte Felix, Rita Santos Dias, Mafalda Cancado de Carvalho; **Lisboa**
ARX Portugal: Nuno M. Mateus, José P. Mateus Justin Korhammer, Alexandra Niargaca, Rui Tapadinhas, Carlos Ribeiro, Luis Cabral, Tiago Abecassis, Antonio Macedo; **Lisboa**
José Paulo dos Santos Barbara Hoidn, António José Teixeira; **Porto**

Rumänien / Rumania / România

Alexandru Beldiman Doina Butica, Moise Mathe, Cosmin Chirvase, Andrei Multescu; **București**
Constantin Caraene; **Buzau**
Jurov Cosma Apecim; **București**
Ionescu Radu; **Craiova**

Saudi-Arabien / Saudi Arabia

Kareem Alsaleh Dr. Faisal Mugarak; **Riyadh**
Abdelmohsen M. Farahat, SED, Faculty of Engineering, King Abdulaziz University; **Jeddah**

Schweden / Sweden / Sverige

Hans Asplund; **Lund**
Gerhard Goehle, Eckart Sternkopf; **Göteborg**
Jan Henriksson; Jan Henriksson Arkitektkontor AB; **Stockholm**
Björn Karlsson; ANOVA arkitekter AB; **Stockholm**
Zoltan Kiss; **Malmö**
Kristoff Kozikowski, Lars Östling; Danielson arkitekter ab; **Stockholm**
Arbeitsgemeinschaft: Lange Art Arkitektkontor AB, Fritz Lange; G. Martinsson, Rudi Britting Mireille Sandström, Agneta Sallstedt, Helena Andersson; **Stockholm**
Bo Larrson, Vlade Naumovski; Plan och Byggnadskonst I Lund AB Kiran Maini Gerhardsson; **Lund**
Leif Larson und Ib Särnö; Särnö Arkitektkontor HB; **Stockholm**
Günter von Lienen und Ebba von Lienen; von Lienen Arkitektkontor AB; **Lidingö**
Olof Lövemark; **Linköping**
Jan Mizerski; **Stockholm**
ORIGO ARKITEKTER AB Jan Borek, Anders Kalen, Bertil Schröder; **Stockholm**
Alexis Pontvik Felix Gimenez, Dag Johansen; **Stockholm**
Ritkammaren Arkitekter AB durch: Ann-Christin Böök Kindt, Claus Kindt, Roger Stigsson, Jan Wittström; **Lund**
Rodel, Ingalill, Martin Stintzing; **Johanneshov**

Schweiz / Switzerland

ACAU-Atelier Coopératif d'Architecture et d'Urbanisme
Jean-Piere Dellenbach, Denis Dubois-Ferriere, Pierre-Alain Favre, Roger Gaulis, Nadine Iten, Michel Rey; **Carouge (Genève)**
Arnold Amsler, Vrendli Amsler Silke Hopf, Cornelius Schumacher; **Winterthur**
Elias Balzani; Institut für Architektur und Bautechnologie AG Mirelle Vogel; **Brig**
Angelo Bianchi, Charles De Ry, Bianchi Angelo Studio d' architettura SA; Agno
Katrin Binggeli, Bernhard Suter, Hans Wahlen, Suter + Partner Anna Suter, Renate Leu, Emmerich Seibel; **Bern**
Regula Bonomo M. Müller; **Zürich**
Giovanni Buzzi, Marco Kraehenbuehl, Paolo Rossi; BKR S. A. Studio di Pianificazione Urbanistica e Territoriale Raffaella Macaluso, Renzo Bagutti, Edy Zarro, Stefano Wagner, Paola Pronini; **Lugano-Massagno**
Bertrand F. Chevalley; Viganello
Bruno Clerici Martin Widmer, Urs Mäder; **St. Gallen**
Architekturbüro Cristuzzi AG Jens Fankhänel; **Widnau**
Atelier d'architecture D. Demetriades & D. Papadaniel Pierre Keller, Isabelle Fischer, Régine Lenherr, Tonino Di Giacomo, Anh-Chau Ho; **Lausanne**
Jean-Pierre Dürig und Philippe Rämi Carmen Campana, Raffaella Taddei; **Zürich**
Urs Esposito Sara Müller; **Zürich**
Marcel Ferrier Janine Vogelsang; **St. Gallen**
Anne-Marie Fischer, Reto Visini; Fischer + Visini; Zürich
Francis HSU Architects M. Roethlisberger; **Zürich**
Ervin Y. Galantay, Urban Design Chair, Swiss Federal Inst. of Tecnology Lausanne; Gerhard Loosli; Lausanne
Bruno Gerosa; Zürich
Gerber + Hungerbühler; Zürich
Arbeitsgem.: H. Gies, H. Huber, J. Jansen, H. J. Wittwer; Basel
Jean Gérard Giorla, Mona Trautmann Vincent Degen; **Sierre Ernst Gisel** Leo Schweitzer; **Zürich**
Groupe H Bureau d'Etudes Intégrales SA H. Dessimoz, B. Corbaz, P. Carrara, F. Legeret, P.-A. Dessimoz, E. Sauthier, J. Scholer, G. Popovic, I. Mugnier, A. Armino, A. Calabrese; **Meyrin-Geneve**
Cedric Guhl; c/o Guhl + Partner AG Architekten; Zürich
Bru Gurtner; Architektur & Gestaltung 63; Basel
Hans Gutscher; Preverenges
Robert Hartmann Martin Rufer; **Biel**
Urs Hilpertshauser Stefan Reimann; **Hinwil**
Walter Imbach und Partner Samuel Imbach; **Luzern**
Martin und Monika Jauch-Stolz; Luzern
Max Keller Studios mit Mark Burkhard Britta Roth; Landscape: Toni Raymann; Traffic Planning: Oscar Merlo; **Zürich**
Martin Klopfstein; Biel
Werner Kreis, Ulrich Schaad, Peter Schaad; Zürich
Joerg Kriebel; Atelier am Waidfußweg; Zürich
Bruno Krucker, Thomas von Ballmoos; Zürich
Enrico Kyburz; Zürich
Rolf Alexander Lüscher + Conz. von Gemmingen; ProArch. Interdisziplinäre Arbeitsgemeinschaft für Architektur, Städtebau und Raumgestaltung; Zürich
Radu Manaila + Nicolas Totescot; Zürich
Daniele Marques + Bruno Zurkirchen; Marques-Zurkirchen AG; Luzern
Philippe Meier; Genève
Giovanni Pietro Melchiori Felix Nagy, Christian Schoch, Loretta Melchiori-Spagnol, Carlo Marinolli, Evelina Melchiori, Tiziano De Petris, Mariella Fassardi, Maurizio Spagnol, Maria Carusone; **St. Gallen**
Daniel Minder; Zürich
Raphael Müller, Yassir Osman Michele Srendelmeier; **Zürich**
Jura Oplatek Architekt SIA (Vischer + Oplatek Architekten Nachfolgebüro) Zdenek Trefil; **Basel**
Rudolf Rast Rolf Schlup, Heinz Brügger; **Bern**

56

Jean-Lou Rivier Laurent Rivier, Nadinne Bosshard, Eric Raffin; **Corseaux**
Gebr. Schärli AG Stefan Schärli, Alois Arquint, Thomas Waser; **Luzern**
A. Scheiwiller & M. Oppliger; Basel
Sylvia + Kurt Schenk Architekten Emil Bischoff, Peter Bögli, Stefan Lengen, Ulrich Maurer, Daniel Meyer, Leonie Moser, Stefan Portner, Beatrice Straub, Lisa Wehrlin; **Bern**
Ernst Schumacher; Mose Mägerle Schumacher Partner Architekten AG Tatjana Zwyssig; **Zürich**
Centré Européen de la recherche continue: Lucas Schwarz Dani Kütt; **Zürich**
Oliver Schwarz; Zürich
Ulrich Stucky; Ulrich Stucky + Partner, Architektur- und Planungsbüro Kurt Burkhalter; **Bern**
Ron D. Szypura Donovasn Szypura, Benno Tobler, Reto Lanker, Simon Roettig, Rita Tobler; **St. Gallen**
Raymond Theler, Diego Clausen; Archaos Architekten Christof Wyer, Beni Stukky, Ruedi Bischoff, Elvire Allenbach, Lars Henning; **Brig**
Dr. Alexandre Trumic Prof. Dr. Nikola Filipovic, Prof. Dr. Branko Kienzel, Christian Bernardini, Anne Rado, Jasmine Spaho, Fabrice Strobino; OECO-PLAN; HELIOGRAPHIES MODERNES; **Lausanne**
Antoine Wasserfallen; Lausanne
Weber Kohler Reinhardt Architekten AG Armand Sylviane; **Zug**
Christina Wepfer Daniela Bernardi; **Zollikerberg**
Tomaso Zanoni & Brigitte Zanoni; Zanoni Architekten Barbara Holzer, Stephanie M. Schafroth; **Zürich**

144

168

Singapur / Singapore / Singapura

Architect Consortium International Poon Kein Hoon, Alvin Chong Fool Kiong / Jhon Low Jhon Teck, Evelyn Lim Yoke Ling; **Singapore**
Chin Siew Gim, Kaio Ariizumi S. G. Chin & Assoc., Task-Architects & Group, Masayuki Abe, Manuelito Vicencio, Patricia Pang; **Singapore**
Dr. Peter André Wyss; Singapore

209

Slowakei / Slovakia

Roman Barna, Irakli Eristavi, Boris Hrban, Marián Zervan, L'ubomir Ondrejka; LABYRINT; Trencín
Michal Hanuscak Stanislav Fekete; **Bratislava**

Slowenien / Slovenia

Boran Hrelja; Nova Gorica
Vojteh Ravnikar Marusa Zorec, Robert Potokar; **Ljubljana**

Spanien / Spain / España

Francisco Javier Aguilar Sonia de Miguel, Joan Llobet; **Barcelona**
Aranda, Pigem, Vilalta, Arquitectes Associats Maria Tàpies, Antonio Sáez; **Olot (Girona)**
Andreu Arriola & Carme Fiol Xavier Arriola, Jane Opher; **Barcelona**
Jaume Bach; Jaume Bach & Gabriel Mora M. Parés, J. Pallàs, J. A. Mancineiras, C. Folch, J. P. Lutz, D. Ribas, Frederic Miralles; **Barcelona**
Victor Brosa; Barcelona
Eduard Bru, Jaume Arbona, Toni Balague Neus Lacomba, Anna Arbona, Mar Reventos, Jordi Mercader, Elisabeth Palmer; **Barcelona**
Juan Bautista Llacer Camacho Pablo Alario Poza, Miguel Angel Rodriguez Martinez, Jose Ignacio Iglesias Franco, Victor Arguello, Richardo Merino Diez, Carlos Bonillo Blanco,

Participants

Teilnehmer

Pilar Centeno Garcia; Valencia
Andres Canovas, Nicolas Maruri, Atxu Amann
Ignacio Perez Eguiargay; **Madrid**
Javier Cenicacelaya & Inigo Salona Xaber Ouro, Ramón Diaz, Eduardo Cordero, Ramiro Higuera, Javier Velasquez, Javier Ibarrola; **Bilbao**
Oriol Clos; Barcelona
Eliana Crubellati; Barcelona
Francisco José Domouso de Alba Antonio Miranda, Emilio Rodriguez, Gines Garrido, Rita Gasalla; **Madrid**
Emilio Donato Uwe Geest, Miguel Jimenez, Willy Müller, Ole Thorson, Luis Iglesias; **Barcelona**
Espinet / Ubach Europrojekt Planungsbüro GmbH Berlin, Otto Mohr, Christine Aubry, Josep Paramon; Landscape: M. Colomines; **Barcelona**
Luis Bravo Farré, Gustavo Conte-Pomi, Claudio Manzoni; Barcelona
Luis Alegre Heitzmann & Lluis Lloveras Lleal Landscape: Miquel Albos Colombier, Cotca, S. A. Structural; **Barcelona**
Jordi Henrich Lluis A. Dominguez, Francesc Morros, Patricia Trilla; **Barcelona**
Gerardo Ayala Hernandez Enrique Alvarez-Sala, Cesar Ruiz-Larrea, Carlos Rubio Carvajal, Conception Calvo, Javier Bregante, Javier Sanjuan, F. de Mier, N. García-Yanes, C. Arranz, F. Rica, R. Cárcamo, V. Arenas, V. Díez, Ignacio Rubio Carvajal; **Las Rozas**
Teresa Junge, Francisco Lopez-Nieto; Madrid
Carlos Ferrater Lambarri Luis Félix Arranz, Isabela de Renteria, Elena Fernandez Salas, Josep María Montaner, José María Valero; **Barcelona**
Ricardo Sanchez Lampreave Eva Martin Moreno, Cesar Moreno Moreno, Juan Pablo Lopez Fernandez; **Madrid**
Jose Antonio Martinez Lapena, Elias Torres Tur, Miguel Usandizaga Calparsoro Inaki Alday, Marisa Garcia, Kathy Lindstrom, Fina Royo, Sebastia Pieras; **Barcelona**
Jaime Prior Llombart Juan Fernendo Zaragoza Beltran, Javier Rius Tur; **Nules (Castellon)**
Albert Llorens, Xavier Solà, Faust d'Ager; 6 + 1 Arquitectes; Barcelona
Enric Miralles B. Tagliabue, J. Artigue; Prat, Flores, Artigue, Bomasa; **Barcelona**
Enrique Colomes Montanes, Gonzalo Moure Lorenzo Myriam Pascual Lujan, Sara Torres Vega, Alberto Rodriguez de Paz, Sonia Arribas Martin, Jose Ramirez, Barbara Hämmerle López-Francos; **Madrid**
Joaquim Padro Roberto Ferreira Maina, Guillermo Gallego, Joaquim Padro Pascual; **Barcelona**
Granados Sagrera Pau; Barcelona
Xavier Goma Presas Pancho Ayguavives Garnica; **Barcelona**
Josep Alio Ràdua – Francesc Santacana Portella; Reus
Dr. Fernando Ramon Olivo Ramon; **Madrid**
Carme Ribas, Pere Joan Ravetllat T. Sole, J. Villaronga, J. Tarraso, J. Tous; **Barcelona**
Rafael Vila Rodriguez Franc Saló Tejedor; **Barcelona**
Eduardo Rodriguez-Villaescusa; Barcelona
Enrique Sobejano, Fuensanta Nieto Oscar Rueda, Ma. Jose Pizarro, Javier Rodriguez, Gonzalo Riesco; **Madrid**
Luis Tena Ramon Garitano, Jin Taira; **Pamplona**
Margarita Costa Trost, Josep Riera Malaret, Jordi Solé Ràfols; Barcelona
Tusquets, Diaz & Assoc., TDA arquitectura Oscar Tusquets, Xavier Sust, Carles Diaz, Clemente Garay, Monica Hernandez, Bet Figueras, Pierre Arnaud, Jesus Jimenez; **Barcelona**
Gustavo Barba Villarraza; Barcelona
Antoni Poch Vives, Jordi Moliner Salinas Gracia Borrell Sola; **Badalona (Barcelona)**
Jose Maria Gorgas Vives Ilona Conradt, Mar Moreu, Daniel Gorina, Francisco Ojeda, Birgit Walter, Mercedes Zazurca, José Casanovas, Jaime Duro; **Barcelona**

Taiwan

Chueng Chu; Taipei

Türkei / Turkey

Tuncer Cakmakli; Istanbul
Hasan Özbay, Baran Idil, Tamer Basbug Akin Taskiran, Arife Özcelik; **Ankara**

Ungarn / Hungary

József Kocsis Alföldi György, Szalai András, Kocsis Barna, Petényi Zsuzsanna, Osváth Gábor; **Szentendre Fö Tér**
Peter Magyar, Pennsylvania State University, Antal Lázár, A&D Studio AG., Ungarn György Hild, György Stocker; **Budapest**

USA

Parviz F. Afnan John Harding, Chris Kaskanis; **New York, NY**
Douglas E. Aldridge Scott E. Magers; **Dallas, TX**
W. A. Altmann Hans Graeder, Eva Altmann; **Hollywood, CA**
Amy Anderson; New York NY
Architectural Alliance William B. Bricken und Dean J. Almy, Bonnie Greenspoon, Laura Church, Scott Engstrom, Amy Finlayson, Charles Yoo; Martin Schwartz; **Ann Arbor, MI**
Michael Barratt of: John M. Y. Lee / Michael Timchula Architects Heng-Choong Leong; **New York, NY**
Dr. Vladimir Bazjanac, Srećko F. Diminić Max A. Crom, Stjepan S. Hlaća; **Berkeley, CA**
Tadeusz Berezowski Dan Shannon; **New York, NY**
Scott Bernhard + Javier Navarro-Alemany; New Orleans, LA
John Biord; Holmes Biord Architects Peter Buffington, Michele Borowski, Leonard Cox, Hardy Nieto, Patrick Gavin, Maureen Dombek, Tyler Holmes; **Eureka, CA**
Kenneth E. Bishop; Berkeley, CA
J. Max Bond, Steven Davis, Partners; Davis, Brody & Ass. D. Brody, C. Grabe, W. Hanway, C. Krebs, S. Lee, F. Michielli, D. Nicoulin, M. Wyetzner; **New York, NY**
Roger Owen Boyer, Hartmut H. Gerdes; Richmond, CA
Gerardo Brown-Manrique; Oxford, OH
Peter Caradonna Ana Topolovec; **New York, NY**
Sui-Sheng Chang; Chicago, IL
Karl S. Chu (X KAVYA) Norman Mattson, William Moline, Constantine Trigonis; **Los Angeles, CA**
Paul Cianelli, Peter Foster, Byron Manchester, Kevin Miller, Jerome Scott, Scott A. Watson; Archètype; Columbus, OH
John Clagett Lars Langberg, C. Gregory Walsh, Jeffrey Padia, Christopher Shelton, Ken Wood; **Oakland, CA**
John Thomas Coffey; Philadelphia, PA
Richard Dagenhart, College of Architecture, Georgia Inst. of Technology J. Banerjee, J. Bealle, T. Cohen, N. Frazer, R. Friedman, F. Montiel. R. Pulliam, L. Yueh; **Atlanta, GA**
Thomas K. Davis, Marleen Davis; Syracuse, NY
George Dickie Iain Dickie, Ron Sill; **State College, PA**
George Dolgy; Alexander Yarovoy Irina Dolgy, Mark Lishansky; **Philadelphia, PA**
Uwe Drost Jeffrey Grimes, Thomas Cha, Kristine D. Kowalczyk, Barry Wagner; Interface Multimedia Inc.; **Hyattsville, MD**
Joseph Ehardt, JR; Jacksonville, FLA
Gabriel C. Feld; Cambridge, MA
15.15 Architects (Rand M. Eardley, AIA) Tom Hootman, John Gates, Steve Simmons, Hank Louis; **Park City, UT**
Dennis Michael Findley Architects; McLean, VA
Antonio Fiol-Silva; Cambridge, MA
Fredenburgh Wegierska-Mutin Architects Harold Fredenburgh, Anna Wegierska-Mutin; Harry Toung; **New York, NY**
Gang Fu + Qing Fei; New York, NY
Mario Gandelsonas Tom Fechtner, Jasmit Singh Rangr, Cameron Wu; **New York, NY**

James Garrison, Raymond Beeler, Robert Siegel
Nandinee Phookan, Werner Franz; **New York, NY**
Robert Geddes; Princeton NJ
Donald Genasci & Omid Mararabshahi
Cholthicha Kuljanyavivat, Ming Wu; **Portland, OR**
Werner Goehner; Ithaca, NY
Arthur Golding & Associates Felix Ang, Sarah Didvar-Saadi,
Peter M. Mitsakos AIA, Paul Tang; **Los Angeles, CA**
Bruce S. Graham und Debra L. Coleman; Westport, CT
**Marvin Hatami, New College of Architecture and Planning,
University of Colorado at Denver; Denver, CO**
Michael Heinrich; Lakewood, CA
Erik M. Hemingway mit Marc Wieland Alexander Chun,
Wael Hamzeh, Kat Guevara, and Sheri Olson; **San Francisco, CA**
Kevin J. Hinders John von Bentham; **Champaign, IL**
**Estelle Carley Jackson; Estelle Jackson Associates
Incorporated; Boston, MA**
Helmut Jahn; Murphy / Jahn Inc. Richard Drinkwater,
John Durbrow; **Chicago, IL**
Robert James; New York, NY
Carl Karas Elodie Lauten; **Albuquerque, NM**
Katherine Keane Jonathan Sinagub; **Reston, VA**
Zbigniew Konofalski; Redmond, WA
Peter Kormer, Nadine Nackasha; New York, NY
Thomas Leeser, Renato Rizzi (New York und Roverto/Turin)
Ching-Wen Lin, Franco Alloca; **New York, NY**
**Oscar E. Leidenfrost, AIA, President; Leidenfrost / Horowitz &
Associates** Lucy Padilla, Jairo Toro, Luke Tan / Project Liasion;
Glendale, CA
Dirk Lohan; Lohan Associates Matthias Hedinger,
Randall Deutsch; **Chicago, IL**
Emanuela Frattini Magnusson Carl Magnusson, Scott Karr,
Mark Richards, Paul Osborne, Albert Pfeiffer; **New York, NY**
Mesch Engineering, P. C. Edward W. Falsetti,
Janusz L. Walenczak, Millie Walenczak; **Lockport, NY**
Jun Murakami Takayuki Okinmaka, Yoshio Ushigome,
Catherine C. Morrison; **New York, NY**
Dr. Hajo Neis Andrew Johnston, Sn Ingmam, Charles Han,
Bob Walsh; **Berkeley, CA**
**Lorenzo Pagnamenta, Anna Torriani; Pagnamenta Torriani –
Architects Planners; New York, NY**
Stephanie Reich; Venice, CA
Miguel Rosales und Etty Padmodipoetro; Boston, MA
F. Thomas Schmitt Edward Tachibana, Irvin Glassman;
Brooklyn, NY
Charles I. Scott; Roseville, MN
Xiaobai S. She Sijue Wan, Beibei She; **Cincinnati, OH**
Daniel Mattew Silvernail; Santa Cruz, CA
Michael Sorkin Studio John Young; Douglas Bergert, Andrei Vovk,
Carolien Ligtenberg; **New York, NY**
Tibor Stahl Anand Krishnan, Ann Kelly, Yap Kern Ling,
Julius Szekeres; **Singapore**
Christopher Stienon, Michel Dionne; Brooklyn, NY
Jill Lahn Stoner Ben Trautmann, Rico Kanthathan, Susi Stadtler,
George Anastaplo; **Bolinas, CA**
Elena F. Sturdza; Bethesda, MD
Tapani A. Talo; New York, NY
Russel K. Thomson Jr.; Reston, VA
Wesley van Kirk Robbins; The End Jane Harding Housden;
Culver City, CA
Karen Van Lengen Max Cardillo, Chris Stoddard; **New York, NY**
VOA Associkates Incorporated Christopher Groesbeck,
Julie Evans, Greg Orput, Peter G. Anderson – Imago De Lineo;
Chicago, IL
Alexander Wall M. Drury, S. Elliot, N. Anderson, G. Reich,
J. Shumate; **Philadelphia, PA**
**Hub White, University of Illinois, School of Architecture;
Champaign, IL**
Ron Witte, Sarah Whiting Chris Tallon; **Gainesville, FL**
Theodore J. Wofford Daniel Schlafley, Edward Scheer, Saunders
Schultz; **Clayton, MO**
Michael R. Ytterberg; Philadelphia, PA

Venezuela

Bielsa & Toro Arquitectos; Caracas

Yugoslavia → Jugoslawien

Zimbabwe

Mihail Bogomilov Mihailov Peter Petrov, M. C. R. Vegesayi;
Harare

Participants

Bildnachweis

Bildnachweis/Acknowledgements

18/19	oben/above	Album von Berlin, o.J.
18/19	Mitte/centre	Bildwerk von Berlin, 1951.
18/19	unten/below	Peter Seifert u.a., Berlin. Leipzig 1987.
22		Plansammlung des Senators für Stadtentwicklung und Umweltschutz
24	oben/above	Lucien Levy
24	Mitte/centre	F. A. Schwartz
24	unten/below	Luftphoto Verlag
26	oben/above	F. A. Schwartz
26	unten/below	Berlin am Wasser. Berlin 1933.
27	oben/above	F. A. Schwartz
27	unten/below	Landesarchiv Berlin
28	oben/above	Plansammlung der TU Berlin
28	Mitte/centre	Plansammlung der TU Berlin
28	unten/below	Wolfgang Schäche, Architektur und Städtebau in Berlin zwischen 1933 und 1945. Berlin 1991.
30	oben/above	Robert Prager
30	unten/below	Waldemar Titzenthaler (Landesbildstelle Berlin)
31	oben/above	Max Missmann
31	unten/below	Meßbildaufnahme des Brandenburgischen Landesamtes für Denkmalpflege
34	oben/above	Planungsgrundlagen für den städtebaulichen Ideenwettbewerb „Hauptstadt Berlin", 1957.
34	Mitte/centre	Landesarchiv Berlin
34	unten/below	Deutsche Architektur 4/1958
37	oben/above	Berlin morgen. Deutsches Architekturmuseum, Frankfurt 1991.
37	unten/below	Erik-Jan Ouwerkerk

Alle übrigen Fotos/
all other photographs: Uwe Rau

Acknowledgements